U0919586

杭州市哲学社会科学规划重点课题

杭州历史文化研究丛书

杭州经济史

周膺 吴晶／著

中国社会科学出版社

图书在版编目（CIP）数据

杭州经济史 / 周膺、吴晶著. —北京：中国社会科学出版社，2015.5
ISBN 978-7-5161-6192-0

Ⅰ. ①杭… Ⅱ. ①周… ②吴… Ⅲ. ①经济史—研究—杭州市 Ⅳ. ①F129

中国版本图书馆 CIP 数据核字（2015）第 117577 号

出 版 人 赵剑英
责任编辑 郭 鹏
责任校对 卢战伟
责任印制 李寡寡

出版发行 中国社会科学出版社
社 址 北京鼓楼西大街甲 158 号 邮 编 100720
网 址 http：//www.csspw.cn
中国域名：中国社科网 010－64070619
发 行 部 010－84083685
门 市 部 010－84029450
经 销 新华书店及其他书店

印 装 杭州电子工业学院印刷厂
版 次 2015 年 5 月第 1 版
印 次 2015 年 5 月第 1 次印刷

开 本 787×1092 1/16
印 张 31.5
插 页 2
字 数 623 千字
定 价 98.00 元

编辑指导委员会

目　录

绪 言

以费尔南·布罗代尔（Fernand Braudel）为代表的法国年鉴学派开创了综合性区域研究的学术风气，美国学者施坚雅（G. William Skinner）将其用于中国研究。施坚雅的研究对象主要是中国各历史时期的城市，尤其是古代社会晚期的城市，重点是沿海、沿江区域经济和地方市场结构等。这些采用了地理信息系统（Geographic Information System）或资源与环境信息系统（Information Systems of Source and Environment）和中心地理论所做的研究，后来被统称为“施坚雅模式”。施坚雅指出：“大部分中国人想到中国的疆域时，是从省、府和县这一行政等级区划出发的。”“这种把中国疆域概念化为行政区划的特点，阻碍了我们对另一种空间层次的认识。这种空间层次的结构与前者相当不同，我们称之为由经济中心地及其从属地区构成的社会经济层级。就一般情况而言，在明清时期，一个地方的社会经济现象更主要地是受制于它在本地以及所属区域经济层级中的位置，而不是政府的安排。”[1]施坚雅模式下的“区域”“是指由一些层级地位会发生变化的地区所组成的系统，它们是一种建立在相互依赖的交换关系上的较强的模式。一个区域，其主要特点并不是内部的同质性（尽管是在一些次等因素如方言上会相同），而是在功能上的差异性”。“一个区域被定义后并不是指一个固定的和封闭的地区，而是处于不同程度不断嵌套的体系中”。[2]施坚雅综合考察商业贸易、人口密度、劳动分工、城市腹地等因素，并结合流域分布图，将晚期中华帝国划分为具有经济史意义的9个大区，即岭南、东南沿海、长江下游、长江中游（曾从长江中游分出长江—赣江区域作为另一区域）、长江上游、西北、西南、华北、东北。这种大区有着传统的相对稳定的地理区域界限，除少数外一般以江河流域盆地分水岭来界定。在农业经济为主导的情况下将江河流域作为地区发展的基本决定因素来考虑尤其合适，而在商工经济占据主

[1]施坚雅主编：《中华帝国晚期的城市》中文版前言，叶光庭等译，中华书局2000年版，第1页。

[2]林达·库克·约翰逊（Linda Cooke Johnson）主编：《帝国晚期的江南城市》罗威廉（William T. Rowe）导言《长江下游的城市与区域》，成一农译，上海人民出版社2005年版，第7页。

导地位的早期现代经济发展阶段这种决定作用仍然延续着。事实上，大区之间也是沿着自然的交通运输通道建立交流纽带的。大区赖以存在的基础是中心城市不可替代的领导角色和作用。不同大区的中心城市都具有相对独立性，从而保证大区的相对独立性。因此，长江上游、长江下游、东南沿海、岭南和其他地区的城市除了在国家经济中的相互作用以外，也被认为是半自治的。在上海崛起以前的中国古代社会，苏州、越州、杭州等城市在长江下游大区先后发挥重要的领导作用。五代吴越国以前，吴、越总体上处于分治状态，两浙的区域中心在苏州和越州。吴越国统一两浙后，两者的中点杭州成为区域中心。杭州自此以后经济社会地位上升较快，在较长时间里成为统领两浙的大城市。不过由于当时对吴尚未获得完全的控制权，杭州对北部的辐射还十分有限。南宋临安不仅获得了这种控制权，而且成为整个江南地区的政治、经济中心，其资源、交通优势自不待言，市场优势尤为明显，因而不仅经济容量空前增大，而且经济发展模式也被推向新的高度。元代以后，全国的政治和经济重心北移，南北交通干线主要为北方服务，而海外贸易拓展后商路得以重组，杭州的经济地位不断下降。至晚清民国时期上海成为区域性直至国际性大都市以后，杭州虽然继续发挥较强的区域作用，但由于因自然因素划定的地理区域界限逐渐被打破，经济功能发生了较大改变，不再作为区域经济中心而是以特色服务业为主的经济城市发展。由于杭州在不同历史阶段的经济发展均有区域特征，因此本书始终将杭州作为一个相对独立的区域形态来研究。

施坚雅模式是一种结构—功能分析模式，它用中心地区（Core）和边缘地区（Periphery）等核心概念分析这些大区以及城市体系，将中国的市场体系分为8个等级的区域经济中心模式，从上至下依次为中央首府、地域首府、地域城市、大城市、地方城市、中心市镇、中间市镇、标准市镇。每个区域以各种资源在中心区的集中为特征。中心区一般在地理、交通、商业化程度等方面均较边缘地带发展水平高，有明显优势。就城市之间的平均距离而言，中心区小于边缘地区；就市场规模以及商业服务水平而言，中心区的优势也大于边缘地区。中心城市在整个区域体系中具有辐射和构造作用，是区域发展的关键性因素。中心城市下有市镇（Market Town）和乡村，它们在复杂而庞大的经济体系中发挥“中心点”的作用。依托从最基层的乡村级别开始经济联系，层层向上构成完整的经济等（层）级，最终形成大区的经济层级结构。大区经济的不同特征实际上反映了处于不同层次的子系统的属性。每一个“子体系倾向于孤立独处于大区边缘地带，在核心区内也是交错存在的，但在整个等级结构中，子体系都是面向核心区方向敞开的……大区经济应看成为复合的体系，内部是有差异的、相互依存、一体化的，尽管这些特征在边缘地带较核心区松散……归根到底都可看成各种运动的集合……任何体系中都无一成不变的东西，而是处于不断的流动、相互影响与反馈的过程之中”[1]。经济层级

[1]施坚雅：《中国历史的结构》，载施坚雅：《中国封建社会晚期城市研究：施坚雅模式》，王旭等译，吉林教育出版社1991年版。

中列为地方城市或更高级城市的多数中心地同时也是行政治所。“它忠实地反映着各地区的核心—边缘结构、治所在经济中心地层次中的级别、管辖范围和各种管理任务的相对特色。”[1]这种结构可能把形式一致性因素强加于城市，但在实际上，地方行政表达而不是压抑了城市体系内功能上的差异性。由此可以看到，施坚雅模式不仅是一种大区研究理论模式，而且是城市—乡村的一体化研究模式。事实上，施坚雅模式包括集市体系理论和区域体系理论两个重点。前者主要关涉中国乡村社会，以《中国农村的市场和社会结构》一书为代表；后者主要关涉中国的城市化，以《中华帝国晚期的城市》一书为代表。而区域体系理论是集市体系理论的拓展和深化，它以德国地理学家瓦尔特·克里斯塔勒（Walter Christaller）的中心地学说为主要研究方法，同时吸纳了美国社会学家吉尔伯特·罗兹曼（Glbert Rozman）的城市空间网络学说、美国地理学家乔治·金斯利·齐普夫（George Kingsley Zipf）的等级—规模学说，以及其他学者的相关研究成果。《中华帝国晚期的城市》是20世纪70年代以来美国中国史研究由综合性研究转向区域性研究的代表性著作。斯波义信1988年出版的《宋代江南经济史研究》一书将施坚雅的静态市镇网络模型发展为动态生态模型，他认为：“8—13世纪的中国取得了很大的经济增长，从而带来了社会和文化方面的变化。总之，可用一句话概括为：与其说是‘纯农业文明’，不如说是‘都市化文明’含有更多的固有特征，这是延续到19世纪中国社会的最大特色。”[2]也就是说，宋以降江南社会带有更多的“都市化文明”特征，这一特征一直延续到19世纪。这是江南社会与此前的汉唐社会和同时代的华北社会形成差异的主要原因；而宋代社会特别是江南区域之所以显现出更多的“都市化文明”特征，则是由宋代江南经济变革特别是农业变革、交通变革、商业变革等一系列变革促成的。美国学者马润潮（Laurence J. C. Ma）《宋代的商业与城市》一书指出，宋代以前中国的城市在性质上均以行政为主，城市商业仅为其规模有限的微小附属而已。宋代以快速的经济成长与商业发展而著名，此时商业力量之兴盛使城市的性质显著改观，城市除了作为行政所在地之外，均出现有史以来未有的商业化。杭州在宋代以后除发挥政治作用外，还以都市化的方式将整个区域各个层级的经济整合在一起。由于政府放松了经济管制，使城乡市场体系较快发展起来。最直接的后果是城市经济由工商经济模式转换为商工经济模式。商工经济即以商业为主导的手工业经济。在新的商业体系推动下，城市手工业不断突破原有的市场边界和运作极限暴发式发展。与此同时，农村的小农经济或农商经济模式转换为商农经济模式。农村市场快速成长，并不断体系化发展。其中镇市发展日渐成熟，不仅商品流通规模大，辐射范围广，而且与城市市场和跨地区市场联系密切，成为农村区域市场的中心。与城市一样，许多镇市形成了包括综合市场、专业市场、批发市场和零售市场等不同形式和层次的市场构成的市场体系。它们既建基于广

[1]施坚雅：《城市与地方体系层次》，载施坚雅：《中国封建社会晚期城市研究：施坚雅模式》，王旭等译，吉林教育出版社1991年版。

[2]斯波义信：《宋代江南经济史研究》，方健、何忠礼译，江苏人民出版社2000年版，第65—66页。

阔的农村腹地之上，又有功能强大的复杂结构和形态，以商业上的主导优势将区域农业、手工业和服务业等多种产业集合在一起，构成小规模或初级形态的城市。以镇市为中心的商业网络在一定程度上依赖附近的都市或中小城市，但也形成了与都市一样的具有远地辐射功能的自主性贸易圈。这个贸易圈的优势主要在于能提供粮食、手工业原料以及一些初级手工业产品，具有都市经济无法替代的功能。镇市经济不会像都市那样总体上商工化或非农化，它的主要作用是推动农产品的市场化，因而更多的只是生产和经营方式越来越接近于都市产业形态。在商工经济与商农经济不断发展的基础上，南宋杭州城乡形成了两个空间位置和性质均有所不同的经济圈，即都市商工经济圈与镇市商农经济圈。它们既相对独立发展，又互为市场，互动互生。与此互为因果的是较为明显地出现了城市都市化和农村城镇化两种不同的城市化。农村城镇化变得十分普遍，并且在此后形成超稳定的农村经济和聚落常态化延递模式。由此出现了多重社会动力耦合，即商工经济与商农经济的耦合、都市化与城镇化的耦合、商工经济与都市化的耦合、商农经济与城镇化的耦合。这种耦合效应在明清时期进一步放大，使杭州的农村经济和农村城镇化发展水平持续提升，弥补了城市经济扩张速度下降对区域经济繁荣贡献减少的缺口，使整个区域的经济发展水平仍维持在较高水平。

日本历史学家内藤湖南在《概括的唐宋时代观》一文中阐释"唐宋变革论"时指出，唐代与宋代在文化性质上有显著差异，唐代是"中世"的结束，宋代则是"近世"的开始。[1]这就是著名的"内藤假说"（Naitō Hypothesis）或"宋代近世说"。明代史学家陈邦瞻《〈宋史纪事本末〉叙》指出："宇宙风气，其变之大者有三：鸿荒一变而为唐、虞，以至于周，七国为极；再变而为汉，以至于唐，五季为极；宋其三变，而吾未睹其极也。变未极则治不得不相为因。今国家之制，民间之俗，官司之所行，儒者之所守，有一不与宋近者乎？非慕宋而乐趋之，而势固然已……大抵宋三百年间，其家法严，故吕、武之变不生于肘腋；其国体顺，故莽、卓之祸不作于朝廷；吏以仁为治而苍鹰乳虎之暴无所施于郡国，人以法相守而椎埋结驷之侠无所容于闾巷。其制世定俗，盖有汉、唐之所不能臻者。"[2]从文化、制度等多方面来说，南宋可视作"后三代"的总结和完成。而且，不仅明代"宋其三变"尚"未极"而"治不得不相为因"，一直到晚清民国时期乃至当代，宋代开始的社会演变仍然在延续。严复尝谓："古人好读前四史，亦以其文字耳！若研究人心政俗之变，则赵宋一代历史，最宜究心。中国所以成为今日现象者，为善为恶，姑不具论，而为宋人之所造就，什八九可断言也。"[3]

从词源考古学方面来说，日中两国的"近世"一词均源于西语"Modern"。汉语语境"近世"与"近代"含义庶几相同。19世纪末至20世纪初，中国史学界使用"近世"一词频率远大于使用"近代"

[1]内藤湖南：《概括的唐宋时代观》，载刘俊文主编：《日本学者研究中国史论著选译》第1卷（通论），黄约瑟译，中华书局1993年版。

[2]陈邦瞻、冯琦、沈越：《宋史纪事本末》，中华书局1977年版。

[3]严复：《严复集》第3册《与熊纯如书·五十二》，中华书局1986年版。

一词。[1]但在日语语境中，“近世”与“近代”既有区别，又有联系。[2]内藤湖南曾在多处使用“近世”、“近代”等词语，而“近世”一词在日语语境中使用具有灵活性，既可以指称“早期现代”（Early Modern），也可以指称“封建后期”（Late Feudal）。20世纪五六十年代，京都学派与东京学派（历史学研究会派）围绕内藤湖南的宋代近世说曾激烈争论。京都学派从“早期现代”即“中世”向“现代”转折的意义上来解释，而东京学派则从“封建后期”即封建社会向“现代”过渡的意义上来理解。不过“东京学派”的中国近代观是“鸦片战争视角”，故其历史分期并无“近世”概念。[3]在英语世界，“近世”一般译为“早期现代”（Early Modern），但宫崎市定在1955年用英文著述的时候用Modern来指称。[4]内藤湖南是基于中国文化的外部、内部视角提出宋代近世说的。他在《君主制还是共和制》一文中指出：“历史学家通常划分时代，并使用上古、中古、近世等名称。这些名称并非表示只是站在现代的时代之上，以较远的时期为上古，其次为中古，以最近的时期为近世，等等简单的意思。”[5]这种上古、中古、近世的时代划分本源于西方的现代性意识。在中世纪，因神学思想垄断社会的时间意识，尘世最高价值的设准被推延至彼岸，故无此种历史—时间意识。而彼时欧洲主流史学观为古—今（Antiqui-Moderni）模式，其所谓古—今只构成一种生存性的张力，并非年代学的时间对比，乃指生存样式或生活品质的对比。就生存性时间而言，Modern是不断发生的事件。此种历史—时间意识萌蘖于文艺复兴早期，当时用光明与黑暗、白天与夜晚、清醒与睡眠赋予文艺复兴与之前的时代以价值判断。意大利语“复兴”（Rinasdita）一词本具有价值判断的意味。[6]在此意义上，历史出现了断裂，现在（文艺复兴）迥异于过去（中世纪），也优于过去。这种视文艺复兴为新的开始的意识与时间的共谋，赋予“现在”以进步意识，即具有优位于此前的中世纪的断裂感。由此又形成了“Antique-Medieval-Modern”三段式历史观。这种历史观后来逐渐成为欧洲史学界的主流观念。[7]随着“理论的旅行”被播散到亚洲，日本较早接受了这种观念。内藤湖南的宋代近世说即直接受此影响。但内藤湖南也有独立的思考，他以一种内部文化历史观来解释中国历史：“通过中国文化发展的总体，宛若一棵树，由根生干，而及于叶一样，确实形成为一种文化的自然发展的系统，有如构成一部世界史。日本人、欧洲人都以各自的本国历史为标准，所以把中国史的发展视为不正规，但这却是谬误的。在中国文化的发展中，文化确是真正顺理成章、最自然地发展起来的。这与那种受到其他文化的刺激，在其他文化的推动下发展起来的文化，是不同的。”[8]就共时的维度而言，日本、欧洲文化的开放性较强，受到外来文化的刺激而不断发展，中国文化却历数千年而自然演进以至自成典律，有着自身的发展理路。他甚至用这种思想来划分整个中国历史：

[1]方秋梅：《“近代”·“近世”：历史分期与史学概念》，《史学史研究》2004年第3期。

[2]一般而言有两个意向：一则指近代以前的一个时期，一则指近代。日本辞书《广辞苑》云：“（1）近世（Modernage）：历史的时代划分之一。承续于古代、中世以后的时期。在广义上与近代同义，就狭义言则与近代有别，多指其以前的一个时期。一般在西洋史上指文艺复兴以降，在日本史上特指相当于封建制后期的江户时代（也有包括安土桃山时代的）。”“（2）近代（Modern Age）：历史的时代区划之一。广义上与近世同义，一般系就承续于封建社会以后的资本主义社会而言，在日本史上通常指称明治维新至太平洋战争结束的时期。”（《广辞苑》补订版，岩波书店1979年版，第603、604页）。

[3]岸本美绪：《中国史研究中的“近世”概念》，黄东兰译，《新史学》第4卷，中华书局2010年版。

[4]包弼德（Peter Bol）：《唐宋转型的反思：以思想的变化为主》，载刘东主编：《中国学术》第3辑，刘宁译，商务印书馆2000年版。

[5]内藤湖南研究会编：《内藤湖南的世界》，马彪等译，三秦出版社2005年版，第137—138页。

[6]Theodor E. Mommsen, *Petrarch's Conception of the "Dark Ages"*, *SPECULUM* 17 (2), 1942.

[7]William A. Green, *Periodization in European and World History*, *JOURNAL OF WORLD HISTORY*, 3(1), 1992.

[8]内藤湖南：《中国史通论》中国上古史绪言，夏应元选编并监译，社会科学文献出版社2004年版，第6页。

从开天辟地到后汉中期——上古时代（中国文化形成并向外部发展的时期）；

从东汉后半期到西晋——第一过渡期（停止向外发展时期）；

从五胡十六国到唐代中期——中世（外部种族的势力反弹而及于中国内部的时期）；

唐末五代——第二过渡期（外部势力在中国达到顶峰的时期）；

宋元时期——近世前期；

明清时期——近世后期。[1]

[1]内藤湖南：《中国史通论》中国上古史绪言，夏应元选编并监译，社会科学文献出版社2004年版，第5—6页。

就历时的维度而言，内藤湖南认为中国文化是独立发展的，长期以来保持自身的主体性和坚韧性。这种特性使其成为超稳定系统。纵然遇到外来刺激，往往都是我化外而非外化我。因此，中国的现在可以借由过去来加以省察，中国的未来同样由其固有文化决定。内藤湖南曾从中国历史文化殷鉴的角度回答彼时中国的问题：彼时中国风雨飘摇，革命呐喊不绝于耳，但大多数有识之士沉浸于情感的奔突、跳跃之中，而乏善理性的思索以设计后革命时代的未来。中国“告别革命”之后，国家政体是君主制还是共和制并非为欧风美雨所左右，而是内蕴于中国文化自宋代以降的自然发展进程。根据对宋代以后平民力量高涨的识断，他断言后革命时代的中国必然朝着共和方向发展。而事实真的不幸被言中。[2]如他所说：“中国人是会极大地认识到自己的优越性的国民，他们现在学俄国也好，在此之前学日本的国会政治也好，最终，中国人将认识自己的优越性，认识到还是由来已久的中国式的做法最为合适。这是由中国近代生活来考察中国命运而得出的极贫弱的结论。”[3]

[2]妥建清、赵建保：《重视内藤湖南的“宋代近世说”：以思想文化面向为中心》，《人文杂志》，2012年第4期。

[3]转引自钱婉约：《内藤湖南研究》，中华书局2004年版，第119页。

内藤湖南的宋代近世说又是建立在“多元近代”观基础上的。他在使用上古、中古、近世的时代形式划分时始终认为，各个时代都有着与之相应的内容，而于此形式与内容相统一的基础之上揭橥多元近代。“譬如西洋的近世概指文艺复兴以后的时期，包括一般民众的力量是否增长；伴随着新土地的开发，经济上有何变化；社会组织是否出现变化等等内容。”而日本的近世则肇始于足利末期或镰仓时代。“在日本，一些著名的历史学家也主张在进行类似的时代划分时，以上述内容为基准较为妥当。也就是说，并非只把开国（门户开放）的这50年称作近世，而应把诸如武家的勃兴、平民势力的增长等社会组织在根本上出现的变化的时代划为近世。站在这一视点上，有人认为近世始于足利末期，有人则主张应追溯至镰仓时代。”“对中国，也可以用同样的观点来划分。一般人比较单纯地把明代或是清代以后称为近世，这是门外汉的看法。可是如果站在历史发展的观点上，就应该看到所谓近世是有其内容、有其意义的。由此可以追溯到唐代中叶到五代、北宋亦即离现在约1000年前到800年前之间，已逐渐形成了我们所说的近世纪。这样看似无不妥。”[4]在内藤湖南看来，近世的实质是平民势力的高涨，虽然此实质因各个国家的政治、经

[4]内藤湖南研究会编：《内藤湖南的世界》，马彪等译，三秦出版社2005年版，第138、139页。

济等因素相异而有所不同。尽管内藤湖南的宋代近世说存在诸多问题，但这一实质性内涵的规定却是相当有见地的。包弼德《唐宋思想的转型：以思想变化为主》一文指出，宋代近世说以现代性的目的论述为指归是不当的。[1]但事实上内藤湖南的“近世”并非今天意义上的“现代”，它是介于中世纪与现代之间的历史形态，即早于“现代”之“近代”一词的本义，或也可用“早期现代”（Early Modern）来表达，大体相当于富兰克林·F. 门德尔斯（Franklin F. Mendels）所说的“原初工业化”（Proto-industrialization）阶段。而事实上中国至今没有完成现代化。在此意义上，宋代近世说基本可以成立。晚清民国时期中国的平民势力发展，或者平民社会、平民经济的发展，总体上没有超出宋代。政治、经济、文化体制的发展水平和成就同样也没有超出宋代。即便今日，除经济总量有所增长外其余似也如此。

本书的写作是以宋代为中心展开的。而通过对史料清理和解读，则以宋代近世说为发生框架似最为合理。故总体上厘为4章，第一章为宋以前的古代，第二章为两宋的近世化，第三章为元明清的近世化展开，第四章则在此基础上提出晚清民国以来的现代化问题。杭州经济自南宋开始演变为世俗平民经济即本书所谓的从国家重商主义经济转化为社会重商主义经济，与此前的封建地主经济有巨大差异。不仅生产的动力更多地转向社会，生产的目的也开始更多地导向社会。经济形态则前所未有地多样化。土地日益市场化，所有生产资料和商品也不断市场化，使经济整体在商业基础上重新构建。唐代虽然货币铸造一直不断，但流通量相对较少，不少商品在用货币表示价值之余仍以绢布来交换。宋代不仅以铜钱代替绢布等，货币流通量也增大，并盛用纸币。南宋时纸币发行量较大，并衍生了一些早期金融产品。此后逐渐以货币租税取代实物租税，不仅使经济结构可以按照价值规律优化，而且将金融纳入经济的中心环节。李伯重《多视角看江南经济史》（1250—1850年）一书指出，若就狭义江南即长江三角洲而言，从13世纪初到19世纪中叶，也就是南宋后期到清朝中叶这6个多世纪，是一个经济成长方式发生重大变化的时期，即从以前的数量型“广泛型成长”转变为质量型“斯密型成长”。[2]这种经济制度极大地释放了社会生产的潜能，一方面养活了高增长的人口，并且提高了他们的生活水平，另一方面也使封建政权摆脱了经济危机。在此基础上，“市民”、“农民”等概念及其主权意识逐渐清晰并强化起来，从而极大地推动着社会进步。但这种近世化发展总体上还是有相当局限性的。内藤湖南所谓的中国内部发展历史观有合理性，但不能成为杭州或中国未来发展的宿命。鸦片战争以来，中国经济面临巨大的外来冲击和促动，虽然带来了突变性增长，但在质性上并未走出近世。真正意义上的现代经济、现代社会、现代文化和公民社会没有建立起来，更无从说后现代。因此，本书又特别重视晚清民国以来的现代化问题，将它作为另一个写作立足点。而在这种意义上，宋代突变性的近世化仍然别具启示价值。

[1]包弼德：《唐宋转型的反思：以思想的变化为主》，载刘东主编：《中国学术》第3辑，刘宁译，商务印书馆2000年版。

[2]李伯重：《多视角看江南经济史》（1250—1850年），上海三联书店2003年版，第8—9页。

第一章 杭州的经济地理及其在中国经济地位的初步确立

第一节 中国文明起源阶段最大的综合经济体中心的形成

一、西溪湿地与良渚文化的经济地理构建

杭州位于中国东南沿海浙江省的西北部，现辖西湖、上城、下城、拱墅、江干、滨江、萧山、余杭、富阳9个区，临安、建德2个县级市，桐庐、淳安2个县。主要人类聚居区处于天目山及以南延伸山系的钱塘江凹槽地带西北岸，市区则萧山、滨江两区处在钱塘江东南岸。自位于西北部的临安市起至市区余杭区又有东苕溪的水动力作用。钱塘江流域、苕溪流域和天目山及以南延伸山系发现了大量旧石器和新石器文化遗存，包括许多早期人类定居点或聚落。

1962—1963年、1974年建德市李家镇新桥村乌龟洞先后两次发现距今约5万年的晚期智人"建德人"牙齿化石，2000年桐庐县印渚镇延村钟乳岩石洞穴发现距今2—1万年的古人类不完整下颌骨和前额骨各1件、头骨印模1件。[1]虽然堆积未发现与人类活动相关的文化遗存或遗迹，如用火遗迹、生产工具等，人类化石可能是自然力（包括动物）的作用由洞外搬运而来，因而不能将它们确定为人类居住遗址，但却提供了杭州甚至整个中国东南地区早期人类存在的线索。它们可以与后来在天目山周缘发现的大量旧石器及人类定居点前后佐证。

旧石器时代杭州的早期人类活动主要集中于钱塘江上游流域或天目山谷地。先民利用流域大通道和山麓谷地进行经济性开发，在自然选择中发

[1]黄正维、孟子江:《浙江哺乳动物化石新产地》,《古脊椎动物与古人类》1964年第1期；韩德芬、张森水:《建德发现的一枚人的犬齿化石及浙江第四纪哺乳动物新资料》,《古脊椎动物与人类》1978年第4期；石丽、金幸生、程海、沈冠军:《浙江桐庐人类头骨的铀系年代》,《人类学学报》2002年第4期。

展了原始文化。这种态势在新石器时代有所延续，但在新石器时代晚期和文明起源阶段则逐渐向钱塘江出海口（当时的出海口更接近杭州）或位于今萧山区的湘湖湿地和位于西湖区、余杭区的西溪湿地以及位于市中心的西湖湿地移动，杭州由此成为中国文明的发源地。现今的湘湖湿地位于钱塘江东南岸，由于历史上的钱塘江在这一带一直是一条动线，湘湖湿地在当时或许处于钱塘江西北岸。也有可能湘湖湿地的早期人类来自钱塘江东南岸宁绍平原周缘的山区。

湘湖湿地、西溪湿地和西湖湿地是自全新世以来杭州形成的最适宜人类生存的地区，在它们之上建立起来的文化或文明分别成为不同时期的主体性地理文化体。其中新石器时代早期湘湖湿地较发达，跨湖桥文化达到当时的文化高峰；新石器时代晚期或中国文明起源阶段则西溪湿地最发达，孕育了中国5000年文明史最重要的实证之一的良渚文化；西湖湿地在历史时期最发达。

西溪湿地是环太湖地区冈身形成、太湖海湾（杭州湾）遭遇封堵后，在钱塘江和东苕溪水动力作用下冲积、湖积、沼积而形成的水网平原，从机理上说应当称苕溪湿地。由于西湖湿地形成较为晚近，原先杭州市区的人类活动除湘湖湿地外主要集中在西溪湿地。从大的概念来说，西溪湿地延伸至整个杭嘉湖平原，或与环太湖平原连为一体。这一区域在海平面下降的过程中出陆形成的时间有先后，而杭州由于处于天目山边缘，相对地势较高，所以当是最早成陆的地区。从狭义的概念亦即西溪湿地的杭州部分来说，其较早的范围在1000km^2以上。东至钱塘江，西至余杭区余杭街道、中泰街道，南至法华山一线几十里山峰北坡，北至余杭区瓶窑镇、良渚街道、塘栖镇直至湖州市域交界区，约含现在的西湖区留下街道、蒋村街道、三墩街道、古荡街道、翠苑街道、文新街道、北山街道、西溪街道，拱墅区所有街道和镇乡，余杭区余杭街道、中泰街道、闲林街道、仓前街道、五常街道、瓶窑镇、良渚街道、仁和镇、塘栖镇、运河镇、临平街道、乔司街道等，亦即现在杭州市区钱塘江西北岸除西湖湿地以外差不多所有部分。西溪湿地在第四纪地质作用下逐渐演化为河流纵横、具有生物活性的沼泽平原，具备得天独厚的农业文明发展条件。

东苕溪原来向东流入钱塘江，其北沿和钱塘江以东的三角地带即良渚遗址区亦即现今余杭区良渚街道、瓶窑镇、仁和镇一带较早形成冲击平原，成为西溪湿地最早出陆的部分。最早的杭州市区即形成于此。其时现在的杭州市中心包括前述西湖区、上城区、下城区、拱墅区和江干区大部尚在水下，或是不可居住的沼泽地。当时整个环太湖平原的陆域化程度不如良渚遗址区，居住和生产条件也就有所不如。西溪湿地位处浙西北丘陵河谷向浙北水网平原或者说环太湖流域的过渡区，不仅陆域化水平较高，而且兼得丘陵河谷和水网平原两种地缘优势，既可大面积开发水稻种植区，又可以丘陵河谷作为抵抗自然灾害的强大屏障。自新石器时期以来，其地理文化特别是良渚文化先民利用和改造了西溪湿地的自然生态环境，形成当时中国最优越的文化发展地缘，从而使良渚遗址所代表的古杭州或良渚古城成为中国东南沿海环太湖地区的经济、宗教和政治中心，即良渚古国的首都。

良渚文化有效利用了地缘优势，综合了前述史前文化的优秀因子，在特殊的气候等自然因素的刺激下，发展出当时中国最为繁荣昌盛的农业和手工业经济，创造了值得世界性关注的伟大文明。良渚文化先民十分重视对生态环境的观察和化用，他们用智慧来认识和利用自然因素，对环境进行适度改造，合理安排森林、农田和建筑群，将赖以生活的大地建成优良的生态家园，使人类与动植物群构成良性循环的生态系统。良渚古城不造作、不武断，而是充分地尊重、接应、导引生态因素，没有势利地成为唯我独尊的统治自然的工具，而是与自然系统构成良性循环关系，形如天然佳构。

学术界一般以杭嘉湖平原和宁绍平原为地理分布来讨论杭州湾南北两岸的史前文化。在新石器时代，杭州湾两岸的文化主体均转向水网平原地区，主要表现为水网平原型文化，但也各有特质。杭州的行政区域跨钱塘江两岸，其早期文化兼具南北两种因素。良渚文化进行了极为有效的地缘性综合创造。良渚文化先民尤其善于继承优秀的文化传统，也特别乐于进行持续不断的发明创造。他们的原创、首创和独创精神是杭州人民也是中华民族宝贵的精神财富。

杭州湾北岸的杭嘉湖地区由杭嘉湖平原及天目山支脉两个地理单元组成。杭嘉湖水网平原是浙江省最大的平原，面积约6450km^2，位于太湖平原的南侧，与东部的上海、北部的苏锡常等平原一起构成北抵长江、南达钱塘江、以太湖为中心的环太湖平原。除少数突出的孤立山冈外，杭嘉湖平原绝大多数区域属于典型的平原地貌。其比较开阔的地理空间、相对单调和分布不平衡的野生资源使这个地区的群体面临较大的人口压力，当时的人倾向于更多地依赖农业生产。这里平坦的地貌也恰恰适合于稻作，而且还便于人群集结发展劳动密集型经济，从而加剧社会复杂化进程。这一地区的新石器以来文化大系为马家浜文化、崧泽文化和良渚文化。以嘉兴市马家浜遗址命名的马家浜文化维系年代较长，年代距今7000—6000年，以大面积稻作农业作为定居生活基础，渔猎、畜牧和采集为其补充。大量使用磨制石斧、石锛、石刀、骨耜、骨镞等生产工具，出现有孔石斧（钺）。分化出夹砂和泥质两大陶系，并以红陶和表红胎黑的泥质陶为特色，代表器型有腰沿釜、炉箅（长方形横条陶烧火架）、喇叭形圈足豆、牛鼻形耳罐、圆锥形足鼎等。已使用玉器，以玦为主，璜少见。盛行俯身葬，随葬品少而简单。[1]比较重要的马家浜文化遗址除马家浜遗址外，还包括浙江嘉兴吴家浜、湖州邱城、桐乡罗家角、杭州吴家埠，江苏常州圩墩和潘家塘、吴江袁家埭和广福村、苏州草鞋山和越城、张家港东山村和

[1]牟永抗：《试论河姆渡文化》，载中国考古学会编：《中国考古学会第一次年会论文集》，文物出版社1980年版；吴汝祚：《马家浜文化的社会生产问题的探讨》，《农业考古》1999年第3期。

许庄，上海青浦崧泽、福泉山等，遍及环太湖流域。以上海青浦崧泽遗址命名的崧泽文化分布于马家浜文化分布区，曾被归于马家浜文化的一个阶段。20世纪80年代以后逐渐被认定为一种相对独立的考古学文化，年代距今6000—5300年，前承马家浜文化，后启良渚文化，是环太湖流域新石器文化向高峰发展的一个重要环节。马家浜文化虽然开始水稻栽培，并驯养狗、猪和水牛，但渔猎生产还占有相当大的比重。崧泽文化则以稻作农业为主要生业，兼营养猪等畜养业，进入比较完全的农业社会。

宁绍平原位于浙江省的东北部、钱塘江口杭州湾东南岸，西起钱塘江，东、北濒海，南接四明山、会稽山北麓，东西长南北窄，面积约4824km^2。地貌系统包括侵蚀剥蚀丘陵、冲击平原、湖积平原、三角洲平原、海积平原等。地形狭窄，较窄处仅10km。其中杭州的萧山区为其西缘的一部分。而萧山区同时还是浦阳江流域的一部分，与浙中丘陵盆地相连。宁绍平原总体不规整甚至破碎，被一些低山余脉和入海溪流斜向分隔成相对独立的几小块，地势也不平坦，明显存在两种区域特征，即地域的相对封闭性和资源的相对丰富性。相对封闭的环境较适合狩猎采集群和早期农耕社会以较小和相对隔绝的单位生存，而野生资源相对丰富多样则使土地载能相对较高、人口压力较小，群体之间合作和依赖程度也就相对较弱，发展大规模劳动密集型农耕经济的必要性和优越性不明显，社会凝聚和复杂化的动力也就相对缺乏。这一带稻作农业发源很早，但丰富的野生资源使其在以后的漫长时期并没有得到强化，并且还显示出一种退化趋势。宁绍平原生产性经济占据主导地位出现的时间可能也不如学术界估计的这么早。在宁绍平原发育发展的跨湖桥文化、河姆渡文化具有明显的地域特征，但前后缺乏连续性，其中跨湖桥文化较早衰落中断。

跨湖桥文化是杭州早期南系新石器文化的典型代表，也是杭州或浙江发现的最早的新石器文化之一，年代距今8000—7000年。其中跨湖桥遗址经历1990年、2001年和2002年3次考古发掘，出土大量陶器、石器、木（竹）器、骨角器，发现灰坑、黄土台、残存墙体等建筑遗迹，尤其是发现了独木舟及相关木作加工遗迹。下孙遗址于2003—2004年发掘，发现红烧土、石头遗迹、灰坑及柱洞等遗迹现象。2001年、2004年、2005—2006年3次发掘的位于浙江省中部的浦江县上山遗址上层发现跨湖桥文化层（同时发现河姆渡—马家浜文化遗存），2005年发掘的位于宁绍平原的嵊州市小黄山遗址从早到晚3个阶段的文化因素分别相似于上山文化、跨湖桥文化、河姆渡文化和马家浜文化。2011年发掘的位于钱塘江上游金衢盆地的龙游县荷花山遗址属上山文化典型遗址，是浙江省目前发现的最早的新石器文化遗址，距今1万至9000年。但跨湖桥文化与河姆渡文化、马家浜文化以及上山文化均没有明显的承继关系。跨湖桥文化是以湘湖湿地及其周围地区为重要分布区、面向海洋、最后为海洋所颠覆的考古学文化，面貌非常独特，器物组合、制陶技术、彩陶风格等皆不同于浙江境内任何一支已知的考古学文化，很难将其排列进已知的文化序列。

以余姚市河姆渡镇河姆渡村河姆渡遗址命名的河姆渡文化是宁绍平原最有代表性的新石器文化。杭州境内虽未发现完全意义上的河姆渡文化遗址，但钱塘江两岸的新石器文化均受到过河姆渡文化的影响。1999年发掘的位于萧山区邻近的诸暨市次坞镇楼家桥村的楼家桥遗址，南距跨湖桥遗址23km，早期年代约距今6500年，跨新石器时代至商周时期。早、中期遗存内含河姆渡文化因素，但具有明显的地方特色。萧山区舜湖里遗址位于楼家桥遗址东北方约2km，内涵同楼家桥遗址。萧山区乌龟山遗址位于跨湖桥遗址南约15km，下层发现河姆渡文化典型的夹炭绳纹有脊釜，年代距今6500—6000年。萧山区金鸡山遗址位于跨湖桥遗址南10km，出土相当于河姆渡遗址第二文化层的鼎、豆类陶器，年代距今6000—5800年。萧山区新坝遗址最早年代距今6000年，文化面貌与河姆渡文化有一定相似性。

杭州湾南北两系新石器文化呈现出大体一致的阶段性，都可以划分为早、中、晚3期。早期为南系的上山文化、河姆渡文化早期（田螺山遗址）、跨湖桥文化期和北系的前马家浜文化期。中期可分两个阶段。第一阶段为南系河姆渡文化中期（河姆渡遗址第三、四文化层）和北系马家浜文化早中期，第二阶段为南系河姆渡文化晚期和北系马家浜文化晚期、崧泽文化期。晚期也可分为两个阶段，即良渚文化和马桥文化时期。文化面貌在各阶段发生变异与气候环境变化相关，也与两地间的文化互动有关。文化内涵显示，两地文化经历了“相似—趋异—渗透—趋同”的发展轨迹，在良渚文化时期得以融合。良渚文化不仅使北系文化进入发展高峰，而且吸纳或取代了南系文化。宁绍平原宁波市慈湖遗址上文化层、奉化市名山后遗址二至七文化层以及萧山区的后河姆渡文化遗址均基本呈现为良渚文化面貌，说明南系文化已完全被北系文化取代。

良渚文化的综合发展水平显示出其已达到或超出中国新石器时代最高的社会发展水平。良渚文化是人类的伟大功业，其突出成就表现在：全世界至今最精湛的玉器、石器和黑陶工艺及其所表征的社会礼仪制度，早期城市规划与大型工程营建及其社会组织系统，世界上最早的大规模犁耕稻作农业，早期科学技术思想以及丝绸、玉器、髹漆等生产为主的手工业的专门化抑或商业的萌生。良渚文化中心遗址良渚遗址是一个具有早期城市形态的大型聚落遗址，规模和品质全世界罕见，在人类文明史上具有唯一性和特别的重要性，中国考古学界称其为实证中国5000年文明史规模最大、水平最高的大遗址。良渚文化又是中国人创造的最早的形态完整的、与物质文化相分立的独立的精神文化，其核心是以原创、首创、独创和外拓为特征的“良渚精神”。黄河流域的仰韶文化、长江流域的跨湖桥文化、河姆渡文化、马家浜文化、崧泽文化等发源均比良渚文化早，它们虽有更早的农业经济，以及描绘于石器、陶器、木器上的“鱼人”、“双鸟朝阳”这样的零散的精神文化图符和非常广泛的巫祝活动，但总体来说文化形态凝结于生产工具之中，表现为物质形态的文化，未形成较为完整的体系性精神文化。良渚文化之精神文化发育显示人类有了比较完整的自我意识、自我认识。苏秉琦《太湖流域考古问题》一文称，根据良渚文化等，"我们这个号称5000年历史的文明古国的黎明期历史虽然还是'若明若暗'，但已绝不是'虚无缥渺'的传说神话了"。[1]严文明在《良渚随笔》《良渚遗址的历史地位》等文中多次指出，良渚文化是中国文明的曙光，良渚遗址是探索中国文明起源的圣地。[2]张忠培《中国古代文明形成的考古学研究》《中国古代的文化与文明》等文认为良渚文化已跨入文明门槛。[3]这些观点虽然缺乏系统的论证，但表达了当前学术界对良渚文化的特别见解。

良渚文化在龙山时代总体上发展水平处于领先地位，尤其是在龙山时代早期可能发挥主导作用。而在龙山文化以前，良渚文化则先期开创了向文明转进的新时代，某种程度上决定了龙山时代的到来，或极大程度上推动了龙山时代的形成。良渚文化的农业发展水平在龙山时代处于领先水平，当时的山东龙山文化、中原龙山文化相比之下有所不及。龙山文化农具中未见先进的翻土工具犁形器等新式农具，种植的作物种类较少，仅粟、黍等几种。个别地区兼种水稻，可能是从良渚文化引进的。龙山文化遗址中发现水井较少，说明用井水灌溉作物的技术未普及。在手工业方面，良渚文化在许多方面也超过龙山文化。良渚文化和山东龙山文化以黑陶为代表的制陶工艺均达到相当高的水平，但良渚文化黑陶无论是造型设计还是烧造工艺都略胜一筹，而且还深度影响了龙山文化。钱山漾等良渚文化遗址出土的纺织品织造工艺远胜于龙山文化，其中丝织品还是龙山文化所未见的。良渚文化玉器更是在数量和艺术上大大胜于龙山文化，是古今中外使用玉器最多的文化或文明类型。有玉器出土的龙山文化遗址极少数，唯山东省胶州市三里河遗址鸟形器、日照市两城镇遗址玉铲等稍精良。良渚文化使用工艺十分精湛的榫卯木制件建造房屋和其他木构件，龙山文化则主要以土坯建屋，木作工艺发展较慢。只是龙山文化的铜器制造业在当时领先，已能铸造红铜器和黄铜器，这是良渚文化的一个巨大缺失。但总体而言，良渚文化进化水平更高，在龙山时代早中期具有纲领性的作用。这种判断是根据近30多年来的考古新发现对张光直"龙山形成期"或者"龙山化时期"的进一步修正，又是对他后来提出的"中国相互作用圈"论点的一种充实。

[1]苏秉琦：《太湖流域考古问题》，《东南文化》1987年第1期。

[2]严文明：《良渚随笔》，《文物》1996年第3期；《良渚遗址的历史地位》，《浙江学刊》1996年第5期。

[3]张忠培：《中国古代文明形成的考古学研究》，《故宫博物院院刊》2000年第2期；《中国古代的文化与文明》，《考古与文物》2001年第1期。

二、最具规模优势的稻桑农业经济体的崛起

学术界有关农业的发生提出多种假说。如维尔·戈登·柴尔德（Vere Gordon Childe）提出"绿洲假说"，阿诺德·约瑟夫·汤因比（Arnold Joseph Toynbee）提出"挑战与回应"说。20世纪60年代新考古学在美国兴

起，带来了考古学研究范例的重大转变。农业起源研究从发明模式下的过程描述进入了因果模式下的起源动力机制研究，出现了大量影响至今的新假说。一是进程考古学家的人口压力说（人口／资源平衡模式），二是肯特·V. 弗兰纳里（Kent V. Flannery）、贝尼特·伯龙森（Bennett Bronson）等的多种因素理论，三是大卫·林德斯（David Rindos）等的新进化理论，四是弗拉基米尔·R. 卡博（Vladimir R. Kabo）等的社会结构变迁说，五是布赖恩·海登（Brian Hayden）等的竞争宴享说，六是卡尔·O. 索尔（Carl O. Sauer）等的富裕采集文化说。事实上，很难用一种世界性通则来加以解释。而无论哪种假说，都与生态环境相关。大体可以用汤因比的“挑战与回应”说来概括。这里的“挑战”既包括自然环境对人类生存的挑战，也包括人类对自然环境以及对改善和丰富自身生活资料目标的挑战。杭州史前文化是在自然地理环境变迁幅度很大、气候变化较大改变的条件下发生发展的，因而是对自然环境压力、人口压力的适宜性反应。至良渚文化时期，社会意识已高度发达，产生了独立于物质文化之外的精神文化和精神意识，人类对自身的生存状况有高度的自觉，因而增强了应对自然挑战的能力。张光直认为中国东南沿海的农业起源是在一种富裕采集文化基础上产生的。他引用索尔的观点指出：“从东南海岸已经出土的最早的农业遗址中的遗物看来，我们可以推测在这个区域的最初的向农业生活推动的试验是发生在居住在富有陆生和水生动植物资源的环境中的渔猎、渔捞和采集文化中的。”[1]

[1]张光直：《中国东南海岸的“富裕的食物采集文化”》，载张光直：《中国考古学论文集》，联经出版事业公司1995年版。

环太湖流域新石器时代稻作农业的酝酿和发展大致可以分为3个阶段：第一阶段是马家浜文化以前，稻谷开始在野生资源丰富的环境里进行驯化和栽培，但是在人类食物结构中的比例很小，渔猎采集仍然是主要的经济形态。跨湖桥文化、河姆渡文化、马家浜文化遗址均出土比例较高的野生动物遗骸以及比例相对较小的家养动物遗骸。跨湖桥文化稻谷大约50%出现有别于野生稻的变异，但是仍然是颗粒小、结实率低的原始栽培稻。河姆渡文化稻谷处于形态变异和分化初期，表现为类籼、类粳及中间类型的原始混合体，马家浜文化稻谷形态仍不稳定，有偏籼型、偏粳型、亦籼亦粳型、非籼非粳型等多种形态，说明当时对水稻的产量和选种并不非常在意。跨湖桥文化、河姆渡文化、马家浜文化处于耜耕农业阶段，发明的农耕工具种类较少。1992—1995年，南京博物院、江苏省农业科学院和日本国立宫崎大学合作开展“草鞋山古稻田研究”课题研究，并由南京博物院、苏州博物馆、吴县文物管理委员会和江苏省农业科学院组成考古队在国内首次进行水稻田考古的实践。经对位于苏州市唯亭街道的草鞋山遗址中心区南缘进行4期1400m^{2}发掘，在距今6000年的马家浜文化层发现水稻田遗址。该遗址由3部分组成：第一部分是稻田主体，为椭圆形或圆角方形浅坑，与现在阡陌相连的方整的形态不一样；第二部分和第三部分分别是人工挖掘的水塘、水井和过水的水道，可能用于灌溉。其中遗址东区发现呈多行排列、相互连接的浅坑型水稻田33块、水沟3条、水井6个。水稻田深0.1—0.5m，呈椭圆形或长方圆角形，面积一般3.0—5.0m^2，个别小的0.9m^2，大的12.5m^2。填土不同于地层土，是含有丰富水稻植物的蛋白石。水稻田沿一低洼地带分布，两侧有土冈，东部及北部边缘有“水沟”和“水口”相通，“水沟”的两端有“流水坑”和“蓄水井”，当属一种农田水利设施。遗址西区发现水稻田11块、水沟3条、水井4个、水塘2个。水稻田的形状、大小、排列方式与东区类似，不同的是均分布于大水塘西侧边沿，部分与水塘相沟通。[1]江苏昆山绰墩遗址也发现马家浜文化水稻田24块及与其相配套的水沟3条、蓄水坑4个。水稻田面积1.0—16.0m^2。[2]第二阶段是崧泽文化时期，稻作遗存分布较普遍，稻谷品种逐渐优化，在人类食物结构中的比例有较大幅度提高。稻谷的颗粒开始增大，形态趋于稳定，并以粳稻为主，说明加大了选种、驯化和栽培的力度。出现了犁耕农具，虽然推广面未必很广。苏州市甪直镇澄湖崧泽文化晚期稻田遗址显示，当时的稻田已有低田和高田之分，低田的灌溉系统由池塘、水沟、蓄水坑、水口组成，高田灌溉为水井，最大的稻田面积达到100m^{2}以上。[3]此时的稻作农业生产已实行小田块管理。第三阶段是良渚文化时期，由于气候变化和社会复杂化等原因稻作农业被强化，进入成熟发展阶段，稻谷取代野生资源成为主要的粮食来源。稻谷仍以粳型为主，品种进一步趋于稳定。出土野生动物遗骸大幅度减少，家养动物遗骸却大幅度增加。余杭区临平街道茅山遗址和玉架山遗址水稻田为首次发现的良渚文化水稻田遗迹。茅山遗址水稻田可分3层，其中已经发掘的部分分别与居住生活区的后两个阶段堆积对应。这一水稻田遗址不仅规模大、遗迹种类丰富、性状清晰，而且与良渚文化聚落紧密有机地联系在一起。水渠2（G2）是居住生活区和水稻田遗迹区的分界，已分段揭露106m，深浅不一，宽度也不等，在4.5—18.0m之间，丰水期可排水，枯水期可蓄水，同时具有防洪排水、提供生活用水和灌溉水稻田等多种功能。水稻田遗迹区北端发现有与G2方向基本一致的东西向大路兼G2南侧堤岸1条（L1），以探沟形式分段发掘的各段宽窄不等，为3.4—8.0m。路面和路层中夹杂较多的碎陶片、细砂和少量的红烧土块，路面剥剔层中发现细薄片状小层，应为踩踏面。紧邻其南侧有灌溉水渠1条（G3）、水口1处。水稻田发掘区中北部有东西向小路1条（L4），路面宽约1.0m，东西长约30.0m，路面微微隆起，铺垫有细砂和少量碎陶片。L4南北两侧附近大致呈不规则东西向长方形范围的土层也夹杂有较多碎陶片和细砂，与水稻田中的土质区别明显，推断应是当时稻田口的一处活动场所。水稻田中分布有基本呈南北向（南端略偏东）的小路（或田埂）5条。灌溉水渠（G3）紧临L1南侧，南北宽约2.5m，东侧深度约0.18m，由东向西深度逐渐加深并逐渐呈喇叭口扩大，到发掘区中部演变为一蓄水池塘。蓄水池塘南侧有1处灌溉水口。5条南北向的小路（或田埂）呈东西排列，路面宽0.6—1.0m不等，高出两侧稻田0.06—0.12m，均铺垫有

[1]谷建祥等：《对草鞋山遗址马家浜文化时期稻作农业的初步认识》，《东南文化》1998年第3期。

[2]苏州博物馆：《江苏昆山绰墩遗址第一至五次发掘简报》，《东南文化》（增刊1），2003年。

[3]李嘉球：《澄湖水下为何有街道》，《姑苏晚报》2006年1月21日。

红烧土块或粉末。揭露最长的南北长约61.5m（L2）。最东侧的两条间距约31.0m，其余为17.0—19.0m。可推知整个水稻田平面形状为略呈平行四边形的南北向长条形，单块面积较大，并已有明确的道路系统和灌溉系统。这些都说明良渚文化先民对水稻田已有比较先进而细致的规划。另外，在属于广富林文化时期的农耕层第一层发现30个清晰的牛脚印和人脚印。[1]玉架山遗址外围也发现水稻田遗迹，主要为分布在环壕外围和部分叠压在环壕上的黑土和灰黑土堆积，其中植物硅酸体含量较高。钻探表明，面积至少在1万m^2以上。

水稻耕作技术的演进有一个随着时代和环境的变化而不断调适的动态过程。最初采用刀耕（火种）的耕作方法，再转为耜耕或锄耕，然后是犁耕。刀耕的要点是烧除地面草木后即行播种，但每年或隔年须另找新地，休耕地植被恢复后才能进行第二次耕种。一般一个单位的播种面积需要7—8倍以上的土地轮转。耜耕使土地可以连续使用的年限大大延长，因为翻土改善了土壤结构和肥力，并以休闲取代不断的撂荒。而犁耕又极大提高了耕作效率，也适宜于大面积耕耘。因为耜耕或锄耕劳动是间歇性的，每翻一耜土，人要后退一步，再重新翻一耜；犁耕实现了连续性翻土，中间没有间歇。犁耕还可以进一步改良土地结构，提高土地肥力，提高复种指数和粮食产量。大型犁耕的推广极大地提高了劳动生产率，较大地扩大了耕种面积，从而较大幅度地提高了粮食总产量。20世纪50年代侗族人仍以人力拉犁，称为木牛。据宋兆麟调查研究，耜耕1人1天只能耕1担田（6担田合1亩），木牛2人1天可耕4担田，牛耕则1人1天可耕14担田。[2]换算下来，即耜耕1人1天只能耕田1/6亩，人力拉犁2人1天可耕2/3亩，而牛耕则1人1天可耕2.3亩多，相当于耜耕的14倍、人力拉犁的7倍。据推算，刀耕的播种量与收获量之比约为1：10，人力犁耕上升至1：15左右，产量约为75kg/亩，因而粮食总产量有相当大幅度的提高。这可以从良渚文化玉礼制度的盛行、手工业的高度发达得到印证，因为这需要强大的农业经济体系来支撑。[3]目前发现的最早的石犁出现在环太湖流域，为崧泽文化遗物。自崧泽文化到良渚文化、马桥文化，犁耕不断发展，可能是中国后来犁耕农业的先导。良渚文化时期犁耕技术得到大面积推广，出土石犁不仅数量多、种类全，有的还极其硕大。石犁一般以片状页岩制成，体型扁平，大多呈等腰三角形。早期（崧泽文化）石犁体量较小，但前锋夹角较大。中期（良渚文化）石犁前锋夹角减小，器型增大，且正面腰部两侧边磨制成单面斜杀的刃部，后端（底边）略呈弧形。另有如茅山遗址、浙江平湖庄桥遗址、桐乡新地里遗址出土的3件组合型犁具，猜其以上下两层木架固定。良渚文化时期的水稻单位产量较马家浜文化之耜耕时期乃至崧泽文化之小规模犁耕时期有较大提高。晚期（马桥文化）石犁的后端中部多作凹形缺口，便于固定在木质犁床之上。

除石犁而外，良渚文化还有破土器、耨刀、锛、铲、带把刀、半月

[1]丁品、郑云飞、陈旭高、仲召兵、王宁远：《浙江余杭茅山良渚遗址》，http://topic.ccrnews.com.Cn/ArticleDetail.aspx?id=79。

[2]宋兆麟：《木牛挽犁考》，《农业考古》1984年第1期。

[3]李根蟠、卢勋：《中国南方少数民族原始农业形态》，中国农业出版社1987年版，第77—83页；游修龄：《良渚文化与稻的生产》，载游修龄：《农史研究文集》，中国农业出版社1999年版。

形刀、镰、斧、钺、锄、靴形刀等石制农具，耜、鹤嘴锄、杵、臼等骨制、木制或陶制农具。有的如被称作“耘田器”、“千篰”的用途尚难以确定，但可以肯定为较先进的农具。这些农具大多通体磨光，制作规整，刃部锋利，多配有相应的木柄，共同构成有明细分工的农具体系。收获野生稻同穗但成熟期不同的籽实一般用摇穗法，而收割籽实成熟期较一致的栽培稻先用半月形石刀收穗，后来又发明了石镰连秆收割。连秆收割不仅提高了劳动效率，可以一次性收获谷物，而且连带收割的秸秆还可作其他用途，如用于建筑、铺垫、编织等。江苏吴江龙南遗址房址中就发现过用稻草、芦苇等铺垫的睡炕遗迹。[1]浙江杭州的吴家埠和南湖以及庙前、平湖的庄桥、海宁的徐步桥和三官墩、桐乡的姚家山，江苏苏州的张陵山和越城，上海松江的广富林、金山的亭林、奉贤的江海等良渚文化遗址都出土石镰。姚家山遗址还出土5把玉镰。类似现在的耘田工具而被称为“耘田器”、类似现在的千篰而被称为“千篰”的石制农具，游修龄等认为并非耘田器或千篰，可能是一种具有其他用途的先进工具。“千篰”可能是一种类似于耜的开沟整田工具，特别适合于处理湿烂泥浆如稠粥般的水田土壤。[2]

马家浜文化和崧泽文化遗址中仍发现大量兽骨、鹿角及骨石质箭镞、鱼镖、网坠等，说明当时渔猎经济所占比重较大。良渚文化遗址上述遗物很少，而且发现大量家畜遗存，说明良渚文化时期已经以农业为主要生业。

学术界曾凭山西夏县西阴村遗址发现的半个蚕茧、河南荥阳青台村遗址瓮棺葬儿童裹尸布丝织品样痕迹和其他一些遗址陶器底部的印纹遗迹等，认为中国的蚕织业距今5000年前起源于黄河流域。而1977年河姆渡遗址出土的一件牙雕小盅刻有4条蠕动的蚕，河姆渡和崧泽、罗家角、圩墩等遗址的孢粉显示桑属花粉比重较大。但丝绸起源最直接、确凿的物证则是钱山漾遗址出土的良渚文化丝织物。1958年，钱山漾遗址出土残绸片、丝带和丝线等珍贵文物，证实长江下游环太湖流域有最早的丝织业发源。由于丝织品保存较难，钱山漾遗址出土的为良渚文化遗址中仅见的，但可以估计当时有一定的普遍性。另外，钱山漾遗址和草鞋山遗址良渚文化层中出土麻布、麻绳和麻线。钱山漾遗址出土物经鉴定为苎麻纤维。[3]麻的利用或生产同样应具有普遍性。杭州在当时的状况也是如此。

从上述情况来推断，良渚文化时期杭州已经形成中国最具规模优势的稻桑农业经济体。其社会支撑能力可以从大型聚落、大型营建工程等方面得以佐证。良渚文化已经发展出十分完善的定居生活模式。与马家浜文化、崧泽文化相比，良渚文化聚落出现了两个标志性变化：一是规模变小的趋势加大，10000m^{2}以下的数量增加许多；二是100000m^{2}以上的数量也大大增加。自良渚文化早期开始，长江下游地区就开始出现两级甚至是多级聚落分化的现象。一方面聚落与聚落之间在规模、等级上逐渐向多级分

[1]高蒙河：《良渚文化的家庭形态及其相关问题》，载吉林大学考古系编：《青果集：吉林大学考古系建系十周年纪念文集》，知识出版社1998年版。

[2]程世华：《良渚文化时期的“千篰”及其用途试析》，《农业考古》2001年第1期。

[3]浙江省文物管理委员会：《吴兴钱山漾遗址第一、二次发掘报告》，《考古学报》1960年第2期。

化，以至于出现了莫角山式的中心聚落、庙前遗址式的半从属聚落和龙南遗址式的从属聚落等具有本质差别的不同等级形态。这在太湖周围分布的若干遗址群中都有不同程度的表现，如福泉山、张陵山、赵陵、寺墩等遗址。另一方面是聚落与聚落之间的从属性增强，表明类似于后来城市和乡村的分离关系开始出现，它们共同构成了一个完整的、相互作用的和相互依存的开放性生存网络结构。直至在环太湖地区形成由城市、大型聚落和中小型聚落构成的统一的早期国家政治系统。苏秉琦曾提出“古文化、古城、古国”概念，作为其文化区系类型理论的延伸。“古文化”即原始文化，“古城”指城乡最初分化意义上的城和镇，“古国”指高于部落之上的、稳定的、独立的政治实体。经过这3个逻辑的、历史的文明起源阶段，统辖多个古国而独霸一方的“方国”出现。国家形态进入第二阶段，最终才向统一帝国发展。苏秉琦认为，与社会分工、社会关系分化相应的、区别于一般村落的遗址、墓地，在原始社会后期、距今四五千年间或5000年前的若干个地点已找到线索，其中最重要的地点之一就是良渚遗址。[1]在《良渚文化的历史地位：纪念良渚遗址发现60周年》一文中，他明确提出良渚文化已具方国规模。[2]这里所说的方国有类于商、周时期的区域性国家。

良渚文化先民通过对自然环境的有益利用和改造，将良渚遗址区构建为良渚古国的首都。他们居高临下，在这个地区围堤筑塘、兴修水利、改造湿地、种植水稻，接着向平原高燥地段迁移聚落。其中莫角山遗址的堆筑量之大在全世界新石器时代遗址中十分罕见。良渚古城以莫角山为中心，北凭天目山余脉大遮山，南临天目山余脉大雄山，东西南北基本对称向四周扩散，建筑群与生态林、水田有序布局。由莫角山台城宫殿群遗址庞大的建筑基址可以推断出建筑群的宏伟。今日虽然不得窥测当时的建筑风采，但从坚实的夯土、粗大的柱洞、规整的积石以及并列的细沟，可以想见建筑物的精致与辉煌。其光照取向明显含有特定的测算意识，以至于通“天”、通“星象”，可说明当时已萌发了风水观或景观学意义上的城市规划和设计思想。次中心是文家山、后杨村这样的一般贵族居地或墓地，以及庙前、姚家墩、卞家山等聚落村。边缘是瑶山、汇观山等祭坛墓地和零散聚落村。北部和西部为东苕溪，南部为东苕溪支流庙桥—良渚港。西北部大遮山与东苕溪之间的塘山土垣和南部良渚港附近的类似土垣，形成城市防护系统。塘山土垣城市防护工程遗址位于良渚遗址的西北部，从瓶窑镇塘家桥始，经毛元岭、西中村、河中村和良渚街道石岭村、上溪村，至罗村，微弧线东西走向，全长约6.5km，地面宽度20—50m，高3—7m。依地势而筑，一些地段利用了高地或孤丘，局部地段为双坝体，如长庆湖南面部分。塘山土垣城市防护工程是全世界同期最大的城市防护工程。其功用有防洪堤和城墙两说。由航空拍摄图片分析，建造时间应在塔姆山洪流冲袭莫角山一带以后。从不同地段双坝间隔不一的情况来看，可能多次决口又多次补筑。长庆湖西南角以及里湖头有两处方形高台，可能是守护台。良渚遗址南沿良渚港附近也有一段类似于

[1]苏秉琦：《论太湖流域古文化古城古国》，载徐湖平主编：《东方文明之光：良渚文化发现60周年纪念文集》，海南国际新闻出版中心1996年版；谢维扬：《中国早期国家》，浙江人民出版社1995年版。

[2]苏秉琦：《良渚文化的历史地位：纪念良渚遗址发现60周年》，载余杭市政协文史资料委员会编：《文明的曙光：良渚文化》，浙江人民出版社1996年版。

塘山土垣的遗迹，航空拍摄图片上的色调和宽度与长庆湖一带相仿，构筑年代也可能相同。

三、石器、玉器、陶器、髹漆、丝织等工业经济的精致化发展

杭州早期农业发展的另一个佐证是建立在其基础之上的手工业。稻作农业不仅提供了丰富的生活资料，它也是远比旱作农业复杂得多的技术体系。从农田建设到农时的掌握运用，都需要准确计算统筹。长此以往，这种源自农业生产的需要逐渐衍生出一套分工细致的制度性运作模式，进而内化为人们的思维习惯和特点。新思维的运用，大量剩余产品的出现，导致手工业及相关社会意识的进一步分化，并完全从农业中独立出来。手工业从原料开采、产品设计开始的整个工艺流程，直到行业的组织分工等各方面，都有规模农业生产模式的影响。新的经济基础导致新型社会阶层的产生，新的思维方式和思维特征还影响到整个良渚文化社会组织的复杂化和秩序化。

自旧石器时代、新石器时代直到文明起源阶段，杭州的石器工业发展都极具个性或先进性，在良渚文化时期更是达到人类文化的高峰。

2004年，中国科学院古脊椎动物与古人类研究所、浙江省文物考古研究所和临安市文物馆对杭州市域临安市的旧石器文化进行考古调查，先在玲珑街道东山窑场附近的地层中发现一块石英石石器，经考证为古人类用于打造石器的原料。后又在玲珑街道、於潜镇、太湖源镇5个取土工地发现打制的石核、石片、砍砸器、石球、刮削器、手镐22件。这些打制石器具有旧石器时代打制石器的典型特征，如在於潜镇昔口村发现的砍砸器有明显的打制加工痕迹以及使用过的磨损痕迹。这批旧石器最近的形成期在距今1.2万年，最悠久的有数万年。太湖源镇杨岭发现的石核受酸性土壤的侵蚀而形成网纹土层特征，发现者判断年代可达10万年。[1]

[1]寿芳：《1.2万年前临安就有人：临安首次发现旧石器时期古人类活动遗存》，《钱江晚报》2004年6月4日；《临安发现1.2万年前旧石器时期古人类活动遗存》，《浙江日报》2004年6月4日。

2002年，中国科学院古脊椎动物与古人类研究所和浙江省文物考古研究所对天目山西苕溪流域进行联合调查，发现旧石器文化地点31处，采集和发掘旧石器时代石制品333件。邻近杭州属湖州市域的安吉县的西苕溪中游二级阶地发现旧石器时代文化地点13处，其中3处中更新世网纹红土层中发现石制品186件。其中出自地层45件，脱层141件。此后又陆续发现大量石制品。较多的是以砾石为坯材的粗大石核，还有砍砸器、石球和少量刮削器。2004年10月至2005年9月发掘的溪龙乡溪龙村西的上马坎遗址旧石器分布地点比较密集，不仅在网纹红土层和稀网纹红土层中发现出自地层的石制品400余件，还在层位较高的晚更新世后期地层（相当于旧石器时代晚期）中找到石制品，并发现固定的旧石器制作场所，说明古人类在此间活动频繁而且延续时间长，应是一处活动复杂、占据时间较长的中心居址。

该遗址是浙江境内发现的第一个有确切地层的旧石器遗存点，被誉为“浙江旧石器考古第一点”。长兴县发现旧石器时代文化地点18处，其中中更新世网纹红土层、晚更新世早期稀网纹紫红色黏土层发现石制品147件。出自地层3件，脱层144件。[1]此后同样有许多新的发现。2005年9月至2006年5月，长兴县七里亭遗址发现700多件打制石器，中国科学院地质与地球物理研究所对红土剖面古地磁年代测定表明，其上、中两个文化层年代距今99—12.6万年。下文化层的年代更久远，至少距今100万年。该遗址被认为是中国东南沿海地区最早的旧石器文化遗存，也是中国旧石器时代早期遗址中为数不多的超过100万年的遗址之一。[2]

2007年10月至2010年1月，浙江省文物考古研究所和长兴县博物馆对位于长兴县小浦镇光耀村石头山的合溪洞旧石器时代洞穴遗址进行考古发掘，在5个地点发现遗物。张森水判断其年代早于山顶洞人生活的时期。1号地点是主要部分，分6个文化层。其中第二层至第五层出土大量动物化石及碎骨、石制品和骨制品，第六层出土大量石制品。3号地点出土动物化石和一些石制品、骨制品。4号地点紧靠1号地点北侧，可能是1号地点的支洞，上层出土动物化石和少量石制品，并有人牙化石；下层出土动物化石、部分石制品及少量骨制品。该遗址共出土石制品1000余件，包括石核450余件、石片190余件、断块30余件、刮削器300余件、砍砸器80余件、尖状器30件、石锤数件。石制品岩性有砂岩、石英砂岩、石英岩、燧石等多种。4号地点出土的人牙化石保存完整，石化程度较轻，为成年人下颌左侧中门齿或侧门齿，是浙江发现的首颗出自明确地层的晚期智人牙齿化石。[3]2007年5月25日至8月25日，在小浦镇光耀村牛头冈以东约100米的银锭岗西坡发现银锭冈遗址，出土石制品300余件。下文化层出露的网纹红土堆积与安吉上马坎遗址相似，因此可将其定为中更新世；上文化层则属于晚更新世，其中第二文化层可能进入了晚更新世晚期。上文化层共出土石制品295件，岩性以石英砂岩、燧石质、砂岩为主，类型包括石核、石片、断块、断片、碎屑、石锤、石砧、石器等（石器以刮削器、砍砸器为主要品种）。其中断块和碎屑最多，岩性以燧石质和硅质岩为主，也有少量砂岩和石英砂岩，应该是打制石器时的副产品。其次是石片和石核。在79件石片中，有13件砸击石片、2件砸击石核，还有5件以砸击石片为毛坯修理而成的刮削器，3种砸击制品占石制品总量的6.8%。锤击石核台面大部分为自然形成，打击台面只占小部分。按台面多寡计，有单台面29件、双台面18件、多台面10件。2件砸击石核的原材料为燧石，两端均有砸痕。而锤击石片的台面性质也以自然为主，打击台面占了近1/3，台面形态多样，长型石片多于宽型石片，背脊多数有打击和打击一道纵脊。砸击石片的岩性以燧石为主，少量为硅质岩，形态多梯形，可分为一端和两端砸击石片两种，数量几乎相等，绝大多数两面均有砸痕。29件石器以刮削器、砍砸器为主，尖状器只有1件。23件刮削器采用复向、向背面、向破裂面等方式锤击修理，

[1]张森水等：《改写浙江无旧石器时代文化遗物地点的历史》，《中国文物报》2002年12月11日。

[2]浙江省文物考古研究所、长兴县文物保护管理所：《七里亭与银锭岗》，科学出版社2009年版。

[3]徐新民、梁奕建：《浙江长兴合溪洞旧石器时代遗址：浙江首次发现有人类文化遗物的洞穴堆积发现浙江首颗出自明确地层的晚期智人牙齿化石》，中国文物信息网2010年3月26日。

有单刃、双刃、多刃3种。其中5件以砸击石片为毛坯修理而成的修疤比多为浅深，刃口多在70° 以下；5件砍砸器均为单刃，采用向破裂面进行锤击等方式修理，修疤比以中深为主，刃口较钝，刃角多数在85° 以上。此外，在上文化层中发现13个拼合组，其中2个组合分别由4件和7件标本拼合，其余均为2件拼合，且绝大多数是石核与石片的拼合。因发掘面积的限制，下文化层仅出土6件石制品（石核3件、石片1件、断块1件、尖状器1件），其中1件双台面石核与石片能相互拼合。银锭冈遗址的工业类型仍属中国南方主工业传统，但却有相对丰富的燧石质制品和片状毛坯占刮削器毛坯一半的特点。2004年在附近地区采集到大量燧石质石制品，说明燧石质石器的生产和使用在西苕溪流域不是孤例。生产石片的锤击法和砸击法共存是其另一个特点。这两个有别于南方砾石工业传统特征的特点，可能是旧石器晚期西苕溪流域石制品组合的地方特色，也可能是南北文化交流的结果。但依据两种方法所生产石片的比例为4∶1来看，锤击法还是占据了主导地位。这种技术在浙江旧石器遗址中尚属首次发现。[1]

[1]浙江省文物考古研究所、长兴县文物保护管理所:《七里亭与银锭岗》，科学出版社2009年版。

上述调查成果填补了浙江无旧石器发现的空白，并查明浙江旧石器有如下主要特征：一是年代早、分布点多；二是可发掘面广、规模较大；三是类型多、品种齐全；四是体量大，与北方石器不同。石制品原料主要是石英砂岩和砂岩，其次是如花岗岩和凝灰岩等的火成岩类，还有少量石英岩、变质泥岩、硅化灰岩和燧石等。大多数石制品个体粗大，长度超过80mm，小于50mm的极少。脱层石制品种类繁多，石核最多，分单台面、双台面和多台面3种，石片较少。重型石器远多于轻型石器，砍砸器、石球和镐为常见类型，手斧和手锛也有发现。轻型的仅刮削器一类，可再分为单刃和两刃等亚型。一些较大型的刮削器修理较细、刃缘较齐，具有砍砸器向刮削器过渡的特点，以梯形居多，无典型的长石片。常见的刃角超过70° ，可做割切挖掘之用。坯材多为整块砾石或石核，片状器极少。总体上加工粗糙，器型不规则，刃缘曲折，修疤多深宽型，刃口钝者较多。石器修理多用锤击法，但锤击方式多样，有向背面（含向砾石的凸面）、向破裂面（含向砾石的平面）、向平面（砾石两面都较平、分不出凸面者数量极少）、错向加工、交互打击和复向加工等方式。合溪洞遗址3号地点发现的石片中数件有碰砧法加工特征，这种剥片技术的使用在浙江地区属首次发现。

旧石器时代考古研究表明，中国旧石器工业的基本框架是小型石片石器工业和砾石工业北南方主工业二元结构与多种区域性工业类型并存。苕溪流域发现的石制品工业属南方旧石器主工业，其分布西北连安徽、西接江西、西南邻福建、北界江苏，与安徽和江苏的关系尤为密切，表明中国南方旧石器主工业的分布范围比以往所认识的要广。浙江发现的旧石器形体要比北方大1—2倍，这与生产方式有关。北方古人类以动物为主食，石制工具主要用于解剖动物尸体，所以形体较小；而南方植被丰富，古人类在取得植物类食物时要挖、刨、砍，所以石制工具相对较大。安吉县发现的1件残长石片和1件单端刃刮削器则又似乎是南方绝无仅有的，后者常见于北方。如果不是北方交流的产物，有可能如湖北省荆州市鸡公山遗址那样存在上、下不同的工业类型文化层。[1]目前对杭州的旧石器遗存尚未像西苕溪流域那样做系统调查，但杭州所在的东苕溪流域应与西苕溪流域构成同一个旧石器文化系统。西苕溪流域的旧石器工业可以反映杭州的旧石器时代经济发展水平。

根据上述考古发现，可以部分还原或再现浙江古人类的生产生活状况。在更新世中、晚期，西苕溪、东苕溪中游古河道附近植物繁茂、食物资源充足，是当时人类获得食物和居住的理想地带。古人类抵御自然灾害的能力很弱，他们以山林为食物采集地，而以靠近山坡的二级河流的河谷阶地为生活聚居地。他们日出而作，日落而息。清晨制造工具，上午、下午采集（围捕）食物，太阳没有下山就回到洞穴休息。由于当时还没有形成保存工具的概念，除了加工难度较大的工具外，简单一点的都在当天打制。根据加工难易的不同，打制时间在1—2小时不等。有时也会直接使用锋利的石片。由于生产力水平极其低下，需要多人合作才能完成猎食活动。古人类不像现代人那样实行分餐制，而是如动物一样在劳作中时刻进食。

跨湖桥文化石器比较原始，主要有3种类型。一为细石器，二为利用鹅卵石砸击石片制成的斧、锛等，三为通体磨光、器型较小的斧、锛、凿等。马家浜文化石器早期的也比较原始，制作粗糙，打琢痕迹较多，器型单调，以斧为主。中期以磨制石器为主，器型规整，穿孔增多，凿、锛的数量增加。晚期则已通体磨光，制作精细，穿孔较多，器型有穿孔石斧、有肩穿孔石斧、双孔石斧、石锛、石凿等。此外还新出现了石镰、有段石锛、有柄三角形石刀、犁状器和耘田器等新工具。崧泽文化石器类型与马家浜文化石器类似，但进一步精细化。良诸文化石器数量多、种类丰富、加工精致，较多特有器型。早期主要有钺、璧、锛、镞、双孔刀、纺轮、砺石等，以钺、锛类最为常见。中期除上述器种外，较多犁、镰、耘田器、石耨刀（破土器）、平背刀等农业生产工具。晚期出现了带把刀，平背刀逐渐消失，镞变得较流行。部分已脱离生产工具范畴，与玉器一样是礼制象征物。可以较明确地区分为四大类：一是生产工具，包括犁、镰、耘田器、石耨刀（破土器）、平背刀等农业生产工具和锛、纺轮等手工业生产工具；二是生活工具，如平背石刀、带把石刀等；三是武器，如平背刀、带把刀；四是祭祀或礼制用具，如钺、璧等。杭州的新石器与旧石器一样，具有南方特征。即与稻作农业相适应相对体式较大，又由于较多应用于手工业许多都显得十分精细。另外，由于逐渐向玉器系统延伸，较多具有祭祀或礼制功能。

玉器在跨湖桥文化、马家浜文化和河姆渡文化中均有发现，但数量较

[1]张森水、徐新民、邱宏亮、王恩霖、罗志刚：《浙江安吉上马坎遗址石制品研究》，《人类学学报》2004年第1期；张森水等：《改写浙江无旧石器时代文化遗物地点的历史》，《中国文物报》2002年12月11日；张森水、高星、徐新民：《浙江旧石器调查报告》，《人类学学报》2003年第2期；张森水：《索史有缘品白茶：浙江旧石器考古散记（上）》，《化石》2006年第2期；张森水：《求真无垠识紫笋：浙江旧石器考古散记（中）》，《化石》2006年第3期；张森水：《茗香回味论假真：浙江旧石器考古散记（下）》，《化石》2006年第4期。

少。马家浜文化墓葬中一般仅有1件或几件，器型主要集中在璜、玦、管3种，个别还有坠、环、泡、条形饰、珠等。且许多为蛇纹石、石髓、滑石等假玉。主要功能是装饰。崧泽文化玉器数量有所增多，器型也有所丰富，有璜、环、管、坠、琀、佩、玦、璧、双联璧、镯、钺、三角形饰、圆环形饰、圆形饰、梯形饰、舌形饰等。玉材较好，大都采用透闪石—阳起石系列的软玉即真玉。器型多扁平小型，系将玉材切割成片状再琢磨加工而成。器表光素无纹。首创线切割琢玉工艺。功能则已由装饰逐渐走向礼制。良渚文化玉器的数量和工艺水平在全世界空前绝后，它是一种非常普遍的手工业产品，几乎环太湖流域各地墓葬均有发现，其中良渚遗址即有数千件之多。良渚文化玉器也是一种达到人类艺术创造极限的伟大的艺术作品，远远超越于现今工艺美术概念上的工匠创造。其器型极为繁多，良渚遗址的玉器尤其如此。如反山遗址有琮、钺、璧、璜、冠状形器、三叉形器、镯形器、半圆形饰、锥形器、柱形器、柄形器、条形器、端饰、管、珠、鸟、龟、鱼等，瑶山遗址有琮、钺、璧、璜、冠状形器、三叉形器、镯形器、牌饰、瓣形饰、锥形器、柱形器、条形器、柄形器、端饰、管、珠、纺轮、鸟等，计数十种之多。大致可以分为四大类：一是祭祀重器或代表型器，如琮、钺、璧等；二是饰品或祭祀饰品，如璜、镯形器、半圆形饰、牌饰、管、珠等；三是实用器物或其玉制装饰品，或是实用工具的一部分，如锥形器、柄形器、端饰等；四是一般装饰品，如鸟、龟、鱼等。良渚文化玉器的功能已主要转向祭祀，而以装饰为辅。如牌饰、管、珠组成的项链可能也是一种祭祀用品。良渚文化玉器所用玉石硬度仅略次于水晶，在摩氏5°—7°之间。而其体式较小，雕刻又采用了阴线刻镂、半圆雕、减地浮雕、透雕甚至微雕等多种艺术手法，在一个没有高硬质工具的时代加工这样的产品难度之大不可想象，似如神力操作。反山遗址出土的“琮王”外壁中部微雕有8个复杂的神徽，每个高不足3cm、宽不及4cm，却个个刻得生动有神。有的线条比发丝更细，甚至1.0mm宽度内精刻出四五条笔直平行的细线，每条0.1—0.2mm，最细的仅0.7 μm。肉眼无法看清的微线条，放大镜下显示连内壁都打磨得光而圆润。有人怀疑为外星人所为。也有人通过电子扫描，判断这些玉器成形后经加热处理而表面软化，再行刻琢。但实际上大部分玉器并无烧造痕迹。这些玉器的打磨和抛光也是谜，许多加工面之光洁度、光色感以现代工艺也难以做好。

从作坊遗存或一些半成品来看，良渚文化玉器生产当有十分精细的手工业分工作业体系。1996—1997年，塘山土垣遗址出土100多件残玉料和石质制玉工具。2002年又出土玉、石料460多件，其中玉料100多件，小部分已成可辨的琮、璧、镯等器；另出土300多件石质制玉工具，分砺（磨）石、切磋用石和雕刻用石3类。可以判断为一个玉器制作工场遗迹。其中的砺石大多为砂岩，呈棒形、球形、条形状。切磋用石大多为凝灰岩，呈箭头形、片形、条形等，扁薄细小。雕刻用石大多为黑石英、黑曜石、黑燧石，硬度在摩氏7° 左右。另在余杭区其他地点曾采集到玛瑙等材料制成的雕刻工具。1982年，江苏镇江磨盘墩遗址出土黑燧石等细石器3884件，其中石核1029件、石片2304件、石钻422件、刮削器129件。并出土玉料10件、玉器8件。其中以黑燧石及玛瑙等制成的石钻和带柄尖状器、雕刻器、刮削器，硬度也都达摩氏7° 左右。美国一位考古学家曾对类似黑曜石、燧石和石英石刀刃与现代剃须刀片及外科手术刀片进行实验比较，结果表明最钝的是燧石刀刃，其次是石英石刀刃，比燧石刀刃锋利9.5倍，而钢制手术刀仅比石英石刀刃锋利1.5倍。但黑曜石刀片厚度比剃须刀薄100—500倍，却比钢制手术刀锋利210—1050倍。1980年黑曜石刀片用于眼科手术获得成功。所以石刀片仍最为可能是良渚文化玉器的雕刻工具。但也不必认死理，在开眼、钻孔、打磨、抛光诸项中，除可用石制工具外也还有另一种可能，即中国文化中所谓的以柔克刚法。好比用磨刀石磨刀，磨刀石没有刀硬，但最终磨刀石磨利了刀。不要说石器可以磨玉，竹、木、骨甚至马牦等材料同样能办到。何况竹筒、骨器以及马牦割、磨玉石还黏配硬度与玉料相当的解玉砂。主要在于用经年累月的时间。开眼又叫开料、解玉、錾玉。从加工痕迹看，良渚文化玉器可能主要用了3种办法。第一种是“马牦截玉”法。《淮南子》卷一六《说山训》中记载，此法以马尾或马鬃编结成绳索，黏上解玉砂充做“锯条”，不断添水剖解。解玉砂多为高硬度之石英质。第二种砣切法是在轮制陶器的工具陶车基础上发明的技术。瑶山2号墓出土的一件柱形玉器中段留有五道切割痕迹，当为圆盘形砣具工作切面。这可能与《天工开物·珠玉第十八》介绍的方法一致：“凡玉初剖时，冶铁为圆盘，以盆水盛砂，足踏圆盘使转，添砂剖玉，遂或划断。”[1]只不过后来的砣具将石质扁圆形砣改成了铁圆盘。第三种切割法是在玉石材料上加砂蘸水以木片压擦，或以石片直接切割。除用石钻钻孔外，当时可能发明了圆木棒或竹管加砂蘸水研钻工艺。并有实芯钻、管钻等法。实芯钻孔较原始，难度也较大，一般只能施行于较薄的部位。钻具可能近于今日的土制木工钻。钻杆目前尚未发现，但钻头出土较多，有福泉山遗址之石钻头、玉钻头，钱山漾遗址之石钻头，慈湖遗址之木石复合钻头。磨盘墩遗址出土石钻头百件以上，均由黑燧石长片制成。有三角形钻、叶形钻、细腰扁身钻、长身钻和两头钻等。管钻法大汶口文化也有出现，但良渚文化的成熟且用得普遍，已发现的多件管钻遗下的玉芯可资证明。不过有关管钻工具的争论较多。有的认为是竹管加砂蘸水研钻，有的认为先钻小孔而后扩大，有的怀疑当是金属工具所为。也有人认为这种钻具在竹管架下加嵌若干锋利的小石刀片，钻具整体与今日之套筒式钻刀近似。[2]柳志青等2004—2005年发表于《浙江国土资源》上的《石钻头：发现新石器时代机床玉制刀具》《良渚文化玉琮曾是轴承套新石器时代机床玉制传动件》《飞轮、皮带轮、偏心轮和滑轮：新石器时代机床玉制传动件》等论文提出，良渚文化先民发明了无齿回盘锯和线锯等锯床、管钻和

[1]宋应星：《天工开物》，中华书局上海编辑所1959年版。

[2]林巳奈夫：《良渚文化玉器纹饰雕刻技术》，载徐湖平主编：《东方文明之光：良渚文化发现60周年纪念文集》，海南国际新闻出版中心1996年版。

杆钻钻床以及飞轮（惯性轮）、皮带轮、轴承套等。其结论未可全信，但相关的初级发明或可以被确认。

由于良渚文化以玉器为强烈表征，学术界结合辽河流域红山文化的相似特征提出“玉器时代”概念。许多学者从良渚文化玉器极度的特殊性论证良渚文化乃至中国文明的异质性。1988年，苏秉琦首次使用“玉器时代”概念来表达上述观点。几乎同时，美国学者江伊莉也提出并使用“玉器时代”这一名称。克里斯蒂安·约金森·汤姆森（Christian Jurgensen Thomson）提出的石器、青铜器、铁器3期说解决了史前考古学的分期难题，它与路易斯·亨利·摩尔根（Lewis Henry Morga）和恩格斯使用的蒙昧时代、野蛮时代、文明时代的提法相契合。相比之下，玉器或“玉器时代”并不能解释生产关系或社会结构问题。而且，即便在中国，玉器在远古文化中的分布比例并不大，因此无法涵盖全中国新石器时代晚期或文明起源阶段的特征。事实上，玉器不过是一种美石，为石器之一种，是一种高级石器。如果硬要以玉器来表征社会形态，那么它只能表征石器时代或原始社会。但玉器所表征的玉礼制度倒是要特别关注的。礼仪制度是中国文明的鲜明特征。从这种意义上说，将玉礼制度归纳为中国文明起源的一种特殊要素还是有一定合理性的。玉礼制度是中国文明起源阶段的重要特征之一。玉的神化和灵化是这个时期意识形态的强烈表征，中华民族形成爱玉的民族心理也根植于此。玉作为非实用性的生产工具和专用玉质礼仪制品，标志着以等级为核心的礼制的开始，象征着持有者的特殊权力和身份。它脱胎于不成文的习惯法。

制陶是表征农业社会特征的手工业经济。跨湖桥文化、马家浜文化、崧泽文化陶器已达到很高的发展水平，并且逐渐形成以黑陶为主的地域陶系特征。良渚文化则在此基础上发展到中国乃至世界制陶的高峰。

陶器是跨湖桥文化最突出的文化成就。无论与较早的上山文化相比，还是与较晚的河姆渡文化相比，跨湖桥文化陶器都呈现出技术的复杂性和成熟性，说明当时存在一个庞大而完整的制陶手工业部门。按照习惯分类，跨湖桥文化陶器胎质分为夹砂、夹炭、夹蚌3类，但前两类只是适当羼和了一些沙粒、蚌壳，炭、泥仍是主要成分。其基础是粉碎的草木灰和细泥拌和料。炊器或羼和石英类沙粒和蚌壳。胎质一般都十分细腻。这些特征与河姆渡文化不同，河姆渡文化夹炭陶陶胎常见颗粒明显的植物残骸和碎末烧失后留下的气孔。上山文化夹炭陶也普遍发现稻壳及植物碎末的烧失痕迹。根据质子激发X射线荧光（PIXE）等技术分析可知，跨湖桥文化陶器应当是用当地黏土掺杂了湖底淤泥或直接用淤泥制作而成，原料有很好的均一性。稳定的化学组分还反映，在长达1000年的时间里，陶土的挑选和处理没有明显变化。共振背散射和X射线荧光光谱仪（XRF）测试显示，碳元素在黑陶呈色工艺中起着至关重要的作用。此外，黑陶样品的碳含量是山东日照两城镇龙山文化黑陶的2倍。烧失实验发现，当黑陶片被高温加热后，其中的碳完全消失，表面和胎体变成红褐色。由此可知，这些黑陶是因烧制时渗炭而通体发黑。跨湖桥文化陶器制作以泥条盘筑为主，辅以分段拼筑。出现慢轮修整技术。从大型的釜、罐到小型的豆、钵，器壁的厚度均保持在0.5cm以内。小型器突出器表装饰（黑衣、红衣），大型器则匀薄规整，均十分精致。代表器物A、B型釜多呈卵形，器高腹深。除口沿部略厚外，颈部以下都在0.5cm以内。且有向下趋薄的趋势。与河姆渡文化深腹陶器内壁大多有修刮痕不同，跨湖桥文化同类陶器的内壁一般都未再作特殊处理，留下许多麻密、重叠的浅窝。这些痕迹是配合外壁加工（拍打）的垫具留痕。跨湖桥文化陶器的烧造温度在750—850℃之间，总体上低于河姆渡文化的800—850℃，反映其在较原始的烧造条件下完成。

马家浜文化陶系以夹砂红陶和泥质红胎红衣陶为主，砂陶羼和砂粒蚌末，胎质较粗，泥质陶胎多里黑外红或表红胎黑，少量含细砂。以手制为主，少量经慢轮修整。烧成温度较低，一般在800—870℃之间。纹饰以素面为主，盛行施红衣，却易脱落，有少量捺窝、附加堆纹、弦纹、镂孔等纹饰。盛行圜底器、圈足器，多附牛鼻耳、鋬手、把手，典型器型有腰沿釜、釜形鼎、盘口罐、敛口高把豆、带流平底鬶、敞口盆、钵等，还有炊煮用的长方形炉条。崧泽文化陶器主要有夹砂红褐陶（炊器）、泥质红陶、灰陶和黑衣陶等，以夹砂红褐陶比例最高。夹砂陶一般用稻草屑或介壳末作屏和料，胎质疏松，大都表面有小孔，色泽表里一致。泥质灰陶质地细腻，分深灰和灰白两种，烧成火候较高，色较纯。泥质黑衣陶有深灰和橙黄两种，器表黑衣容易脱落。制作以手制轮修为主、模制为辅。大型器多上下两半合成，接缝处以附加堆纹加固。晚期出现少量轮制陶器。器表以素面为主，纹饰主要有附加堆纹、弦纹、压划纹、瓦棱纹、绳纹、镂孔和彩绘等，以编织纹为大宗。附加堆纹常见于罐的肩、腹部，多呈锯齿形。压划纹施于罐和壶的肩、腹部，多为各种形式的编织纹。镂孔主要在豆和壶的圈足部，有圆形、弧边三角形和长方形等各种图案。编织纹则常常是整个器物的主体纹饰。常见器型有鼎、豆、壶、甗、盘、碗、钵、杯、罐、瓶、匜、澄滤器、盆、三足器等，明显呈现出鼎、豆、壶体系。相对于跨湖桥文化，马家浜文化、崧泽文化陶系的标准化和专业化水平进一步提高，说明制陶工业的规模和复杂化程度有所提高。标准化表现为陶器型制和尺寸变异程度减小。生产专业化表现为轮制技术的广泛采用，并由全职工匠进行生产。专业化还表现在某些特殊器物如标志身份、地位或特殊丧葬用品生产的专业化，这类器物的生产往往受贵族阶层的控制，反映了社会复杂化的程度。

良渚文化陶器是崧泽文化陶器的精致化发展。早期普遍流行鱼鳍形足鼎、口部有一对鼻式器耳的双鼻壶、宽把带流罐形壶等陶器。中期逐渐盛行T字形足鼎，豆为浅腹盘形附宽大低矮的喇叭形座，把手增高并多竹节状喇叭形，双鼻壶颈部增高，有的还带有器盖和蟠螭纹或云雷纹、弦纹装饰，尤以器壁较薄的泥质黑皮磨光陶为大宗。晚期常见T字形足鼎和圆锥形足鼎，双鼻壶和圈足壶常带器盖。以细而高的竹节形把黑皮豆、口上置舌檐帽式器盖的宽把杯形壶、宽把带流罐形壶以及圈足簋、袋足鬶、尊、尊形罐、盉等最具典型意义。良渚文化黑陶是制陶工艺进步和窑炉结构改进的综合结果。良渚文化陶器陶质以黑皮磨光陶、泥质灰陶和红褐色的夹砂陶等为主。早期以泥质灰陶和夹细砂的灰黑陶居多，晚期则以黑皮磨光陶最为盛行，其品种、造型和装饰都十分丰富。这种陶器的胎质多呈深灰或浅灰色，除个别掺入细砂粒外，一般都很纯净细腻。所用陶土可能经淘洗，成品器壁薄而规整。表面大多披一层黑色陶衣，似以淘洗之最细腻的泥浆施敷于陶胎表面，在陶胎将干未干时用鹅卵石等工具进行多道打磨，直到磨出光泽。良渚文化陶器制坯除手制和慢轮机制外，还发展了快轮机制。手制的既以泥块捏塑，也以泥条盘筑。小型器皿、塑像或非对称部位，仍沿用手制法。轮制法先有慢轮，其最强的功能是对手制陶胎加以整修。马家浜文化晚期即有与河姆渡文化一样的慢轮工艺，良渚文化之快轮工艺在其基础上将陶塑推到了新的高峰。从后代之陶车看，快轮制陶工艺有相当的机械制造技术为基础。经快轮制作的陶器，器壁厚薄均匀，器型规整。余杭区南湖遗址还发现小如指甲的石锛，揣其用途，属制陶工具，主要用于表面抛光和纹刻。从烧造水平看，陶窑设计工艺也当是非常高超的。惜未发现相关遗址。据推测，陶窑可能直接建于平地或浅坑上，不同于黄河流域之横穴窑或竖穴窑。烧造温度较高，因而氧化完全，所结胎质坚硬。将烧成之际，用掺入植物茎秆的泥土封顶，还原充分的成灰陶，烟熏渗碳的成黑陶。黑陶代表了中国后期陶器工艺的最高峰。黑陶表面所呈现的纯净黑色是由独特的无釉无彩碳化窑变形成的。其制作工艺比较复杂，现代仿制生产即设计为12道工序，烧制时间约需25天。烧造温度为1000℃左右，最后采用独特的“封窑熏烟渗碳”方法，即在器物烧成的最后阶段从窑顶徐徐加水，使木炭熄灭，产生浓烟，通过烟熏渗碳机制而形成黑色。这样烧出来的陶器浑然天成，具有黑如漆、明如镜、硬如瓷、声如磬四大特色，或有鸣玉之声、墨玉之美、青铜之光，气质稳重、高贵、大方、典雅而神秘。有的工艺精细至极。山东临沂大范庄遗址出土30件镂孔高柄黑陶杯，因胎壁薄如蛋壳（不足0.5mm），故被称为“蛋壳陶”。其中一件高20cm的黑陶杯，重量仅50g左右。1955年良渚遗址内的荀山遗址附近水塘中发现与龙山文化蛋壳陶相上下的黑皮陶壶等器具，器壁最薄的仅1.5mm。庙前遗址出土各种黑陶器及陶片上千件之多，其中也有大量薄型黑皮磨光陶。薄型黑皮磨光陶是良渚文化陶器的代表，达到了制陶工艺的巅峰，质、形、格调均不同凡响。

1928年，吴金鼎在山东章丘龙山遗址发现龙山文化黑陶，使得学术界在很长一段时间里将黑陶当作龙山文化的标志物。许多专家原先曾将良渚文化陶器视作龙山文化陶系的一个局部，又以此推断良渚文化是龙山文化的一支，如梁思永将龙山文化分为3个区，良渚文化被划分为杭州湾区。但事实上良渚文化早于龙山文化，而且以成就更高的黑陶为特征。良渚文化与龙山文化黑陶有可能是各自发展起来的，在相近相似的条件下出现相同的文化因素是自然的事。如果相互存在影响关系，应是良渚文化影响了龙山文化。

陶器而外，良渚文化尚发展了近于陶器功能的漆器。漆器在河姆渡文化中已见，良渚文化更有新的创设，并广泛使用，不仅成为显贵者的生活用品，也在礼仪中扮演重要角色。瑶山墓葬中有不少漆木器具，可惜大多已朽坏难辨，只有7号墓和9号墓各有1件可勉强复原。9号墓之朱漆嵌玉高柄杯是目前所见中国最早的嵌玉漆器，为壁厚2—3mm、敞口圆筒形、下附细而略带弧形的喇叭形圈足型制，出土时胎体已朽，但通体内外壁的朱红漆膜光泽、色彩仍为原状。浙江省博物馆有一仿制品。反山遗址也起取一件。当时不仅能在木器上髹漆，而且能在陶质礼器上制漆，良渚遗址和江苏吴江团结村、梅堰袁家埭就出土有完整的漆绘陶器。卞家山遗址发现觚形器、盘、豆、筒形器、陀螺、屐、锤、勺等大量漆器，数量、种类之多，保存之完好，为史前遗址罕见。其中觚形漆器类于商周时期的青铜觚，为重礼器。另有一只红彩黑底的漆盖，画有鸟纹，近于商周纹饰。

良渚文化的丝织工艺已经达到较高水平。钱山漾遗址出土绸片、细丝带、丝线、麻绳、麻布片等纺织品以及与养蚕相关的竹编篓、篮、箩、簸箕、席等用具。经中国社会科学院考古研究所测定，年代为距今5300—4700年。其中的绸片、丝带、丝线，经切片鉴定，性状为一般呈钝角三角形截面蚕丝特征，平均截面259 μm^2，与现代150—250 μm^2蚕丝截面相近。绢片未完全碳化，呈黄褐色，平纹组织，织物密度为每平方厘米47 × 47根左右，表面细致、平整、光洁。明显可见经纬线均由20根单茧丝并合而成，但均无捻，丝线平均直径167 μm，单茧丝平均直径15.6 μm。丝带已完全碳化，辫状结构，平纹组织，4根Z捻向股丝捻合成1根丝线，3根丝线辫结为人字纹带，总宽4.44—5.35mm。另有S捻向乱丝一团。[1]

[1]徐辉等：《对钱山漾出土丝织品的验证》，《丝绸史研究资料》1982年第1期；浙江省文物管理委员会：《吴兴钱山漾遗址第一、二次发掘报告》，《考古学报》1960年第2期。

钱山漾遗址、良渚遗址以及湖州邱城遗址等还发现石、陶纺轮、石骨质针等纺织工具。仅钱山漾遗址就出土陶纺轮57件。良渚遗址内的卞家山遗址出土一件刻有“手搓线”图纹的陶纺轮。江苏梅堰袁家埭遗址出土腹部刻有蚕纹的陶壶，张陵山遗址出土玉蚕蛾。反山遗址23号墓是一座具女性特征的大墓，出土织机部件端饰6件，可分成3对，两头各3件，一一对应配套，似为织机卷布轴、开口刀、经轴镶插端饰，证明当时可能已有原始腰机，用丝、麻和葛等不同原料进行绩麻织丝、横经打纬，织成蔽体御寒的衣裳。据推测，良渚文化先民操作织机的方法是：织者将整好经线的织机用腰背把卷布轴系于腹前，再用双脚蹬起，使经线分组，形成开口，用细木棍（或梭子）绕经引纬，放平开口刀，轻轻打纬后抽出，然后开始下一纬的织造。织造一定长度后经轴翻转一周，放出若干经线，卷布轴则卷入一周长的织物。当时可能已可织幅宽在35cm以下的织物，在同时期处于领先地位。[1]

[1]赵丰：《良渚织机的复原》，《东南文化》1992年第2期。

四、早期商业经济的萌发

剩余产品的交换抑或商业的发生时间很难断定，但至少良渚文化的商业活动已经比较活跃。人类向湿地平原大规模迁移推动了农业经济的发展，却也会带来其他生产生活资源的不足，比如制作石器的石料、制作木器的木料短缺等。对于分布于数万平方千米范围的良渚文化而言，局部地区又缺少制作陶器的陶土，更缺少制作玉器的玉料。丝麻等原材料尽管可以在大部分地区种植或养殖，但由于专业技术发展不平衡，某些地区或许也是短缺的。即便在同一地区，不同部落或胞族乃至家庭、个人发展农业或手工业的专业技术水平也会有较大差距，相对存在着不同的短缺性。这种生产生活资源的短缺性形成了资源流通或商品交换的动力机制。手工业技术和分工的精深化不仅极大提高了生产效率，形成了专业化生产部门，更使得局部占有单一资源和几乎缺失其他所有资源的格局形成，这就使得商业贸易成为必然的生产生活选择。在距今5000年这个时段，良渚文化是当时中国手工业发展水平最高、物产最为丰富的文化体。已发现的良渚文化玉器即可分为礼器、装饰品、生活用具和生产工具、不明用途杂器等四大类60多种，其生产一般须有采矿、设计、开眼、打磨、钻孔、雕刻和抛光等多道工序。良渚文化生产工具可分为农业、木作、渔猎、纺织、制陶、制玉、髹漆、竹编和酿酒等专业工具，采用石、骨、角、木、竹、陶和玉等不同材料。比较明确的农具近20种，其他各式工具数十种。这些工具有比较统一精准的制式，似非一般个人或家庭自制。除稻米而外，良渚文化先民还食用菱角、橡子、莲子、芡实之类淀粉食物，以及红蓼、栝楼、桃、梅、南酸枣、梨、李、甜瓜等蔬菜水果，可能食用蚕豆、花生等豆科类食物。又食用或豢养鹿、野猪、家猪、水牛、鸡、狗等动物。从发现的陶甑、陶甗、箅架等蒸具来判断，当时可以通过蒸煮干饭来酿酒。龙南遗址灰坑中淘洗出红蓼遗存，除有用做蔬菜或辛香料的可能外，也有可能用做草曲原料。[2]浙江平湖庄桥、余杭下家山、诸暨尖山湾等良渚文化遗址发现野葡萄种子。[3]由此可以推断，良渚文化应当有比较成熟的酝酿技术。另一个佐证是良渚文化陶器、木器中有大量酒具。其中过滤器、鬶、盉、匜、杯、壶、觚等，大多应是为酒专设。早期前段的主要器型有过滤器、宽把带流罐形壶和杯等。常见的有朱红色的彩绘装饰，形制带有崧泽文化晚期因素。形制奇特的过滤器原本配套于日常饮水器具，后来成了典型的酒具之内设冥器。吴家埠、庙前和蜀山等遗址发现过滤器、过滤钵和器盖3件配套器。宽把带流罐形壶器身呈罐形，口部安设有上扬的鸭嘴状流，腹部黏附扁平的半环形宽把，造型近于今日之咖啡壶。杯是此时最

[2]苏州博物馆、吴江县文物管理委员会：《吴江梅堰龙南新石器时代村落遗址第一、二次发掘简报》，《文物》1990年第7期。

[3]郑云飞、游修龄：《新石器时代遗址出土葡萄种子引起的思考》，《农业考古》2006年第1期。

为习见又形式多样的器式，以施加彩绘和弦纹装饰、安设花瓣式足为主要特征。早期后段的主要器型如前段，但施彩绘的杯明显减少，动物造型的壶有所增加，以钵形过滤器、宽把带流罐形壶、鋬形壶、猪形壶、提梁盉等为典型器具。中期前段流行的器具主要有宽把带流罐形壶、杯、盉和鬶等，出土器物大多难以复原。中期后段以制作精致的黑皮陶为主，习见前端带舌檐帽形器盖及花纹的，另有新出现的器身为筒形的杯形壶，均具明显的断代特征。此时的鬶多以泥质黑皮陶制成，与早期的夹砂陶有别。杯形壶是自本段开始出现的颇具特色的典型器型之一。晚期前段流行器物基本与中期后段相同，唯杯形壶多见带有器盖的，不仅数量增多，而且造型轻盈美观。体式修长、口上置舌檐帽式器盖的杯形壶，宽扁的把上多有刻画条纹和两个小圆形镂孔，构成中期后段至晚期前段型把手的典型特征。晚期后段流行器物基本与前段相同，唯造型和装饰明显趋向简朴，宽把带流罐形壶和杯的品种及数量也大为减少。这些酒具造型形成了相当完整而独特的工艺体系，并且还有特征明显的地域风格，证明当时酒的种类、饮酒习俗、饮酒礼仪已非常丰富。这些酒具对后世影响很大。如此丰富多样的商品体系不可能仅仅满足部族、胞族或家族内部的需求，而一定有一个发育十分完善的交换体系相配套。

《史记》卷八《平准书》有“山川园池市井租税之入”这样的话。张守节正义：“古人未有市，若朝聚井汲，便将货物于井边货卖，故言市井也。”[1]这个市井的解释非同一般。井里凝结的似乎远远不止水。由井发展集市，恐不为虚传。井是人类创造的最早的供水系统，它不仅满足人畜饮用和农业生产，而且变革了人类的生活方式。河姆渡遗址第二文化层即有水井发现。其底部打破第三、四文化层，应属早期良渚文化性质，为中国迄今发现的最早的古井。该水井利用水坑加深挖成，井口呈方形，边长约2.0m，深1.35m。但这一水井还相当简陋，只是水坑的加深，近于人工水塘。到了良渚文化中、晚期，水井技术突飞猛进，并且广泛使用，在环太湖流域分布很广，良渚遗址和浙江嘉兴雀幕桥、嘉善大舜新港、湖州花城，江苏苏州澄湖、常州雪埝、常熟东塘墅、昆山太史淀、吴江大三瑾、梅埝、九里湖、无锡南方泉等遗址都有发现。仅澄湖地区就有数百口之多。良渚文化水井的大量发现，佐证了《初学记》卷七引《世本》“黄帝见百物，始穿井”[2]、《周易·井卦·象辞》释文引《周书》“黄帝穿井”、《史记》卷一《五帝本纪》“瞽叟又使舜穿井”、舜臣“伯益作井”等文献记载应有来历。[3]良渚文化水井之穿凿技术已相当精湛，不仅井的形制非常适合积水、蓄水、保水，而且工艺考究。除简易的土坑井外，还出现了在世界水井史上有重要地位的木构井架式井和木筒井圈式井。1989年和1999年庙前遗址先后发掘出两口大而深的古方井。1999年发掘的一口，其粗大的榫卯结构之精致令人惊叹。木筒井圈式井数量相当多，以良渚、嘉善新港和昆山太史淀等遗址发现的最为典型。这类木井井体普遍

[1]司马迁：《史记》，裴骃集解、司马贞索引、张守节正义，中华书局1959年版。

[2]徐坚：《初学记》，中华书局1980年版。

[3]张明华：《中国新石器时代水井的考古发现》，《上海博物馆集刊》(5)，上海古籍出版社1990年版。

采用直圆筒形，井口周长最小而井口有效面积和井筒体积最大，为最科学的几何形体。井口直径大部分在1m左右，非常适度。井壁一般用两块凹弧形大木合围而成。系将一大木对剖为两半，挖空后拼合，并用长榫固定。据有些凹面有烧烤和锛挖的痕迹分析，当是先将挖面用火烧烤，然后再用石锛刮去炭化面。这需要经过多次层层烤、锛才能制成。嘉善新港的在每边距底部79cm处各凿一边长7cm的斜方榫眼，再用长木榫穿过方孔连接。有的也用绳索捆绑。太史淀遗址的井圈剖为四五块，湖州花城遗址的以木板和短木框架构成井壁，青浦寺前村遗址的似又以竹和芦苇编出井圈。这些围井方法有效地防止了井壁的倒塌。有的井还用木板铺底，有的则在井底铺上10cm左右厚的蚬壳，用以过滤水源。筒体一般较深，有的打穿原生土部分就达2m以上，可以充分利用地下水资源。伴随水井的发展，当时也发明了许多陶制汲水工具。其中许多遗物完好地保存于井底淤泥之中，据此可以推断出这些汲水工具完整的系吊方法。如此精致的水井似不是后来较为普及的家庭用具，而当为村落、胞族乃至部落的公共资源，因此有可能成为张守节所说的最早的贸易场所。

家庭、胞族内部交换的基础上发展出专业化手工业家庭或氏族，而商品交换又进一步推动和强化了手工业的专业化分工。为了提高生产效率，商业贸易又独立分化为专业化生产部门，而在广袤的湿地平原上定居则从根本上依赖于商业贸易配置生产生活资源的支持。因此可以断定，至少当征服肥沃的湿地平原、完成创造方国乃至早期国家的架构以后，良渚文化必定有了十分发达的商业贸易。由此，商业随着湿地平原经济的发展而发展，最后形成商品经济。距今6300—5500年孕育苏美尔文明的奥贝德文化（Ubaid Period），逐渐形成以神庙为中心的城镇。神庙经济中既有土地、畜群和手工业作坊，也有商业贸易经营，而且比重不小。奥贝德文化的商业联系北达哈拉夫文化（Halaf Period）区，西接叙利亚、巴勒斯坦，东面与西亚、中亚广大内陆相联系。据研究者推测，这时发明的文字可能与商业记账、贸易通信有关。在良渚文化遗存中，这种商业贸易和文化渗透的例证也很多。上海福泉山遗址出土1件彩陶背水壶，造型、纹饰都很美观，与山东大汶口遗址出土的彩陶背水壶相同。大汶口遗址也出现良渚文化的典型器物贯耳壶。良渚文化黑陶上刻有许多符号，是否即文字尚难断定，但许多统一符号类似于今日之商标，抑或为一种商业凭信。良渚文化各遗址均有大量石钺出土，这些石钺都未开刃。有人认为，它们可能充当一般等价物之货币，后来以斧斤为货币，其渊源可上溯到良渚文化。

良渚文化的商业贸易范围可能超出一般想象。已知良渚文化性征玉器的出土范围北抵陕北芦山峁遗址和晋南陶寺遗址，南达粤北石峡文化，西北至甘青齐家文化，涉及江、浙、沪以外的10多个省份，无疑是当时辐射面最宽、影响力最强的器物之一。早在新石器时代中期，大溪文化及屈家岭文化器物就受长江下游薛家岗文化、崧泽文化玉器的强烈影响。大溪文化玉器在品种和形态上基本与薛家岗文化、崧泽文化相同。新石器时代晚期石家河文化玉器与良渚文化玉器关系更加密切。石家河文化玉器数量剧增，而且制作精美，器型则与良渚文化玉器大同小异，如琮、璧、璜、瑗、蝉、坠、锥形器及串饰等。其中仅少量受山东龙山文化和中原地区影响，如龙、凤形玉佩。何介钧《湖南史前玉器工业》一文指出："石家河文化的玉器，始终笼罩在良渚文化强烈影响的氛围之中，自始至终未能形成自己独特的风格。"[1]四川成都金沙遗址出土玉器近千件，包括玉琮24件，其中既有典型的良渚文化玉琮，也有仿良渚文化玉琮，还有商周时期的玉琮。样式各异的玉琮在金沙遗址祭祀区域内的大量出土，反映良渚文化及其礼制思想对金沙遗址类型文化的影响。[2]三星堆遗址也出土玉琮。广东曲江石峡遗址的墓葬中出土的琮、璧、瑗、镯、璜、锥形器、坠饰等玉器等，均与良渚文化所见的同类器相同或相似。另外，在海丰乾圩、封开鹿尾、曲江乌石等遗址亦都发现过良渚文化类型的玉琮、玉镯等。[3]

河姆渡文化、马家浜文化、崧泽文化至于良渚文化这一大的东南文化传统是面向大海的。这些文化的先民习于水性、擅长航海，很早就可能与海外发生交往和联系。据目前考古资料，中国东南地区至迟在距今7000年前就发明了水上交通工具，跨湖桥文化、河姆渡文化、马家浜文化均有大量实证。跨湖桥遗址出土世界上最早的独木舟和多件桨形器。河姆渡遗址第四文化层有类桨物出土，第三文化层则发现6支较完整的木桨，另有多件采集品。它们均为整段木料加工而成，柄有圆形和方形两种，桨叶呈扁平柳叶状。其中第四文化层的一支还阴刻有直线和斜线构成的几何图案。河姆渡遗址还有2件陶舟出土，其中一件呈长方槽形，另一件则呈梭形。罗家角遗址、圩墩遗址也有相应出土。良渚文化之舟楫遗物出土更多，而且制造工艺也显发达。钱山漾遗址出土1支以青冈木制成的船桨，桨翼呈长条形，长96.5cm、宽19cm，凸起的一面正中有脊，两侧较薄，当有相当的划力。杭州水田畈遗址的一条古河道中出土4支木桨。桨翼有宽窄两种，宽的达26cm，迎水面很大，说明所配船只体积较大。良渚遗址、龙南遗址、慈湖遗址也都发现此类木桨。从舟山群岛发现的良渚文化遗址以及在反山、福泉山和海宁及桐乡等地发现随葬的鲨鱼牙齿来推断，良渚文化先民的足迹甚至已涉足海上，开发了沿海岛屿。传说余杭区的吊排岭、石扶梯、横湖、天宝塔、地宝塔、五航村和舟枕山等都与夏禹有关。《太平寰宇记》卷九三引《郡国志》："夏禹东去，舍舟登陆于此。"[4]明田汝成《西湖游览志余》卷一《帝王都会》称："杭州之名，相传神禹治水，会诸侯于会稽，至此舍杭登陆，因名禹杭。"[5]指谓"余杭"乃"禹杭"（航）之讹。并说当据《说文解字》释"杭"为方舟，即舫。《尔雅·释水》："天子造舟，诸侯维舟，大夫方舟，士特舟，庶人乘泭。"并四舟为维舟，并两舟为方舟，单舟为特舟，泭即桴。《西湖游览志余》卷一《帝王都会》又称："盖神禹之时，溪壑萦回，造杭以渡，越人思之，且传其制，遂名禹

[1]何介钧：《湖南史前玉器工业》，载邓聪编：《东亚玉器》第1册，香港中文大学中国考古艺术研究中心，1998年。

[2]朱章义、刘骏：《成都金沙遗址出土良渚式玉琮的初步研究》，中国玉文化、玉学术文化学术研讨会论文，2002年。

[3]广东省博物馆：《广东曲江石峡墓葬发掘简报》，《文物》1978年第7期；杨式挺：《广东新石器时代文化及相关问题的探讨》，《史前研究》1986年第1、2期；杨少祥、郑政魁：《广东海丰县发现玉琮和青铜兵器》，《考古》1990年第8期；杨式挺：《封开县鹿尾村新石器时代墓葬》，载中国考古学会编：《中国考古年鉴》（1985年），文物出版社1985年版。

[4]乐史：《太平寰宇记》，中华书局1999年版。

[5]田汝成：《西湖游览志余》，上海古籍出版社1980年版。

杭耳。”“余”是越语的一个语音，为盐的意思。浙江以“余”为地名的如余杭、余姚、余暨（萧山古名），可能与此相关。明清方志的臆测，或如语言学家分析，先秦之际便有“盐舟”这样的名称，倒也启发人。无论取“禹杭”还是“盐舟”之义，均与水运相关。古代文献记载古越先民因为擅长航海而拥有“有舟氏”的美誉。《越绝书》卷三《越绝吴内传第四》云：“越人……习之于夷。夷，海也。”该书《记地传》又描述越人“以船为车，以楫为马，往来飘风，去则难从”。[1]这些似可与良渚文化相印证。良渚文化水上交通工具主要是独木舟和筏，也可能已有多体相连的维舟、方舟（舫），它们由数只独木舟并联而成，融独木舟和筏的优点为一体，既防渗漏，又有较强的稳定性，能抗拒海上风浪。南美洲复活节岛的土著居民即有这种制作。2010年12月，茅山遗址发现一独木舟。它由整段巨木凿成，尖头方尾，仅稍有残缺。全长7.35m、最宽0.45m、深0.23m，是国内发现的同期最长最完整的独木舟之一。筏古称“桴”、“槎”等。据《说文解字》解释，“筏”即“编木以渡也”，说明筏用木、竹编扎而成。小的筏也称“桴”。筏制作简单，稳定性好，承载量大，可用篙或木桨驱动，既适应内河，又可涉海而行。《管子·匡君小匡第二十》有“乘桴济河”的记载，《越绝书》卷八《越绝外传记［越］地传第十》也记载越王勾践命令楼船卒2800人“伐松柏以为桴”，而《论语·公冶长第五》则有“乘桴浮于海”之说。由于筏实用而后来一直沿用，今日许多地方仍见其踪影。筏以竹筋、藤条、绳索等捆扎而成，藤断绳烂即解裂，所以也许因为这个原因目前找不到良渚文化木筏的完整遗物。但余杭镇南湖曾发现一条以数支等长的毛竹经五道竹篾编结而成的长280cm、宽60cm的马桥文化竹筏。良渚文化先民有了舟楫之便，丰富了经济生活，也定当增强了与四邻的联系与通商，促进了文化交流。同时，也连带发展了与之相关的造船业、渔业和相应的生产渔具的手工业。

[1]袁康、吴平辑录：《越绝书》，上海古籍出版社1985年版。

一些研究海洋洲文化的人总是把环太平洋洲际文化与远东中国东南文化联系起来。有的考古学家提出，在太平洋考古学文化的发生发展过程中，中国东南文化规模比较大的向外移植有3次。第一次正是在距今5000年左右的良渚文化时期。良渚文化之重要器物有段石锛广布于太平洋诸岛屿。河姆渡文化、马家浜文化已初造有段石锛，良渚文化时期发展到精熟程度。有段石锛的名称由考古学家林惠祥1954年引自奥地利学者对波利尼西亚一种石器的定名。这是一种背部偏上带有段脊的特殊锛状石器，类同于石斧，常与木质器柄构成复合工具。段脊可以牢固地捆绑或套装在器柄头部，从而延长手臂以提高工效。有段石锛过去多被认作农业工具，林惠祥最早认其为刳制木舟的手工工具。据判断，有段石锛较宽者可能用做横向砍削平木，较狭长者可能用做刳刨或挖凿。后来经嬗变，在各地也有了不同用途，少数可能作为农具使用。河姆渡遗址三、四文化层均出土为数不少的有段石锛，器身厚重而略呈长条形，双面刃，长短不一，由石斧发展而来，应是有段石锛的初型。属良渚文化的一、二文化层则有制作较为成熟的。宁绍平原的余姚、上虞、绍兴、鄞县、宁波以及定海、仙居等地的相应遗址和太湖流域的良渚文化遗址也都有发现。林惠祥将有段石锛分为初级、成熟、高级3个发展阶段。根据现在更精细的划分，从河姆渡文化到良渚文化，有段石锛经历了隆脊型—弧背型—斜脊型—台阶型这样一个形制上的发展演进序列。良渚文化之有段石锛斜脊型、台阶型、凹槽型并存，以台阶型最为多见。斜脊型有段石锛大多较厚重，平面略呈长方形，单面弧刃，中部的横脊线将背部分为上下两个斜面。这是有段石锛走向成熟的标志。台阶型有段石锛器身有宽扁形和长条形两种，明显特征是脊部靠上端部位起段，形成直角台阶，器身规整方正而刃部平。这是良渚文化鼎盛时期的高级型有段石锛。凹槽型有段石锛往往较短而厚，平面呈长方形，上部有一道横向弧圆凹槽，便于石锛捆扎、固定在木柄上。此种类型的有段石锛出现于良渚文化晚期，盛行于马桥文化时期，并一直流传，至商、周之际仍在流行。西周晚期至春秋之凹槽型铜锛为其末流。有段石锛主要分布于中国东部和南部地区，内陆和西南少数省区也有发现，范围及于浙江、江苏、上海、山东、辽宁、河南、湖北、湖南、安徽、江西、福建、广东、广西、海南、云南、贵州、香港、台湾等地。朝鲜半岛、日本、越南、菲律宾、印度尼西亚、波利尼西亚、夏威夷群岛等也有发现。最南达新西兰，最东直抵南美洲复活节岛。有段石锛不但分布面广，而且年代跨度很长，是一世界性研究课题。通过比较研究，可以找出各种文明发展的许多内在联系。[1]

中国台湾地区、朝鲜半岛、辽东半岛可能是良渚文化海外传播的第一站，菲律宾、日本为又一级中转地。中国台湾地区、朝鲜半岛和日本等地均发现与河姆渡文化、马家浜文化、崧泽文化和良渚文化相关的稻作遗存。日本非常重视由中国发源的“稻米之路”的研究。目前可考的日本稻作农业出现于绳文时代晚期（距今3000年），以稻作农业经济为主要生业则开始于弥生时代（公元前300—公元300年）。从其发展水平来看，日本稻作农业的发生应在此前更早。日本学者关于稻作农业由中国传入日本的线路有南路说、中路说、北路说三说。南路由台湾传至琉球群岛，入日本南九州。中路由长江口直接渡海，或经山东半岛（辽东半岛）、朝鲜半岛，入日本九州。北路由陆路（河北、辽宁）或海路（山东）经朝鲜半岛入日本九州。从地理位置来看，从华北经陆路到朝鲜半岛南端、过对马海峡到达日本北九州的路线最短，但其海流日均流速超过10海里。日本下关水产大学的研究人员曾做过渡海试验，以失败告终。后据考古调查，对马和壹岐岛的稻作农业还是从九州传过去的。日本稻作农业的典型生产工具石庖丁（石镰）在中国长江下游地区、辽东半岛南端、朝鲜半岛南部地区广有分布，与良渚文化石镰最近。所以说以中路说根据较充分。伴随稻米传播的还有河姆渡文化、良渚文化的居式及其先民的生活方式，如干兰、

[1]林惠祥：《中国东南区新石器文化特征之一：有段石锛》，《考古学报》1958年第3期。

环壕聚落、土墩墓、木屐等所表征。日本岩手县紫波町西田遗址发现绳文时代晚期的干兰。日本稻作农业最大可能来源于良渚文化。20世纪90年代以来，日本学者多次到良渚文化遗址寻找稻米之路的源头。[1]费孝通在《从史禄国老师学体质人类学》一文中指出，史禄国曾将中国及周边若干人种的体质特征大致区分为A型、B型、Γ型、Δ型和E型五大类。浙江人以B型为基本类型，江苏人以B型为主兼有Δ型，安徽人以Δ型为主兼有B型，广东人以E型为主兼有B型，而山东人和直隶人则为A型。朝鲜半岛人也以B型为主，与浙江人体质最相近。日本人类朝鲜半岛人，也以B型为主。“值得提到的是这些公元前的东夷在史老师的设想中是以B型为主体的古亚细亚人。这种人不仅在古代住在我国的沿海，而且是个善于航海的人，所以不断移居朝鲜半岛，而在地理上是个除了海路不易和大陆往来的半岛，易于保持古代的居民的地方。而就在朝鲜，史老师看到这也是个以B型为主的地区。这是东亚古代人口迁移论的一个重要论证。我回想起60年前从史老师初学体质人类学时，他要我分析一位日本人类学者所测量朝鲜人的体质资料，现在才明白他的用意是要用来论证他对东亚历史上人口移动的设想。我现在还记得的，曾费了整整一个学年分析的结果是符合史老师的结论的，就是朝鲜人体质主体类型是B型。可惜我的论文已经沦陷在长江底下，具体数字的根据我已无法追忆了。”[2]

[1]严文明：《中国稻作农业的起源》，《农业考古》1982年第11期；安志敏：《长江下游史前文化对海东的影响》，《考古》1984年第5期；游修龄：《太湖地区稻作起源及其传播和发展问题》，《中国农史》1986年第1期。

[2]费孝通：《从史禄国老师学体质人类学》，《北京大学学报》（哲学社会科学版）1994年第5期。

张光直提出环太平洋文化底层、玛雅—中国连续体的著名论点：世界文明主要有两种形成方式，即西方式文明和非西方式文明的形成方式。西方式文明从两河流域苏美尔人的乌鲁克文明（Uruk Culture）到地中海的爱琴文明相沿发展而来，非西方式或中国式文明，包括美洲的玛雅文明等在内，分布范围更广。玛雅—中国连续体的地理范围包括旧大陆和新大陆，其时间至少早自旧石器时代晚期。张光直认为中国式文明发生形态很可能是全世界向文明转进的主要方式，而西方式文明倒是个例外。玛雅—中国连续体的形成有商业贸易的内在作用。

第二节　杭州政区的形成与经济地位的再确立

一、隋唐以前良渚文化地域的再整合与“三吴都会”形势

良渚文化以后很长时间杭州的发展陷于萧条，可能与地理环境变化有关。良渚文化以后钱塘江对东苕溪的作用日益加大。东苕溪现行的路径是古东苕溪经过数次改道形成的。古东苕溪原顺势东流注入钱塘江，后受钱塘江高潮的顶托作用而分流，最终演化为太湖水系。良渚文化早中期由于气候转暖，海平面上升。受海水顶托，杭州湾北岸泥沙堆积，地势渐变高，而此时太湖地区地面继续沉降，致使由南向北流向的河流溯源侵蚀加快，导致良渚遗址一带的溪流向北偏流，使东苕溪发生第一次大改道。良

渚文化晚期气候又较大幅度变冷，海平面下降，但太湖仍在沉降，周边地区的水系袭夺现象依然存在，古东苕溪发生第二次、第三次改道，最终由钱塘江水系转变为太湖水系。古东苕溪几次改道后，西溪湿地的东南部地区地面不断抬升，陆域化水平提高，西北部地区即良渚遗址一带则因为相对地势较低而成为东苕溪河道。东苕溪上游是天目山暴雨中心，而下游因陆域化而排水不畅，成为浙江洪灾最严重的地区。洪涝灾害在当时给良渚古城带来灭顶之灾。现今呈现的南、中、北苕溪汇合而成的东苕溪在瓶窑镇、良渚街道穿过良渚遗址沿天目山余脉大遮山北行的“之”字形大转弯格局，应该是后来形成的。其时间上限可能早于春秋，基本完成则晚于东汉前期。《水经注》卷四〇《渐江水、斤江水、江以南至日南郡二十水、禹贡山水泽地所在》有“浙江径县左，合余干（‘干’孙潜疑当作‘杭’）大溪”的记载，表明在北魏时期，东苕溪（大溪）仍偶尔流入钱塘江。作为良渚古国中心的良渚古城的毁灭，不仅造成良渚文化的衰亡，而且带来杭州长时间的衰亡。

进入历史时期以来，杭州经历了很长时间的自然地理再调整，直至隋唐时期才基本成形。可能由于根本就不具备形成大型聚落或市镇的条件，先秦时期这一带人口稀少，经济、政治、军事等方面均没有地位，或者被看作未开化的落后地区，所以秦朝以前的文献没有杭州市域的任何地名记载。秦王嬴政二十五年（公元前222年）秦统一中国后设郡县，置会稽郡和钱唐县、余杭县。钱唐县、余杭县属会稽郡管辖。据马非百《秦集史·郡县志下》考订，秦代会稽郡下辖26个县，其中在杭州地区的有钱唐、余杭。[1]后晓荣《秦代政区地理》第七章《淮汉诸郡置县·会稽郡》则指出，除了上述3县外秦代会稽郡属县在杭州地区的还有浙江、富春两县。[2]此书使用了很多新发现的金石史料即著者所说的“地下文献”，颇具新意，但要证明上述观点尚缺乏充分的论据。秦以前即楚国统治时杭州市域西部尚未出现县级政区，这部分地区属于故鄣县。故鄣县县城在今湖州市辖县安吉县西北安城镇古城村。秦朝置鄣郡，鄣郡的治所为故鄣县。秦王初定天下时置42郡，基本上因地制宜，随占随设，没有统一规划。东南方向除了九江郡就是会稽郡，会稽郡占有今安徽、江苏、浙江一带。秦王嬴政二十六年，将42郡合并为36郡，不过由于九江郡、会稽郡占地广大，所以进行了分割。其中会稽郡中分出一个面积较小的故鄣郡。辛德勇《秦始皇三十六郡新考》一文指出：“会稽辖界的调整，似乎还有另外一层因素，即析分此郡，应与当时的边防形势有关。如前所述，闽中地区的越人，此时尚与秦朝对立。很可能正是为应对闽越这一威胁，始皇二十六年时，便分割会稽郡西部，设立故鄣郡[3]。从故鄣郡的后身亦即西汉丹阳郡的境域来逆推，可知秦故鄣郡正控扼着闽越北出中原的长江渡口，分置此郡，应当有助于强化对这里的控制，更好地保障秦朝疆土的安全。这与西北地区五原、云中两郡，虽然面积偏小却保持独立而没有合并，是同样的道理。”[4]

[1]马非百：《秦集史》，中华书局1982年版，第624—628页。

[2]后晓荣：《秦代政区地理》，社会科学文献出版社2009年版，第413—421页。

[3]《史记》卷六《秦始皇本纪·正义》引唐李泰《括地志》：“秦兼并天下，以为鄣郡也。”以为故鄣郡设立于秦并天下之后，故应为秦始皇二十六年（公元前221年）划定秦郡时所分置。又宋周应合《景定建康志》卷六《建康表》：“秦始皇二十五年，灭楚，始以金陵为鄣郡。”但秦灭楚时，《史记》卷六《秦始皇本纪》仅记其在吴越故地置会稽郡，鄣郡设于初平楚地之始皇二十五年于史无征。

[4]辛德勇：《秦始皇三十六郡新考》，载辛德勇：《秦汉政区与边界地理研究》，中华书局2009年版。

除军事等特殊原因外，秦代设置郡县总体上是以人口密度来布局的。所谓“县，大率方百里。其民稠则减，稀则旷”[1]。也就是说，人口密集之处则县分布较多，相反则分布较少。根据谭其骧主编《中国历史地图集》可以看出，会稽郡属县的分布密度差不多类似今天设区市的分布密度。而钱塘江以北区域密度相对比钱塘江以南要高一些。尽管这些县的设置很可能沿袭楚国建置，但都与人口迁移有关。事实上，秦始皇对会稽郡及其属县的设置是与其通过实施移民政策加强对作为边郡的会稽郡的控制相一致的。《越绝书》有两处提到秦始皇曾经将钱塘江以南的越人大量迁徙到钱塘江以北。《越绝书》卷二《越绝外传记吴地传第三》：“乌程、余杭、黝、歙、无湖、石城县以南，皆故大越徙民也。秦始皇帝刻石徙之。”卷八《越绝外传记［越］地传第十》：“政更号为秦始皇帝，以其三十七年东游会稽……是时，徙大越民置余杭、伊攻□、故鄣。因徙天下有罪谪吏民置海南故大越处，以备东海外越。乃更名大越曰山阴。”[2]陈桥驿《古代于越研究》一文指出：“秦统一中国以后，对东南地区的部族采用了同化和强迫迁移的政策，他们一方面把浙东的于越居民迁移到今浙西和皖南的乌程、余杭、黟、歙、无湖、石城一带；另一方面又把‘天下有罪谪吏民’迁到浙东各地，这样就促进了于越居民与其他各族居民的杂处，于越居民从此就从他们原来的聚居中心逐渐分散。”[3]西迁的主要集中在东苕溪流域和杭州以上的钱塘江（新安江）流域。[4]

与史前时期一样，历史时期东苕溪流域的人类聚落重新兴起要比钱塘江流域早。但由于东苕溪转变为太湖水系，致使整个环太湖南沿地区沼泽化程度加深，而且洪水灾害难以控制，平原地区的可居住环境和农业生产环境受到较大破坏，生态环境与新石器时代早期的状况类似，所以历史时期早期的人类重新回到东苕溪流域的河流冲击扇地区发展。这也是秦代设立鄣郡和鄣县的另一个原因。虽然鄣县和乌程县都设立于秦代，但从鄣县在秦代已经是鄣郡的郡治所在来看，其发展当比后来比较发达的乌程县要早，是杭嘉湖平原北部县级建制的源头。鄣县县治地处西苕溪中上游地区，距杭州很近，其建置史至少可以上溯到春秋时期。现今鄣县城址地表尚存土筑城墙及护城河遗迹，东西长约600m，南北宽550m，残高6m左右，包括护城河总面积约0.5km^2。出土建筑物构件可以证明，鄣县城址是迄今所知的环太湖南岸地区当时规格最高的城址。元代开始以后还出土大量楚国钱币——郢爰，可知曾是楚国的东部重镇。[5]又有学者根据考古发掘提出，故鄣县城可能为早期越国的都城所在地。[6]至少当时这里已经比较发达，是越国在太湖西南地区的战略重地。楚国进占越地之后，其战略地位进一步提升。

位于天目山东南部东苕溪上游冲击扇的於潜县（今属临安市）、余杭县兴起也较早，是历史时期早期今杭州境内人口集聚最多的地区，也是杭州境内县级建制的源头。虽然於潜县属鄣郡，余杭县属会稽郡，但两县紧

[1]班固：《汉书》卷一九上《百官公卿表第七上》，颜师古注，中华书局1962年版。

[2]袁康、吴平辑录：《越绝书》，上海古籍出版社1985年版。

[3]陈桥驿：《古代于越研究》，《民族研究》1982年第1期。

[4]陈志坚：《杭州初史论稿》，杭州出版社2010年版，第3—26页。

[5]董楚平：《楚败越过程考略》，载彭适凡主编：《百越民族研究》，江西教育出版社1999年版。

[6]关于越国建都，张明认为越初都于安徽屯溪经浙江安吉—会稽—山东琅琊返江苏苏州，程亦胜认为越初都江苏无锡梅里附近—浙江安吉古城—会稽—山东琅琊—江苏苏州，董楚平认为越初都江苏无锡梅里—浙江太湖西南地区—会稽—山东琅琊返旧越地。

邻。可能於潜县发源更早，然后向下游的余杭县延递。从历史时期杭州的成陆形势以及后来通过治理东苕溪发展钱唐县的情况来判断，余杭县应是杭州最早兴起的大县，或者说是秦代杭州的发展中心。谭其骧《浙江省历代行政区域：兼论浙江各地区的开发过程》一文中指出："县乃历代地方行政区划之基本单位。州郡置罢，分并无常，境界盈缩不恒，县则大致与时俱增，置后少有罢并，比较稳定……后世的道、路、行省，初创时皆辖境极大，历久而逐渐缩小，略如州郡之比。县则历代标准大致相似，虚置滥设者较少。一地方至于创建县治，大致即可以表示该地开发已臻成熟；而其设县以前所隶属之县，又大致即为开发此县动力所自来。故研求各县之设治时代及其析置所自，骤视之似为一琐碎乏味的工作，但就全国或某一区域内各县作一综合的视察，则不啻为一部简要的地方开发史。"[1]中国历史上设县基本坚持"山川形便"和"犬牙相入"两条原则。"山川形便"即以地理形势为原则，"犬牙相入"典出汉文帝给割据岭南的南越国王赵佗的一封信，意指政治安排性的行政区域划界。[2]而最早设县时一般主要考虑自然环境、经济和行政运作需要等因素，因为经济特别是农业经济的发展是维持政权的基础。县的设置代表一个地区开发达到一定规模。因此，较早设县的地区也是自然环境和经济发展较好的地区。根据谭其骧的观点，它还是其他县之开发的动力。余杭和鄣县不仅是东、西苕溪流域最早兴起的县，也是两流域其他县兴起的最大动力源。由于历史文献对当时两县的经济状况未做任何记载，因而无从判断其具体情况，但从县的形成机制来看，两县应是历史时期早期苕溪流域经济最发达的地区。

[1]谭其骧：《浙江省历代行政区域：兼论浙江各地区的开发过程》，载谭其骧：《长水集》，人民出版社2009年版。

[2]周振鹤：《犬牙相入还是山川形便？——中国历史上行政区域划界的两大原则》，《中国方域》1996年第6期。

与东苕溪流域相比，钱塘江流域尤其是其北岸成陆时间较晚，在历史时期早期建县条件有所不足，因此整个开发相对迟后。尽管钱唐县与余杭县于秦代一同作为县见之于记载，但其实际建县时间应当比余杭县晚近，而且当时的发展水平也远低于余杭县。用前述谭其骧阐发的原理来解释，余杭县也是钱唐县兴起的动力源。谭其骧在《杭州都市发展之经过》一文中指出，钱唐县设立后直到隋代以前都是个山中小县。[3]其位置尚未确定，一般认为在现西湖以西的灵隐山下。其时钱塘江口没有成形，西湖还是个海湾，至少至汉代西湖以东地区大部分尚在水下。这时的钱唐县三面皆山，仅东南一面濒临未成形的西湖，而湖外又是淤沙，无舟楫之利可言，对外交通仅赖几条崎岖的山路。其陆域面积也非常小，因此人口集聚和经济发展都非常有限。而事实上钱唐县后来的扩展以至构成杭州的主城区，除了与钱塘江逐渐成形有关以外，又与余杭县对东苕溪的治理有关。据南朝刘宋元嘉年间（424—453年）曾任钱唐县令的刘道真《钱唐记》所记，西汉末年会稽郡议曹华信发起修建防海大堤："防海大堤在县（衙）东一里，郡议曹华信议立此塘以防海水。始开募，有能致一斛土石者，与钱千。旬日之间，来者云集。塘未成而不复取，于是载土石者皆弃之去，塘因以成，故名'钱塘'。"[4]华信所筑防海大堤的位置约在汉明圣湖（今

[3]谭其骧：《杭州都市发展之经过》，载周峰主编：《南北朝前古杭州》，浙江人民出版社1997年版。

[4]刘道真：《钱唐记》，载郦道元：《水经注》卷四《渐江水》，陈桥驿译注，王东补注，中华书局2009年版。

西湖）东岸一线。这条防海大堤使西湖与江海相隔，也使整个杭州东区成陆速度加快，与西部西溪湿地的陆域化遥相呼应。东汉建武六年（30年）光武帝刘秀裁汰冗官，省并天下400余县，省钱塘县入余杭县。余杭县城原在南苕溪南，虽有舟楫之便，却因形势平衍而易遭水灾。熹平元年（172年）任余杭县令的陈浑将其迁至溪北，筑城浚濠以固围。并于其西南筑横塘30余里围湖，在湖之西北凿石门涵导水入湖，以分杀水势。又沿溪增置陡门、塘堰10余处。至此而始，历代沿现今东苕溪河道逐渐修建了西险大塘，固定了苕溪河道，较好地控制了洪涝情势。不仅使杭州现今的主城区一带演化为优良的居住区和农耕区，而且使东苕溪改道淹没的良渚遗址区恢复了生机。事实上，陈浑兴修东苕溪水利工程，究其利于原钱塘县为多，乃至有利于整个杭嘉湖平原，其所为乃职责所归，是统筹全局之举。现今的杭州主城区最终得以完全陆域化，是古钱唐县与古余杭县互动共构的结果，也即东苕溪与钱塘江治理互补的结果。陈浑筑横塘似与华信筑防海大堤有某种默契，至少可以说明当时的人对杭州的地理机制已经有了深刻认识。至吴越国时期，这种治理大体完成，杭州主城区的地理结构和规模基本成形。

现今的杭州市域主要由清代的杭州府大部分、严州府大部分和绍兴府辖萧山县构成。这一区域在五代吴越国时各自有了完整的区域性建制，前两部分直到民国时在建置上互有交叉，新中国成立以后才比较稳定地形成一体结构。

至五代吴越国时，杭州领钱塘、钱江、盐官、余杭、富春、新登、桐庐、安国、於潜、吴昌、武康11县，其中盐官县即今嘉兴市域海宁市，武康县即今湖州市域德清县，钱江县部分由盐官县割入。钱塘县、余杭县和钱江县大部分今属杭州市区，富春、新登两县今属富阳区，安国、於潜、吴昌3县今属临安市。富春县建于西汉初，属会稽郡。县境包括今富阳区（含新登）、桐庐县（含分水）、建德市（含寿昌），县治在今富阳区。三国吴黄武四年（225年），析富春县置桐庐、建德、新昌（今寿昌）县。次年析置新城县（今富阳区新登镇），又分丹阳、会稽、吴郡10县地置东安郡，郡治富春县。东晋太元十九年（394年），避晋简文帝郑太后“阿春”讳改名富阳县。南朝梁时改为富春郡。陈祯明元年（587年）复称富阳县，改属钱唐郡。隋开皇九年（589年）属杭州。五代梁开平四年（910年）改称富春县。三国吴黄武四年，析富春县桐溪乡置桐庐县，属吴郡。隋开皇九年并入钱唐县，仁寿二年（602年）复置桐庐县，次年改属睦州。唐武德四年（621年）析桐庐县西北 7 乡置分水县。光化三年（900年）改属杭州。东汉建安十六年（211年），分余杭县西部置临水县，属吴郡。晋太康元年（280年）改称临安县。五代梁开平二年（908年）改称安国县，属杭州。西汉元封二年（公元前109年）置於朁县，属丹阳郡，县治在今於潜镇。东汉时改於朁为於潜。南朝陈祯明元年（587年）改属钱唐郡。隋作於濳，属杭州。唐武德七年（624年）于於潜县置潜州，领於潜、临水两县，州城在城岭。次年废潜州，临水县并入於潜县，仍属杭州。唐垂拱二年（686年），析於潜县置紫溪县，属杭州。武周万岁通天元年（696年）改称武隆县，同年复称紫溪县，又析紫溪县另置武隆县，县治在今昌化镇（曾名武隆镇）。神龙元年（705年）更名唐山县。大历二年（767年）唐山、紫溪两县并入於潜县。长庆二年（821年）复置唐山县。北宋太平兴国四年（979年）改称昌化县。於潜县1958年并入昌化县，昌化县1960年并入临安县。

唐武德四年始设严州，辖桐庐、建德、分水3县，州治在桐庐。严州此后时设时并，明清时严州为浙江11府之一，辖建德、寿昌、桐庐、分水、淳安、遂安6县，府治在建德县梅城镇。今建德、寿昌两县并为建德县，桐庐、分水两县并为桐庐县，淳安、遂安两县并为淳安县。三国吴黄武四年，析富春县置建德县，县治在今梅城镇，属吴郡。南朝梁、陈时，改属东阳郡、金华郡。隋开皇九年并入吴宁县（今金华市婺城区），属婺州（今金华）。唐武德四年复置，属严州。武德七年废严州，省建德并入桐庐、雉山两县。永淳二年（683年）再置，属睦州。武周万岁通天二年（679年），睦州州治自新安县移建德县。北宋属睦州、严州，南宋属建德府，元属建德路，明、清属严州府，均为州治所。三国吴黄武四年，析富春县置新昌县，属吴郡，故治在今建德县大同镇。太康元年（280年）改名寿昌县。隋开皇九年并寿昌入始新县，唐永昌元年（689年）复置，不久又废。神龙元年（705年）再置，县治郭邑里（即今寿昌镇），属睦州。北宋宣和三年（1221年）属严州。1958年并入建德县。东汉建安十三年（208年），析歙县叶乡置始新县，县治在新定里，即后之威坪镇。同年又析丹阳郡置新都郡。次年，新都郡治迁入贺城，始新县治随迁城东附廓。西晋太康元年（280年），改新都郡为新安郡。隋开皇九年废新安郡，并遂安、寿昌入始新县，改名新安县，属婺州。仁寿三年（603年）于新安县置睦州，并析置遂安县。大业三年（607年），改睦州为遂安郡，改新安县为雉山县，雉山县为郡治。唐武德四年又改遂安郡为睦州。文明元年（684年）复改雉山县为新安县，仍为睦州治。武周万岁通天二年因水患移睦州治于建德县。开元二十年（732年）改新安县为还淳县，永贞元年（806年）又改名青溪县。宣和三年改睦州为严州，改称淳化县，南宋绍兴元年（1131年）又改为淳安县。东汉建安十三年分歙县武强乡置新定县，故治在今汾口镇，属新都郡。西晋太康元年改称遂安县，属新安郡。隋开皇九年废新安郡，遂安县并入新安县，属婺州。仁寿三年复置，属睦州。唐武德四年县治迁狮城。北宋宣和三年属严州。1958年并入淳安县。

萧山县始设于西汉元始二年（2年）（一说西汉初），称余暨县，属会稽郡。唐天宝元年（742年）始称萧山县，乾元元年（758年）至北宋属越州，南宋至清代属绍兴府。1987年改设萧山市。1996年析萧山市部分设滨江区，2001年萧山市改设萧山区。

上述3部分建置时间有先后，地区特征也有一定差异。其中第一部分总体上接近于主城区，主要表现为苕溪流域的经济地理特征；第二部分处于丘陵河谷平原地区。表现出典型的钱塘江流域的经济地理特征；第三部分位于浙南山区北沿的宁绍平原，兼有上述两种经济地理特征，同时又具有一定的有限性。秦代以后直至隋唐，由于苕溪流域成型的时间较晚，杭州既处于环太湖地区或者吴地南沿丘陵的边缘，也处于越地的西北边缘，所以总体上经济和政治地位都不高。吴越国在隋代州址的基础上建为国都，并利用大运河通商，才使杭州的地位极大提升。

在杭州地形地貌形成的过程中，其土壤结构也逐渐固定下来。据1979—1985年全国第二次土壤普查，杭州市土壤总面积150.27万hm^2，其中市区3.19万hm^2。红壤分布最广，占一半以上；水稻土次之，约占14.0%。其中潴育水稻土广泛分布于水网、河谷平原和低山丘陵的沟谷中，面积11.77万hm^2，占水稻土的55.8%。该亚类的土壤性质好，耕作管理方便，农作物产量高。市区水网平原土壤以水稻土为主，河湖相、河海相、湖海相及浅海沉积相皆有，且多交互沉积，母质类型复杂，表现出种类多样性、分布复杂性及界线不明显性等特点。适宜种植水稻。河谷地区自然土壤多为沉积层理发育的潮土，多数已辟为水田，土壤组合类型以潮土、水稻土为主。杭州地区山地面积较大，海拔500m以上的山地土壤占土壤总面积的53.5%。一般形成以红壤为基带，以红壤、黄壤为主体的土壤垂直带谱。低丘缓坡面积约占土壤总面积的1/3，土壤分布规律不明显，土壤类型繁多，受人为因素影响强烈，多形成以红壤土类和水稻土土类为主的不同形式的自然土壤—耕作土壤组合。隋唐以前杭州的经济发展和人口数量缺乏史料记载，但隋唐时期的人口数量大体可以反映当时的农业发展水平。据《隋书》志二六《地理志下》记载，隋炀帝大业三年改杭州为余杭郡，统县6，户15380。唐贞观年间（627—649年）统县5，户30571，口153720；天宝年间（742—756年）余杭郡辖县9，户86258，口585963。五代吴越国时户口确切数无考，有户10万余。可证其经济发展已经有相当规模。

三国吴韦昭的佚书《三吴郡国志》有“三吴”之说，但所指不详。《水经注》卷四〇《渐江水、斤江水、江以南至日南郡二十水、禹贡山水泽地所在》指吴郡、吴兴、会稽3郡，《通典》《元和郡县图志》《太平寰宇记》指吴郡、吴兴、丹阳3郡，《十道四蕃志》以及《吴郡志》引《郡国志》指吴兴、义兴、吴郡为3郡。《资治通鉴》卷九四《晋纪十六》东晋咸和三年（328年）胡注亦指吴郡、吴兴、义兴3郡。后起又有宋税安礼《历代地理指掌图》以苏州、常州、湖州为三吴，明周祁《名义考》以苏州为东吴、润州为中吴、湖州为西吴。从《三国志》《晋书》等记载来看，以《水经注》的说法较为确切。实际泛指今天的江浙地区。但其当时所说的“三吴都会”指会稽。不过，至于吴越国时，确实可以如柳永《望海潮》

所说，用它来指称杭州。

二、东吴时期的经济地理开发

继秦代以后，三国孙吴时期浙江政治地理的开拓迎来了第二个高潮。两汉之际，尤其是西汉，边区开拓的重点是西北，对江南的开发重视不够。浙江行政区域的开拓因此而转入低潮，新置县寥寥无几。浙北西汉仅增於潜一县，至东汉才新设了原乡、安吉、始宁、长山、新安5县，主要集中在钱塘江流域和苕溪流域流域。浙南西汉始元二年（公元前85年）首次置回浦县后，历224年到东汉永和二年（138年）才析章安（原回浦）置永宁县。到兴平二年（195年），孙策率部曲进入吴会地区，夺得会稽郡，浙江政治地理的开拓才由低潮转向高潮。孙吴时新设4郡19县，主要集中在钱塘江流域。这种开拓是对山越征服的结果。以建安十六年（211年）设置临水县为界，大致可以划分为前后两个阶段。第一阶段的主要目标是消灭异己力量，开拓疆土，建立吴郡、会稽通往荆州的跳板。在钱塘江流域增置了丰安、吴宁、始新、新定4县，在浙南新设始平、松阳2县。第二阶段的主要目标是进一步巩固江东，大力开发兵源、财源，与北方曹氏抗衡。通过推行“强者为兵，羸者补户”[1]的政策，陆续增置郡县。征集“生口”除补充军队以外，不是充作屯田的隶属农民，便是分给世家豪族大地主和功臣做部曲或佃客。这一部分人究竟有多少不得而知，但肯定大大超过补兵的人数。郡、县的增置是以国家控制的户口增多为前提的。这一阶段钱塘江流域又设临水、定阳、永安、桐庐、建德、新城、新昌、盐官、武义、永康等10县，浙南增平昌、罗阳、临海3县，并置东阳、临海、新都、吴兴4郡。其中钱塘江流域约占4/5，这是由当时该地区的战略地位的上升所决定的。因为这里是衔接鄱阳、丹阳诸郡的咽喉，又是山越云集之地。若此地不宁，孙氏政权就会陷入腹背受敌的困境。经孙吴一代的经营，大体奠定了今天浙江省境的基础。钱塘江流域后来在东晋南朝时获得较快发展，是与这种政治地理的开拓密不可分的。

[1]陈寿：《三国志》卷五八《吴书》一三《陆逊》，裴松之注，中华书局1959年版。

孙吴在钱塘江流域密集置县，也有经济上的考量。孙吴在行政区域划分、治所选择等方面都非常注意顺地势水流之便，这样既利于政治上的管辖，又利于经济和文化上的交流。从全国交通布局来看，浙江南北两区与中原地区的交通路线在两汉前后是不同的。两汉前浙北经扬州沿邗沟入淮河，再经泗水到定陶与中原联系，走的是中原与东南沟通的第二干线。浙南则出浦城，经余干入鄱阳以达长江，然后由巢湖北循肥水入淮河、颍水，沿鸿沟至陈留与中原联系，走的是中原与东南沟通的第一干线。[2]浙北交通网的形成较早，并且一直是浙江与外界沟通的主通道。早在春秋越国时期，金衢盆地—诸暨盆地—宁绍平原之间的内部交通已经比较发达，共构为全省性的交通外联网：一是诸暨盆地3条交通干线的扩散。第一条自

[2]傅筑夫等编：《中国经济史资料》（秦汉三国编），中国社会科学出版社1982年版，第33—34页。

诸暨盆地达富春江，直通杭嘉湖平原。这是春秋战国、秦汉时期衔接宁绍平原—钱塘江流域—太湖流城的大动脉，对浙北的发展发挥过重要作用。秦始皇巡游会稽到大越（今绍兴）取的就是此道。第二条再由诸暨向西南经乌伤（今义乌）、长山（今金华）到太末（今龙游）等地，形成通往金衢盆地的交通干线。元鼎六年（111年）汉武帝平定东越王余善反叛时，其中一支汉军即经此道前往。第三条出诸暨东北越会稽山脉的低岭，再沿若耶溪谷至山阴（今绍兴），与宁绍平原的东西干线相会。它是宁绍平原与钱塘江流域间的交通动脉，春秋时期为越国重要的生命线。越部族从“诸暨大越”出发向北部平原播迁时，很可能通过此条干线。秦始皇“道度诸暨大越”，即经此道。二是山阴（大越）为中心的东西交通干线发射。山阴向西到余暨（今萧山）为萧绍平原干线，是宁绍平原通向杭嘉湖平原的战略要道。余暨是当时宁绍平原对外交通的咽喉，春秋时勾践在此建置的军事堡垒固陵（越王城）一直是后代兵家的必争之地，东汉末孙策进取山阴就是突破固陵沿这条干线长驱直入的。由山阴往东，出上虞、经余姚、抵句章（今慈溪）则是宁绍平原的交通动脉。句章为当时东南海域交通的咽喉。元鼎六年汉武帝出兵东越，另一支汉军便“出句章，浮海从东方往”[1]。山阴在春秋战国秦汉三国时期一直为浙江的中心，与其处于东西交通干线和南北交通干线的交会点有关。三是以鄞县为中心，沿西北的四明山麓达句章，顺东北天台山麓到鄮县（今属宁波市鄞州区），越剡岭界入新嵊盆地，经剡县（今嵊州）、始宁（在今上虞境内），到上虞与东西干线会合，向南与温黄平原相通。不过，由于东南海域交通从汉直至东晋都以句章为会稽地区的要津，因此这条干线的作用不大。四是以钱唐为中心，沿钱塘江抵达其上游富春江、新安江，构成黟歙平原、浙西丘陵通往吴会地区的大动脉。这条干线水路与陆路并行，是孙吴时期出于军事和经济的双重目的开发的。[2]而早在先秦时期，生活在吴、越故地的先民们就利用天然的河湖水道进行交通运输；后来由于运输兵粮和农业灌溉的需要，各国竞相疏凿水道。这一时期，江南地区也疏凿了不少人工水道，如吴古故水道、百尺渎。吴古故水道在春秋时期的吴国境内。《越绝书》卷二《越绝外传记吴地传第三》载：“吴古故水道出平门，上郭池，入渎，出巢湖，上历地，过梅亭，入杨湖，出渔浦，入大江，奏广陵。”平门即原苏州北门，广陵在今扬州。这条渠道自今苏州西北行，穿过潜湖，溯泰伯渎等河道而上，再经阳湖北上古芙蓉湖，然后由利港入长江，以达扬州。另一条称百尺渎，又称百尺浦。“百尺渎，奏江，吴以达粮。”在今海宁市盐官镇西南40里河庄山侧，处于吴越两国之间。河庄山原在钱塘江北岸，宋元以后钱塘江北移，遂归江南萧山县。秦始皇为了加强对东南地区的统治，将原有的一些天然水道和人工渠道疏凿为一体。前述《越绝书》同篇记载：统一全国后，“秦始皇造道陵南，可通陵道到由拳塞，同起马塘，湛以为陂，治陵水道到钱唐、越地，通浙江”[3]。由拳即今嘉兴。

[1]司马迁：《史记》卷一一四《东越列传第五十四》，裴骃集解、司马贞索引、张守节正义，中华书局1959年版。

[2]王志邦、黄佩芳：《论三国以前浙江开发中的几个问题》，《浙江学刊》1986年第5期。

[3]袁康、吴平辑录：《越绝书》，上海古籍出版社1985年版。

唐代李吉甫《元和郡县图志》卷二五“润州丹徒县”条云：“初秦以其地有王气，始皇遣储衣徒三千人凿破长陇，故名丹徒。”又“丹阳县”条云：“本旧云阳县地。秦时，望气者云有王气，故凿之以败其势，截其直道，使之阿曲，故曰曲阿。”[1]唐丹徒县在今镇江市。这3次疏凿的运河形成了后世江南运河的雏形。秦代所疏凿的陵水道即今上塘河，是杭州城区最初的人工水道。当时今杭州城区尚未完全成陆，宝石山与吴山是南北突入海中的两岬角，夹峙着尚与海相通的西湖。秦始皇东巡系舟于宝石山的传说说明秦所疏凿的陵水道可能已抵达宝石山下。接着水道沿浅海湾向西绕行，与几股武林水交会而构成交通节点，如耿家埠、茅家埠和赤山埠。转过吴山衅角后再折南而至凤凰山下的柳浦，通钱塘江和会稽西陵（原萧山市西兴镇，今为杭州市滨江区西兴街道）。历经两汉特别是东吴的进一步开发，北入长江与江都（今扬州）相联系。东晋怀帝时开凿浙东运河以后，又与宁绍平原内部相沟通。由于上述金衢盆地—诸暨盆地—宁绍平原交通干线都要通过钱塘江钱唐县外联，钱唐县的经济地位自然而然不断上升，在钱塘江流域多设县也顺理成章。因而可以说，钱塘江是钱唐县在早期兴起的主导因素，而江南运河则是东吴开始杭州城市经济逐渐崛起的促进因素。

[1]李吉甫：《元和郡县图志》，贺次君点校，中华书局1983年版。

西汉末年的战乱导致中原人口主动向长江流域迁徙。东汉末年开始，中国进入长期分裂和战乱时期，死亡人口相当多。据西晋太康初年（约280年）统计，全国仅246万户1616万口。但这个数字当不能反映真实情况，因为当时逃亡、隐匿的人口非常多。其中北方就有大量南迁，出现了“名都空而不居，百里绝而无民者，不可胜数”[2]的局势。与此相反，江南地区相对稳定，加上土广人稀、物产丰饶，因而“四方贤士大夫避地江南者甚众”[3]。一些豪强甚至携带大量依附人口迁来。流民较集中的是苏南和浙北地区。据记载，钱塘人全琮家富于财，“是时中州士人避乱而来，依琮者以百数。琮倾家给济，与共有无，遂显名远近”[4]。后来东吴政权内任职的不少也是北方迁来的士大夫。如鲁肃目睹“雄杰并起，中州扰乱”的形势，动员其部属说：“吾闻江东沃野万里，民富兵强，可以避害。宁肯相随俱至乐土，以观时变乎？”其部属一致赞同，于是鲁肃领“男女三百余人行”。[5]这种人口南移以及由此带来的经济、文化要素的南移，使此后的江南地区逐渐繁荣起来。杭州的经济社会发展也由此有了新的契机。

[2]范晔：《后汉书》卷四九《仲长统》，李华等注，中华书局1965年版。

[3]陈寿：《三国志》卷一三《魏书》一三《华歆》注引《华峤谱叙》，裴松之注，中华书局1959年版。

[4]陈寿：《三国志》卷六〇《吴书》一五《全琮》，裴松之注，中华书局1959年版。

[5]陈寿：《三国志》卷五四《吴书》九《鲁肃》注引《吴书》，裴松之注，中华书局1959年版。

随着全国经济、文化重心的东移，东汉政权已经认识到开发江南的重要性。当时各级地方政府开始致力于推广北方的先进生产方式，组织兴修水利，推广桑蚕技术，从而提高了社会生产力。江浙地区的经济面貌由此发生了很大变化，出现了一些拥有大量财富和私人武装的地方豪强势力。如朱俊在光和元年（178年）远征交趾时，“过本郡（会稽）简募家兵，及所调合五千人”[6]。所谓“家兵”，李贤注曰，乃“僮仆之属”。平时即为强宗豪族的私家佃客。再如孙坚之弟孙静也曾于东汉末年“纠合乡曲及宗

[6]范晔：《后汉书》卷七一《朱俊》，李华等注，中华书局1965年版。

室五六百人”[1]，响应孙坚起兵。这种地方强宗豪族的出现，是江浙地方经济发展水平提高的一种表现形式。江东之地的强宗豪族以郡地为势力范围，画地为牢，称雄割据。孙策将在南方发展作为自己建功立业的根基。当时北方已强手林立，势力范围已分割完毕，孙坚眼看功业既成，却半道被黄祖所害。孙策发现南方远离军阀争夺的战场，舅舅吴氏已占据丹阳郡，可以投奔依附，故率兵南向，在江南迅速争夺地盘，建立起一块根据地。他后来对强宗豪族没有采取征伐兼并的传统策略，而是宽而待之，抚而安之，让众多的强宗豪族自己去观察、比较、选择。孙策的策略果然行之有效，窜伏于荒野之中的强宗豪族纷纷出山，自愿归附孙策，形成了一个愿效之以死的政治集团。孙权掌权后，延续孙策的策略，对强宗豪族制定了一系列优惠的经济、政治和军事政策。东吴实行类似于曹魏全家世代入籍兵户的世兵制度，将世兵制演化定型为世袭领兵制度，对将领授兵，使之合法领有一定量的士兵，成为兵户。兵户可以世袭，统领父死子继，或以其他人在一定条件下袭领。吴郡朱桓的军队“部曲万口，妻子尽识之”[2]。强宗豪族能拥有私人军队上万人，足见孙吴政权中强宗豪族与中央政权之间关系的和谐。与“世袭领兵制”相配套的还有“赐田复客制”、“奉邑制”等。“赐田复客制”之“客”即私家佃客，“复”即免除他们对国家应承担的赋税徭役等。这实际上在免除强宗豪族的赋税负担，从而使他们能养活众多私家军队。史载周瑜、程普等大将死后，孙权专门发布诏令：“故将军周瑜、程普，其有人客，皆不得问。”吕蒙之子吕霸袭爵为吕蒙守冢，孙权特令“与守冢三百家，复田五十顷”。[3]“奉邑制”保证统领领兵期间有奉邑征赋，以供应所领部队的军需。黄武年间（222—228年）以后，改以屯田制取代奉邑制。东吴末年，该形式催化了江南豪强私家部曲的发展，并在吴亡后定型。直至东晋初年达到极盛，此后纳入南朝门阀士族主流中。强大的强宗豪族势力造就了豪强庄园经济。每个豪强庄园都是一个相对独立的王国。广大农民不堪政府的赋役剥削，多投奔豪强庄园，助长了庄园经济的膨胀。据统计，东吴依附农民的数量以户计，为全国总户数的50%弱一点；若以口计，也约占总人口的48%弱一点。[4]这个比例是相当惊人的，它将导致国家财政的贫乏。但从江南开发的角度来看，由于江东地区尚处于蛮荒状态，单凭个体农民的力量发展经济也是难有较大突破并取得显著收效的，通过庄园把分散的劳动力组织起来与国家采用屯田方式组织劳动力具有异曲同工之妙。而且，庄园内的隐在劳动力所承受的负担比屯田民要轻一些，有益于生产热情的发挥。再加上豪强地主私人管理的优势，可以有力地促进地方经济的发展。葛洪在《抱朴子外篇》卷三四《吴失》中曾描述东吴豪强庄园的情形：“势利倾于邦君，储积富乎公室……僮仆成军，闭门为市，牛羊掩原隰，田池布千里……金玉满堂，妓妾溢房，商贩千艘，腐谷万庾。园囿拟上林，馆第僭太极。梁肉余于犬马，积珍陷于帑藏。”[5]说明已完全改变了以往那种“无冻饿之人，

[1]陈寿：《三国志》卷五一《吴书》六《孙静》，裴松之注，中华书局1959年版。

[2]陈寿：《三国志》卷五六《吴书》一一《朱恒》，裴松之注，中华书局1959年版。

[3]陈寿：《三国志》卷五四《吴书》九《吕蒙》注引《江表传》，裴松之注，中华书局1959年版。

[4]蒋福亚：《吴国的地主经济》，载山西省社会科学院编：《中国社会经济史论丛》第2辑，山西人民出版社1982年版。

[5]葛洪撰、杨照明校笺：《抱朴子外篇校笺》，中华书局2007年版。

亦无千金之家”[1]的寥落局面，江浙地区的社会发展跃入了一个新阶段。东汉熹平元年（172年），年仅17岁的孙坚“与父共载船至钱唐，会海贼胡玉等从匏里上掠取贾人财物，方于岸上分之，行旅皆住，船不敢进”[2]。这从一个侧面反映了当时钱唐商船往来繁多、港口贸易繁荣。

东吴孙氏为杭州市域富春县人。孙坚少时曾为县吏。东汉末会稽有许生为首的农民起义，孙坚组织地主武装助州郡政权击杀之。后又随朱儁镇压黄巾军，积军功先后任盐渎（今江苏盐城）、盱眙和下邳（今江苏睢宁）县丞和长沙太守、乌程侯。在天下纷扰的形势下，南北地主豪强都希望在江东建立一个代表自己利益的地方政权。于是孙坚和孙策、孙权父子在江南逐渐站稳脚跟。孙吴政权存在了85年（196—280年），在三国中最长，比之以往的吴、越、楚也要稳固和强大。江南的开发，需要大量劳动力，而连年的战争也需要不断补充兵源，因此人口不足是东吴统治者面临的严峻的现实问题。孙吴立国后，即着力招抚北来流民。仅建安十八年（213年）一次就有10余万户南来，吴五凤二年（255年）又来万人之众。此外，孙吴还多次发动掠掳人口的战争。比如建安十二年（207年）孙权西征黄祖，“虏其男女数万口”；建安十九年孙权征皖城，“获庐江太守朱光及参军董和，男女数万口”。[3]孙权一度还想泛海辽东和海岛掠夺人口，如吴黄龙二年（230年）派卫温、诸葛直等浮海至夷洲（今台湾），“得夷洲数千人”[4]。孙吴增加人口的另一项重要措施是驱使山越下山，逼迫他们成为国家直接控制的人口。当时在浙江、江苏、安徽、福建和江西境内居住着为数众多的山越。山越是居住于山区的山民，成分为同化在汉人中的古越人和因各种原因避入山区的汉民。山越的主要经济活动为农业，他们乐居山中，不愿被迁往平地，不愿与政府合作，以宗部组织抗拒政府过分的赋税摇役和料简充兵。《资治通鉴》卷五六《汉纪四十八》东汉建宁元年（168年）胡三省注：“山越本亦越，依阻占险，不纳工租，故曰山越。”[5]不过经过汉武帝元封元年（公元前110年）徙越以后300年，越汉民族融合已经完成。这一融合分为两个方面，一是平地的越人更多地接受汉人的习俗，二是山地的越人与逃避赋役和避罪入山的汉人同化，相对保存越人习俗多一些。而不论何种习俗多一些，其同化的趋势是明显的。山越在东吴时成为开发江南的生力军。曹丕禅汉策命孙权时即云：“君宣导休风，怀柔百越。”[6]孙吴政权对山越进行了长期的征服战争，约有10多万被掠山越充军，约占吴国兵额的半数，而且是精兵。山越离开深山以后，受东吴统治者的剥削和压迫可能比受大族的剥削和压迫要重一些，但他们居处的自然条件改善了，而且由于与汉族进一步融合，也使他们的生产技能和文化水平进一步提高。这对江南的开发有积极意义。自东汉末年至东吴时期，山越曾极大地影响了江南及孙吴政权的政治、经济、军事政策，以至有“用江东六郡山越之人，以当中国百万之众”[7]之说。甚至可以说，东吴政权的经济社会发展，特别是屯田等措施的采取，失去山越的支持便

[1]司马迁：《史记》卷一二九《货殖列传第六十九》，裴骃集解、司马贞索引、张守节正义，中华书局1959年版。

[2]陈寿：《三国志》卷四六《吴书》一《孙坚》，裴松之注，中华书局1959年版。

[3]陈寿：《三国志》卷四七《吴书》二《吴主权》，裴松之注，中华书局1959年版。

[4]司马光：《资治通鉴》卷七二《魏纪四》魏太和五年，胡三省音注，中华书局1956年版。

[5]司马光：《资治通鉴》，胡三省音注，中华书局1956年版。

[6]陈寿：《三国志》卷四七《吴书》二《吴主权》，裴松之注，中华书局1959年版。

[7]陈寿：《三国志》卷五四《吴书》九《周瑜》注引《江表传》，裴松之注，中华书局1959年版。

没有存在基础。为了加强政治控制、发展经济，东吴政权还强迫人口迁居到各个区域中心，使包括当时杭州地区各县治在内的郡、县治逐渐发达。

东吴时期比较彻底地实现了生产方式的变革，在大江南北广兴屯田，开发农田水利事业，揭开了长江中下游及其以南地区农业经济长足发展的序幕，具有重要的历史作用。虽然从总体上看三国时期屯田规模和水利建设的成就曹魏最大，但东吴的成就是在原来比较落后的江东地区取得的，尤其难能可贵。东吴推行屯田制约始于东汉建安八至九年（203—204年）前后，直至其政权覆亡（280年），历时70余年。[1]放任自流让流民和山越拓荒，落后的江南地区的开发在短期内是难有显著成效的。曹魏在北方屯田成功的实践启发了孙吴统治者，孙权把这一救济时事的良策广泛推行开去，在江南大力兴办屯田事业。其类型与曹魏一样分军屯、民屯两个系统。军屯下的耕作者佃兵称为“作士”，民屯下的耕作者称为“屯田客”。屯田客只需种田耕地，政府免除其兵役；佃兵且耕且战，负担两种任务。屯田客和佃兵有时也承担政府的突击性任务，如建粮仓、开道路，但主要还是种田耕地。军屯主要布置在长江南北的滨江地区，以及内地州郡驻军营地附近。民屯主要布置在腹里地区，即丹阳郡、吴郡和会稽郡一带。在今江苏境内有溧阳、湖熟、于湖、江乘、赭圻城、毗陵等地，在今浙江境内有海昌（今海宁）、上虞、新都等地，在今安徽境内有皖城等地，在今江西、湖北、福建境内也有多处。浙江的今杭州市域与嘉兴市域交界处的海宁市一带、绍兴市域的上虞市一带是最早的民屯区。东吴实行屯田制度首先从杭州周边开始。建安八九年间，孙权任陆逊为“海昌屯田都尉，兼领县事”[2]。此后才相继设置屯田都尉于溧阳、典农校尉于毗陵。海宁一带的屯田推动了整个杭嘉湖平原的陆域化，加快了杭州的成陆速度。当时钱唐县为吴郡都尉治，隶扬州。今皖南的歙、黟、休宁，浙西杭州市域的淳安，赣北德兴、上饶、永修，闽北武夷山、建阳等周回数千里的山越分布区则是重要的民屯区。东吴的军屯、民屯往往与征服山越相结合。为了加快太湖地区的农业开发，还不时抽调山越进行会战，如赤乌年间（238—251年）抽调新都（郡治在淳安）都尉陈表、吴郡都尉顾承各率男女数万口会佃毗陵（今江苏常州）。从皖城的屯田基地有屯兵数千家、毗陵会佃各数万口可见东吴屯田的规模是很可观的。

[1]王仲荦：《魏晋南北朝史》，上海人民出版社2003年版，第92页。

[2]陈寿：《三国志》卷五八《吴书》一三《陆逊》，裴松之注，中华书局1959年版。

东吴屯田需要解决的问题与曹魏不同。曹魏主要恢复遭受战乱破坏的北方农业，而东吴则必须从开发水土资源入手辟土造田。因此，东吴广兴屯田、垦拓耕地的过程也是土地开拓的过程。长江中下游及其以南地区丘陵与洼池错杂，气候温和湿润，降水时空分配不均。拓土垦殖以发展稻作农业，必须与兴办农田水利设施相结合。土地的开发与水利事业同步进行，大规模的屯田也即意味着大规模的水利建设。因而，东吴屯田制的推行表现为土地的开发与农田水利的发展互相推动，相辅并进。而圩田水利的开拓，体现了二者的密切结合。环太湖平原东南濒临大海，杭州湾高潮位多在8m以上，而滨海地带地面高程一般为6—7m（吴淞高程），屯田必须以建设海塘为前提。江浙海塘起自杭州的钱塘江口，止于常熟的福山港，全长400km余。从常熟到金山的一段约长250km，史称江南海塘或江苏海塘；从平湖到杭州的一段约长150km，史称浙西海塘或钱塘江海塘。江浙海塘有最早文献记载的是东吴在金山所筑“咸塘”。《绍熙云间志》卷中《祠庙·金山忠烈昭应庙》引《吴越备史》云：“（祀）大将军霍光。自汉室既衰，旧庙亦毁。一日，吴主皓染疾甚，神忽于宫廷附黄门小竖曰：‘国主封界华亭谷极东南，有金山咸塘，风激重潮，海水为害，非人力所能防。金山北，古之海盐县，一旦陷没为湖，无大神力护也。臣汉之功臣霍光也，臣部党有力。可立庙于咸塘，臣当统部属以镇之。’遂立庙，岁以祀之。”[1]三国以前没有在金山一带修筑海塘的记录，金山咸塘当为东吴时所筑。当时陆逊曾屯田海昌，于今海宁、平湖一带从事垦殖，在东南海疆筑起一定规模的海塘以防御“风激重潮，海水为害”是顺理成章的。钱塘江海塘到唐代以后才开始比较有系统地修筑，但它也始于东吴时期。海塘的修筑为杭州奠定了都市建设的地理基础。江南运河的进一步开发和利用对杭州的发展也有决定性意义。江南运河北起京口（今江苏镇江），南讫钱唐，纵贯环太湖地区。它经过春秋战国以来的逐段开凿，到公元1世纪前后大体形成。孙吴时期又先后凿通运渎、青溪和潮沟、破冈渎、丹徒水道，从建业向南的运河和自京口向南的运河都汇于云阳，而可以直达钱唐和会稽，构成隋代江南运河的前身。这条运河除了便于交通贸易以外，向来与环太湖地区的农业生产关系密切。流经高亢平原的河段有引水灌溉之利，通过低洼地带的河段有疏排洪涝之功。晋人左思《吴都赋》称：“其四野则畛畷无数，膏腴兼倍……国税再熟之稻，乡贡八蚕之绵。”[2]

东吴以军事编制的形式将流民和山越组织起来。屯田民一般要缴纳百分之五六十的收成，但按规定可免除其他杂役，保证了他们的生产时间。孙权时期对屯田的管理很重视，对屯田民基本上做到了“不给他役，使春唯知农，秋唯知收稻”[3]。因此，华核说：“大皇帝览前代之如彼，察今势之如此，故广开农桑，积不訾之储，恤民重役，务养战士。”[4]孙权还采取相应措施调动广大自耕农的生产积极性。如推行“省摇役，减租赋”的政策，使他们得以扩大再生产。黄武五年（226年）下诏：“军兴日久，民离农畔，父子夫妇不听相恤，孤甚愍之。今北虏缩窜，方外无事。其下州郡，有以宽息。”嘉禾三年（234年）又下沼：“兵久不辍，民困于役，发谷不登。比宽诸逋，勿复督课。”当陆逊反映地方粮食紧缺，要求“令诸将增广农田”时，孙权回复说：“甚善！今孤父子，亲自受田。车中八牛，以为四耦。虽未及古人，亦欲与众均等其劳也。”[5]以期引起人们对农业生产的重视。

东汉以前江南的生产水平普遍较低。江南铁制工具和耕牛的使用，既晚于北方，又不如北方那样普及。春秋末到战国初，北方已经开始广泛使

[1]杨潜：《绍熙云间志》，成文出版社有限公司1983年版。

[2]左思：《吴都赋》，载萧统编、李善注：《文选》，中华书局1977年版。

[3]陈寿：《三国志》卷六一《吴书》一六《陆凯》，裴松之注，中华书局1959年版。

[4]陈寿：《三国志》卷六五《吴书》二〇《华核》，裴松之注，中华书局1959年版。

[5]陈寿：《三国志》卷四七《吴书》二《吴主权》，裴松之注，中华书局1959年版。

用铁制工具。江南则在秦汉时才开始使用铁制工具。西汉早期铁制农具和耕牛已传入杭州，但没有普及，这里仍基本沿袭“火耕水耨”的粗放耕种方式。西汉时期全国设有铁官的郡国达40余处，而江南仅桂阳1处。东汉时，庐江太守王景教民以犁耕之法，“垦辟倍多，境内丰给”[1]。此后牛耕方法逐渐从黄河流域推广到长江流域，但仍不十分普遍。《晋书》卷二六《食货志》记述曹魏时期淮南屯田的情况仍指出：“东南以水田为业，人无牛犊。”[2]东吴时期开始全面推行铁器和牛耕。如上文所引“车中八牛，以为四耦”，可知采用了8人8牛的协作耦耕。江南牛耕从汉代的少见到南朝的普及，其间的转折也许就是东吴推行的牛耕屯田。由于人口素质提升，生产力水平提高，水利事业发展，东吴时期江浙地区不仅耕地面积扩大，单位产量也有提高。据记载，钟离牧“居永兴（今萧山区），躬自垦田，种稻二十余亩”，后收得精谷60斛（石），平均亩产3斛（石）。[3]产量相当高。除粮食外，当时的人还根据地形、气候特征，培育、种植了一些经济作物。环太湖地区桑蚕业迅速发展，麻的种植更是十分普及，故《吴都赋》有“国税再熟之稻，乡贡八蚕之绵”之说。

[1]范晔：《后汉书》卷七六《王景》，李华等注，中华书局1965年版。

[2]范房玄龄等：《晋书》，中华书局1974年版。

[3]陈寿：《三国志》卷六〇《吴书》一五《钟离牧》，裴松之注，中华书局1959年版。

东吴时期江南手工业生产水平也迅速提高。纺织业方面，以麻为原料织成的麻布、葛布享有盛誉。曹丕曾对孙权奉献的葛布大加称誉，还派使者向东吴求细葛，可见江东所产布、葛的质量为全国上选。1958年，浙江省文物管理委员会在清理浙江大学古荡钢铁厂工地时，发现并确认了两座汉墓，其中2号墓为汉代武官朱乐昌夫妇合葬墓，尸身所盖丝绸被为杭州出土最早的丝绸品实物。[4]这或许可以证明当时杭州已有丝织业。但东吴时期江东桑蚕业、丝织业才比较发达。史载诸暨、永安（今德清）出“御丝”，被列为贡品。永安与钱唐接邻，或也反映当时杭州的生产水平。华核曾向孙皓建议：“通令户有一女，十万家则十万人，人织绩一岁一束，则十万束矣。”[5]这条建议虽未被采纳，但从中可以窥见民间纺织业的活跃。东吴政权还注意利用一些自然资源的开发，发展了煮盐业、冶铸业、制瓷业、造船业等。在海盐设有司盐校尉，在沙中（今江苏常熟西北）设有司盐都尉，管理盐务。东吴境内产铜，今建德市新安江街道的岭后铜官峡一带有铜矿分布，秦代在此专门设立掌管采铜铸钱的“铜官”。《元丰九域志》卷五《上睦州新定郡军事》云：“铜官山。《新安记》云：‘秦时于此置官采铜，因以名之。’”[6]东吴时的铜器加工业非常发达，尤其是铜镜制造工艺别具一格。当时制造了大量神兽镜和画像境，浙江考古发掘资料中即有大量刻有黄武、黄龙、嘉禾、赤乌、建兴、太平、永安、甘露、宝鼎等孙吴年号的铜镜。[7]东吴的铜镜制造业已有官、私之分。东吴境内商品化制瓷业虽文献不可征，但考古材料揭示，黄武六年（227年）以后的墓葬中发掘出瓶、壶、碗、盘、谷仓、井、灶、灯、鸡笼、猪圈、虎子等许多随葬瓷器。[8]这些瓷器大多是实用器，有的有字号铭文。今浙江的上虞、绍兴、宁波、永嘉、金华、武义、衢州和杭州等地都发现东吴时期的

[4]浙江省文物管理委员会：《杭州古荡汉代朱乐昌墓清理简报》，《考古》1959年第3期。

[5]陈寿：《三国志》卷六五《吴书》二〇《华核》，裴松之注，中华书局1959年版。

[6]王存：《元丰九域志》，中华书局1984年版。

[7]参见王士伦：《浙江出土铜镜选集》，古典艺术出版社1958年版。

[8]乐梅新、叶宏明：《浙江陶瓷发展史略》，浙江省硅酸盐学会编印，1985年，第26页。

烧瓷窑址，今杭州市域的主要分布在余杭、萧山，周边的德清也有发现。余杭又产由拳山藤纸。由拳山位于今余杭区中泰街道铜岭桥牛肩岭山脚，又名大辟山、青障山。由拳山藤纸以野生藤皮与石灰煮烂舂捣手工抄成，是中国古代书画、银票的上乘用纸，以洁白莹润、柔软坚韧、受墨耐湿、不易虫蚀等见长。

东吴时期商业能够走出自先秦以来一直徘徊不前的低谷，是与这一时期商品化农业和手工业发展密切相关的。孙吴早期，全琮之父“柔尝使琮赍米数千斛到吴，有所市易”[1]，显现了钱唐商业规模的庞大。东吴中期，商业活动愈加频繁，竟出现了“州郡吏民及诸营兵多违此业，皆浮船长江，贾作上下，良田渐废，见谷日少”[2]的局面。孙吴与曹魏、西蜀虽在政治上、军事上长期处于敌对状态，但商业活动并未终止。《太平御览》卷八一七《布帛部四·绢》记魏文帝诏书：“今与孙骠骑和，通商旅。”[3]充分说明双方之间有过正式的商业活动。《南史》卷七八《海外诸国》云：“吴孙权时，遣宣化从事朱应、中郎康泰通焉。其所经过及传闻，则有百数十国，因立记传。”[4]孙权时的使者虽不一定与这“百数十国”都发生贸易关系，但上述记载至少反映了东吴商业交通远远超过了前代。日本学者佐藤真《杭州之丝织业》一文指出：“在日本机织业发达之前，所称的吴国的服地，就是由杭州输入的丝织物。现今日本还有吴服店的名称，其起源就在于此，故杭州丝织业实为日本丝织物之始祖。”[5]果如此，则孙吴政权与日本存在贸易关系。这一结论如尚属推断，那么，从日本发现的许多铜镜则可以作为旁证。日本发现许多中国的神兽镜和画像境，其形制、纹饰与吴镜相同，并有“赤乌元年”、“赤乌七年”等纪年铭文。[6]黄龙二年（230年）以后，东吴开始了与台湾地区的经济、文化交流。

为了鼓励商业的发展，嘉禾元年（232年）孙权诏令铸造钱币。嘉禾五年（236年），“始铸大钱，一当五百”[7]；赤乌元年（238年）又令铸“当千大钱”[8]。1975年江苏句容县境内发掘一座东吴铸钱工场遗址，其中有“大泉五百”、“大泉当千”钱币。2003年疏浚杭州西湖时也发现大量“大泉五百”、“大泉当千”钱币和钱范，可推知西湖南岸也曾有铸钱工场。在商业发展过程中，江浙一带出现了一些重要的商业都市。比如钱唐、会稽、吴（苏州）和建业。

东吴时期江浙地区的开发进入了一个崭新阶段，社会风貌发生了整体改观，成为东吴经济发展的核心地区。这不仅表现在江浙平原的大部分地区得到了开发，而且以往较发达的太湖流域经济区及其相邻地区的农业生产技术发展也有较大突破，基本上赶上了中原地区的水平。所谓“带甲百万，谷帛如山，稻田沃野，民无饥岁，所谓金城汤池，强富之国也”[9]，所谓“地方几万里，带甲将百万，其野沃，其财丰，其器利”[10]，都是对东吴经济强盛的描述。当时杭州地区的开发虽然还是初步的，但由于东吴前所未有的政治、经济开发，特别是高强度的水利事业

[1]陈寿：《三国志》卷六〇《吴书》一五《全琮》，裴松之注，中华书局1959年版。

[2]陈寿：《三国志》卷四八《吴书》三《孙休》，裴松之注，中华书局1959年版。

[3]李昉：《太平御览》，中华书局1960年版。

[4]李延寿：《南史》，中华书局1975年版。

[5]转引自李仁溥：《中国古代纺织史稿》，岳麓书社1983年版，第72—73页。

[6]王仲殊：《关于日本三角缘神兽镜问题》，《考古》1981年第4期。

[7]陈寿：《三国志》卷五七《吴书》一二《朱据》，裴松之注，中华书局1959年版。

[8]陈寿：《三国志》卷四七《吴书》二《吴主权》，裴松之注，中华书局1959年版。

[9]陈寿：《三国志》卷四七《吴书》二《吴主权》注引《吴书》，裴松之注，中华书局1959年版。

[10]陆机：《辩亡论》，载房玄龄等：《晋书》卷五四《陆机》，中华书局1974年版。

建设和屯田，为杭州后来的都市建设和都市经济发展奠定了基础。

三、大运河的开凿与隋唐都市经济的开启

西晋以前的封建王朝统治中心居于中原，因而极不重视江南的开发。孙吴立足江东，情况一度发生变化。但随着西晋的统一，江南地区的政治地位再次一落千丈。东晋立国江南以后，东吴开创的局面才得以进一步延续。

西晋永嘉以后二三百年间，进入中原地区的各少数族统治者对汉族的压迫和剥削异常残酷。西晋王朝崩溃以后，北方又连年混战。由此出现了一个接一个的北方士民向南方迁移的浪潮。据估计，西晋末年的全国移民总数为30万户左右，占西晋全国总户数（377万户）的1/12强，占迁出地总户数（约60万户）的1/2弱。[1]如果以平均每户5口计，移民总人数约为150万。这一统计数字只是指政府编户的侨寓人口。北来的世家大族南迁之后，同时也在江南的广大地区发展自己的庄园经济。他们竭力吸收部曲、佃客，而流徙民庶又不得不依附以图获得耕种的土地。荫附的人户不向政府呈报户口，总数不会比编户齐民之内的侨民少。北方移民不仅带来先进的生产技术，其中的高级士族还成为开发江南有效的组织者和管理者。作为东晋、南朝政权主要支柱的高级士族在支持东晋建立侨寓政权的同时，还建立起盛极一时的庄园经济。东晋政权以及后来继承东晋的刘宋政权，在长江南北陆续设立北来侨民原籍地区的地方行政管理机构侨州郡。只要注籍侨州郡户口簿上，就可以获得优复（免除户调徭役）等的优待。这项政策对于吸引北人南迁起到了重要的作用。侨民入土安居以后，东晋、南朝政权又施行整顿行政、清理户口的土断法。土断法主要包括两个方面：一是统一行政，将许多侨州郡行政机构撤消，以有利于行政统一和节省开支。二是整理户籍，对侨民进行统一编户，增加征税对象。土断法的推行，既使地方行政划一，又消除了北来侨民与南方人的差别待遇，有利于调动当时的人特别是南方的汉族土著和少数民族开发江南的积极性，从而造成一时的“财阜国丰”[2]局面。两晋时钱唐县仍属吴郡，隶扬州。南朝宋大明三年（459年），以扬州所统6郡为王畿，吴郡属之，钱唐县隶王畿。大明八年，罢王畿，吴郡和钱唐县复属扬州。齐永明三年（485年），唐寓之在新城起兵，次年正月以钱唐为中心建立政权，国号吴，年号兴平（486—487年）。梁太清三年（549年），以吴郡置吴州。同年，侯景升钱唐县为临江郡，隶吴州，钱唐首次设为郡治。陈祯明元年（587年）置钱唐郡，隶吴州。郡治钱唐县，辖钱唐、富阳、新城、於潜4县。钱唐县由此成为钱塘江流域经济重镇。

东晋存在104年，南朝宋60年，齐24年，梁55年，陈32年，共计275年。这一时期社会动荡，但江南相对安定，加上政治、文化控制相对较

[1]王仲荦：《魏晋南北朝史》，上海人民出版社2003年版，第206页。

[2]沈约等：《宋书》卷二《武帝中》，中华书局1974年版。

弱，为继东吴之后的持续发展创造了机会，进入了中国经济重心向南转移的重要过渡期。当时自耕农经济衰颓，豪强庄园经济乘势发展，使生产关系发生变革，推动了江南经济全面发展。北方流亡南下的农民与江南的土著农民（包括俚、“蛮”等各少数族在内）两支生产大军在生产战线上会师，使江南的农业生产在两汉、东吴的原有基础上获得了长足发展。从东晋政权建立起至南朝陈亡为止，巨额捐税和经常性的战争重担压在自耕农头上，加速了自耕农的破产，但每个王朝却总想保有这一阶层，使其能一直成为剥削对象。世家大族则大量吸收荫附的部曲、佃客以发展庄园经济。这两种力量使以前被剥夺或脱离了土地的流民以依附农民的身份重新复归于土地，复归于农业。《宋书》卷五四《孔季恭、羊玄保、沈昙庆》云：“江南之为国盛矣……地广野丰，民勤本业。一岁或稔，则数郡忘饥。”[1]当时通过筑湖堤将水流导入河渠以开辟良田，这种新辟的湖田土壤肥沃，又不怕旱，产量比一般稻田高。又依据地势的高下建堰闸，以调节水位。钱塘江西岸建有柳浦埭，东岸建有西陵埭。在农业生产技术上，从“遏长川以为陂，燔茂草以为田”[2]的火耕水耨原始耕作方法，发展到用粪做肥料。开始推广种植北方的麦菽，并推行适宜于旱作的区种法耕作。东晋立国之初，由于军费和宗庙百官开支巨大，三吴地区又告大饥，“工商流寓、僮仆不亲农桑而游食者以十万计”[3]。为恢复生产以摆脱困境，大兴元年（318年）晋元帝下令命二千石令长“劝课农桑”，但农桑生产恢复的效果并不明显。于是太宁年间（323—326年），明帝听从温峤的建议，“司徒置田曹掾，州一人，劝课农桑，察吏能否”[4]，将是否重视农桑生产作为考察地方官员能力高下的依据，以迫使地方官重视农桑生产。南朝对农桑生产也十分重视。宋文帝曾先后多次下诏，命令地方官员劝导百姓从事农桑生产，使地无遗利。齐武帝于永明三年（485年）诏令刺史巡视地方以严课农桑为首务，并实行奖励制度。陈文帝于天嘉三年（560年）下诏以劝课农桑为急务。地方官员也不遗余力地劝导农桑。南齐时，沈瑀担任建德县令，“教人一丁种十五株桑、四株柿及梨栗，女子丁半之”。在他的倡导下，“人咸欢悦，顷之成林”，很快卓见成效。[5]从当时整个江南的情况看，由于主要精力集中在大面积开发农业，所以蚕桑业相对发展较慢。但吴郡、吴兴郡发展还是较快的。其他地区基本上与过去一样只在房前、屋后、路边种植桑树，零星分散，杭嘉湖地区则田边塘岸普遍种植桑树，呈现出“袅袅陌上桑，荫陌复垂塘”[6]的景象。杭州的丝织业逐步缩短了与中原和巴蜀地区的差距，得到了进一步发展和提高。东晋南朝时的手工业也在发展。缫丝、织造技术水平大大提高。已出现了利用盐来贮藏蚕茧的方法，即用盐渍腌茧来杀死蚕蛹，以防止蚕茧出蛾，从而延长缫丝期限。还规定必须用盐官盐，所谓“东海盐官盐，白草粒细……而藏茧必用盐官者”[7]。这是前代所没有的。直到中唐至五代十国时期，在盐法中还有蚕盐和食盐两种名目。南齐时钱唐县令孙谦离任，百姓为感谢他

[1]沈约等：《宋书》，中华书局1974年版。

[2]陆云：《答车茂安书》，载陆云：《陆云集》卷一〇《书集》，黄葵点校，中华书局1988年版。

[3]房玄龄等：《晋书》卷二六《食货志》，中华书局1974年版。

[4]房玄龄等：《晋书》卷六七《温峤》，中华书局1974年版。

[5]李延寿等：《南史》卷七〇《循吏·沈瑀》，中华书局1975年版。

[6]吴均：《拟古四首·陌上桑》，载徐陵编、吴兆宜等注：《玉台新咏笺注》卷六〇，中华书局1985年版。

[7]李时珍：《本草纲目》卷一一引陶弘景语，上海人民出版社1973年版。

的政绩，赠送了一批“缣帛”。这种缣帛细而不漏水，可供书画之用。[1]梁简文帝曾有“蜘蛛弄巧，越女调枢”[2]之语赞美越女织绸之精。蔡絛《铁围山丛谈》卷六云：“钱塘之龙华寺有傅大士真身，仍藏所谓敲门椎、颂《金刚经》拍板与藕丝灯三物，盖昔为吴越钱王从婺女双林取来。藕丝灯者，乃梁武帝时物也。谬言藕丝织成，实不然，但疑当时之最上锦尔。张本云‘最上品丝尔’。其所织纹，实华严会释氏说法相状凡七所，即所谓‘七处’‘九会’者是也。有天人、鬼神、龙象、宫殿之属，穷极幻眇，奇特不可名。”[3]当时的杭州也应当达到这样的织造技术。萧山境内陶瓷窑址集中，现已发现20多座，多集中于浦阳江流域。其中越窑青瓷窑址最为突出。考古资料表明，萧山地区从商周时期即开始烧造原始瓷器。商周时期浙江地区主要有两大窑区，一个是德清，另一个是萧山。萧山是后来越国最重要的印纹硬陶生产基地，其青瓷表征商周时期至汉代原始瓷器向成熟青瓷器的过渡。东汉中晚期烧制出成熟的青瓷器，魏晋南北朝时期逐渐走向高峰。由拳山藤纸工艺更加成熟。时任余杭县令的范宁曾说：“土纸不可以作文书，皆令用藤角纸。”[4]可见藤纸使用已很普遍，可完全取代简帛。由拳山藤纸也成为品牌产品。《元和郡县图志》卷二五载：“由拳山，晋隐士郭文举所居。傍有由拳村，出好藤纸。”[5]盐在宋、齐、梁允许民间私煮，到陈文帝时开始征收盐赋。海盐是重要的盐产地，《太平寰宇记》卷九五引《吴郡记》称其“海滨广斥，盐田相望”[6]。

东晋南朝时江南的商业也得到迅速发展，原先以政治和军事功能为主的城市逐渐向商业城市转变。当时自然经济占统治地位，手工业始终与农业结合在一起，彼此没有完全分离，商品生产还只处于初级阶段，市场上出现的重要商品大都只是绵、绢、纸、席之属。虽然坐市肆贩卖的多为平民身份的商人及其家族成员，但从事货物囤积或操纵市场和贩运的则多为王公贵戚、世家大族。他们还借政治势力去经营商业，可以免去一些官吏的留难，尤其是贩卖违禁品，以免去重税的勒索及关津的盘查。这一时期的商业是在封建制度范围内以及在中古庄园的基础上发展起来的商业，是庄园制度下剩余产品的一种销售形式。相对于前代，商业特质更加突出。由于商业利益丰厚，更多的普通百姓愿意从事，乃至出现“今商旅转繁，游食转众，耕夫日少，杼轴日空”[7]和“商子事逸，末业流而浸广。泉货所通，非复始造之意”[8]等局面。杭州则由于政治和军事本就较弱，商业城市的功能较早开始发育。南齐在钱唐的柳浦及隔江相对的西陵、浦阳等处的河口设牛棣（河道与江交汇处建的坝）。“宋始立牛棣之意，非苟逼僦以纳税也，当以风涛迅险，人力不捷，屡致胶溺，济急以利物耳，既公私是乐，故输值无怨。”[9]钱塘、浦阳两江征收的牛埭税（过堰税），每年可达400多万缗。除了国内贸易外，两晋南朝时期也屡有日本使者来江南地区进行丝绸贸易，江南的蚕桑丝织制衣技术由此传入日本。日本古籍《日本书记》中的《雄略记》记载：“八年二月，遣身狭村主青、桧隈民使博德使

[1]杭州丝绸控股（集团）公司编：《杭州丝绸志》，浙江科学技术出版社1999年版，第57页。

[2]萧纲：《七励》，载李昉等编：《文苑英华》卷三五一，中华书局1966年版。

[3]蔡絛：《铁围山丛谈》卷六，中华书局1983年版。

[4]徐坚：《初学记》卷二一《纸第七》引范宁《文书教》，中华书局1962年版。

[5]李吉甫：《元和郡县图志》，贺次君点校，中华书局1983年版。

[6]乐史：《太平寰宇记》，中华书局1999年版。

[7]李延寿等：《南史》卷七〇《循吏·郭祖深》，中华书局1975年版。

[8]沈约等：《宋书》卷五六《谢瞻、孔琳之》，中华书局1974年版。

[9]萧子显等：《南齐书》卷四六《王秀之、王慈、蔡约、陆慧晓（顾宪之）、萧惠基》，中华书局1983年版。

于吴国……十四年正月戊寅，身狭村主青等，共吴国使，将吴所献手末才伎汉织、吴织及衣缝兄媛、弟媛等，泊于住吉津。是月，为吴客道通矶齿津路，名吴坂。三月，命臣连迎吴使，即安置吴人于桧隈野，因名吴原。以衣缝兄媛，奉大三轮神，以弟媛为汉衣缝部也。汉织、吴织、衣缝是飞鸟衣缝部、伊势衣缝部之先也。”[1]这一记载将中国丝织技术传入日本的过程交代得相当清楚，而文中的吴指的就是南朝刘宋，具体年代大约在宋顺帝时。《宋书》卷一〇《顺帝本纪》和《南史》卷一《宋本纪》升明二年（477年）条下都有倭国王遣使献方物被封为安东大将军的记载。因此可以较为肯定地说，早在南朝时期，江南一带的丝织工匠就已远渡东洋，将丝织和服饰技术传播到日本。

[1]木宫泰彦：《日中文化交流史》，胡锡年译，商务印书馆1980年版，第31页。

中国的大运河最早开掘于春秋战国时期，其中最著名的是吴国开挖的邗沟。至三国时期，长江以北段大体成形。东晋南朝时又开凿浙东运河。浙东运河自今杭州市滨江区东延至宁波市，沟通了姚江、甬江、钱塘江、曹娥江等12条自然河流，全长约200km。隋代以前，以中原地区为中心，贯通东西南北的大运河体系框架已经形成。它连通珠江、钱塘江、长江、淮河、黄河、海河六大水系，形成纵贯中国南北的交通线。不过在隋唐以前，由于修建标准较低，河道与各地的自然水道连通，部分只是因战争需要开挖，战争结束便废弃淤塞，所以大运河的功能还是有限的。自东晋开始，东南地区经济逐步恢复并繁荣起来，全国的经济重心也开始逐步向这一带转移。隋唐时期大运河被当作中国的交通动脉来认识，开始大规模修建标准较高的河道、桥梁、闸门、补水和溢洪的湖泊等，建立了比较完善的管理机构，从而造就了繁荣的运河经济。这种高标准的修建工作，在隋文帝时已经开始。隋文帝在关中修建的潼关至长安的广通渠便利了关中地区的漕运，隋炀帝时修建的运河长度达2700km以上，包括洛阳为中心的通济渠、永济渠、山阳渎、江南运河。隋大业六年（610年）开始对江南运河进行全面疏浚、拓宽，形成了可行大船的深水河道。江南运河“广十余丈”。如果以北周大尺（合今29.6cm）计，相当于今29.6m；以隋小尺（合今24.6cm）计，也有24.6m。“十丈”为约数，估计实际宽度约在30m。隋炀帝所乘坐的龙舟，上下“四重，高四十五尺，长二百尺。上重有正殿、内殿、东西朝堂，中二重有百二十房，皆饰以金玉，下重内侍处之”[2]。其吃水深度必然相当可观。江南运河不仅使太湖平原的水运网络有了一条主干航道，而且向南贯通钱塘江可以交通浙江全境及江西、福建、安徽等地区，向北与广通渠、通济渠、山阳渎、永济渠等连接可沟通长江、淮河、黄河、海河等水系，从而交通江淮平原、关中平原、华北平原。伴随着以数学、地理学为代表的科学技术发展，当时的河道规划、设计和施工都达到了很高的水平。隋唐两代的首都设在长安或洛阳，从巩固北方中央集权的国家政权、对北方大规模用兵、稳定南方政局等方面来说，大运河在国家经济、军事和政治层面都有极重要的战略作用，是维护国家统一的重要

[2]司马光：《资治通鉴》卷一八〇《隋纪四》大业元年，胡三省音注，中华书局1956年版。

保障。到北宋年间，出现了“汴水横亘中国，首承大河，漕引江湖，利尽南海，半天下之财富，并山泽之百货，悉由此路而进”[1]的格局。

大运河的开凿不仅有利于北方，对南方的稳定性开发也有决定性意义。它促进了江南地区的一体化发展，抑制了造成江南长期混乱的因素，促进了江南社会安定和经济发展。运河漕运不仅是简单贡输漕引，而且以动制静，以漕兴商，是对漕运的发展和升华。它把商流引入漕运，又使漕运等归入商流，漕运商旅融为一体。商流的滚动，得益于均输、平准策略，所谓“漕运四利”：平衡赋税徭役；减少贫困地区人口逃亡，使聚落城邑还于安定；巩固边防，使军粮丰衍，“震耀夷夏”；舟车既通，百货杂集，用商求强。[2]正因为如此，大运河经济造就了无数繁华都市。隋开皇十四年（594年），关中大旱，文帝无奈率官民至洛阳就食。炀帝继位，以洛阳为东都，政权中心东移。嗣后又沿大运河三下江都（扬州），以江都为“亚都”，如唐人权德舆《广陵诗》“广陵实佳丽，隋季此为京”[3]所说，政治中心实际南移。隋炀帝还表示要巡行会稽，又曾策划移都丹阳（今南京），说明他人在江都，意在江南，要以南中国为强大依靠，重新收拾河山。隋炀帝政权中心南移的设想给后世启发甚多，最重要的是重视江南。而杭州的战略地位也因此不断上升。隋代以前，杭州的运河水道已经四通八达，通过江南运河可达今德清、嘉兴、湖州、苏州、镇江等地，借浙东运河可与萧山、绍兴、宁波等地区相联系。当时的杭州逐渐发展成为一个重要的河运和海洋运输繁忙的货物中转型港口城市，转运数量很大。如前述孙吴时全琮从钱唐向乌程等地贩米所走路线即是江南运河。南齐永明六年（488年），“吴兴无秋，会稽丰登，商旅往来，倍多常岁”[4]。许多商人从山阴市上购买粮食到乌程贩售，所走路线即是由浙东运河渡江趋钱唐县，然后再通过江南运河北上。由于运河船只往来频繁，税收收入相当可观。隋代之前的钱唐，不论政治地位还是经济的繁荣程度，北不及吴县（今苏州），南不如山阴（今绍兴），但是随着隋代江南运河和浙东运河的不断整治、延伸，杭州逐渐成为联系浙东地区与江淮流域的枢纽，不但与越州、婺州等地的联系更为密切，而且与苏州、扬州、汴州（今河南开封）、洛阳、长安（今陕西西安）、涿郡（今北京）等国内重要城市有机地联系在了一起，在隋代乃至此后相当长的历史时期里一直跻身国内最具规模、最完备、最先进的交通链之中，发展水平逐渐反超于苏州、越州之上。

杭州在历史上的第一次大规模营建正是在隋代。隋开皇九年（589年）灭陈，废钱唐郡，并桐庐、新城入钱唐县，割吴郡盐官（今海宁）、吴兴郡余杭以及原来的富阳、於潜共5县置杭州。州治始设余杭县，次年迁至钱唐县。又次年杨素调集民工于钱唐县柳浦西（今江干一带）筑杭州城垣，周围36里90步，有城门12座。是年，移杭州州治于柳浦西，州与县同城。柳浦原是钱塘江边的一个小港口，晋宋之际渐成平陆，并逐渐发展为

[1]脱脱等：《宋史》卷九三《河渠三》，中华书局1977年版。

[2]欧阳修、宋祁等：《新唐书》卷一四九《刘宴、第五琦、班宏、王绍、李巽》，中华书局1975年版。

[3]权德舆：《广陵诗》，载曹寅、彭定求等：《全唐诗》卷三二八，中华书局1960年版。

[4]杜元懿：《乞官领摄牛埭税格启》，载严可均辑：《全齐文》卷二五，商务印书馆1999年版。

要津。经过几十年的繁衍生息，到隋朝统一时已成为一个人口繁盛的经济重镇。隋仁寿二年（602年）置杭州总管府，湖州武康县划属杭州。析钱唐县复置桐庐县，桐庐县次年归属睦州。仁寿三年（603年）置睦州，辖新安、遂安、桐庐3县。大业三年（607年）罢总管府，改杭州为余杭郡，郡治钱唐县，辖钱唐、余杭、富阳、於潜、盐官、武康6县。改睦州为遂安郡。大业六年开凿自京口（今江苏镇江）至杭州的江南运河，长800余里，宽10余丈，可通龙舟，沿途并设置驿宫。从隋炀帝开凿江南运河到隋朝灭亡仅仅不到10年，但是《隋书》在叙述隋代江南地区尤其是三吴地区社会经济时说："丹阳旧京所在，人物本盛，小人率多商贩，君子资于官禄，市廛列肆，埒于二京……京口东通吴会，南接江湖，西连都邑，亦一都会也……宣城毗陵、吴郡、会稽、余杭、东阳……数郡川泽沃衍，有海陆之饶，珍异所聚，故商贾并辏。"[1]在区位条件改善的同时，杭州或江南地区的发展还受惠于经济政策的改良。隋朝制定了一系列有效措施，如推行均田制，规定桑田为永业田，没有蚕桑生产的地方则给麻田。在租调方面则规定每对丁男夫妇每年缴纳桑土调绢1匹、绵3两、麻土调布1端、麻3斤。为了减轻农民的负担，还规定年满50者可以庸代役，即用缴纳绢布的方式免除徭役。杭州的经济由此在南朝的基础上有了进一步发展，开始步入全国经济发达地区的行列。

然而隋祚短促，杭州未成其全盛。不过"隋氏作之虽劳，后代实受其利焉"[2]。至唐代以后，大运河对杭州城市发展的巨大影响才显著表现出来。唐代继承了隋代的历史遗产，并通过建立管理制度和建设船闸、码头以及开辟分支航线等措施，进一步完善和发挥了大运河的功能。白居易《钱塘湖石记》云："自钱唐至盐官界，应溉夹官河田，须放湖水入河，从河入田。准盐铁使旧法，又须先量河水浅深，待溉田毕，却还本水尺寸。往往旱甚，即湖水不充。今年修筑湖堤，高加数尺，水亦随加，即不啻足矣。脱或不足，即更决临平湖，添注官河，又有余矣。"[3]不仅称江南运河为"官河"，而且有一套较为严格的管理制度。根据《钱塘湖石记》及其他文献记载，运河河堤、笕、函、闸、堰等设施均设有专人巡检，并制定了相应的职责。运河沿途的码头、渡口、纤道、桥梁等设施因此而得到系统完善。江南运河南端暨杭州城南钱塘江北岸的龙山、柳浦，以及隔江相望的西陵、定山、渔浦，以至杭州东北的临平等地，成为重要的码头。西陵、柳浦还分别建立了西陵馆和樟亭驿。驿馆的建筑非常讲究。白居易《答微之泊西陵驿见寄》诗有"烟波尽处一点白，应是西陵古驿台"[4]之句。西陵是唐宋时期海船出入杭州的必经之路。因为海船负荷量大，而杭州湾的沙滩容易使船搁浅，所以来往船舶都由宁波入内河西上，从西陵进入杭州。杭州东北的临平是上塘河北出嘉兴、苏州的必经之地，乾元年间（758—761年）置监，大中十四年（860年）设临平市，唐末则设临平镇。又完善运河纤塘、船坝。尤其是自杭州至海宁的上塘河，由于水位有

[1]魏征等：《隋书》卷三一《地理下》，中华书局1973年版。

[2]李吉甫：《元和郡县图志》，贺次君点校，中华书局1983年版。

[3]白居易：《钱塘湖石记》，载董浩等编：《全唐文》卷六七六，中华书局1983年版。

[4]白居易：《答微之泊西陵驿见寄》，载曹寅、彭定求等：《全唐诗》卷四四六，中华书局1960年版。

落差，船只往往需要纤夫拉牵，河道的节点则需要翻坝。运河上还建起了许多桥梁。隋代江南运河自临平以下循上塘河进入杭州，偏居杭嘉湖平原东部，于西部诸县仍有迥远不便之虑。而且上塘河主要水源之一的杭州西湖在唐初已日渐淤浅，供水不足，航运与灌溉的矛盾日益尖锐。天授三年（692年），“敕钱塘、於潜、余杭、临安四县，经取道（东苕溪）于北”[1]。由此，钱塘、於潜、余杭、临安等县船运即循东苕溪入湖州，然后再由荻塘进入江南运河北上。

由于运河交通的改善，杭州原有的城市结构不能适应经济社会发展的需要，城市扩容也就有了内在需求。自东汉华信塘和横塘修建以后，杭州的成陆速度加快，凤凰山下柳浦较早形成一定规模，为隋朝杭州州城的创建打下了地理基础。杭州州城的创建，又进一步促进了杭州陆地向东伸展。隋开皇十一年创建的杭州州城东面城垣大致在今中河以西[2]，大业元年隋炀帝开江南运河，今中河成为杭州段航道。唐代杭州沿用隋代州城城廓，在西湖与运河之间由南而北展开。州治居南，西依凤凰山，东面运河。县治坐北，在钱塘门内，西依宝石山，东也近运河。居民主要分布在运河及其支流、西湖周围、州治和县治附近，有的于山间井、泉所在择水而居。五代后梁开平四年（910年）钱镠修建“捍海石塘”，其位置向东推进到六和塔、南星桥、艮山门一线。州城东垣及捍海石塘不可能紧挨海湾江边，其东侧必然还有大片沙地。宋人陈师道《后山丛谈》卷三就说过：“钱塘江边土恶，不能堤。”[3]隋唐时期杭州地势要比现在低2—3m，极易遭受海潮之患。据不完全统计，唐代发生特大水灾在10次以上。为阻遏海潮袭击杭城、危害运河，唐代屡次修建钱塘江海塘。其中规模较大的有5次：一是万岁登封元年（696年）富阳县令李浚时筑富春江堤，“东自海，经富阳城南，西至于苋浦，以捍水患”。贞元七年（791年），富阳县令郑早增修。二是开元元年（713年）盐官重筑、新筑捍海塘堤240里。[4]三是会昌元年（846年）杭州刺史李播修筑钱塘江长堤数十里。[5]四是石瑰率百姓“奋力筑堤，以捍卫水势，祁寒剧暑不辍”[6]，功未就便劳累而死。为了纪念和表彰石瑰的事迹，咸通年间（861—873年）朝廷追封石瑰为潮王，并为之立庙，名其庙为潮王庙。石瑰身份不详，只知道他生于长庆三年（823年）。根据上述资料，石瑰修筑海塘应在唐武宗到宣宗时期（841—859年）。石瑰庙明清时尚存。五是大中年间（847—859年）钱塘县令李子烈修筑海塘，朝廷“与钱两千万，筑长堤”，塘成数十年间“人益安喜”。为了纪念这次修塘成功，李子烈特造南亭子以纪其事，并供人游览时憩息[7]。为宣泄潮水，唐代又屡次在城东开挖沙河。如景龙四年（710年）司马李珣开沙河，咸通二年（861年）刺史崔彦曾开沙河。宋王象之《舆地纪胜》卷二《临安府景物下》云：“昔潮水冲击，奔逸入城，势莫能御，故开沙河以御之。河有三，曰外沙、中沙、里沙。”[8]这3条沙河即后来的市河、盐桥河、茅山河。宝历年间（825—827年），余杭县令归珧

[1]潜说友等：《咸淳临安志》卷三六《山川十五》，振绮堂汪氏清道光十年（1830年）刊本。

[2]魏嵩山：《杭州城市的兴起及其城区的发展》，载《历史地理》创刊号，上海人民出版社1981年版。

[3]陈师道：《后山丛谈》，李伟国点校，中华书局2007年版。

[4]欧阳修、宋祁等：《新唐书》卷四一志《地理五》，中华书局1975年版。

[5]杜牧：《杭州新造南亭子记》，载杜牧：《樊川文集》卷一〇，上海古籍出版社2007年版。

[6]释诚道：《原潮王庙记》，载翟均廉：《海塘录》卷一二，文渊阁《四库全书》本。

[7]杜牧：《杭州新造南亭子记》，载杜牧：《樊川文集》卷一〇，上海古籍出版社2007年版。

[8]王象之：《舆地纪胜》，中华书局1992年版。

又在余杭建上、下湖、北湖和东苕溪堤。治水又是与城市生活和农业开发相结合的。贞观十二年（638年）富阳县令郝期建阳陂湖。永淳元年（682年）在新城筑县北官塘，永淳年间（682—683年）又筑县北新堰。大历年间（766—769年）刺史李泌作六井，引西湖水入城。李泌又建石函桥、闸，引湖水溉田。贞元十八年（802年）於潜县令杜泳治紫溪。长庆年间（821—824年）刺史白居易治理西湖。白居易把西湖一分为二，以堤坝相隔。堤内为上湖，堤外为下湖。上湖专门蓄水，需灌溉时通过水闸将水引入下湖，再由下湖放水灌溉田地。这样既可以避免下湖泛洪淹没农田，又可保有灌溉用水，同时还方便水上交通。唐代对水利事业非常重视，中央政府设水监管理全国河渠、水利。兴修地方水利，一般由地方官吏如节度使、刺史、县令报请，由朝廷或上级下令征发民众修建。无论是中央的都水监使者、河渠署令、河堤谒者或地方官吏，都竭尽所能。

唐代的经济恢复比隋代更快。武德七年（624年）颁布了均田令和租庸调法，普通农民均可按国家制定的标准分到一定数量的永业田和口分田，并规定在永业田上种植一定数量的桑树。蚕丝产区每丁每年纳绢（或绫、絁）2丈、绵3两，非蚕丝产区则纳布2丈5尺、麻3斤。另外每丁每年需服徭役20天，如不服役则可用每日纳绢3尺或布3尺7寸5分为庸。随着这些政策的实施，萧条的社会经济得到迅速恢复，形成了“贞观之治”和“开元盛世”两个繁盛时期。天宝年间（742—756年）发生“安史之乱”，唐朝开始由盛转衰。北方中原地区战争破坏严重，后又形成藩镇割据局面。江南地区因为远离战场，社会相对稳定，加上又有中国历史上第二次人口南迁高峰，经济持续繁荣。初唐时仍存在的均田制是带有村社残余性质的一种土地所有制度，它的存在说明农业生产技术水平还比较低下，商品货币还不太发展。到中唐以后，农业生产力有了进一步提高，手工业有了较大发展，商品货币关系也有了初步的发展，使农村内部急遽分化，私家田庄获得进一步发展，土地兼并加速。租庸调制是以均田制为基础的赋役制度，它随均田制消亡而寿终正寝。代之而起的是两税法。两税法的确立不仅是赋税制度上的改革，而且是中国封建土地制度的重大变革。在此以前，虽然地主土地所有制占主导地位，但政府还掌握了大量土地，以份地形式授予小农，作为地主土地所有制的一种重要补充。限田、名田、王田、屯田、占田、均田、营田政策使土地的买卖受到一定限制。均田制取消后，土地买卖逐渐合法化。均田制崩溃，租庸调制废止，两税法确立，土地兼并盛行，田庄地主经济占据主导地位，部曲、佃客制度废弃，人身依附关系缓和，标志着中国封建社会逐渐走向转折期。“安史之乱”之后，唐朝的财政收入不得不“仰给东南”，杭州等运河沿岸城市脱颖而出，成为经济重镇。据杜牧《上宰相求杭州启》所记，元和年间（806—820年）：“杭州户十万，税钱五十万。”[1]其时全国1年商税为1200万缗，杭州竟占了全国商税的1/24。根据《隋书·地理志》记载，大业五年（609年），杭

[1]杜牧：《上宰相求杭州启》，载杜牧：《樊川文集》卷一六，上海古籍出版社2007年版。

州领钱唐、余杭、富阳、於潜、盐官、武康6县，户15380，口79515（按户均5.17口计）。又据《旧唐书·地理志》记载，贞观十三年（639年），杭州领钱唐、盐官、余杭、富阳、於潜5县，户30571，口153720。县均户6114.2，口30744。户均5.03口。分别占今浙江省境户、口总数的21.91%和19.85%。与隋大业五年相比，30年间各项均增长了100%以上。元和年间，杭州户已增至10万以上。

天宝元年（742）州为郡，改杭州为余杭郡，睦州为新定郡。余杭郡仍治钱塘县，下辖钱塘、盐官、余杭、富阳、於潜、临安、新城、紫溪、唐山9县。新定郡为隋遂安郡，唐初为汪华所据，武德四年（621年）汪华归附，以其地置睦州，领雉山、遂安2县。武德七年（624年），废严州之桐庐县改属睦州，改睦州为东睦州。武德八年仍改为睦州，领雉山、遂安、桐庐3县，治所雉山县。万岁通天二年（697年）移治建德县。天宝元年（742年），改为新定郡，领建德、还淳、寿昌、桐庐、分水、遂安6县。会稽郡辖7县，萧山县属之。唐代后期杭州辖县少了紫溪，其他未变。乾元元年（758年）又改郡为州，余杭郡又改为杭州，从此直到唐亡杭州之名未变。秦汉时期以户口多寡为县定等级，秦和西汉皆以万户为标准，万户以上县的长官为“令”，秩1000石到600石；万户以下县的长官为“长”，秩500到300石。[1]此后各代标准有所改变。唐代无“令”、“长”区别，县的分级标准是政治地位、户口和地理位置的综合。根据这一综合标准，全国的县分为“赤、畿、望、紧、上、中、下”7等。赤县指京都所在地之县，畿县指京都及陪都所统辖县。其余的县“则以户口多少、资地美恶为差”[2]分为5等，“六千户以上为上县，三千户以上为中县，不满二千户为下县”[3]。唐后期今杭州地区有3个州级政区，共下辖15县。除唐山为中等以外，其他都属望、紧、上三等，即杭州（上，辖钱塘、盐官、余杭、富阳、於潜、临安、新城、唐山8县）、钱塘县（望）、盐官县（紧）、余杭县（望）、富阳县（紧）、於潜县（紧）、临安县（紧）、新城县（上）、唐山县（中），睦州（上，辖桐庐、建德、清溪、寿昌、分水、遂安6县）、桐庐县（紧）、建德县（上）、清溪县（上）、寿昌县（上）、分水县（上）、遂安县（上），越州（中，辖县七，萧山县属之）、萧山县（紧）。

随着水利建设水平的提高，杭州不仅耕地有较大增长，而且农业耕作环境进一步改善，成为一方膏腴之壤。如典籍中对余杭县上清观一带有“田亩沃壤，常住丰实”[4]的描述。贞元初年（785年）避乱南游的白居易也称赞杭州是“沃壤”[5]。当时的耕作技术也有较大提升。用于破碎土块、平整土地、削除杂草、灌溉农田等的爬（耙）、砺礋、磟碡、灌溉水车等农机具已在生产中广泛使用，一种能够将地表杂草翻转并埋于泥中又可以调节犁耕深浅的“江东犁”也投入使用，从而形成了“耕—耙—礰—碡—耖”等一套完整的精耕细作工序。传统的绿肥有了显著增加，人畜粪

[1]班固：《汉书》卷一九上《百官公卿表第七上》，颜师古注，中华书局1962年版。

[2]廖行之：《统县本末札子》，载廖行之：《省斋集》卷五，文渊阁《四库全书》本。

[3]杜佑：《通典》卷三三《职官十五·州郡下·郡太守》，王文锦、王永兴、刘俊文、徐庭云、谢方点校，中华书局1984年版。

[4]张君房编：《云笈七签》卷一二二《杭州余杭上清观道流隐欺常住验》，李永晟点校，中华书局2003年版。

[5]白居易《想东游五十韵并序》有“平河七百里，沃壤二三州”之句，载曹寅、彭定求等：《全唐诗》卷四五〇，中华书局1960年版。

便、蚕沙、米泔水等也被作为基肥、追肥使用。水稻开始摆脱降水不均的制约，在早熟稻的基础上出现了晚熟稻。白居易任杭州刺史即将卸任回京之前曾写过一首《春题湖上》诗云："碧毯线头抽早稻，青罗裙带展新蒲。"[1]其离任在五月，此诗所作时间最迟当为五月。此外，他又在《九日宴集，醉题郡楼，兼呈周、殷二判官》诗中说："江南九月未摇落，柳青蒲绿稻穗香。"[2]这种水稻时至农历九月九日重阳节还未收割，可见是迟熟的晚稻。早熟的早稻与迟熟的晚稻各有长短。早稻虽然早熟，可以避免孕穗时遭遇夏秋的旱伤，但由于生长期较短，而且江南一带春季又多雨，扬花期降水较多，籽粒容重小，产量相对偏低，一些地方主要出于救饥或防秋旱的目的而种植较多；晚稻由于生长期较长，夏季日照充足，扬花期雨天少，籽粒容重大，产量较高，经济效益高，但如果夏秋高温少雨时没有充足的水源可供灌溉，尤其是扬花时遇旱，不仅会严重影响产量，而且还有可能绝收。有鉴于此，有的学者甚至认为"唐代在稻作生产上的主要贡献是培养了大量通常适宜肥沃土地种植的迟中熟品种"[3]。中唐以后杭州所在的杭嘉湖地区，迟熟的晚稻种植已经十分普遍，出现了"处处霜摧稻穗低"[4]的景象。而在南岸的宁绍平原，唐代中后期除了像方干的镜湖别业等一些水源条件较好的地方种植迟熟晚稻香粳之外，基本上仍以种植早稻为主。随着一年一作制的成熟，更为先进的种植制度即稻麦复种制、水稻复种制即双季稻种植也在杭州出现。因而当时的粮食产量较以前有了提高，李伯重推测当时江南稻田亩产较高的稻3石余，麦6斗余，蒙文通则估计达到亩产6石。[5]农业生产的发展和单位面积产量的提高，使得两浙尤其是包括杭州在内的环太湖平原在全国的经济地位日益提高。到了安史之乱以后，江南已经成了唐代的主要产粮区。权德舆在贞元八年（792年）的《论江淮水灾上疏》中说淮南、浙西、徐、蔡、襄、鄂等道"诸州业在田亩，每一岁善熟，则旁资数道"，又说"赋取所资，漕挽所出，军国大计，仰于江淮"。[6]所谓"浙西"、"江淮"，都包括杭州。

当时杭州的蚕桑种植也更为普遍。基地主要集中在城外的东北角，即今艮山门、庆春门外一带。翟灏《艮山杂志》卷二记载，唐时"仁和地统钱塘，其郊外唯东北为蚕桑地"[7]。此外，胥山、吴山西北由于沙岸北涨，辟为良田，也种植桑麻。据潘同《浙江论》所记，景龙四年（710年），杭州"沙岸北涨，地渐平坦，桑麻植焉"[8]。施肩吾《春日钱塘杂兴》（二首）云："酒姥溪头桑袅袅，钱塘郭外柳毵毵。路逢邻妇遥相问，小小如今学养蚕？"[9]可见当时清波门外仙姥墩一带桑林郁茂。城南也种植桑树，开创了利用海涂造地植桑的新范例。

杭州的经济作物品种很多，而且不少品种中唐以后在整个地区乃至全国都具有很高的知名度。钱塘江下游地区"有园多种橘"[10]，富阳县王洲所产甘橘却独占鳌头，"为江东之最"，是重要的贡品。[11]《元和郡县图志》所载的开元贡、元和贡，以及《通典》所载天宝贡、《新唐书》所载

[1]白居易：《春题湖上》，载曹寅、彭定求等：《全唐诗》卷四四六，中华书局1960年版。

[2]白居易：《九日宴集，醉题郡楼，兼呈周、殷二判官》，载曹寅、彭定求等：《全唐诗》卷四四四，中华书局1960年版。

[3]何炳棣：《中国历史上的早熟稻》，《农业考古》1990年第1期。

[4]张贲：《奉和袭美题褚家林亭》，载曹寅、彭定求等：《全唐诗》卷六三一，中华书局1960年版。

[5]李伯重：《唐代江南农业生产的发展》，农业出版社1990年版；蒙文通：《中国历代农业产量的扩大和赋役制度及学术思想的变化》，《四川大学学报》1957年第2期。

[6]权德舆：《论江淮水灾上疏》，载董浩等编：《全唐文》卷四八六，中华书局1983年版。

[7]翟灏：《艮山杂志》，载丁申、丁丙编：《武林掌故丛编》第21集，嘉惠堂丁氏清光绪九年（1883年）刊本。

[8]田汝成：《西湖游览志余》卷二一《委巷丛谈》引潘同《浙江论》，上海古籍出版社1980年版。

[9]施肩吾：《春日钱塘杂兴》（二首），载曹寅、彭定求等：《全唐诗》卷四九四，中华书局1960年版。

[10]杜荀鹤：《送友游吴越》，载曹寅、彭定求等：《全唐诗》卷六九一，中华书局1960年版。

[11]李吉甫：《元和郡县图志》，贺次君点校卷二五《江南道一》杭州富阳县条，中华书局1983年版。

长庆贡，均见有橘。杭州的茶史可以推溯到8000年前的跨湖桥文化，跨湖桥遗址发现迄今发现的世界上最早的茶树种子。著于公元1世纪前的世界上最早的制药专著《桐君采药录》有先秦时期杭州产茶的记载。唐代杭州的茶叶虽然不及长兴的阳羡茶（紫笋茶）有名，但分布甚广，品质也甚佳。《太平寰宇记》卷九三引《舆地志》云，天目山"极高峻，上多美石、泉水、名茶"[1]。有"茶圣"之称的陆羽沿苕溪进行长时间考察，在《茶经》中几次提到杭州茶，如杭州临安、於潜二县茶生天目山，钱塘茶生天竺、灵隐二寺，睦州茶生桐庐县山谷等。《茶经》将宣州、杭州、睦州、歙州茶同列于湖州、常州茶之后，临安、於潜茶与舒州茶列为同等，天竺、灵隐茶和桐庐茶与衡州茶列为同等。[2]陆羽还曾多次前往天目山茶区采摘野生茶。皇甫曾有《送陆鸿渐山人采茶回》诗："千峰待逋客，香茗复丛生。采摘知深处，烟霞羡独行。幽期山寺远，野饭石清泉。寂寂然灯夜，相思一磬声。"[3]又有释皎然《对陆迅饮天目山茶，因寄元居士晨》诗："喜见幽人会，初开野客茶。日成东井叶，露采北山芽。文火香偏胜，寒泉味转嘉。投挡涌作沫，著碗聚生花。稍与禅经近，聊将睡网赊。知君在天目，此意日无涯。"[4]封演《封氏闻见录》卷六《饮茶》称，山东、河北、长安等地茶叶"皆江淮而来，舟车相继，所在山积，色类甚多"[5]，其中当有不少来自杭州。晚唐时在高骈幕中以装神弄鬼擅权的吕用之之父吕璜即"以货茗以为业，来往于淮浙间"[6]，是个茶商。

除了稻桑农业外，当时杭州最为重要、获利也最丰厚的是渔业和盐业，尤以盐利最丰。钱塘江为潮汐性河流，再加上杭州湿地众多，发展渔业、盐业条件十分优越。天宝以后，"天下之赋，盐利居半，宫闱习服御、军饷、百官禄俸皆仰给焉"[7]。唐代杭州及周边分布着许多盐场。中唐时吴、越、扬、楚有盐廪（盐仓）数千处，积存盐2万余石。代宗时刘晏主持盐政，在东南地区设4场10监，即涟水（今江苏涟水）、湖州、越州、杭州4场，嘉兴（今浙江嘉兴）、永嘉（今浙江温州）、侯官（今福建福州）等10监。杭州即设有杭州1场及新亭、临平2监，而越州虽也设1场，却只有兰亭1监。关于渔盐在促进杭州经济发展的作用问题，唐人多有论及。白居易《东楼南望八韵》曾描述城东南一带"鱼盐聚为市，江火起成村"[8]。除一般的鱼类外，杭州还盛产螃蟹，其中"曰螃蛆者，二月、三月之盛出于海涂，吴俗犹所嗜尚，岁或不至，则指目禁烟，谓非佳节也"[9]。又《重题别东楼》诗云："春雨星攒寻蟹火，秋风霞飐弄涛旗。"其夹注曰："余杭风俗：每寒食雨后夜凉，家家持烛寻蟹，动盈万人。每岁八月迎涛，弄水者悉举旗帜焉。"[10]捕蟹在唐时是杭州人的一项经济来源，吴越国时还设蟹户。"钱氏间置鱼户、蟹户，专掌捕鱼蟹，若今台之药户、畦户，睦之漆户比也。"[11]

唐代杭州手工业有了更全面的发展。杭州远离京城，因此官办手工业很少。从魏晋南北朝以来，由于自然经济完全占统治地位，家庭纺织业与

[1]乐史：《太平寰宇记》，中华书局1999年版。

[2]陆羽：《茶经》卷下《八之出》，中华书局2010年版。

[3]皇甫曾：《送陆鸿渐山人采茶回》，载曹寅、彭定求等：《全唐诗》卷二一〇，中华书局1960年版。

[4]释皎然：《对陆迅饮天目山茶，因寄元居士晨》，载曹寅、彭定求等：《全唐诗》卷八一八，中华书局1960年版。

[5]封演撰、赵贞信校注：《封氏闻见录校注》，中华书局1958年版。

[6]罗隐：《广陵妖乱志》，载董浩等编：《全唐文》卷八九七，中华书局1983年版。

[7]欧阳修、宋祁：《新唐书》卷五四《食货志四》，中华书局1975年版。

[8]白居易：《东楼南望八韵》，载曹寅、彭定求等：《全唐诗》卷四四三，中华书局1960年版。

[9]傅肱：《蟹谱》卷上《总论》，载黄纯艳、战秀梅编选点校：《宋代经济谱录》，甘肃人民出版社2008年版。

[10]白居易：《重题别东楼》，载曹寅、彭定求等：《全唐诗》卷四四六，中华书局1960年版。

[11]傅肱：《蟹谱》卷下《蟹户》，载黄纯艳、战秀梅编选点校：《宋代经济谱录》，甘肃人民出版社2008年版。

农业牢固结合着发展。唐代杭州除了家庭纺织业有了巨大发展外，各类私家手工业也有很大发展。有的因为相邻的越州传统上技术水平和知名度相对较高，而使得杭州的相关历史记载在文献中反映很少，使后人有所低估；也有的虽技术水平较低，但制作工艺简单，用工少，成本低，具有价格优势，市场需求较大，因此生产和销售规模都很大。杭州的开元贡只有白编绫和藤纸两种，长庆贡则有白编绫、绯绫、藤纸、木瓜、橘、蜜姜、干姜、芑、牛膝等9种，涉及纺织品、文化用品、瓜果食品、药品等四大类。睦州土贡则有文绫、簟、白石英、银花、细茶。

虽然唐代前期全国丝织业仍然呈现南轻北重的格局，锦、绫、罗、纱等高级丝织品的生产基本集中在中原地区的河南道、河北道和巴蜀地区的剑南道、山南道西部，但杭州所在的江南道发展迅速，并且逐渐有了知名产品。传说初唐名臣褚遂良的九世孙褚载由广陵（今江苏扬州）迁至杭州，由于广陵“机杼之巧”超乎寻常，他也带来先进的丝织技术，杭州的丝织业因此有了显著的发展和提高。后世的杭州丝织业界为了纪念褚载的功绩，在忠清巷褚家祠堂的旧址之上修建了通圣土地庙，明嘉靖二十二年（1543年）又改为观成堂。清光绪二十二年（1904年）刻立的《杭州重建观成堂记》碑文中载：“昔褚河南之孙名载者，归自广陵，得机杼之法，而绸业以张。”在位于杭州东园巷机神庙中一块立于乾隆六十年（1795年）的《秩记轩辕庙先蚕殿碑》上也留下这一传说：“相传河南褚公裔孙得机杼之巧于广陵，归以教其里人。嗣后杭州所出，为天下冠。”两碑中的“褚河南”和“河南褚公”均指唐高宗时曾封河南郡公的褚遂良。褚载于乾宁四年（897年）进士及第，所以当在晚唐时来杭州，而杭州丝织业的兴起应当更早。唐代实行“任土所出而为作贡赋之差”[1]政策，以赋和贡的形式向各地征取土特产品。根据《唐六典》卷三户部郎中员外郎条及《元和郡县图志》所载的开元赋和开元贡，《通典》卷六《食货典》赋税下所载天宝中贡等资料来看，杭州在盛唐开元、天宝年间已上贡白编绫、绯绫和纹纱等丝织品，数量仅次于邻近的越州。从名称上看，它们的色彩有红有白，品种有绫有纱。绫在唐代指起暗花的单层提花织物，纱指轻薄透明的丝织物。杭州上贡的纱既称纹纱，应该还有图案，只是不知是提花织物还是印花织物。虽然当时有些地方为了讨好朝廷而到其他地方收购以超额上贡，但《新唐书》记载晚唐长庆年间（821—824年）杭州仍然上贡绯绫和白编绫，可以证明这些丝织品应该是杭州本地的传统产品。若靠到外地市购很难保证数百年间不变。朝廷对各地贡品的数量要求并不多，以绢价而论，无过50匹，折成绫则更少。上述几种史料记载，杭州年贡白编绫在10—12匹之间。如此数量可能是由政府指定专门的织工数人生产的。当时杭州利用大运河交通枢纽的便利条件，广泛吸收附近越州、润州、扬州等丝织业重镇的先进技术。章孝标《织绫词》云：“去年蚕恶绫帛贵，官急无丝织红泪。残经脆纬不通梭，鹊凤阑珊失头尾。今年蚕好缫白丝，鸟鲜

[1]李林甫：《唐六典》卷三《尚书户部》，陈仲夫点校，中华书局1992年版。

花活人不知。瑶台雪里鹤张翅，禁苑风前梅折枝。不学邻家妇慵懒，蜡揩粉拭谩官眼。”[1]可知所织绫之纹样有喜鹊、凤鸟、仙鹤、梅花等多种，十分丰富。白居易《杭州春望》一诗对杭州名产柿蒂绫赞不绝口，还将它与杭州名酒梨花春相提并论：“红袖织绫夸柿蒂，青旗沽酒趁梨花。”其诗注云：“杭州出，柿蒂花者尤佳。”所谓柿蒂绫指织有柿蒂图案的绫。柿蒂花图案由4个花瓣组成，简洁大方，唐以前很少见。柿蒂绫几乎都是在1/1平纹地上起3/1斜纹花，图案以散点团窠的形式排列，然而视觉效果不像团窠那样富丽堂皇，风格淡雅。从考古类型学的分析可知，它兴起于初唐、流行于盛中唐。在今天的新疆吐鲁番、甘肃敦煌、青海都兰等地出土的唐代丝织品中多见。虽不能肯定这些出土的柿蒂绫就是杭州所产，但考古发现和文献记载都证实曾有不少江南丝织品通过丝绸之路输送到西北地区，而且史料所见出产柿蒂绫的仅见杭州一地。西北出土的柿蒂绫经向图案循环一般仅在2—3cm上下。图案循环越小，所用综片数就越少，一般能在早期的提花机上完成，丝织业尚处于初兴期的杭州生产这样的产品是比较合情理的。[2]绫、纱都是轻薄织物。纱自不用说，当时对纱有“方孔”、“轻容”等别称，是丝织物中最为轻薄的品种；绫也是如此，当时南方最普遍的吴绫即以薄出名。韩偓《意绪》诗云：“口脂易印吴绫薄。”[3]杭州不知是否生产吴绫，但柿蒂绫的轻薄程度当与吴绫相去不远。撰于天宝年间的《唐六典》记载，当时朝廷将全国各地的苎布按照精粗分为9等，其中杭州与越州并列为第四等，也是贡品。[4]

唐代杭州的冶铜业继续发展。余杭、建德、淳安是重要的铜矿采冶处。1970年淳安县铜山铁矿筹建处的工人曾在铜峰山发现铜矿采冶遗址一处。遗址分为老矿洞、摩崖题记、冶炼炉基和矿渣堆积4部分。老矿洞共发现4处，均在海拔600—700m的山腰，距洞口水平深度70—80m，有竖井、钭井、平巷等。洪铜山尖头岩西麓的石壁上有摩崖题记：“大唐天宝八年，开山坉取铜至乾元元年七月，又至大历十年十又二月再采，续至元和四年。”直书4行，共计36字。在海拔700m的官坪和矿区西侧的油库房基发现圆形冶炼炉基2座，残高40—60cm，直径115—195cm，红烧土壁厚8cm。炉膛由石块叠砌，炉内尚存木炭，附近有粉碎堆积的白云石等耐火材料，还有大量矿渣堆积层。这一遗址是浙江省已发现的唯一古代铜矿采矿并冶炼遗址。唐代越窑青瓷工艺达到巅峰，居全国之冠，萧山则是越窑青瓷的重要产地。杭州还大量生产价廉物美的中低档陶瓷。《太平寰宇记》卷九三载，余杭县“余石乡亭市村人悉作大瓮，今人谓之浙瓮，是此地所出”[5]。这里所产之陶器以“浙瓮”为名，其产量、规模及社会影响应不小。亭市山在今瓶窑镇，因为盛产陶器又名“陶山”。唐代杭州与广州、扬州并列为全国三大港口，能制造当时所需的各种内河船只和海舶，造船技术与苏州、扬州等著名造船中心不相上下。其中有一种名叫“苍舶”的船长达20丈，可载700余人。大历贞元年间（766—804年）又有一种叫“俞

[1]章孝标：《织绫词》，载曹寅、彭定求等：《全唐诗》卷五〇六，中华书局1960年版。

[2]赵丰：《唐代杭州丝织业》，载周峰主编：《隋唐名郡杭州》，浙江人民出版社1997年版。

[3]韩偓：《意绪》，载曹寅、彭定求等：《全唐诗》卷六八三，中华书局1960年版。

[4]李林甫：《唐六典》卷二〇《太府寺》，陈仲夫点校，中华书局1992年版。

[5]乐史：《太平寰宇记》，中华书局1999年版。

大娘”的大航船，能载重万石，时人赞叹道：“居者养生，送死婚嫁，悉在其间。开巷为圃，操驾之工数百。南至江西，北至淮南，岁一往来，其利甚大。”[1]从《唐六典》《元和郡县图志》《新唐书》《太平寰宇记》等唐宋文献所载土贡资料来看，杭州自开元年间（713—741年）至北宋一直是藤纸的贡地，是全国重要的纸业生产地。由拳山藤纸工艺技术进一步提高，列为开元贡。临安县的造纸业同样也很发达。《南部新书》卷九载：“临安出纸，纸径短、色黄，状若牙版，字误可以舌舔之不污。近亦绝有，盖取多工鲜而价卑也。”[2]这是一种价廉物美、适合大众使用的大众纸。《南部新书》又载，自上元二年（761年）开始，制敕采用黄纸书写。当包括由拳山藤纸、临安纸。唐代杭州的其他手工业如酿酒业等也都比以前有较大发展。

《旧五代史》卷一四六《食货》载：“饶州置永平监，岁铸钱；池州永宁监、建州永丰监，并岁铸钱；杭州置保兴监铸钱。”[3]马端临《文献通考》卷九《钱币考二》也载：“杭州有宝兴监，后并废之。”[4]宝兴监设在钱塘江畔。《乾道临安志》卷二载：“大唐宝兴铸钱监，在龙山相近。《吴郡图经》曰：‘每岁官取长洲县白墡土为钱塘铸钱监用。’今藉田园乃故基也。旁有长生水池。大中祥符九年五月戊申，江淮、两浙发运使李浦言：‘饶、池、江、杭四州钱监每岁共铸钱一百二十万贯，用铜四百五十三万斤。’”[5]钱监开设在龙山，主要考虑便于原材料和铸成的钱币在钱塘江运输。苏轼《乞相度开石门河状》云：“自衢、睦、处、婺、宣、歙、饶、信及福建路八州往来者，皆出入龙山，沿溯此江，江水滩浅，必乘潮。”[6]《祥符图经》称，阳山出白墡，每岁取万余斤为宝兴监铸钱之用。《吴郡图经续记》卷中云：“阳山在吴县西北三十里，一名秦余杭山，一名四飞山，有白垩，可用圬墁，洁白如粉。唐时岁以供进，故亦曰白墡山。”[7]

唐代杭州的商业已相当繁荣。李华《杭州刺史厅壁记》曾有详细的描述：“杭州，东南名郡，后汉分会稽为吴郡，钱塘属。隋平陈，置此州。咽喉吴越，势雄江海……况郊海门，池浙江，三山动摇于掌端，灵涛喷激于城下；水牵卉服，陆控山夷；骈樯二十里，开肆三万室。”[8]城南“鱼盐聚为市，烟火起成村”[9]。钱塘江自西而东流贯，每天“乘两潮发棹，舟船之盛，尽于江西。编蒲为帆，大者或数十幅”[10]。向东经越州、明州（今宁波）出海，又可南下闽、粤。城北有运河与江淮乃至中原地区相联系。城郊有“灯火万家城四畔”[11]的景象，处处可见“送莺扇之藏筐，迎蛛丝之织户”[12]。西湖在南朝齐高帝建元元年（479年）时即见诸文字记载。《玉台新咏》卷一〇《钱塘苏小歌》：“妾乘油壁车，郎骑青骢马。何处结同心？西陵松柏下。”[13]西陵可能即今西湖西泠桥一带。至唐代中期，西湖山水风光成为文人墨客游赏题咏的对象，也是士女优游娱乐之所，娱乐服务业发达。“绿藤荫下铺歌席，红藕花中泊妓船。”[14]“绊惹舞人春

[1]王谠：《唐语林》卷八补遗，中华书局1958年版。

[2]钱易：《南部新书》，黄寿成点校，中华书局2002年版。

[3]薛居正等：《旧五代史》，中华书局1976年版。

[4]马端临：《文献通考》，中华书局1986年版。

[5]周淙：《乾道临安志》，载中华书局编辑部编：《宋元方志丛刊》第4册，中华书局1990年版。

[6]苏轼：《乞相度开石门河状》，载苏轼：《苏轼文集》卷三二，孔凡礼点校，中华书局1986年版。

[7]朱长文：《吴郡图经续记》，江苏古籍出版社1986年版。

[8]李华：《杭州刺史厅壁记》，载曹寅、彭定求等：《全唐诗》卷三一六，中华书局1960年版。

[9]白居易：《东楼南望八韵》，载曹寅、彭定求等：《全唐诗》卷四四三，中华书局1960年版。

[10]李肇：《唐国史补》卷下《叙舟楫之利》，上海古籍出版社1983年版。

[11]白居易：《江楼夕望招客》，载曹寅、彭定求等：《全唐诗》卷四四二，中华书局1960年版。

[12]黄滔：《唐黄御史公集》卷一《秋色赋》，《四部丛刊》初编，商务印书馆民国25年（1936年）版。

[13]徐陵编、吴兆宜等注：《玉台新咏笺注》，中华书局1985年版。

[14]白居易：《西湖留别》，载曹寅、彭定求等：《全唐诗》卷四四六，中华书局1960年版。

艳曳，勾留醉客夜徘徊。”[1]到唐末，杭州“东眄巨浸，辏闽粤之舟橹；北倚郭邑，通商旅之宝货”[2]，出现了“灯火家家市，笙歌处处楼”[3]的繁华局面。唐代江南地区农业商品化趋势加强，商品化水平提高，为手工业发展提供了富足的原料。一是改变生产的价值取向。生产不再简单以自给自足为目的，而是更多地直接面对市场，按市场的要求来调整生产计划和品种结构，以获得更多收益。这促使江南以草市为代表的农村基础市场的勃兴。较大的中心市场一般设在县城，县城外一些交通便利的地方则有为数不少的规模稍小的镇市、村市。文献记载江南有名称的草市22个，杭州有其一。农业商品化还平衡了区域间的经济发展关系。睦州地处浙西丘陵，粮食不能自给。《淳熙严州图经》卷一《历代沿革·风俗》云：“州境山谷居多，地狭且瘠，民贫而啬，谷食不足，仰给它州。”[4]《景定严州续志》卷二《荒政》也云：“郡垦山为田十一二，民食仰籴旁郡航粟。一不继，便同凶年，况旱潦乎？”[5]自唐至宋，虽然水利设施大为改善，这种局面仍然无法改变，只能通过市场从相邻各州补充。二是拓展了农业生产的地域空间。由于大量种植经济作物的需要，湖泊、丘陵的作用更深入地被人们所认识，土地资源得到深度开发和充分利用。如前述钱塘江口的大量沙田就被改造为桑麻种植区。三是密切了地主经济、农民经济与市场的联系，加剧了社会贫富分化并促使商人增多。曾任余杭尉的丁仙芝《赠朱中书》诗云：“东邻转谷五之利，西邻贩缯日已贵。”[6]从事商业的地主或农民逐渐致富，成为富裕阶层。

江南运河的开通和杭州社会经济的发展，也促进杭州海内外贸易发展。《隋书》卷三一《地理下》已称杭州“珍异所聚，故商贾并辏”。杜荀鹤《送友人游吴越》诗中的“夜市桥边火”[7]，既说明杭州等地水陆交通的发达，也说明唐代后期已突破城市“夜禁”管制。除了国内各地的商贾之外，还有来自海外的商贾。“安史之乱”后，陆上丝绸贸易时断时续，国用困乏，加上军费浩繁，政府对于发展东南海上贸易十分重视。除贡品不准自由买卖和收市货物需等宫廷收购后始准民间买卖外，别的货物在缴纳舶脚后即可自由贸易。除不准私运违禁品和回帆时征收舶脚外，对华商出洋也没有别的禁令。唐代后期，开辟了明州与日本之间的东海新航线，并可以自然延伸到朝鲜半岛，极大地促进了杭州与日本、朝鲜之间的贸易往来。海外商贾于明州登岸，可循浙东运河到达杭州。宋人姚宽《西溪丛语》卷上曾说宋以前航海而来的“海商舶船畏避沙潬，不由大江，唯泛余姚小江易舟而浮运河，达于杭越”[8]，即由宁波登岸，走浙东运河进入杭州。澉浦于开元五年（717年）设为镇。从澉浦登岸的海商可由江南运河进入杭州。明代正德年间曾在泛洋湖（今杭州武林门北一带）挖出一艘规制甚异的海船，时人认为系唐或唐以前的海外商船。由陆路来的西域胡商（也称商胡）也转辗从运河进入杭州。从杜甫《解闷十二首》诗句“商胡别离下扬州，忆上西陵故驿楼”可知，唐代西陵已经有了胡商的踪迹，

[1]白居易：《花楼望雪，命宴赋诗》，载曹寅、彭定求等：《全唐诗》卷四四三，中华书局1960年版。

[2]罗隐：《杭州罗城记》，载董浩等编：《全唐文》卷八九七，中华书局1983年版。

[3]白居易：《正月十五日夜月》，载曹寅、彭定求等：《全唐诗》卷一一四，中华书局1960年版。

[4]陈公亮修、刘文富纂：《淳熙严州图经》，载中华书局编辑部编：《宋元方志丛刊》第5册，中华书局1990年版。

[5]郑瑶修、方仁荣纂：《景定严州续志》，载中华书局编辑部编：《宋元方志丛刊》第5册，中华书局1990年版。

[6]丁仙芝：《赠朱中书》，载曹寅、彭定求等：《全唐诗》卷一一四，中华书局1960年版。

[7]杜荀鹤：《送友人游吴越》，载曹寅、彭定求等：《全唐诗》卷六九一，中华书局1960年版。

[8]姚宽：《西溪丛语》、陆游：《家世旧闻》，孔凡礼点校，中华书局1993年版。

其目的地当然在杭州。商品贸易的发展使政府获得了可观的商税收入。沈亚之《杭州场壁记》云："国家始以输边储寒，不足于用，遂以盐铁榷估为助，使吏曹计其入。于郡县近利之地，得为院场之署，以差高下之等。顾杭州虽一场耳，然时南派巨流，走闽禺瓯越之宝货，而盐鱼大贾所来交会，每岁官入三十六万千计。"[1]

钱塘江下游地区区域中心在中晚唐时期开始转移，即从僻处东南一隅的越州转移到了在空间位置上更居于中心的杭州，区域发展由此从先前的山会平原一枝独秀迈向了整个钱塘江下游地区协同发展的时代。五代钱氏之所以能够在钱塘江下游地区前所未有地建立一个囊括南北两岸的新政权，处于钱塘江北岸的杭州之所以能够取代老牌的政治中心越州而成为钱氏政权的都城，并且这种格局在吴越国政权倒台之后仍然能够持续地稳定存在和发展，都与此时奠定的基础有密切的关系。

第三节　吴越国的保境安民国策与休养蓄势

一、控江保湖与经济地缘的拓殖

晚唐前期，杭州在整个东南地区的地位还处于三流水平。同为浙江西道辖区内的苏州作为道内的政治、经济中心地位即高于杭州。《唐会要》卷七〇《州县分望道》记载，苏州于大历十三年二月十一日就已升为雄州，是江南道（包括东道与西道）唯一的一个雄州。宝历年间（825—827年）任苏州刺史的白居易说："江南诸州，苏最为大，兵数不少，税额至多。"[2]因此，苏州可以说是江南地区的都会所在。而苏州与淮南道的扬州相比又等而下之。扬州为大都督府治所，其大都督由亲王遥领，而由长史主政，长史品级为从三品。宪宗时李夷简曾以尚书右仆射、同中书门下平章事的身份兼扬州大都督府长史。扬州不仅政治地位高，而且经济也非常繁荣，"富庶甲天下，时人称'扬一益二'"[3]。唐宪宗在诏文中称该区为"名都奥壤"[4]，并指出这一地区"走商贾之化财，引舟车之槽輓。凡所经理，事非一隅控制之难"[5]。太和四年（830年），为防止民间销钱铸佛，文宗"诏积钱以七千缗为率，十万缗者期以一年出之，二十万以二年。凡交易百缗以上者，匹帛米粟居半"，扬州即"以都会之剧，约束如京师"。[6]可见，扬州不仅是地区性都会，而且是全国性大都会。但是，自中唐以来苏州经济的发展速度相当快。元和八年（813年），元锡在《苏州刺史谢上表》中已说："东吴繁剧，首冠江淮。"[7]宝历年间白居易也说苏州已经"人稠过扬府，坊闹半长安"[8]，并且"合沓臻水陆，骈阗会四方"[9]，俨然已经超越扬州而成为全国性的经济大都会了。而据说会昌年间（841—846年）"钱塘于江南，繁大雅亚吴郡"[10]。尔后，自光启三年（887年）经毕师

[1]沈亚之：《杭州场壁记》，载董诰等编：《全唐文》卷七三六，中华书局1983年版。

[2]白居易：《苏州刺史谢上表》，载白居易：《白居易集》卷六八，顾学颉点校，中华书局1979年版。

[3]司马光：《资治通鉴》卷二五九《唐纪七五》景福元年，胡三省音注，中华书局1956年版。

[4]李纯：《遣使宣慰江淮诏》，载董诰等编：《全唐文》卷五九，中华书局1983年版。

[5]李纯：《授李夷简淮南节度使制》，载董诰等编：《全唐文》卷五八，中华书局1983年版。

[6]欧阳修、宋祁：《新唐书》卷五四《食货志四》，中华书局1975年版。

[7]元锡：《苏州刺史谢上表》，载董诰等编：《全唐文》卷六九三，中华书局1983年版。

[8]白居易：《齐云楼晚望偶题十韵兼呈冯侍御，周、殷二协律》，载白居易：《白居易集》卷二四，顾学颉点校，中华书局1979年版。

[9]韦应物：《登重玄寺阁》，载曹寅、彭定求等：《全唐诗》卷一九二，中华书局1960年版。

[10]杜牧：《杭州新造南亭子记》，载杜牧：《樊川文集》卷一〇，上海古籍出版社2007年版。

铎、秦彦兵乱，“孙儒、行密继踵相攻，四五年间，连兵不息，庐舍焚荡，民户丧亡，广陵之雄富扫地矣”[1]，扬州从此一蹶不振。苏州在唐末五代时处于淮南杨行密与吴越钱镠两大武装割据势力之间，是两大势力相互争夺的焦点，经常展开拉锯战，同样未能幸免于难。杭州却因为有钱镠势力的稳固盘踞，环境相对安定，避免了兵火洗劫，在备受摧残的江南地区成了幸存的硕果。当时的杭州虽不是全国的都城，但位于两浙的中间地带，发展为东南地区的区域中心，跃升为一等城市，为南宋建都打下了基础。

吴越国（907—978年）是五代十国时期的十国之一，强盛时拥有13州，疆域约为现今浙江全省、江苏东南部和福建东北部，设1军86县。以杭州为首都（西府），越州为陪都（东府）。西府杭州曾辖钱塘、钱江、盐官、余杭、富春（富阳改名）、桐庐、於潜、安国（临安改名）、新登（新城改名）、金昌（唐山改名，故治在今临安市昌化镇。后又改名唐山、横山、吴昌）、武康（后梁开平元年从湖州划属）11县。东府越州曾辖会稽、山阴、诸暨、余姚、萧山、上虞、新昌、瞻县8县。其中萧山今属杭州。吴越国不仅奠定了直到清代杭州的城市基本结构，而且也大体确定了其行政管理关系。宋人叶适认为：“吴越之地，自钱氏时独不被兵，又以四十年都邑之盛，四方流徙，尽集于千里之内。而衣冠贵人，不知其几族，故以十五州之众，当今天下之半。”[2]又王明清也指出：“杭州在唐，繁雄不及姑苏、会稽两郡，因钱氏建国始盛。”[3]

吴越国以“保境安民”为原则设计和建设城市。如为了防止外来势力侵犯而筑夹城、修罗城、设营屯，为了使百姓生活有保障而筑海塘、浚西湖、凿池井。隋唐时杭州城的范围大抵是南到凤凰山，东临盐桥河（即今中河），西濒西湖，北抵钱塘门（今六公园圣塘附近）。吴越国立足杭州后，对其进行多次扩建。第一次是唐昭宗大顺元年（890年）筑新城。时钱镠任杭州刺史兼防御使，出于军事需要而修新城。是年闰九月“王命筑新夹城，环包家山，洎秦望山而回，凡五十余里”。从钱塘江北岸环包家山绕秦望山（将台山），往北折过钱王岭而达西湖之滨。由于城基主要以杭州西南山区为主，故“皆穿林架险而版筑焉”。杭州北部的东西城墙沿吴山以北的隋代运河（即清湖河）直抵今德胜桥以西的夹城巷（亦称长板巷），东西相距不到300m，南北却长达12里，故称夹城。在地形上，夹城高于周围2—3m。第二次是唐昭宗景福二年（893年）新筑罗城。由于军事上的胜利，钱镠被拜为镇海军节度使、润州刺史，“发民夫二十万及十三都军士筑杭州罗城”。[4]“自秦望山由夹城东亘江干，洎钱塘湖、霍山、范浦凡七十里”[5]。“城门凡十，皆金铺铁叶，用以御侮”[6]。其东界从今东新关桥起沿五里塘河向南，再沿今中河西侧向南抵六和塔江边。中河西侧的吴山东麓至宋代还有朝天门（今鼓楼遗址）、炭桥新门（今丰乐桥西）、盐桥门（今盐桥西）等城门名称。北界从东新关向西偏南接夹城，

[1]刘昫等：《旧唐书》卷一八二《秦彦》，中华书局1975年版。

[2]叶适：《叶适集》之《水心别集》卷二《进卷·民事中》，中华书局1961年版。

[3]王明清：《玉照新志》卷六，中华书局1958年版。

[4]司马光：《资治通鉴》卷二五九《唐纪七五》景福二年，胡三省音注，中华书局1956年版。

[5]钱俨：《吴越备史》卷一《武肃王上》，载丁申、丁丙编：《武林掌故丛编》第19集，嘉惠堂丁氏清光绪九年（1883年）刊本。

[6]钱俨：《吴越备史》附《吴越备史杂考·吴越国治考》，载丁申、丁丙编：《武林掌故丛编》第19集，嘉惠堂丁氏清光绪九年（1883年）刊本。

再向西至下湖河。西界沿下湖河东侧的东马塍向南经流水桥，沿西湖东岸向南过赤山埠、四眼井至六和塔江边。因罗城城垣“南北展而东西缩”，形如腰鼓，故称“腰鼓城”。第三次是后梁开平四年（910年）扩建罗城30里，主要是旧城东南部。钱镠筑捍海塘后，在塘的西部形成了“重濠累堑，通衢广陌”的局面。[1]“重濠累堑”中有一条平行于海塘的沟濠，其北段为后世的菜市河，即今东河；南段即龙山河，即今中河南段。钱镠在此基础上展筑东南外城，“建候潮、通江等城门”[2]，将城墙的东界从中河西侧的罗城东拓到今东河西岸，今中河遂成城内运河，东河则为城濠。由是“悉起台榭，广郡郭周三十里”[3]。1985年在凤山门以南的中河整治工程挖掘现场发现这次“广杭州城”的城墙已在今地表3m以下。由于南宋临安府城所沿袭的主要基础就是这次拓广的杭州城，故其北界可断定在此前后从今夹城巷一线南缩至今环城北路一线。从大顺元年“筑新夹城”至开平四年“广杭州城”20年间，发展速度是相当快的。这时的建成区后来长时间都是杭州城区的中心。钱镠于乾宁三年（896年）任镇海、镇东军两节度使，乾宁五年（898年）自润州（今江苏镇江）移镇海军治所于杭州，以凤凰山隋唐州治为治所，扩展州厅西南隅，依山阜建宫室。及吴越国建国，遂于后梁开平四年（910年）以州治为基础建子城。子城旋即成为国都治所。子城周9里，“南为通越门，北为双门”[4]。通越门在凤凰山之右，双门临江，双门外还建碧波亭，用来检阅水军。除上述3次扩建外，“至涒滩岁（后唐同光二年，公元924年），开慈云岭”[5]，建西关城宇。子城内殿堂宫室重檐叠阁，雕梁画栋，还“廊回路转”，“垂杨夹道，间以芙蓉”，“环以古松”，“风帆沙鸟，咸出履下”，[6]俨然如大型江滨墅园。吴越国子城袭六朝钱唐治和隋唐州治地，并有所发展，为南宋大内奠定了构建皇城的基础。[7]吴越国时还在城内兴建了大量生产生活设施，整治了街道、桥梁、市场和房舍等。

为了确保杭州安全，除加强城防以积极抵御外来侵略外，还需制服钱塘江海潮。杭州是“江海故地”，海潮为患由来已久。钱镠在后梁开平四年写给梁太祖的《筑塘疏》中说：“海飓大作，怒涛掀簸，堤岸冲啮迨尽。自秦望山东南十八堡，数千万亩田地悉成江面，民不堪命。”[8]两浙局势渐趋稳定、杭州扩城工程基本竣工后，他就着手修筑海塘。最初所采用的修筑手段是传统的“版筑法”，但“怒潮急湍，昼夜冲激，版筑不就”[9]。传说曾“募强努五百人，以射潮头”，“潮乃退钱塘，东趋西陵”。其实是钱镠总结了“版筑不就”的教训，采用了以石筑堤的新方法：“运巨石盛以竹笼，植巨材捍之，塘基始定。”[10]“筑塘以石，自吴越始”[11]，故史称“钱氏捍海塘”或“钱氏石塘”。这种以竹笼盛巨石、用木桩固定的办法史称“石囤木桩法”，是了不起的技术发明，一直为后世所采用。考古资料表明：“海塘的纵向大致是南北走向的，由两大部分组成：靠江潮一边立几排滉柱，直接承受潮头的冲击，它的作用是减弱潮势；滉柱的里边

[1]钱俨：《吴越备史》卷一《武肃王上》，载丁申、丁丙编：《武林掌故丛编》第19集，嘉惠堂丁氏清光绪九年（1883年）刊本。

[2]吴任臣：《十国春秋》卷七八《吴越二·武肃王世家（钱镠）下》，中华书局1983年版。

[3]薛居正等：《旧五代史》卷一三三世袭列传二《钱镠》，中华书局1976年版。

[4]施谔：《淳祐临安志》卷五《城府一》，载丁申、丁丙编：《武林掌故丛编》第3集，嘉惠堂丁氏清光绪九年（1883年）刊本。

[5]潜说友等：《咸淳临安志》卷二八《山川七》，振绮堂汪氏清道光十年（1830年）刊本。

[6]钱俨：《吴越备史》附《吴越备史杂考·吴越旧宫考》，载丁申、丁丙编：《武林掌故丛编》第19集，嘉惠堂丁氏清光绪九年（1883年）刊本。

[7]阙维民：《杭州城池暨西湖历史图说》，浙江人民出版社2000年版。

[8]钱镠：《筑塘疏》，载钱文选：《钱氏家乘》卷八《遗文》，上海书店出版社1996年版。

[9]钱俨：《吴越备史》附《吴越备史杂考·铁箭考》，载丁申、丁丙编：《武林掌故丛编》第19集，嘉惠堂丁氏清光绪九年（1883年）刊本。

[10]钱俨：《吴越备史》卷二《武肃王下》，载丁申、丁丙编：《武林掌故丛编》第19集，嘉惠堂丁氏清光绪九年（1883年）刊本。

[11]张次仲：《议修筑海宁县海塘书》，载翟均廉：《海塘录》卷一九，文渊阁《四库全书》本。

就是堤坝。堤坝可分3部分。靠滉柱一边，也就是堤坝的外侧，是一道木框架，暂称为外道木框架；在堤坝的里侧，又是一道木框架，暂称为里道木框架；在里外两道框架之间填充泥土。外道木框架因为紧贴滉柱，横宽约12m许，中间叠置长竹笼，笼内填塞石块，笼外填以泥土。由于无数石块集中在竹笼里，每个竹笼都成为一件重型的构筑物，所以不易被海浪冲走，这是当时的创举。在这道木框架的纵向内外两侧，都挡以竹编，避免泥土流失。里道木框架由于不直接承受潮水，所以结构比较简单，它的外侧也就是堤坝的里侧，是暴露在地面上的，所以密立一排木桩，挡以竹编，同样是为了避免泥土流失；在这排木桩的里侧，也就是靠近外道木框架的方向，只立一排稀疏的木桩，并且通过一根根横木固定这道木框架外侧的一排木桩。木桩架的结点，全部用竹篾捆扎，然后用绞棍绞紧。著称于世的吴越海塘就这样筑成。”[1]修筑海塘“计费十万九千四百四十缗，堤长三十三万八千五百九十三丈”[2]，南自六和塔，北迄艮山门。[3]今复兴路—建国路一线仍存其旧址，1983年在江城路南星立交桥工地发现钱氏石塘遗迹。[4]自此“沙土渐积，塘岸益固”[5]，使扩建后的杭州地缘得以巩固，在发展上有了全面保障。钱镠《筑塘疏》谈到筑海塘目的时指出：“春秋时白圭筑堤，壅塞于邻国，孟子讥以为仁人所恶。臣今按神禹之古迹，考前人之治堤，其水仍导入海，不伤邻界。则土地复而邻无患。塘之不可不筑一也。况民为社稷之本，土为百物所生。圣人云，有土斯有财。塘之不可不筑二也……外加土塘，内筑石堤，不辞鞭石畚土之劳，以图经久乐利之计。塘之不可不筑三也。况风气所凝，人才所聚，昔之汪洋浩荡，今成沃壤平原。东南水土长生，亦可以储精气之美、人文之盛。今则征科有据，常赋无亏。岁屡获登，民亦奠业。臣非敢沽名以邀斯民之戴德，实不忍以沃壤之区投之江汉耳。兹塘已筑，将见安澜永庆、海晏河清矣！”

西湖是海水淤塞形成的潟湖。在杭州湾淤塞的过程中，从人类利用的角度来说存在着争取陆域化和保有水源的矛盾。杭州市区的形成，事实上是西湖或西溪湿地不断缩小的结果。西湖紧邻罗城，如果从土地开发的角度来说，将其彻底填塞不失为一种选择。后梁乾化三年（913年），后梁政权敕授钱镠尚父册礼，许广牙城，以建大公府治。有术士向钱镠建议填西湖以为城之府治：“王若改旧为新，有国止及百年；如填筑西湖以为城之府治，于法当有拓土之应，不止十四州已也，垂祚当十倍于此。王其图之。”钱镠对风水地理及术士之言向来信多疑少，而且开疆拓土、国祚长久又是其志向，但他“顾谓术者曰：‘百姓资湖水以生，借湖水以灌田久矣！无湖水，即是无民矣！吾之尊诏广城，原冀卫民，何敢稍存他念？况百年之内，必有真主。岂有千年而天下无真主乎？有国百年，天所命也。吾所愿也，足矣！尔无妄言，吾不为也。’不听，即于治所仅稍增广之。”[6]西湖在当时算不得风景，而且经常葑淤。自白居易浚湖之时到吴越建国之初，前后仅80余年，又出现了“湖葑蔓合”的现象。然而唐代李泌凿六井、白居易浚西湖筑捍湖

[1]王士伦：《杭州文物与古迹》，文物出版社1998年版，第12—13页。

[2]钱文选：《钱氏家乘》卷八《遗文·武肃王〈筑塘疏〉》，上海书店出版社1996年版。

[3]司马光：《资治通鉴》卷二六七《后梁纪二》开平四年胡注，胡三省音注，中华书局1956年版。

[4]《杭州市五代“钱氏捍海塘”遗址》，载中国考古学会编：《中国考古学年鉴》（1984年），文物出版社1984年版，第109页。

[5]钱俨：《吴越备史》附《吴越备史杂考·铁箭考》，载丁申、丁丙编：《武林掌故丛编》第19集，嘉惠堂丁氏清光绪九年（1883年）刊本。

[6]范埛、林禹：《吴越书》卷一《太祖纪第十一》，宏文艺苑出版社2000年版。

堤后，西湖与杭州的密切关系也日益显露，钱镠可能已认识到西湖是杭州不可分割的组成部分。他不但不填西湖，而且采取两大决策：一是在后唐天成二年（927年）置撩湖兵士千人专职日夜疏浚，清除葑草，加深湖床，使之可以停泊战舰。宋建隆四年（963年），钱俶还“大阅艨舻于西湖”[1]。与治理西湖相配套的还有在城内广开池井。开宝九年（976年）疏通涌金池，引湖水入城内运河，以便舟行。又在吴山北麓大井巷开五眼吴山大井，在南屏山西法因寺开钱王井，在凤凰山梵天寺开灵鳗井。最多的在新扩展的城北一带，今下城区百井坊一带即有99眼，俗称“钱王百井”。二是在隆兴佛教的同时对西湖加以人工美化。沿湖周围广建庭园、佛刹，如吴山上的秾华园、涌金门外的西园、嘉会门外的瑞萼园、月轮山下的南果园等，还有保俶、雷峰、六和、白塔等著名的“钱塘四塔”。钱塘四塔后来成为西湖的标志。从后来西湖发挥的无以估量的生态功能来看，钱镠之“广治不填湖，留以待真主”，或者从大方面来说是实施控江保湖战略，极富远见卓识。如在很长的历史时期，“城中诸河专用西湖水，水既清澈，无由淤塞”[2]。

[1]钱俨：《吴越备史》卷四《大元帅吴越国王》，载丁申、丁丙编：《武林掌故丛编》第19集，嘉惠堂丁氏清光绪九年（1883年）刊本。

[2]潜说友等：《咸淳临安志》卷三五《山川十四》，振绮堂汪氏清道光十年（1830年）刊本。

由于长江流域开发向纵深发展，致使长江水文含沙量增加，江口海岸线外扩加速。4世纪时，环太湖平原北部、东部海岸线位置尚在梅李、徐市、徐涂、娄塘、嘉定、南翔、诸翟、南桥、柘林一线。8世纪初期已东扩到浒浦、茜泾、江湾、北蔡、周浦、下沙一线。10世纪时又向东扩展到了川沙、南北里护塘一线。而环太湖平原东南沿海地带则因为杭州湾强潮的冲刷，陆地不断崩塌，海岸线向内陆退缩，杭州的钱塘江岸也深受影响。泥沙的沉积和海塘的修筑，导致环太湖平原沿海地区的地势进一步增高。北宋郏亶《水利书》记载，宋代今太仓、曹泾“冈阜之地”高出其西积水之处四五尺至七八尺。郏亶之子郏侨也说茜泾附近又高出苏州、昆山等地“不啻丈余”。这种环太湖平原中部积水日益加深的趋势，大致始于唐五代。这一地理形势的演变，使河流比降相应发生变化。原来渲泄太湖之水入大海的长江、黄河、淮河“三江”，反而变成了海水入浸的通道。“欲东导于海反西流，欲北导于江者反南下。”[3]海水曾一度逆吴淞江而倒灌到苏州城东一二十里。太湖之水只有低潮时才能勉强排入大海。由于海水经常倒灌，潮水挟带泥沙在河口堆积日益增加，进一步加速了“三江”系统的淤浅，从而使得太湖平原旱季往往缺乏灌溉用水，雨季又往往泛滥成灾。[4]针对环太湖平原的进一步沉降和洪涝干旱灾害的日益严重，钱镠在吴越国建国之初即着手建设太湖流域水网系统，疏浚太湖泄海通道。吴越国于杭州控江保湖事实上即是整个太湖流域治理的一部分。而太湖流域的治理又是与大规模农田开发结合在一起的。

[3]郏亶：《水利书》，载范成大修：《吴郡志》卷一九《水利》，陆振岳点校，江苏古籍出版社1999年版。

[4]魏嵩山：《太湖流域开发探源》第1章，江西教育出版社1993年版。

东吴至隋唐时期江南的屯田主要以粗放的开山辟土为主，随着几次大的人口南迁，这种粗放的土地开发模式越来越难以满足需要，因此更加重视圩田的开发。所谓圩田就是四周被堤围着的耕地，又称“围田”。日本学者西山武一曾说，中国的灌溉事业，根据其地形的不同，可分为3类：北

[1]西山武一：《中国水稻农业的发展》，《农业综合研究》1949年第1期。

方是渠，淮南是陂，江南是塘。[1]渠，就是所谓的“沟洫”，往往建于北方的高地或平原。北方降雨量少，水资源缺乏，必须筑渠引水以满足灌溉需要。陂是适用于山地的水利设施。在山地发展农业有两个最大的障碍，一是水随到随流，不易积聚；二是大雨时水从高处冲下，易毁坏农田。解决的办法是筑陂拦溪。塘即堤，是适合于江南低洼沼泽地的水利设施。江南地区发展农业的主要问题是积水成灾，因此需要修筑塘堤。塘堤工程发展到一定规模形成体系，便成为圩田。东吴征伐山越时主要开发山地，东晋南朝以后圩田的重要性逐渐显露出来，于是出现“畦畎相望”、“阡陌如绣”[2]的局面。唐代则无论是圩堤建设的规模，还是防洪、排灌工程兴建的数量，都比以前大有发展。吴越国将开发圩田当作一种国策，并发明了“塘浦制”，形成七里十里一横塘、五里七里一纵浦的格局。塘浦纵横交错，水行于圩外，田成于圩内，形成棋盘式的塘浦圩田系统。

[2]徐松辑：《宋会要辑稿·食货六一》，中华书局1957年版。

在渠、陂、塘3种水利工程中，相对而言渠的修筑最为简易，塘的修筑难度最大，陂则处于两者之间。在环太湖地区，塘式水利工程修筑落后于陂式水利工程，低洼地的开发滞后于山地农业的发展。人类最初选择周围的山地和高地平原定居，而不是中间的低地。秦汉时期所修建水利设施见于史籍记载的不多，东吴以后才出现了一些著名的水利工程，如镇江、常州一带的练塘、新丰塘，湖州一带的荻塘、吴兴塘，大都分布在太湖南北两侧的高地。西晋末年，移民南迁到两浙地区的主要有两个重点地区，一是浙东的会稽郡，二是浙西环太湖平原北部的毗陵郡及相邻的建康地区，吴郡则乏人问津。一些学者认为这一带被以顾、陆、朱、张为首的吴姓士族霸占，良田已经开垦殆尽，北方士族只能另辟新地。但这样的解释并不能让人信服的。根据《晋书》卷一五《地理志下》，西晋太康初年（约280年），吴郡人口2.5万户，吴兴郡2.4万户，毗陵郡1.2万户，会稽郡3.3万户。会稽郡与吴郡面积大致相同，但会稽郡的人口远远超过吴郡，毗陵郡的人口虽然只有吴郡的一半，但其面积也只有吴郡的一半左右。以人口密度而言，与吴郡大致相当。如果有竞争的话，北方士族向会稽郡和毗陵郡移民所遇到的竞争压力绝不会在吴郡之下。他们之所以还向这些地区挺进，是因为那里的农田以山地和高地平原为主，易于开垦。东晋南朝时，南北士族地主掀起了一股“占山护泽”的高潮，所建立的庄园往往被称为“山墅”，说明“山”在当时农业中的重要价值。据《宋书》卷五四《羊玄保》，羊玄保曾奏请颁布占山法，对品官占山的顷亩进行限制，这也从另一个侧面说明“山”的价值所在。环太湖流域低洼地的大规模开发大概始于唐代，这从唐代中期朱自勉在嘉兴屯田的事迹中得到反映。李翰《苏州嘉兴屯田纪绩颂》（并序）称：“扬州在九州之地最广，全吴在扬州之域最大，嘉禾在全吴之壤最腴。故嘉禾生穰，江淮为之康；嘉禾一歉，江淮为之俭。”[3]宋人赵霖《筑圩篇》也说：“天下之地，膏腴莫美于水田。水田利倍，莫盛于平江。缘平江水田，以低为胜。昔之赋入，多出于低

[3]李翰：《苏州嘉兴屯田纪绩颂》（并序），载董浩等编：《全唐文》卷四三〇，中华书局1983年版。

乡。"[1]说明低洼地的开发价值到唐宋时已大大提升。相比之下，高田区由于过度开垦，价值却在不断下降，如黄震《与叶相公西涧》所说："常、润渐北，则地渐高，而土渐硗，所收亩多止五六斗或四三斗。"[2]到宋代，"苏、秀、常、湖四州之民不下四十万，三分去一以为高田之民自治高田外，尚有二十七万夫"[3]。这就是说，低田之民已经占到了当地居民总数的2/3。在此以前，环太湖地区的水利似不成问题；在此以后，一直到清代，有关这一地区的水利论著大量出现，治水的争论纷纷不绝。这是环太湖地区农业重心从高田区向低田区转移的必然结果。日本学者玉井是博《宋代水利田の一特異相》一文依据地形不同，将中国南方所谓的"围田"分为3种类型，即江淮的"圩田"、浙西的"围田"和浙东的"湖田"。可惜他对3者的异同没做具体分析。[4]但将这3类所谓的圩田区分开来是有道理的。江淮围田与环太湖平原圩田区别有二：一是江淮的圩田往往圩圩相离，各自成田；环太湖平原圩田则是多个圩田的集合体。二是江淮的圩田规模宏大，环太湖平原的单个圩田相对狭小。浙东的圩田主要是一种"陂"式的水利设施。东汉永和五年（140年）会稽太守马臻在会稽、山阴两县界筑塘蓄水，创立镜湖。"水高（田）丈余，田又高海丈余。若水少则泄湖灌田，如水多则闭湖泄田中水入海，浙以无凶年。其堤塘周围三百一十里，都溉田九千余顷。"[5]如果把"山—原—海"当作一个整体来看，鉴湖实际上就是一种"陂"式的水利设施。从成因与功能上分析，江淮圩田与浙西圩田并无本质差别。由于地势低下，其筑圩的目的是把水拦在田外；而在浙东，筑堤的目的是为了储水溉田。[6]杭州既有高地农田，也有低地农田，因而陂塘都有发展。

吴越国设立专门机构、配备专门官吏对环太湖流域的圩田进行管理。见于史书者有营田司、撩浅军、开江营、营田吏卒、都水营田使、都水使者等不同称谓。吴越国还以军队管理圩田，与宋朝役使厢军从事公共建设的情形类似。这是由于环太湖流域圩田工程浩大，涉及多方面利益，只有借助政府的力量才能做好。如要使整个圩田系统正常动作，圩与圩之间的塘浦必须保持通畅无阻。只要一个环节受阻，必有大片圩区受害。而且，建造圩田需要大量的人力、物力和财力投入，这也不是一般百姓所能支付得起的。郏亶《水利书》为修造圩田所用的花费算过一笔明细账："今苏州水田之最合行修治处，如前项所陈：南北不过一百二十余里，东西不过一百里。今若于上项水田之内循古人之迹，五里而为一纵浦，七里为一横塘。不过浦二十余条，每条长一百二十余里。横塘十七条，每条长一百余里。共计四千余里。每里用夫五千人，约用二千余万夫。"[7]虽然如此，郏亶还是企图恢复到宋时已经败坏的吴越国的圩田系统，但终因工役浩大、扰民太过而罢。

吴越国创造的塘浦圩田系统，将浚河、筑堤、建闸等水利设施统一于棋盘化的水网圩田系统，使治水与治田结合在一起。具体采取以下措

[1]赵霖：《筑圩篇》，载范成大《吴郡志》卷一九《水利》，江苏古籍出版社1999年版。

[2]黄震：《与叶相公西涧》，载黄震：《慈溪黄氏日抄》卷八四，国家图书馆出版社2009年版。

[3]范成大修：《吴郡志》卷一九《水利》，陆振岳点校，江苏古籍出版社1999年版。

[4]玉井是博：《支那社会经济史研究》，岩波书店昭和十七年（1942年）版，第355—414页。

[5]杜佑：《通典》卷一八二《州郡十二·古扬州下（今置郡府二十七）·会稽郡》，王文锦、王永兴、刘俊文、徐庭云、谢方点校，中华书局1984年版。

[6]何勇强：《论唐宋时期圩田的三种形态：以太湖流域的圩田为中心》，《浙江学刊》2003年第2期。

[7]郏亶：《水利书》，载范成大修：《吴郡志》卷一九《水利》，陆振岳点校，江苏古籍出版社1999年版。

施：一是在唐代开挖元和塘、盐铁塘的基础上继续开浚太湖地区出海干河，如东面吴淞江、东北娄江、东南小官浦，使太湖东北向的阳澄湖低洼区减少西水下浸。由此，以吴淞江为主干、东北及东南出海入江河港为两翼的太湖排水走廊基本保持通畅。二是根据太湖地区的地形高下，分级分区规划塘浦。腹里低地以高圩为主，沿江沿海高地以深浚塘浦为主，使低田御洪和高地引灌相辅为用。好田和浦塘相应布列，成为支分密布的完整水网。三是圩堤与干渠、支渠、海口之间普遍设置堰闸、斗门。这种"二圩内有制"的治理方式，宋代范仲淹给予高度评价。他在《答手诏条陈十事》一文中称："江南旧有圩田，每一圩方数十里，如大城。中有河渠，外有门闸，旱则开闸引江水之利，潦则闭闸拒江水之害，旱涝不及，为农美利。"[1]

[1]范仲淹：《答手诏条陈十事》，载范仲淹：《范文正公集·政府奏议》卷上，中华书局1984年版。

塘浦圩田将治水、治田结合示意图

杭州在吴越国时期地位的上升，不仅在城市建设水平的提高，也在于由圩田带来的经济繁荣。郏亶《水利书》指出，环太湖平原东南部自吴淞江以南至嘉兴境有大浦20条。"今秀州（嘉兴）滨海之地，皆有堰以蓄水。而海盐一县，有堰近百所。"[2]又《嘉庆桐乡县志》载："钱王沿塘置泾，由泾以通港，使塘以行水，泾以均水，塍以御水。脉络贯通，纵横分布，旱涝有备，仿佛井田遗像。复募卒撩浅，通南北河，河底铺石，今犹存者，邑永赖焉。"[3]海盐、桐乡皆邻近杭州，杭州的圩田为其有机组成部分。杭州的许多水利设施本就是太湖圩田的一部分。清《嘉庆余杭县志》卷一一《水利》载："千秋堰，在县东南二里，汉熹平间置，唐会昌五年坍坏，钱武肃王复置。""乌龙笕，在县东二里，承千秋堰之水南灌安乐直至钱塘。乃钱武肃王所置，最为冲要。"[4]

[2]郏亶：《水利书》，载范成大修：《吴郡志》卷一九《水利》，陆振岳点校，江苏古籍出版社1999年版。

[3]李廷辉修、徐志鼎纂：《嘉庆桐乡县志》，清嘉庆四年（1799年）刊本。

[4]张吉安、朱文藻、崔应榴、董作栋等修：《嘉庆余杭县志》卷一五《寺观一》，上海书店出版社1993年版。

二、农工并举与重赋护国

中国古代农业的发展主要沿着两条道路发展，一是增加垦田，二是精耕细作。吴越国时期在增加垦田方面大有作为，在精耕细作方面也有质的飞跃，故农业成就巨大。在钱镠治水以前，钱塘江和长江之间沿海皆为盐塘，土地咸卤，不宜农耕。经过治理以后，沿海土地逐渐淡化，成为可耕地。塘浦圩田的构造符合自然机理，所构成的综合农田体系不仅利于灌溉耕作，还有利于刺激先进的农耕技术发展。塘浦圩田还同时形成桑基鱼塘，推动农业、蚕桑业、渔业以及丝织业的一体发展。吴越国还使山区农业经济与平原农业经济发展更为协调。杭州的平原和山区通过种植技术的改良、作物结构的调整，使得农业经济成长性均较好。除水稻外，小麦、大豆种植更加普遍。史称钱镠“善诱黎氓，服勤耕稼。携稚就丰，佩牛归化。再熟粱稻，八蚕桑柘。足食足兵，述方而霸。军民感惠，易世于兹”[1]。当时吴越国盛产大米，钱佐时号称国有10年之积。后周显德五年（958年），运送给后周的大米就有20万石之多。钱俶在位时，“屡蠲逋租，永为定式”，“荒田任开不起税额”，[2]巩固了农业经济已经取得的成果。范仲淹《答手诏条陈十事》称：“于时民间钱五十文籴白米一石……今江浙之米，石不下六七百文足。至一贯文省，比于当时，其贵十倍，而民不得不困，国不得不虚矣。”[3]文中“钱五十文籴白米一石”指的是苏州，从宋代苏州米价高于杭州的情况来看，吴越国时期杭州的米价也更低，说明其粮食供应相当充裕。在发展稻米产业的同时，小麦种植比唐代普及。经过积极开拓，其家乡安国县功臣山、净度寺等地种植了大批桑树，桑园规模也相当大。一年之中蚕可八熟。《武肃王遗训》第八云：“吴越境内，绫绢绸绵，皆余教人广种桑麻；斗米十文，亦余教人开辟荒田。凡此一丝一粒，皆民人汗渍辛勤，才得岁岁丰盛。”[4]除粮食、桑麻外，其他农产品也较全面地发展起来。如茶叶、橘子的产量、质量进一步提高，樱桃也为人称道。钱镠还曾向中原进睦州大茶310笼、大方茶2万斤。[5]

日本学者西岛定生认为，中国江南水田农业超过北方旱地农业大约始于唐而完成于宋。东吴至唐以前，江南的水稻种植在相当大范围还采用一年休耕的直播法，通过提高灌溉水平即建陂和增加稻田来发展农业，其生产力总体上低于北方旱地农业。唐代才在较大范围对稻作技术进行改良，废除休耕法实行连作生产，废除直播法采用移植法即推行苗圃育秧技术，双季稻连作或稻麦复种有了可能。但唐代仍无法充分利用低洼地，相对于北方生产力没有确立绝对优势。及至宋代大量开发圩田，水田农业才逐渐凌驾于北方旱地农业之上，同时确立了江南基本产粮区的地位。[6]而事实上，江南圩田的规模化和快速扩展恰恰奠基于吴越国。因此可以认为，中国古代经济重心南移的基点正是吴越国时期。

与农业经济相应的是吴越国的手工业也有较大发展，最为突出的是丝织业、制瓷业、印刷业和建筑业，其他如制盐业、制茶业、酿酒业、造船业、矿冶业等也较发达。当时的产业分工更加细密，经营规模扩大，工艺技术有较大提高，对城市发展产生积极影响。

杭州作为吴越国的都城，官营手工业发展水平较高，规模也较大。吴越国的官营丝织业十分发达。当时较高档的即用于中原朝廷和吴越国

[1]李琪：《梁启圣匡运同德功臣、淮南镇海镇东等军节度使、淮南浙江东西等道观察处置营田招讨安抚兼盐铁制置发运等使、开府仪同三司尚父守尚书令、扬杭越等州大都督府长史、上柱国吴越王钱公生祠堂碑》，载董浩等编：《全唐文》卷八四七，中华书局1983年版。

[2]钱俨：《吴越备史》附《吴越备史杂考·吴越州考》，载丁申、丁丙编：《武林掌故丛编》第19集，嘉惠堂丁氏清光绪九年（1883年）刊本。

[3]范仲淹：《答手诏条陈十事》，载范仲淹：《范文正公集·政府奏议》卷上，中华书局1984年版。

[4]钱镠：《武肃王遗训》，载钱文选：《钱氏家乘》卷六《家训》，上海书店出版社1996年版。

[5]王钦若等：《册府元龟》卷一九七《纳贡献》，中华书局1988年版。

[6]西岛定生：《中国经济史研究》，冯佐哲等译，农业出版社1984年版，第162—166页。

皇室自用的大多来自官营织造机构，而普通的则由民间生产。杭州的官营织造机构较集中。《吴越备史》卷一《武肃王上》记载，钱镠在杭州设立的手工业作坊在唐末天复年间（901—904年）就“有锦工三百余人，皆润人也”。从“王令百工悉免今日之作”可知，这些工匠是官营作坊中从事徭役的匠人，并且来自丝织业较为发达的润州（今江苏镇江）。[1]这是文献记载中杭州最早的官营丝织机构。当时吴越国向中原朝廷进贡的大量丝绸动辄以万匹计，多半由官营丝织机构提供，所谓“精缣皆制于官，以充朝贡”[2]。官营丝织机构不仅规模大，生产的品种也十分齐全。据《十国春秋》等书所记，有绫、锦、罗、绢、绮、纱、织成等，每类之中又有数种，每种之中又有花素之分。丝绵原料之外复有端物，织物之外更有各色成衣，可谓洋洋大观。绢是最为普通的平纹丝织品，本身没有花纹，但可以通过染色形成多种色彩和花样。一般认为绮是一种平纹地起花的暗花织物，也有研究者认为唐五代的绮可能与汉绮不同，是一种双色提花织物。绫主要为平纹或斜纹地暗花织物，是杭州地区的传统产品，此时不仅老产品不减风韵，还推出了越绫等新品种。如同光三年（925年）向后唐进贡的有越绫和吴绫，天福三年（938年）向后晋进贡的有异文绫。太平兴国二年（977年）向北宋进贡的又有“色绫”。它们都是有浓厚地方特色的精品。纱、縠、罗等轻薄型织物的生产一向为杭州所擅长。纱是一种极其轻薄的平纹丝织物，唐时浙江就有轻容纱等名产进贡。天福年间，吴越国曾多次向后晋进贡金条纱。从字面推测，金条纱可能是一种条状花纹的纱织物。其形成的方法可能有两种，一是在整经时将金线与丝线间隔排列，二是在投纬时将金线与丝线间隔投入，类似于现代的银条绡。金条纱是最早有记载的采用金银丝的轻薄织物。縠与今天的绉纱相似，它在《释名》中解释为“粟也，其形戚戚，视之如粟也”。“粟”指颗粒状，形容一种起绉后的表观效果。罗是用绞纱组织制成的透孔丝织物。自唐代以来，越罗就名驰天下，吴越国时仍继续生产。2001年，雷峰塔地宫铁舍利函外发现越罗实物，是一种4经绞罗织物。锦是以内外层不同色彩的丝线交替提升而显花的织物，吴越国时的织锦以纬锦居多。其外观富丽堂皇，织造费工费时。后唐宝大元年（924年），吴越国进贡给后唐的就有盘龙凤锦、红地龙凤锦被等。吴越国进贡给后唐的还有一种名为“织成”的丝织品。所谓织成是运用通经断纬的特殊工艺制织的高档丝织品，由西北传入。吴越国织成对后来南宋缂丝的发展有积极影响。苏州虎丘塔中发现吴越国时的印花绢、印花绫、绣花经袱等丝织品实物，虽不一定是杭州所产，但可以推测，作为吴越国都城的杭州的印花和绣花丝织品也应十分丰富，不会落后于其他州县。另外，丝绵是余杭一带出产的名品。

吴越国向中原王朝进贡的丝绸数量惊人。其中《十国春秋》吴越国部分列举的如下表所示。

[1]钱俨：《吴越备史》卷一《武肃王上》，载丁申、丁丙编：《武林掌故丛编》第19集，嘉惠堂丁氏清光绪九年（1883年）刊本。

[2]朱国桢：《涌幢小品》卷一四《钱俶》，中华书局1959年版。

吴越国向中原朝廷进贡的部分丝绸

年　　份	朝贡王朝	品种和数量
宝大元年（924年）	后　唐	越绫、吴绫、龙凤衣、盘龙凤锦、织成、红罗、縠、袍袄衫段及红地龙凤锦被等
宝大二年（925年）	后　唐	龙凤纱纹厨
宝大二年（925年）	后　唐	锦绮9000件
应顺元年（934年）	后　唐	绢5000匹、绫绢7000匹
清泰二年（935年）	后　唐	锦绮500尺
天福二年（937年）	后　晋	御衣13袭
天福三年（938年）	后　晋	吴越异文绫8000匹、金条纱2000匹、绢2万段、绵9万两
天福五年（940年）	后　晋	金条纱500匹、绵5万两
天福七年（942年）	后　晋	绢5000匹、丝1万两
开运三年（946年）	后　晋	绫5000匹、御衣1袭
乾祐二年（949年）	后　汉	御衣、绫绢等
乾祐三年（950年）	后　汉	绫绢2.8万匹、绵5万两、御衣2袭
显德三年（956年）	后　周	绫1万匹
显德四年（957年）四月	后　周	绫、绢各2万匹
显德四年（925年）闰七月	后　周	绫2万匹、细衣段2000连，又御衣等
显德四年（925年）八月	后　周	绢1万匹
显德四年（925年）十二月	后　周	绢1000匹
开宝九年（976年）二月	宋	绢5万匹
开宝九年（976年）三月	宋	绢6万段
太平兴国三年（978年）	宋	绫锦1万匹

资料来源：吴任臣：《十国春秋》卷七七《吴越一》至卷八二《吴越六》，徐敏霞、周莹点校，中华书局1983年版。

据《吴越备史》补遗，仅宋太祖、宋太宗两朝就进贡“锦绮二十八万余匹，色绢七十九万七千余匹”[1]。进贡数量最大的是绢和绵，绢动辄成千上万匹，绵上万匹。除了进贡外，吴越国王室的消耗数量也很大。早在建国前的天复元年（901年），钱镠衣锦还乡，“亲巡衣锦营，大会故老宾客，山林树木皆覆以锦幄，表衣锦之荣也”[2]。据说，为示不忘本，凡幼年嬉游钓弋之所，尽造华屋妆点，锦衣覆蔽。封石鉴乡为广义乡，临水里为勋贵里，安众营为衣锦营，石镜山为衣锦山，大官山为功臣山，幼年得以庇荫的大树为衣锦将军，石为衣锦石，将它们用五彩锦绣披挂。并吟《巡衣锦军制还乡歌》：“三节还乡兮挂锦衣，碧天朗朗兮爱日晖。功臣道上兮列旌旗，父老远来兮相追随。家山乡眷兮会时稀，今朝设宴兮觥散飞。斗牛无孛兮民无欺，吴越一王兮驷马归。”[3]除却官营织造机构生产的高级丝织品外，普通绢帛则由民间生产以充贡赋。据说当时的相应赋税负担很

[1]钱俨：《吴越备史》，载丁申、丁丙编：《武林掌故丛编》第19集，嘉惠堂丁氏清光绪九年（1883年）刊本。

[2]钱俨：《吴越备史》卷一《武肃王上》，载丁申、丁丙编：《武林掌故丛编》第19集，嘉惠堂丁氏清光绪九年（1883年）刊本。

[3]钱镠：《巡衣锦军制还乡歌》，载曹寅、彭定求等：《全唐诗》卷八，中华书局1960年版。

重。唐末五代著名诗僧贯休在《偶作》中写道：“尝闻养蚕妇，未晓上桑树。下树畏蚕饥，儿啼也不顾。一春膏血尽，岂止应王赋？如何酷吏酷，尽为搜将去。”[1]钱文选《追述钱武肃王治吴越功德，纠正欧史非议之谬诬》一文指出，钱镠“劝民从事农桑，桑麻遍野，至今千余年，江浙丝织业，为全国之冠”[2]。没有吴越国的推动，宋代以后杭州的丝织业难以迅速在全国占据领先地位。[3]

越窑瓷器在晚唐时逐渐兴盛起来，并在吴越国时期达到发展高峰。杭州市区和临安市陆续发现多座吴越国王室成员墓，如杭州玉皇山钱元瓘墓、施家山钱元瓘妃吴汉月墓，临安市西郊锦城街道钱王父母钱宽和水邱氏墓、康陵马皇后墓等。其中出土了大量价值极高的越窑瓷器精品，特别是最有代表性的“秘色瓷”。“秘色瓷”始创于唐代，成熟于五代，元代消失。“秘色”一词最早出现在唐代诗人陆龟蒙《秘色越器》诗：“九月风露越窑开，夺得千峰翠色来。”[4]“秘色瓷”最初指唐代越窑青瓷中的精品，“秘色”指十分稀见的釉色。这种釉色呈淡黄绿色，如湖水，又如冰如玉如月，晶莹润泽，匀净幽雅。“秘色瓷”胎壁薄而均匀，造型精巧端庄。据说这种瓷器用一种施釉秘方以特制的匣钵烧制。有的秘色瓷外表涂金，与史载吴越国有“金扣瓷器”、“金棱秘色瓷器”一致。据宋人解释，秘色瓷原专供吴越国皇室使用，秘不示人。后来也成为贡品，每年进贡一次可达数千数万件，钱俶时有一次竟达14万件之巨。1987年陕西法门寺地宫出土许多秘色瓷。青瓷主要产于越州的余姚、上虞、会稽、山阴、瞻县（今嵊州）、鄞县、奉化等地，主要集中在曹娥江沿岸、上林湖和东钱湖一带。以余姚县上林湖（今属慈溪市）最为著名。

中唐时今浙江地域出现了雕版印刷书籍，五代时吴越国刻印了大批佛经。吴越国印刷业的发展与佛教兴盛有关。当时广建寺庙，苏轼曾说杭州西湖有360寺之多，其中有据可查为吴越国时所创或扩建的就有200多所。著名者如净慈寺、理安寺、六通寺、灵峰寺、云栖寺、法喜寺、宝成寺、开化寺、海会寺、昭庆寺、玛瑙寺、清涟寺等。又建了释迦砖塔（六和塔前身）、宝石塔（保俶塔）、黄妃塔（雷峰塔）、南高峰塔、北高峰塔、崇圣塔、辟支塔、白塔等佛塔。另还用五金铸造10万座宝塔，以500遣使颁日本。并多次铸造小铜塔、铁塔各8.4万座。《五代诗话》卷一引《曝书亭集》曰：“寺塔之建，吴越武肃王倍于九国。按：《咸淳临安志》：九厢四壁，诸县境中，一王所建，已盈八十八所。合一十四州悉数之，且不能举其目矣。”[5]当时杭州即有“东南佛国”之称。佛教设施的建设带动了佛经的需求。民国13年（1924年）雷峰塔倒塌时，发现了大批吴越国王所刊刻的经卷。其中的《宝箧印经》经卷框高5.7cm、长205.8cm，经首镌刻“天下兵马大元帅吴越国王钱俶造此经八万四千卷，舍入西关砖塔永充供养。乙亥八月日记”。文左镌刻佛说法图，再左为经卷全文。乙亥为宋太祖开宝八年（975年）。另有记为宋太平兴国元年（976年）的1m多长

[1]释贯休：《偶作》，载曹寅、彭定求等：《全唐诗》卷八二八，中华书局1960年版。

[2]钱文选：《追述钱武肃王治吴越功德，纠正欧史非议之谬诬》，载钱文选辑：《钱武肃王敷治吴越功德史》，民国24年（1935年）铅印本。

[3]徐铮、袁宣萍：《杭州丝绸史》，中国社会科学出版社2011年版；袁宣萍：《善诱黎元　八香桑拓——吴越国杭州丝绸》，载周峰主编：《吴越首府杭州》，浙江人民出版社1997年版。

[4]陆龟蒙：《秘色越器》，载曹寅、彭定求等：《全唐诗》卷六二九，中华书局1960年版。

[5]王士祯原编、郑方坤删补：《五代诗话》，戴鸿森校点，人民文学出版社1989年版。

的塔图，绘佛经故事较为精细，是中国现存最早的版画之一。另外，民国6年（1917年）湖州天宁寺经幢象鼻中发现《一切如来心秘密全身舍利宝箧印陀罗尼经》，经首镌刻“天下都元帅吴越国王钱弘俶印《宝箧印经》八万四千卷，在宝塔内供养。显德三年（956年）丙辰岁记”。字后为人礼塔像，再后为经文。1971年安徽省无为县无为中学宋代舍利塔下砖墓小木棺内发现同样一卷。同年绍兴县城关镇物资公司工地出土小金涂塔内发现经卷一卷，题字为“吴越国王钱俶敬造《宝箧印经》八万四千卷，永充供养。时乙丑岁记”。乙丑为宋太祖乾德三年（965年），比开宝本雷峰塔经刻印时间早10年，而晚于显德本刻印时间9年。此本扉页画线条明朗美观，清晰悦目。张秀民《五代吴越国的印刷》一文指出：“及看了绍兴出土的乙丑本经卷，不但扉画线条明朗精美，文字也清晰悦目，如宋本佳椠，纸质洁白，墨色精良，千年如新。可以证明吴越印刷不但数量多，质量亦臻上乘。”[1]后周广顺元年（951年），钱俶还刻印过《妙法莲华经》7卷。这些印经皆纸质洁白，墨色精良，印制工艺水平极高。吴越国时印经的主要主持人是钱俶，而最著名的刻经人则是延寿禅师。释延寿（904—975年），字冲元，俗姓王，原籍江苏丹阳，后迁余杭。五代高僧。年16献《齐天赋》于吴越王钱镠，后曾为余杭库吏，又迁华亭镇将，督纳军需。30岁出家。后周太祖广顺二年（952年）住持奉化雪窦寺，受钱俶之请主持修复杭州灵隐寺，后住永明寺（今净慈寺），创建六和塔。从学者常2000余人。著有《宗镜录》等。由于其深得钱俶信任，为钱俶刻印大量经文、佛图等。据国家图书馆藏宋绍兴三十年（1160年）临安府北关接待妙行院募刻的释延寿《心赋注》和释元照编《永明智觉禅师方丈实录》记载，释延寿刊印的佛经和佛图计有《弥陀塔图》（亲手印14万本）、《弥陀经》《楞严经》《法华经》《观音经》《佛顶咒》《大悲咒》（以上约印于939年）、《二十世应观音像》（914年开版雕刻，用绢素印2万本）、《法界心图》（印7万本）、《孔雀王菩萨名消灾集福真言》《西言九品变相毗卢遮那灭恶趣咒》（以上各印10万本）、《阿阁佛咒》《心赋注》，共68.2万卷（或本）。其卷量之多，在当时无与伦比，在中国印刷史上也是空前的。吴越国的佛经印本不仅在国内流传甚广，还遍施邻国。如此大规模、有系统地雕版刻印佛经佛像，不仅为宋代杭州成为全国出版印刷中心尊定了坚实的基础，也推动了浙江印刷业的发展。

[1]张秀民：《五代吴越国的印刷》，《文物》1978年第12期。

吴越国时期在杭州构建了大量建筑物，如皇宫、佛教设施和西湖园林，说明当时的建筑业已经相当发达。西湖在隋唐的基础上经过钱氏数十年整治，寺庙遍布，芳茵遍地，已有大型园林的气象。钱俶于宋建隆元年（960年）邀释延寿到灵隐寺主持复兴工作，对这个建于东晋咸和元年（326年）的寺庙进行扩建。经扩建，有9楼18阁72殿，共计1300余间，寺僧达3000多人。东晋时由印度高僧慧理创建的下天竺寺唐末遭兵燹，钱俶于旧址改建五百罗汉院。隋开皇十七年（597年）印度高僧宝掌创建的中天竺寺年久失修，钱俶于宋太平兴国元年（976年）年扩建，改名崇寿院。由于其原始形态所剩不多，现存的遗迹大多为残迹，或是后世重修的样态，原来的工艺水平较难考证，但其基本气象尚可揣测。宋开宝三年（970年），钱俶请释延寿、释赞宁建造六和塔以镇江潮。六和塔9层，高50余丈，中空可登，建筑工艺非常复杂。当时的建筑还形成了一定的美学样式，像保俶塔、白塔等都有很高的美学价值。吴越国造像则可与唐代以前北方的石窟艺术相衔接，以烟霞洞和慈云岭两处最著名。这些造像依洞窟或石壁的形势分布，形貌生动。

钱镠16岁时曾贩盐谋生，并被盐贩子推举为领袖。他对于盐的生产和销售有深刻的认识，十分重视盐业生产和经营，将杭州周边的盐官、海盐发展为重要的产盐基地。吴越国的盐业经营管理继承唐制而有所发展，唐代便很出名的浙西嘉兴、临平2监进一步提高了经营水平。宋代两浙盐业的迅速发展与吴越国所打的基础有关。吴越国发达的冶炼业为考古所证实。1997年钱元瓘皇后马氏墓出土铜器多件，器型有铜镜、榫、锁、环、铺首衔环等。铁器9件，器型有板、棍、箍环、箱、錾、锁、匙等。[1]2001年雷峰塔遗址发掘文物中有铁函、金银器、鎏金铜器等10类，以金银器为主，反映了高超的工艺制作水平。[2]吴越国的茶叶种植、制作技术延续唐朝的水平，但品种、数量有了增加。当时向中原朝廷进贡的数量动辄数万斤，远远超过唐代。吴越国的饮酒之风比唐代有过之而无不及，可以证明酿酒业在持续发展。酒的品种有上酒、细酒和法酒。上酒，顾名思义为上等好酒。细酒为细粮酿制之酒。法酒为朝廷宴饮、祭祀用酒，自然也是好酒。这类酒大凡出自官酿。

吴越国也曾在杭州置钱监，但不久废除。《玉海》卷一八〇：“太祖平吴，因旧制开监于鄱阳。钱俶入朝，又得杭州钱监，寻废。”[3]《文献通考》则载：“五代相承用唐钱……两浙、河东自铸铜钱，亦如唐制。”[4]钱监地址，史无记载。

欧阳修《有美堂记》不吝笔墨描写了杭州自吴越国以来繁华富足的景象：“若乃四方之所聚，百货之所交，物盛人众，为一都会，而又能兼有山水之美以资富贵之娱者，唯金陵、钱塘。然二邦皆僭窃于乱世。及圣宋受命，海内为一，金陵以后服见诛。今其江山虽在，而颓垣废址，荒烟野草，过而览者，莫不为之踌躇而凄怆。独钱塘自五代时知尊中国，效臣顺；及其亡也，顿首请命，不烦干戈，今其民幸富完安乐。又其习俗工巧，邑屋华丽，盖十余万家。环以湖山，左右映带。而闽商海贾，风帆浪舶，出入于江涛浩渺、烟云杳霭之间，可谓盛矣！”[5]但欧阳修所修《新五代史》卷六七《吴越世家第七》却对吴越国多有微词：“钱氏兼有两浙几百年，其人比诸国号为怯弱，而俗喜淫侈，偷生工巧，自镠世常重敛其民以事奢僭，下至鸡鱼卵鷇，必家至而日取。每笞一人以责其负，则诸案史各持其簿列于廷，凡一簿所负，唱其多少，量为笞数，以次唱而笞之，少

[1]张玉兰：《浙江临安五代吴越国康陵发掘简报》，《文物》2000年第2期。

[2]黎毓馨：《杭州雷峰塔遗址考古发掘及意义》，《中国历史文物》2002年第5期。

[3]王应麟：《玉海》，江苏古籍出版社、上海书店出版社1987年版。

[4]马端临：《文献通考》卷九《钱币考二》，中华书局1986年版。

[5]欧阳修等：《有美堂记》，载欧阳修：《欧阳文忠公文集·居士集》卷四十，《四部丛刊》初编，商务印书馆民国25年（1936年）版。

[6]欧阳修等：《新五代史》，徐无党注，中华书局1974年版。

者犹积数十，多者至笞百余，人尤不胜其苦。”[6]大意是说，吴越国赋税十分沉重，小到一鸡一鱼，都要挨家挨户榨取。那些无法缴纳赋税的百姓，被拉到官府，根据欠负的多少施予笞刑，百姓不胜其苦。《新五代史》问世后，人们对《吴越世家》中的这段记载聚讼纷纭，赞成者有之，反驳者亦有之。

钱氏后人对此尤为不满。钱俶的曾孙钱愐曾口述过一部《钱氏私志》，钱镠十九世孙钱德洪嘱咐自己的学生马莳臣写了一部《吴越世家疑辩》，对其进行批斥。《四库全书总目》卷六六《史部·载记类》之《吴越世家疑辩》提要谓：“说者或以为修有憾于钱惟演，故以此言毁之，并非实录。莳臣之师钱德洪为钱镠十九世孙，因令莳臣历考《通鉴纲目》及他书所载钱氏爱民政迹，逐条胪列，以证《吴越世家》之妄。其书虽题莳臣名，实则德洪意也。”[1]钱氏后人认为，欧阳修抨击吴越国纯粹是为了报私怨。欧阳修年轻时曾到西京河南府（今河南洛阳）担任留守，钱俶的儿子钱惟演担任西京留守推官，是欧阳修的顶头上司。钱惟演手下人才济济，除欧阳修外，还有诗人梅尧臣、古文家尹洙等人。有一次，钱惟演在后园设宴会饮。客人都早早到齐了，只有欧阳修与一个歌女姗姗来迟。两人到后，还在席间眉目传情。钱惟演非常生气，责问那个歌女：“为什么来迟了？”那歌女回答说：“因为天热在凉堂睡觉，醒来时发觉丢了金钗。为找金钗，所以来迟了。”钱惟演当下说：“如果欧阳推官肯作词一首，我就给你金钗。”欧阳修即席作《临江仙》词一首：“柳外轻雷池上雨，雨声滴碎荷声。小楼西角断虹明。阑干倚处，待得月华生。　燕子飞来窥画栋，玉钩垂下帘旌。凉波不动簟纹平。水精双枕，旁有堕钗横。”满座叫好，钱惟演也非常欣赏，命那歌女给欧阳修酌酒，又以公库钱赐赠歌女，作为遗失金钗的补偿。可见二人并未结怨。而且欧阳修终其一生都对钱惟演怀着感恩之情，写了许多感恩的诗文。《吴越世家》的这则记载并不是欧阳修自己的发明，而是从刘恕的《十国纪年》中转抄来的。刘恕是五代十国史专家，也是帮助司马光编撰《资治通鉴》最重要的成员之一；而且，刘恕还是钱氏外孙，他的母亲是钱元瓘的四世孙女。凭着这层关系，他与钱氏子孙应有很多交往，比起别人来更容易了解吴越国的真实面目。如果说欧阳修还有可能为泄私愤对吴越国横加鞭挞的话，那么刘恕无论如何也不会对他的外祖一族无端指责。欧阳修、刘恕作史并不虚美隐恶，表现了史家可宝贵的品质。[2]

事实上，钱氏聚敛劣迹有是史可征的。苏著《闲谈录》云：“钱氏之有国也，应西湖之捕鱼者必日纳数斤，谓之使宅鱼。有终日不及其数者，必市而供之。民颇怨叹。一日，武肃大设一图，上画磻溪直钓之事，武肃指示，命罗隐赋诗。应声曰：‘吕望当年展庙谟，直钩钓国更谁如？若教生在西湖上，也是须供使宅鱼。’武肃大笑，自是尽得蠲免。”[3]这则记载一般用来正面赞扬钱镠，但也反过来证实了《新五代史》记载之不谬。

[1]永瑢、纪昀主编：《钦定四库全书总目》，中华书局1997年版。

[2]何勇强：《钱氏吴越国史论稿》，浙江大学出版社2002年版，第328—352页。

[3]苏著：《闲谈录》，载陶宗仪辑：《说郛》卷一四，上海古籍出版社1990年版。

《嘉定赤城志》卷一一《秩官门·诸县令》"陈长官"条云："时钱王镠据二浙，欲增州县赋，长官上书谏，王怒逮狱，陈以死争之，得免。今县苗米独轻，皆其力也。"[1]宁海县因为"陈长官"的上书没有增赋，反过来可以证明当时的税负状况。从当时的局势来看，吴越国实行重敛有其必然性。首先是军费支出居高不下。尽管钱氏奉行"保境安民"的国策，但开国时建立霸权，钱佐时与南唐交战，钱俶时参与周征淮南以及宋灭南唐之役，仍然经历了许多战事。其次是为实现"保境安民"而向中原朝廷大事进贡。钱氏历朝奉中原为正朔，进贡络绎不绝。吴蜕《镇东军监军使院记》称钱镠"以国家经费为忧，勤修职贡，航深梯险，道路相望，史不绝书，府无虚月。当朝廷多事之际，天帑充给，实有赖焉"[2]。钱俶时，为了避免成为亡国之君，还不得不费神打点朝廷的王公大臣。再次是城市建设等基本建设开销巨大。吴越国自建国以来即连续不断大搞建设，如前述扩建杭州城、修筑捍海塘、开辟圩田等。从这些因素来看，吴越国实行重赋政策有其合理性。钱镠在说到杭州城市建设时曾意味深长地说："千百年后，知我者以此城，罪我者亦以此城。苟得之于人而损之己者，吾无愧欤！"[3]吴越国虽然采取重赋政策，但基本能做到取之于民，用之于民。而且，吴越国这种政策是建立在改良生产方式的基础上的，所以当时的经济发展还是相当有成效的。

[1]齐硕、陈耆卿修：《嘉定赤城志》，载中华书局编辑部编：《宋元方志丛刊》第7册，中华书局1990年版。

[2]吴蜕：《镇东军监军使院记》，载董浩等编：《全唐文》卷八二一，中华书局1983年版。

[3]罗隐：《杭州罗城记》，载董浩等编：《全唐文》卷八九七，中华书局1983年版。

三、远交近攻与通商

在吴越国的建立过程中，钱镠逐渐确立了尊奉中原、连横诸藩、对抗淮南的基本国策。这一政策为以后历任吴越国君主所遵循。为了对抗来自吴、南唐的军事压力，吴越国尊奉唐、五代、宋中原诸朝，团结吴、南唐周围的闽、楚等小国，另外还依靠发达的海上交通与契丹、日本及朝鲜半岛诸国建立关系。自吴国占有江西以后，吴越国与中原进行的交往也被迫通过海上进行。这是一种近攻远交的策略。

与唐末五代大多数国君并无统一中国的意愿一样，钱镠志在割据两浙，称王吴、越，建立一个一统的东南藩国。钱镠的同乡董昌在唐末乱世中崛起，后来雄踞江浙，于乾宁二年（895年）称帝。钱镠前去征讨，致书董昌云：如不悔改，官军一至，"非唯大王有累卵之危，实乡党生灵皆归鼎爨矣。祸福之道，唯大王择之"！又说："与其闭门作天子与九族百姓俱作涂炭，不若开门作节度使，终身富贵无忧也。"[4]其中表达的思想正是钱镠确定上述国策的根据。袁枚代李亨特所作《重修钱武肃王庙记》（代杭州李太守作）称赞云："世方喋血，以事干戈；我且闭关，而修蚕织……称臣纳质，虚而与之委蛇；近交远攻，坐以观其成败。唯承顺得四境之安，乃专断行一王之制。其识量有如此者。"[5]

钱镠真正的割据生涯始于唐光启二年（886年），这时他平定了刘汉

[4]吴任臣：《十国春秋》卷七七《吴越一·武肃王世家（钱镠）上》，中华书局1983年版。

[5]袁枚：《重修钱武肃王庙记》，载袁枚：《小仓山房诗文集》之《小仓山房外集》卷八，周本淳点校，上海古籍出版社1988年版。

宏，被任命为权知杭州军州事、杭州管内都指挥使。但此时的杭州还只是一般的州城，两浙地区的政治、经济、文化中心仍在苏、越两州。钱镠占有杭州以后，即在杭州筑夹城，后又筑罗城。钱镠认为杭州地处钱塘江畔，北连苏州，东通越州，南可下闽粤。如前文所引罗隐代其所作《杭州罗城记》所说“东眄巨浸，辏闽粤之舟橹；北倚郭邑，通商旅之宝货”，其长远目标在于取代苏、越二州，为割据两浙做准备。唐昭宗乾宁二年（895年），割据浙东的董昌在越州称帝。钱镠不顾朝廷对董昌的赦免，出师征讨，将其处死，占据了浙东。并托词“民意”，让唐昭宗任命其为镇海、威胜两军节度使，兼有了两浙之地。钱镠自认为“绾阖闾之封略，统勾践之山河”[1]，要求唐王朝授予吴越王称号，但是没有如愿。天祐四年（907年）四月，朱晃代唐建立后梁。五月，后梁遣使进封钱镠为吴越王，“客有劝王拒命者，王笑曰：‘吾岂失为孙仲谋邪！’遂受之。镇海节度判官罗隐亦劝王举兵讨梁，王心义之而不从”[2]。做吴越王乃是钱镠夙愿。钱镠《镇东军墙隍神庙记》云：“今当吴越双封，一王理事，亦仗土地阴骘、冥力护持，神既助今日之光荣，予亦报幽灵之焕耀。”[3]钱镠一生的作为始终以两浙为立足点，临终前还告诫子孙：“十四州百姓，须用敬信节爱，使民之道，善为抚辑。”[4]“十四州百姓，系吴越之根本。”[5]钱元瓘、钱佐时曾先后有两次建州之役和两次福州之役，争夺范围超越了两浙，但其实都与保全两浙有关。在朱温篡唐态势日益明显、各地割据者渐萌称帝之志的时候，有人劝钱镠称帝，钱镠“笑曰：‘尔等自坐于炉炭之中，而又欲踞吾于上耶？吾以去伪平贼微劳，获蒙天子酬庸之命，至于封建车服之制，悉有所由，岂图一时之利，波靡于尔辈耶？’皆却之。并劝宜守臣节，切勿自大”[6]。虽然“钱镠建国，仪卫名称多如天子之制，谓所居曰宫殿，府署曰朝廷，教令下统内曰制敕，将吏皆称臣”[7]，并且建立了自己的年号，却始终坚持不称帝。《武肃王遗训》云：“余固心存唐室，唯以顺天而不敢违者，实恐生民涂炭。因负不臣之，而恭顺新朝，此余之隐痛也。”[8]钱镠一再告诫子孙后代坚持尊奉中原的原则。长兴三年（932年），钱镠在弥留之际嘱咐其子钱元瓘云：“子孙善事中国，勿以易姓废事大之礼。”[9]“凡中国之君，虽易异姓，宜善事之。”[10]钱元瓘继位以后，接受后唐的进封，还取消吴越国年号，尊后唐年号为吴越国年号。后晋取代后唐以后，又及时接受后晋的晋封和年号。钱佐对于尊奉中原的理解甚至超脱了“华夷之辨”，将“中国”的概念扩展到契丹。当辽朝耶律德光在会同十年（947年）攻灭后晋时，一度奉辽朝正朔，改用“会同”年号。钱俶即位后又先后奉后汉、后周及北宋为正朔，甚至不远千里亲自进京觐见宋帝，直至最后纳土归宋。钱俶纳土归宋，既是北宋统一中国形势发展之必然，也是自钱镠以来一脉相承的尊奉中原国策发展之必然。当然，钱氏尊奉中原也不是没有原则的。原则是不损害其藩镇两浙。天成四年（929年），后唐明帝李亶听信枢密使安重诲等人的挑拨，削夺了钱镠的

[1]钱镠：《天柱观记》，载董浩等编：《全唐文》卷一三〇，中华书局1983年版。

[2]吴任臣：《十国春秋》卷七七《吴越一·武肃王世家（钱镠）上》，中华书局1983年版。

[3]钱镠：《镇东军墙隍神庙记》，载董浩等编：《全唐文》卷一三〇，中华书局1983年版。

[4]钱文选：《钱氏家乘》卷五《年表》，上海书店出版社1996年版。

[5]钱镠：《武肃王遗训》，载钱文选：《钱氏家乘》卷六《家训》，上海书店出版社1996年版。

[6]钱文选：《钱氏家乘》卷五《年表》，上海书店出版社1996年版。

[7]司马光：《资治通鉴》卷二七二《后唐纪一》同光元年，胡三省音注，中华书局1956年版。

[8]钱镠：《武肃王遗训》，载钱文选：《钱氏家乘》卷六《家训》，上海书店出版社1996年版。

[9]司马光：《资治通鉴》卷二七七《后唐纪六》长兴三年，胡三省音注，中华书局1956年版。

[10]钱镠：《武肃王遗训》，载钱文选：《钱氏家乘》卷六《家训》，上海书店出版社1996年版。

爵位。钱镠毫不示弱，一方面上表申辩，另一方面针锋相对地予以回击。其时，后唐出使闽地的吏部郎中裴羽、右散骑常侍陆崇等遇海风漂流而至吴越国，钱镠扣留了使者，“留于钱塘，经岁不得归”，以致陆崇病死吴越。[1]钱镠与后唐的这一矛盾，最终以后唐诛杀安重诲、赐钱镠以“不名之礼”而告结束。

除了尊奉中原以外，吴越国与楚、蜀、南汉等藩国也都保持着友好关系。为了与楚国建立和睦关系，钱镠于后梁贞明六年（920年）遣使为其子钱传琇求婚于楚王马殷。次年马殷遣使送女至杭州与钱传琇完婚。后梁乾化四年（914年），南汉王刘龑奖即位不久即遣供军巡官陈用拙出使吴越国，并奉礼币，请以私事钱镠。钱镠立即与之缔结了友好关系。贞明五年（919年），后梁命钱镠伐南汉，“镠虽受命，竟不行”[2]，拒绝出兵，维持了两国的友好关系。又据《蜀梼杌校笺》卷四《后蜀后主》：“（清泰）三年四月，吴越遣使来聘。十月，遣使报聘。”[3]可见吴越国与蜀国关系也好。

吴越国近攻的目标是淮南。“吴越东滨海，西南一面当福州王氏，地小力微，不敢为害，独西、北二面皆淮南之地，兼之悍臣，两相构煽，遂无宁岁。”[4]后梁代唐之初，钱镠的文武官员曾经谏言举兵讨伐，然而钱镠却说：“斯言罗隐早已言及，吾亦筹之熟矣。奈兴兵征讨，必动干戈，且兼淮氛未靖，湖州初平，吾若外讨，彼必乘虚滋扰，百姓必遭荼毒。古人有言，屈身于陛下，是其略也。呈以有土有民为主，故不忍兴兵杀戮耳。”[5]钱镠经过深思熟虑，远交后梁而近攻淮南。在接受后梁进封的第二年，钱镠即以“淮寇终为臣患，欲速平之，命景仁奉表至阙，面陈水陆之计，请合禁旅”[6]，策划共讨杨吴。同年九月，后梁以寇彦卿为东南面行营都指挥使，率师攻打杨吴以援吴越国。虽然后梁此次兵败而归，但对吴越国终究还是尽了心。12年后的贞明五年（919年），后梁进攻吴国，“诏吴越王钱镠大举讨淮南”。钱镠积极配合，“以子、节度副使传瓘为诸军都指挥使，帅战舰五百艘，自东洲击吴”，大战狼山江（今江苏南通南狼山附近长江）；接着又遣钱传瓘“将兵三万攻吴常州”。[7]这是吴越国与吴国之间最激烈的战争之一，也是钱镠远交近攻的第一次实践。此后，吴越国每每借重远在北方的中原朝廷的力量，以制约近在咫尺的淮南。这在钱俶时期尤为频繁。广顺二年（952年），钱俶曾派遣使者间道至于后周，请其出师进攻南唐。接踵而至的后周与南唐间连续几年的战争始于此。又如显德三年（956年）后周世宗亲征南唐，“俶遣兵屯境上俟周命”。周世宗诏吴越国分路进攻常州、宣州。丞相元德昭认为：“唐，大国，未可轻举也。若我入唐，而周师不至，能无虑乎？”反对出兵。但钱俶还是遣兵出击，配合周军。[8]在北宋消灭南唐的过程当中，吴越国也发挥了重要作用。[9]

[1]薛居正等：《旧五代史》卷一二八《周书十九》列传八《裴羽》，中华书局1976年版。

[2]司马光：《资治通鉴》卷二七〇《后梁纪五》贞明五年，胡三省音注，中华书局1956年版。

[3]张唐英撰，王文才、王炎校笺：《蜀梼杌校笺》，巴蜀书社1999年版。

[4]钱俨：《吴越备史·图考附贡道考》，载丁申、丁丙编：《武林掌故丛编》第19集，嘉惠堂丁氏清光绪九年（1883年）刊本。

[5]钱文选：《钱氏家乘》卷五《年表》，上海书店出版社1996年版。

[6]薛居正等：《旧五代史》卷二三《梁书二十三》列传十三《王景仁》，中华书局1976年版。

[7]吴任臣：《十国春秋》卷七八《吴越二·武肃王世家（钱镠）下》，中华书局1983年版。

[8]司马光：《资治通鉴》卷二九二《后周纪三》显德三年，胡三省音注，中华书局1956年版。

[9]李志庭：《吴越国的治国方略》，载浙江省历史学会编：《浙江史学论丛》第1辑，杭州出版社2004年版。

吴越国还通过贡输发展与中原的贸易关系。如前述钱镠“勤修职贡，航深梯险，道路相望”，钱元瓘则“每陈贡输，常逾万亿”[1]，钱俶更是“倾其国以事贡献”[2]。在北上中原贡道被阻时还开辟海上航道。吴越国与中原朝廷的交通开拓大体可分为3个阶段：第一阶段主要有3条。开平三年（909年），后梁司马邺出使两浙。“时淮路不通，乘驲者迂回万里，陆行则出荆、襄、潭、桂入岭，自番禺泛海至闽中，达于杭、越。复命则备舟楫，出东海，至于登、莱。而扬州诸步多贼船，过者不敢循岸，必高帆远引海中，谓之‘入阳’，以故多损败。”[3]可见其一为海陆结合，从湖北、湖南行至岭南，然后从岭南经海道进入两浙；其二为海道，从两浙远洋航行至山东登州、莱州。其实另外还有一条陆路通道，即“自淮南、饶、信之间，至虔州，出湖南马氏境，而入京师。梁贞明四年淮人据虔州，贡道遂绝，由是航海入贡”[4]。第二阶段由于陆路受阻，基本通过海路。其间也有例外，如同光元年（923年）后唐“遣宣谕使、通事舍人吴韬走马自淮甸至”[5]。后因后唐与吴关系恶化，此条陆路通道被切断。第三阶段，后周攻占扬州，夺取南唐江北14州，与后周陆路联系恢复。后周显德五年（958年），后周军队“拔静海军，始通吴越国之路”[6]。自吴越国北境渡过长江可达扬州，从扬州北上即到开封。在吴越国与中原朝廷的交通联系中，海路一直占有重要地位，钱镠因而大力整治浙江航道。当时浙江除潮汐汹涌外，尚多礁石险滩，其中最著名的一处在秦望山东南，“大石崔嵬，横截江涛，商船海泊经此，多为风浪倾覆，因呼为罗刹”[7]，舟人为之胆寒。钱镠凿平了罗刹石等礁石，疏浚浙江航道，由是海路畅通。在疏凿江道的同时，也在运河入钱塘江的两个渡津置龙山、浙江两闸，使运河与钱塘江的通航不受潮水涨落限制。宋开宝三年（970年），钱俶又于钱塘江边建成六和塔，塔高50余丈，塔顶装塔灯，光照江口，为来往船舶导航。除中原王朝外，吴越国与契丹之间往来也较频繁，主要目的是为了贸易。在这种交往中，吴越国自始至终都处于主动地位。一方面，双方的往来主要是通过海上进行的，而吴越国的航海事业要比契丹发达得多；另一方面，吴越国在发展与契丹的关系上完全是以中原朝廷与契丹之间关系好恶为转移的，服从于其战略大局。吴越国与契丹信使不绝，双方贸易往来不断，仅《辽史》之《太祖本纪》和《太宗本纪》《资治通鉴》《册府元龟》等有史可考的就有10多次。辽宁赤峰县大营子辽墓发现收口圈足青瓷小碗6件、敞口青瓷小碗6件、花式口平底青瓷小碗2件、青瓷小碗2件，另有青瓷器皿的残片。陈万里考证出这些青瓷均属越器。该墓出土的墓志，刻有“应历九年（958年）”字样，证实是五代时期的墓葬。墓中越器应该是从吴越国输入的。[8]史称吴越国“航海所入，岁贡百万”。后周广顺初年（951年），钱俶和释契盈游碧波亭，时值钱塘江潮水正涨，江中舟楫辐辏，望之不见首尾，钱俶喜曰：“吴越国地去京师三千里，而谁知一水之利，有如此耶？”[9]

[1]和凝：《吴越文穆王钱元瓘碑铭》，载董浩等编：《全唐文》卷八五九，中华书局1983年版。

[2]欧阳修等：《新五代史》卷六七《吴越世家第七》，徐无党注，中华书局1974年版。

[3]薛居正等：《旧五代史》卷二〇《梁书二十》列传十《司马邺》，中华书局1976年版。

[4]钱俨：《吴越备史·图考附贡道考》，载丁申、丁丙编：《武林掌故丛编》第19集，嘉惠堂丁氏清光绪九年（1883年）刊本。

[5]钱俨：《吴越备史》卷一《武肃王上》，载丁申、丁丙编：《武林掌故丛编》第19集，嘉惠堂丁氏清光绪九年（1883年）刊本。

[6]司马光：《资治通鉴》卷二九四《后周纪五》显德五年，胡三省音注，中华书局1956年版。

[7]施谔：《淳祐临安志》卷八《山川一》，载丁申、丁丙编：《武林掌故丛编》第3集，嘉惠堂丁氏清光绪九年（1883年）刊本。

[8]热河省博物馆筹备组：《赤峰县大营子辽墓发掘报告》，《考古学报》1956年第3期。

[9]薛居正等：《旧五代史》卷一三三世袭列传二《钱镠》，中华书局1976年版。

吴越国与周边割据政权经济往来也十分频繁。2001年，雷锋塔地宫出土钱币3400多枚，其中铸于五代宋初的41枚，南唐14枚，后周8枚，北宋5枚，前蜀11枚，南汉2枚，后晋1枚。[1]这些钱币当是实际流通中极小的一部分，但反映出当时吴越国与南唐、南汉、前蜀的经济联系十分密切。吴越国与吴国虽互为敌国，但双方亦有经济往来。后梁贞明六年（920年），钱镠派元帅府判官皮光业使吴。后钱佐亦曾命皮光业使吴，吴国赠钱300万缗，要皮光业购买货物带回。

[1]黎毓馨：《杭州雷峰塔地宫出土的钱币》，《中国钱币》2003年第1期。

吴越国的海外贸易也有较大发展。在强大的唐王朝一步步走向衰落的时候，它的东邻新罗局势一样动荡不安；当中国步入五代十国的时候，朝鲜半岛也进入战乱不息的后三国时代。唐景福元年（892年），甄萱据武珍州起兵，两年后弓裔也自称将军，与衰迈的新罗形成鼎足之势。光化三年（900年），甄萱定都完山，称后百济王。唐天复四年（904年），弓裔建国摩震，建元武，定都铁圆，后梁开平五年（911年）改国号为泰封，改元永德万岁。梁贞明四年（918年），部将王建发动政变，逐弓裔自立，建国高丽，此即为后高句丽。王建于后唐清泰三年（935年）吞并新罗，再一年攻灭甄萱之子神剑，统一三韩。三国之中，后百济与吴越国的关系最为密切。它所处的朝鲜半岛西南部自唐以来一直是与中国进行海上交往的前沿。唐朝征服朝鲜半岛，即是依靠水上力量从征服百济开始的。到唐朝后期，从长江流域到百济的海上交通蓬勃发展起来。吴越国与后百济间的往来见于史籍记载的不少：“唐昭宗景福元年，是新罗真圣王在位六年……（甄萱）遂自称后百济王，设官分职。是唐光化三年，新罗孝恭王四年也。遣使朝吴越，忠懿（当为武肃）王报聘，仍加检校大保，余如故。”“贞明四年……秋八月，（甄萱）又遣使入吴越进马，忠懿（当为武肃）王报聘，加授中大夫，余如故。”[2]“（开平三年，王建）以舟师次于光州盐海县，获萱遣入吴越船而还。”[3]甄萱遣使吴越国，既为了寻找政治上的支持，也有“进马”之类贸易。吴越国与朝鲜半岛的民间商人也有经济往来。建隆二年（961年），“海舶献沉香翁一具，高尺余，刻镂若鬼工，王（钱俶）号为清门处士”。又“高丽舶主王大世，选沉香千斤叠为‘旖旎山’，像衡岳七十二峰。忠懿王许以黄金五百两，竟不售”。[4]五代十国时期，中日之间的贸易继承前代余势，商船来往仍然频繁。日本这时处于醍醐天皇（898—930年）和村上天皇时期（947—967年），外交上实行锁国政策，禁止船只出海，中日交流处于低潮，但并未完全停滞。当时民间贸易仍较频繁。“五代时开到日本的中国商船，似乎大都从吴越国出发，横渡东中国海，经过肥前松浦郡的值嘉岛（今五岛），进入博多津港（部分属今福冈市）。”[5]中村新泰郎《日中两千年》一书也说，仅从日本的书中所见，商船往来就有14次。这些往来的船只全是中国船，其中又几乎都是吴越国的。吴越国商人已懂得对季风（古代称“信风”或“船棹风”）的利用。商船通常在夏季（农历四月至七月）扬帆驶往日本，季风

[2]金富轼：《三国史记》卷五〇《甄萱传》，李丙焘译注，乙酉文化社1993年版。

[3]郑麟趾：《高丽史》卷一《太祖世家》，亚细亚文化社1983年版。

[4]吴任臣：《十国春秋》卷八一《吴越五·忠懿王世家（钱俶）上》，中华书局1983年版。

[5]木宫泰彦：《日中文化交流史》，胡锡年译，商务印书馆1980年版，第225页。

过后的八九月至次年三月返航。单程航行费时3—7天。《本朝世纪》天庆八年（945年）七月二十六日条记载了吴越国船舶抵日的情况："大唐吴越船舶来到肥前国松浦郡柏岛，计船一艘载重三十斛，乘人一百人……大唐吴越船六月四日到岸，牒请例速派人、船，引路至鸿胪所云云……另据蒋衮声称，于三月五日，始离其本国海岸。"[1]据《日本记略》《扶桑记略》等文献资料记载，当中国船抵达博多津港时，日本的太宰府就会立即上报京都，由朝廷派"交易唐物使"与中国商人进行贸易洽谈。朝廷通常以沙金作为货币购买吴越国商人的货物，然后运抵京都，请天皇过目，由内藏署收藏。有时也将不需要的卖给大臣，大臣争相购买，一如《木夫集》载衣笠家良诗所云："叫卖声传内库官，蜂拥总角各争先。"[2]这些吴越商人还肩负另一层任务，就是充当友好使者。吴越国几位国王都有这样的安排。使者中著名的有蒋承勋、蒋兖、盛德言、俞仁秀、张文过等。蒋承勋于后唐清泰二年（935年）到后周广顺三年（953年）先后5次前往日本，携带了吴越国王给日本天皇的信件以及丝绸、粗绢、绵羊等礼物。日本输往吴越国的商品不详。倪璠《神州古史考·钱塘》注云："有椤木营、椤木桥。考之前史，椤木，日本国所献。"[3]吴越国的宫殿中有一幢叫"翠寒堂"的，即以日本的松木建造。此堂很是特别，不饰漆彩而木质白如象齿。这些材料当是通商所得。当时日本崇尚中国文化，信奉佛教，中国名家诗文、经卷、历书等印刷品和佛画、佛像很受其欢迎，成为吴越国重要的出口商品。此外，吴越国与印度、大食等国也有经济往来。《西湖游览志》卷六《南山胜迹》载："钱氏时，有西竺僧转知者，附海舶归。"[4]吴越国从大食国（哈利发帝国，据今西亚、北非）输入猛火油。史称"火油得之海南大食国，以铁筒发之，水沃，其焰弥盛"[5]。

吴越国还设立了对外贸易机构。《十国春秋》卷一一五《拾遗》载："梁时，江淮道梗，吴越泛海通中国，于是沿海置博易务，听南北贸易。"[6]《唐律疏议》卷八《卫禁》"越度缘边关塞"条疏议："若共化外蕃人私相交易，谓市买博易或取蕃人之物及将物与蕃人。"[7]《十国春秋》所说博易务乃中原朝廷设在沿海的机构。又《旧五代史》卷一〇七《汉书九》列传四《刘铢》载："先是，滨海郡邑，皆有两浙回易务，厚取民利，自置刑禁，追摄王民，前后长吏利其厚赂，不能禁止。铢即告所部，不得与吴越征负，擅行追摄，浙人惕息，莫敢干命。"[8]《新五代史》卷三〇《汉臣传第十八·刘铢》也载："是时，江淮不通，吴越国钱镠使者常泛海以至中国。而滨海诸州皆置博易务，与民贸易。民负失期者，务吏擅自摄治，置刑狱，不关州县。而前为吏者，纳其厚赂，纵之不问。"[9]可见，回易务与博易务一样也是中原朝廷设在沿海的机构。吴振华《杭州古港史》称博易务是中国最早的管理海外贸易的专职机构，两浙回易务是博易务的派出机构。认为博易务管理进出口贸易，并抽取税利，而两浙回易务则以提价的方式"厚利取民"。[10]吴振华另外撰有《杭州市舶司研究》

[1]黎毓馨：《杭州雷峰塔地宫出土的钱币》，《中国钱币》2003年第1期。

[2]木宫泰彦：《日中文化交流史》，胡锡年译，商务印书馆1980年版，第226页。

[3]倪璠：《神州古史考》，载丁申、丁丙编：《武林掌故丛编》第14集，嘉惠堂丁氏清光绪九年（1883年）刊本。

[4]田汝成：《西湖游览志》，浙江人民出版社1980年版。

[5]钱俨：《吴越备史》卷三《文穆王》，载丁申、丁丙编：《武林掌故丛编》第19集，嘉惠堂丁氏清光绪九年（1883年）刊本。

[6]吴任臣：《十国春秋》卷一一五《拾遗》，中华书局1983年版。

[7]长孙无忌等：《唐律疏议》，刘俊文点校，中华书局1983年版。

[8]薛居正等：《旧五代史》，中华书局1976年版。

[9]欧阳修等：《新五代史》，徐无党注，中华书局1974年版。

[10]吴振华：《杭州古港史》，人民交通出版社1989年版，第78—79页。

一文，对这个问题的论述与书中稍有不同：“博易务与两浙回易务同是钱氏管理海上贸易的行政机构，只不过博易务兼有沿海和海外贸易两个方面，而回易务仅负责两浙地区与中原地区的朝贡和物货交流。”[1]《资治通鉴》卷二六六《后梁纪一》梁开平二年七月条胡三省注：“回图务，犹今之回易场也。”[2]可见，回图与回易是一回事。回图务大概也就是回易务。何勇强认为，博易务、回易务（回图务）可能名异实一。吴越国设立这样的机构当在其建王国以后。博易务、回易务（回图务）与唐代的市舶使院、宋代的市舶司有着本质的区别：市舶使院、市舶司是贸易管理机构，而博易务、回易务（回图务）本身是一个经营机构，是唐代藩镇从商习气的遗留。[3]这个问题尚可据新的材料做进一步研究。不管怎么说，它说明吴越国的对外贸易进入了一个新的阶段。

吴越国时期杭州的本地贸易也盛。由于丝织业十分发达，一批贩运商人走家串户向织户收购织品。除上述大宗商品外，其他许多特种商品也层出不穷。当时杭州有笔工名苌凤的制笔出售，士大夫怀金问价，生意颇为兴隆。吴越国除实行食盐专卖外，又实行酒的专卖。由于经济总量增大，钱币需求量猛增，因此曾于“杭州置保兴监铸钱”[4]。国内贸易和海外贸易的发展，促进了城市的繁荣。自晚唐以降，中国开始由一个内陆型国家向海陆型国家转变，吴越国对内对外贸易的双重开拓无疑具有奠基作用。

[1]吴振华：《杭州市舶司研究》，《海交史研究》1988年第1期。

[2]司马光：《资治通鉴》，胡三省音注，中华书局1956年版。

[3]何勇强：《吴越国对外贸易机构考索》，《海交史研究》2003年第1期。

[4]薛居正等：《旧五代史》卷四《食货志》，中华书局1976年版。

第二章　两宋的商工经济和商农经济与杭州经济的近世化

第一节　北宋的重商主义与杭州的经济转型

一、江南漕运的强化与杭州经济的都市化

北宋建隆元年（960年）北宋建国，而吴越国钱氏政权五传至钱俶于太平兴国三年（978年）纳土，杭州所在的东南地区此时才真正归于宋朝统治。由于自东吴以后两浙地区经济持续发展，特别是吴越国在五代十国时期的特别保全，使之发展为中国最富裕的地区，确立了中国经济重心南移的大势。隋开大运河后，运河便成为南北水运的主要航道，在维系王朝政权存在与稳定中发挥越来越大的作用。而中国历代王朝对运河之仰赖，并依靠漕运维护国运之长久，则莫若宋朝。两宋立国长达300余年，运河一直充当其生命线。但由于两宋立国局势不同，运河之前后作用也有所区别。北方地区自唐后期以来久遭破坏，要维持京师之供给，必须依靠南方之财富。由于受政治、军事力量的制约，当时不可能将都城定于南方，仍须在中原地区建都，这就对交通运输条件提出了更高的要求。而长安和洛阳虽有历代建都的传统，这时却河道湮废、漕运不通，而只有开封诸河会聚，交通便利。而且，开封经五代四朝之经营，已具备建都条件。所谓："本朝惩五季之弊，举天下之兵宿于京师，名挂于籍者，号百余万。而衣食之给，一毫已上，皆仰县官，又非若府兵之制，一寓于农也。非都四通五达之交，则不足以养天下之兵，此所谓以兵为险者也。夫以兵为险者，不可以都周雍，犹以地为险者，不可以都梁也。而昧者乃以梁不如周，周不如雍。呜呼，亦不达于时变矣！"[1]北宋定都无险可守之开封，实迁就于运河漕运之便利，依靠运河维持"强干弱枝"立国之势，所谓"达于时变"。

[1]秦观：《安都》，载秦观撰、徐培均笺注：《淮海集笺注》卷一三《进策》，上海古籍出版社1994年版。

运河不仅供养京师上百万官兵士庶，而且可以兼顾边防和灾区所需。运河漕运之阻滞，正是北宋亡国的重要原因。

北宋建国后即十分倚仗两浙的财赋，因而非常重视运河漕运和这一地区的发展。北宋建立伊始，就着手治理汴河、惠民河、广济河、金水河以及江淮运河、江南运河、浙东运河等重要河道，进一步把江浙、两淮、荆湖等南方地区与河北、京东、京西及其京畿一带等北方地区连接起来。淳化元年（990年），废润州之京口和吕城、常州之望亭和奔牛、秀州之杉青、杭州之杆江等旧堰而建闸，使之能更有效地调节运河水量，便利通航。仁宗时两浙转运副使郑向疏浚润州蒜山漕河，使之可直通长江。为了更好地管理运河，熙宁元年（1068年）神宗从提举两浙开修河渠胡淮所请，诏设杭州之长安、秀州之杉青、常州之望亭3堰监护使臣，并以“管干河塘”系衔，加强对运河的巡察。除监督各闸按时启闭外，还负责对问题河段的修浚。当时杭州沟通城内外的运河交通渠道主要有两条：一条是将钱塘江与江南运河直接连接起来流经城东的茅山河，另一条是在城内东南端因地势高差连续作堰、用西湖清水的盐桥运河。后者是杭州城内河道最长、航运量最大的河，时人称为“大河”。苏轼《申三省起请开湖六条状》云：“钱氏有国时，郡城之东有小堰门。既云小堰，则容有大者。昔人以大、小二堰隔截江水，不放入城，则城中诸河专用西湖水。水既清澈，无由淤塞。而余杭门外地名半道洪者，亦有堰，名清河，意亦爱惜湖水，不令走下。自天禧中故相王钦若知杭州，始坏此堰，以快目下舟楫往来，今七十余年矣。以意图之，必自此后湖水不足于用，而取足于江潮……然潮水日至，淤填如旧。”[1]为此，苏轼等地方官多次提议疏浚盐桥河和茅山河，增建防止潮泥流入的闸门，确保航道畅通。元祐四年（1089年），苏轼组织捍江兵士及诸色厢军1000余人开浚茅山、盐桥二河各10余里，水面宽皆8尺以上。以钱塘江为茅山河的水源，西湖为盐桥河的水源。还将它们与龙山河连接起来。重修龙山、浙江两闸，恢复其通航功能。在茅山河与盐桥河交汇处设置清水、浑水两闸。潮涨时闭闸，避免泥沙进入，以防淤塞；潮退后启闸，提升水位，以利通航。由于运河通商条件日益改善，市民纷纷在两岸兴建住宅，侵占了河道。英宗治平四年（1067年），提点刑狱元积中在盐桥河岸边立下石碑，确定两岸供牵舟用的纤道的宽度。但20年以后的元祐四五年间苏轼出任知州，“两岸人户复侵占牵路，盖屋数千间，却于屋外别作牵路，以致河道日就浅窄”[2]。苏轼对其进行了整治。北宋时杭州的运河旁设有许多码头，大多集中在城南和城北。据《梦粱录》卷一二《城内外河》记载，城南最著名的当属作为城外运河起点的江口码头和作为龙山河起点的江儿头码头。《宋会要辑稿·食货八》又记：“天圣四年二月，侍御史方慎言：‘杭州元有江岸斗门二，凡舟出入，一则温台路，一则衢婺路。其北岸斗门，为潮水所坏，因循不修，今两路舟船并在一岸，备见不便。盖斗门启闭有时，须候潮平方开，

[1]苏轼：《申三省起请开湖六条状》，载苏轼：《苏轼文集》卷七，孔凡礼点校，中华书局1986年版。

[2]苏轼：《申三省起请开湖六条状》，载苏轼：《苏轼文集》卷七，孔凡礼点校，中华书局1986年版。

因兹住滞。欲望后创二斗门。'"据此可知，北宋杭州在钱塘江岸设有两个斗门，其中一个是专门为从温州、台州等地沿浙东运河而来的船只所设立的码头，是杭州城外运河的起点，即浙江渡的码头；后一个斗门则是钱塘江上游衢州、婺州来船的专用码头，即作为龙山河起点的江儿头码头。为了防止河道淤塞，利用科学原理设置了斗门。日本僧人成寻在《参天台五台山记》卷一中对其做了比较详细的记载。熙宁五年（1072年）四月十二日，释成寻从宁波经绍兴抵达萧山。"十四日（癸亥），午时，潮满。人人多来。开河中门户，入船。上河数里，又开水门，入船。大桥两处，皆以石为柱……（五月）四日（癸未），卯时，出船。过通济桥次门，见公移，免下了。过十五里，至第二水门清水闸。依潮少，闭门，门下止船了……五日（甲申），天晴。卯时，陈咏参府，申可开水门由。使者来，开水门，出船。他船三四十只，太以为悦。巳时，江下止船，依潮未满也。申时，潮满，出船。得顺风，上帆。过钱塘江……酉时，着越州西兴泊宿。"记载的是从清水闸经浑水闸出江干之事。当时的江口码头已很繁华："十三日（壬戌），小雨下。巳时，雨止。潮满满来，音如雷声。人人集出见之。造岸潮向来，奇怪事也。即出船了。未时，着杭州凑口。津屋皆瓦葺，楼门相交。海面方叠石，高一丈许，长十余町许。及江口，河左右同前。大桥亘河，如日本宇治桥。买卖大小船，不知其数。回船入河十町许，桥下留船。河左右家皆瓦葺，无隙并造庄严。大船不可数尽。"[1]在这两个码头上分别设有浙江场、龙山场两个税务机关，向出入这两个斗门的船只收取关税。

北宋朝廷也很重视两浙地区的水利事业，当时两浙的水利建设总量超过唐代1倍左右。[2]其中尤以钱塘江海塘的兴修和西湖、东钱湖、鉴湖的疏竣所取得的成就为著。大中祥符五年（1012年），"浙江击西北岸益坏，稍逼州城，居民危之。即遣使者同知杭州戚纶、转运使陈尧佐画防捍之策。纶等因率兵力，籍梢楗以护其冲"。两年后，"发运使李溥、内供奉官卢守懃经度，以为非便。请复用钱氏旧法，实石于竹笼，倚叠为岸，固以桩木，环亘可七里。斩材役工，凡数百万，逾年乃成；而钩末壁立，以捍潮势，虽湍涌数丈，不能为害"。用此办法，可就地取材，成本低，见效快。但竹木浸泡水中日久易霉烂，不仅糜费劳民，而且经常有塌方垮堤的危险。到景祐年间（1034—1037年），钱塘江海塘又陷于"积久不治，人患垫溺"的局面。当时朝廷派工部郎中张夏做转运使，专置捍海捍江兵士五指挥，以2000人为额，"专采石修塘，随损随治，众赖以安"。[3]庆历元年（1041年），知府杨楷、转运使田瑜沿用张夏的办法修治海塘。庆历七年至皇祐二年（1047—1050年），王安石任鄞县知县时发明了符合科学原理的坡陀法，广为推广。经过历年多次修建，从钱塘经仁和、盐官、海盐、平湖到金山一带长达300多里、高宽各4丈的海塘才基本建成。

除了开发运河航道和兴修钱塘江海塘外，还继续治理西湖，又开发西

[1]成寻：《新校参天台五台山记》，王丽萍校，上海古籍出版社2009年版。

[2]李剑农：《宋元明经济史稿》，生活·读书·新知三联书店1957年版，第19页。

[3]脱脱等：《宋史》卷九七《河渠七》，中华书局1977年版。

溪湿地。西湖在入宋以后曾“稍废不治，水涸草生，渐成葑田”[1]。景德四年（1007年），王济任杭州知州，命工浚治，增置斗门，使湖水可溉农田1000余顷。天禧四年（1020年），知州王钦若奏报朝廷，以西湖为放生池，禁捕鱼鸟，以为祈福。后又葑土湮塞，并为豪族僧释侵占甚多。庆历元年（1041年），知州郑戬用工数万整治。嘉祐五年（1060年），知州沈遘开南井，引西湖水入城，便民使用，人称沈公井、惠迁井。熙宁五年（1072年），六井俱废，知州陈襄于翌年修复，再引西湖水入井。元祐四年（1089年），西湖又葑积为田，湖水仅能溉农田几百顷，漕河失利，六井复废塞。元祐五年苏轼任知州，于该年四月二十九日奏呈《杭州乞度牒开西湖状》，从放生、饮水、灌溉、助航、酿酒5个方面指出西湖堙废的恶果：一是与朝廷放生祝祷的宗旨不合。二是使六井失去水源，市民只能以江潮水为饮用水。三是上千顷农田无水灌溉。四是城中运河失去湖水之利，只能导入浑浊的江水，导致河道淤塞。五是酿酒用水无法满足。如远取山泉之水，每年所费人工不下20万。而杭州酒税居全国之冠，每年达20余万缗。其中第二条将西湖的存废与杭州的发展紧密地联系起来，认为城市将因此衰败。“杭之为州，本江海故地，水泉咸苦，居民零落，自唐李泌始引湖水作六井，然后民足于水，井邑日富，百万生聚，待此而后食。今湖狭水浅，六井渐坏。若二十年之后，尽为葑田，则举城之人复饮咸苦，其势必自耗散。”苏轼指出：“杭州之有西湖，如人之有眉目，盖不可废也。”[2]苏轼这个奏章是历史上首次使用“西湖”这个名称的官方文件。苏轼随即又在五月五日写了《申三省起请开湖六条状》，提出了全面修浚、开发西湖的具体方案。在这个方案中，除了采用他亲自到民间察访、实地调查勘察取得的第一手资料外，还采纳了钱塘县尉许敦仁和民间父老的建言。方案包括疏浚西湖、开导城内二河、整修六井3项重大工程，其中详列有关经费、人工、设备、分界、违禁、管理等具体办法。[3]经朝廷核准，苏轼即用朝廷拨给的僧人“度牒”100道卖了1.7万贯钱，加上救灾所余钱1万贯、米1万石，采取以工代赈的办法雇人开撩西湖。具体包括开深湖底、挖取湖泥，开掘葑田25万余丈，并利用湖泥堆筑成自南屏山麓至曲院风荷南北横亘的2.8km长的苏堤。为了避免再次堙塞，还将开成的湖面请佃种菱，以收取课利，变葑田为菱荡，期永无茭草堙塞之患。又制定管理条约，专设一个名叫“开湖司”的管理机构，类似于吴越国的“撩湖军”。以新旧菱荡课利钱送钱塘县尉司收管，谓之“开湖司公使库”，专款用于开葑撩浅。[4]苏轼还修复当时已经逐渐淤塞的六井和沈公井，并在离它们较远的仁和门外新建两口水井，于是“西湖甘水，殆遍一城”[5]。北宋在西溪湿地设立了南场、北关、安溪、西溪4镇。其中西溪镇设于端拱元年（988年）。[6]“诸镇置于管下人烟繁盛处，设监官，管火禁或兼酒税之事。”[7]这些镇的设立，也便利了运河运输，同时扩大

[1]脱脱等：《宋史》卷九七《河渠七》，中华书局1977年版。

[2]苏轼：《杭州乞度牒开西湖状》，载苏轼：《苏轼文集》卷三〇，孔凡礼点校，中华书局1986年版。

[3]苏轼：《申三省起请开湖六条状》，载苏轼：《苏轼文集》卷七，孔凡礼点校，中华书局1986年版。

[4]脱脱等：《宋史》卷九七《河渠七》，中华书局1977年版。

[5]苏轼：《乞子珪师号状》，载苏轼：《苏轼文集》卷三一，孔凡礼点校，中华书局1986年版。

[6]王存：《元丰九域志》卷五《两浙路》，中华书局1984年版。

[7]脱脱等：《宋史》卷一六七《职官七》，中华书局1977年版。

了城市空间，开启了西溪湿地沼泽区的城市化历史，也开启了西溪湿地由自然湿地向人工湿地转变的历史。

北宋杭州的水利开发、土地开发事实上都围绕运河漕运这个主题。运河的有效利用带动了杭州城市的发展。元祐年间（1086—1093年），新市街的西部即与运河相接部分商业已非常繁荣。当时许多与城市居民日常生活有关的日用品商店就开设在沿河近桥的地方，形成了颇具江南城市特色的街市。沙河塘位于城东，呈南北纵向分布，与许多小塘交错，形成水陆衢道。清翟灏《艮山杂志》卷一云："宋时沙河，自竹车门绕城东，北讫余杭门。七八里间灯火相接，无非繁盛之地，故其风景足述。"据此可知，沙河塘从城东的竹车门外一直延伸至城北的余杭门外，约有七八里长，蜿蜒将外沙河和后沙河连接起来，并进一步从泛洋湖一直往余杭门外延伸。"浙东商贾渡浙，多先萃聚范村，再由范村泛里外沙河，沿东城过艮山门，于五里塘为懋迁处。"[1]沙河塘一带居民密集，所以夜间灯火繁多。明代田汝成《西湖游览志余》卷二一《委巷丛谈》对此做过较为详细的描述："沙河，宋时居民甚稠，碧瓦红檐，歌管不绝，官长往往游焉。故苏子瞻诗云：'云烟湖寺家家境，灯火沙河夜夜春。'又其佐郡时，意有所属，比来守郡，则其人去已矣。故其诗云：'惆怅沙河十里春，一番花老一番新。小楼依旧斜阳里，不见楼中垂手人。'"[2]苏轼有关沙河塘的诗还有《湖上夜归》《吉祥寺赏牡丹》《惜花》《望海楼晚景五绝》等多首。晁补之用以谒见苏轼的《七述》一文中也记载了沙河塘的繁华："宝则璆琳珊瑚、玛瑙碔砆、药化之玉、火化之珠，红黄白绿，磊落满椟。北商东贾，白金不鬻。沙河雨晴月照，灯明席张，案设左右，煌荧远而望之，夺人目睛。"[3]文中所说北商是从浙西大运河来的客商，而东贾则是从浙东运河来的浙东及福建、广东等地的商人。

北宋漕运业之兴盛达到了中国古代社会的高峰，商人以之长途贩运商品，不仅加强了南北之间的经济联系，扩大了商品流通范围，而且促成了杭州向商业城市的转变。咸平三年（1000年）至景德元年（1004年），孙何在杭州任两浙转运使，柳永以《望海潮》词投赠。词云："东南形胜，三吴都会，钱塘自古繁华。烟柳画桥，风帘翠幕，参差十万人家。云树绕堤沙，怒涛卷霜雪，天堑无涯。市列珠玑，户盈罗绮，竞豪奢。　重湖叠巘清嘉，有三秋桂子，十里荷花。羌管弄晴，菱歌泛夜，嬉嬉钓叟莲娃。千骑拥高牙，乘醉听箫鼓，吟赏烟霞。异日图将好景，归去凤池夸。"[4]词虽不免夸张，但不会全无根据。当时的杭州已经相当盈实富庶。嘉祐二年（1057年），梅挚出知杭州，仁宗赐《赐梅挚知杭州》诗云："地有湖山美，东南第一州。剖符宣政化，持橐辍才流。暂出论思列，遥分旰昃忧。循良勤抚俗，来暮听歌讴。"[5]为表达对仁宗赐诗的感激，梅挚在吴山建造了览胜赏景的有美堂，嘉祐四年（1059年）特意请欧阳修写《有美堂记》以志纪念。欧阳修在文中称杭州"四方之所聚，百货之所交，物盛人众，为一都会"[6]。

[1]翟灏：《艮山杂志》，载丁申、丁丙编：《武林掌故丛编》第21集，嘉惠堂丁氏清光绪九年（1883年）刊本。

[2]田汝成：《西湖游览志余》，上海古籍出版社1980年版。

[3]晁补之：《七述》，载晁补之：《鸡肋集》卷二八，商务印书馆1986年版。

[4]柳永：《望海潮》，载唐圭璋编纂、王仲闻参订、孔凡礼补辑：《全宋词》第1册，中华书局1999年版。

[5]赵桢：《赐梅挚知杭州》，载北京大学古文献研究所编：《全宋诗》卷三五四，北京大学出版社1995年版。

[6]欧阳修：《有美堂记》，载欧阳修：《欧阳文忠公文集·居士集》卷四十，《四部丛刊》初编，商务印书馆民国25年（1936年）版。

[1]司马光：《资治通鉴》卷二六七《后梁纪二》魏太和五年，胡三省音注，中华书局1956年版。

[2]王存：《元丰九域志》卷五《两浙路》，中华书局1984年版；乐史：《太平寰宇记》卷九一，中华书局1999年版。

[3]李焘：《续资治通鉴长编》卷四四，上海师范大学古籍研究所、华东师范大学古籍研究所点校，中华书局2004年版。

[4]脱脱等：《宋史》卷八八《地理四》，中华书局1977年版。

[5]沈冬梅：《宋代杭州人口考辨》，载漆侠主编：《宋史研究论文集：国际宋史研讨会暨中国宋史研讨会第九届年会编刊》，河北大学出版社2002年版。

[6]苏轼：《论叶温叟分擘度牒不公状》，载苏轼：《苏轼文集》卷三〇，孔凡礼点校，中华书局1986年版。

北宋中期，杭州已是“万室东南富且繁”[1]，户口远远超过苏州和越州，是江南人口最多的州郡。吴越国纳土归宋的太平兴国年间（976—983年），杭州主客户70465，苏州35249；元丰三年（1080年），杭州主客户202816，苏州173969，越州152922。[2]从此，杭州成为全国人口众多的大州府之一，并且户口一直在增长。其中咸平二年（999年）户数10万[3]，从太平兴国四年到咸平二年年均增长22.06%。元丰三年（1080年）户数202816，从咸平二年到元丰三年年均增长12.69%。崇宁元年（1102年）户数203574，人口296615[4]，从元丰三年到崇宁元年户数年均增长0.34%。可知杭州人口在神宗元丰之前有一个增长高峰，此后在巨大的基数上平稳增长。人力与耕地是农业经济最基本的两大生产要素。在田地资源充足的情况下，人口与农业经济之间是相互促进发展的；但在耕地资源已然不足的情况下，人口增长与经济发展之间则存在着既相互促进又相互制约的关系。太平兴国至元丰的百年间杭州户口共增长187.83%，年均约增长13.24%，这是由于承吴越国和平稳定发展之余绪。元丰至崇宁的22年间只增长了0.37%，年均增长率为0.34%，这是因为元丰时两浙路丁均耕地只有14.07亩，较之南方丁均可耕20亩的平均水平低1/4以上。[5]自吴越国建都杭州以来，为了使粮食增产以适应人口增长的需要，政府和百姓克服自然条件的限制，因地制宜地开垦了大量农田。但由于人口特别是城市人口增长较快，以致出现粮食供应紧张的局面。苏轼《论叶温叟分擘度牒不公状》称：“切缘杭州城内，生齿不可胜数，约计四五十万人。里外九县主客户口共三十余万……又缘杭州自来土产米谷不多，全仰苏、湖、常、秀等州搬运斛斗接济。若数州不熟，即杭州虽十分丰稔，亦不免为饥年。自去岁十月以后，米价涌长，至每斗九十足钱。近岁浙中难得见钱，每斗九十，便比熙宁以前百四五十，因粜常平米，每日不下五六万人争籴，方免饿殍……伏望圣慈体念杭州元奏阙米三万石，本乞度牒二百道，方稍足用。”[6]说明杭州至少在北宋时城市人口增长已经超出了粮食供应的载荷，城市化速率相对过度。维系杭州存在和发展的主要已是城市经济，亦即杭州的主体经济已经从农业转变为城市工商业经济，北宋时杭州的商税一度位居全国第一为其证明。

北宋立国之初，因为忙于统一战争，无暇顾及政区调整。淳化四年（993年）始分全国为10道，次年又改道为路。至道三年（997年）析为15路，天圣八年（1030年）又析为18路，元丰年间（1079—1084年）又分为23路（京东东、京东西、京西南、京西北、河北东、河北西、永兴、秦凤、河东、淮南东、淮南西、两浙、江南东、江南西、荆湖南、荆湖北、成都、梓州、利州、夔州、福建、广南东、广南西），一级政区基本固定下来。崇宁四年（1105年）置京畿路，大观元年（1107年）又置黔南路；三年（1109年）黔南路并入广南西路，合称为广西黔南路，四年（1110年）复称广南西路。宣和四年（1122年）置燕山府和云中府。终北宋一代，国家共有政区路26、京府4、府30、州254、监63、县1234个[1]。今杭州地区属两浙路。钱俶纳土归降之后，原属杭州的武康县划归湖州，桐庐县划归睦州，并改钱江县为仁和县，改安国县为临安县，改富春县为富阳县，改金昌县为昌化县，改新登县为新城县。乾德五年（967年）吴越国为了征收赋税的需要，分临安县地置南新场，淳化五年（994年）改南新场为昭德县，属杭州；次年改为南新县，下辖5乡，熙宁五年（1072年）省县为镇。淳化四年分全国为10道时，杭州属两浙道。后一直属两浙路，并为两浙路路治。大观元年（1107年）升为帅府。北宋时杭州作为两浙路路治和宁海军节度使驻地，是东南地区政治、军事的中心，其下所辖有钱塘、仁和、余杭、富阳、於潜、新城、盐官、临安、昌化9县。今杭州地区的另一个地理单元睦州辖建德、清溪、桐庐、分水、遂安、寿昌6县。宣和三年（1121年）睦州改为严州，所属清溪县改为淳化县。越州仍吴越国之旧，萧山县属之。

[1]脱脱等：《宋史》卷八五《地理一》，中华书局1977年版。

北宋大中祥符年间（1008—1016年）杭州各县户口数

县名	户　数	口　数
钱塘	10 640	
仁和	19 489	
余杭	17 282	20 308
临安	20 114	
於潜	19 984	45 291
富阳	5 830	8 369
新城		
盐官	49 583	
昌化	10 000	54 033

资料来源：杭州市地方志编纂委员会编：《杭州市志》第1卷，中华书局1997年版，第402页。

宋初县的等级划分标准沿袭前代旧制，除王畿内的县分为“赤次”和“赤畿”两类外，其余以户口为标准。“三千户以上为望，二千户以上为紧，一千户以上为上，五百户以上为中，不满五百户为中下”。建隆四年（963年）调整为“四千户以上为望，三千户以上为紧，二千户以上为上，千户以上为中，不满千户为中下”。[2]政和五年（1115年）又改为“一万户以上为望，七千户以上为紧，五千户以上为上，三千户以上为中，不满三千户为中下，一千五百户以下为下”[3]。政和时期已为北宋后期，此标准实行时间不长，以建隆四年标准核准杭州地区属县的等级如下：杭州钱塘县（望）、仁和县（望）、余杭县（望）、富阳县（紧）、於潜县（紧）、新城县（上）、盐官县（上）、临安县（望）、昌化县（中），睦州建德县（望）、青溪县（望）、桐庐县（上）、分水县（中）、遂安县（中）、寿昌县（中），越州萧山县（紧）。又熙宁七年（1074年）置铸钱监神泉监，在睦州城东5里。[4]从以上等级状况可知，当时杭州地区的整个人口分布密度较高，整体经济发展水平也较高。

[2]脱脱等：《宋史》卷一五八《选举四》，中华书局1977年版。

[3]佚名：《宋史全文》卷一四《宋徽宗》，李之亮点校，黑龙江人民出版社2005年版。

[4]马雪芹：《杭州政区史》，中国社会科学出版社2011年版，第83—84页。

二、国家重商主义思想改造下的杭州经济

西方汉学界对北宋的社会变革评价极高。法国汉学家谢和耐（Jacques Gernet）曾指出：11—13世纪期间，在政治社会或生活诸领域中没有一处

不表现出较先前时代的深刻变化。这不单单指一种社会现象的变化（人口的增长、生产的全面突飞猛进、内外交流的发展等），而更指一种质的变化。政治风俗、社会、阶级关系、军队、城乡关系和经济形态均与唐朝贵族的帝国完全不同。一个新的社会诞生了，其基本特征可以说已是“近代中国的端倪”。并称这一时段为“中国的文艺复兴”。[1]北宋经济社会的转型主要表现在如下3个方面：一是社会生产的商业化。社会生产已不再局限于自给自足的自然经济模式，而是用商业进行整体性整合。粮食、盐、油、醋、茶、木材、布帛等主要社会产品全部纳入流通领域。形成了区域性与全国性相结合的城市、镇市和墟市构成的多层次、网络状的市场体系，即使在边疆军事对峙地区也如此。商业税额在财政中居有举足轻重的地位，其中71个大中城市的商税占全国税收的36%。[2]货币流传面之广、数量之多为前朝所不逮。1976年湖北省黄石市发现的宋代窖藏出土的钱币多达22万余斤。[3]西北边陲也发现数目可观的宋代钱币，宁夏贺兰山3处窖藏就发现近4万枚北宋钱币。[4]商人作为一支重要的社会力量正在崛起。“京城资产百万者至多，十万而上比比皆是。”[5]这使得中国的社会结构发生巨大变化，即在上层精英和民众集团之间出现了一个极不相同又极其活跃的商人阶层，并愈益占据重要地位。[6]社会也逐渐变为“流动的社会”。社会成员或群体可以在经济地位、政治地位和社会职业等各个方面发生结构性变动。如“由商而士”。二是城乡功能的市镇化。此前的城市坊市分离格局被打破，转折性地向坊市合一的新体系发展，商业活动可以在城市中自由进行。乾德三年（965年），太祖下诏：“令京城夜市，至三鼓以来不得禁止。”[7]对城市商业经营时间延长采取宽容政策，夜市被固定下来。宵禁制度也在庆历年间（1041—1048年）被取消。这种变化使城市不再是森严的“政治堡垒”，而成为国民日常生活的载体。唐五代时的军镇逐渐演化为工匠、商人的集合体，各类市镇雨后春笋般兴起。元丰年间（1078—1085年）全国市镇已发展到1871个[8]，并且被列入地方行政管理序列。这标志着其作为农村新兴商业中心地位的基本确立。市镇是沟通城市与乡村的纽带，使城市—市镇—乡村互为一体。三是国民身份控制的松弛化。日本学者宫崎市定指出，从部曲到佃户（佃人），使得农民成为自由民登上了历史舞台。[9]过去的“贱民”取得了近乎平等的生存权利。出现了市民阶层，已有坊廓户和乡村户之分。

中国古代经济思想有一条基本脉络，即“本末”思想的交织发展与演变。总体上讲，农本思想占据优势地位，是明流；而从先秦开始，就有了重商主义的苗头，时隐时现，未曾中断，是暗流。西汉是农本思想的确立时期，直到北宋以降，这种局面才有所改观。事实上，明代中后期明确表现的“崇商”“对外贸易”等具有重商主义色彩的思想在北宋时就已显现。王安石变法虽然没有成功，却开启了中国的重商主义时代。此后的中国经济被重商主义所彻底改造。15世纪末的地理大发现扩大了国际市场，

[1]谢和耐：《中国社会史》，耿昇译，江苏人民出版社1995年版，第257—287页。

[2]漆侠：《宋代经济史》，经济日报出版社1999年版，第1156页。

[3]湖北省博物馆：《黄石市发现的宋代窖藏铜钱》，《考古》1973年第4期。

[4]牛达生、许成：《贺兰山文物古迹考察与研究》，宁夏人民出版社1988年版，第59页。

[5]李焘：《续资治通鉴长编》卷八五，上海师范大学古籍研究所、华东师范大学古籍研究所点校，中华书局2004年版。

[6]谢和耐：《蒙元入侵前夜的中国日常生活》，刘东译，江苏人民出版社1998年版，第37页。

[7]徐松辑：《宋会要辑稿·食货六七》，中华书局1957年版。

[8]漆侠：《宋代经济史》，经济日报出版社1999年版，第1071页。

[9]宫崎市定：《从部曲走向佃户》，载刘俊文主编：《日本学者研究中国史论著选译》第5卷（五代宋元），索介然译，中华书局1993年版。

给商业、航海业、工业的发展以极大刺激。其中商业资本发挥着主要作用，推动对外贸易的发展，促进各国国内市场和国际市场的形成。欧洲由此兴起重商主义（Mercantilism）思潮。这种思潮主张运用国家力量干预或管制商业、农业和制造业，通过关税及其他贸易限制来保护国内市场。北宋的重商主义并非上述完全的经济学意义上的重商主义，但有许多类同。在中国古代社会经济结构中，国家扮演着经济利益团体的角色，介入追求经济利益的节点，其存在方式充满复杂性。由于宋代土地的政治和精神上的象征意义远远超出了实际生产意义，土地自由买卖造成的货币向土地的转化以及财产的析产继承制度使得货币财产不能够有效集中，从而阻碍了资本的形成，形成资本的功能由政府代行。[1]宋朝的独特在于它是“大官僚—大地主—大商人国家主义”意义上的国家商人，国家事实上是具有多重身份的大商人。它通过直接或间接的赋税掠夺国民的财富，形成商业资本，构成国家重商主义。

北宋在唐代的基础上对土地制度进行了改革，主要表现在“不抑兼并”和租佃制经济以及由此带来的阶级关系的变动。北宋初年即规定“垦田即为永业，官不收取其租”[2]。太宗至道元年（995年）六月诏曰：“应诸道州府军监管内旷土，并许民请佃，便为永业，仍免三年租调，三年外输税十之三。”[3]真宗与仁宗朝再次颁布类似诏令。在保证财政税收的基础上，国家承认土地私有，事实上以法律的形式承认了当时日趋严重的贫富分化。“唯州县之间，随其大小，皆有富民。”[4]但“主户之于客户，皆齐民”[5]，富民无政治特权，只能靠租佃契约维持剥削关系。这颠覆了以往的社会架构，富民脱变为国家之财源基础。首先，富民所提供的赋税徭役占国家赋税和财富大部分。建中两税法改革使得国家赋税征收从按人丁征税转为按财富征税，如此一来，“资产少者，则其税少；资产多者，则其税多”[6]。占上三等富户九成二以上、为总户数13.3%—33.9%的富民阶层，占有60%—70%的土地。[7]“天下之田太半归于兼并……耕而食于富人而为之农者盖七八矣。”[8]“富人为天子养小民，又供上用。”[9]“小民之无田者，假田于富人……杂出无数……常取具于富人。”太祖也说：“富室连我阡陌，为国守财尔……兼并之财乐于输纳，皆我之物。”[10]因而，富民渐次成国家调控基层社会关系的节点。中国古代中央集权国家机构主要由满腹经论的士儒组成，士儒人数毕竟有限，一般只占总人口的5‰左右，在宋代为1‰—3‰。[11]因此一般官僚机构的末端神经只能触及县一级。要想实现对县以下基层的有效管理，就需要另外一个具有意识形态认同的群体来实现。富民虽然逐末，但在意识形态上深受儒家文化浸淫，与国家保持一致，具备意识形态认同感。富民政治还一改以往由豪民把持基层的局势，上升为乡村的非正式领导力量。这些乡村富民积极参与乡村活动、调解纠纷、赈济灾民，逐渐成为乡村社会道德的捍卫者。“宋代各地的公共建设与文化发展的动力，主要来自当地的士人与富豪，而富人是主要的赞

[1]张邦炜：《论宋代的皇权和相权》，《四川师范大学学报》1994年第2期。

[2]脱脱等：《宋史》卷一七三《食货上一》，中华书局1977年版。

[3]李焘：《续资治通鉴长编》卷三八，上海师范大学古籍研究所、华东师范大学古籍研究所点校，中华书局2004年版。

[4]苏辙：《栾城集·三集》卷八《诗病五事》，上海古籍出版社1987年版。

[6]李焘：《续资治通鉴长编》卷二三三，上海师范大学古籍研究所、华东师范大学古籍研究所点校，中华书局2004年版。

[7]薛政超：《唐宋以来“富民”阶层之规模探考》，《中国经济史研究》2011年第1期。

[8]秦观撰、周义敢等编注：《秦观集编年校注》卷一八《财用上》，人民文学出版社2001年版。

[9]叶适：《叶适集》之《水心别集》卷二《进卷·民事下》，中华书局1961年版。

[10]王明清：《挥麈后录·余话》卷一，上海书店出版社2009年版。

[11]陈智超：《宋史十二讲》，清华大学出版社2010年版，第293页。

助者。”[1]由此可以看到，入宋以降，富民作为以往被抑制的阶层，逐渐成了非制度性社会控制力量，乃至中坚力量。他们是沟通国家与乡村的节点，帮助国家实现对乡村的治理。所谓“州县赖之以为强，国家恃之以为固”[2]。这是北宋“不抑兼并”的隐形作用。[3]

道格拉斯·赛西尔·诺思（Douglass Cecil North）指出：“国家的存在是经济增长的关键，然而国家又是人为经济衰退的根源；这一悖论使国家成为经济史研究的核心，在任何关于长期变迁的分析中，国家模型都将占据显要的一席。”[4]王安石的改革思路总体上是在国家统制的前提下搞活经济。青年王安石在《上仁宗皇帝言事书》中指出：“自古治世，未尝以不足为天下之公患也，患在治财无其道耳。”[5]执政后又批评说：“其于理财，大抵无法，故虽俭约而民不富。”[6]认为理财关键在于有道，如此才可以“稍收轻重敛散之权归之公上而制其有无，以便转输，省劳费，去重敛，宽民力。庶几国用可足，民财不匮矣”[7]。在农业方面，张载、程颢等主张实行井田制，神宗认为这是“致乱之道”，“若夺人已有之田为制限，则不可”，王安石进一步说：“今朝廷治农事未有法，又非古备建农官大防圩捍之类，播种收获，补助不足，待兼并有力之人而后全具者甚众，如何可遽夺其田以赋贫民？此其势固不可行，纵可行，亦未为利。”[8]王安石的话很深刻，说明了土地制度是土地所有与具体生产方式的有机统一，而不仅仅是如何分配土地的问题。古代之所以实行平均分配土地的井田制，是因为国家直接参与了生产管理，包括修水利、借贷、赈灾等。而宋朝政府不直接参与生产管理，“治农事未有法”，兴修水利、借贷、赈灾等职能均由“兼并有力之人”即大地主来承担。如果将土地分给贫民，就没有人承担生产管理职能。那么如何解决农村的兼并之害呢？王安石指出，“今百姓占田，或连阡陌，顾不可夺之，使如租庸调法，授田有限。然世主诚能知天下利害，以其所谓害者制法，而加于兼并之人，则人自不敢保过限之田；以其所谓利者制法，而加于力耕之人，则人自劝于耕，而授田不敢过限”[9]。可见王安石还是想使土地相对平均占有，手段是立法使兼并之人“不敢保过限之田”，而不像王莽那样实行土地国有制。在商业方面，通过立法以稳定物价，保证货物流通，限制富商大贾的势力。王安石认为，商业的作用就是在小农经济许可的范围内保持货物流通，一旦超过这个限度便会危及国家的经济基础。在禁榷方面，一方面说“榷法不宜太多”，“若鼓铸铁器，即必与汉同弊”[10]；另一方面又说“陛下虽致治如唐、虞时，盐酒法亦不须弛”[11]。这种矛盾的主张实质上强调的是国家控制下的废榷，即“抓大放小”。他主张通过立法从根本上防止富商大贾等兼并势力过度扩大，但不主张实行从生产领域到流通领域完全的禁榷政策，在生产领域尽可能放宽政策，流通领域则不与小商贩争利。王安石在任地方官时就主张茶法通商，反对吏民“出钱购人捕盐”[12]。主政国家改革时期又放宽铜禁，允许货币自由流通，反对政府榷铁，对金银坑冶实

[1]黄宽重：《从中央与地方关系互动看宋代基层社会演变》，《历史研究》2005年第4期。

[2]苏辙：《栾城集·三集》卷八《诗病五事》，上海古籍出版社1987年版。

[3]王小东：《由北宋农业经济看国家的经济特征》，陕西师范大学硕士学位论文，2012年。

[4]道格拉斯·赛西尔·诺思：《经济史中的结构与变迁》，陈郁等译，上海三联书店、上海人民出版社1994年版，第20页。

[5]王安石：《上仁宗皇帝言事书》，载王安石：《临川先生文集》卷三九，中华书局1959年版。

[6]王安石：《本朝百年无事札子》，载王安石：《临川先生文集》卷四一，中华书局1959年版。

[7]王安石：《乞制置三司条制》，载王安石：《临川先生文集》卷七〇，中华书局1959年版。

[8]李焘：《续资治通鉴长编》卷二一三，上海师范大学古籍研究所、华东师范大学古籍研究所点校，中华书局2004年版。

[9]李焘：《续资治通鉴长编》卷二二三，上海师范大学古籍研究所、华东师范大学古籍研究所点校，中华书局2004年版。

[10]陈瓘：《宋忠肃陈了斋四明尊尧集》卷五《熙宁奏对日录》，《四库全书存目丛书》史部第279册，齐鲁书社1997年版。

[11]李焘：《续资治通鉴长编》卷二三二，上海师范大学古籍研究所、华东师范大学古籍研究所点校，中华书局2004年版。

[12]王安石：《上运使孙司谏书》，载王安石：《临川先生文集》卷七六，中华书局1959年版。

行“二八抽分制”。“召百姓采取，自备物料烹炼，十分为率，官收二分，其八分许坑户自便货卖。”[1]自熙宁年间实行“二八抽分制”后，私营矿冶业得到极大发展。王安石以经济手段代替行政手段调节经济的做法也有积极意义：第一，利用价格政策调节经济。实行市易法，设市易务，以国家财力调节市场价格。“使审知市物之贵贱，贱则少增价取之，令不致伤商；贵则少损价出之，令不至害民。”[2]又实行均输法、青苗法以平易价格。第二，以借贷利息调节经济。市易法是商业贷款，商人“若欲市于官，则度其抵而贷之钱，责期使偿，半岁输息十一，及岁倍之”。青苗法为农业贷款，“仍以见钱，依陕西青苗钱例，愿预借者给之。随税输纳斛斗，半为夏料，半为秋料，内有请本色或纳时价贵愿纳钱者，皆从其便”。政府向农民提供低息贷款，“民既受贷，则兼并之家，不得乘新陈不接，以邀倍息”。[3]即由政府代替地主向农民借贷，以塞地主兼并农民之途，同时还可收取息钱。第三，以赋役、税收政策调节经济。农民往往因差役破产，而兼并之家或有免役特权或非法逃避差役，因而通过行免役法按户等高下、财产多少征免役钱。针对“产去税存”与“有产无税”并存的现象，又颁布方田均税法，即按实有土地数目征税。[4]王安石的改革也充满深刻的内部矛盾。这种矛盾集中体现在富国与富民的冲突上。其改革的目标是富国富民，把国家利益和百姓利益统一起来。但其策略仍不外是法家的轻重之术，强调国家掌握轻重敛散之权。他虽然口头上不喊弱民，但不赋予百姓权利，不注重保护基层社会的多元发展，实际推行的仍是国家本位政策，没有突破儒家传统的民本思想。中唐以后授田制经济崩溃，国家对经济的干预力量已大大削弱。另一方面，市场经济制度既有内在的社会需要，又不可能真正建立起来。王安石采取的国家干预与经济手段在这些方面均有一定强化作用，但也都非常有限。王安石所面临的种种矛盾以及他的改革思想对北宋经济影响巨大，北宋杭州经济在这种局面中展开。

由于北宋推行国家重商主义政策，朝廷对两浙地区的控制力不如吴越国强，地方政府的税收负担又高于前朝，再加上一反前朝对土地严加调控之常制而“不立田制”，对土地的流动和转让不仅不加干预，甚至连名义上的限制都完全取消，因而江南的农田水利建设有所松弛。郏亶《水利书》描述了当时圩田遭到破坏的情形：“洎乎年祀绵远，古法隳坏。其水田堤防，或因田户行舟及安舟之便而破其圩，或因人户请射下脚而废其堤，或因官中开淘而减少丈尺，或因田主只收租课而不修堤岸，或因租户利易田而故要淹没，或因决破古堤张捕鱼虾而渐致破损，或因边圩之人不肯出田与众做岸，或因一圩虽完、旁圩无力而连延隳坏，或因贫富同圩而出力不齐，或因公私相吝而因循不治，故堤防尽坏，而低田漫然复在江水之下也。”[5]又范仲淹《答手诏条陈十事》云：“曩时两浙未归朝廷，苏州有营田军四都，共七八千人，专为田事，导河筑堤，以减水患。于是民间钱五十文，籴白米一石。自皇朝一统，江南不稔，则取之浙右；浙右不

[1]徐松辑：《宋会要辑稿·食货三四》，中华书局1957年版。

[2]李焘：《续资治通鉴长编》卷二三一，上海师范大学古籍研究所、华东师范大学古籍研究所点校，中华书局2004年版。

[3]脱脱等：《宋史》卷一七六《食货上四》，中华书局1977年版。

[4]杨世利：《试析王安石富国富民思想中的悖论》，《黄河科技大学学报》2001年第1期。

[5]郏亶：《水利书》，载范成大修：《吴郡志》卷一九《水利》，陆振岳点校，江苏古籍出版社1999年版。

稔，则取之淮南。故慢于农政，不复修举。江南圩田，浙田河塘，太半隳废，失东南之大利。今江浙之米，石不下六七百文足至一贯文省，经于当时，其贵十倍，而民不得不困，国不得虚矣。”[1]神宗对与农业发展息息相关的圩田问题颇为关心。熙宁元年（1068年）六月，他向诸大臣征询意见：“比岁所在陂塘堙没，濒江圩岸浸坏，沃壤不得耕，宜访其可兴者，劝民兴之，具所增田亩税赋以闻。”[2]王安石变法也重视水利建设，但由于没有切实的措施，缺乏成效。环太湖平原有的圩区在原有基础上续有发展，但围田与治水、灌溉与漕运的矛盾日趋激烈。朝廷以漕运为重，养护潦浅制度弛废，以转运使代替都水营田使，治水治田分割，致使水利纲常隳坏，塘浦圩田系统毁坏。其中许多重要堰闸因为漕运提供方便而被毁，使河网失去控制。缪启愉在《吴越钱氏在太湖地区的圩田制度和水利系统》一文中指出：“北宋封建统治阶级只知一味搜刮人民血汗，这里不足，又转到那里。不但不修筑圩田，而且还破坏整个吴越水系建设。到仁宗以后，它的恶果总暴露了：水灾延长到五十余年还在扩展，低田常常千里一白，而高田则常年闹旱，成为历史上最严重的水旱灾害。”[3]不过，事实上北宋后期朝廷采纳了水利专家提出的治理方案，注重对运河以及其他河道的整治，圩田又重新兴盛起来。运河南段嘉兴—杭州段地势处于中间位置，没有北段来水过少和中段来水过多的问题，不过由于其水源补仰给钱塘江，又有江潮海潮倒灌及由此带来的淤积问题。后以西湖为运河以及杭州城市水源，较好地解决了水源问题，因而杭州的圩田发展大体稳定。

北宋统一全国后，促进了农作物品种和生产技术的交流。北宋前由越南传入中国的占城稻原只在福建栽种，北宋大中祥符五年（1012年）在江淮、两浙等路推广。政府将种植方法写成榜文公布，指导农民种植。占城稻不仅具有抗旱性强、生长期短、可复种、产量高等特点，还具有不择地能生而适于普遍栽种的优良品性，因而栽种面积不断扩大。当时还进一步推广种植小麦、大豆、粟、黍等。农民能够根据各种作物的性能，做到“种无虚日，收无虚月，一岁所资，绵绵相继”[4]。这些旱地作物的推广既增加了农作物的花色品种，又提高了复种指数。另外，蔬菜等农作物也有较大发展。释赞宁撰《笋谱》一书记载了竹子种植的技术和经验。其《一之名》云：“其居东隅者老竹也，老种不生，生亦不滋茂矣。宜用稻麦糠粪之，不可饶沃植之，开坑深二尺许，覆土厚五寸，除瓦石，软柔之土为嘉。”又《二之出》“燕笋”条云：“钱唐多生，其色紫，苞当其燕至时生，故俗谓燕笋。”“天目笋”条云：“五月生，尽六月，其笋色黄，出天目山。”[5]可见，燕笋、天目笋都是杭州的普通笋种。种植竹笋已成农家重要的经济补充。

北宋时杭州茶名声渐著。南宋《咸淳临安志》五八《风土》载：“岁贡，见旧志载。钱塘宝云庵产者名‘宝云茶’，下天竺香林洞产者名‘香林茶’，上天竺白云峰产者名‘白云茶’。”[6]其中的“旧志”指《祥符州县

[1]范仲淹：《答手诏条陈十事》，载范仲淹：《范文正公集·政府奏议》卷上，中华书局1984年版。

[2]脱脱等：《宋史》卷九《河渠五》，中华书局1977年版。

[3]缪启愉：《吴越钱氏在太湖地区的圩田制度和水利系统》，载中国农业科学院、南京农学院、中国农学遗产研究室编：《农史研究集刊》第2册，科学出版社1960年版。

[4]陈旉：《农书》卷上《六种之宜篇第五》，中华书局1956年版。

[5]释赞宁：《笋谱》，文渊阁《四库全书》本。

[6]潜说友等：《咸淳临安志》卷二八《山川七》，振绮堂汪氏清道光十年（1830年）刊本。

图经》。被列为“岁贡”，可见其已进入上品序列。宝云茶以产自宝云庵一带而得名。“宋《图经》载，杭州之茶，唯此与香林、白云所产入贡，余不与焉。王令《谢张和仲惠宝云茶》：‘故人有意真怜我，灵荈封题寄荜门。与疗文园消渴病，还招楚客独醒魂。烹来似带吴云脚，摘处应无谷雨痕。果肯同尝竹林下，寒泉犹有惠山存。’张芬《宝云茶坞》：‘宝云楼阁入云平，宝云山茶玉碾轻。山女采茶不归去，杏花深处是清明。’”[1]宝云庵在宝云山，居葛岭左侧，东北与巾子峰相接，当在今抱朴道院、初阳台以西、杭州饭店以东、新新饭店后的葛岭南麓一带。“乾德二年钱氏建。旧名千光王寺，雍熙二年改今额。宝庆间为皇弟邛王攒所。”[2]《西湖游览志》卷八《北山胜迹》言紫阳书院有“玛瑙坡、宝云茶坞诸胜”[3]。又当时葛岭宝严院出产“垂云茶”。苏轼《怡然以垂云新茶见饷，报以大龙团，仍戏作小诗》云：“妙供来香积，珍烹具大官。拣芽分雀舌，赐茗出龙团。晓日云庵暖，春风浴殿寒。聊将试道眼，莫作两般看。”[4]宝严院系“后唐天成二年钱氏建，旧名垂云。治平二年改今额。元丰中僧清顺作垂云亭。又有借竹轩。淳祐三年理宗皇帝赐僧智光御书‘晦庵’二字，续建佛阁，赐御书‘无量福海’四字。”[5]下天竺地接灵隐寺，与飞来峰相连。《淳祐临安志》载：“下天竺岩下，石洞深窈，可通往来，名曰香林洞。慈云法师有诗：‘天竺出草茶，因号香林茶。’其洞与香桂林相近。”白云茶产于白云峰。《淳祐临安志》记载：“上天竺山后最高处谓之白云峰，于是寺僧建堂其下，谓之‘白云堂’。山中出茶，因谓之‘白云茶’。”[6]林逋《尝茶次寄越僧灵皎》诗云：“白云峰下两枪新，腻绿长鲜谷雨春。静试却如湖上雪，对尝兼忆剡中人。瓶悬金粉师应有，筯点琼花我自珍。清话几时搔首后，愿与松色劝三巡。”[7]白云茶为绿色散茶，谷雨前后采摘，茶芽如旗枪挺秀，冲点之后汤沫如湖上积雪，与后世的龙井茶形神如出一辙。杭州天竺有上、中、下三天竺之分，自古与灵隐相提并论。尤其是下天竺与灵隐在地理上交错结合，难分彼此。香林茶、白云茶当属唐代陆羽《茶经》所记载的“天竺、灵隐二寺”所产的茶系，是后来的龙井的源。[8]

北宋杭州的农业发展总体不如苏、常地区，但纺织业、酿酒业、印刷业、陶瓷业等手工业异常发达。手工业不仅超过前代，而且是全国最发达的地区之一。无论生产规模、产品种类、数量和质量，还是工艺技术水平，无不如此。加上商业和对外贸易的发展，使得经济发展总体达到中国最高水平。

北宋杭州的缫丝业、丝织业有较大发展，可谓“平原沃土，桑柘甚盛。蚕女勤苦，罔畏饥渴……茧箔山立，缫车之声连甍相闻。非贵非骄，靡不务此……争为纤巧，以渔倍息”[9]。晁补之《七述》描述说：“杭故王都，俗尚工巧……衣则纨绫绮绨，罗绣縠絺，轻明柔纤，如玉如肌。竹窗轧轧，寒丝手拨；春风一夜，百花尽发。其制而服也，或袍或襞，或绅或纶，或缘或表，或缝或襕，或紫或缥，或绀或殷。”[10]朝廷除了在京城设绫锦院、染院、文思院等官营织造机构外，还在北方、四川和江南等几个丝织

[1]翟灏、翟瀚辑，王维翰重订：《湖山便览》卷四《北山路·葛岭·宝云山》，成文出版社有限公司1983年版。

[2]潜说友等：《咸淳临安志》卷七九《寺观五》，振绮堂汪氏清道光十年（1830年）刊本。

[3]田汝成：《西湖游览志》，浙江人民出版社1980年版。

[4]苏轼：《怡然以垂云新茶见饷，报以大龙团，仍戏作小诗》，载北京大学古文献研究所编：《全宋诗》卷八一四，北京大学出版社1995年版。

[5]潜说友等：《咸淳临安志》卷七九《寺观五》，振绮堂汪氏清道光十年（1830年）刊本。

[6]施谔：《淳祐临安志》卷八《山川一》，载丁申、丁丙编：《武林掌故丛编》第3集，嘉惠堂丁氏清光绪九年（1883年）刊本。

[7]林逋：《尝茶次寄越僧灵皎》，载北京大学古文献研究所编：《全宋诗》卷一〇七，北京大学出版社1995年版。

[8]鲍志成：《关于西湖龙井茶起源的若干问题》，《东方博物》2004年第2期。

[9]李觏：《直讲李先生文集》卷一六《富国策第三》，《四部丛刊》初编，商务印书馆民国25年（1936年）版。

[10]晁补之：《七述》，载晁补之：《鸡肋集》卷二八，商务印书馆1986年版。

业较为发达的地区设立地方性官营织造机构。至道元年（995年）杭州设织务（也称织室）。当时使用的蚕丝主要通过购买得来，所谓“岁市诸州丝给其用”[1]。后一度罢停。及至崇宁元年（1102年），徽宗“命宦者童贯置局于苏、杭，造作器用……雕刻织绣之工，曲尽其巧。诸色匠日役数千”[2]，又恢复了织务。直至宣和三年（1121年）“罢苏杭造作局”[3]，前后存在了约20年。在杭州设立地方性的官营织造机构，表明杭州已经成为丝绸的主产区。北宋向辽、西夏和金等输纳较多。根据“澶渊之盟”，每年向辽输绢20万匹，后又增至30万匹；向西夏输绢15万匹，向金所输之绢数量也大。再加上每年大量的军需、官俸及给赠外邦，丝绸需求量巨大。朝廷不得不督劝农桑，加重赋税。北宋沿用唐代中期以来实行的两税法，夏税主要输纳丝及丝织品。全国24个路中，两浙路上贡的丝绸占全国的1/3以上。据《宋会要辑稿·食货六四》记载，北宋初每年全国上贡的丝织物，罗106181匹，其中两浙路69654匹，占66%；绢2876105匹，其中两浙路1058052匹，占37%；绸486744匹，其中两浙路124285匹，占27%。不仅数量超越前代，品种和工艺也比过去有了很大提高，仅锦的品种就有42种之多。另全国上贡丝绵2365848两，其中两浙路1613398两，占68%。熙宁七年（1074年），两浙地区进贡的各种丝绸达100万匹之多。[4]杭州是两浙丝绸的主产区之一，仅绫即进贡30万匹之多。[5]杭州的白编绫、睦州的交梭绢和交梭纱精巧美妙，深受国内外欢迎。为完成沉重的赋税，“蚕妇育蚕治茧，绩麻纺纬，缕缕而积之，寸寸而成之，其勤极矣”。缴税之际，“则公私之债交争互夺。谷未离场，帛未下机，已非已有”。[6]所谓“务农桑，事机织，纱、绫。缯、帛岁出不啻百万，兼由租调归于县官者十尝六七”[7]。

北宋的酿酒业工艺水平极大提高、规模空前扩大。上至宫廷，下至村寨，酿酒作坊星罗棋布，出产竹叶青、白酒、碧香等酒。酒税成为仅将于盐税的第二大税种。《宋会要辑稿·食货一九》载：“杭州旧在城及余杭、盐官、富阳、新城、南新、於潜、昌化、临安、汤村十务，岁三十六万三百四十六贯。熙宁十年，祖额四十七万七千三百二十一贯一百二十六文，买扑二万二千二十六贯一百九十二文。”[8]又《宋史》卷一八五《食货一七》云：“政和二年，淮南发运副使董正封言：‘杭州都酒务甲于诸路，治平前岁课三十万缗，今不过二十万。’”[9]可见杭州酒的产量很高，一度曾位居全国之冠。杭州酿酒业的发达与城市的繁荣有关，也与西湖水质高和酿造工艺的改良有关。苏轼《杭州乞度牒开西湖状》曾说：“天下酒税之盛，未有如杭者也，岁课二十余万缗。而水泉之用，仰给于湖。”[10]隋唐以来关于酿酒法的著作已有很多，而北宋时又出了一本总结性著作，即朱肱的《北山酒经》。朱肱（1050—1125年），字翼中，自号无求子、大隐翁，吴兴（今浙江湖州）人。崇宁元年（1102年）上疏讲灾异，忤旨罢官，侨居杭州大隐坊酿酒著书。《北山酒经》分上、中、下3卷。上卷为总论，记述酒的历史渊源；中卷记制曲法，将曲分为3类，

[1]潜说友等：《咸淳临安志》卷八九《纪遗》，振绮堂汪氏清道光十年（1830年）刊本。

[2]陈邦瞻编：《宋史纪事本末》卷一一，中华书局1977年版。

[3]徐乾学：《资治通鉴后编》卷一一《宋纪》一〇一，文渊阁《四库全书》本。

[4]徐松辑：《宋会要辑稿·食货六四》，中华书局1957年版。

[5]王存：《元丰九域志》卷五《两浙路》，中华书局1984年版。

[6]司马光：《乞省览农民封事札子》，载司马光：《温国文正司马公文集》卷四八，《四部丛刊》初编，商务印书馆民国25年（1936年）版。

[7]沈立：《越州图序》，载孔延之辑：《会稽掇英总集》卷二〇，文渊阁《四库全书》本。

[8]徐松辑：《宋会要辑稿·食货一九》，中华书局1957年版。

[9]脱脱等：《宋史》，中华书局1977年版。

[10]苏轼：《杭州乞度牒开西湖状》，载苏轼：《苏轼文集》卷三〇，孔凡礼点校，中华书局1986年版。

共13种，再述各种曲的配料名目、用量以及加工或配制方法；下卷记造酒法，如造酒分酢浆、淘米、煎浆等16道工序，每道工序注明方法及要点，还记载了造白羊酒、地黄酒、菊花酒、葡萄酒等多种名酒的方法。《北山酒经》中记述的制曲法和造酒法比前代进了一步。在制曲方面，比南北朝时期的制曲法有两点明显改进：一是所用原料如小麦、糯米等大部分已不再先行蒸炒，而是改用磨碎的面粉。这就节省了人工和原料成本。二是有了下种技术，即将老曲抹涂在生曲团上以加速造曲过程。由于老曲糖化能力较强，杂菌较少，因而用其所制新曲更适宜酿酒。在造曲方面还有一个更为重要的成就，即发明了红曲。红曲又叫丹曲，是经过发酵作用而得出的透心红大米，可以用它制作豆腐乳、食品染料等。宋人陶谷在《清异录》中有“以红曲煮肉”的记载。李之仪《姑溪居士集》曾谈到“红糟笋”。红曲的发明，是宋代酿酒业发展的重要标志。红曲由“红米霉”感染产生。“红米霉”繁殖缓慢，很容易被其他繁殖迅速的菌类压抑，用普通制曲方法繁殖的机会较少。红曲制造是长期耐心观察、实践的结果。明代李时珍《本草纲目》卷二五《谷部四》云：“此乃人窥造化之巧者也。”[1]宋应星《天工开物》称红曲为“奇药”。在酿酒工序上，与《齐民要术》相比不仅更加细致，而且有所改进，如“上槽”（即压榨出酒液）、“收酒”（将榨出的酒液澄清后放入瓶中）、“煮酒”（将酒液煮沸，起到增加酒精度及灭菌的作用）。《北山酒经》对后世的影响很大，两浙或中国现代的黄酒酿造技术即继承和发展了其酿造理论和传统。

[1]李时珍：《本草纲目》，人民卫生出版社2004年版。

北宋雕版印刷已经十分成熟，当时所刻之书数量多、质量好，以纸墨精良、版式疏朗、字体圆润、做工考究闻名后世，至今仍可视作印刷精品。由于传世稀少，价值连城。北宋已形成东京（开封）、浙江、四川、福建、江西五大刻书中心，以杭州最为著名。南北宋之交的叶梦得尝言：“今天下印书，以杭州为上，蜀本次之，福建最下。京师比岁印板，殆不减杭州，但纸不佳；蜀与福建，多以柔木为之，取其易成而速售，故不能工；福建本几遍天下，正以其易成故也。”[2]北宋的印刷业分三大系统，官方国子监所刻称监本，民间书坊所刻称坊本，士绅家庭所刻称私刻。国子监除了遍刻儒家经典以外，还大量校刻史书、子书、医书、算书、类书、诗文总集等。由于刻板印书实力雄厚，刻书质量特高，大批国子监用书在杭州刻印。王应麟《玉海》卷四一《咸平〈孝经〉〈论语〉正义》称：“至道二年，判监李至请命李沆、杜镐等校定《周礼》《仪礼》《谷梁传》疏及别纂《孝经》《论语》正义，从之。梁皇侃为《论语义疏》，援引不经，词意浅陋。咸平三年三月癸巳，命祭酒邢昺代领其事，杜镐、舒雅、李维、孙奭、李慕清、王焕、崔偓佺、刘士元预其事。凡贾公彦《周礼》《仪礼》疏各五十卷、《公羊疏》三十卷，杨士勋《谷梁疏》十二卷，皆校旧本而成之，《孝经》取元行冲疏，《论语》取梁皇侃疏，《尔雅》取孙炎、高琏疏，约而修之，又二十三卷。四年九月丁亥以献。

[2]叶梦得：《石林燕语》卷八，中华书局1984年版。

赐宴国子监，进秩有差。十月九日命杭州刻板。”[1]又据王国维考证，熙宁八年（1075年），杭州又为国子监刊《书义》《新经诗义》《周礼新义》，下注曰：“并熙宁八年”，又有按语称：“《咸淳临安志·诏》：熙宁八年七月，诏以新修《经义》，付杭州镂板。”《咸淳临安志》卷四《诏令一·神宗皇帝》云：“诏以新修《经义》付杭州镂板，所入钱，封桩库，半年一上中书。禁私印及鬻之者，杖一百；许人告，赏钱二百千。熙宁八年七月，从中书札房请也。”[2]欧阳修《新唐书》修成后，嘉祐五年（1060年）“奉旨下杭州镂板颁行，富弼、韩琦、曾公亮董其事……按：宋叶梦得论天下印书，有‘杭州为上，蜀本次之，福建最下’之语。意当时《新唐书》成，朝廷重其事，故特下杭州镂板。评阅此本，行密字整，结构精严，且于仁宗以上讳及嫌名缺笔甚谨，不及英宗以下，其即为嘉祐奉敕所刊本无疑。印纸坚致莹洁。”[3]治平二年（1065年）刻印《宋书》《南齐书》《梁书》《陈书》《魏书》《北齐书》《后周书》等7史，王国维《两浙古刊本考》卷上判定为“北宋监本刊于杭州者”。傅增湘《藏园群书题记》卷二著录所藏《宋刊本〈南齐书〉跋》录敕节文：“《宋书》《齐书》《梁书》《陈书》《后魏书》《北齐书》《后周书》见今国子监并未有印本，宜令三馆秘阁见编校书籍官员，精加校勘，同典管勾使臣，选择楷书如法书写板样，依《唐书》例，逐旋封送杭州开板。”又刻《资治通鉴》。“卷末有司马光《上通鉴表》、元祐元年尚书省下杭州镂板札子及绍兴初两浙东路茶盐司刊板监修及校勘官衔名。”[4]医书如熙宁二年（1069年）刻唐王焘《外台秘要方》。[5]北宋时杭州市易务设有刻书所，有相当可观的盈利。元祐四年（1089年），苏轼曾上《乞赐州学书板状》，要求调拨市易务书板，以解决州学经费：“臣勘会市易务元造书板用钱一千九百五十一贯四百六十九文，自今日以前所收净，计一千八百八十九贯九百五十七文，今若赐与州学，除已收净利外，只是实破官本六十一贯五百一十二文，伏乞详酌施行。”[6]地方政府也刻书，如元丰末、元祐初刻辽僧行均所撰《龙龛手鉴》。沈括《梦溪笔谈》卷一五《艺文二》云：“幽州僧行均集佛书中字为切韵训诂，凡十六万字，分四卷，号《龙龛手鉴》……熙宁中，有人自虏中得之，入傅钦之家。蒲传正帅浙西，取以镂板。”[7]又如印有景祐四年（1037年）杭州通判林冀等衔名、经杭州详定官重新详定的《白氏文集》，张君房知钱塘时刻《云笈七签》《乘异记》《丽情集》等。翟昭应知仁和县时将《刑统律疏正本》改为《金科正义》印卖。私人刊印者有临安陈氏万卷堂、钱塘颜氏、杭州沈氏等。坊肆刻书有杭州晏家和钱家。又继吴越国遗绪刻经，并行销于民间。庆历二年（1042年）晏家经坊校勘《妙法华严经》，并于熙宁元年至二年（1068—1069年）刊印，广行天下。嘉祐五年（1060年）、八年（1063年）钱家经坊刻印《妙法莲华经》。哲宗时泉州商人徐戬受高丽国委托在杭州刻印《华严经》，经版2900多片，刻成后用海船运送，得高丽国赏银颇多。当

[1]王应麟：《玉海》，江苏古籍出版社、上海书店出版社1987年版。

[2]潜说友等：《咸淳临安志》，振绮堂汪氏清道光十年（1830年）刊本。

[3]于敏中：《天禄琳琅书目》卷二，中华书局1995年版。

[4]傅增湘：《藏园群书题记》，上海古籍出版社1989年版，第81—82页。

[5]王国维：《两浙古刊本考》，载王国维：《王国维遗书》第7册，上海书店出版社1983年版。

[6]苏轼：《乞赐州学书板状》，载苏轼：《苏轼文集》卷二九，孔凡礼点校，中华书局1986年版。

[7]沈括撰、胡道静校证：《梦溪笔谈校证》，上海古籍出版社1987年版。

时的佛寺也盛行刻书。龙兴寺于淳化至咸平年间（990—1003年）刻印《华严经》。有的佛寺也兼刻书，如大中祥符二年（1009年）明教寺刻《韩昌黎集》，开杭州佛寺刻印文人著作先河。

庆历年间（1041—1048年），布衣毕昇发明活版印刷术，改以往的雕版印刷为活字排印法，这是中国对世界文明的重大贡献。沈括《梦溪笔谈》第一八《技艺》记云："板印书籍，唐人尚未盛为之。自冯瀛王始印五经，已后典籍，皆为板本。庆历中，有布衣毕昇，又为活板。其法用胶泥刻字，薄如钱唇，每字为一印，火烧令坚，先设一铁板，其上以松脂蜡和纸灰之类冒之，欲印则以一铁范置铁板上，乃密布字印。满铁范为一板，持就火炀之。药稍熔，则以一平板按其面，则字平如砥。若止印三二本未为简易，若印数十百千本，则极为神速。常作二铁板，一板印刷，一板已自布字。此印者才毕，则第二板已具，更互用之，瞬息可就。每一字皆有数印；如'之'、'也'等字，每字则有二十余印，以备一板内有重复者。不用则以纸贴之，每韵为一贴，木格贮之。有奇字素无备者，旋刻之，以草火烧，瞬息可成。不以木为之者，木理有疏密，沾水则高下不平，兼与药相粘不可取，不若燔土，用讫再火令药熔，以手拂之，其印自落，殊不沾污。昇死，其印为予群从所得，至今宝藏。"[1]文中对活字印刷术记述较为详细，但对毕昇的籍贯和在何地发明却未提及。据从毕昇死后泥活字为沈括的侄子所收藏这一点，一般推猜毕昇与沈家或是亲戚，或是近邻。沈括是杭州人，毕昇可能也是杭州人。又1990年湖北省黄冈市英山县草盘地镇五桂村毕家坳发现毕昇墓碑，但是否此毕昇尚有疑问。现知宋代用活字印书的实例，仅有南宋周必大于绍熙四年（1193年）所印其《玉堂杂记》的记载。《文忠集》卷一九八《札子十·程元成给事》云："某素号浅拙，老益谬悠，兼心气时作，久置斯事。近用沈存中法，以胶泥铜板移换摹印，今日偶成《玉堂杂记》二十八事，首恩台览。尚有十数事，俟追记补段绪纳。窃计过目念旧，未免太息。岁月之沄沄也。"[2]但此活字版《玉堂杂记》未见传世实物。活字印刷术在当时毕竟属于初创，有许多不可克服的缺点，一时未能推广应用。甚至后来铜活字、木活字、瓷活字流行较广，但仍以木刻雕版为主流，原因大概也在于此。与印刷相关的是造纸业。北宋杭州的造纸业进一步发展，产量、质量均有较大提高。除满足市场需要外，每年还进贡藤纸1000张。[3]

北宋以铁产量的激增和灌钢法的推广为标志，迎来了中国冶铁铸造业的第二个重大变革时期。这个变革是由煤的规模开采和工业利用所激发的，所谓"煤铁革命"。中国先民虽然早在汉代就认识到煤的燃烧功能并曾用于炼铁，但正式进入规模开采和用作工业能源则在北宋。其时河东、河北、陕西等路的煤炭采掘业相当发达。东南地区虽然不产煤铁，却是产铜区，全国大部分铸钱监设在这里。"煤铁革命"所带来的冶金技术的发展对冶铜业也有推动作用。北宋进入铁钱鼎盛期，所以东南地区的铸钱业

[1]沈括撰、胡道静校证：《梦溪笔谈校证》，上海古籍出版社1987年版。

[2]周必大：《文忠集》，文渊阁《四库全书》本。

[3]王存：《元丰九域志》卷五《两浙路》，中华书局1984年版。

也进入新的发展阶段。《宋会要辑稿·食货一》记载了26个铜、铁铸钱监，规模都很大，一般有数百名工人，分工精细。《宋史》卷一三三《食货下二》载："后乃诏京西、淮南、两浙、江西、荆湖五路各置铸钱监，江西、湖南十五万缗，余路十万缗为额，仍申熟钱斤重之限。又以兴国军、睦、衡、舒、鄂、惠州既置监六，通旧十六监。"[1]睦州神泉监是全国有名的铸钱监之一，元丰年间（1079—1084年）铸钱额达到10万贯。[2]《元丰九域志》卷五《两浙路》载，睦州神泉监创于熙宁七年（1074年）。[3]宣和三年（1121年）睦州改名严州，睦州神泉监改称严州神泉监。淳熙元宝背"泉"字钱为严州神泉监所铸。两宋铸钱很多，纪监名铸于浙江者唯淳熙元宝背"泉"。严州神泉监所铸的钱还有庆元通宝（背四、五、六）。据《淳熙严州图经》卷一《历代沿革·廨舍》记载，神泉监在望云门外，"旧取婺州永康县铜山场铜以铸钱，今取信州铅山县铜锡为之。监官廨舍在监东神泉监"[4]。又睦州铜官山也产铜。铸钱原材料的采集与运输离不开钱塘江水系的运输。铜、铅、锡等原料被定为"榷货"。"诸称禁物者，榷货同；称榷货者，谓盐、矾、茶、乳香、酒曲、铜、锡、铜矿、鍮石。"[5]这些被称为榷货的矿产生产由政府监管，控制其生产量和流向。[6]一般禁止民间私下贸易。临安官营手工业所需的这些原料大多来自信州、韶州等地。《淳熙三山志》卷四一《土俗类·物产·铁》载，庆历三年（1043年），"发运使杨告乞下福建严行禁法，除民间打器锅釜等外，不许私贩下海。两浙运使奏：'当路州军，自来不产铁，并是漳、泉、福等州转海兴贩，逐年商税课利不少。及官中抽纳折税，收买打造军器，乞下福建都转盐运使司晓示。许有物力客人兴贩，仍召保出给长引，只得诣两浙路去处贩卖，本州今出给公据"[7]。

北宋杭州和睦州的手工艺品制造业也异常发达，名牌产品门类繁多。如杭州和睦州的金漆、睦州的竹策等。

杭州是北宋时期南方最繁华的城市，宋初陶谷《清异录》即称："轻清秀丽，东南为甲。富兼华夷，余杭又为甲。百事繁庶，地上天宫也。"[8]杭州的城市格局由城坊过渡到了街巷，街道上酒楼商铺林立，营业时间可至深夜乃至通宵，打破了唐代以来坊市分隔制度对商品流通时间和空间上的限制。商业的发展呈现出多层次和网状特点，商业在社会经济结构中的比重大幅上升。据《元丰九域志》记载，北宋时全国有1884个镇，两浙路有75个镇，而杭州就有12个。其中仁和县的临平镇、范浦镇、北关镇、江涨桥镇于端拱元年（988年）设置。[9]睦州的青溪县是富商巨贾往返徽浙之间的要道。这些新兴市镇是商品经济发展的重要阵地，促进了广大农村与市场的联系，使农村大批农副产品走向市场。北宋杭州的丝绸贸易等由此进一步扩大规模，并成为经常性的经济活动。元圣元年（1023年），富阳县民蒋泽等捉到贩卖婺州罗帛的客商沈赞，货物"罗一百八十二匹没纳入官"，原因是他沿途偷税。[10]皇祐年间（1049—1054年），杭州知州孙

[1]脱脱等：《宋史》，中华书局1977年版。

[2]庄绰：《鸡肋编》卷中，萧鲁阳校，中华书局1983年版。

[3]王存：《元丰九域志》卷五《两浙路》，中华书局1984年版。

[4]陈公亮修、刘文富纂：《淳熙严州图经》，载中华书局编辑部编：《宋元方志丛刊》第5册，中华书局1990年版。

[5]谢深甫：《庆元条法事类》卷二八《榷禁门》，黑龙江人民出版社2002年版。

[6]王菱菱：《论宋代矿产品的禁榷与通商》，载漆侠、李埏主编：《宋史研究论文集》，云南民族出版社1997年版。

[7]梁克家修：《淳熙三山志》，载中华书局编辑部编：《宋元方志丛刊》第8册，中华书局1990年版。

[8]陶谷：《清异录》卷上地理门十四事《地上天宫》，文渊阁《四库全书》本。

[9]徐松辑：《宋会要辑稿·方域一三》，中华书局1957年版。

[10]徐松辑：《宋会要辑稿·食货一八》，中华书局1957年版。

沔“尝从萧山民郑旻市纱……会旻贸纱有隐而不税者。事觉，沔取其家簿记，积计不税者几万端”[1]。从查处的这些案件中可见当时商人贩卖丝绸的数量很大。市场交易的除日常生活资料外还有铁等重要的资源性商品。

宋代比较广泛地实行“和买”制度。“和买”在唐代已比较普遍，涉及的商品包括丝绸、牲口、砖瓦木材、柴草、冬藏菜甚至奴婢等。名为和买，实为抑夺，与赋役的抑配方式无二致。宋代的和买又称预买，由政府向民间预支和买本钱，百姓以丝麻产品随两税纳还政府。两浙路是重要的丝蚕产区，和买以浙西杭州和浙东越州独重。神宗时杭州知州郑獬上《乞罢两浙路增和买状》云：“本州和买绢自嘉祐已前岁不过二十万，其后岁有所增，今所市乃二十八万，每匹给钱一贯文省。”后“两浙一路共增五十万”，而杭州“一州之地”“所取乃四十四万匹，又有正税绢二十余万匹”，苛敛发展到“杭州之民尽不得衣帛”的地步。[2]此后杭州的和买额有所裁减，但仍不少。“元丰四年，杭州合发和买绢二十三万一千匹，准朝旨拨转都转盐运使司钱，于余杭等县委官置场一十一处收买。”[3]徽宗时“浙部和买绢，杭独居十三，户有至数百匹者”[4]。和买又是一种包买制度。它使家庭手工业者丧失了对产品的控制权，而从属于包买商，商品货币关系发展因此而受到阻碍，不利于新经济因素生长。但是，由于宋朝的国家是引入市场规则的大商人，不同于明清抑商的非商人官僚政府，采取的包买也不同于汉唐的非市场化禁榷制度。尽管政府存在“贱买贵卖”行为并由此赚取商业利润，但其“估价”政策说明这个政府正在进入市场。

由于陆上丝绸之路被辽和西夏阻断，大部分对外贸易改由海路进行，所谓“东南之利，舶商居其一”[5]。“海舶岁入……皇祐中五十三万有余，治平中增十万，中兴以后岁入二百万缗。”[6]而舶货在流通中的征税及政府对抽买所得的经营获息亦十分可观。太平兴国二年（977年），张逊建议“出官库香药宝货，稍增其价，许商人入金帛买之”，当年获利30万缗。[7]北宋中期以后，海上对外贸易收入一直相当高。当时的主要贸易港口自北京东路至海南岛有10多个，大致可以分为广南、福建和两浙3个相对自成体系的区域。唐代设市舶使管理贸易事务，仍只是使职差遣，没有专门的固定机构。北宋设立了专门管理海外贸易的市舶司。杭州港位处海路交通和运河航运的枢纽，贸易条件十分便利，是宋代仅次于广州的较早设立市舶司的贸易港。《宋会要辑稿·职官四十四》云：“端拱二年五月，诏自今商旅出海外蕃国贩易者，须于两浙市舶司陈牒，请官给券以行，违者没入其宝货。”[8]据此可知杭州设立市舶司至迟在端拱二年（980年）。元丰五年（1082年）又规定“诸非杭、明、广州而辄发过南海船舶者，以违制论”[9]，可见此时杭州港位于全国三大港之列，地位十分重要。

贸易方式上主要有朝贡贸易和民间贸易两种。朝贡贸易具有非经济性，为政治需要。朝贡时，对贡物“估价酬值”，回偿金、银、钱、丝织品等。高丽和交趾与宋的存在有较为重要的关系，宋朝通过朝贡贸易使高

[1]脱脱等：《宋史》卷二八八《孙沔传》，中华书局1977年版。

[2]郑獬：《乞罢两浙路增和买状》，载郑獬：《郧溪集》卷一二，文渊阁《四库全书》本。

[3]苏轼：《应诏论四事状》，载苏轼：《苏轼文集》卷三一，孔凡礼点校，中华书局1986年版。

[4]脱脱等：《宋史》卷三五三《张阁》，中华书局1977年版。

[5]脱脱等：《宋史》卷一八六《食货下八》，中华书局1977年版。

[6]王应麟：《玉海》一八六《唐市舶使》，江苏古籍出版社、上海书店出版社1987年版。

[7]李焘：《续资治通鉴长编》卷一八，上海师范大学古籍研究所、华东师范大学古籍研究所点校，中华书局2004年版。

[8]徐松辑：《宋会要辑稿·职官四十四》，中华书局1957年版。

[9]苏轼：《乞禁商旅过外国状》，载苏轼：《苏轼文集》卷三一，孔凡礼点校，中华书局1986年版。

丽“掎角契丹”，牵制辽及后来的金，对高丽常“赏以万缣”。元丰二年（1079年），神宗下诏“立高丽交易法”[1]，规定“高丽国王每朝贡回赐浙绢万匹，须下有司估准贡物乃给，有伤事体。宜自今国王贡物不估值回赐，永为定数”[2]。宋朝对朝贡贸易也不是来者不拒。为了减少这种厚往薄来的贸易损失，设定了一系列限制政策。另一方面，宋朝政府希望通过海外贸易增加财政收入，对民间贸易实行一系列鼓励政策，使沿海居民纷纷从事海外贸易，中国海商由此成为对外贸易的主力军，打破了几乎由外国商人一统天下的局面。

[1]脱脱等：《宋史》卷一五《神宗（赵顼）二》，中华书局1977年版。

[2]李焘：《续资治通鉴长编》卷三〇二，上海师范大学古籍研究所、华东师范大学古籍研究所点校，中华书局2004年版。

宋代海外贸易兴盛与东南沿海发达的造船业和航海技术的发展有关，特别是海洋潮汐的研究、航海图的绘制、指南针的应用。而十字军东征和突厥塞尔丘克（Selcuk）人的兴起也使活跃的阿拉伯商人把视线转移到东方，促进了中国的海外贸易。

由于商业繁盛，货币流通量很大。太宗时每年铸币80万缗，神宗熙宁六年（1073年）则达600余万缗。北宋以铜钱、银锭、银币为本位货币。其种类之多、数量之大、质量之高、工艺之美，都远胜于汉唐时期。宋币铭文多为名家及皇帝手笔，篆隶真行草俱全，还有古篆体、瘦金体。宋钱是周边各国最流行、最坚挺的硬通货，南海诸国也争相储藏。在国际贸易中如今日之美元，各国金银币皆与宋钱铜、铁币挂钩，现今日本、东南亚、阿拉伯和欧洲、非洲等地区都有宋钱存世，可见其国际支付能力之强和国际信用之高。辽、金仿制宋币，可流通的还是宋钱。由于进口商品多，造成大量铜钱、白银外流，使得硬通货短缺。真宗时成都16家富户主持印造纸币交子，代替铁钱在四川使用，这是世界上最早的纸币。仁宗后改归官办，并定期限额发行。徽宗时改名为钱引，并扩大流通领域。

北宋“大官僚—大地主—大商人”的一体化形成了国家重商主义，它是东方所特有的一种经济社会转型模式。重商主义国家通过国家权力与市场机制积攒了国有资本，并在市场繁荣的条件下逐渐形成自身生产方式的变革。同时，有限的技术进步也为社会转型提供了新的契机。海洋文明因素的增加则形成了新的军事—商业关系和国际经济政治关系。只是国家重商主义对发展市场经济还是限制太大。

第二节　南宋的社会重商主义与杭州经济体制的近世化

一、都市商工经济体系的形成

无论在政治主张中是否明确表达，北宋王朝在实际作为上以商为纲的经济策略都是既定的，这与唐五代相比有根本不同。南宋的重商主义则成为全社会性的策略，可称为社会重商主义。所谓社会重商主义，即在“大官僚—大地主—大商人”国家经济主体之外承认或确立并依靠民间主体的经济理念。北宋王朝在实施国家掠夺的国家重商主义政策时困难重重，南宋王朝则已基本消除了这种掠夺的可能性，而形成了全社会性的重商主体和重商权力。不仅国家倒向商业本位，民间社会同样如此。国家重商主义的局限在南宋被逐渐消解，并且有了质的变化。

从政治方面来说，南宋时期的大局是长期处于战时状态或准战时状态。战时状态牵动、制约着南宋社会的诸多方面，使政府对社会的控制力下降。而由于战事之所需，南宋的捐税极重。清人赵翼曾说宋代“财取于万民者不留其有余”，南宋更是“取民无艺”。“南渡后，因军需繁急，取民益无纪极。”他还以经总制钱、添酒钱、卖糟钱、牙税钱、头子钱、房钱、月桩钱、板账钱、和买折帛钱等为例，哀叹道：“民之生于是时者，不知何以为生也。”[1]孝宗也说：“朕意欲使天下尽蠲无名之赋，悉还祖宗之旧，以养兵之费，未能如朕志。”[2]其中也有统治者以战争为幌子，借以敲诈勒索百姓的成分。而捐税的繁重也推动了捐纳的货币化，捐纳货币化又强化了社会生产的商品化。

[1]赵翼：《廿二史札记》卷二五《宋制禄之厚》，董文武译注，中华书局2008年版。

[2]佚名：《宋史全文》卷二五《宋孝宗三》，李之亮点校，黑龙江人民出版社2005年版。

从制度经济学的角度来看，发生上述变革的主要原因在于，北宋以来经历了产权结构逐步明晰、社会交易成本下降以及商业自发发展使经济空前增大所导致的国家权力对经济的控制力不断下降的历史过程。南宋时国家土地所有制继续衰落，土地或财产私有制进一步发展，并居于绝对优势地位。手工业的许多部门同样如此。北宋时纺织业、印刷业、酿酒业等手工业各行业均出现产权明晰的作坊，乃至除了解州、安邑池盐仍由国家直接通过劳役制经营外，四川井盐和两浙、淮东海盐大多也由井户或亭户经营。海盐亭户甚至自己拥有盐田以及犁、牛等工具。南宋时国家不仅对诸如盐业等垄断行业的控制力进一步下降，而且失去了对私营作坊的绝对控制权。相对于北宋而言，南宋王朝通过征收赋税或直接占有等方式获取资源的能力也在减弱。坊市制度至南宋彻底瓦解，经济活动已基本没有限制。黄仁宇认为，唐宋官僚机构建制虽已相当成熟，但行政效率并不高。这是由于其缺乏现代商业组织的数字化管理技能，无法做精密的经济核算。国家权力对社会经济部门的控制只能限于传统的农业和少数最重要的领域，如盐、茶、酒等的专卖，而对于新兴的商业、金融业和手工业等需要进行较精密的数字化管理的经济部门则无能为力。这种农业国家的行政管理方式已不能适应经济发展的需要，它无法对社会资源进行合理的征集与分配。[3]此外，中央集权的衰弱与地方势力的增强，也削弱了国家权力对工商业发展的限制。这为新兴的经济领域发展留下了自主回旋的空间，使得市场规律开始较为充分地发挥作用。市场空间因此而被逐渐打开，民间的逐利能量集中释放，大量行商坐贾打通各个环节，编织了全国性并深入城乡社会的营销网络系统。这个市场系统由生产者、店商、牙行、钱庄、货栈、船行等组成，形成便于商品流通的有机体系。政府对城市手工业的

[3]黄仁宇：《赫逊河畔谈中国历史》，生活·读书·新知三联书店1992年版，第115、183页。

控制主要限于本地，而市场的触角则可以从城市突围导向外地，并推动本地市场发育，最终取代政府对经济的主导地位。南宋时的区域贸易、区间贸易和国际贸易已是经济增长的重要引擎，从而推动手工业的规模化、煤铁革命的延续、运输工具（如漕船、海船）的进步和交通条件的改善（如道路、桥梁的修造以及运河、长江航道和海运的开通）。

宋代以前的手工业仍与农业联系密切，主要是属于农业副业性质的家庭手工业，自产自销或直接为消费者服务，具有社会分工性质的个体手工业总量仍不大。宋代尤其是南宋，为买主加工的手工业或有社会分工的手工业开始兴起，手工业的规模因此而空前扩大。当时临安除一般的生活用品之外，各种生产资料性的手工业商品流通量非常大。如建筑业十分发达，建筑材料大量依靠贸易输入。洪迈《夷坚志》再补《裴老智数》记载了一个姓裴的商人在临安大火后把握商机而牟取暴利的故事：“绍兴十年七月，临安大火，延烧城内外室居数万区。裴方寓居，有质库及金珠肆在通衢，皆不顾，遽命纪纲仆，分往江下及徐村，而身出北关，遇竹木、砖瓦、芦席、椽桷之属，无论多寡大小，尽评价买之。明日有旨：竹木材料免征税，抽解城中，人作屋者皆取之。裴获利数倍，过于所焚。”[1]范成大《骖鸾录》一文云：“三日泊严州。渡江上浮桥，游报恩寺……浮桥之禁甚严，歙浦杉排毕集桥下，要而重征之。商旅大困，有濡滞数月不得过者。余掾歙时，颇知其事。休宁山中宜杉。土人稀作田，多以种杉为业。杉又易生之物，故取之难穷。出山时价极贱，抵郡时已抽解不资。比及严，则所征数百倍。严之官吏方曰：‘吾州无利，孔微歙杉，不为州矣。’观此言，则商旅之病，何时而瘳！盖一木出山，或不值百钱，至浙江乃卖两千，皆重征与久客费使之。”[2]《西湖游览志余》卷二三《委巷丛谈》云：“高宗南渡后，驻跸临安，草创禁苑为行在所。适造一殿，无瓦而值雨。临安府与漕司皆忧之。忽一吏白于官长曰：‘多差兵士，以钱镪分俵关厢铺席，赁借楼屋腰檐瓦若干。候旬月新瓦到，照数赔还。’府司从之。殿瓦咄诺而办。”[3]临安建造假山用的石头除少量本地供给外，大多来自外地。如某尚书家中的秀野堂，“怪石远从商舶至，名花多自别州移”[4]。上述这些原材料都是手工业半成品，说明相关产业均有社会分工性质。

商工经济的发展促进了产业分工，从而大大提高了生产效率。南宋临安的工商业分工已很细，达到了“四百十四行”，比唐代最多的“二百二十行”[5]增加了近1倍。《西湖老人繁胜录·诸行市》记载云：“京都有四百十四行，略而言之：闹慢道业、履历班朝、风筝药线、胶矾斗药、五色箭翎、银朱印色、茶坊吊挂、琉璃泛子、粘顶胶纸、染红牙梳、诸般缠令、修飞禽笼、修罘罳骨、成套筛儿、接象牙梳、诸般耍曲、札熨斗、丁看窗、修砧头、照路遣、扫金银、斸糨纸、造翠纸、乾红纸、简笏袋、幞头笼、腰带匣、读书灯、笔砚匣、窗子匣、了事匣、黄草罩、

[1]洪迈撰、何卓点校：《夷坚志》，中华书局1981年版。

[2]范成大：《范成大笔记六种》，孔凡礼点校，中华书局2002年版。

[3]田汝成：《西湖游览志余》，上海古籍出版社1980年版。

[4]刘克庄：《寄题李尚书秀野堂一首》，载刘克庄：《后村先生大全集》卷三，《四部丛刊》初编，商务印书馆民国25年（1936年）版。

[5]宋敏求修：《长安志》卷八《次南东市》载“市内货财二百二十行”，载中华书局编辑部编：《宋元方志丛刊》第1册，中华书局1990年版。

修合溜、淹猪丈、医飞禽、接旧条、修破扇、醋碗儿、丁鞋络、掩漆子、搭罗儿、面花儿、香果合、截板尺、印香脱、画眉篦、造槐简、开科套、教虫蚁、劚图书、起鱼鳞、攀膊儿、手巾架、头巾盏、蛤粉桶、花夹儿、肥皂团、淋了灰、茶花子、出衣粉、做浑裹、注水管、旧铺帛、木仙宫、字牌儿、洗衣服、钻真珠、赁花檐子、解玉板、钉鱼带、碾玉稿、赁茶酒器、锦褥子、发驼儿、烟突帚、扇牌儿、织鞋带、锦胭脂、七香丸、稳步膏、雁牌额、开先牌、鹁鸽铃、葫芦笛、牛粪灰、涤荷孙、细扣子、闹城儿、消息子、揪金线、真金条、香饼子、香炉灰、打香印、卖朝报、金莲子、竹夫人、箅子筒、食罩儿、食辟子、白及末、解粥米、熟水草、选官图、批刷儿、屿鱼尾劚、供席草、卖插药、写文字、纸画儿、提茶瓶、花架儿、卖字本、笛谱儿、小螃蟹、蛇蚪儿、便桥、试卷、试卓、交床、试篮、拄杖、粘竿胡梯、水草、风袋、使绵、劈柴、炭墼、捉漏、担帚、钓钩、绪底、拂子、鬲粉、占坐、歌舞、歌琴、歌棋、歌乐、歌唱、棕索、发索、金麻、虫、端亲。四山四海，三千三百。衣山衣海（南瓦），卦山卦海（中瓦），南山南海（上瓦），人山人海（下瓦）。”[1]《武林旧事》卷六《小经纪》还记载了只有在临安才有而他地没有或少见的177种职业：“班朝录、供朝报、选官图、诸色科名、开先牌、写牌额、裁板尺、诸色指挥、织经带、棋子棋盘、蒲牌骰子、交床试篮、卖字本、掌记册儿、诸般簿子、诸色经文、刀册儿、纸画儿、扇牌儿、印色盏、剪字、缠令、耍令、琴阮弦、开笛、靓笙、鞔鼓、口簧、位牌、诸般盏儿、屋头挂屏、剪镞花样、檐前乐、见成皮鞋、提灯龊灯、头须编掠、香橼络儿、香橼坐子、拄杖、粘竿、风幡、钓钩、钓竿、食罩、吊挂、拂子、蒲坐、椅褥、药焙、烘篮、风袋、烟帚、糊刷、鞋楦、桶钵、搭罗儿、姜擦子、帽儿、鞋带、修皮鞋、穿交椅、穿罣罳、鞋结底、穿珠、领抹、钗朵、牙梳、洗翠、修冠子、小梳儿、染梳儿、接补梳儿、香袋儿、面花儿、绢孩儿、符袋儿、画眉七香丸、胶纸、稳步膏、手皴药、凉药、香药、膏药、发垛儿、头髮、磨镜、弩儿、弩弦、弹弓、箭翎、射帖、壶筹、鹁鸽铃、风筝、药线、象棋、鞬子、斗叶、香炉灰、纸刷儿、篦子劚、剪截段尺、出洗衣服、簇头消息、提茶瓶、鼓炉钉铰、钉看窗、札熨斗、供香饼、使绵、打炭墼、补锅子、泥灶、整漏、箍桶、襻膊儿、竹猫儿、消息子、老鼠药、蚊烟、闹蛾儿、凉筒儿、纽扣子、接绦、修扇子、钱索、麻索、红索儿、席草、鸡笼、修竹作、使法油、油纸、油单、毡坐子、修砧头、磨刀、磨剪子、棒槌、舂米、劈柴、擂槌（俗谚云：‘杭州人一日吃三十丈木头。’以三十万家为率，大约每十家日吃擂槌一分，合而计之，则三十丈矣）、淘井、猫窝、猫鱼、卖猫儿、改猫犬、鸡食、鱼食、虫蚁食、诸般虫蚁、鱼儿活、蛇蚪儿、促织儿、小螃蟹、金麻、马蛰儿、螂蟟、虫蚁笼、促织盆、麻花子、荷叶、灯草、发烛、肥皂团、茶花子、买瓶掇、旧铺衬、圪伯纸、竹钉、淘灰土、淘河、劚拨叉、黄牛粪灰、挑疥虫、卖烟

[1]西湖老人：《西湖老人繁胜录》，浙江人民出版社1983年版。

火、镟影戏。若夫儿戏之物，名件甚多，尤不可悉数，如相银杏、猜糖、吹叫儿、打娇惜、千千车、轮盘儿。每一事率数十人，各专藉以为衣食之地，皆他处之所无也。”[1]

[1]周密：《武林旧事》，李小龙、赵锐评注，中华书局2007年版。

唐代以前的区域间商业活动是以价高量轻的奢侈品和土特产为主的长途贩运性贸易，主要为统治阶级或社会上层服务，与百姓关系不大，所以贸易总额难以有大的提升空间。北宋时这种长途贩运性的官办贸易在商业活动中的地位逐渐下降，南宋时贸易中的商品构成更是发生了巨大变化，日常生活资料（如粮食、布匹、茶叶和各种手工业制品等）、生产资料（如土地、耕牛、农具、煤炭、木材、船只等）居于主体地位，在一定程度上发挥优化资源配置、提高经济效率的作用。因此，“商业不再为少数富人服务，而变成供应广大人民的大规模商业，这在性质上是一个革命性变化”[2]。农村小农经济则由此从自给性向自给性和交换性相结合的方向转化，且交换性持续趋强，最终赶上或超过自给性，实现小农从使用价值的生产者向交换价值的生产者转化，非农收益因此而大幅增长，与原先男耕女织的单一经济结构完全不同。相应地，农村经济中的非农产业加速成长，被改造为集种植业、手工业、商业、交通运输业和其他服务业为一体的有机体系。

[2]傅筑夫：《中国封建社会经济史》第5卷，人民出版社1989年版，第2页。

由于商业信用体系的建立，社会交易成本普遍降低。唐代后期已出现许多专营钱币存取和借贷的金融柜坊，藩镇设在长安的诸道进奏院和有势力的富商还经营“飞钱”，提供货币汇兑业务。北宋时出现种类繁多的信用票据和信用货币，如茶引、盐引等期票类交引和交子、会子等汇票类兑换券。唐代长安有寄附铺，对所寄存的钱物开出的凭证称“寄附钱物会子”。北宋政和三年（1113年），因“诸色人多将京城内私下寄附钱物会子之类出城及于外处行使，有害钞法”[3]，诏令禁止。南宋初年临安即有民间发行的“寄付兑便钱会子”。“寄付”即“寄附”。绍兴五年（1135年）诏令禁止寄付兑便钱会子出城，受到居民反对，次日即取消了禁令。绍兴三十年（1160年）二月钱端礼知临安府，将原由富户主持的便钱会子收为官营，许于城内外与铜钱并行。七月钱端礼为户部侍郎，会子也由户部接办，于次年二月设立行在会子务进行管理。乾道四年（1168年）改会子务为会子库，地址在通江桥东。据吴自牧《梦粱录》卷九《监当诸局》记载，会子库在榷货务，隶都茶场，有工匠200余人。会子面额最初以1贯为1会，隆兴元年（1163年）增发200文、300文、500文3种。乾道四年（1168年）定3年为1界，界满收回，再次发行。后每界展至9年，会子数量大增。先后发行过18界。为杜绝会子伪造现象，淳熙十三年（1186年）诏令伪造会子者处死，杜绝了伪造现象。《监当诸局》又记载：“交引库在大府寺门内，专印造茶盐钞引，遂请丞簿签押。”[4]《梦粱录》卷九《诸寺》称大府寺在保民坊内，即今城隍牌楼巷内。绍兴元年（1131年），因婺州屯兵，不通水路，军需输送不便，乃造关子。商人在婺州换取关子，

[3]徐松辑：《宋会要辑稿·刑法二》，中华书局1957年版。

[4]吴自牧：《梦粱录》，浙江人民出版社1984年版。

赴临安向榷货务领取现钱或茶盐香货钞引。后在两淮、湖广等地扩大发行。又临安府发行一种形制特殊的铸币，称“钱牌”。其正面有“临安府行用”字样，背面标明币值。铜质有“准贰佰文省”、“准叁佰文省”和“准伍佰文省”；铅质有“准壹拾文省”、“准贰拾文省”和“准肆拾文省”等。有人将宋代信用票据主要分为3类：第一类是政府向入纳金钱或粮草者发放的用以领取茶、盐、香矾等禁榷物的提货凭证类交引，第二类是政府向入纳粮草者支付的用于领取金银现钱的期票类交引，第三类是政府向入纳粮草者支付的按比例领取现钱和实物的混合性交引。而遍布于临安等大城市的各种金银交引铺，则可视为封建时代的证券交易所，并兼有银行的某些功能。[1]另有一类是政府向茶、盐、香、矾等买卖者发行的专卖经营许可证性质的交引。[2]事实上还存在其他类型的信用票据。从功能上来看，它们大致可以分为物款互兑的期票类交引和款款互兑的汇票类兑换券两类。茶引、盐引、盐钞、矾引、香药犀象引等属前者，交子、关子、会子等属后者。它们都可以实现异地汇兑，极大方便了商品流通。这些信用票据的大量出现和行用在中国经济史上具有标志性意义。[3]纸币或信用票据的大量出现和行用与宋金、宋元战争以及南北政权对峙造成有关资源的短缺以致铜钱铸造量减少有关，也与军费开支巨大而通过印行纸币弥补财政缺口、摆脱财政困局有关，如上述朝廷在临安行用会子即有“佐国用”的目的[4]，但也确有便于商品经济发展的考虑。交引市场的出现代表了一种新兴商人资本的出现，其性质颇与现代金融资本相类。交引市场直接推动了交引铺行业的发展。榷货务为了防止冒名支请，规定付给入中商人现金或交引时需铺户作保。北宋开封即出现了一种专门从事转卖交引的交引铺，或称交引铺户、交引户，充当保人。这种交引铺户都为富户，隶名于榷货务，以物产抵押作保。南宋时交引铺往往与金银铺合而为一，如临安的金银盐钞引交易铺即是后代钱业的前身。《都城纪胜·铺席》载：“都城天街，旧自清河坊南则呼南瓦，北谓之界北。中瓦前谓之五花儿中心。自五间楼北至官巷南御街，两行多是上户金银钞引交易铺，仅百余家，门列金银及见钱，谓之看垛钱。此钱备入纳算清钞引，并诸作匠炉鞴纷纭无数。”[5]其中较为著名的有南坊南、惠民药局北局前的沈家、张家金银交引铺和天井巷张家金银铺。[6]北宋乾兴元年（1022年）制定了有关赊买赊卖的法律，规定必须签订契约文书以确定支付现钱期限、担保人等，这是对商业信用的最初立法。南宋的相关法律更为健全。商业信用的发展，使得社会约束力或法律约束力填补了国家控制力削弱后腾出的控制力空缺，同时又提高了经济运行效率。

与广义的金融业相关的典当业、租赁业、赌博业等在当时也较发达。南宋临安的质库即明代以后所称的典当行普遍发展，私人高利贷资本也非常活跃。“有府第富豪之家质库，城内外不下数十处，收解以千万计。”[7]从事典当、高利贷者除政府、富家大户外，还有高级将领和佛寺僧人等。

[1]吴自牧：《梦粱录》，浙江人民出版社1984年版。

[2]李晓：《宋代工商业经济与政府干预研究》，中国青年出版社2000年版，第116—117页。

[3]缪坤和：《宋代商业票据研究》，云南大学出版社2002年版，第2页。

[4]马端临：《文献通考》卷九《钱币二》，中华书局1986年版。

[5]耐得翁：《都城纪胜》，文化艺术出版社1998年版。

[6]周密：《癸辛杂识》别集上《丁酉异星》，中华书局1988年版。

[7]吴自牧：《梦粱录》卷一三《铺席》，浙江人民出版社1980年版。

“绍兴以来，讲究推割、推排之制：凡百姓典卖产业，税赋与物力一并推割。”[1]绍兴三十一年（1161年）二月诏曰：“殿前司日前诸将下有除克掊敛，私放债负之类。”[2]又开禧元年（1205年）五月二十五日诏曰：“访闻内外诸军将合干等人有诈作百姓名色，私放军债。”[3]陆游《老学庵笔记》卷六云：“今僧寺辄作库质钱取利，谓之长生库。”[4]临安的租赁业有房屋租赁业、舟车租赁业、日用器物租赁业等。赵彦卫《云麓漫钞》卷四云：“绍兴既讲和，务与民休息，禁网疏阔，富家巨室，竞造房廊，赁金日增。”政府专设管理政府房地产的机构楼店务，负责收取租金。由于旅游业兴起，舟车租赁生意兴隆。《都城纪胜·舟船》称，西湖舟船租赁“无论四时，常有游玩人赁假。舟中所须器物，一一毕备，但朝出登舟而饮，暮则径归，不劳余力，唯支费钱耳”[5]。日用器物租赁有花轿、首饰、衣服、被褥、布囊、酒器、茶具、帏设、家具、丧具等。《武林旧事》卷六《赁物》曰：“凡吉凶之事，自有所谓茶酒厨子专任饮食请客宴席之事。凡合用之物，一切赁至，不劳余力。虽广席盛设，亦可咄嗟办也。”又同卷《歌馆》曰：“下此虽力不逮者，亦竞鲜华，盖自酒器、首饰、被卧、衣服之属，各有赁者。故凡佳客之至，则供具为之一新，非习于游者不察也。”[6]关扑又称关赌、扑卖，是一种通过赌博买卖物品的商业活动，往往用以招揽生意。始于北宋熙宁年间王安石变法之时，起初仅在元旦、冬至、寒食三大节日允行。南宋临安也盛行，并且时间和地点都不受限制，随时随地可以举行。《梦粱录》卷一《正月》载：“正月朔日，谓之元旦，俗呼为新年。一岁节序，此为之首……街坊以食物、动使、冠梳、领抹、缎匹、花朵、玩具等物，沿门歌叫关扑。”[7]关扑的物品较北宋开封丰富得多。《西湖老人繁胜录·食店》载：“关扑螺钿交椅、螺钿投鼓、螺钿鼓架、螺钿玩物、时样漆器、新窑青器、乳窑楪碟、桂浆合伏、犀皮动使、合色凉伞、小银枪刀、诸般斗笠、打马象棋、杂彩掇球、宜男扇儿、土宜栗粽、悬丝狮豹、土宜巧粽、杖头傀儡、宜男竹作、锡小筵席、杂彩旗儿、单皮鼓、大小采莲船、番鼓儿、大扁鼓、道扇儿、耍三郎、泥黄胖、花篮儿、一竹竿、竹马儿、小龙船、糖狮儿、檐前乐、打马图、闹竹竿（有极细用七宝犀象揍成者）、赶趁船。”[8]又《梦粱录》卷一三《夜市》载：“杭城大街……关扑，如糖蜜糕、灌藕、时新果子、象生花果、鱼鲜猪羊蹄肉及细画绢扇、细色纸扇、漏尘扇柄、异色影花扇、销金裙、段背心、段小儿、销金帽儿、逍遥巾、四时玩具、沙戏儿。春冬扑卖玉栅小球灯、奇巧玉栅屏风、捧灯球、快行胡女儿沙戏、走马灯、闹娥儿、玉梅花、元子槌拍、金橘数珠、糖水、鱼龙船儿、梭球、香鼓儿等物。夏秋多扑青纱、黄草帐子、挑金纱、异巧香袋儿、木犀香数珠、梧桐数珠、藏香、细扇、茉莉盛盆儿、带朵茉莉花朵、挑纱荷花、满池娇、背心儿、细巧笼仗、促织笼儿、金桃、陈公梨、炒栗子、诸般果子及四时景物，预行扑卖，以为赏心乐事之需耳。”[9]

[1]脱脱等：《宋史》卷一七八《食货志上六》，中华书局1977年版。

[2]李心传：《建炎以来系年要录》卷一八八，中华书局1956年版。

[3]徐松辑：《宋会要辑稿·刑法二》，中华书局1957年版。

[4]陆游：《老学庵笔记》，中华书局1979年版。

[5]耐得翁：《都城纪胜》，文化艺术出版社1998年版。

[6]周密：《武林旧事》，李小龙、赵锐评注，中华书局2007年版。

[7]吴自牧：《梦粱录》，浙江人民出版社1980年版。

[8]西湖老人：《西湖老人繁胜录》，浙江人民出版社1983年版。

[9]吴自牧：《梦粱录》，浙江人民出版社1980年版。

南宋临安有许多民间包买商，与此前的国家包买商不同，他们遵循市场规则开展经营活动。冯梦龙《喻世明言》卷三《新桥市韩五卖春情》说的临安商人吴山是一个丝绸包买商：“去城十里，地名湖墅；出城五里，地名新桥。那市上有个富户吴防御……防御门首开个丝绵铺，家中放债积谷，果然是金银满箧，米谷成仓！去新桥五里，地名灰桥市上，新造一所房屋，令子吴山，再拨主管帮扶，也好开一个铺。家中收下的丝绵，发到铺中卖与在城机户……小妇人到把些风流话儿挑引吴山……吴山道：‘父母止生得我一身，家中收丝放债，新桥市上出名的财主。此间门前铺子，是我自家开的。’……吴山一心只在金奴身上，少坐，便起身吩咐主管：‘我入城收拾机户赊帐，回来算你日逐卖帐。’”[1]言吴家向乡村丝绵户预支工本钱，然后收掠其丝绵产品，并包揽这些丝绵的销售。这故事说到吴山贪色将亡，几乎“丢了泼天的家计”，但他却自称“丝行资本，尽够盘费”。故事虽未必尽实，但它所反映的商业活动显然以社会事实为依据。这一点，从原文叙述临安府城内外街巷、店铺翔实不苟足可窥知。吴山新开设的丝绵铺，位于离临安府城十里的灰桥市上，专从乡村居民中收购丝绵发往近城的“大铺”。吴山之父的“丝绵大铺”则设于离城6里的新桥市，将灰桥子铺“收下的丝绵”“卖与在城机户”。吴氏从乡间购买丝绵的手段，所谓“收丝放债”，大抵也利用其“金银满筐”的“丝行资本”，插手生产领域。即向乡村丝绵户预支工本钱，然后收掠其丝绵产品，并包揽这些丝绵的销售。吴氏出售丝绵的手段则包括“日逐卖”和“机户赊账”两种方式。这两种方式，特别是后一种方式，不但有助于吴家迅速兜销大批丝锦，而且还会向垄断方向发展，迫使机户与之形成依附关系。至于“收丝放债”之外的“放债积谷”，则是对乡村农户包括以丝绵为副业的乡村农户进行放贷剥削。此类行为似非丝绵铺吴家之主业。吴家的“米谷成仓”是从债款流转中回收的农产品，不同于一般地租剥削的收入。这些农产品多数还要向城镇居民出售，重新还原为货币形式的信贷资本。这一点，故事的另一枝节提到的丝绵铺“间壁粜米张大郎”事似已透露。[2]包买商正是在这些惯例中生长起来的新型商人。包买商的出现，说明手工业者零星和少量的产销与市场日益增长的需要愈来愈不适应。那些拥资巨万并享有一定商业信誉的商人乘机放出一部分资金，去包揽小生产者产品的销售，由此带动社会生产的规模化。

临安还大量出现经纪人或经纪人组织。经纪人在古代称牙人、牙侩或驵侩等，他们居间斡旋，从中说合交易，抽制“牙钱”（手续费）。牙人在汉代即已出现，但唐代以前仍较少在商业领域活动，唐代中期以后才大量介入。南宋时更为普遍。牙人增强了商业信息在商业活动中的作用，提高了商品交易效率。《梦粱录》卷一九《闲人》载：“又有一等手作人，专攻刀镊。出入宅院，趋奉郎君子弟，专为干当杂事，插花挂画，说合交易，帮涉妄作，谓之涉儿，盖取过水之意。”[3]“大凡求利，莫难于商贾，

[1]冯梦龙：《喻世明言》，中华书局2009年版。

[2]郭正忠：《宋代包买商人的考察》，《江淮论坛》1985年第2期。

[3]吴自牧：《梦粱录》，浙江人民出版社1980年版。

莫易于牙侩。奔走道途之间，蒙犯风波之险，此商贾之难也，而牙侩则安坐而取之；数倍之本，趁锥刀之利，或计算不至，或时月不对，则亏折本柄者常八九，此又商贾之所难也。而牙侩则不问其利息之有无，而已之所解落者一定而不可减。”[1]牙人差不多分布在所有商业行业，可如有米牙、炭牙、茶牙、酒牙、庄宅牙、牛马牙等。甚至军队中也有，如“（张）浚于财利之事，专任驵侩桀黠之徒……且驵之杰黠者，浚皆任以回易之事”[2]。还有一批女性牙人，时称“牙嫂”。《梦粱录》卷一九《顾觅人力》载：“如府宅官员，豪富人家，欲买宠妾、歌童、舞女、厨娘、针线供过、粗细婢妮，亦有官私牙嫂及引置等人，但指挥便行踏逐下来。”[3]

[1]胡颖：《治牙侩父子欺瞒之罪》，载佚名编：《名公书判清明集》卷一一，中华书局1987年版。

[2]李心传：《建炎以来系年要录》卷一一四，中华书局1956年版。

[3]吴自牧：《梦粱录》，浙江人民出版社1980年版。

由于社会生产扩大，许多行业出现了雇佣劳动。纺织、井盐和矿冶业等官营手工业作坊最为普遍。雇佣制代替强制性指派和差人应役招募制度，工匠受到的人身束缚大为松弛。漆侠《宋代经济史》一书估计，宋代纺织业中已有10万机户。其中多数是自有织机的小商品生产者，少数作坊中已经出现了雇佣工人。“织纱于十里外，负机轴夜归”[4]者就是自备工具、受雇于人的纺织工人。当时实行的募兵制，遵从人们服役的自愿选择，有效地保障了城乡劳动力稳定和社会安定。

[4]洪迈：《夷坚志》之《夷坚乙志》卷八，中华书局2006年版。

南宋临安经济的发展还与市场的扩大有密切关系。南宋定都临安，除了军事和原有的经济基础外，但还有一个重要原因就是它位于大运河南端，在江南运河、浙东运河和钱塘江3条水路的交汇点上，交通十分便利，为中心市场所在。南宋时运河被切为两段，不再作为连接长江和黄河的水道。淮河以北的水道渐渐湮塞废弃，但从润州到杭州的江南运河仍然繁荣，一直是南宋政权赖以存在的生命线。与此同时，浙东运河的重要性与日俱增，扬楚运河也间或使用。江南运河对于临安好比汴河之于开封。正如陆游《入蜀记第一》所说：“自京口抵钱塘，梁宋以前不通漕。至隋炀帝始凿渠八百里，皆阔十丈……朝廷所以能驻跸钱塘，以有此渠耳。汴与此渠皆假手隋氏而为吾宋之利，岂亦有数耶？”[5]运河不仅是南宋财赋供给的保障，而且也是其布达政令、遣发军旅、流通物资的重要通道。借助于运河和钱塘江，临安形成了沟通两浙各地和淮南、四川、闽粤的水运交通网络。其中至两浙各地可分为以下3条支线：一是至苏、湖、常、秀等浙北诸州，二是至明、越、温、台等浙东诸州，三是至严、婺、衢等浙西诸州。临安至苏、湖、常、秀等浙北诸州以江南运河为主，它在政治、军事和经济中举足轻重。“仰唯国家中兴，驻跸东南且百年矣。处浙水之右，据吴会之雄。自临安至于京口，千里而远，舟车之轻从，邮递之络绎，漕运之转输，军期之传送，未有不由此涂者。”[6]“自天子驻跸临安，牧贡戎赞，四方之赋输，与邮置往来，军旅征戍，商贾贸迁者，途出于此，居天下十七，其所系岂不愈重哉？”[7]临安至上述各州的水运航程和日限为：秀州198里，计4日2时；平江府360里，计8日；湖州378里，计8日2时；常州578里，计11日4时；江阴军738里，计16日。[8]其中“京口当南北之冲要，

[5]陆游：《陆游集·渭南文集》卷四三《入蜀记第一》，孔凡礼点校，中华书局1976年版。

[6]徐松辑：《宋会要辑稿·方域一〇》，中华书局1957年版。

[7]陆游：《陆游集·渭南文集》卷二〇《常州奔牛闸记》，孔凡礼点校，中华书局1976年版。

[8]徐松辑：《宋会要辑稿·食货四》，中华书局1957年版。

控长江之下流，自六飞驻跸吴会，夫蛮商蜀贾，荆湖闽广江淮之舟，辏江津，入漕渠，而径至行在所”[1]。临安至明、越、温、台等浙东诸州一般通过浙东运河。浙东运河自西兴经绍兴至上虞曹娥江，东可接余姚江经余姚至宁波，再经甬江入海。浙东运河是临安沟通绍兴、明州和浙东许多地区的要道，浙东的盐米由此运至临安。临安至严、婺、衢、徽各州沿钱塘江上行。“衢、睦等州，人众地狭，所产五谷不足于食，岁常漕苏、秀米至桐庐，散入诸郡。钱塘亿万生齿，待上江薪炭而活。以浮山之险覆溺留碍之，故此数州薪米常贵。又衢、婺、睦、歙等州及杭之富阳、新城二邑，公私所食盐，取足于杭、秀诸场。”严、婺、衢、徽各州外运的主要是木材。后来的徽商借其向外发展。但它河道复杂，“以浮山之险覆溺留碍之，故官给脚钱甚厚。其所亡失，与依托风水以侵盗者不可胜数。此最其大者。其余公私利害，未可以一二遽数”。[2]临安至淮南是一条以运河为主而水陆并行的商路。“淮南东西路……土壤膏沃，有茶盐丝帛之利。人性轻扬，善商贾，闾里饶富，多高资之家。扬、寿皆为巨镇，而真州当运路之要，符离、谯亳、临淮、朐山皆便水运，而隶淮服。”[3]扬州是其中的商业重镇和交通枢纽。南宋与金的使者往来，以及南宋与金榷易所得的物品如药材、北珠、胡药、密云柿儿、太原葡萄等，通过这条路交流。临安至四川和荆湖地区的交通以江南运河沟通长江连接，四川和荆湖地区出产的药材、丝织品、粮食、水果等借以输入临安。通过这条商路，临安还与湖南路的南岳和长沙等地的经济密切联系在一起。临安至闽粤以海道为主。福建的福州、泉州和广东的广州是这条商路上最大的城市和通商口岸，当地的水果、花卉、生药、米、布、竹以及从“南蕃诸国”进口的香药、真珠、犀角、象牙之类“宝货”经明州转运到临安。南宋初期，临安的运河，特别是城中的运河，因“日纳潮水，沙泥浑浊，一汛一淤”[4]。又“比屋之民，委弃草壤，因循填塞，久之乃成丘阜。居民利于得地，增叠基址，规占河道”[5]。为有效利用运河，自绍兴三年（1133年）开始持续对运河进行疏浚，并增建了许多码头、堤堰、闸门、桥梁等设施，使运河的功能进一步提升。葛澧《钱塘赋》曾这样描述运河与钱塘江交会的江口码头繁盛景象：“江帆海舶，蜀商闽贾，水浮陆趋，联樯接武。红尘四合，骈至丛贮。嚣槊挥袂，风举息操。倍蓰功，辨良苦。乃有安康之麸金白胶、汝南之蓍草龟甲、上党之石蜜资布、剑南之缟苎笺锦。其他球琳琅玕、铅松怪石、蠙珠罴丝、杶干栝柏、金锡竹箭、丹银齿革、林漆丝枲、蒲鱼布帛、信都之枣、固安之栗、暨浦之三如、奉化之海错，奇名异状，伙够堆积。贸易者莫详其生，博洽者畴克遍识。”[6]吴自牧《梦粱录》卷一二《江海船舰》又描述道：“其浙江船只，虽海舰多有往来，则严、婺、衢、徽等船多尝通津买卖往来，谓之长船等只。如杭城柴炭、木植、柑橘、干湿果子等物，多产于此数州耳。明、越、温、台海鲜鱼、蟹、鲞、腊等货，亦上通于江浙。但往来严、婺、衢、徽州诸船下则易，上则难，盖滩高水

[1]卢宪：《嘉定镇江志》卷六《地理志·山川门·水篇·丹徒县》，载中华书局编辑部编：《宋元方志丛刊》第3册，中华书局1990年版。

[2]苏轼：《乞相度开石门河状》，载苏轼：《苏轼文集》卷三二，孔凡礼点校，中华书局1986年版。

[3]脱脱等：《宋史》卷八八《地理志四》，中华书局1977年版。

[4]脱脱等：《宋史》卷九七《河渠七》，中华书局1977年版。

[5]施谔：《淳祐临安志》卷一〇《山川三》，载丁申、丁丙编：《武林掌故丛编》第3集，嘉惠堂丁氏清光绪九年（1883年）刊本。

[6]葛澧：《钱塘赋》，载陈元龙等编：《御定历代赋汇》卷三七，吉林出版集团2005年版。

逆故也。江岸之船甚多，初非一色。海舶、大舰、网艇、大小船只，公私浙江渔浦等渡船，买卖客船，皆泊于江岸。盖杭城众大之区，客贩最多，兼仕宦往来，皆聚于此耳。”[1]

[1]吴自牧：《梦粱录》，浙江人民出版社1980年版。

临安市场的扩大又与城镇系统的空前发展直接相关。靖康二年（1126年），北宋灭亡。高宗即位后携宗室南迁，建炎三年（1128年）驻跸杭州，设为行在所，升杭州为临安府。南宋地方行政建制基本沿袭北宋制度，东南地区仍设浙江西路和浙江东路，临安府属浙江西路。临安既为国都，又是临安府治所、两浙西路治所，同时也是钱塘县和仁和县治所。钱塘、仁和两县升格为赤县（京县），余杭、富阳、临安、於潜、新城、盐官、昌化 7 县升格为畿县。据《乾道临安志》《咸淳临安志》《宋史·地理志》，钱塘县在城内设13厢，即宫城厢（不设坊）、左一南厢（4坊）、左一北厢（16坊）、左二厢（18坊）、左三厢（7坊）、右一厢（10坊）、右二厢（2巷）、右三厢（6坊）、右四厢（2坊）、城南左厢（2坊）、城北右厢（1坊）、城西厢（1坊）、城东厢（1坊）。城外设13乡62里，即履泰南乡（3里）、履泰北乡（6里）、惠民乡（6里）、调露乡（6里）、灵芝乡（5里）、孝女南乡（4里）、孝女北乡（5里）、崇化乡（6里）、钦贤乡（6里）、定山南乡（4里）、定山北乡（4里）、长寿乡（4里）、安吉乡（3里）。仁和县与钱塘县共城内坊巷，城外设11乡44里，即芳林乡（5里）、肇元乡（4里）、大云乡（4里）、丰年乡（4里）、长乐乡（5里）、安仁东乡（3里）、安仁西乡（4里）、太平乡（4里）、廉德乡（4里）、永和乡（4里）、临江乡（3里）。余杭县城内设24坊，城外设8乡9里，即安乐乡（1里）、钦德乡（1里）、招德乡（1里）、同化乡（1里）、孝行乡（1里）、常熟乡（1里）、长安乡（1里）、止戈乡（2里）。临安县城内设15坊，城外设22乡98里，即衣锦南乡（5里）、福昌乡（5里）、衣锦北乡（4里）、孝感乡（5里）、临安乡（5里）、灵凤乡（5里）、凤亭乡（5里）、德义乡（5里）、新安乡（5里）、金岫乡（管5里）、兴化乡（5里）、永宁乡（5里）、高陆乡（5里）、神龙乡（5里）、庆仙乡（5里）、国昌乡（5里）、庆云乡（5里）、大云乡（5里）、天目乡（1里）、平东乡（3里）、平西乡（2里）、凤翥乡（3里）。富阳县城设13坊，城外设10乡27里，即富春乡（2里）、仙山乡（3里）、慈孝乡（4里）、丰义乡（3里）、临江乡（3里）、惠政乡（3里）、长寿乡（3里）、咏歌乡（2里）、永丰乡（2里）、义安乡（2里）。於潜县城内设18坊，城外设6乡55里，即唯新乡（12里）、嘉德乡（8里）、波亭乡（8里）、丰国乡（12里）、潜川乡（8里）、长安乡（7里）。新城县城内设4坊，城外设12乡39里。下8乡祥禽乡（5里）、折桂乡（5里）、七贤乡（4里）、永昌乡（3里）、新登乡（5里）、太平乡（5里）、昌东乡（4里），上4乡新安乡（2里）、宁善乡（2里）、南新乡（2里）、广陵乡（2里），另有东安、南新2镇，县市1市。盐官县城内设10坊，城外设6乡45里，即时和乡（10里）、昌亭乡（10里）、元吉东乡（8里）、元吉西乡（7里）、灵泉乡（5里）、长平乡（5里）。昌化县城内设2坊，城外设4乡1村50里，即永丰乡（12里）、玉山乡（11里）、吴安乡（11里）、金山乡（14里）、手艺村（2里）。又据《淳熙严州图经》《景定严州续志》等史料，北宋宣和三年（1121年）改睦州为严州，咸淳元年（1265年）升严州为建德府，辖建德（望）、淳安（望）、桐庐（上）、遂安（中）、分水（中）、寿昌（中）6县。建德县城内设25坊，城外设9乡40里，即买犊乡（3里）、新亭乡（5里）、宣政乡（7里）、白鸠乡（5里）、建德乡（5里）、慈顺乡（7里）、龙山乡（3里）、仁行乡（3里）、芝川乡（2里）。淳安县城内设13坊，城外设14乡112里，即开化乡（7里）、进贤乡（8里）、梓桐乡（8里）、仁寿乡（10里）、龙山乡（6里）、蒙福乡（8里）、太平乡（7里）、清平乡（9里）、昌期乡（11里）、常乐乡（8里）、安乐乡（6里）、长乐乡（7里）、永平乡（10里）、青溪乡（7里）。桐庐县城内设19坊，城外设18乡44里，即桐庐乡（1里）、常乐乡（1里）、孝仁乡（1里）、水滨乡（1里）、孝泉乡（2里）、金牛乡（3里）、定安乡（4里）、至德乡（8里）、钟山乡（里数不详）、安乐乡（里数不详）、质素乡（里数不详）。遂安县城内设招贤、浔阳、积庆、宣仁、育英、里仁6坊市，城外设龙津乡、新安乡、凤林乡、移风乡、温恭乡、万年乡6乡，里数不详。分水县城内设观政、宣化、景泰、庆云、阜民、朝京、灵岩、社坛、双桂、延鸿、联魁、行原12坊市，城外设生仙里、生仙外、招延乡、柳陌乡、分水乡、定安乡6乡，里18个。寿昌县设永平、寿昌、仁丰、至孝4乡，坊市和里不详。又据《嘉泰会稽志》等史料，越州萧山县（紧）设15乡，即昭明乡（5里）、由化乡（8里）、崇化乡（9里）、履仁乡（7里）、凤仪乡（16里）、夏孝乡（8里）、长兴乡（3里）、安养乡（5里）、来苏乡（2里）、苎罗乡（5里）、许贤乡（5里）、新义乡（5里）、桃源乡（5里）、孝悌乡（5里）、长山乡（5里）。[1]绍兴八年（1138年）在吴越国王宫旧址建皇城（内城），其范围北起凤山门，南到钱塘江边，东止候潮门，西至万松岭，周约9华里。外城基本沿袭吴越国都城规模，只是在东南部略有扩张，西北部略有紧缩，周数十里，有城门13座、水城门5座，成了内跨吴山、北到武林门、东南靠钱塘江、西濒西湖的大城。城内交通非常发达。主干道御街长约10里。另外4条南北走向和4条东西走向的大道连接各个城门。除宫城在御街最南端的凤凰山外，其余百官衙门、商业区和文化区等都沿着御街依次由南向北排列，形成“南宫北市”的格局。宫城之北的御街南段是百官的衙署区，其次为中心综合商业区和政府商业区，再次为以行业为标志的商业区和文化娱乐区。分布于御街两侧及周围的10个大市场和无数个小市场店铺林立，买卖昼夜不歇。一般手工业和商业经营场所遍布全城，如官营手工业和仓库区在城北。以国子监、太学、武学组成的文化区

[1]马雪芹：《杭州政区史》，中国社会科学出版社2011年版，第94—108页。

则在靠近西湖的钱塘门内。由于政治中心南移，大量北方人口络绎迁徙而来，“四方之民云集二浙，百倍常时”[1]，“西北士大夫，多在钱塘”[2]，使临安逐渐发展为人口众多的大都市。绍兴年间（1131—1162年），临安有人口205536户，比之北宋末年只有三五千户的增长，大概也就只比六蜚驻跸所带来的中央机构的官吏户数略多一些。南宋临安人口增长的高峰在孝宗乾道前后，乾道五年（1169年）261692户，淳祐十一年（1251年）381335户，咸淳七年（1271年）391259户。南宋初年到高宗中期的18年间共增长0.96%，年均增长0.53‰；绍兴年间至乾道二十四年有27.32%的迅猛增长，年均增长11.38‰；孝宗至理宗82年间有45.72%的平稳增长，年均增长5.58‰；南宋末20年间缓慢增长2.60%，年均增长1.30‰。据赵冈推算，南宋临安人口峰值至少达到250万，其中城区人口也超过百万。[3]南宋北方人口南迁主要有4个高峰期：一是高宗南奔至绍兴八年（1138年）金人废刘豫直至绍兴十一年宋金第一次和议；二是绍兴三十一年（1661年）金主完颜亮谋南侵，大事签民为兵，北方人口纷纷南逃，这次高潮大致到宋金隆兴和约签订；三是金蒙战争期间；四是金亡以后。[4]北方南迁人口只是临安乃至整个南方地区人口增长的来源之一，南宋中期以后临安人口增长主要是由都城的政治地位及其在区域市场网络中的经济地位引发的。为了适应工商业发展，也便于征派税役，宋代将城市中的非农业人口——坊郭户单独“列籍定等”，标志着“市民阶层”已成为不可忽视的社会力量。坊郭户包括商贾、手工业者和其他市民，坊郭户约占全体民户的20%。[5]与乡村农家的户等划分出现在汉代的情况不同，坊郭工商家庭的户等划分出现比较晚。《魏书》卷一一〇《食货志》记载北魏孝昌二年（526年）收工商税的时候，“其店舍又为五等，收税有差”[6]，已经开始划户等了。但唐后期穆宗年间两次下诏划坊郭户等，都说是“始定店户等第”[7]，所以可能还是临时性的。入宋以后，政府对工商业者的管理和税役征派更为重视，加上传统的坊市制的解体，工商税役难以再按原来的居民区和店铺摊派，因而开始正式划分坊郭民户的户等。北宋开始划分坊郭户等有时5年一划，有时候3年一划，到南宋时才统一规定与乡村户等一样每3年一划。坊郭户也分主户和客户，但是在划分坊郭户等的时候，只划主户，即主客家庭一起划。编排坊郭户等的办法大致与划分乡村农民家庭的户等相同，只按资产，不考虑人丁。坊郭工商家庭的财产通常分为动产和不动产两大类，划分户等的时候把这两大类财产分类统计后综合评定。同一个城镇里的工商业者按行业划分“行”，由行头总揽行会的管理事务。与乡村的乡长、里正一样，政府有税役征派的时候，行头按户等的高下安排各家去“鳞差”。行头可能参与户等定级。划分坊郭户等的时候“官吏入人家，打量间架，搜索有无，下至抄及卖饼菜之家”[8]。由于人口增加和工商业发展较快，至绍兴十一年（1141年）城外30里也已人烟繁盛。宋元之际，则“城南西东北各数十里，人烟生聚，民物阜蕃，市井坊陌，铺席骈

[1]李心传：《建炎以来系年要录》卷一五八，中华书局1956年版。

[2]脱脱等：《宋史》卷四三七《儒林七·程迥》，中华书局1977年版。

[3]赵冈：《南宋临安人口》，《中国历史地理论丛》1994年第2期。

[4]黄宽重：《略论南宋时代的归正人》，载黄宽重：《南宋史研究集》，新文丰出版公司1985年版。

[5]游彪：《关于宋代的免役法：立足于“特殊户籍”的考察》，《中国史研究》2004年第2期。

[6]魏收：《魏书》，中华书局1974年版。

[7]王钦若等：《册府元龟》卷五〇四《关市》，中华书局1988年版。

[8]王廷珪：《卢溪集》卷三一，文渊阁《四库全书》本。

南宋乾道年间、淳祐年间、咸淳年间临安府户口数

县名	乾道年间（1165—1173年）		淳祐年间（1241—1252年）		咸淳年间（1265—1274年）	
	户　数	口　数	户　数	口　数	户　数	口　数
钱塘	46 521	68 951	47 631	98 368	87 715	203 551
仁和	57 548	76 857	64 105	222 121	98 615	228 495
余杭	19 817	29 911	26 550	14 028	26 581	141 400
临安	24 261	44 743	25 651	127 899	25 907	126 996
於潜	20 295	46 292	20 751	112 291	20 803	111 970
富阳	19 923	36 017	30 063	155 369	29 985	149 898
新城	12 483	30 651	17 908	87 528	18 071	79 816
盐官	50 831	59 344	57 303	140 527	56 904	139 870
昌化	10 013	14 033	12 794	68 481	13 678	59 160

资料来源：潜说友等：《咸淳临安志》卷五八《户口》，振绮堂汪氏清道光十年（1830年）刊本。各县户数的总和与临安府总户数统计有差异。

盛，数日经行不尽，各可比外路一州郡”[1]。《梦粱录》卷一三《两赤县市镇》云：“杭为行都二百余年，户口蕃盛，商贾买卖者十倍于昔，往来辐辏，非他郡比。”又卷一九《塌房》云：“柳永咏钱塘词曰：‘参差十万人家。’此元丰前语也。自高庙车驾由建康幸杭，驻跸几近二百余年，户口蕃息近百万余家。杭城之外城，南西东北各数十里，人烟生聚，民物阜藩，市井坊陌，铺席骈盛，数日经行不尽，各可比外路一州郡，足见杭城繁盛矣。”[2]耐得翁《都城纪胜》序：“圣朝祖宗开国，就都于汴，而风俗典礼，四方仰之为师。自高宗皇帝驻跸于杭，而杭山水明秀，民物康阜，视京师其过十倍矣。虽市肆与京师相侔，然中兴已百余年，列圣相承，太平日久，前后经营至矣，辐辏集矣，其与中兴时又过十数倍也。”[3]

临安的各种市场极为繁荣，发展水平远远超过北宋都城开封。当时的市场从时令上可分为早市、日市和夜市等。早市是清晨开市的市场，又称晓市，遍布城市内外。《梦粱录》卷一三《天晓诸人出市》载：“每日交四更，诸山寺观已鸣钟，庵舍行者头陀打铁板儿或木鱼儿沿街报晓，各分地方……御街铺店闻钟而起，卖早市点心，如煎白肠、羊鹅事件、糕、粥、血脏羹、羊血、粉羹之类。冬天卖五味肉粥、七宝素粥，夏天卖义粥、馓子、豆子粥。又有浴堂门卖面汤者，有浮铺早卖汤药二陈汤及调气降气并丸剂安养元气者。有卖烧饼、蒸饼、糍糕、雪糕等点心者以赶早市，直至饭前方罢。及诸行铺席，皆往都处，侵晨行贩。和宁门红杈子前买卖细色异品菜蔬，诸般嘎饭，及酒醋时新果子，进纳海鲜品件等物，填塞街市，吟叫百端，如汴京气象，殊可人意。孝仁坊口，水晶红白烧酒，曾经宣唤，其味香软，入口便消。六部前丁香馄饨，此味精细尤佳。早市供膳诸色物件甚多，不能尽举。自内后门至观桥下，大街小巷，在在有之，不论晴雨霜雪皆然也。”日市一般为坐商店铺集中的市场，多沿主要街区设置。《梦粱录》卷一三《铺席》载：“自大街及诸坊巷，大小铺席

[1]吴自牧：《梦粱录》卷一九《塌房》，浙江人民出版社1980年版。

[2]吴自牧：《梦粱录》，浙江人民出版社1980年版。

[3]耐得翁：《都城纪胜》，文化艺术出版社1998年版。

连门俱是，即无虚空之屋。每日清晨，两街巷门浮铺上行，百市买卖热闹至饭前，市罢而收。”夜市一般开至深夜三四更。《梦粱录》卷一三《夜市》载：“杭城大街买卖昼夜不绝，夜交三四鼓，游人始稀；五鼓钟鸣，卖早市者又开店矣。大街关扑，如糖蜜糕、灌藕、时新果子、象生花果、鱼鲜猪羊蹄肉及细画绢扇、细色纸扇、漏尘扇柄、异色影花扇、销金裙、段背心、段小儿、销金帽儿、逍遥巾、四时玩具、沙戏儿。春冬扑卖玉栅小球灯、奇巧玉栅屏风、捧灯球、快行胡女儿沙戏、走马灯、闹鹅儿、玉梅花、元子槌拍、金橘数珠、糖水、鱼龙船儿、梭球、香鼓儿等物。夏秋多扑青纱、黄草帐子、挑金纱、异巧香袋儿、木犀香数珠、梧桐数珠、藏香、细扇、茉莉盛盆儿、带朵茉莉花朵、挑纱荷花、满池娇、背心儿、细巧笼仗、促织笼儿、金桃、陈公梨、炒栗子、诸般果子及四时景物，预行扑卖，以为赏心乐事之需耳。衣市有李济卖酸文，崔官人相字摊，梅竹扇面儿，张人画山水扇。并在五间楼前大街坐铺中瓦前，有带三朵花点茶婆婆，敲响盏，掇头儿拍板，大街玩游人看了无不哂笑。又有虾须卖糖、福公个背张婆卖糖、洪进唱曲儿卖糖，又有担水斛儿、内鱼龟顶傀儡面儿舞卖糖，有白须老儿看亲箭披闹盘卖糖。有标竿十样卖糖，效学京师古本十般糖。赏新楼前仙姑卖食药。又有经纪人担瑜石钉铰金装架儿共十架，在孝仁坊红杈子卖皂儿膏、澄沙团子、乳糖浇。寿安坊卖十色炒团，众安桥卖澄沙膏、十色花花糖，市西坊卖蚫螺滴酥，观桥大街卖豆儿糕、轻饧，太平坊卖麝香糖、蜜糕、金铤裹蒸儿，庙巷口卖杨梅糖、杏仁膏、薄荷膏、十般膏子糖。内前杈子里卖五色法豆，使五色纸袋儿盛之。通江桥卖雪泡豆儿、水荔支膏，中瓦子前卖十色糖。更有瑜石车子卖糖糜乳糕浇，亦俱曾经宣唤，皆效京师叫声。日市亦买卖。又有夜市物件，中瓦前车子卖香茶异汤，狮子巷口熝耍鱼、罐里熝鸡丝粉、七宝科头，中瓦子武林园前煎白肠、焐肠，灌肺岭卖轻饧，五间楼前卖余甘子、新荔枝，木檐市西坊卖焦酸馅、千层儿。又有沿街头盘叫卖姜豉、膘皮牒子、炙椒、酸犯儿、羊脂韭饼、糟羊蹄、糟蟹，又有担架子卖香辣罐肺、香辣素粉羹、腊肉、细粉科头、姜虾、海蛰鲊、清汁田螺羹、羊血汤、胡齑、海蛰、螺头齑、馉饳儿、斋面等，各有叫声。大街更有夜市卖卦：蒋星堂、玉莲相、花字青、霄三命、玉壶五星、草窗五星、沈南天五星、简堂石鼓、野庵五星、泰来星、鉴三命。中瓦子浮铺有西山神女卖卦，灌肺岭曹德明易课。又有盘街卖卦人，如心鉴及甘罗次、北算子者。更有叫‘时运来时，买庄田、娶老婆’卖卦者，有在新街融和坊卖卦、名‘桃花三月放’者。其余桥道坊巷，亦有夜市扑卖果子糖等物，亦有卖卦人盘街叫卖，如顶盘担架卖市食，至三更不绝。冬月虽大雨雪，亦有夜市盘卖。至三更后，方有提瓶卖茶。冬间，担架子卖茶，馓子慈茶始过。盖都人公私营干，深夜方归故也。”[1]另还有季节市。季节市是适应买卖时令或节日需要而设置的，如清明市、上巳市、灯市等。《西湖老人繁胜录·清明节》载：“公子王

[1]吴自牧：《梦粱录》，浙江人民出版社1980年版。

孙、富室骄民踏青游赏城西。店舍经营，辐辏湖上，开张赶趁。”据《武林旧事》卷二《元夕》载：“都城自旧岁冬孟驾回，则已有乘肩小女、鼓吹舞绾者数十队，以供贵邸豪家幕次之玩。而天街茶肆，渐已罗列灯球等求售，谓之灯市。”又有季节性的蟋蟀市。《西湖老人繁胜录》载：“促织盛出，都民好养……每日早晨，多于官巷南北作市……九月尽，天寒方休。”[1]官巷口至众安桥一带元宵节设灯市。《武林旧事》卷二《元夕》云：“都城自旧岁冬孟驾回，则已有乘肩小女鼓吹舞绾者数十队，以供贵邸豪家幕次之玩，而天街茶肆渐已罗列灯球等求售，谓之灯市。自此以后，每夕皆然。三桥等处客邸最盛，舞者往来最多。每夕楼灯初上，则箫鼓已纷然自献于下。酒边一笑，所费殊不多。往往至四鼓乃还。自此日盛一日。”其产品来自全国各地。《武林旧事》卷二《灯品》云：“灯品至多，苏、福为冠；新安晚出，精妙绝伦。所谓无骨灯者，其法用绢囊贮粟为胎，因之烧缀，及成去粟，则混然玻璃球也。景物奇巧，前无其比。又为大屏，灌水转机，百物活动。赵忠惠守吴日，尝令制春雨堂五大间，左为汴京御楼，右为武林灯市，歌舞杂艺，纤悉曲尽。凡用千工。外此有灯，则刻镂金珀玳瑁以饰之。珠子灯则以五色珠为网，下垂流苏，或为龙船、凤辇、楼台故事。羊皮灯则镞镂精巧，五色妆染，如影戏之法。罗帛灯之类尤多，或为百花，或细眼，间以红白；号‘万眼罗’者，此种最奇。外此有五色蜡纸，菩提叶，若沙戏影灯马骑人物，旋转如飞。又有深闺巧娃，剪纸而成，尤为精妙。又有以绢灯剪写诗词，时寓讥笑；及画人物，藏头隐语，及旧京诨语，戏弄行人。有贵邸尝出新意，以细竹丝为之，加以彩饰，疏明可爱。穆陵喜之，令制百盏，期限既迫，势难卒成。而内苑诸珰，耻于不自己出，思所以胜之，遂以黄草布剪镂，加之点染，与竹无异。凡两日，百盏已进御矣。”[2]

南宋临安有各种各样的专业市场，如米市、菜市、茶市、肉市、珠子市、药市、花市、布市、生帛市、蟋蟀市、象牙玳瑁市、丝绵市、枕冠市、故衣市、衣绢市、卦市等。米市集中在西北余杭门外崇果院黑桥头、湖州市、新开门外草桥下南街和米市桥，时人统称为“城北米市”[3]。周密《癸辛杂识》续集上《杭城食米》云：“余向在京幕，闻吏魁云：‘杭城除有米之家，仰籴而食凡十六七万人，人以二升计之，非三四千石不可以支一日之用，而南北外二厢不与焉，客旅之往来又不与焉。”[4]《梦粱录》卷一六《米铺》载：“本州所赖苏、湖、常、秀、淮、广等处客米到来，湖州市、米市桥、黑桥，俱是米行，接客出粜。”[5]临安人素有种花、赏花、簪花等习俗，鲜花贸易非常兴盛。《西湖老人繁胜录·端午节》载：“城内外家家供养，都插菖蒲、石榴、蜀葵花、栀子花之类，一早卖一万贯花钱不啻。何以见得？钱塘有百万人家，一家买一百钱花，便可见也。”[6]官巷有方梳行、销金行、冠子行。销金是当时流行的一种服饰上的美术工艺，用金箔或金色线条制成花朵、花边或装饰用图案。后来

[1]西湖老人：《西湖老人繁胜录》，浙江人民出版社1983年版。

[2]周密：《武林旧事》，李小龙、赵锐评注，中华书局2007年版。

[3]耐得翁：《都城纪胜·市井》，文化艺术出版社1998年版。

[4]周密：《癸辛杂识》，中华书局1988年版。

[5]吴自牧：《梦粱录》，浙江人民出版社1980年版。

[6]西湖老人：《西湖老人繁胜录》，浙江人民出版社1983年版。

这里叫“花市巷，宋时作鬻花朵者居之”[1]。临安内外街坊到处开设有肉铺，如《梦粱录》卷一六《肉铺》载：“杭城内外，肉铺不知其几，皆装饰肉案，动器新丽。每日各铺悬挂成边猪，不下十余边。如冬年两节，各铺日卖数十边。案前操刀者五七人，主顾从便索唤剉切……至饭前，所挂之肉骨已尽矣。盖人烟稠密，食之者众故也。”肉市上的猪肉切分得十分精细，可分作肉、骨及内脏三大类，三大类中又细分为众多小类。“且如猪肉名件，或细抹落索儿精、钝刀丁头肉、条撺精、窜燥子肉、烧猪煎肝肉、膂肉、盦蔗肉。骨头亦有数名件，曰双条骨、三层骨、浮筋骨、脊龈骨、球杖骨、苏骨、寸金骨、棒子、蹄子、脑头大骨等。肉市上纷纷，卖者听其分寸，略无错误。”有的还制作成熟肉产品。“更待日午，各铺又市熟食头、蹄、肝、肺四件，杂蹄爪事件，红白肉等。”[2]这一方面便于销售，另一方面也提高了附加值。小河中段炭桥（即羲和坊内芳润桥）设有药市，时人称“炭桥药市”。《西湖老人繁胜录·诸行市》有“川广生药市”的记载。曾任国子监丞、礼部侍郎等职的度正《步自玉局，会饮于判院涂文廨舍，正得日字》一诗云：“肩舆访药市，散步困两膝。行行初及门，品第已不一。细阅廊宇下，纷然莫穷诘。席地堆雄附，连盘伫参术。云乳色晶荧，沉檀气芬苾。溪毛极草莽，水族包虫蛭。贵者如丹砂，贱者如干漆。苦者如胆矾，甘者如石蜜。陈者如醯醢，新者如枣栗。来为中国用，往往四夷出。海贾冒风涛，蛮商经崒嵂。厚利诱其前，颠沛不遑恤。小亦挟千环，多至金百镒。开张自寅卯，收拾过酉戌。富豪盛僮奴，羸老携儿侄。车马浩骈填，坌然皆迸溢。晚饮各酩酊，归装满箱帙。人生天地间，禀赋阴阳质。寒温傥乖误，未免生众疾。至人穷物性，扶世方开术。春冬别根苗，南北辨枳橘。形色与气味，审订皆具述。庸夫肆胸臆，妄以甲代乙。瞶瞶莫知诫，十疗宜十失。念我奉慈亲，春秋垂八秩。仰事则欣欣，退处常栗栗。尝闻仁者寿，又闻惠迪吉。版舆来三年，清健如一日。平生读医书，殆未通六七。甘草真国老，盐梅乃良弼。储蓄以待用，选抡贵纤悉。譬如天未雨，先已营居室。所以身强健，有若天阴骘。正唯养生外，万宝无所昵。往年忆曾游，初亦无固必。忽得九老图，如得清庙瑟。仪冠甚英伟，真是旧名笔。右太师潞公，左司马君实。弹棋以为戏，一局良未毕。君实思沉吟，心志何专一？潞公随所应，气貌加闲逸。诸公各注视，袖手观弹击。焚香与之对，想象见真率。携持恐失堕，固已藏之密。重来何所见？追叹空唧唧。他年玉局仙，希踪老蓬荜。”[3]据《都城纪胜·市井》记载，橘园亭一带有书市。这里经销的书籍有许多来自全国各地，其中就有建阳版的。朱熹《建宁府建阳县学藏书记》云：“建阳版本书籍，行四方者，无远不至。”[4]布市在东南便门外横河头，御街中段的金银盐钞引交易铺集聚区又形成金银市。绍兴三十二年（1162年）六月十三日赦文云：“临安府内外买卖兴贩金银、匹帛、杂物之类，除依省则合收门税外，访闻税务将铺户已卖物色，因所买人漏税及元未经税卖下之物，

[1]田汝成：《西湖游览志》卷一三《南山分脉城内胜迹·城闉》，浙江人民出版社1980年版。

[2]吴自牧：《梦粱录》卷一六《肉铺》，浙江人民出版社1980年版。

[3]度正：《性善堂稿》卷一《步自玉局，会饮于判院涂文廨舍，正得日字》，文渊阁《四库全书》本。

[4]朱熹：《晦庵先生朱文公文集》卷七八《建宁府建阳县学藏书记》，载朱熹：《朱子全书》，朱人杰、严佐之、刘永翔主编，上海古籍出版社、安徽教育出版社2002年版。

辄于铺户一例追纳罚钱。”[1]可见交易量颇大。御街中段融和坊北到市南坊（后又扩到官巷）有珠子市，马市巷有马市，坝子桥有鱼市，城东崇新门外南土门市、东青门外菜市桥、坝子桥与北土门分别有两个菜市，崇新门外南北土门及东青门外坝子桥等处有茶市，候潮门外下教场门东柴市桥有柴市，盐桥有生帛市，又有象牙玳瑁市、丝绵市、枕冠市、故衣市、衣绢市、衣市等多种专业市场。御街还有卦市。《西湖老人繁胜录》载：“御街应市，两岸术士有三百余人设肆。”[2]

南宋临安的商店种类繁多，门类非常齐全。《梦粱录》卷一三《铺席》云，城内外“处处各有茶坊、酒肆、面店、果子、彩帛、绒线、香烛、油酱、食米、下饭、鱼、肉、鲞、腊等铺。盖经纪市井之家往往多于店舍，旋买见成饮食，此为快便耳”[3]。食店可分为分茶店、面食店、羊饭店（又称肥羊酒店）、豝鲊店、南食店、疙瘩店、菜面店、素食店、羹店、菜羹饭店、衢州饭店等数种。从食品店饮食的风格上看，又可分为北馔、南食、川饭三大类。从经营的规模来看，首推分茶店，羊饭店、川饭店、南食店、疙瘩店、菜面店、素食店、衢州饭店等次之。经营者籍贯既有本地的，也有来自北方、特别是开封的。著名的鱼羹宋五嫂、羊肉李七儿、奶房王家、血肚羹宋小巴之类，就是从开封迁来的。[4]点心店可以分为荤素从食店、素点心从食店、馒头店、粉食店、饼店等数种。又有凉水店（饮料店）、果子店（糖果店）等。临安人好饮酒，因而在当时酒店是颇为赚钱的。时人以“青楼酒旗三百家”言临安酒店之多。[5]临安的酒店可分为官营和私营两种。官营酒店多属官营酒库。当时临安共有13个官营酒库，其中7个设有酒楼。酒店又分正店、脚店、拍户等数等。正店为第一等大型酒店，脚店规模次之，拍户规模最小，是一种小型零卖酒店。临安的茶肆与酒店一样遍布城内外，其中以御街中段和中瓦子最多。茶肆按规模可分为3等：第一等为“大茶坊”，多为文人士大夫约会的地方。第二等为“人情茶肆”，类似今天的会所或俱乐部，是社会交际最活跃的场所。顾客可以分为两大类：一是专供娼妓弟兄（即假父）会聚，消遣娱乐；二是各种行业出卖技艺的雇佣劳动者会聚“行老”的地点，谓之“市头”。[6]第三等为“花茶坊”（又称“水茶坊”），一般由娼家开设。北宋旧京和各地的名医或药商在临安城内外开设了许多药店，较著名的有猫儿桥潘节干熟药铺、坝头榜亭安抚司惠民坊熟药局、市西坊南和剂惠民药局、五间楼前张家生药铺、中瓦前陈直翁药铺和梁道实药铺、赏心楼前仙姑卖食药、市西坊毛家生药铺、官巷仁爱堂熟药铺和金臼楼太子药铺（一作金药臼楼太丞药铺）、漆器墙下李官人双行解毒丸、宝佑坊讷庵丹砂熟药铺、金子巷（即市南坊）杨将领药铺、修义坊三不欺药铺、外沙皮巷（清平坊）口双胡芦眼药铺、太平坊大街东南角虾蟆眼药铺、太庙前陈妈妈泥面具风药铺、大佛寺疳药铺、保和大师乌梅药铺、三桥街毛家生药铺、石榴园张省干金马杓小儿药铺、沿桥下郭医产药铺、杨三郎生药铺等。[7]这些药店既

[1]徐松辑：《宋会要辑稿·食货一八》，中华书局1957年版。

[2]西湖老人：《西湖老人繁胜录》，浙江人民出版社1983年版。

[3]吴自牧：《梦粱录》，浙江人民出版社1980年版。

[4]袁褧：《枫窗小牍》卷上，载上海古籍出版社编：《宋元笔记小说大观》第5册，上海古籍出版社2001年版。

[5]陈允平：《西麓诗稿》之《春游曲》，文渊阁《四库全书》本。

[6]吴自牧：《梦粱录》卷一六《茶肆》，浙江人民出版社1984年版。

[7]吴自牧：《梦粱录》卷一三《铺席》，浙江人民出版社1984年版。

有官办的，也有私营的；既有生药店，也有熟药店；既有综合性的，又有专业性的。南宋书商突破禁令大力发展书坊，临安有名可考的就有18家。其中荣六郎开设的经史书籍铺是从开封大相国寺东边迁来的，南宋初年曾名闻一时。而本地人陈起、陈思两人开的书肆最为著名。陈起可能是开封人，靖康之变随家南渡，后在临安开书肆。陈起与一些见利忘义的商人不同，对贫困文士慷慨相助。陈起擅诗，当时江湖上许多诗人都与他交往，他因此而刻印了大量江湖诗人诗集，为江湖诗派张目宣传。《四库全书总目提要》卷一六四《集部·别集类》之《江湖小集》称，江湖诗派“以陈起为声气联络，以刘克庄为领袖”[1]。陈起的经营方式别具特色：一是时常向作者赠书，二是允许赊书，三是可以借书。这样做实际上也扩大了销售面。陈振孙《直斋书录解题》卷一五称陈起“巧为射利”。[2]陈振孙《宝刻丛编》序称：“都人陈思卖书于都市，士之好古博雅，搜遗猎忘，以足其所藏。与夫故家之沦坠不振，出其所藏以求售者，往往交于其肆。且售且卖，久而所阅滋多，望之辄能别其真赝。”又曰：“思，市人也。其为是编，志于卖而已矣，而于斯文有补焉。视他书坊所刻或芜秽不切、徒费板墨、靡棕楮者可同日而语哉？诚以是获厚利，亦善于择术矣。”[3]从这些文献记载来看，陈思既收罗故家沦落之旧籍，又自己刊刻书籍出售给市人。

上述各类行当中许多属于广义的服务业，而南宋临安的服务业门类已无以胜记，特别是开始形成现代意义上的旅游观和旅游业。历任临安府尹都非常重视西湖的疏浚和治理。从绍兴九年（1135年）至元军占领100多年间，有记载的规模较大的就有7次。这些疏浚和治理与此前的不同，不仅仅是单纯的水利建设，而且是在吴越国建设的基础上对西湖的园林化改造。在历次疏浚整修的过程中，西湖湖内、沿岸增建了大量亭台楼阁、梵宇精舍。“台榭亭阁，花木奇石，影映湖山。兼之贵宅宦舍列亭馆于水堤，梵刹琳宫布殿阁于湖山，周围胜景，言之难尽。”[4]《西湖游览志余》卷二三《委巷丛谈》称：“自六蜚驻跸，日益繁艳，湖上屋宇接连，不减城中。有为诗曰：‘一色楼台三十里，不知何处觅孤山。’”[5]西湖朝夕晨昏各异，风雪雨霁变化，四时景色不同，与众多园林建筑相配合，是自然美与人工美的高度和谐统一，成为“游观胜地”。南宋以前的诗人画家对西湖的歌咏描画多从整体着眼，而自南宋对西湖风景进行精雕细琢以后，诗人画家的审美方式也有了很大改变。董嗣杲曾在孤山四圣延祥观出家，期间写成诗集《西湖百咏》，于咸淳年间（1265—1274年）出版。这本诗集对西湖的大部分景点进行了详细记述和歌咏。郭正祥也有诗集《钱塘西湖百咏》。南宋画院的宫廷画师马远、马麟、陈清波等对前人的创作进行提炼概括，截取几个最有代表性的部分加以渲染，并以“断桥残雪”、“苏堤春晓”、“平湖秋月”、“花港观鱼”等命名。此风一开，西湖风光纷纷入画，逐渐从因景作画到因画名景。后来终于形成了驰名遐迩的“西湖十景”。“西湖十景”即断桥残雪、平湖秋月、曲院风荷、双峰插云、苏堤

[1]永瑢、纪昀主编：《钦定四库全书总目》，中华书局1997年版。

[2]陈振孙：《直斋书录解题》，上海古籍出版社1987年版。

[3]倪涛：《六艺之一录》卷一二六《石刻文字一百二·陈直斋宝刻丛编序》，文渊阁《四库全书》本。

[4]吴自牧：《梦粱录》卷一二《西湖》，浙江人民出版社1984年版。

[5]田汝成：《西湖游览志余》，上海古籍出版社1980年版。

春晓、花港观鱼、南屏晚钟、雷峰夕照、三潭印月、柳浪闻莺。“西湖十景”形成时间有先后，大约始于南宋中期的理宗时代，完善于度宗景定、咸淳年间。“西湖十景”构思糅合了西湖山水的代表性审美特征，以时间和空间作为导引景点的线索，形成“春夏秋冬四季之景，昼夜晨昏四时之景，东南西北四象之景，阴晴雨雪开合之景”的富有律动节奏的赏景时空序列。宋末元初学者周密在《武林旧事》卷五《湖山胜概》中将西湖风景划分为南山路、西湖三堤路、北山路、葛岭路、孤山路、西溪路、三天竺路等部分，进行分类描述介绍。这种分类方法一直沿用至清代。如李卫和傅王露《西湖志》、梁诗正和沈德潜《西湖志纂》、许承祖《西湖渔唱》等著述即沿用此法。西湖之外，临安其他地方还新建了数百处花园。除玉津园、德寿宫后苑、南园、集芳园等外，大多数定期开放。又修葺和新建了480余个寺院道观。瓦子百戏、妓院歌馆和节庆风俗等则构成民俗旅游资源。瓦子原为市民服务，后也成为旅游业的组成部分。瓦子（瓦舍）为宋代市语，原是临时集合的演艺勾栏集市，后来逐渐演变为一种固定的大型演艺场所，成为当时各种娱乐场所的通称。《梦粱录》卷一九《瓦舍》解释道：“瓦舍者，谓其来时瓦合，去时瓦解之义，易聚易散也。不知起于何时。”[1]《都城纪胜·瓦舍众伎》也说：“瓦者，野合易散之意也。”[2]又因其往往与集市贸易结合在一起，故又称瓦市、瓦肆。如临安的桑家瓦子多有货药、卖卦、喝故衣、探博、饮食、剃剪、纸书、令曲之类，是一个以勾栏为中心的集市。临安瓦子的数量较多，《梦粱录》卷一九《瓦舍》谓有17处，《咸淳临安志》卷一九《市（行团瓦子附）》也称有17处，《武林旧事》卷六《瓦子勾栏》列举了23处，《西湖老人繁胜录·瓦市》则载城内外有25处，其中城外20处。瓦子中表演的节目百戏杂陈，名目繁多。据《梦粱录》《武林旧事》《都城纪胜》等书所记载，有唱赚、诸宫调、转踏、大曲、清乐、小唱、弹唱、京词、崖词、耍令、商谜、相扑、女飐、踢弄、踏索、打硬、举重、射弩、竹马、蛮牌、神鬼、扑旗、夹棒、吟叫、合生、象生、道情、泥丸、头钱、沙书、弄水、舞旋、舞绾、鲍老、筑球、下棋、小说、烟火、说药、捕蛇、消息、参军、杂剧、院本、鼓子词、说诨话、学乡谈、教走兽、乔相扑、教飞禽、教虫蚁、装秀才、放风筝、七圣法、划旱船、耍和尚、村田乐、马后乐、藏去之术等六七十种伎艺，涌现了许多著名艺人。瓦子一般设有相关的配套服务设施，如茶坊、酒肆、食铺、歌楼、妓院、浴堂等，融赏、吃、赌、嫖、玩等感官享乐于一体。除瓦子外，临安还有更简易的表演场所路歧。路歧是街头空隙地段形成的演艺场所，有许多路歧人在此表演。《武林旧事》卷六《瓦子勾栏》云：“或有路歧，不入勾栏，只在耍闹宽阔之处做场者，谓之打野呵，此又艺之次者。”[3]临安的妓业之盛在北宋开封之上，时有“酒色海”之艳称。《苕溪渔隐丛话》卷二七《蔡文忠》云：“余旧记一小诗云：‘京师素号酒色海，溺者常多济者稀。吾子堂前有慈母，布衣须

[1]吴自牧：《梦粱录》，浙江人民出版社1984年版。

[2]耐得翁：《都城纪胜》，文化艺术出版社1998年版。

[3]周密：《武林旧事》，李小龙、赵锐评注，中华书局2007年版。

[1]胡仔纂辑：《苕溪渔隐丛话》，人民文学出版社1962年版。

[2]周密：《武林旧事》，李小龙、赵锐评注，中华书局2007年版。

[3]周密：《武林旧事》，李小龙、赵锐评注卷二《元夕》，中华书局2007年版。

换锦衣归。'不知谁氏作规诲之言，惜其散逸，故附于后。"[1]妓院在临安又称歌馆，凡是比较热闹的街市上都有。《武林旧事》卷六《歌馆》载："平康诸坊，如上下抱剑营、漆器墙、沙皮巷、清河坊、融和坊、新街、太平坊、巾子巷、狮子巷、后市街、荐桥，皆群花所聚之地。"[2]抱剑营在新开坊和清平坊之间，沙皮巷即清平坊，巾子巷即市南坊，分布于御街中段的东西两侧。漆器墙、狮子巷和荐桥在大河（即盐桥运河）沿岸。临安的大小旅店遍布全城。旅店或称客邸，可供住宿，还可存放货物。临安的旅店主要集中在闹市区，如"三桥等处，客邸最盛"[3]。城南江干、城北运河码头、西湖边也有不少。绍兴二年（1132年），建都亭驿、怀远驿、樟亭驿等官办驿站，专供外国使臣和各地来京觐见的官员下榻。望仙桥、贡院一带的聚魁馆等，主要接待赴京赶考的学子、商贾和香客。城南江干、城北运河码头的旅店适宜商贾，一般兼营货物存放业务。濒临西湖的旅店多文人墨客住。城内外许多寺院道观也兼营旅店生意。应试之年、香汛期间，仙林寺、明庆寺、昭庆寺、报恩寺等寺观庵堂临时铺设床位权作旅店。又西湖雇船泛游极盛。《梦粱录》卷一二《湖船》云："湖中大小船只，不下数百舫。有一千料者，约长二十余丈，可容百人。五百料者，约长十余丈，亦可容三五十人。亦有二三百料者，亦长数丈，可容三二十人。皆精巧创造，雕栏画，行如平地。各有其名，曰百花、十样锦、七宝、戗金、金狮子、何船、劣马儿、罗船、金胜、黄船、董船、刘船，其名甚多，姑言一二。更有贾秋壑府车船，船棚上无人撑驾，但用车轮脚踏而行，其速如飞。又有御舟，安顿小湖园水次，其船皆是精巧雕刻创造，俱有香楠木为之。只是周汉国公主游玩，曾一用耳。灵芝寺前水次，有赵节斋所造湖舫，名曰乌龙，凡遇撑驾，即风波大作，坐者不安，多不敢撑出，以为弃物。湖中南北搬载小船甚伙。如撑船卖买羹汤、时果，掇酒瓶如青碧香、思堂春、宣赐、小思、龙游新煮酒俱有，及供菜蔬、水果、船扑、时花带朵、糖狮儿，诸色千千，小段儿、糖小儿、家事儿等船。更有卖鸡儿、湖齑、海蛰、螺头及点茶、供茶果婆嫂船，点花茶、拨糊盆、泼水棍小船，渔庄岸小钓鱼船。湖中有撇网鸣榔打鱼船，湖中有放生龟鳖螺蚌船，并是瓜皮船也。又有小脚船，专载贾客妓女。荒鼓板、烧香婆嫂、扑青器、唱耍令缠曲及投壶打弹百艺等船，多不呼而自来。须是出着发放支犒，不被哂笑。若四时游玩，大小船只，雇价无虚日。遇大雪亦有富家玩雪船。如二月八及寒食清明，须先指挥船户，雇定船只。若此日分舫船，非二三百券不可雇赁。至日，虽小脚船亦无空闲者。船中动用器具，不必带往，但指挥船主一一周备。盖早出登舟，不劳为力，唯支犒钱耳。更有豪家富宅，自造船只游嬉。及贵官内侍，多造采莲船，用青布幕撑起，容一二客坐，装饰尤其精致。"[4]据《都城纪胜》所载，当时临安的外地游客，每天不下四五万人，可分为4类：一是各地商贾。往来十分频繁。二是赴试士人。"遇补年，天下待补进士都到京赴试"，"混补年，

[4]吴自牧：《梦粱录》，浙江人民出版社1984年版。

诸路士人比之寻常十倍，有十万人纳卷”，“每士到京，须带一仆，十万人试，则有十万人仆，计二十万人”。[1]三是香汛期间和佛教节日的香客。如仲春十五日，天庆观每年设老君诞会，士庶拈香瞻仰，竟日不绝。四是外国游客。包括外国使节、僧侣、商人等。为了方便旅游，当时还出现了类似今日导游图的《朝京里程图》，又称《地经》。李东有《古杭杂记》载：“驿路有白塔桥，印卖《朝京里程图》。士大夫往临安，必买以披阅。有人题于壁曰：‘白塔桥边卖《地经》，长亭短驿甚分明。如何只说临安路？不较中原有几程。’”[2]

[1]西湖老人：《西湖老人繁胜录》，浙江人民出版社1983年版。

[2]李东有：《古杭杂记》，《丛书集成初编》第3221册，中华书局1985年版。

南宋临安形成了系统的节庆文化和节庆游乐。在张镃笔下，每个月都有节庆活动。他将春夏秋冬四季中的每一季，划分为孟、仲、季3个月。即正月孟春，二月仲春，三月季春。四月孟夏，五月仲夏，六月季夏。七月孟秋，八月仲秋，九月季秋。十月孟冬，十一月仲冬，十二月季冬。“正月孟春：岁节家宴，立春日迎春春盘，人日煎饼会，玉照堂赏梅，天街观灯，诸馆赏灯，丛奎阁赏山茶，湖山寻梅，揽月桥看新柳，安闲堂扫雪。二月仲春：现乐堂赏瑞香，社日社饭，玉照堂西赏缃梅，南湖挑菜，玉照堂东赏红梅，餐霞轩看樱桃花，杏花庄赏杏花，群仙绘幅楼前打球，南湖泛舟，绮互亭赏千叶茶花，马塍看花。三月季春：生朝家宴，曲水修禊（陈刻‘流觞’），花院观月季，花院观桃柳，寒食祭先扫松，清明踏青郊行（陈刻‘游’），苍寒堂西赏绯碧桃，满霜亭北观棣棠，碧宇观笋，斗春堂赏牡丹芍药，芳草亭观草，宜雨亭赏千叶海棠，花苑蹴秋千，宜雨亭北观黄蔷薇，花院赏紫牡丹，艳香馆观林檎花，现乐堂观大花，花院尝煮酒，瀛峦胜处赏山茶，经寮斗新茶，群仙绘幅楼下赏芍药。四月孟夏：初八日亦庵早斋，随诣南湖放生、食糕糜。芳草亭斗草，芙蓉池赏新荷，蕊珠洞赏茶，满霜亭观橘花，玉照堂尝青梅，艳香馆赏长春花，安闲堂观紫笑，群仙绘幅楼前观玫瑰，诗禅堂观盘子山丹，餐霞轩赏樱桃，南湖观杂花，鸥渚亭观五色莺粟花。五月仲夏：清夏堂观鱼，听莺亭摘瓜，安闲堂解粽，重午节泛蒲家宴，烟波观碧芦，夏至日鹅禽（陈刻‘脔’），绮互亭观大笑花，南湖观萱草（陈刻‘花’），鸥渚亭观五色蜀葵，水北书院采蘋，清夏堂赏杨梅，丛奎阁前赏榴花，艳香馆尝蜜林擒，摘星轩赏枇杷。六月季夏：西湖泛舟，现乐堂尝花白酒，楼下避暑，苍寒堂后碧莲，碧宇竹林避暑，南湖湖心亭纳凉，芙蓉池赏荷花，约斋赏夏菊，霞川食桃，清夏堂赏新荔枝。七月孟秋：丛奎阁上乞巧家宴，餐霞轩观五色凤儿，立秋日秋叶宴，玉照堂赏玉簪，西湖荷花泛舟，南湖观稼（陈刻‘观鱼’），应铉斋东赏葡萄，霞川观云（陈刻‘霞川水荭’），珍林剥枣。八月仲秋：湖山寻桂，现乐堂赏秋菊，社日糕会，众妙峰赏木樨，中秋摘星楼赏月家宴，霞川观野菊，绮互亭赏千叶木樨，浙江亭观潮，群仙绘幅楼观月，桂隐攀桂，杏花庄观鸡冠黄葵。九月季秋：重九家宴，九日登高把萸，把菊亭采菊，苏堤上玩芙蓉，珍林尝时果，景全轩尝金橘，满霜亭尝巨螯香橙，杏花庄新酒，芙蓉池赏五（陈刻‘三’）色拒霜。十月孟冬：旦日开炉家宴，立冬日家宴（陈刻脱），现乐堂炉，满霜亭赏蚤霜（陈刻‘蜜橘’），烟波观买市，赏小春花，杏花庄挑荠，诗禅堂试香，绘幅楼庆暖阁。十一月仲冬：摘星轩观批杷花，冬至节家宴，绘幅楼食馄饨，味空亭赏腊梅，孤山探梅，苍寒堂赏南天竺，花院赏水仙，绘幅楼前赏雪，绘幅楼削雪煎茶。十二月季冬：绮互亭赏檀香腊梅，天街阅市，南湖赏雪，家宴试灯（陈刻‘安闲堂试灯’），湖山探梅，花院观兰花，瀛峦胜处赏雪，二十四夜饧果食，玉照堂赏梅，除夜守岁家宴，起建新岁集福功德。”[1]好像每天都洋溢在节日的气氛中，城市的旅游功能日强。

[1]周密：《武林旧事》卷一〇《张约斋〈赏心乐事〉（并序）》，李小龙、赵锐评注，中华书局2007年版。

相较于北宋，南宋依赖外贸、面向海洋的发展倾向表现得更为强烈，南宋时期是中国海外贸易大发展的时代。这种发展倾向既是南宋朝廷的自觉选择，同时也是战时状态的必由选择。由于对立政权的阻隔，传统的陆上丝绸之路阻滞，所不得不加紧建造海上陶瓷之路。战争迫使南宋“头枕东南”，也逼迫南宋“面向海洋”。当时北方多战乱，中国与中亚、西亚的陆路贸易受阻，海上贸易日繁。航海技术取得了很大进步，指南针得以普及，海洋季风规律被熟练掌握，尤其是能够用马尾松建造坚固的大海船。“南海一号”古沉船就以马尾松为主材，而马尾松多见于南中国地区，如福建、广东、广西等地。南宋采取一系列有效政策发展海外贸易，乃至凡市舶纲首能招诱舶货使政府增加税收的，可以补官或转官。[2]据《宋史》记载，南宋时与中国进行海外贸易的国家达到50多个，东起日本、朝鲜，西到阿拉伯半岛、非洲东海岸，都有中国的海船到达。广州、泉州、明州和临安是对外贸易的四大港口，其中两浙地区占了一半。绍兴二年（1132年）两浙市舶司移至华亭，但临安作为都城仍置有市舶务，可独立接触海商，从事海外贸易。后由于害怕金兵奸细冒充商人进入临安，绍熙元年（1190年）罢废临安市舶务，只许外国商船停靠临安城东25里的外港澉浦，但临安仍设有市舶务机构。临安市舶务设在“保安门外瓶场河下。凡海商自外至杭，受其券而考验之。又有新务，在梅家桥北”[3]。澉浦镇虽只有数万人，却是“通番舶之处”[4]。当地居民不事田产，唯招接诸货贩运诸邦。明州、越州、温州、台州各地商船云集于此，往来于日本、高丽、印度等国。当时山东半岛被金人占领，与日本、高丽等国家的贸易全部移至明州。输入的货物以木材、黄金、宝刀、硫黄、人参、药材为多，其次是布匹、漆、铜器、虎皮、折扇、纸、墨和工艺品；输出的货物主要有瓷器、丝绸、腊茶、书籍、文具等。而这些商品许多发往临安，或通过临安发往内地。除朝贡外，民间贸易十分兴旺。《夷坚丁志》卷六《泉州杨客》载：“泉州杨客为海贾十余年，致资二万万……（绍兴十年）举所赍沉香、龙脑、珠琲珍异纳于土库中，他香布、苏木不减十余万缗，委之库外。”[5]许多官僚也经商。民间流传张俊令老卒回易的著名故事：“张循王之兄保尝怨循王不相援引，循王曰：‘今以钱十万缗、卒五千付兄，

[2]脱脱等：《宋史》卷一八五《食货下七》，中华书局1977年版。

[3]西湖老人：《西湖老人繁胜录》，浙江人民出版社1983年版。

[4]王樵：《槜李记》，载王樵：《方麓集》卷七，文渊阁《四库全书》本。

[5]洪迈：《夷坚志》，中华书局2006年版。

要使钱与人流转不息，兄能之乎？’保默然久之，曰：‘不能。’循王曰：‘宜弟之不敢轻相援引也。’王尝春日游后圃，见一老卒卧日中，王蹴之曰：‘何慵眠如是！’卒起声喏，对曰：‘无事可做，只得慵眠。’王曰：‘汝会做甚事？’对曰：‘诸事薄晓，如回易之类亦粗能之。’王曰：‘汝能回易，吾以万缗付汝，何如？’对曰：‘不足为也。’王曰：‘付汝五万。’对曰：‘亦不足为也。’王曰：‘汝需几何？’对曰：‘不能百万，亦五十万乃可耳。’王壮之，予五十万，恣其所为。其人乃造巨舰，极其华丽。市美女能歌舞、音乐者百余人，广收绫锦奇玩、珍馐佳果及黄白之器，募紫衣吏轩昂闲雅若书司、客将者十数辈，卒徒百人。乐饮逾月，忽飘然浮海去。逾岁而归，珠犀香药之外，且得骏马，获利几十倍。时诸将皆缺马，唯循王得此马，军容独壮。大喜，问其何以致此。曰：‘到海外诸国，称大宋回易使，谒戎王，馈以绫锦奇玩。为具招其贵近，珍馐毕陈，女乐迭奏。其君臣大悦，以名马易美女，且为治舟载马，以犀珠、香药易绫锦等物，馈遗甚厚，是以获利如此。’王咨嗟褒赏，赐予优渥，问：‘能再往乎？’对曰：‘此幻戏也，再往则败矣，愿仍为退卒老园中。’”[1]南宋时日本、高丽和南海交趾、占城、三佛齐、阇婆、渤泥以及大食、波斯的商旅纷至沓来，有的还侨居临安。临安城内形成各种“蕃坊”，来自不同国家或地区的人按信仰聚居一地，形成许多新的社区。尽管后来港口外移至澉浦，留居临安的外商特别是大食、波斯蕃商仍有不少。周去非《岭外代答》卷三《外国二·航海外夷》云：“诸蕃国人贡中国，一岁可以往返，唯大食必二年而后可。大抵蕃舶风便而行，一日千里，以遇朔风，为祸不测，幸舶吾境，犹有保甲之法；苟舶外国，则人货俱没。若夫默伽国（今沙特阿拉伯麦加）、勿斯里（今埃及）等国，其远也，不知其几万里矣。”[2]

南宋税收较北宋大幅度上升，除税负有所加重外，商业的空前发展是重要原因。临安设有数个税务机构。《梦粱录》卷一〇《本州仓场库务》载：临安“税务凡五处，名曰都税务、浙江税务、龙山税务、北郭税务、江涨税务。但州府虽有税务之名，则朝家多有除放，以便商贾”[3]。都税务在坝头市东、大和桥北，为都商税务或都商税院的简称，是临安府的商税征收机构，由唐代的市署令发展而来，“掌收京城商旅之算，以输于左藏”[4]。“辇下都税务，绍兴间所趋茶盐，岁以一千三百万缗为额。乾道六年后，增至二千四百万缗。”[5]浙江税务在钱塘江岸边的跨浦桥南，龙山税务在嘉会门外钱塘江岸边的龙山之东，北郭税务在余杭门外，江涨桥税务在江涨桥镇市，红亭税务在崇新门外。淳熙年间（1174—1189年），临安府在城及诸县岁入商税102万余贯[6]，与北宋开封地区熙宁十年（1077年）的49.8511万贯、元丰八年（1085年）55.2万余贯相比[7]，足足增加了1倍左右。据《咸淳临安志》卷五九《商税》记载，临安府级“五税预元额，自赵安抚与簒申请减放外，一岁共收四十二万贯文为额”，是北宋熙宁十年

[1]罗大经：《鹤林玉露》丙编卷二《老卒回易》，中华书局1983年版。

[2]周去非：《岭外代答》，中华书局1999年版。

[3]吴自牧：《梦粱录》，浙江人民出版社1984年版。

[4]脱脱等：《宋史》卷一六五《职官五》，中华书局1977年版。

[5]脱脱等：《宋史》卷三八五《葛邲》，中华书局1977年版。

[6]李心传：《建炎以来朝野杂记》甲集卷一四《景祐庆历绍兴盐酒税绢数》，徐规点校，中华书局2000年版。

[7]方勺：《泊宅编》卷一〇，许沛藻、杨立扬点校，中华书局1983年版，第57页。

的2.26倍。其中“都税务一十五万五千三百一十三贯一百五十八文，浙江税务八万一千八百一十贯二文，北郭税务一十万八百九十贯四百四十三文，龙山税务三万六千九百六十八贯九百一文，江涨税务四万五千一十七贯六百四十七文”。[1]从记载来看，商税比过去有了惊人的增长。仅浙江场的税额就十分接近熙宁十年杭州在城的税额，而北关（郭）镇则以10万余贯的巨额税远超之。按行商过税2%和坐贾住税3%的平均值即2.5%计，临安府城及诸县年贸易总额约为4080万贯，其中临安府级贸易总额也约达1680万贯。

[1]潜说友等：《咸淳临安志》卷五九《贡赋》，振绮堂汪氏清道光十年（1830年）刊本。

北宋熙宁十年杭州与南宋咸淳年间临安府年商税额比较（单位：贯）

税　务	熙宁十年（1077年）税额	咸淳年间（1265—1274年）税额	增长率
在　城	82 173	都税务155 313	89.01%
浙江场	16 447	81 810	397.42%
龙山场	2 992	36 969	1 135.59%
江涨桥镇	2 806	45 018	1 504.35%
北郭镇	81 395	100 890	23.95%
总　额	185 813	减收后共收420 000	126.03%

资料来源：龙登高：《宋代东南市场研究》，云南大学出版社1994年版，第71页。

在商业或广义的服务业的带动下，南宋临安的手工业异常发达。由于北宋开封的官营手工业机构南迁，大量人才集聚临安，再加上朝贡和朝廷内需趋旺，临安的官营手工业发展到新的高度；私营手工业则由于市场的不断扩大和工艺水平的提高更迅速地发展。

临安是全国官营手工业最集中、最发达的地区，各种机构遍布城内外。从归属来看，可分少府监、将作监、军器监三大类。工部掌天下城郭、宫室、舟车、器械、符印、钱币、山泽、苑囿、河渠之政。绍兴三年（1133年）少府监并入工部，绍兴五年增立御前军器案，另把御前军器所、文思院改隶工部，工部因而在营造之外还管理手工业。少府监主管宫廷日常用品生产。“元丰官制行，始置监、少监、丞、主簿各一人。监掌百工伎巧之政令……凡乘舆服御、宝册、符印、旌节、度量权衡之制，与夫祭祀、朝会展采备物，皆率其属以供焉。庀其工徒，察其程课、作止劳逸及寒暑早晚之节，视将作匠法，物勒工名，以法式察其良窳。凡金玉、犀象、羽毛、齿革、胶漆、材竹，辨其名物而考其制度，事当损益，则审其可否，议定以闻。”[2]可见其除直接管理生产或采购一些朝政用品外，还主管官用品的制度。少府监下辖5个手工业机构：（1）文思院。掌金银、犀玉等工巧之物的生产。绍兴三年（1133年）分两界，上界造金银珠玉，下界造铜铁竹木杂料。（2）绫锦院。“掌织纴锦绣，以供乘舆凡服饰之用。”[3]（3）染院。“掌染丝枲币帛。”（4）裁造院。“掌裁制服饰。”（5）文绣院。“掌纂绣，以供乘舆服御及宾客祭祀之用。”将作监“掌宫室、城郭、桥梁、舟车

[2]脱脱等：《宋史》卷一六五《职官五》，中华书局1977年版。

[3]徐松辑：《宋会要辑稿·食货六四》，中华书局1957年版。

营缮之事”。将作监内分为5案，下辖修内司、东西八作司、竹木场、事材场、麦麸场、窑场、丹粉所、作坊物材库、退材场、帘箔场等10个机构。南宋中期以后，各类营造工程由临安府分管，将作监职事较少，成为人才储备之地。军器监是生产和管理兵器等的官署，“监掌监督、缮治兵器什物，以给军国之用”[1]。曾划归工部。制造御前军器所则直接制造兵器。除上述这些官营机构外，临安还设有惠民局、和剂局、会子库、造会纸局、交引库、国子监书版库、丝鞋局等官营手工业机构。惠民局、和剂局从事药材生产和批发等业务。丝鞋局只在高宗一朝设过，专为宫廷生产丝鞋。每个院、司、场、库都相当于一个大型手工业作坊，工匠少则数百人，多则上千人。据《宋会要辑稿·职官二》记载，北宋开封染院工匠613人、绫锦院1034人、文绣院30人、裁造院267人，南宋更多。

宋代官营手工业不仅规模庞大，分工也细。北宋开封东西作坊的内部分成52个作，即木作、杖鼓作、藤席作、锁子作、竹作、漆作、马甲作、大弩作、绦作、棕作、胡鞍作、油衣作、马甲生叶作、打绳作、漆衣甲作、剑作、糊粘作、戎具作、掐素作、雕木作、蜡烛作、地衣作、铁甲作、钉钗作、铁身作、马甲造熟作、磨剑作、皮甲作、钉头牟作、铜作、弩桩作、钉弩桩红破皮作、针作、漆器作、画作、镴摆作、纲甲作、柔甲作、大炉作、小炉作、器械作、错磨作、櫳作、鳞子作、银作、打线作、打麻线作、枪作、角作、锅炮作、磨头牟作、灯球作[2]，有兵校及工匠7931人[3]，是开封最大的工场之一。开封的文思院有42个作，即打作、棱作、钑作、镀金作、钙作、钉子作、玉作、玳瑁作、银泥作、碾砑作、钉腰带作、生色作、装銮作、藤作、拨条作、榱洗作、杂钉作、场裹作、扇子作、画平作、裹创作、面花作、花作、犀作、结绦作、捏塑作、櫳作、牙作、销金作、镂金作、雕木作、打鱼作、绣作、裁缝作、真珠作、丝鞋作、琥珀作、弓梢作、打弦作、拍金作、钳金作、刻丝作。[4]开封的后苑造作所有81作，即生色作、缕金作、烧朱作、腰带作、钑作、打造作、面花作、结条作、玉作、真珠作、琥珀作、花作、蜡裹作、装銮作、小木作、锯匠作、漆作、雕木作、平拨作、钙作、櫳作、宝装作、缨络作、染牙作、研作、胎素作、竹作、镞镂作、糊粘作、像生作、靴作、折竹作、棱作、匙筯作、拍金作、铁作、小炉作、错磨作、乐器作、球子作、枪棒作、球杖作、丝鞋作、镀金作、榱洗作、牙作、梢子作、裁缝作、拽条作、钉子作、刻丝作、绣作、织罗作、绦作、伤裹作、藤作、打弦作、铜碌作、绵胭脂作、胭脂作、桶作、杂钉作、响铁作、油衣作、染作、戎具作、扇子作、鞍作、冷坠作、伞作、剑鞘作、打线作、金线作、裹剑作、冠子作、角衬作、浮动作、沥水作、照子作。[5]其他官营手工业工场的分工也很细。“作”相当于民间一个中型或大型作坊，也有数十人至百余人不等。南宋临安的官营手工业沿袭北宋体制，且兴盛程度超过北宋，专业分工更细。“作”的大量出现，说明手工业种类增多，专业性更强。官营作

[1]脱脱等：《宋史》卷一六五《职官五》，中华书局1977年版。

[2]徐松辑：《宋会要辑稿·方域三》，中华书局1957年版。

[3]徐松辑：《宋会要辑稿·职官二》，中华书局1957年版。

[4]徐松辑：《宋会要辑稿·职官二九》，中华书局1957年版。

[5]徐松辑：《宋会要辑稿·职官三六》，中华书局1957年版。

坊生产时事先制定制造法式，如《将作监监修营造法式》，工匠按工艺要求和程序生产。产品制成后刻上工匠姓名、制造年月、器物编号，由“作头”进行质量检验。

南宋临安的私营手工业发展水平与官营手工业不相上下，不仅从业人员更多，分工也同样精细，几乎每一类商品都有专门的作坊生产。《梦粱录》卷一三《团行》列举有碾玉作、钻卷作、篦刀作、腰带作、金银打钑作、裹贴作、铺翠作、裱褙作、装銮作、油作、木作、砖瓦作、泥水作、石作、竹作、漆作、钉铰作、箍桶作、裁缝作、修香浇烛作、打纸作、冥器作、花作等23种。《武林旧事》卷六《作坊》云：“都民骄惰，凡买卖之物，多与作坊行贩已成之物，转求什一之利。或有贫而愿者，凡货物盘架之类，一切取办于作坊，至晚始以所直偿之。虽无分文之储，亦可糊口。此亦风俗之美也。”[1]这些作坊普遍实行雇工制，人才辈出。陶宗仪《南村辍耕录》卷五《雕刻精绝》载：“詹成者，宋高宗朝匠人，雕刻精妙无比。尝见所造鸟笼，四面花版，皆于竹片上刻成宫室、人物、山水、花木、禽鸟，纤悉具备。其细若缕，而且玲珑活动。求之二百余年来，无复此一人矣。”[2]

南宋临安的丝织业扩展迅猛。南宋初年临安上供绢仅约4万匹，到庆元年间（1195—1200年）增至约12万匹，占两浙路上供数额的1/14强。据刘克庄《戊辰即事》，每年要缴朝贡用双丝细绢100万匹。丝织品的税额也较唐代增加了7倍。乾道年间（1165—1173年），临安府夏税约纳绢95813匹、绸4486匹、绫5234匹、锦58521两。[3]当时民间用绸量也非常大。无论婚嫁、生育、过节都要使用大量丝绸。据《西湖老人繁胜录》所记，杭州28个行市与丝绸有关的即有丝锦市、生帛市、枕冠市、故衣市、衣绢市、银朱彩色行6个。经销丝绸和与丝绸有关的店铺更多。南宋官营丝织业以少府监所属的绫锦院、织染所和文思院等执掌。绫锦院在绍兴三十一年（1161年）时有织机300台，工匠数千人。除厢兵役卒外，还有从民间鳞差或和雇的工匠。[4]私营丝织业除早在唐代已经形成的城东菜市桥、忠清巷一带的丝织业街坊外，在文思院邻近的北桥一带又形成了另一个新的区域，而且其生产规模还超过了前者。从时任於潜县令的楼璹所绘制的《耕织图》中可以看出，临安的缫丝业、丝织业生产技术达到了当时的最高水平。《耕织图》有织图24幅，“织自浴蚕，以至剪帛，凡二十四事”[5]。内容有浴蚕、下蚕、喂蚕、一眠、二眠、三眠、分箔、采桑、大起、捉绩、上簇、炙箔、下簇、择茧、窖茧、缫丝、蚕娥、祀谢、络丝、经、纬、织、攀花、剪帛等。缫丝有熟缫和生缫两种。熟缫指茧经盐浥、烘干等贮藏工序之后再缫，生缫则以生茧直接缫丝，所得之丝鲜洁明亮，质量也较好。宋代使用的缫丝机在北宋秦观所著的《蚕书》中有详细描述，但没有图示。而从《耕织图》所示的缫丝机来看，当时临安等南方地区使用的缫丝机型制与近代杭嘉湖地区保存的缫丝机无大区别。这种缫丝机主要包括

[1]周密：《武林旧事》，李小龙、赵锐评注，中华书局2007年版。

[2]陶宗仪：《南村辍耕录》，中华书局2004年版。

[3]周淙：《乾道临安志》卷二《税赋》，载中华书局编辑部编：《宋元方志丛刊》第4册，中华书局1990年版。

[4]徐松辑：《宋会要辑稿·食货六四》《宋会要辑稿·职官二九》，中华书局1957年版。

[5]楼钥：《攻愧集》卷七六《跋扬州伯父〈耕织图〉》，文渊阁《四库全书》本。

机架、集绪和捻鞘、卷绕等几大部分，传动装置由一脚踏杆和一曲柄连杆机构相连而成，缫丝者可腾出双手索绪、添绪，大大提高了生产效率。织图中史料价值最高的是束综提花楼机图，这是中国目前发现的最早的提花机图录。宋代以前广泛使用的织机是多综多蹑机，束综提花机较之在技术上有了很大改进。多综多蹑机可织花纹不太复杂的锦绮等类丝织品，束综提花机则可织造“对雉、斗羊、翔凤、游麟”之类复杂或大型图案，是当时世界上最先进的丝织机。丝绸花色品种十分丰富，试制出“三法暗花纱”等新丝织产品，以及仿制日本、朝鲜诸国的名产“兜罗绒”。除绸、缎、绢、锦、绫、纱、罗等得到翻新外，还出现苎丝、绒背锦、鹿胎、缂丝、透背、捻金锦等新品种。苎丝用染丝织成，花色有织金、闪褐、间道等几种。其中织金指在织物中嵌入捻金线或片金线，闪褐指经纬线使用两种不同颜色使织物具有闪色效果，间道指有色彩间隔排列效果。从宋宁宗杨皇后的《宫词》“要趁亲蚕作五丝”推测，当时可能已经有五枚缎织物。绒背锦是一种背部有浮长的织锦，使用时背浮可以剪去。由于织造费工，被列为“淫巧之工”。《咸淳临安志》记载的杜缂又名起线，可能是一种民间生产的缂丝。鹿胎可能是一种酷似梅花鹿花纹的紫地白花斑缬类织物。

南宋临安的印刷业十分发达，官刻和私雕并举，出现了许多刻书机构、书肆，刻书数量之多、质量之高、流传之广在全国首屈一指。官刻机构分为两种，一是国子监等中央机构，二是地方政府机构。国子监是全国最高学府，同时也是最权威的刻书机构，所刻书籍称“监本”。监本是通行的范本，印制精美。《宋史》卷一六五《职官五》载，国子监“掌印经史群书，以备朝廷宣索赐予之用，出鬻而收其直以上于官”[1]。据王国维《两浙古刊本考》卷下《南宋监本》考证，南宋临安国子监所刻书主要有经部40种、史部22种、子部4种、集部2种。元代西湖书院曾对南宋国子监残书进行整理。据《元西湖书院重整书目碑》所记，凡经部51部、史部36部、子部11部、集部21部。今传本尚有汉郑玄《礼记注》、唐孔颖达《周易正义》、晋李轨《扬子法言注》等。南宋皇家内府所属机构德寿宫及左司廊局、修内司、太医局、太史局等中央机关也刻印过不少书，通常称为“宋殿本”或某司某局本。德寿宫德寿殿刻有《隶韵》等书，左司廊局刻有《春秋经传集解》《春秋左传》《国语》《史记》等书，修内司刻有《乐府混成集》《绍兴校定本草》等书，太医局刻有《小儿卫生总微论方》《脉经》等书。秘书监下的太史局，设有“印历所，掌雕印历书。南渡后，并同隶秘书省”[2]。交引库印制造茶、盐钞引，行在会子库印造会子。地方政府机构如浙西都转盐运使司、浙西提点刑狱司、两浙东路茶盐使司、临安府等也刻印了不少书籍。浙西都转盐运使司刻有《易数钩隐图》《中兴馆阁书目》《中兴百官题名》《救荒活民书》《林和靖先生诗集》《龟溪集》等，浙西提点刑狱司刻有《作邑自箴》等书，两浙西路

[1]脱脱等：《宋史》，中华书局1977年版。

[2]脱脱等：《宋史》卷一六四《职官四》，中华书局1977年版。

茶盐使司刻有《临川王先生文集》等书，临安府刻有《仪礼疏》《通典》《群经音辨》《文粹》《西汉文类》《圣宋文海》《说文解字系传》《广韵》等。南宋中晚期私刻之禁被冲破，临安一时私刻之风盛行。御河棚桥边的一些街巷尤多书坊，所刊书形式风格亦相近，通称“棚本”。有名可考的书坊有临安府棚北大街睦亲坊南陈宅书籍铺、临安府棚北大街睦亲坊巷口陈解元书籍铺、临安府洪桥子南河西岸陈宅书籍铺、临安府鞔鼓桥南河西岸陈宅书籍铺、临安府太庙前尹家书籍铺、临安府众安桥南街东开经书铺贾官人宅、临安府修文坊相对王八郎家经铺、钱塘门里车桥南大街郭宅经铺、保佑坊前张官人经史子文籍铺、行在棚南街前西经坊王念三郎家、杭州沈二郎经坊、杭州猫儿桥河东岸开笺纸马铺钟家、太学前陆家、临安府中瓦南街东开印输经史书籍铺荣六郎家、大河北段油蜡桥（新桥）西桥橘园亭文籍书房、铺塘俞宅书塾、钱塘王叔边宅、临安府金氏等。临安府棚北大街睦亲坊南陈宅书籍铺、临安府棚北大街睦亲坊巷口陈解元书籍铺是陈起、陈续芸父子的书坊，其刻本是棚本中最著名的。除江湖诗人的诗集外，陈起所刻唐人诗集也很多，有“诗刊欲遍唐”之称。王国维推定“今日所传明刊十行十八字本唐人专集、总集，皆出陈宅书籍铺本也”，“唐人诗集得以流传至今，陈氏刊刻之功为多”。[1]明人翻刻《唐人小集》，大抵源于临安陈解元书籍铺。南宋临安的寺院刻书风气也很盛，如净戒院刻《长短经》、开化院刻《四分律比丘尼钞》、慧恩院刻《华严经随疏演义钞》等。临安的官刻、私刻都追求经济效益。官刻除上述经史子集书外，还印了历法、园艺等实用类书；私刻则更加注重实用类书的出版。一些书坊为求速成而力求简易，使用了简化字。罗振玉在日本影印的南宋临安中瓦子张家所刻《大唐三藏取经诗话》中就有多个简化字。如《过狮子林及树人国》一章中“一个驴儿吊在厅前，及到山西王长者儿处”中的“驴”、“厅”、“处”等字都是简化字。这对后世的刻书事业及文字改革有深远影响。

[1]王国维：《两浙古刊本考》卷上，载王国维：《王国维遗书》第7册，上海书店出版社1983年版。

南宋临安的陶瓷业在全国占有重要地位，是当时全国生产工艺最为先进、质量最高的瓷器之一。南宋“袭故京遗制”[2]，在临安重设官窑，先后设置内窑（修内司窑）和郊坛下窑，即著名的“南宋官窑”。经多年考古研究，老虎洞遗址被许多学者认定为修内司窑遗址。1998年、2001年对老虎洞遗址进行两次考古发掘，均被评为年度全国十大考古新发现之一。老虎洞遗址位于凤凰山与九华山之间的山岙中，出土文物种类十分丰富，主要有碗、盘、碟、洗、盏、盏托、杯、箸架、钵、罐、盒、盆、花盆、瓶、壶、炉、尊、觚、筒形器、器盖及器座等21大类，以碗、盘和瓶的数量最多。每类器物又有多种造型，以瓶、炉最为明显。装烧方法既有裹足满釉支烧，也有底足刮釉垫烧，部分器形与北宋汝窑或北宋官窑非常接近，体现承继关系。这些文物不仅反映出南宋朝廷对御用瓷器生产控制的逐步加强，更说明南宋重设官窑与生产祭祀用瓷有着密切关系。据文献记

[2]陶宗仪：《南村辍耕录》卷二九《窑器》引宋叶寘《坦斋笔衡》，中华书局1980年版。

载，基于余姚、平江烧制的礼祀用器不合规范，高宗于绍兴十四年（1144年）以“国有大礼，器用宜称”[1]为由，在礼器局设修内司窑。老虎洞官窑共发现2座龙窑和3座马蹄形馒头窑。郊坛下窑址位于江干区闸口乌龟山和桃花山之间的山岙中。发现2座长条斜坡式龙窑。窑砖质地厚实细坚，建筑规整，是民间窑炉的改进型。由于破坏严重，出土器物完整的很少，能复原的也不多。其中开片釉面瓷片约占全部瓷片的85%。参照传世品复原的有炉、尊、坛、觚、灯盏、瓶、罐、壶、器盖、器座、弹丸等23类70多种。其中有碗、盘、碟、盏、杯、壶等饮食器皿和罐、钵、坛等盛贮器，也有唾盂、熏炉、灯盏、盆、盒、水盂、笔洗等日用品，还有一些仿照古代铜、玉器形制的瓶、炉、花盆等祭器和陈设用具以及鸟食罐、象棋（模与范）、弹丸等。南宋官窑烧制的瓷器“澄泥为范，极其精致。釉色莹澈，为世所称”[2]。采用坯体素烧、多次上釉的工艺，即第一次素烧→第一次上釉→第二次素烧→第二次上釉→第三次素烧→第三次上釉→第四次素烧→第四次上釉→入龙窑烧成。素烧可以提高坯体的机械强度，减少器物的变形。每次上釉的厚度不超过0.5mm，经过2—4次反复达到1mm以上。这种工艺成本极高。明初人曹昭《格古要论》卷下云：“宋修内司烧者，土脉细润，色青带粉红，浓淡不一，有蟹爪纹，紫口铁足。色好者与汝窑相类。”[3]又明人高濂《遵生八笺》卷一四《论官哥窑器》云：“官窑品格大率与哥窑相同，色取粉青为上，淡白次之，油灰色色之下也；纹取冰裂鳝血为上，梅花片墨纹次之，细碎纹纹之下也。”[4]南宋官窑既继承了北宋开封官窑、河南汝官窑等北方名窑釉质浑厚、造型端庄简朴的特点，又吸收了南方越窑、龙泉窑等的薄胎厚釉、釉面莹沏、造型精巧之风格，具有典雅、神秘之自然美，构成中国青瓷史的顶峰。

日本晚期茶道器具“天目碗盏”或“天目瓷”北宋时由天目山寺院中传出。日本出版的《世界百科大事典》云：“‘天目’为黑色及柿色铁质釉彩陶瓷茶碗的统称。镰仓时代建久三年（1192年）至元弘三年（1333年）的141年间，到中国宋朝的禅僧归国时带回，始传到日本。此类茶碗系禅僧修行地——中国天目山寺院日常使用，故称‘天目’。”[5]学术界较公认的是建武二年（1335年）在日本出现，町室时代（1392—1573年）大量输入。1982年，在原於潜县境今临安市凌口乡、绍鲁乡和西天目乡发现天目山窑址群，共24处，分布面积达6km^2。天目山窑烧造黑釉、青釉和青白瓷。“天目碗盏”主要指黑釉瓷，其釉质有金兔毫、银兔毫、鹧鸪斑、油滴斑、玳瑁、青丝、繁星、鸡血斑、满天星等，器形有碗、盘、瓶、盏、盅、壶、罐、炉、灯等，采用刻花、划花、印花、点彩及堆塑等工艺，还有许多文字。当时出口到日本的还有类似的建阳窑、吉州窑等的产品，但统称“天目碗盏”，可见天目山窑具有代表性。根据对器物形制和胎釉、装饰特征的研究，天目窑址的烧造年代应始于北宋，盛于南宋，衰于元代。“天目瓷”烧造时间长、装烧方法独特、装饰工艺精湛、产品类型多样。[6]

[1]徐松辑：《宋会要辑稿·礼一四》，中华书局1957年版。

[2]陶宗仪：《南村辍耕录》卷二九《窑器》引宋叶寘《坦斋笔衡》，中华书局1980年版。

[3]曹昭：《格古要论》，文渊阁《四库全书》本。

[4]高濂：《遵生八笺》，文渊阁《四库全书》本。

[5]高井康雄主编：《世界百科大事典》，平凡社1966年版。

[6]过婉珍：《天目茶碗》，《中国茶叶》2012年第5期；李家治、陈士萍、张志刚、邓泽群、周学林、姚桂芳：《浙江临安天目窑黑釉瓷的科学技术研究》，《陶瓷学报》1997年第4期。

南宋临安的军火制造业规模较大，生产的军器品种繁多，数量也大。军火生产机构主要有都作院、东西作坊、万全指挥等。都作院系北宋即已设立的地方军器作坊。《淳熙三山志》卷一八《兵防类一·都作院指挥》载："国初，州有作院，以待朝廷抛造及州自制军器。"[1]又《玉海》卷一五一《兵制·开宝弓弩院》载，北宋初"诸州有作院，岁造弓弩、箭、剑、甲胄、箭镞等，凡六百二十余万"[2]。建炎三年（1129年），都作院并入军器所。绍兴二年（1132年），因军兴，"唯戎器方急"，又"诏于行在别置作院造器甲，令工部长贰提点，郎官逐旬点检"。[3]官吏设置仍旧额。据《淳祐临安志》卷七《军营》和《咸淳临安志》卷五七《武备·厢军》记载，临安有都作院指挥和小作院指挥各一，前者额管兵匠480人，后者额管兵匠100人。北宋初南北作坊各以京朝官、诸司使副、内侍二人监领，两坊内部共有木作、漆作、马甲作、大弩作、剑作、铁甲作、皮甲作、铜作、大炉作、小炉作、枪作等51作。南坊有兵校、工匠37041人，北坊有兵校、工匠4190人，总计达7900余人。熙宁三年（1070年）改南北作坊为东西作坊。元丰时东西作坊有工匠5000人。南宋临安的东西作坊沿袭北宋制度。万全指挥又称万全作坊、万全作坊指挥，北宋元丰时有军匠3700人[4]，南宋仍置这一机构。东西作坊和万全指挥工匠绍兴初年（1131年）仅1000人，绍兴四年增至1900多人，绍兴十一年再增至4500多人（其中诸路州军差到2900多人），绍兴二十六年减为2300多人（其中诸路州军差到1504人）。绍兴三十年，因宋金战起，"万全工匠以二千，杂役兵士五百人为额"；"东西作坊以一千六百人，每坊八百人，杂役兵士各四十八人为额"。当年制造诸色军器3236942件。乾道年间（1165—1173年），工匠又增至4000人左右。[5]淳熙六年（1179年），减少为3500人。[6]南宋末咸淳年间（1265—1274年），仅有工匠700多人。[7]除上述作坊进行军火生产外，其他部门也生产部分军器，如殿前司有自隶军匠造甲，御前应奉所下有制造军器处。[8]修内司也曾制造过军器，且数量极其庞大。乾道元年（1165年）四月至八年（1172年）三月，"将及七年造纳过军器一百五十三万余件，并各精致"[9]。南宋军火生产沿用北宋标准。成书于北宋庆历年间（1041—1048年）的《武经总要》对宋初的军器种类和式样进行了规范，附有器图，为军器生产提供了标准。神宗时设立编修军器什物法制所，对军火标准进行了编修，形成"熙宁法式"。

南宋临安的盐业规模进一步扩大。北宋在临平监置官，设有上管、下管、蜀山、岩门、南路、袁花、黄湾、新兴8场[10]，南宋绍兴三十二年（1162年）时增多至10处[11]，即仁和买纳场、盐官买纳场、南路袁花黄湾新兴催煎场、茶槽催煎场、钱塘催煎场、新兴催煎场、蜀山催煎场、岩门催煎场、上管催煎场、下管催煎场。此后又新设汤镇、许村两处催煎场，总为12场。[12]又据《梦粱录》卷一〇《本州仓场库务》载："又新兴以下五场，西兴、钱清二场皆隶。"[13]艮山门外设有盐事所、都盐仓两个机构

[1]梁克家修：《淳熙三山志》，载中华书局编辑部编：《宋元方志丛刊》第8册，中华书局1990年版。

[2]王应麟：《玉海》，江苏古籍出版社、上海书店出版社1987年版。

[3]脱脱等：《宋史》卷一六三《职官三》，中华书局1977年版。

[4]李心传：《建炎以来系年要录》卷一八，中华书局1956年版。

[5]徐松辑：《宋会要辑稿·职官一六》，中华书局1957年版。

[6]马端临：《文献通考》卷一六一《兵考一三》，中华书局1986年版。

[7]潜说友等：《咸淳临安志》卷九《监当诸局》，振绮堂汪氏清道光十年（1830年）刊本。

[8]马端临：《文献通考》卷一六一《兵考一三》，中华书局1986年版。

[9]徐松辑：《宋会要辑稿·职官三〇》，中华书局1957年版。

[10]延丰：《嘉庆两浙盐法志》卷二，文渊阁《四库全书》本。

[11]王应麟：《玉海》卷一八一《食货·盐铁·绍兴盐额》，江苏古籍出版社、上海书店出版社1987年版。

[12]潜说友等：《咸淳临安志》卷五五《官寺四·仓场库务等》，振绮堂汪氏清道光十年（1830年）刊本。

[13]吴自牧：《梦粱录》，浙江人民出版社1984年版。

管理盐务。盐事所职掌本地盐政（如盐钞法、和买、盐课收入）及监察诸盐场、盐仓、都盐务公事、捕捉私盐等事，都盐仓是京城储藏食盐的仓库。当时对盐税、盐户和盐民的管理非常严格。曾采取以盐折纳二税做法。[1]如仁和县盐折税钱700贯342文，盐折米钱272贯600文。[2]对盐户和盐民的管理采用北宋的亭户灶甲制。严禁私盐，但屡禁不止。宋代海盐生产技术取得巨大进步，主要体现在取卤技术与引潮工程、验卤和煮卤技术、晒盐技术等方面。取卤方法有刮咸淋卤法（包括晒沙淋卤法）、晒灰取卤法、海潮积卤法3种。采用刮咸淋卤法，“倚海筑场，刮壤聚土，暴曦钓咸，漏窍沥卤，三日功成”[3]。晒灰取卤法包括开场、摊灰、灌灰、晒灰、淋灰5道工序。“淮浙煎盐，布灰于地，引海水灌之，遇东南风，一宿盐上聚灰，曝干。凿地以水淋灰，谓之盐卤。”[4]验卤用的是石莲试卤法。煮卤是制取海盐的最后一道工序，当时盛行竹筒泻卤技术。据郭正忠考证，中国古代的海盐晒制技术并非始见于明代，而创行于宋末元初。其工序包括砌筑石盘或沙埕、引放卤水等。[5]

南宋临安的酿酒业规模大大超过北宋，是北宋的10多倍或20多倍。当时普遍形成酿酒牟利的观念，包括皇宫和各级政府。“御酒曲料库支卖新煮酒并行住罢。将在栈煮兰液酒二十万瓶，付点检赡军酒库所，令本所自今每岁抱纳息钱一十二万贯供纳内藏库，仍自今岁为始。”[6]可见御酒库所酿的酒产量极大，且还向市场卖酒牟利。德寿宫也设有御酒库。各级政府竞相酿酒以获利，其中以中央政府机构的户部居首。户部点检所拥有东库、西库、南库、北库、中库、南上库、南外库、北外库、西溪库、天宗库、赤山库、崇新库、徐村库等13个大型酒库，另还有安溪、余杭、奉口、解城、盐官、长安、许村、临平、汤镇9个小酒库。这些酒库产量巨大，所获酒利也大。“户部之有曲部，其在西湖，六七年为曲六百余万斤，官获其利三十余万缗。”[7]平均每年约为100万斤。这个数字仅是在册商品酒的数量，实际数量还要大。《武林旧事》卷六《诸色酒名》云：“点检所酒息，日课以数十万计，而诸司邸第及诸州供送之酒不与焉。盖人物浩繁，饮之者众故也。”[8]两浙安抚使司、临安府共设酒库6个。临安府经营酿酒业的机关称都酒务，其职责是酿卖酒曲、征收酒课。府下县一级也设酒务，内部都设有仓库、碾碓、酝室、糟池、灶舍、摊场等制酒设备，规模亦不小。据《武林旧事》卷六《诸色酒名》所载，临安府所酿有有美堂、中和堂、雪醅、真珠泉、皇都春、常酒、和酒7种名酒，其中皇都春、常酒、和酒3种在市场上出售。此外，殿司、浙西仓、三省激赏库、江阃、海阃等机构也酿酒。为了保障政府独享酒利，南宋与北宋一样也禁止私人酿酒或私人贩酒，但实际上对权贵无法控制。临安秀邸、杨府、杨郡王府、杨驸马府、张府、荣邸等大规模酿酒，还出了不少名酒，如秀邸的庆远堂、杨府的清白堂、吴府的蓝桥风月、杨郡王府的紫金泉、杨驸马府的庆华堂、张府的元勋堂、荣邸的眉寿堂和万象皆春、谢府的济美堂和胜

[1]徐松辑：《宋会要辑稿·食货二六》，中华书局1957年版。

[2]潜说友等：《咸淳临安志》卷五九《贡赋》，振绮堂汪氏清道光十年（1830年）刊本。

[3]罗叔韶、常棠修：《澉水志》卷下《碑记门·鲍郎场政绩记》，载中华书局编辑部编：《宋元方志丛刊》第5册，中华书局1990年版。

[4]赵彦卫：《云麓漫钞》卷二，傅根清校点，中华书局1996年版。

[5]郭正忠：《我国海盐晒法究竟始于何时》，《福建论坛》（文史哲版）1990年第1期。

[6]徐松辑：《宋会要辑稿·食货五二》，中华书局1957年版。

[7]周紫芝：《太仓稊米集》卷一九《与张尚书论移曲院》，文渊阁《四库全书》本。

[8]周密：《武林旧事》，李小龙、赵锐评注，中华书局2007年版。

茶等。[1]张镃家的花白酒也很有名。张镃为张俊曾孙，于临安城北南湖建张园，每年六月季夏在现乐堂举办品尝酒活动。[2]百姓酿酒赢利也甚多。袁韶“为临安府尹几十年，理讼精简，道不拾遗，里巷争呼为‘佛子’，平反冤狱甚多”。为了增加政府的财政收入，他就鼓励市民酿酒转销到浙西各地。[3]当时的酿酒技术也有了进一步发展。根据酝酿时间长短将酒分为小酒和大酒。小酒“自春至秋，酤成即鬻”，不蒸煮，只需对酒醅压榨即可。所得酒“澄折得清”，称清酒或生酒。“其价自五钱至三十钱，有二十六等。”大酒“腊酿蒸鬻，候夏而出”，由生酒蒸煮酿制，称为煮酒。价格“自八钱至四十八钱，有二十三等”。各地酿制的酒因原料不同而风味不一。“凡酝用粳、糯、粟、黍、麦等及曲法、酒式，皆从水土所宜。”[4]南宋临安地区一般以酿造米酒为主，用大米作原料，用麦作曲。其中政府所酿的酒以“甜如蜜”著称。

宋代中国的造船业进入世界先进行列，南宋时更为发达，如海舶以体积大、负载多、安全平稳、设施完备等著称于世。临安的船舶制造业虽不及明州、温州、泉州著名，但产量也较大。所造的船舶以内河船舶为主，兼及游船、战船和海舶。海舶可分为远洋船和浅海船两种。据《梦粱录》卷一二《江海船舰》记载，临安所造的远洋船“大小不等，大者五千料，可载五六百人；中者二千料至一千料，亦可载二三百人；余者谓之钻风，大小八橹或六橹，每船可载百余人”[5]。“其长十余丈，深三丈，阔二丈五尺，可载二千斛粟”。“每舟篙师、水师可六十人”。南宋时的一料等于一石，载重5000料就是5000石，折合成今制约为300吨；载重2000料，折合成今制约为120吨。这些远洋船舶“皆以全木巨枋，搀迭而成”，“上平如衡，下侧如刃，贵其可以破浪而行也”，有较好的平衡和抗沉性能。又充分利用各种不同形式的风帆，“大樯高十丈，头樯高八丈，风正则张布帆五十幅，称偏则用利篷，左右翼张，以便风势。大樯之巅，更加小帆十幅，谓之野狐帆，风息则用之”。[6]远洋船上的指南针已从单针发展为比较复杂的罗盘针。浅海船和江船在临安造船业中占有重要地位。主要有舠鱼船、湖底船、三板船、战船、渡船等。舠鱼船又称刀鱼船、钓鱼船、钓漕。《建炎以来系年要录》卷七云：“浙江民间有钓鱼船，谓之钓漕。其船尾阔可分水，面敞可容兵，底狭尖可以破浪，粮储器仗，置之簧版下，标牌矢石，分之两旁；可容五十卒者，面广丈有二尺，长五丈，率直四百缗。”[7]舠鱼船既能捕鱼，又能作战，极具创意。河船是临安造船业中的主产品，有客货混杂船、货船、客船、纲船、家船、贩米船、渔船、红座船、撩河船等，主要用于长途运输。用于西湖游览或生产的又有御舟、湖舫、车船、钓鱼船、渔舟、瓜皮船、小脚船、采莲船、放生船等。临安不仅有官营造船场，也有私营船坊。官营船场设在东青门外、荐桥门外、澉浦、西湖边等处，另还有修船场。

临安的纸、笔、墨等文化用品制造业极其发达。造纸业尤其盛极一

[1]周密：《武林旧事》，李小龙、赵锐评注卷六《诸色酒名》，中华书局2007年版。

[2]周密：《武林旧事》，李小龙、赵锐评注卷一〇《张约斋赏心乐事》，中华书局2007年版。

[3]张端义：《贵耳集》卷下《拍户》，中华书局1958年版。

[4]脱脱等：《宋史》卷一八五《食货下七》，中华书局1977年版。

[5]吴自牧：《梦粱录》，浙江人民出版社1984年版。

[6]徐兢：《宣和奉使高丽图经》卷三四《客舟》，商务印书馆1971年版。

[7]李心传：《建炎以来系年要录》，中华书局1956年版。

时。为造会子，临安府专设造会纸局。《咸淳临安志》卷九《行在所录九》云："在赤山之湖滨。先是造纸于徽州，既又于成都。乾道四年三月，以蜀远纸弗给，诏即临安府置局，从提领官、权兵部侍郎陈弥作之请也。始局在九曲池，后徙今处。又有安溪局。咸淳二年九月并归焉，亦领以都司。工徒无定额，今在者一千二百人。咸淳五年之二月有旨住役。"[1]安溪局在湖滨。咸淳二年（1266年）赤山局与安溪局合并。杭州北山玉泉院有上好池水，也曾置局，造纸甚佳。城外及郊县也设有多个造纸基地。临安的藤纸、钱塘的油纸、余杭的由拳纸、富阳的赤亭纸和小井纸都负有盛名。有些不法商人竟"以伪易真，至以纸为衣"[2]。以纸冒充纺织材料，可见造纸技术之高超。乾道四年（1168年），鉴于从四川成都运输楮纸费用高昂，在临安设立官营的造纸作坊（造会纸局）。"在赤山之湖滨……又有安溪局，咸淳二年九月并归焉，亦领以都司。工徒无定额，今在者一千二百人。"[3]临安的纸张消费量很大，城中开设众多的纸铺，如市西坊南和剂惠民药局前的舒家纸扎铺、狮子巷口徐家纸扎铺、李博士桥的汪家金纸铺以及藤镴纸行、造翠纸行、乾红纸行等。纸除用于书画、印刷和包裹商品外，还大量用于纸扇、纸衣、纸冠、纸帐、纸被、纸伞、纸灯、纸鸢、名刺、纸马、香纸、纸钱、瘟纸、庚帖、墙纸、屏风、门神、广告等，也有了专门的卫生纸。杭州的制笔业在北宋时就著名于时。苏轼非常推崇钱塘程奕所制的笔，其《书钱塘程奕笔》载："独钱塘程奕所制，有三十年先辈意味；使人作字，不知有笔，亦是一快。"[4]他离开杭州时，"当致数百枚而去"[5]。南宋临安的屠希、张文贵所制笔也非常有名。陆游《书屠觉笔》云："自天子、公卿、朝士，四方士大夫，皆贵希笔，一筒至千钱，下此不可得……希之技诚绝人，入手即熟，作万字不少败，莫能及者。"[6]临安戴彦衡、赵令衿、叶世英、叶邦宪、刘士先、李世英、华邦宪等所制墨称名一时。华邦宪制作的墨价值很高。元倪瓒《清閟阁全集》卷九《题画》云："夏圭所作《千岩竞秀图》，岩岫萦回，层见迭出，林木楼观深邃清远，亦非庸工俗吏所能造也。盖李唐者，其源亦出于荆范之间。夏圭、马远辈又法李唐，故其形模若此，便如马和之人物犬马，未尝不知祖吴生而师龙眠耳。钱塘詹仲华以端石一、华邦宪墨半丸、古玉璩一易此卷。"[7]

临安的制扇业、金属铸造业、玉器制作业和髹漆业等日常生活用品制造业十分繁盛。制扇业在北宋时就已经形成，南宋时生产规模更大。时有专门的纸扇行、修破扇和扇牌儿等行业[8]，还出现了集聚制扇作坊和店铺的扇子巷。[9]《梦粱录》卷一三《铺席》记载了中瓦子前徐茂之家扇子铺、官巷内周家折揲扇铺、陈家画团扇铺、炭桥河下青篦扇子铺等制扇作坊。扇子的品种繁多，见于文献记载的除宫中卤簿仪仗和政府有关仪式上使用的大扇黄罗御扇、方扇、龙凤掌扇、红绣日扇、朱圆扇、黄伞雉扇、青绢白扇等外，还有日常使用的细画绢扇、细色纸扇、漏尘扇柄异色影花扇、梅

[1]潜说友等：《咸淳临安志》，振绮堂汪氏清道光十年（1830年）刊本。

[2]周密：《武林旧事》，李小龙、赵锐评注卷六《游手》，中华书局2007年版。

[3]潜说友等：《咸淳临安志》卷九《造会纸局》，振绮堂汪氏清道光十年（1830年）刊本。

[4]苏轼：《书钱塘程奕笔》，载苏轼：《苏轼文集》卷七〇，孔凡礼点校，中华书局1986年版。

[5]苏轼：《东坡志林》卷八，文渊阁《四库全书》本。

[6]陆游：《陆游集·渭南文集》卷二五《书屠觉笔》，孔凡礼点校，中华书局1976年版。

[7]倪瓒：《清閟阁全集》，上海书店出版社1994年版。

[8]西湖老人：《西湖老人繁胜录·诸行市》，浙江人民出版社1983年版。

[9]吴自牧：《梦粱录》卷七《禁城九厢坊巷》，浙江人民出版社1980年版。

竹扇面儿、张人画山水扇等。[1]金属铸造业除修内司、文思院等官方机构从事外，私营作坊更多。“京城内外有专以打造金箔及铺翠销金为业者不下数百家，列之市肆，藏之箧盝，通贩往来者往往至数千人。”[2]修内司为宫中制作的金银器十分精巧。《武林旧事》卷三《岁除》云：“后苑修内司各进消夜果儿，以大合簇饤凡百余种，如蜜煎珍果，下至花饧、萁豆，以至玉杯宝器、珠翠花朵、犀象博戏之具，销金斗叶、诸色戏弄之物，无不备具，皆极小巧。又于其上作玉辂，高至三四尺，悉以金玉等为饰护，以贴金龙凤罗罩，以奇侈求胜。一合之费，不啻中人十家之产，止以资天颜一笑耳。”[3]铜器的品种非常丰富，有铜锣、铃铎、铜壶、花器、烛台、马具、铜钟、铙钹等。代表铜器铸造最高水平的是浑天仪。《建炎以来朝野杂记》甲集卷四《浑天仪》载：“浑天仪，古器也。旧京凡四座，每座约用铜二万斤。至道，仪在测验浑仪所。皇祐间，仪在翰林天文局。熙宁，仪在太史局天文院。元祐，仪在合台。绍兴三年，工部员外郎、晋陵袁正功献浑仪本样，命有司制之。太史局请折半制造，计用铜八千四百余斤。诏工部侍郎提举，后以巡幸不克成。时资州龙水县士人张大樾以木为盖，言可备军幕中候验。七年夏，席大光为制置大使，献诸朝。其后，上在宫中自作浑仪，然制差小。十四年四月，遂命有司制之，内侍邵谔领其事。久之乃成。三十二年，以授太史局焉。”[4]据《梦粱录》卷一三《铺席》和《诸色杂货》记载，当时有市西坊北张家铁器铺、官巷北淮岭倾锡铺、李博士桥邓家金银铺、水巷桥河下针铺等金属器店铺。临安的玉器制作业非常发达。修内司内设有玉器作坊，制作极其精致，代表了玉器制作的最高水准。当时佩戴玉饰蔚成风气，因而私营碾玉作生意兴隆。玉器店铺除出售玉器和玉料外，还接受来料加工业务。杭州的髹漆业在北宋时就很知名，南宋时有了进一步发展，形成金漆桌凳行、掩漆子等行业[5]，生产螺钿交椅、螺钿投鼓、螺钿鼓架、螺钿玩物、朱红圆兀子、朱红匣、金漆桃符板等“时样漆器”[6]。《梦粱录》卷一三《铺席》记载有里仁坊口游家漆铺等名店，《都城纪胜·铺席》记载有温州漆器铺。1957年老和山宋墓出土漆碗、漆盘、漆棒、漆盒、漆奁、漆剑、漆皮、木胎残片及髹漆木俑，均为薄木胎黑漆器，碗口处有朱书铭文“壬午临安符家真实上牢”，这“符家”便是临安的漆铺名家。[7]

由于食品需求市场巨大，临安的食品制造业空前繁荣。鉴于分散的肉铺无法满足庞大的消费需求，设立了修义坊肉市。“坝北修义坊，名曰肉市。巷内两街，皆是屠宰之家，每日不下宰数百口，皆成边及头蹄等肉，俱系城内外诸面店、分茶店、酒店、店及盘街卖肉等人，自三更开行上市，至晓方罢市。其街坊肉铺，各自作坊，屠宰货卖矣。或遇婚姻日及府第富家大席，华筵数十处，欲收市腰肚，顷刻并皆办集，从不劳动力。盖杭州广阔可见矣。”[8]《夷坚丁志》卷九《河东郑屠》载：“临安屠猪，但一大屠为之长，每五鼓击杀于作坊，须割裂既竟，然后众屠儿分挈以

[1]吴自牧：《梦粱录》卷一三《夜市》，浙江人民出版社1980年版。

[2]徐松辑：《宋会要辑稿·刑法二》，中华书局1957年版。

[3]周密：《武林旧事》，李小龙、赵锐评注，中华书局2007年版。

[4]李心传：《建炎以来朝野杂记》甲集卷四《浑天仪》，中华书局2000年版。

[5]西湖老人：《西湖老人繁胜录·诸行市》，浙江人民出版社1983年版。

[6]西湖老人：《西湖老人繁胜录·关扑》，浙江人民出版社1983年版。

[7]蒋赞初：《谈杭州老和山宋墓出土的漆器》，《文物参考资料》1957年第7期。

[8]吴自牧：《梦粱录》卷一六《肉铺》，浙江人民出版社1980年版。

去。”[1]“大屠”即肉猪屠宰业的行老，分配全城屠宰户的生产配额，由其集中宰杀后再分配给屠宰户在肉铺上货卖。酿醋业规模与酿酒业不相上下。除皇宫醋库外另外还有12座醋库，即公使醋库、红亭醋库、北大路营醋库、棚前醋库、西比较醋库、都醋库、朝天门醋库、修城北醋库、南比较醋库、城南醋库、范浦醋库、江涨桥醋库。[2]这些醋库中有朝廷和临安府分别设立的御醋库和公使醋库。临安吃醋之风甚于饮酒，生意兴隆。当时规定醋与酒一样由官库酿造，但民间私造私卖仍多，乃有“欲得官，杀人放火受招安；欲得富，赶着行在卖酒醋”的俚语。[3]厉鹗《东城杂记》卷下《红亭醋库》云：“《咸淳临安志》：红亭醋库，在菜市桥东街南面北。今名醋坊巷。宋时，酒醋皆官库酝造，纳缗钱于户部……盖宋自王安石设法卖酒，并醋亦榷之。南渡后军兴，百费浩繁，遂不能革。既禁私造，其直必昂，遂有因此致富者矣。”[4]临安城郊盛产制作蔗糖的原料甘蔗，如《咸淳临安志》卷五八《物产·果之品》载：“甘蔗，旧贡。今仁和临平小林地多种之，以土窖藏至春夏，可经年其味不变。小如芦者，曰荻蔗，亦甘。”[5]城中的制糖作坊极为多见，有一定的生产规模。由于大量北方人口南迁，临安的面粉加工业也较为兴盛。《夷坚戊志》卷七《许大郎》云：“许大郎者，京师人。世以鬻面为业，然仅能自赡。至此老颇留意营理，增磨坊三处，买驴三四十头，市麦于外邑。贪多务得，无时少缓。如是十数年，家道日以昌盛，骎骎致富矣。”[6]制冰业在唐代已非常发达，当时冰块在夏天作为高档消费品销售，价格昂贵。北宋制冰技术较高，冰制品的销量增加。宋室南渡后，制冰和藏冰技术传到临安。庄绰《鸡肋编》卷中载：“二浙旧少冰雪。绍兴壬子车驾在钱唐，是冬大寒屡雪，冰厚数寸。北人遂窖藏之，烧地作荫，皆如京师之法。临安府委诸县皆藏，率请北人教其制度。明年五月天中节日，天适晴暑，供奉行宫，有司大获犒赏。其后钱唐无冰可收，时韩世忠在镇江，率以舟载至行在，兼昼夜牵挽疾驰，谓之进冰船。”[7]朝廷专门设立“冰井务，掌藏冰以荐献宗庙、供奉禁庭及邦国之用，若赐予臣下，则以法式颁之”[8]。孤山是重要的藏冰处。除政府和军队制冰、藏冰外，百姓和僧人见有利可图，也纷纷从事这一行业。冰制品除直接当冷饮外，也被用于水果、水产等食品的保鲜。

[1]洪迈：《夷坚志》，中华书局2006年版。

[2]潜说友等：《咸淳临安志》卷五五《官寺四·仓场库务等》，振绮堂汪氏清道光十年（1830年）刊本。

[3]庄绰：《鸡肋编》卷中，萧鲁阳校，中华书局1983年版。

[4]厉鹗：《东城杂记》，载丁申、丁丙编：《武林掌故丛编》第6集，嘉惠堂丁氏清光绪九年（1883年）刊本。

[5]潜说友等：《咸淳临安志》，振绮堂汪氏清道光十年（1830年）刊本。

[6]洪迈：《夷坚志》，中华书局2006年版。

[7]庄绰：《鸡肋编》，萧鲁阳校，中华书局1983年版。

[8]脱脱等：《宋史》卷一六六《职官六》，中华书局1977年版。

二、农村商农经济体系的构建

南宋临安的市镇发展也较快。钱塘县有浙江市、北郭市、江涨桥镇市、湖州市、西溪市、赤山市、龙山市、安溪市、半道红市9市；仁和县有江涨桥镇、临平镇、范浦镇、汤村镇4镇，江涨桥头市、范浦镇市、汤村镇市、北土门市、南土门市、临平镇市6市；余杭县有曹溪镇、余杭镇、浣坎镇3镇，县市、石濑市2市；临安县有东市、西市2市；富阳县有县市1市；新城县有东安镇、南新镇2镇，县市1市；盐官县有长安镇、盐官镇2镇，县市、长安市、硖石市3市；昌化县有县市1市。另外，越州萧山县有西兴镇、渔浦镇2镇，建德府所属各县有许多坊市。这些镇市大致分为环城镇市和乡村墟市提升型镇市两类。环城镇市是临安府城、县城突破城墙限制向周边乡村扩张的产物，与所在城区连成一体，可视作城市市场体系的一部分，既有工商业基础，又吸纳农村资源。乡村墟市规模扩大和常态化以后也成为商农经济中心。这类镇市大多位于距州、县城中心10km以远的农村腹地，有的虽然也构成城市市场的一部分，但并非城市市场的简单延伸和补充，而有着自身的独立性和辐射空间。

集市贸易是中国古代农村市场的基础，是广大农民参与市场活动的基本形式。集市的发展状况在很大程度上决定了农村市场的发育水平。杭州的乡村集市虽然在宋代以前就早已存在，但一直较为零散、孤立，市场活动具有很强的封闭性。从北宋中期起，随着区域经济的日趋高涨，乡村集市开始大量涌现。南宋时逐渐形成颇为密集的区域分布网络。正如刘宰描述江南地区的状况一样："今夫十家之聚，必有米盐之市。日市矣，则有市道焉。相时之宜，以懋迁其有无，揣人情之缓急而上下其物之估，以规圭黍勺合之利。"[1]在数量大幅增加的同时，乡村集市的市场形态也在走向成熟，逐渐由临时性的村落交易点发展成较为稳定的常设市和期日市。其中常设市大多形成一定规模的工商业街区，在形态上具有小城镇的部分特征。不少集市基于所在地区农副业生产的特点形成了不同特色的主题市场，开始朝专业化方向发展，表现出一些新的特征：一是以各种方式将市场活动扩散到农村各个角落。深入农家的货担贸易就是其中最常见的形式。众多小商小贩以集市为依托，往来穿梭于村落之间，一方面推销日常物品，另一方面又收购某些农副产品转销集市，从而进一步将农民的生产和生活与市场联系起来。朱熹说，古时"只立得一市在那里，要买物事，便入那市中去。不似而今，要买物事只于门首，自有人担来卖，更是一日三次会合，亦通人情"[2]。二是以密集的分布网络将原本分散的农民交易活动组织起来，形成一定地域范围内的农村基层商品流通体系。三是对外地市场的联系不断加强，将跨地区的商品流通引入农村基层。它们已不再是彼此孤立和分散的交易点，而是互相结合构成地域性初级市场网络，从城市附属市场变成相对独立的新的市场体系。北宋以前，市镇作为县治以下的市场建置还没有形成。而自南北朝以来，作为草市的农副产品交易点出现。到唐代中叶后，草市普遍发展起来。起初是临时性、不定期的，随后逐渐形成定期定点的集市或墟市。这些集市或墟市一般设在交通要道、驿站、渡口等商旅往来频繁或居民比较集中的所在。北宋以后，随着商品经济的发展，这种狭隘、小规模的临时性市场与日益扩大的商品流通不再相适应。同时，手工业与农业相分离的现象也开始较普遍出现，从农民中分化出来的机户和其他独立小商品生产者以及专门从事商业活动的商人集聚在集市上从事专业生产，草市由此逐渐发展为镇市。另有一些镇市则是由

[1]刘宰：《漫塘集》卷二三《丁桥太霄观记》，文渊阁《四库全书》本。

[2]朱熹撰、黎靖德编：《朱子语类》卷八六《周礼》，载朱熹：《朱子全书》，朱人杰、严佐之、刘永翔主编，上海古籍出版社、安徽教育出版社2002年版。

作为基层军事据点的镇戍演变而来的。唐五代时县治以下设有方镇系统的军镇，处在交通要道或人口集中度较高区域的发展为镇市，其他的逐渐被废除。北宋将镇列入地方行政管理序列，标志着其作为农村新兴商业中心地位的基本确立。唐代在镇置镇遏史，北宋起镇官不是以往专任军事防御的镇将，而是由朝廷差遣、掌管行政事务的官员，其重要职责之一是征收商税，称为监镇官或监税官，系衔全称为“监某府某县（州）某镇税”。唐代的镇在北宋时除大部分被保留外，有的升格为县治。此后历代各有发展和调整。镇与市有所区别，镇有相当数量的定居人口和商店，所谓“市廛所聚”或“商旅聚会”，并且有相当数量且稳定的商税收入，有必要设置商税务，市则未必具备这些条件。镇设有行政管理机构，市没有。北宋中后期以至南宋，镇市的商业活动已非常活跃，形成了包括综合市场、专业市场、批发市场和零售市场等不同形式和层次的市场构成的市场体系，如澉浦镇中心工商业街区分布着镇市、东市、西市3个大型综合市场，镇郊又有海外舶货市场、酒市、盐市、茶市、鱼市、铁市、布市、竹市等众多批发性专业市场。镇市一般都形成了较完整的商业街区，非农经济和非农业人口达到一定规模。除了商业，还集聚了手工业、服务业、商品化农业等多种产业。镇市不具备州、县中心的政治向心力，但也有不少自身的独特优势，如在发展上较少受到政治因素的制约，便于农村商品的采购和销售。在农村市场兴起之前，由于城市是各地市场活动的中心，农村商品大多面向城市流通，但乡村市场的发展开始改变这种传统格局。在城乡市场联系进一步加强的同时，不仅农村内部形成多层次的商品流通体系，而且跨地区的商品流通也日趋活跃。就前者而言，主要有两个层次，即以数量众多的集市为依托的基层流通网络以及在此基础上形成的以镇级市场为核心的地区性流通体系；就后者而言，情况比较复杂，除了江南各地区之间的多种市场联系，还包括超越江南区域范围的远距离流通活动。正因为如此，市镇经济逐渐上升到与城市经济相当的地位。南宋中后期，江南的临安、嘉兴、湖州、庆元（今宁波）、绍兴、常州、镇江7个府州30个镇市年商税平均达到3.2万余贯。按上述2.5%的税负计，这些镇市每年平均商品交易规模高达128万贯以上。如计及逃避税，实际交易量更大。咸淳初钱塘县浙江市、北郭市、江涨桥镇市、龙山市4个镇市商税合计近26.5万贯，是城内的1.7倍多。4个镇市年平均商税6.6万余贯，平均交易额约264万贯。[1]而同期常州的横林、湖洑、青城、万岁、张渚、望亭等6镇市商税合计只有近4.8万贯，还不到北郭市年税额10万余贯的一半。[2]当然，南宋临安或整个江南的市镇经济对农村商品经济的诱发还是初步性的。其局限性主要表现在3个方面：第一，初级市场的发展尚不稳定。在不少乡村集市发展为较成熟的常设市和期日市的同时，部分集市仍处于村落之间临时交易点的状态，不仅规模小，而且兴废频繁。第二，中心市场个体发展具有不平衡性。虽然从总体上说镇级市场在规模和市场辐射能力方面普遍高于一般集市，但在

[1]潜说友等：《咸淳临安志》卷五九《贡赋》，振绮堂汪氏清道光十年（1830年）刊本；史能之：《咸淳毗陵志》卷二四《财赋》，载中华书局编辑部编：《宋元方志丛刊》第3册，中华书局1990年版。

[2]潜说友等：《咸淳临安志》卷五九《贡赋》，振绮堂汪氏清道光十年（1830年）刊本；史能之：《咸淳毗陵志》卷二四《财赋》，载中华书局编辑部编：《宋元方志丛刊》第3册，中华书局1990年版。

个体水平上不仅不同地区之间存在很大差距，同一地区内部也是如此。第三，市场的专业化水平有限。市场的专业化分工分为两个层面：一是个体市场内部的分工，反映市场的个体发展水平；二是地区之间的市场分工，反映区域范围市场分工合作体系的发展水平。临安农村市场虽已出现分工现象，但主要停留于前一个层面，由此所构成的市场体系也局限于较小的地域空间范围内。

江南各地的地理条件有很大差异。其中北部是相对广阔的太湖平原，东部主要是沿海小平原和低山丘陵，西部和南部则是内陆山区和盆地。在古代社会，地理条件是决定一个地区物产结构和生产状况的重要因素。临安与环太湖平原的平江（苏州）、湖州、嘉兴（秀州）、常州等一样，发展桑农经济条件优越，浙西山区的建德（严州）盛产林木山货，“民物繁庶，有漆楮林木之饶”[1]。在农村市场尚未发育的情况下，这种基于地理条件所形成的物产特色往往只表现为城市市场商品结构的差异和城市之间的商品流通；当农村市场全面兴起并成为区域市场体系的有机组成部分之后，便发展为不同地区农村之间大规模的商品流通。如临安尽管也产粮食，但由于人口众多，仍要由苏、嘉、湖、常等地输入大批粮食。由于耕地相对不足，蚕桑获利又颇丰，临安及属县多以蚕桑为业。范成大《石湖诗集》卷三《余杭道中》云：“桑眼迷离应久雨，麦须骚杀已禁风。”[2]富阳县“地狭而人稠，土瘠而薄收，通县计之，仅支半岁。半岁所食，悉仰商贩。今日受词诉，每见其指堕农之人，则曰：‘冬田不耕，一枝之桑亦争护。’则此邦之农，不待劝矣”。[3]建德（严州）“地形阻隘，绝少旷土，山居其八，田居其二”[4]，百姓所需粮食“取给于衢、婺、苏、湖之客舟”[5]。而平江、嘉兴等地“例种水田，不栽桑柘。每年人户输纳夏税物帛为无所产，多数行贩之人预于起纳日前先往出产处杭、湖乡庄，贱价僦揽百姓合纳税物，抬价货卖”[6]。不过，基于地理条件和物产构成差异的地区间的商品流通还属于低层次的市场活动，它不过是小农家庭在生产自然分工的情况下由邻近范围的互通有无转变为地区之间的互通有无而已。更值得关注的是当时由商品生产分工所引发的地区间商品流通。与生产的自然分工不同，专业化商品生产完全以市场为依托，其所需原料来自市场，生产活动也面向市场，而且分工领域不限于不同产业之间，还包括同一产业的不同环节之间，因而具有真正意义上的商品经济特征。临安的许多镇市稻米、小麦出产不多，却加工生产大量稻麦食品；又临安缺乏矿产资源，却大量出产金属制品；其所需原材料都由外地输入。显然，此类商品的生产和流通属于更高层次的市场活动，它意味着当时的商品生产已具有地区分工特征。市场的兴起说明传统的自给自足生产模式越来越难以维持，小农家庭的生产和消费活动因此而逐渐朝商品化方向转变。在自然经济条件下，农村家庭的消费需求主要通过自给性生产得到满足，商品性消费只是极为有限的补充。农村市场的兴起和发展不仅使小农家庭由

[1]黄以周等辑注：《续资治通鉴长编拾补》宣和二年十月丁酉，中华书局2004年版。

[2]范成大：《石湖诗集》，文渊阁《四库全书》本。

[3]程珌：《壬申富阳劝农》，载程珌：《洺水集》卷一九《劝农文》，文渊阁《四库全书》本。

[4]吕祖谦：《东莱集》卷三《为张严州作乞免丁钱奏状》，文渊阁《四库全书》本。

[5]方逢辰：《严州新定续志序》，载方逢辰：《蛟峰集》卷四，文渊阁《四库全书》本。

[6]程俱：《北山集》卷三七《乞免秀州和买绢奏状》，文渊阁《四库全书》本。

自给性消费转向市场供给成为可能，而且因市场活动介入所形成的新的消费需求如对货币的需求，也只有通过市场得到满足。方逢辰《田父吟》一诗描述了南宋末年家乡建德农村居民的生活状况："大家有田仅百亩，三二十亩十八九。父母夫妻子妇孙，一奴一婢成九口。一口日啖米二升，茗醛醯酱菜与薪。共来费米二三斗，尚有输官七八分。小民有田不满十，镰方放兮有菜色。"[1]少数拥有众多田地的"大家"固然可以自给有余，一般自耕农则很难做到自给，至于只有少量田地的小农和没有耕地的佃农之类就更不用说了。在这种情况下，如果市场水平低下，农民家庭往往不得不"四处告籴于他乡富民"[2]，或"以农器、蚕具抵粟于大家，苟纾目前"[3]。但不断成长的市场体系，为小农家庭提供了另一种途径，即用货币购买。为了获取货币，他们或开展多种经营并将产品投放市场，或出卖劳动力以换取佣钱，或兼营小规模的商贩活动以谋取小利。正如王柏所说："今之农与古之农异，秋成之时，百逋丛身，解偿之余，储积无几，往往负贩佣工以谋朝夕之赢者，比比皆是。"[4]小农家庭由自给性消费向商品性消费的转变过程，也是其经营活动由单纯获取使用价值转向同时追求商品价值的过程。它推动土地和劳动力配置由相对单一的粮食生产向多种产业领域扩展，兼业现象的广泛出现便是这方面的突出表现。从形式上看，兼业似乎与传统家庭副业一样，是粮食生产这一"主业"以外的各种经营活动，但传统副业以满足自我消费为目的，并不具有商品性，兼业则主要面向市场需求，以实现土地和劳动力资源的市场价值为目的，因而具有商品经济的特征。如兼业性手工业是小农家庭将剩余劳动力、手工制作技艺与市场结合起来的经营活动。南宋中期的戴栩在谈到浙东庆元府农村经济状况时说，当地有"数亩之田"的小农，往往"为工、为匠、为刀镊、为负贩"。[5]兼业性经济作物种植业也是如此，是小农家庭将有限的土地资源与市场结合起来的经营方式。市场所带来的"价值效应"，促使小农家庭进一步根据市场的需求调整产业结构，将生产重点转向市场价值较高的领域，从而由兼业活动上升到专业性商品生产。如在经济作物种植领域，以种茶为业的"茶园户"，其"卖茶资衣食与农夫业田无异"[6]。建德（严州）山区的部分农民，"谷食不足，仰给他州，唯蚕桑是务"[7]。在手工业领域，则有专门从事纺织业的"机户"和"染户"，酿酒业的"曲户"和"酒户"，粮食加工业的"磨户"，制瓷业的"窑户"，造纸业的"纸户"，五金业的"炉户"，蔗糖加工业的"霜糖户"，榨油业的"油户"，木器制作业的"木作户"，等等。专业生产已不再是一种附带的经营活动，而成为家庭经济的主体；其分工也不再局限于不同的产业之间，而是更多地深入同一产业的不同环节之间，并通过市场形成专业化的产业链。如随着丝织业专业生产的发展，出现了种桑、养蚕、织造的分工体系。陈旉《农书》卷下《收蚕种桑之法第二》指出："今人多不先计料，至阙叶则典质贸鬻之，无所不至。"[8]于是，部分农户转而专门从事植桑

[1]方逢辰：《田父吟》，载方逢辰：《蛟峰集》卷六，文渊阁《四库全书》本。

[2]陆九渊：《与陈教授（一）》，载陆九渊：《陆九渊集》卷八，中华书局1980年版。

[3]陆游：《陆游集·渭南文集》卷三四《尚书王公墓志铭》，孔凡礼点校，中华书局1976年版。

[4]王柏：《社仓利害书》，载王柏：《鲁斋集》卷七，中华书局1985年版。

[5]戴栩：《论抄扎人字地字格式札子》，载戴栩：《浣川集》卷四，文渊阁《四库全书》本。

[6]脱脱等：《宋史》卷一八五《食货下七》，中华书局1977年版。

[7]陈公亮修、刘文富纂：《淳熙严州图经》卷一《风俗》，载中华书局编辑部编：《宋元方志丛刊》第5册，中华书局1990年版。

[8]陈旉：《农书》，中华书局1956年版。

业，有种数十亩者。如果说兼业活动主要属于小农经济由自给自足向走向市场化的过渡形式，那么专业化生产已是较为完整的商品经济形态。

从社会环境的角度来看，南宋临安农村市场和商品经济的发展既是农村生产力的进步和区域经济高涨的反映，也与人口因素和赋税政策有着密切关系。自北宋以来，江南人口呈快速增长之势。而同期耕地的增加十分有限，从而导致人多地少的矛盾日益突出。据不完全统计，到南宋中期，江南地区的人均耕地面积已降至3亩左右。[1]在这种情况下，广大农民加强对有限耕地精耕细作的同时，不得不开展多种形式的经营活动。他们或因地制宜进行养殖、捕捞、采伐和各种手工业活动，将产品投放市场以补生计之不足；或外出佣工、帮工和参与商贩活动，从市场购买部分生活资料；或涌入城镇打工，完全以出卖劳动力为生。人口增长带来的社会总需求增长，特别是城镇人口的扩张要求农村提供更多的粮食和农副产品，直接或间接地促使农村市场和商品经济进一步活跃。赋税政策对农村市场和商品经济的影响更为明显。宋代货币税比重不断增大，到开禧二年（1206年）岁入8000万贯，较北宋时最高额还多出1/3。[2]数额庞大的货币税除了商税主要来源于货币形式的赋役征发和与广大农民日常生活密切相关的盐、酒、茶等专卖收入。江南是南宋赋税最为繁重且货币税比重很高的区域。如淳熙十三年（1186年），严州各县诸项税钱合计高达118万余贯，户均13.3贯。[3]如果按当时正常米价每石2贯和中田亩产米2石计算，家庭税钱负担超过3亩以上耕地的粮食产出。如此繁重的货币税，促使小农家庭只得将更多的农副产品投放市场。“虽复尽力耕种，所收之利或不足以了纳赋税，须至别作营求，乃至陪贴输官。”[4]不仅如此，政府还常常采取“折变”的方式，即将某种税物改为当地并不生产的物品征收，迫使农民不得不从市场采购。[5]

施坚雅在1985年就任美国亚洲研究协会主席时发表的演说《中国历史的结构》中指出，中国各大区域各有其自身的发展周期，历史盛衰变化的“长波”在各大区域之间经常是不同步的，例如“东南沿海和华北区域的发展，就毫无同步性可言”[6]。华北和东南沿海这两个区域发展的不同步在中唐以后表现得越来越明显，以致有人认为“黄河中游区域大约从中唐后期开始，之后的一千年间，大致可以说是已趋停滞，但长江中下游地区……只是到18世纪中后期，也就是乾隆中期以后，才看出南方经济也趋于停滞”[7]。此话说得多少有些绝对。如将“停滞”一词换成“发展速率趋缓”，此说大致可以成立。事实上，学术界许多前辈对江南和华北两大区域的经济结构和社会形态存在重大差别这一点早有察觉，并从不同角度揭橥其肇因。日本学者桑原骘藏1925年发表的论文《从历史上看南北中国》、冈崎文夫和池田静夫随后出版的专著《江南文化开发史：其历史地理的基础研究》、加藤繁发表的论文《从经济史方面看中国北方与南方》、宫崎市定发表的论文《中国经济开发史概要》等，分别从人口南移

[1]陈国灿：《宋代江南城市研究》，中华书局2002年版，第25页。

[2]梁方仲：《中国历代户口、田地、田赋统计》，上海人民出版社1993年版，第297—298页。

[3]陈公亮修、刘文富纂：《淳熙严州图经》卷一《赋税》，载中华书局编辑部编：《宋元方志丛刊》第5册，中华书局1990年版。

[4]朱熹：《晦庵先生朱文公文集》卷一一《庚子应诏封事》，载朱熹：《朱子全书》，朱人杰、严佐之、刘永翔主编，上海古籍出版社、安徽教育出版社2002年版。

[5]陈国灿、吴锡标：《南宋时期江南农村市场与商品经济》，《学术月刊》2007年第9期；陈国灿：《略论南宋时期江南市镇的社会形态》，《学术月刊》2001年第2期。

[6]施坚雅：《中国历史的结构》，载施坚雅：《中国封建社会晚期城市研究：施坚雅模式》，王旭等译，吉林教育出版社1991年版。

[7]鲁西奇：《区域历史地理研究：对象与方法——汉水流域的个案考察》，广西人民出版社2000年版，第11页。

的进程、产业结构的变化、社会的商业化倾向以及科举精英的流动和社会文化的渗透等方面，展示了华北与江南两大区域之间在发展上的种种差别，探讨了其中的原因。中国学者张家驹20世纪四五十年代也致力于中国研究经济重心的南移问题，出版《两宋经济重心的南移》一书。1987年台湾学者刘石吉出版《明清时代江南市镇研究》一书。该书指出："明清以来，商品经济的发展和商业市镇的兴起，在江南地区更是普遍与突出的现象，经济结构在此起了大变化，初期的资本主义业已萌芽发展。19世纪中叶西方经济势力冲击到中国沿海及近代通商口岸都市出现之前，江南地区的'近代化'（不是'西化'）的程度已经达到相当的水准。"其主要依据是江南棉织业"已由家庭手工业制度转变为作坊（甚至工场）的工业生产方式；其中的手工业者不再自由独立，而变为没有生产工具的雇佣劳动者。""以明清两代商业市镇作为指标，可以清楚地观察近代江南商业资本主义的发展与都市化的过程特征。""这些市镇中的包买商、牙行及机户（或帐房、织工与机匠）与附近乡村的农户，逐渐形成连锁性的生产与消费关系。""明清以来，江南这些专业市镇的兴起，配合与代表了新兴产业资本主义的扩张。"[1]樊树志1990年出版的《明清江南市镇探微》和2000年出版的《江南市镇：传统的变革》两书深化了刘石吉的研究，同样认为江南区域经济在市场勃兴的带动下发生了重大变革："江南地区经过长期的开发，到明代进入经济高度成长时期，最先显示出传统社会正在发生的变革，社会转型初露端倪。农家经营的商品化程度日益提高，以农民家庭手工业为基础的乡村工业化（即学者们所说的早期工业化），在丝织业、棉织业领域达到了世界先进水平。工艺精湛的生丝、丝绸、棉布不仅畅销于全国各地，而且远销到海外各国，海外的白银货币源源不断地流入中国。从这个意义上讲，江南市镇已经领先一步进入了'外向型'经济的新阶段。"[2]李伯重2000年出版的《江南的早期工业化》（1550—1850年）、2003年出版的《多视角看江南经济史》（1250—1850年）等续有研究。这些研究的时间上限上延到南宋更精确。宋代，特别是南宋，镇市网络已经形成。李春棠1983年发表的论文《宋代小市场的勃兴及其主要历史价值》指出，南宋疆域缩小，但仍有1280个镇和4000个集市。[3]傅宗文1989年出版的《宋代草市镇研究》一书做了更专门的研究。陈国灿、奚建华《浙江古代镇市》则认为，中国镇市发展史的第一个高潮是在南宋时期形成的，而地处浙北平原和浙东沿海的临安、嘉兴、湖州、绍兴、庆元、台州、温州等地"无疑属于市镇密集地带"[4]。自宋以降的千余年间，江南地区的市镇数量和密集度均大大超过华北地区。这既是江南与华北这两大区域经济发展水平的高低不同所致，也反映出这两大区域在经济类型和发展路向上已形成分野，即华北更多地保留着旧有的自然经济气息，不少地区仍停留在封闭的内向型经济体系之内；而江南则显现出浓烈的商业经济氛围，开始具有某种程度的开放的外向型经济特征。南宋以降江南区域

[1]刘石吉：《明清时代江南市镇研究》，中国社会科学出版社1987年版，第1、20、69、70、71页。

[2]樊树志：《江南市镇：传统的变革》，复旦大学出版社2000年版，第2页。

[3]李春棠：《宋代小市场的勃兴及其主要历史价值》，《湖南师范学院学报》1983年第1期。

[4]陈国灿、奚建华：《浙江古代镇市》，安徽大学出版社2000年版，第174—175页。

社会经济发生重大变化，尤以农产品商品化的扩大、镇市网络的兴起、内外贸易的发展以及早期工业化的发轫等现象特别引人注目。正是这些新经济现象的出现，使宋元明清时期的江南社会与汉唐社会以及与同时期的华北地区在产业结构、经济类型和发展方向上区别开来。除了黄河流域垦殖过度、生态恶化之外，中唐以后黄河流域发展速率趋缓的原因主要是止步于商品经济，即仍局限在自给自足的自然经济形态中；而江南地区在人口日益增加、农业生产发展的基础上，则因商品经济的兴起而加快了发展速率。葛金芳据此将宋以降江南社会概括为“农商社会”，它与此前建立在自给自足小农经济之上的汉唐社会和同时期的华北地区相区别。农商社会是古代农业社会和现代工商业社会之间的一个历史阶段，主要特征是商品经济的盛行并由此对自然经济的逐渐瓦解。而这种变化是在农村基本的生产方式（小农经营和租佃经济）没有发生根本性变革的前提下发生的，于是形成农商并重这样一种与以往不同的世相。这种商业氛围比较浓烈、商品经济比较发达的情形，尤以环太湖流域为中心的长江三角洲地区最为典型。农商社会形成于宋元，成熟于明清，自晚清以后发生调整和分化。江南区域经济近千年的变迁轨迹表明，经济现代化的历程先从市场化发轫，再发展到工业化、城市化，即由商业革命引发工业革命，从流通领域进入生产领域。镇市建立在江南农业高度发展的基础上，而镇市的发展活力则来源于具有现代特征的商业。镇市作为新型的工商业据点散布在广袤的乡村地区，镇市周围的农业和手工业是镇市赖以生长的土壤；交会于镇市的水陆交通路网，则是为镇市输送养料的孔道。商业与农业的有效结合使农业转化为商品性农业，导致农村的经济结构同时在两个方面发生改变：一是小农经济由自给性向自给性和交换性相结合的方向转化，且交换性持续加强，有赶上或超过自给性的趋势，即小农从使用价值的生产者向交换价值的生产者逐步转化；二是农村经济中的非农产业得以进一步激发，随着种茶、养蚕、缫丝、棉纺、制糖以及多种土特产等新型生产项目的引进和扩展，农民经济收益中的非农收入大幅增长，农业经济演化为集种植业、手工业、商业、交通运输业和其他服务业为一体的有机体系，与原先男耕女织的单一结构完全不同。在这个生产体系中，非农产值逐步赶上或超过农业产值，农民的非农收入显著增长。这是传统经济结构在商品经济兴起后发生的第一个重大变化。市镇经济既是社会分工和商品经济发达的产物，又是自给自足的自然经济体系的必要补充。农村的自然经济通过数千墟集镇市而与以城市为基地的交换经济发生日趋广泛而又频繁的联系；与此同时，商品交换关系通过遍布各地的基层市场更加深入而持续地侵蚀自然经济的封闭体系，为商品经济的进一步发展打开更为宽阔的道路。这个新型的网络体系以农产品和手工业品的集散为自己的独具功能，不仅沟通了本地区之间的商品交流，形成了具有特色的地方性区域市场，而且沟通了本地与外地的商品交换，从而在不同程度上把当地经济纳入了全国性市场网络之中。如果考虑到此时海外贸易的拉动作用，则可以认为江南区域经济确有某些外向型经济的特征。[1]在这种意义上，将南宋以降至明清时期的江南社会概括为“商农社会”或以“商农经济”概括其经济形态更恰当。

宋代实行不立田制、不抑兼并的土地政策，为农业的商品化奠定基础。南宋的土地商品化和私有化制度已相当完备，其显著标志是土地产权转移频繁、相关法律完备以及转移方式多样化。土地所有权的不断转移和经营权的多样化是常态，所谓“田野滋辟，下民售易不常”[2]，“有钱则买，无钱则卖”[3]，“千年田换八百主”[4]。土地产权的转移一般通过买卖、典卖、遗产继承、馈赠等方式，其中最为普遍或广泛的是典卖。长期使用系官田（有包占冒佃及合法租佃之分）而形成的事实占有，也升格为土地所有权。就买方而言，不仅地主（田主）、商人、官员，有经济实力的自耕农、半自耕农甚至佃农也可以买田。“衣食有余，稍能买田宅三五亩”[5]，即上升为税户。就卖方而论，只要土地来源合法，不论是垦荒、继承、馈赠、典卖而得，均可出卖。以致出现“贫富无定势，田宅无定主”、“富儿更替做”[6]和“家不尚谱牒，身不重乡贯”[7]的局面。以末致富的商人大量购置田产，使庶族地主大量涌现。

南宋实行经界法后，为土地买卖和私有化的规范化奠定了基础，并将其纳入法制化轨道。如建立土地图册砧基簿（注明四至）作为产权交易的依据。凡参与交易者须请买官方统一印制的文契，经政府审核并缴纳契税和交易税后进行交割。政府在旧契上批凿或发给新契，并在砧基簿上作相应更改。州县、监司存有底册备查，日后如有诉讼可作证据。再如竞买官田实行“实封投状”，类于今天的招标。实封投状滥觞于北宋酒务坊场的扑买，后又在出卖田产上试行，但尚属罕见，未成一代典制。南宋建炎四年（1130年）后开始大规模实行，绍兴二年（1132年）有了较完备的诏令。《宋会要辑稿·食货六一》云：“诸路委漕臣一员，将管下应干系官田土并行措置出卖。仰各随土俗所宜，究心措置，出榜晓示，限一月召人实封投状请买。仍置印历，抄上承买人户先后资次、姓名。限满，当本官厅拆状，区画所著价最高之人。卖到钱数，申取朝廷指挥。”[8]“典卖割移，官给契，县置簿”[9]成为在当时的常规，所谓“民自以私相贸易，而官反为之司契券而取其值”[10]。这表明北魏至唐均田制即由国家主导土地分配的制度已退出历史舞台，土地自由买卖成为主导，政府的主导分配权被剥夺，而退居卖契收税的服务地位，或只是出卖官田的业主。

由于大量人口南迁，南宋江南地区尤其是临安粮食需求剧增，价格上涨，而可用耕地日益紧张。民间垦殖耕地的积极性颇高，政府又加以鼓励，使耕地量有所增加。当时开垦无主荒地，政府往往以免收赋税或极低的租额对垦主优惠。这类田地事实上也是私有的“永业田”。东南地区的平原地带本已“野无闲田，桑无隙地”[11]，“与水争田”开发圩田可能性

[1]葛金芳：《“农商社会”的过去、现在和未来：宋以降（11—12世纪）江南区域社会经济变迁》，《安徽师范大学学报》（人文社会科学版）2009年第5期。

[2]许景衡：《横塘集》卷十九《方文林墓志铭》，文渊阁《四库全书》本。

[3]袁采：《袁氏世范》卷下《治家》，《丛书集成初编》第974册，中华书局1985年版。

[4]辛弃疾撰、邓广铭编年笺注：《稼轩词编年笺注》卷二《最高楼·吾拟乞归犬子以田产未置止我赋此骂之》，上海古籍出版社1993年版。

[5]胡宏：《五峰集》卷二《与刘信叔（锜）书五首》（之五），文渊阁《四库全书》本。

[6]袁采：《袁氏世范》卷下《治家》，《丛书集成初编》第974册，中华书局1985年版。

[7]陈傅良：《止斋集》卷三五《答林宗简》，文渊阁《四库全书》本。

[8]徐松辑：《宋会要辑稿》，中华书局1957年版。

[9]马端临：《文献通考》卷四《田赋四》，上海师范大学古籍研究所、华东师范大学古籍研究所点校，中华书局2011年版。

[10]叶适：《叶适集》之《水心别集》卷二《进卷·民事上》，中华书局1961年版。

[11]洪迈：《容斋随笔》之《容斋续笔》卷一六《宋齐丘》引《容斋随笔》转许载《吴唐拾遗录》之《劝农桑》，孔凡礼点校，中华书局2005年版。

很小，但仍通过完善水利设施继续努力，而尤以“与山争地”开发梯田为盛。因受钱塘江大潮影响，嘉定十二年（1219年），“水失故道，早晚两潮，奔冲向北，遂致（盐官）县南四十余里尽沦为海”[1]。南宋中期起以盐官为重点对捍海塘进行了全面整修。嘉定十五年（1222年），浙西提举刘垕主持进行了大规模整修，并增建内塘作为第二道防线。因杭州湾潮流变化，海岸线不断后移，盐官县城从原距海上百里进至临近海岸。南宋末盐官县令和两浙转运使常楙等相继筑海塘以捍卫县城，尤以常楙咸淳年间（1268—1269年）所建新塘3625丈为壮观，被称为“海晏塘”。[2]捍海塘的加固，使得临安的圩田存在有了更好的保障，同时也推动了圩田的发展。临安内部的水利设施也一再整治。绍兴十六年（1146年），高宗谕令：“平江堤堰不修，岁输米比旧额亏十万斛。并临安西湖，民灌溉所资，其利不细，岁久淤淀，并宜措置修治。”[3]南宋时对西湖的大型治理有7次。绍兴九年（1139年）知府张澄拨调厢军200人专一疏浚，由钱塘县尉兼管，并规定对“包占种田”和“沃以粪土”依法重治。此后，绍兴十九年（1149年）、乾道五年（1169年）、乾道九年（1173年）、淳熙十六年（1189年）、淳祐七年（1247年）、咸淳四年（1268年），知府汤鹏举、周淙、沈度、张杓、赵与簒、潜说友又进行浚治，并完善六井等设施。乾道四年（1168年），浚治城内外河凡6520丈，又置巡河铺屋30所，撩河船30只。[4]淳熙二年（1175年），浚长安闸至许村运河。绍熙五年至庆元二年（1194—1196年）重修余杭县南下湖塘。绍兴四年（1134年），临安府开撩运河，征调两浙40州军厢军应役，凡3000余人。又完善斗门以利灌溉。仅余杭县就设斗门12处，每座可溉田1000—3000亩。修复钱塘江保安闸等3闸。天目山区梯田的开发赖有塘和堰捺等水利设施的建设，它们可兼顾梯田分级灌溉，使“大源田”与低田水资源得以合理分配。於潜县修塘11处、堰捺390处（其中捺70处），以最大限度合理分配灌溉用水。《咸淳临安志》卷三九《山川十八》载：“所借以为民命者唯大源田，而为田之寿脉者塘堰是也……疏瀹潴蓄之有方，则著于邵公塘堰之叙；导决先后之有节，则具于晁公八捺之法。”[5]根据目前的史料无法对南宋的耕地数量进行准确估计，学术界有不同的评估。方健《南宋农业史》据方回以嘉兴府概括出的“一夫之田”30亩即户均60亩推算，可达7.74亿亩。[6]临安的数量也当不小。

市场需求的扩大也推动着农业结构的调整。学术界对唐代稻麦复种的普及或存在尚有较多争议，因为论据尚不多，但一般认为宋代尤其是南宋有了较大发展，形成了比较稳定的耕作制度。而环太湖平原则处于领先地位。[7]南宋的稻与麦、豆、油菜两熟及双季稻的栽培等复种制都取得划时代进步，虽然复种指数难以估量，但已具有一定的广普性，推动了粮食作物的多元化发展。尤其是稻麦两熟复种制取得了历史性突破。由于北方居民大量增加，大麦等的需求量增大，给复种造成了内在需求拉力。而当时

[1]脱脱等：《宋史》卷九七《河渠七》，中华书局1977年版。

[2]陈著：《本堂集》卷五九《通两浙常漕启》，文渊阁《四库全书》本。

[3]徐松辑：《宋会要辑稿·食货七》，中华书局1957年版。

[4]潜说友等：《咸淳临安志》卷三五《山川十四》，振绮堂汪氏清道光十年（1830年）刊本。

[5]潜说友等：《咸淳临安志》，振绮堂汪氏清道光十年（1830年）刊本。

[6]方健：《南宋农业史》，人民出版社2010年版，第314页。

[7]李根蟠：《长江下游稻麦复种制的形成和发展：以唐宋时代为中心的讨论》，《历史研究》，2002年第5期；李根蟠：《再论宋代南方稻麦复种制的形成和发展：兼与曾雄生先生商榷》，《历史研究》2006年第2期；梁庚尧：《宋代太湖平原农业生产问题的再检讨》，《台湾大学文史哲学报》2001年第54期。

的农业生产技术经过唐代和北宋的试验也日益成熟。陈旉《农书》卷上《六种之宜篇第五》云："种莳之事，各有攸叙。能知时宜，不违先后之序，则相继以生成，相资以利用。种无虚日，收无虚月。一岁所资，绵绵相继，尚何匮乏之足患、冻馁之足忧哉？"所谓"相继以生成，相资以利用"，说的是充分利用光热资源和各种农作物之间的共生互养关系，进行轮作倒茬、间作套种和多熟种植等农作物复种、连种，以至可以"种无虚日"。复种不仅可以提高总产量，而且还可以改良土地而提高单季作物产量。如豆科作物根瘤具有肥地作用，种植豆科作物常被广泛用作禾谷类作物的前茬。《农书》卷上《耕耨之宜篇第三》云："早田刈获才毕，随即耕治晒暴，加粪壅培，而种豆、麦、蔬、茹，以熟土壤而肥沃之，以省来岁功役；且其收，又足以助岁计也。"即指早熟稻田收割后"种豆、麦、蔬、茹"，既"足以助岁计"，又可"熟土壤而肥沃之"。间作套种是狭乡经常采用的种植方式。《农书》卷下《种桑之法第一》有桑苎套种的记载："仍更疏植桑，令畦垄差阔，其下遍栽苎。因粪苎即桑亦获肥益矣，是两得之也。桑根植深，苎根植浅，并不相妨而利倍差。"[1]又赵汝砺《北苑别录·开畲》"茶桐之说"云："桐木之性与茶相宜，而又茶至冬则畏寒，桐木望秋而先落；茶至夏而畏日，桐木至春而渐茂。"[2]利用两种作物根系深浅不同套种，可使肥效得以综合利用，提高土地的利用率及种植的经济效益，获利倍增。套种往往作为救荒的一种补救办法而被广泛运用。由于市场刺激不断强化，加上农业生产水平提高，粮食和各类经济作物产量有了较大幅度提高，品种也不断增加。陈傅良《止斋集》卷四四《桂阳军劝农文》载，孝宗时期（1163—1194年）闽浙地区的粮食产量是"上田收米三石，次等二石"[3]。吴潜《许国公奏议》卷二《论计亩官会一贯有九害》曰："二浙之田，独湖、苏、秀为最美，而常、杭次之，衢、越为常稔，而严、婺、台则不及。"[4]临安的亩产不见载，而其耕地质量与常州相当，常州在一般的划分中与苏、湖同等，故临安的亩产当与之接近。严州、婺州和镇江等丘陵地区约为1.5石。方健《关于宋代江南农业生产力发展水平的若干问题研究》一文推算，南宋环太湖流域京畿地区的苏、湖、秀州稻米平均亩产约为2.5石，收获量与种子比率高达20倍。[5]宋亩合今制0.9市亩，宋石合今制0.66市石。[6]按今制1市石稻谷重120市斤、出糙米0.5市石推算，宋亩产稻米1石约合今制亩产稻谷176市斤。按2—3石计，则宋代杭嘉湖地区水稻亩产约合今制稻谷352—528市斤，按2.5石计为440市斤。吴慧《中国历代粮食亩产研究》推算宋代稻谷亩产2石合今制381市斤，则1石为190.1市斤，2.5石为571.5市斤。[7]据《咸淳临安志》卷五八《物产·谷之品》所记，临安有粳籼稻品种6个、糯稻品种2个。小麦、大麦随稻麦两熟制的推广而在江南各地相继引进和培育。仅《永乐大典》卷二二一八一所引6种方志就记载有饶州、太平州、台州、徽州、扬州、无为军等地35个有名的品种。豆类同样如此，《咸淳临安志》卷五八《物

[1]陈旉:《农书》，中华书局1956年版。

[2]赵汝砺：《北苑别录》，《丛书集成初编》第1604册，中华书局1985年版。

[3]陈傅良：《止斋集》，文渊阁《四库全书》本。

[4]吴潜：《许国公奏议》，《丛书集成初编》第906册，中华书局1985年版。

[5]方健：《关于宋代江南农业生产力发展水平的若干问题研究》，载范金民主编：《江南社会经济研究》，农业出版社2006年版。

[6]亩、石的折算据吴慧《中国历代粮食亩产研究》附录《古今度量衡亩的比较》，农业出版社1985年版。后文明清度量衡同出处。

[7]吴慧:《中国历代粮食亩产研究》，农业出版社1985年版，第160页。

产·谷之品》记临安有17个品种。油菜从菜、油两用的蔬菜栽培成为以菜籽榨油为主的转型期在南宋时期。自南宋起，作为主要油料作物，油菜已取芝麻而代之。“油菜”一词，似始见于南宋赵希鹄所撰《调燮类编》。当时临安种植油菜、榨油和贩油者甚众。施宿《嘉泰会稽志》卷一七《草部》称：“今浙西种芜菁（油菜）者浸多，临安亦盛，唯越土不宜。”[1]食用油在临安消耗颇大，除食用外，还用于照明。食用油有植物油和动物油两类，植物油主要为麻油、菜油和豆油，临安主要生产后两种植物油。[2]临安开设了众多油作、烛铺、油醋库、南油局等与油有关的作坊和机构，又有油车巷、灯心巷等与油有关的地名。政府仿北宋旧制在临安设立大型油醋库，专供宫廷之用。私营油商也十分活跃，借经销食用油致富。《梦粱录》卷一三《铺席》云：“处处各有茶房、酒肆、面店、果子、彩帛、绒线、香烛、油酱、食米、下饭鱼肉鲞、醋等铺。”[3]又卷一三《诸色杂卖》又称“巷陌街市常有”“挑担卖油”者出没。观桥下的王良佐，“初为细民，负担贩油，后家道小康，启肆于门，称王五郎”[4]。

南宋临安的蔬菜、水果、花卉等需求也不断增长。在城市郊区形成类似于今日蔬菜基地式的栽培区，并有规模很大的交易市场。周必大《临安四门所出》一文云：“土人谚云：‘东门菜，西门水，南门柴，北门米。’盖东门绝无民居，弥望皆菜圃。西门则引湖水注城中，以小舟散给坊市。严州富阳之柴聚于江下，由南门入，苏湖米则来自北关云。”[5]东门即东青门，因一望无际的菜田和大型蔬菜批发市场之所在，又俗称菜市门。蔬菜批发市场东门外桥下，这座桥又被称作菜市桥。另外，崇新门外南北土门等地也有大型蔬菜批发市场。临安不仅有来自全国各地的各种蔬菜，本地种植栽培的也有40余种，如薹心菜、矮黄菜、大白头、小白头、黄芽菜、芥菜、生菜、菠薐、莴苣、苦荬、姜、葱、薤、韭、大蒜、小蒜、梢瓜、黄瓜、冬瓜、葫芦、瓠、芋、山药、牛蒡、萝卜、甘露子、茭白、蕨菜、芹菜、菌等。另还有多种菌类。其中不乏名品，如薹心菜、矮黄菜、黄芽菜、姜、葱、扁蒲、西溪萝卜等。薹心菜、黄芽菜等为南宋新开发的蔬菜。即使淡季也有大量蔬菜上市。金使于八月来临安，所见时鲜蔬菜琳琅满目，十分感慨地说：“江南地暖如此，蔬菜一年不绝。此月有薹心菜、黄芽菜、矮菜、甘露子、菠菜、芋头、芋奶、山药之类，葱韭尤多。”[6]蔬菜种植的专业化和商品化特征很强。乃至除菜农外，许多士大夫及寺院也雇园户或承包给园户经营种植。如杨万里、陆游、范成大、朱熹等均有菜圃，他们在诗作中反映了对种植蔬菜的兴趣和丰收的喜悦。

临安的水果消费市场庞大。史籍记载临安府及所属各县所产水果23种60余品。《梦粱录》卷一八《物产》载：“橘：富阳王洲者佳。橙：有脆绵木。梅：有消、硬、糖、透、黄。桃：有金根、水蜜、红穰、细叶、红饼子。李：有透红、蜜明、紫色。杏：金麻。柿：方顶、牛心、红柿、椑柿、牛奶、水柿、火珠、步檐、面柿。梨：雪糜、玉消、陈公莲蓬梨、

[1]沈作宾、施宿等修：《嘉泰会稽志》，载中华书局编辑部编：《宋元方志丛刊》第7册，中华书局1990年版。

[2]斯波义信：《宋代商业史研究》，风间书房昭和四十三年（1968年）版，第186—187页。

[3]吴自牧：《梦粱录》，浙江人民出版社1984年版。

[4]洪迈：《夷坚志》支癸卷三《宝叔塔影》，中华书局2006年版。

[5]周必大：《临安四门所出》，载周必大：《文忠集》卷一八二《二老堂杂志》卷四，文渊阁《四库全书》本。

[6]西湖老人：《西湖老人繁胜录·宁宗圣节》，浙江人民出版社1983年版。

赏花（甘香）、霄、砂烂。枣：盐官者最佳。莲：湖中生者名绣莲尤佳。瓜：青白黄等色，有名金皮、沙皮、蜜瓮、筭筒、银瓜。藕：西湖下湖、仁和护安村旧名范堰产扁眼者味佳。菱：初生嫩者名沙角，硬者名馄饨，湖中有如栗子样，古塘大红菱。林檎：邬氏园名花红。郭府园未熟时以纸剪花样贴上，熟如花木瓜，尝进奉，其味蜜甜。枇杷：无核者名椒子，东坡诗云：'绿暗初迎夏，红残不及春。魏花非老伴，卢橘是乡人。'木瓜：青色而小，土人剪片爆熟，入香药货之，或糖煎，名熬木瓜。樱桃：有数名称之，淡黄者甜。石榴：子颗大而白，名玉榴；红者次之。杨梅：亦有数种，紫者甜而颇佳。葡萄：黄而莹白者名珠子，又名水晶，最甜；紫而玛瑙色者稍晚。鸡头：古名芡，又名鸡壅，钱塘梁渚、泓头，仁和藕湖、临平湖俱产；独西湖生者佳，却产不多，可筛为粉。银杏。栗子。甘蔗：临平小林产，以土窖藏至春夏，味犹不变，小如芦者，名荻蔗，亦甜。"[1]在分茶店等一流餐饮食店常年佐觞的就有圆柑、乳柑、福柑、甘蔗、土瓜、地栗、麝香甘蔗、沉香藕、花红、金银水蜜桃、紫李、水晶李、莲子、楟桃、新胡桃、新银杏、紫杨梅、银瓜、福李、台柑、洞庭橘、蜜橘、扁橘、衢橘、金橘、橄榄、红柿、方顶柿、火珠柿、绿柿、巧柿、樱桃、豆角、青梅、黄梅、枇杷、金杏等37种。时令特色名品水果外，另有干果、蜜饯等数十种。[2]它们大多产自本地。水果销售网络密集，不仅批零机构、店铺分布于城内外，临时设摊也时有所见。

[1]吴自牧：《梦粱录》，浙江人民出版社1984年版。

[2]吴自牧：《梦粱录》卷一六《分茶酒店》，浙江人民出版社1984年版。

南宋的花卉栽培种植业取得了划时代的进步。当时赏花戴花成为一种时尚，造就了巨大的花卉消费市场。南宋遗民陈著《夜梦在旧京忽闻卖花声，感有至于恸哭，觉而泪满枕上。因趁笔记之》诗云："卖花声，卖花声，识得万紫千红名。与花结习夙有分，宛转说出花平生。低发缓引晨气软，此断彼续啓风萦。九街儿女方睡醒，争先买新开门迎。泥沙视钱不问价，唯欲荡意摇双睛。薄鬓高髻团团插，玉盆巧浸金盆盛。人心世态本浮靡，庶几治象有承平。"[3]《梦粱录》卷二《二月望》载："仲春十五日为花朝节，浙间风俗，以为春序正中，百花争放之时，最堪游赏。都人皆往钱塘门外玉壶、古柳林、杨府、云洞，钱湖门外庆乐、小湖等园，嘉会门外包家山王保生、张太尉等园，玩赏奇花异木。最是包家山桃开浑如锦障，极为可爱。"又《暮春》载：三月末，"春光将暮，百花盛开。如牡丹、芍药、棣棠、木香、酴醾、蔷薇、金纱、玉绣球、小牡丹、海棠、锦李、徘徊、月季、粉团、杜鹃、宝相、千叶桃、绯桃、香梅、紫笑、长春、紫荆、金雀儿、笑靥、香兰、水仙、映山红等花，种种奇绝"。[4]《都城纪胜·园苑》亦载："城南嘉会门外，则有玉津御园，又有就包山作园以植桃花，都人春时最为胜赏，唯内贵张侯壮观园为最。城北北关门外，则有赵郭家园。东西马塍诸园，乃都城种植奇异花木处。"[5]五六月间，荷花盛开，西湖上赏花"纳凉人多在湖船内，泊于柳荫下饮酒；或在荷花茂盛处园馆之侧"。中秋前"木犀盛开，东马塍、西马塍园馆争赏"，花

[3]陈著：《夜梦在旧京忽闻卖花声，感有至于恸哭，觉而泪满枕上。因趁笔记之》，载陈著：《本堂集》卷三一，文渊阁《四库全书》本。

[4]吴自牧：《梦粱录》，浙江人民出版社1984年版。

[5]耐得翁：《都城纪胜》，文化艺术出版社1998年版。

海人潮，其盛无比。端午前一天，“城内外家家供养，都插菖蒲、石榴、蜀葵花、栀子花之类，一早卖一万贯花钱不啻。何以见得？钱塘有百万人家，一家买一百钱花，便可见也……虽小家无花瓶者，用小坛也插一瓶花供养，盖乡土风俗如此”。[1]端午前一早晨的鲜花可卖1万贯，可见消费量之巨大。临安最著名的花市在和宁门外。杨万里《经和宁门外卖花市见菊》诗云：“病眼仇冤一束书，客舍葭莩菊一株。看来看去两相厌，花意索寞恰似无。清晓肩舆过花市，陶家全圃移在此。千株万株都不看，一枝两枝谁复贵？平地拔起金浮屠，瑞光千尺照碧虚。乃是结成菊花塔，蜜蜂作僧僧作蝶。菊花障子更玲珑，生采翡翠铺屏风。金钱装面蜜如积，金钿满地无人拾。先生一见双眼开，故山三径何独怀。君不见，内前四时有花卖，和宁门外花如海。”[2]诗人用“花如海”来描述和宁门外鲜花市场之繁华。马塍因是临安最大的鲜花产地，所以形成鲜花批发和零售市场，经营规模在全国首屈一指。叶适《赵振文在城北厢两月，无日不游马塍，作歌美之，请知振文者同赋》诗云：“马塍东西花百里，锦云绣雾参差起。长安大车喧广陌，问以马塍云未识。酴醾缚篱金沙墙，薜荔楼阁山茶房。高花何啻千金值？著价不到宜深藏。青鞋翩翩乌鹤袖，严劳引首金蒋后。隋园摘蕊煎冻酥，小分移床献春酒。陈通苗傅昔弄兵，此地寂寞狐狸行。圣人有道贲草木，我辈栽花乐太平。知君已于苕水住，尽日橹声摇上渚。无际沧波蓼自分，有情碧落鸥偏聚。追逐风光天漫许，抛掷身世人应怒。君不见南宫载宝回，何如赵子穿花去？”[3]诗中提供了一个十分重要的史实，即陈通和苗刘兵变后，马塍由训练马军的基地逐渐沦落为荒凉落寞的狐狸出没之地，尔后才发展为花卉种植基地。临安近郊则形成了许多花卉种植基地。另有工艺花市在御街中段官巷内。《都城纪胜·诸行》载：“大抵都下万物所聚，如官巷之花行，所聚花朵、冠梳、钗环、领抹，极其工巧，古所无也。”[4]其所谓“花”主要指人们装饰打扮用的首饰、帽饰、手饰、颈饰、衣饰等物品。花市中不仅设有作坊专门制作，即所谓“花作”，更设有推销的铺席。据说“最是官巷花作，所聚奇异飞鸾走凤、七宝珠翠、首饰花朵、冠梳及锦绣罗帛、销金衣裙、描画领抹，极其工巧，前所罕有者悉皆有之”[5]。官巷内花市的著名店铺有飞家牙梳铺，齐家、归家花朵铺，盛家珠子铺，刘家翠铺，马家、宋家领抹销金铺，沈家枕冠铺，等等。[6]宋代以前的农书不载花卉栽培种植技术，两宋尤其是南宋以来谱录类农书大量涌现，记录了相关工艺。张镃不仅是园林专家，也是园艺专家，曾著《梅品》。徐光启《农政全书》卷三七《种植·种法》录其《种花法》云：“春分和气尽，接不得；夏至阳气重，种不得。立春、正月中旬宜接樱桃、木犀、徘徊、黄蔷薇，正月下旬宜接桃、梅、李、杏、半丈红、蜡梅、梨、枣、栗、杨、柳、紫薇，二月上旬可接紫笑、绵橙、扁橘。以上种接并于十二月间沃以粪壤，至春时花果自然结实。立秋后可接林檎、川海棠、黄海棠、寒球、转身红、祝家棠、梨叶海棠、南海棠。

[1]西湖老人：《西湖老人繁胜录》，浙江人民出版社1983年版。

[2]杨万里：《经和宁门外卖花市见菊》，载杨万里：《诚斋集》卷二三，文渊阁《四库全书》本。

[3]叶适：《赵振文在城北厢两月，无日不游马塍，作歌美之，请知振文者同赋》，载叶适：《水心集》卷七，文渊阁《四库全书》本。

[4]耐得翁：《都城纪胜》，文化艺术出版社1998年版。

[5]吴自牧：《梦粱录》卷一三《团行》，浙江人民出版社1980年版。

[6]吴自牧：《梦粱录》卷一三《铺席》，浙江人民出版社1980年版。

以上接种法，并要接时将头与木身，皮对皮，骨对骨，用麻皮紧缠，上用箬叶宽覆之。如萌茁稍长，即撤去箬叶，无有不盛也。”[1]周密《齐东野语》卷一六《马塍艺花》记载了“堂花”的反季节栽培花卉之法，反映了马塍花农高超的艺花技艺：“马塍艺花如艺粟，橐驼之技名天下。非时之品，真足以侔造化、通仙灵。凡花之早放者，名曰堂花。其法以纸饰密室，凿地作坎，緶竹置花其上，粪土以牛溲硫磺，尽培溉之法。然后置沸汤于坎中，少候，汤气薰蒸，则扇之以微风，盎然盛春融淑之气，经宿则花放矣。若牡丹、梅、桃之类无不然，独桂花则反是。盖桂必凉而后放，法当置之石洞岩窦间暑气不到处，鼓以凉风，养以清气，竟日乃开。此虽揠而助长，然必适其寒温之性，而后能臻其妙耳。”[2]

[1]徐光启：《农政全书》，中华书局1956年版。

[2]周密：《齐东野语》卷十六《马塍艺花》，张茂鹏点校，中华书局1983年版。

南宋时径山茶开始闻名。《嘉庆余杭县志》卷三八《物产·茗饮之属》载：“径山茶，径山寺僧采谷雨前者，以小缶贮送人。钦师尝手植茶树数株，采以供佛。逾年蔓延山谷，其味鲜芳，特异他产，今径山茶是也（旧《县志》）。产茶之地，有径山四壁坞及里山坞出者多佳，至凌霄峰尤不可多得，大约出自径山四壁坞者，色淡而味长。出自里山坞者，色青而味薄。此又南北乡出之分也（《续县志》）。”[3]径山是天目山的东北峰，为堆珠、大人、鹏抟、宴座、朝阳、凌霄、御爱7峰环抱，峻险秀美。陆羽曾对径山茶作过专门考察，并在径山脚下苕溪畔写作《茶经》。唐天宝四年（745年），释法钦至径山结庵。大历三年（768年），代宗下诏建径山寺。北宋政和七年（1117年）徽宗曾赐名“能仁禅寺”，南宋孝宗亲书“径山兴圣万寿禅寺”额。径山寺原属“牛头派”，建炎四年（1130年）兴“临济宗”，道誉日隆，被誉为江南五山十刹之首，有“江南第一山”之美誉。日本名僧俊芿、圆尔辨圆、无本觉心、南浦昭明等先后来寺学禅，回国后传临济宗法，并将茶种、制茶技术和茶宴仪式传回日本。茶宴后发展为日本茶道。又带去纺织、制药丸、打麦面、做豆腐、制酱等法。径山寺法师亦有多人赴日本传教。

[3]张吉安、朱文藻、崔应榴、董作栋等修：《嘉庆余杭县志》，上海书店出版社1993年版。

南宋的农业生产技术发展不仅表现在实践上，而且有丰富的理论总结。这些理论总结相当全面，涉及各种经济作物，实际上也从技术层面对当时的商品性农业或商农经济进行全景式反映。王毓瑚《中国农学书录》收书542种，其中佚书200余种，约占40%。著录宋代农书114种，其中南宋49种。而据方健补考，南宋农书数量远超过北宋。[4]要如陈旉《农书》、陈克己之父《农书》、陈峻和刘清之《农书》、楼琫《耕织图》、陈景沂《全芳备祖》、佚名《务农书》、陆游《禾谱》《天彭牡丹谱》、吴怿《种艺必用》、张福《种艺必用补遗》、温革《琐碎录》、范如圭《田夫书》、曾之谨《农器谱》、范成大《桂海虞衡志》、何先觉《耕桑治生要备》、王灼《糖霜谱》、王灼《糖霜谱》、韩彦直《橘录》、范成大《梅谱》《菊谱》、史正志《菊谱》、史铸《百菊集谱》、沈竞《菊谱》、马揖《菊谱》、胡融《图形菊谱》、沈庄可《菊谱》、王贵学《兰谱》、赵

[4]方健：《南宋农业史》，人民出版社2010年版，第350页注①。

时庚《金漳兰谱》、陈思《海棠谱》、张镃《梅品》、周必大《玉蕊辨证》、陈仁玉《菌谱》、佚名《山居备用》、王居安《经界弓量法》、陈元靓《岁时广记》《事林广记》《博闻录》等。其著者有许多为临安人或曾在临安生活过的学者。这些书种类繁多，众体皆备，内容丰富，体裁多样，大体可分为农桑类、种艺类、类书类以及其他4类。既有以理论创新著称而在农学史上举足轻重的陈旉《农书》等综合性农书，也有极为系统的《耕织图》等专题性农书，以及《橘录》《糖霜谱》等通俗普及性农书。陈旉的《农书》最具开创性，虽然篇幅无多，但是系统总结了江南农业生产技术经验，与《氾胜之书》《齐民要术》《农政全书》和王祯《农书》列为"五大农书"。全书凡22篇。其中卷上14篇，讲述种田，尤详稻作；卷中3篇，论耕牛及其疾病防治；卷下5篇，专论蚕桑。陈旉在书中驳斥了地愈种愈薄的流俗之论，认为连种、套种未必导致地力下降，只要耕耨得宜就可以保持肥力，以实现"地力常新壮"。他指出："或谓土敝则草木不长，气衰则生物不遂，凡田土种三五年，其力已乏。斯语殆不然也，是未深思也。若能时加新沃之土壤，以粪治之，则益精熟肥美，其力当常新壮矣，抑何弊何衰之有？"[1]既体现天地人三才相维的哲学观，也有生态农业观的朴素萌芽。在其影响下，江南形成了系统的深耕、细耙、再耖的水田整地技术，通过种植绿肥作物广辟各种肥源，并使种地、养地相结合，一年二熟、三熟作物的生产得到广泛开发。当时稻田耕作已可耕、耙、耖同步作业，并有成熟的施肥、灌溉、耘耥、烤田等技术。高斯得曾说，"浙人治田""深耕熟犁"，已达到"壤细如面"的程度。[2]也即在复种的基础上非常重视精耕细作。嘉定五年（1212年）程珌为富阳令，著《壬申富阳劝农》云："虽田无不耕，而粪田不至。每见衢、婺之人收蓄粪壤，家家山积。市井之间，扫拾无遗。故土膏肥美，稻根耐旱，米粒精壮。此邦之人重于粪桑，轻于壅田。"[3]是为陈旉思想的反映。农作物复种的一大关键是排水防涝。元代农学家王祯《农书·百谷谱集之一·大小麦（青稞附）》称：麦"未种之先，当于五六月暵地，若不暵地而种，其收倍薄"[4]。这虽针对冬麦而言，却也正是两熟复种制的难题。而他所总结的"腰沟"排水法正是南宋人的创造。种植水稻有"干干湿湿"之说，后期土壤湿度不能太大；种麦则须重视排水、中耕、施肥等，如此可改善土壤结构。育秧移栽技术最早似出现在汉代，从杜甫诗《行官张望补稻畦水归》已出现"插秧"看至迟也在唐代中叶，而其普遍化则在宋代，技术成熟要到南宋。中耕耘田技术在当时也臻成熟。张九成《横浦集》卷一六《王耕耘字序》称："农人治田，有耕有耘。耕所以起土膏也，耘所以除恶草也。有土膏以滋之，无恶草以害之，则苗勃然而兴矣。"[5]将耕耘视作稻作农业生产最重要的两个环节。楼璹绍兴三年（1133年）任於潜县令，深感农夫、蚕妇之辛苦，绘制《耕织图》45幅，其中耕图21幅。每幅配以五言诗一首。耕图表现了从浸种、耕地、平地、插秧、耘耥、灌溉

[1]陈旉：《农书校注》，中华书局1956年版。

[2]高斯得：《耻堂存稿》卷五《宁国府劝农文》，文渊阁《四库全书》本。

[3]程珌：《壬申富阳劝农》，载程珌：《洺水集》卷一九《劝农文》，文渊阁《四库全书》本。

[4]王祯：《农书》，文渊阁《四库全书》本。

[5]张九成：《横浦先生文集》，文渊阁《四库全书》本。

等田间管理到收割、脱粒、入仓的水稻种植、栽培、生产加工的全过程。楼钥《攻愧集》卷七六《跋扬州伯父〈耕织图〉》称其“农桑之务，曲尽情状”[1]。该书进呈后获高宗嘉奖。陈景沂《全芳备祖》前集著录花果、草木类植物120种左右，后集著录果卉、草木、农桑、蔬药类植物170余种，合计近300种，涉及门类多且全。韩境在序中称其“物推其祖，词掇其芳”[2]。每门各列3部分内容：一是事实祖，下分碎录、纪要、杂著三目，大体按成书时间先后排列；二是赋咏祖，分五七言散句、散联、古体、绝、律凡十目，分辑唐宋人诗；三是乐府祖，分录唐宋词，各以词牌标目。该书具有极高的学术含量，成为后人辑佚的渊薮、校勘的宝山。《全宋诗》《全宋词》从中辑录了许多诗词。吴怿《种艺必用》及张福《〈种艺必用〉补遗》不仅涉及稻麦粱谷的种植，还有蔬菜、瓜果、花卉、竹木种植园艺等方面的内容，突破了《齐民要术》以来花木不入农书的禁条。其移树、嫁接、生物治虫等技术一直沿用至今。王祯《农书》中有不少内容抄自它。温革《琐碎录》除记载稻麦等大田作物栽培技术外，也主要总结园艺类作物如花果、树木、蔬菜等的种植经验和技术，并涉及家畜、家禽养殖及兽医、饮食、酿酒等方面的内容，反映南宋商品农业蓬勃兴起、农林牧副渔全面发展的盛况。如花卉种植中的催花早开之法始见于是书。记生物防治果树虫害技术不仅最早也更简便易行。曾之谨《农器谱》是中国首部介绍农具的专著。周必大《文忠集》卷五四《平园续稿》一四《曾氏〈农器谱〉题辞》云：“文忠美其温雅详实，为作《秧马歌》，又惜不谱农器。时曾公已丧明，不暇为也。后百余年，其侄孙耒阳令之谨始续成之。凡耒耜、耨镈、车庳、蓑笠、铚刈、蓧蒉、杵臼、斗斛、釜甑、仓庾，厥类唯十。附以杂记，勒成三卷。皆考之经传，参合今制，无不备者。”[3]王祯《农书》卷一一至卷二二《农器图谱》所列20门，有8门直接抄此书，又将“车庳门”改作“灌溉门”，“斗斛门”被合并在“仓廪门”且全抄《农器谱》“仓庾门”，实际上20门中有一半以上直接出自《农器谱》。

[1]楼钥：《攻愧集》，文渊阁《四库全书》本。

[2]陈景沂：《全芳备祖》，农业出版社1982年版。

[3]周必大：《文忠集》，文渊阁《四库全书》本。

三、城乡双重城市化与商民社会的发展

商工经济体系与商农经济体系是与城市的都市化和农村的城镇化相伴生的。从理论上说，城市化有都市化和城镇化两种不同模式。在城乡二元结构理论中，存在着这样一种极端类型的理论假设，即完全商业化、工业化和社会化的都市与没有交换、封闭而依靠血族关系和农业生产维持的农村。事实上不存在这种绝对的都市和农村模式。牟复礼（Frederick W. Mote）和罗威廉（William T. Rowe）等分别通过作为行政中心的都市和商业中心的市镇的个案研究，重新审视了马克斯·韦伯（Max Weber）在西方经验下做出的城乡之间存在鲜明对立的论断。牟复礼认为中国社会不像西方那样城乡之间存在尖锐对立，而是表现出连续性。[4]韦伯将中国城市与农

[4]牟复礼：《元末明初时期南京的变迁》，载施坚雅主编：《中华帝国晚期的城市》，叶光庭等译，中华书局2000年版。

村截然分开，忽略了城乡间的密切联系，更没注意到中国城市行政上的等级愈低乡土气息愈浓厚的特点。中世纪的欧洲城市大多是由农村组成的汪洋大海中的一座座孤岛，将传统中国的历史情境运用异域理论资源进行理解应当慎重。[1]罗威廉在有关汉口的两本著作中研究了像汉口一样的商业市镇而非作为行政治所的府州县城，强调了县级以下市场中心的重要性。[2]饶济凡（Gilbert Rozman）通过中日城市化的比较研究创立了城市空间网络学说，认为近世中国的城市人口分布呈"上小下大"的金字塔结构，百万人口以上的城市寥寥无几，绝大多数人居住在成千上万的村镇里。[3]中国的都市化是建立在农村城镇化基础上的，而城镇化又不能脱离农村内部的变革。南宋的都市社会是在农村社会的基础上发展起来的，而农村市镇和农村又受到都市因素的全面改造。都市与农村构建为一种塞西莉亚·塔科里（Cecilia Tacoli）和大卫·塞特思威特（David Satterthwaite）所说的"城乡连续统"（Rural-urban Continuum）。中心城市不断向农村溢出，扩大容量，向都市化方向发展；农村则以市镇为中心形成市镇，推动农村城市化，即所谓的城镇化。但都市并非简单地向农村溢出，它还要向更高的层次发展；市镇的城镇化并非简单走向都市化，它还是一种农村内部的城市化，有促动农村区域经济的特殊作用，并且因为具备许多都市没有的优势如生态优美、可以获得新鲜优良的农产品、社会关系简单等而与都市相抗衡。市镇因此既可能发展为小城市乃至像上海一样的大都市，也可以永远以接近农村的方式存在下去。在此意义上，市镇与都市又如西方城乡并不构成自下而上递进的连续统，而具有同等重要的地位和作用。

[1]史明正：《西方学者对中国近代城市史的研究》，中央研究院近代史研究所编：《近代中国研究通讯》第13辑，1992年。

[2]William T. Rowe, *Hankow: Commerce and Society in a Chinese City, 1796-1889*, Stanford: Stanford University Press, 1984; *Hankow: Conflict and Community in a Chinese City, 1796-1895*, Stanford: Stanford University Press, 1989.

[3]Gilbert Rozman, *Urban Networks in Ch' ing China and Tokugawa Janpan*, *Princeton*, New Jersey: Princeton University Press, 1973.

城市化作为城市发展演变的伴生物，是一个不断发展的连续过程。中国早期城市主要属于"内聚型"城市化，宋元时期转变为"城乡并举型"城市化，明清时期表现为"市镇主导型"城市化，晚清以来逐渐走向"城市主导型"城市化。内聚型城市化是由早期郡县城市的特性所决定的，这些城市凭借政治或军事强力确立起社会中心的地位。政治或军事地位越高，城市规模就越大，通过层层相属的行政体系而控制的空间范围也越广。不同的政治或军事地位，决定城市的内在结构、空间规模和辐射范围。与此相联系，城市居民受到严密的社会控制，有着森严的社会等级。普遍实行的坊市制将城区划分为政治区、居民区、商业区3部分，每部分功能明确而相对封闭。其中政治区是控制中心，为城中之城；居民区和商业区是政治区的附属，不仅彼此分离，而且各种活动都受到严格限制，由军队负责监视。官员、胥吏、杂役、奴仆、军人及其附属人员是城市居民的主体，他们以各自的政治身份确定相应的社会地位，形成层层相属的等级体系。城市通过政治向心力吸引各种社会要素向自身聚集，在一定程度上成为地区性社会活动中心。但一旦政治地位有变，城市的社会影响力也随之改变，甚至完全丧失。从经济方面来看，早期郡县城市的经济是以满足居民基本生活需要为目的的消费型经济，商业或市场活动十分有限，基本停留于农村产品向城市的单向流通；手工业以官营为主，不具有商品生产的性质，所需原材料通过赋税征收、强制征购等方式从农村获取。这固然也使部分农村产品因进入城市市场而具有商品特性，却不可能真正推动农村市场发展和促进城乡之间、地区之间的商品交换与经济互动。相反，如果城市需求超出了农村生产力所能承担的限度，还会影响到小农家庭再生产的正常进行。就此而言，城市经济的繁荣，实际上是以牺牲农村经济为代价的。从城乡关系来看，两者是分离和对立的。城墙不仅使城市与农村隔离开来，而且将城市活动严格地控制在城墙之内。城乡之间在政治上是统治与被统治的关系，空间上是控制与被控制的关系，经济上是剥削与被剥削的关系。因此，早期郡县城市发展的作用除政治方面外主要在于城市现象由个别走向普遍，由零散走向系统，而不是推动社会的变革与飞跃性发展。

如前文所述，江南城市自东晋南朝时即逐渐开始从政治和军事中心为主转变为商业城市。中晚唐以降进入重大的变革期，城市日益突破原有政治和军事性质所构成的限制，经济、社会和文化功能显著增强，从而由封闭走向开放，由内聚转为扩散。在时空上不再与农村隔离，不仅经济活动以各种方式向农村渗透，而且与农村构成时空连续统，所以城郊都市化现象十分普遍。临安周边15里范围有环城市镇10多个，建康府近郊有近10个，绍兴、常州、苏州、饶州、镇江等府也有相当数量。一些规模较大的县城也如此。这些市镇皆因经济异常兴盛而兴起。城市之所以必须走向开放，是由于其对农村的依赖性大幅度提高而做出的选择。肯尼斯·林奇（Kenneth Lynch）指出，城乡相互作用通过食物流、资源流、人流、观念流、资金流发生作用。他还提出“城乡动力学”（Rural-urban Dynamics）概念，并建议从“生计战略”和“资源分配”角度揭示城乡联系的复杂性。南宋都市的超常规发展极大地依赖农村的食物流、资源流和人流，如临安每年所需的粮食依靠市场供应的就高达180—210万石[1]，而其资源的分配和利用能力以及所实施的生计战略则走在时代前沿。其中临安、平江等为代表的部分繁华大中城市，基本实现了从消费性商业为主体的单一经济向集生产、消费、流通于一体的多层次产业体系转变。此时都市的兴盛并不是汉唐以来的简单延续，而是从都市个体形态到区域结构体系构建的重大飞跃。都市在继续充当不同等级政治中心的同时，开始向不同层次的开放性商品流通中心、社会活动中心和文化发展中心转变。城市发展的主导因素从政治因素转变为经济和社会因素，形成包括综合型、经济型、交通型、港口型等不同类型以及基层城市、地区中心城市、跨地区中心城市、大区域中心等不同层次的结构体系。随着城市社会结构的变动和市民阶层的发展壮大，市场因素在城市商品供应和消费中发挥越来越大的作用。城市所需的商品在市场化的民间供应日趋活跃的同时，官方供应系统也较多地引入了市场因素。而且，城市规模的扩大和人口数量的大幅度增加使消

[1]斯波义信：《南宋米市场分析》，载刘俊文主编：《日本学者研究中国史论著选译》第5卷（五代宋元），索介然译，中华书局1993年版。

费需求特别是对农副产品的需求随之大增，城乡之间的商品流通因此而日趋活跃。在此基础上，城市又进一步发展为开放性的商品流通中心，商品流通不再局限于满足本地居民的消费需求，而是成为更广阔范围内市场体系的组成部分。其中县城大多与市镇结合，构成城乡一体的基层商品流通单元；地区中心城市则将若干基本流通单元连接起来，形成更大的商品流通体系；区域中心城市又沟通不同地区之间的商品流通，推动跨地区市场的发展成长。浙东的绍兴、浙西的平江等城市的市场影响力在很大程度上超越了本州府范围而扩大到邻近地区，从而形成了由若干相邻地区构成的市场体系；临安作为两浙中心城市，则是全区域商品流通的中心。北部太湖地区所产粮食的南向流通和南部浙东地区所产纺织品、瓷器、茶叶的北向流通，东部沿海地区所产食盐和海货的西向流通和西部山区木材等林产品的东向流通，均以临安为交会地。斯波义信将临安的商品流通分为3个层次的市场圈。其中的中距离圈，北以苏州—镇江为界，是谷物的主要来源地；南以明州—严州、衢州—徽州为界，是燃料、油脂、鱼畜及林产品的供给地。[1]这个中距离市场圈，实际上也正是临安作为两浙最高中心市场的表现形式。

农村城市化是伴随市镇的广泛兴起和发展而不断展开的，呈现出与一般所说的城市化不同的发展道路和特点。阿尔伯特·J. 赖斯（Albert J. Reiss）在联合国教科文组织编的《社会科学词典》中对两种不同的城市化做了区分：一是城市中心对农村腹地影响的传播过程；二是全社会人口逐步接受城市文化的过程；三是人口集中的过程，包括集中点的增加和每个集中点的扩大；四是城市人口占全社会人口比例的提高过程。[2]其中前两种城市化指农村城市化。迈克尔·帕辛（Michael Pacione）认为，农村城市化是城市思想、观念和生活方式向乡村地区扩散的社会变动过程，其最明显和最直接的表现是人口从城市向乡村的自然流动。[3]由于城乡关系具有非对称性，南宋的都市化仍然主导着城市化，但市镇的城镇化却以前所未有的强度和速度加快步伐，形成广泛兴盛的局面。南宋以前的城市基本接受农村的单向度服务，亦即呈一元中心的内聚发展模式。而随着城市形态的变革和市镇的发展，城市化模式变为城乡互动型，即城市的扩张与农村社会内部的变革互为呼应，推动都市化和城镇化二元城市化的展开。由此可以看到，南宋时期出现了多重社会动力耦合，即商工经济与商农经济的耦合，都市化与城镇化的耦合，商工经济与都市化的耦合，商农经济与城镇化的耦合。中国古代城市化由此进入了一个新阶段，即不仅城市的都市化进程加快，农村的城镇化更是十分普遍，由此开启了中国城镇大发展的帷幕，确立了中国古代城镇发展的基本形态或模式，并逐渐形成了中国与西方国家有所不同的城市化特色。

南宋农村城市化或城镇化伴随着农村经济市场化和产业结构调整。与以往不同，南宋农村已由以农业为主的单一经济向由多种产业包括手

[1]斯波义信：《宋都杭州的商业中心》，载刘俊文主编：《日本学者研究中国史论著选译》第5卷（五代宋元），索介然译，中华书局1993年版。

[2]转引自高珮义：《中外城市化比较研究》（增订版），南开大学出版社2004年版，第408页。

[3]Michael Pacione, *Rural Geography*, London: Longman Higher Education, 1984.

工业构成的综合经济转变，尤其是以市场为导向从生产型、个体性经济发展为市场型、集约性经济。农村市场也不再单纯是城市市场的附庸，而逐渐发展为具有相对独立性的以农产品为主的商品流通体系。农村以市镇为中心的商业网络在一定程度上依赖附近的都市或中小城市，但也形成了与都市一样的具有远地辐射功能的自主性贸易圈。这个贸易圈的优势主要在于能提供粮食、手工业原料以及一些初级手工业产品，是都市经济所无法替代的。市镇经济不会像都市经济那样总体上商工化或非农化，其主要功能是推动农产品的市场化，因而更多的只是生产和经营方式越来越接近于都市产业形态。农村商农经济圈不仅推动都市经济发展，而且借与都市商工经济圈的作用提升农村经济的发展水平。在商工经济与商农经济不断发展的基础上，城乡形成了两个空间位置和性质均有所不同的经济圈，即城市商工经济圈与市镇商农经济圈。它们既相对独立发展，又互为市场，互动互生。

农村城市化既是城市物质文明和精神文明向乡村扩散和完善的过程，更是农村社会基于自身内在动力不断变革的过程。众多商业市镇在广大农村地区的兴起是城市扩张和影响的结果，也是农村生产力提高和商品经济发展的产物，其意义不仅仅在于对城市经济、社会和文化发展的响应或与之互动，而且促动了农村社会内部的城市化。市镇一般分布在距州县城二三十里以远的地区，与都市有着不同的市场辐射空间。商农经济圈由中心市镇和更基层的草市、墟市等共同构成，既是农村的中心市场，也是连接都市市场和农村市场的纽带。作为新兴的经济中心，市镇有着诸多都市所没有的有利条件，如较少受政治因素的干预、接近各种农村商品产地、有充裕的廉价劳动力等。南宋时有镇建制的市镇临安15个、嘉兴6个、明州（今宁波）7个、处州（今丽水）6个、衢州4个，估计两浙路有100个以上；草市则有500多个。[1]市镇的专业化水平也较高，如嘉兴府的魏塘、婺州的孝顺是典型的农业镇，温州府的白沙是典型的林业镇，嘉兴府的澉浦、青龙和台州的章安是著名的港口镇，湖州的南浔是丝织业镇，绍兴府的枫桥、三界是造纸业镇，饶州府景德镇是著名的瓷业镇。与都市手工业分工有所不同，市镇产业分工的形成与各地地理特征的巨大差异所造成的自然性生产分工有较大关系，因而总体上带有农业特征。农村城市化不是都市社会在农村的简单复制或模仿，而是农村社会基于自身特点而形成与都市本质上相似、水平上接近的发展形态；不是城乡之间界线的完全消失，而是在劳动方式、生活方式和水平趋于一致基础上新型城乡关系的建立。在此基础上，传统上封闭狭隘的农村社会逐渐走向开放，由静态发展走向动态发展。南宋时的许多市镇城镇化水平已经相当高。就人口规模而言大致可分为两个等级：一是部分“巨镇”、“雄镇”，居民有上千乃至数千户，达到县城的水平，有的甚至与部分州级城市相当。如嘉兴府海盐县的澉浦镇“约五千余户”，临安府仁和县的临平镇“约千家”，庆

[1]傅宗文：《宋代草市镇研究》，福建人民出版社1989年版，第450—477页。

元府奉化县的鲒埼镇“环镇者数千家”，饶州鄱阳县的石门镇“哄市千家聚”。[1]二是一般性镇和部分规模较大的草市，居民多在数百户左右，相当于小型县城。如池州的雁汉镇（又名雁翅夹）有200多户。[2]

西方城市很早以前就兴起了公民社会（市民社会）。学术界一般将公民社会定义为国家和家庭之间的社会领域，这一领域由与国家相对应的非政府组织所占据。这些组织由社会成员自愿结合而成，有共同的价值认同，享有充分的自主权。由于个人的自我意识被集体性的自我意识部分取代，因而其成员的自我意识和社会行为具有社会公意，以非个人主义的方式维护自己的权利。公民社会同时兼具3种性质，即个人性、地区或集团性和整体性。当代公民社会论者多把第三部门看作是公民社会的核心要素，甚至在二者之间画等号。第三部门是在第一部门（公部门）与第二部门（私部门）之外既非政府组织又非私营企业的社会组织的总称。如慈善机构、宗教团体、工会、行业协会等。公民社会是西方城市或西方国家取得社会进步的基本力量。中外学者一般认为中国城市没有西方那样的公民社会产生，但部分学者认为有一些这方面的因素。中国古代的基本社会结构是“乡民社会”，它是以血缘文化和地缘文化为基础、以礼俗和宗法为主要特征的社会形态模式。“乡民社会”的社会价值观念一元化、恒定化，社会组织门阀化、帮派化，个体的我群或私我意识十分强烈，并且在根本上为政府所控制。但自隋唐尤其是南宋以来也发展出与西方公民社会相类似的公民社会因素，主要体现在4个方面：首先，有了保障土地自由买卖的流转型产权制度。自给自足的小农所有制使不少农民在完成规定的赋税和劳役后能够拥有一份微薄的私有财产。其次，有了各社会等级均可参与的科举选官制度，国家与乡土社会之间便有了一条较为畅通的联系渠道。再次，有了国家与社会在第三领域的合作机制。中央政府的正式行政管理只到县一级就终止了，对于县级以下的公共活动，国家的典型做法是依靠不领俸禄的准官吏。“正是依靠这些第三领域准官吏的帮助，正式国家机构才能扩展其控制范围，渗透进社会的基层。这些官吏的一般职能包括收税、司法执行及维持公共安全。在特定的情形中，他们还协调各种公益事业活动，如治水、赈灾和地方保卫等。他们帮助将国家与社会联结在一起。”[3]最后，有了城市中的社会自治组织。城市中具有有限自治特征的商会组织不断增多，它们既与地方政府密切合作，又保障团体利益，以较强的社会公意从事社会建设，在范围广泛的行政、半行政和非行政事务方面确立起了制度化的权威。社会自治组织的存在，使中国古代城市或城镇的社会整合水平大大超过了零散的乡村。这也是中国“乡民社会”中最接近于西方公民社会的一块领地。有学者认为商会组织具有官办性质或实质上受政府支配，因而否认其公民社会的特性。事实上，在任何国家，没有政府乃至极权政府点头，公民社会都是建立不起来的。要客观地评价中国的公民社会问题，必须把视线引到中国社会的深层结构中进行探讨。

[1]罗叔韶、常棠修：《澉水志》卷上《地理门·户口》，载中华书局编辑部编：《宋元方志丛刊》第5册，中华书局1990年版；吴潜：《许国公奏议》卷三《奏禁私置团场以培植本根消弥盗贼》，《丛书集成初编》第906册，中华书局1985年版；方回：《桐江续集》卷一三《过临平镇》、卷三《石门市》，文渊阁《四库全书》本。

[2]陆游：《陆游集·渭南文集》卷四五《入蜀记第三》，孔凡礼点校，中华书局1976年版。

[3]黄宗智：《中国的“公共领域”与“市民社会”？——国家与社会间的第三领域》，载邓正来、杰弗里·C. 亚历山大主编：《国家与市民社会：一种社会理论的研究路径》，中央编译出版社2002年版。

在南宋的都市化进程中，都市的市民组分、思想观念、文化生活在不断改变。最为突出的是以工商业者为主体的包括雇佣人员、伎艺人员、无业游民等在内的市民阶层的崛起。据估计临安的总量已高达20多万。他们与一般居民在文化、观念等方面差异颇大，如维护财产权益、劳动权益和社会公德方面都有相当的自觉意识。经济、社会和文化领域的变革，使传统坊市制下政治区、居民区、商业区条块分割的城区格局和单一管理体制难以维持，引发城市管理体制变革，逐渐形成城郊一体、坊市结合、分级管理的行政体制，以及消防、卫生、环境保护、赈济、慈善等适应城市社会和生活需要的公共事业和社会保障制度。政府正式将城乡居民从户籍中分别开来分别编籍，并赋予城镇坊郭户正常的法律地位，实际上承认了人在城乡流动和职业选择上的基本权利，相对于汉唐时期“市籍”制下工商业者被视为“贱民”和严禁农村居民脱籍流动的做法无疑是一种社会进步。部分农民由此走向专业化、市场化生产的道路，或由农业领域转向工商业领域，从而引发人口空间分布格局和社会职业结构的调整。尽管这种调整总体上远未达到打破以乡村为主体、以农业为主导的传统社会格局的程度，却标志着长期以来专制体制下社会严密控制体系开始趋于松弛。市镇居民的结构也不同于以往的草市，而有了较多具有城市市民意识的常住居民。其中主要的是商贩和手工业匠。他们按经济状况大致可以分为3等：上等包括官商、豪贾、富民、行业总首、官僚等。其中有不少原来是地主。南宋职役轮充的宽乡、狭乡之别导致乡间上户竞相市居，借以捞取歇役的最优年限，或逃脱差役。官户地主不必应役，而“纡朱怀金，专为商旅之业者有之”[1]。他们往往资产巨万，势力雄厚，常为兼并之家。中等的是靠经商或手艺生活的小康人家，牙人、揽户、行钱是他们中富有时代特色的成分。下等是所谓猥琐细人、市井小民，他们或经营微末生理，或售伎以糊口。由于人口增多，不少市镇建设有了规划，政府派驻了专门的管理机构，城镇管理日益专业化。消防、卫生、环境保护、赈济、慈善等事业也开始发展。市镇作为城乡的结合点，是农村城市化的重要标志，其背后是农村社会状况、经济状况及文化和生活状况的巨大转变。对于广大农村来说，商农经济又使小农在自给性消费外有了更大的商品性消费空间，他们不仅可以借以提高生活水平，还可以由此提高生产技术水平，如购置先进的生产工具、优良的品种乃至先进的工艺技术等，可以借以更充分地追求生产的价值，而不仅仅是使用价值。他们将主副业都逐步改造为商品性农业，将有限的土地资源与市场紧密结合起来以实现产出最大化。市民阶层的发展壮大，不仅在一定程度上改变了以地主和农民为主体的传统社会阶层结构，而且使得相应的新文化、新思想、新观念、新风气出现。充满商业气息和张扬个性情趣的市民文化的兴起，实现了“雍容高贵”的士人文化与“粗陋不堪”的民间文化的有机结合，引发了文化的大众化、平民化和世俗化发展。具有商业社会特点的市民观念和意识的不断增强，进

[1]蔡襄：《蔡襄集》卷二二《国论要目·二曰正风俗·度贪赃》，吴以宁点校，上海古籍出版社1996年版，第380页。

一步冲垮了唐以来已日趋式微的世袭身份和职业等级观念，商工一体、商农一体、工农一体的思想越来越为社会所接受。

“行”的名称早在隋唐时期甚至更早就已经出现，但工商业行会直到唐代仍没有出现。唐代所谓的行既指行业，又指各类店铺；而所谓的“行首”、“行头”也只不过是市中一肆之长，并非整个行业的领导者。在坊市制度下，行会职能完全由政府完成，行会组织的建立既是不可能的，也是不必要的。宋代完全打破了坊市制度，对市场的地域限制和时间限制被取消，商店货铺散布于城内各地，乃至自由聚集在各个冲要。禁夜制度废除后，到处是早市、夜市等。在此状况下，政府事实上已不可能再直接干预和监督从商品生产到流通的全过程。费尔南·布罗代尔（Fernand Braudel）曾指出，在地中海世界，“那些具有‘绝对’权力的幅员广阔的国家由于缺乏足够的公职人员，它们进行的控制很不完全。在基层，在日常事务方面，国家的权力很不完整，并且缺乏效能。它遭到成千上万个它无法制服的下层自治机构的反对。在庞大的西班牙帝国内部，城市常常各自为政自行其是”[1]。宋代商品经济繁荣所带来的景况也使社会出现了一定程度的失控。为了加强对社会的控制和管理，同时便于对工商业者进行科索、征调徭役等，便采用行会的方式让工商业者组织起来，甚至强迫每个经营者“投行”。如《都城纪胜》所谓“市肆谓之行者，因政府科索而得此名。不以其物大小，但充用者，皆置为行，虽医卜亦有职医克择之差占，则与市肆当行同也”[2]。而就工商业者自身而言，为了应付政府的科索，祗应官差，保护同行的利益以及保证商业信誉等，也需要组织起来。城市工商业人口急剧增长导致竞争激烈、秩序失控也增强了组建行会组织的紧迫性。宋代坐贾势力壮大，代替了汉唐以来行商（客商）占上风的局面，为行会的出现奠定了组织基础。由《都城纪胜》可知，政府批准设置行会的原则有3条：一是有固定的营业地点，即有店铺；二是商品为政府所用，或者其技能于政府有益；三是按行业分类组合。宋代土贡和科买的商品品类繁多，与之相配的行会数目自当不少。北宋东京有160行。《西湖老人繁胜录》称南宋临安有414行，其中所指可能包括不为政府所用的“小经纪”行业在内，但也说明南宋行会比北宋有较大发展。

[1]费尔南·布罗代尔：《菲利普二世时代的地中海和地中海世界》第2卷，吴模信译，商务印书馆1996年版，第51页。

[2]耐得翁：《都城纪胜》，文化艺术出版社1998年版。

学术界对宋代行、市、团、作等行会组织的性质存有较大争议。范文澜、翦伯赞等认为具有欧洲行会的特质，但有中国特点。这一观点源自加藤繁《中国经济史考证》一书。加藤繁认为唐宋时期的行有几分类似欧洲中世纪基尔特（Guild）的商人组织。杨德泉《唐宋行会制度研究》指出，宋代行会在商品质量、价格、学徒制度等方面都与欧洲行会一样受行规约束，所以宋代行会虽然存在着政府控制严密、内部贫富悬殊等问题，但性质与欧洲行会基本是相同的。[3]另一种意见认为宋代的“团”“行”与欧洲行会毫无共同之处，不能称为“行会”。傅筑夫《中国经济史论丛》一书指出，宋代的“行”是因政府科索等外在强制力作用而创立的，不是工

[3]杨德泉：《唐宋行会制度研究》，载程应镠主编：《宋史研究论文集》，上海古籍出版社1982年版。

商业者自己的组织。[1]其实中国行会与欧洲行会既有所不同，也有一定的共性。恩格斯在论及欧洲封建社会中的行会时指出，城市行会在一定意义上是农村基层组织马尔克公社（March Community）的移植：“在农村，占统治地位的是在原始共产主义基础上成长起来的马尔克公社。起初，每个农民都有同样大小的份地，其中包括面积相等的各种质量的土地，并且每个人在公共马尔克中也相应享有同样大小的权力……以后的一切同业公会，都是按照马尔克公社的样子建立起来的。首先就是城市的行会，它的规章制度不过是马尔克的规章制度在享有特权的手工业上而不是在一定土地面积上的应用。整个组织的中心点，是每个成员都同等地分享那些对全体来说都有保证的特权和利益。”[2]如果说欧洲行会是按照欧洲农村领主庄园制中马尔克公社的土地占有和人际关系的模式在城市中建立起来的话，那么，宋代行会则是宋代农村封建地主制下的土地占有和人际关系在城市中的移植。但宋代农村基层组织中不存在类似欧洲马尔克的农村公社，所以宋代行会具有与欧洲行会不同的特点。欧洲中世纪的封建领主制建立在村社组织的基础上，日耳曼人的入侵使在罗马帝国时期业已解体的原始公社以新的形式再生。原始公社的血缘关系已被斩断，取而代之的是以地缘关系形成的村社共同体。每个封建领主庄园都是一个独立的经济实体，保留着村社共同体的外观。封建领主把一部分土地分给个体农民作份地，强迫农民在收益归领主所有的公有土地上服徭役。他们直接监督和管理生产过程，榨取劳役地租。对农民来说，份地的大小、劳役的强弱、个人的权利和义务都是相同的。中国古代的村社组织早在商鞅变法时已经瓦解，虽然它在个别历史时期死灰复燃，但昙花一现，作为独立的经济实体已趋消亡，不能成为社会经济结构的一环。正如封建地主制下在乡村中占统治地位的是那些武断乡曲的少数豪族地主一样，宋代行会由少数经济实力雄厚的富商大贾把持，他们是城市的“兼并之家”。作为欧洲行会组织中心点的权利和义务平等原则，在宋代行会中难以实行。但宋代行会建立在比欧洲中世纪发达的商品经济基础上，也有公平交易、权利平等的内在要求。宋代行会较之欧洲硬化而封闭的行会更有弹性、更开放，可容纳更高的生产力。这是宋代城市商品经济的发展水平不仅远远高于同时期的欧洲而且高于前代的原因之一。

宋代行东最本质的特征是自己是工具和劳动产品的主人，保有一切生产手段即资本和劳动力。每一个行会都从事调和生产者与消费者利益的工作。工商同业者通过团体自我管理，共同遵守为保护自身权利必要的经济和社会纪律。他们制定的行会行规有助于建立与维持一种诚实和忠于职业的传统，毫不留情地制止不良行风，如欺诈、粗制滥造。某些行会的行规明文禁止同业“买空卖空”。行规对产销施加限制或者禁止垄断，目的是使行东之间维持均衡发展的格局，阻碍大财富的形成。行东有贫富之分，但行会从生产过程到供销环节都以平等原则对待。大行东对其他行东的剥

[1]傅筑夫：《中国经济史论丛》（下），生活·读书·新知三联书店1980年版，第417页。

[2]恩格斯：《资本论第3卷增补》，载中共中央马克思恩格斯列宁斯大林著作编译局编：《马克思恩格斯全集》第25卷，人民出版社1979年版，第1020页。

削只能在行规允许的限度内进行。当行东因受政府科敛无术补苴而不能维持正常经营而失业，或因天灾市场和原料短缺而“废业”，行会会采取同行互助救济的措施，并与政府协调以解决矛盾或求得支援。尽管宋代行会与国家权力的对立还是非常有限的，但也在一定程度上为社会制约国家权力提供了条件，同时也打破了传统的伦理文化关系，促进了“国家—社会”二元对立的社会结构体系的产生，为社会变革创造了条件。

宋代商业组织的变化比以往任何时候都更有成效地推动了社会发展。虽然不能与公民社会相比，但却具备一定程度的公民社会功能。或可将其称作商民社会以作区别。与宋代以前强国家、弱社会的状况相比较，宋代在社会与国家两方面均已出现明显的变化，并开始建构一种新型的互动关系。从国家的面向看，已一定程度地依赖社会进行新的动员和整合，因而对社会给予了某些扶植。由于不可能实现国家政治制度和经济制度的根本变革，因而无法对社会的发展提供真正的制度性保障，加之统治者担心社会获得充分发展和进一步扩充权利会危及其统治地位，因而国家在对社会予以扶植的同时又加以各种限制，甚至在自身力量比较强大时即对社会予以扼杀。从社会的面向分析，宋代商民已取得了一部分自治权利，对国家既做出了正面的回应，也发挥了制衡的功能和作用，尽管在很大程度上依然对国家有着依赖性。在经济结构发生较大变动以后，商民社会在某些方面的自治活动有利于封建王朝的统治，成为其弥补、整合社会功能的一种新的方式。政府在维持税收、稳定市面、拓展贸易等方面都不同程度依赖于商民社会的运作。另外，商民社会也在许多方面代行国家对地方的管理职能。无论是市政建设和管理，还是卫生和消防以及教育发展，都很大程度上得力于商民社会积极开展的一系列自治活动。

第三节 “浙学”的影响与实用性发挥

一、两宋经济与“浙学”的伴生

最早提出“浙学”概念并加以理论界定的是南宋大儒朱熹。不过朱熹提出“浙学”这个概念是用来概括和批判当时活跃在浙江永嘉、永康、金华等地的所谓“事功学派”的，带有贬低、责难的意味。《朱子语类》卷一二二《吕伯恭》云：“陆氏之学虽是偏，尚是要去做个人。若永嘉、永康之说，大不成学问。”又卷一二三《陈君举》云：“江西之学只是禅，浙学却专言功利。禅学，后来学者摸索一上，无可摸索，自会转去。若功利，则学者习之便可见效，此意甚可忧。”[1]又因为浙江学人普遍缺乏立门分户的自觉，“浙学”给人的感觉是无论在学理上还是学脉上都显得不如关、洛、濂、闽及江西诸学那么精致完善或自成系统。自南宋后的相当长一个时期，“浙学”虽有不同之指称，但一般都限于两宋尤其是南宋的

[1]朱熹撰、黎靖德编：《朱子语类》，载朱熹：《朱子全书》，朱人杰、严佐之、刘永翔主编，上海古籍出版社、安徽教育出版社2002年版。

浙东学术。不过明代以后话语环境有所改变，其含义逐渐呈现出多义性。明人刘鳞长在任浙江提学副使时所编的《浙学宗传》，就对应于自己原先所纂《闽学宗传》，并与周汝登所撰《圣学宗传》相衔接。在刘鳞长看来，“浙学”乃是与具有朱学传统的闽学拥有共同学术渊源的孔孟圣学之支脉，源头远者是尧、舜、文、周、孔、孟，近者为杨时、朱熹、陆九渊，而其鼻祖则是浙西的张九成和浙东的杨简。《浙学宗传》共辑录宋明时期的浙江学者41人，其中有6位是浙西人，即张九成、康邵、邵经邦、郑晓、许孚远和陈龙正，可见其所指是宋明时期包括浙东、浙西在内的整个浙江地区的“心学”流脉。其序云：“于越东莱先生与吾里考亭夫子问道质疑，卒揆于正，教泽所渐，金华四贤，称朱学世嫡焉，往事非邈也。击楫姚江，溯源良知，觉我明道学，于斯为盛，今岂遂绝响乎？缘念以浙之先正，呼浙之后人，即浙学又安可无传？周海门《圣学宗传》尚矣，然颇详古哲，略于今儒。乃不揣固陋，稍稍编汇成书，梓且行……今夫尧、舜、文、周、孔子、孟氏，万世知觉之先。大宗之祖，闽与越共之，不具论。论近宗，则龟山、晦庵、象山三先生。其子韶、慈湖诸君子，先觉之鼻祖欤。阳明宗慈湖，而子龙溪数辈，灵明耿耿，骨血相贯，丝丝不紊，安可诬也？……然而此点灵明骨血，还注当身，一加濯磨，无难昭灼，反而求之，便登吾宗谱牒，亦于心学加之意而已。圣为学宗，心为圣宗。苟得其传，毋论子韶、慈湖而下，堪称慈父，行且尧、舜、周、孔，同我正觉……了心入圣，为宗门中大觉，至孝而无难；不明心学，即堕落于罔觉，不孝而不可药救。所贵还返个中，认正宗传，学恒于斯，教恒于斯，则若闽若浙，同属家亲，而大宗小宗，共登上岸矣。”[1]其实将心学尤其是阳明心学视为“浙学”宗传的理念早在刘鳞长之前就已萌发，如折中王（守仁）湛（若水）的浙西学者蔡汝楠《自知堂集》卷二〇《致张按察使浮峰先生》即云：“吾浙学自得明翁夫子（王守仁），可谓炯如日星。然及门同志，海内间有未信，至目为柔要颓惰，要亦功利习气有一二逗漏处被人觑破尔，取益岭海，掇此金针，知吾伯丈不但自跻至域必有所以发明师训，兴起漏习行自浙中以遍天下者，又何幸何幸!”又卷一八《致孙蒙泉》云：“永丰（聂豹）则谓我浙学承阳明夫子之绪，如曹溪以后谈禅，非来本意矣。”[2]不过清初浙东学者全祖望、黄百家所使用的“浙学”概念不仅在时空上作了压缩，仅限于宋代的浙东之学，而且在内涵上也作了转换，特指浙东事功之学和经史之学。其说对后世影响甚大。

[1]刘鳞长：《浙学宗传》，《四库全书存目丛书》史部第111册，齐鲁书社1997年版。

[2]蔡汝楠：《自知堂集》，《四库全书存目丛书》集部第97册，齐鲁书社1997年版。

清代乾隆时期的浙东史学家章学诚在强调“宗陆而不悖于朱”或“与朱子不合亦不相诋”的前提下，首次明确地将“浙学”区分为“浙东之学”和“浙西之学”。在章学诚看来，“浙西”是朱学的天下，而“浙东”则为陆王的大本营。两地虽“道并行而不悖”，但各有所宗、各事其主。其《文史通义》内篇卷五《浙东学术》云：“浙东之学，虽出婺源[3]，然自三袁（袁燮、袁甫、袁韶）之流，多宗江西陆氏，而通经服古，绝不

[3]朱熹原籍江西婺源，所以章学诚称浙东之学“出婺源”。

空言德性，故不悖于朱子之教。至阳明王子揭良知而发明慎独，与朱子不合，亦不相诋也；梨洲黄氏出蕺山刘氏之门，而开万氏弟兄经史之学，以至全氏祖望辈尚存其意，宗陆而不悖于朱者也。唯西河毛氏发明良知之学颇有所得，而门户之见，不免攻之太过，虽浙东人亦不甚以为然也……世推顾亭林氏为开国儒宗，然自是浙西之学；不知同时有黄梨洲氏出于浙东，虽与顾氏并峙，而上宗王、刘，下开二万，较之顾氏源远而流长矣。顾氏宗朱而黄氏宗陆，盖非讲学专家、各持门户之见者，故相互推服而不相非诋。学者不可无宗主，而必不可有门户！故浙东、浙西，道并行而不悖也。”[1]章学诚未提统合两浙之学的“浙学”概念，甚至可以说实质上用“浙东之学”替代了整个“浙学”，而将“浙西之学”与“吴中之学”合而观之，这与他的“大浙西”乃至吴越之分的观念密切相关。在他看来，浙东学术的主流是南宋四明学派，中经明代姚江学派直到明清之际的蕺山—梨洲学派，特色是“宗陆（王）而不悖于朱”，这与刘鳞长以心学为浙学之宗传的理念并无二致。也就是说，浙东学术虽以史学见长，然其“言性命者必究于史，此其所以卓也”，乃是心学化的“经史之学”。所不同的是，章学诚偏重于“史”，而刘鳞长偏重于“心”。章学诚“出婺源”说的重心在江西学，而刘鳞长“若闽若浙、同属家亲”说的重心则在闽学；章学诚强调的是浙东之学与江西陆学的传承关系，而刘鳞长强调的则是浙学与闽学的同宗关系。既然“浙东之学”与陆王心学有如此紧密的关系，所以清初明史馆臣在制定《修史条例》时甚至以“浙东学派”代指阳明学派和蕺山学派，并指斥该学派“最多流弊”。然黄宗羲却认为，这种观点是“据聚讼成言、门户意见而考其优劣，其能无失乎”？并强调说：“向无姚江，则学脉中绝；向无蕺山，则流弊充塞。凡海内之知学者，要皆东浙之所衣被也。”[2]不难看出，章学诚所谓的“浙东学术”其实与黄宗羲的“浙学”观念十分相近。唯因黄、章二人有过重的乡土情怀和乡贤情结，在地域观念上均过于注重“浙东”而忽视“浙西”，甚至在潜意识中有“抛弃”浙西的意图。尤其是章学诚，为了与戴震（其学也属大浙西的范围）一争高低，似有过分夸大浙东学术与浙西学术差异的倾向。诚如钱穆所言：“实斋与东原论学异同，溯而上之，即浙东学派与浙西学派之异同，其在清初则为亭林与梨洲；其在南宋，即朱陆之异同也。”[3]后因《文史通义》闻名遐迩，故章学诚所言不仅为后世所熟知，甚至成为研究“浙学”之“定本”；而刘鳞长在学术史上几无地位可言，故其较为宽泛的学术视野便逐渐被后人遗忘。另外，清代以后心学屡遭贬斥、频受排挤也是后人选择章氏之说而抛弃刘氏之见的重要原因。晚清时，章太炎为了达到“兴浙”的目的，一方面与宋恕等人在杭州组建兴浙会，另一方面力图会通浙东之学和浙西之学，故其所诠释的“浙东之学”既重史学又重经学，“杂事汉宋”，兼采朱王，所谓“唯浙江上下诸学说，亦至是完集云”。[4]后有人以章太炎之师俞樾为近代“浙学”鼻祖。光绪二十九年

[1]章学诚：《文史通义》，中华书局1985年版。

[2]黄宗羲：《移史馆论不宜立理学传书》，载黄宗羲：《黄宗羲全集》第10册，浙江古籍出版社2006年版。

[3]钱穆：《中国近三百年学术史》，商务印书馆1997年版，第426页。

[4]章太炎：《訄书重订本·清儒》，载章太炎：《章太炎全集》第3册，上海人民出版社1984年版。

（1903年），鲁迅、陶成章等人也加入反清团体“浙学会”。当时的浙人针对大行其道的康有为的今文经学，还曾提出过“昌浙学之宗派，绝粤党之流行”的口号。[1]“浙学”曾作为清末主流学术思潮之一的影响力由此可见一斑。

然而晚清学者并未对“浙学”的概念做出明确界定，因此民国以后对“浙学”的认识仍有分歧。钱穆以“心学”为晚近世“浙学”之主流：“余谓晚近世浙学，基址立自阳明，垣墙扩于梨洲，而成室则自实斋。合三人而观，庶可以得其全也。”[2]而曹聚仁所谓的“浙学”则是指以章学诚为代表的清代浙东史学，即浙东学派。他认为，“浙学”与以惠栋为代表的“吴学”、以戴震为代表的“皖学”和承吴、皖之余绪而在扬州发扬光大的“扬学”，为清代学术思想的四大流派。[3]吕思勉的《理学纲要》专辟“浙学”一章，并将“浙学”分为永嘉、永康二派。[4]何炳松虽主张给宋以来的浙江学术确定“一定的地名和名称”，但对全祖望在《宋元学案》中所用的“浙学”、“婺学”、“永嘉之学”等说法均不满意，认为“这三个名词很不切当，因为前一个太泛，后两个太偏”，还是章学诚《文史通义》所定的“浙东学术”四个字比较适当。[5]近年来学术界立足于当代地理对“浙学”进行阐发。吴光《简论“浙学”的内涵及其基本精神》一文将“浙学”内涵总结为狭义、中义和广义3种：“狭义的‘浙学’（或称‘小浙学’）概念是指发端于北宋、形成于南宋永嘉、永康地区的以陈傅良、叶适、陈亮为代表的浙东事功之学；中义的‘浙学’概念是指渊源于东汉、酝酿形成于两宋、转型于明代、发扬光大于清代的浙东经史之学，包括东汉会稽王充的‘实事疾妄’之学、两宋金华之学、永嘉之学、永康之学、四明之学以及王阳明心学、刘蕺山慎独之学和清代以黄宗羲、万斯同、全祖望为代表的浙东经史之学；广义的‘浙学’概念即‘大浙学’概念，指的是渊源于古越、繁荣兴盛于宋元明清而绵延泽惠于现当代的浙江学术思想传统与人文精神传统。这个‘大浙学’，是狭义‘浙学’与中义‘浙学’概念的外延，既包括浙东之学，也包括浙西之学；既包括浙江的儒学与经学传统，也包括浙江的佛学、道学、文学、史学、方志学等人文社会科学传统，甚至在一定意义上涵盖了有浙江特色的自然科学传统。当然，‘大浙学’的主流，仍然是南宋以来的浙东经史之学。”[6]这一“广义浙学”几乎可以指代整个浙江人文传统，因而显得过于宽泛。从学理上来说，似以“中义”规模较为适当，但上述表述中应加上浙西学术。[7]

据《国语·越语下》，越王勾践所辖的地域范围大致包括今绍兴、宁波、金华、衢州等区域。秦汉时，浙江、福建及江苏、上海的一部分组成会稽郡，而“吾浙之台、温、处三州，则实秦闽中郡之北土”[8]。唐代始置浙江西道和浙江东道，宋代改称浙江西路和浙江东路。元代置浙江行中书省，领两浙九府。明代改为浙江承宣布政使司，领两浙11府，嘉兴、湖州二府始自南直隶而属浙江。故《雍正浙江通志》卷一《图说》云：“元

[1]《陈汉第致汪康年书札》，载上海图书馆编：《汪康年师友书札》（二），上海古籍出版社1986年版，第2045页。

[2]钱穆：《中国近三百年学术史》，商务印书馆1997年版，第31页。

[3]曹聚仁：《中国学术思想史随笔》，生活·读书·新知三联书店1986年版，第266、270页。

[4]吕思勉：《理学纲要》，商务印书馆民国20年（1931年）版，第128—143页。

[5]何炳松：《浙东学派渊源》，商务印书馆民国21年（1932年）版，第189页。

[6]吴光：《简论“浙学”的内涵及其基本精神》，《浙江社会科学》2004年第6期。

[7]参阅钱明：《“浙学”涵义的历史衍变》，《浙江社会科学》2006年第2期。

[8]全祖望撰、朱铸禹编：《全祖望集汇校集注》，上海古籍出版社2000年版，第1822页。古时闽中又有“闽越”“东越”之称，如陈鸣鹤《东越文苑》即记闽中文人之行实。

至正二十六年，置江浙等处行中书省，而两浙始以省称，领府九。明洪武九年，改浙江承宣布政使司。十五年割嘉兴、湖州二府属焉，领十一府。国朝因之，省会曰杭州，次嘉兴、次湖州，凡三府，在大江之右，是为浙西。次宁波、次绍兴、台州、金华、衢州、严州、温州、处州，凡八府，皆大江之左，是为浙东。”[1]文中所言“大江”，即钱塘江。江左浙东8府，历代变化不大；江右浙西则变迁离合频繁：唐肃宗时，除升、润、苏、杭、常、湖之外，并领宣、歙、饶、江4州，盖兼有古豫章郡之地。宋代浙西路的管辖范围包括平江（苏州）、常州、秀州（嘉兴）、湖州府和江阴军。明代作为“江南”概念表述最多的是苏、松、常、嘉、湖5府（也有将杭州、镇江二府划入其中的），甚至有人建议在最为富庶的环太湖流域即今苏南浙西地区设立专门的行政区。[2]明代海盐人董穀干脆将“浙西”归入“三吴”中的“吴下”：“浙西，吴下，当国家神州之东南……于是澉浦镇城筑，当风涛之上游，而为三吴之首成矣。”[3]从总体上看，“吴下”的浙西地区与“吴中”的苏南地区，无论在自然地理上还是在人文地理上都存在着千丝万缕的地缘文化联系。浙江省的吴地自古就有“吴根越角”之称，与江苏省吴地天然亲近，与越地则因钱塘江的阻隔而相对疏远。浙西在行政区划上属于浙江省的历史事实，不影响其在学术风格和文化形态上明显接近苏南的特质。

前述章学诚《浙东学术》尝谓“顾氏宗朱，而黄氏宗陆”、“浙东贵专家，浙西尚博雅”。浙东是阳明学的发源地，浙西是甘泉学的重镇，因此可以说浙东宗心学，浙西讲理学。又有人说浙东重史学而浙西重经学。浙东心学与浙东史学在经世致用的基础上并行不悖，而浙西理学则在一定程度上能与浙西经学合二为一。钱穆说：“永嘉不讳言功利，姚江力排功利而言良知，然从事于功利者每借良知为借口。唯谨受朱子之所谓义理，则显与功利背驰。而言良知者，根极归趣亦无以自外焉。”[4]道出了永嘉事功之学与阳明良知之学的某种内在联系。就学派内部来说亦并非铁板一块，浙东的宁、绍与金、衢、温、台也有明显不同，浙西的杭州更显得相对独立，而与周边的嘉、湖、严、绍均有差异。但也不能特别夸大浙东、浙西学术的差别，事实上浙西学派也重史学，而浙东学派也重经学。[5]

由于苏南吴地表现为吴文化的正宗，因而越往往被表彰为浙江的灵魂，浙江之浙西部分因此不仅“缩”于地域，而且也“缩”于文化和观念。在吴文化的强势渗透下，“浙学”表现出“东”强“西”弱的特点。但尽管浙西学派在思想原创性上难与浙东学派比肩，不过在学术传承上却仍有与浙东一脉相承的源流。如前所述，钱塘江下游地区区域中心在中晚唐时期已经开始从越州转移到了在空间位置上更居于中心的杭州。在两浙地区的经济、文化趋于整合的大势中，杭州受浙东的影响甚大；反过来，杭州的影响也扩散到整个区域。在“浙学”定鼎的南宋时期，临安对浙东的影响进一步增大。而且，在浙东、浙西学术的融合之间，临安学术的发

[1]嵇曾筠、李卫等修，沈翼机、傅王露等纂：《雍正浙江通志》，中华书局2001年版。

[2]冯贤亮：《明清江南地区的环境变动与社会控制》，上海人民出版社2002年版，第2—10页。

[3]董穀：《瀛阳细柳序》，载董穀：《碧里后集》，清董鲲嘉靖四十四年（1565年）刊本。

[4]钱穆：《中国近三百年学术史》，商务印书馆1997年版，第85页。

[5]参阅钱明：《“浙学”的东西异同及其互动关系》，《杭州师范学院学报》（社会科学版）2005年第4期。

展获得了某种特殊性。由于两浙移民的聚敛，临安在没有学术宗派根据地的条件下成为学术的开放区域，可以接受多方面的学术影响。陆容《菽园杂记》卷一二云："苏、松、嘉兴，地居浙之西……绍兴、温、台，地居浙之东……其杭州府仁和、许村二场，虽居浙西，场分则归浙东。"[1]此处虽说的是明代盐运所辖之范围，但也反映了杭州无论在经济上还是在文化上于浙西、浙东都有某种游离性和超脱性。这种游离性和超脱性使临安这个中性区域有了两种可能性，或是难以形成学术个性，或是调和为学术中心。事实上或是由于作为国都政治管制的压抑或是由于市民过度注重事功和消费，临安没有形成学术中心，但其对学术思想的形成和发展功能仍未丧失。

[1]陆容：《菽园杂记》，中华书局1985年版。

"浙学"虽偏于浙东命名，但其来源却离不开临安。可以说，浙东学术在很大程度上是临安潜在学术思想的一种位移。浙东学术之于临安的关系在古代文献中记载不多，后来研究也不多。但事实上浙东学派的人物与临安多有关系。陆九渊来浙江，与当时在临安府任富阳县主簿、后来被誉为"甬上四先生"之首的杨简结识，给杨简以悉心指导。在观察杨简对一桩"讼扇案"的审理过程中，陆九渊对"发明本心"学说作了精到的理论阐释。杨简后曾在临安任国子监博士、朝奉郎、秘书郎、秘书省著作佐郎兼权兵部郎官、国史院编修官兼实录院检讨官。吕祖谦中博学宏词科，曾先后在临安任太学博士、秘书省秘书郎，并兼国史院编修官、实录院检讨官。叶适青年求学和中年为官时在临安生活多年，他曾以自己的思想回应朝政问题。叶适尝任太常博士兼实录院检讨官，他向丞相推荐陈傅良等34人。后来证明荐人正确，这34人被召，在朝政中发挥了大作用。林栗发起对朱熹的攻击，叶适上《辨兵部郎官朱元晦状》，激烈抨击林栗以政治权力压制学术的恶劣行径。陈傅良尝入太学读书，与吕祖谦、张栻等结交。进士及第后，先后在临安任太学录、吏部员外郎、代理中书舍人等。虽然显在的浙东学术因子在临安表现的强度并非很大，但其实临安潜在的价值观念与浙东学派极相近，是浙东学派重要的思想养料。事实上王守仁去世后的浙江学术中心即移至浙西，因为在乾隆、嘉庆年间（1736—1820年）的相当长一段时期内，其弟子在浙江的主要活动场所是杭州的天真书院。在这种意义上，上述以浙东学术来定义"浙学"是有失偏颇的。从社会基础等方面来考量，临安更有条件统合"浙学"。

从学理方面来说，由宋代浙东学术的事功思想到清代的实学思想，尽管宗陆王心学，走的却是求实的路数。这种事功的思想路数实际追求的是一种现世的世俗生活。陆王心学有佛教渊源，但中国佛教与印度佛教有本质上的差别，它是一种完全世俗化的信仰，因而具有很强的功利性。两浙地区的社会生活总体上世俗化程度很高，浙东学术和清代实学发生在这一带就缘于这种社会基础。而反过来浙东学术和清代实学也进一步促进了两浙社会生活的世俗化。杭州人在这种思想和社会环境中所受浸染浓重，而他们的社会欲求则又是浙东学术和清代实学的养料。因此可以说，浙东学术传统在很大程度上规定了杭州人的社会伦理行为。

两宋经济是与“浙学”相伴生的。“浙学”中的两浙传统既以其为内在因素，又反过来对其发生影响。浙西的理学和经学传统使临安经济多了理念和理数趣味，浙东的心学和史学传统赋予临安经济以实在的色彩。浙西较为富庶，人性情平和中庸，较多价值追求，故经济形态极为丰富综合，涉及人生活的方方面面。但因政治权力深透，又易聚集商气，故也有繁丽奢靡、浮竞淫侈之时风。浙东多山沿海，经济开发难度较大，农耕传统沉重，宗族组织完备，经济形态较为简古，故人有嗜古笃行、吃苦耐劳、坚忍不拔的精神，较多追求使用价值。从越王勾践奋发图强，到晚清宁波帮在海内外的崛起，直到当代温州人的独创天下，都是这种价值观念的最好诠释。如曹聚仁《我与我的世界》一书所说：“浙西属于资产阶级的天地，浙东呢，大体上都是自耕农的社会。”[1]这两种气质在南宋杭州同时存在，外加北来移民带进的北方学术，使杭州形成以事功为基础的开放型思想结构。

[1]曹聚仁：《我与我的世界》，人民文学出版社1982年版，第42页。

二、事功伦理的合法化与事功潜能的释放

南宋临安缺乏独立的学术建构，而世俗生活的风气较浓，所以潜在的事功风气一直较盛。随着浙东人士的迁入，这种事功精神进一步强化为较为自觉的社会意识。

何炳松《浙东学派溯源》一书指出，中国学术史可分为两大时期，而以北宋末年为枢纽。第一期从上古到北宋末叶为儒、释、道三大思潮起源和扩大的时期，情形比较混乱而且不成统系；第二期从南宋到现在为三大思潮经北宋末年融化之后进于成熟的时期，从此流别统系都非常分明。而南宋以后的学术思想也有3个系统：由佛家思想脱胎的陆九渊心学、由道家思想脱胎的朱熹道学，以及承继儒家正宗思想的程颢、程颐一派。程派学说流入浙东，演化为浙东学派。[2]浙东学派或浙东学术主要指以宋代今浙中地区以吕祖谦为代表的金华学派，陈亮为代表的永康学派，今浙南地区薛季宣、叶适为代表的永嘉学派和今浙东地区以“甬上四先生”杨简、袁燮、舒璘、沈焕为代表的四明学派，以及明清时期今宁波、绍兴、台州一带以黄宗羲、万斯大、万斯同、全祖望、章学诚、邵晋涵等为代表的经史学派。何炳松认为，“就著者研究所得的而论，‘浙学’‘婺学’和‘永嘉之学’3个名词都不很切当，因为前一个太泛，后二个太偏。著者的愚见以为章学诚所定的‘浙东学术’（《章氏遗书》卷二）4个字比较地适当。著者的愚见又以为南宋以来的浙东学者多专究史学，所以不妨称为‘浙东的史学’。著者的愚见又以为浙东史学的发展可以分为两个时期：第一期自南宋到明初，第二期自明末到现在。第一期有永嘉和金华两大派，并由金华分出四明的一支。第二期中兴于绍兴而分为宁波与绍兴的两派。”[3]何炳松

[2]何炳松：《浙东学派溯源》，广西师范大学出版社2004年版，第3、160页。

[3]何炳松：《浙东学派溯源》，广西师范大学出版社2004年版，第148页。

引述楼钥《止斋文集》卷五二《陈傅良神道碑》“伊洛之学，东南之士自龟山杨公时、建安游公酢之外，唯永嘉许公景衡、周公行己数公亲见伊川先生，得其传以归。中兴以来言理性之学者宗永嘉”[1]，归纳指出：“浙江的学派在南宋初期分为永嘉和金华两大支。永嘉一支创始于许景衡和周行己诸人而中兴于郑伯熊和薛季宣。至于金华一支的蔚起，刚刚在永嘉一支中兴的时候，而以吕祖谦、陈亮和唐仲友3个人为首领。这两支中人都是直接或者间接承继程氏的学说。所以浙东的学派实在就是程氏学说的主流，在南宋时代和朱陆两家成一个鼎足三分的局面。”[2]

浙东学派的思想较为驳杂丰富，其中最为著名、与经济相关度最大的是事功思想。叶适《习学记言序目》卷一九云：“按：《书》：‘懋迁有无化居。’周讥而不征，春秋通商惠工，皆以国家之力扶持商贾，流通货币，故子产拒韩宣子一环不与，今其词尚存也。汉高祖始行困辱商人之策，至武帝乃有算船告缗之令、盐铁榷酤之入，极于平准，取天下百货自居之。夫四民（士、农、工、商）交致其用，而后治化兴，抑末厚本，非正论也。”“四民古今未有不以世，至于烝进髦士，则古人盖曰无类，虽工商不敢绝也。”“仁人正谊不谋利，明道不计功，此语初看极好，细看全疏阔。古人以利与人而不自居其功，故道义光明。后世儒者行仲舒之论，既无功利，则道义乃无用之虚语尔。”[3]十分鲜明地阐明了浙东学派具有创新性的主义利观和经世致用思想。

浙东学派对传统的“重义轻利”观念和“厚本抑末”政策持否定态度，明确提出“义利合一”、“农商并重”的主张，如叶适所说“抑末厚本，非正论也”。叶适认为只有士、农、工、商“四民交致其用，而后治化兴”[4]。陈亮也强调，农业和商业都是社会不可缺少的行业，两者之间是互惠互利的，并没有本末轻重之分，“官民一家也，农商一事也，上下相恤，有无相通”；农业发展是商业的基础，而商业的兴盛又是推动农业持续发展的强大动力，“商藉农而立，农赖商而行，求以相补，非求以相病”。[5]台州天台知县郑至道在告示全县的《谕俗七篇》中将士、农、工、商并列为4项本业：“士勤于学业则可以取爵禄，农勤于田亩则可以聚稼穑，工勤于技巧则可以易衣食，商勤于贸易则可以积财货。此四者，皆百姓之本业。”[6]

浙东学派反对空谈义理，主张义利统一。黄宗羲对孟子的“何必曰利”作了新的解释，他认为：其一，孟子所说“未有仁而遗其亲者也，未有义而后其君者也”（《孟子·梁惠王上》），正言仁义功用，因此是义蕴含利、义利统一的。其二，事功与仁义并未分别，“后世儒者，事功与仁义分途”，非孟子所说仁义。其三，“有生之初，人各自私也，人各自利也”是人的生存需要。[7]人应尽其所能为社会服务，但社会对个体的地位和权利也不应漠视。因此工商皆本。“世儒不察，以工商为末，妄议抑之；夫工固圣王之所欲来，商又使其愿出于途者，盖皆本也。”不过，

[1]陈傅良：《止斋文集》，商务印书馆1986年版。

[2]何炳松：《浙东学派溯源》，广西师范大学出版社2004年版，第160页。

[3]叶适：《习学记言序目》卷一九《史记·书》、一二《国语·齐语》、二三《汉书三·列传》，中华书局1967年版。

[4]叶适：《习学记言序目》卷一九《史记·书》，中华书局1967年版。

[5]陈亮：《陈亮集》（增订本）卷一二《策·四弊》，中华书局1987年版。

[6]齐硕、陈耆卿修：《嘉定赤城志》，载中华书局编辑部编：《宋元方志丛刊》第7册，中华书局1990年版。

[7]黄宗羲：《明夷待访录·原君》，载黄宗羲：《黄宗羲全集》第1册，浙江古籍出版社2012年版。

"有为佛而货者，有为巫而货者，有为娼优而货者，有为奇技淫巧而货者，皆不切于民用，一概痛绝之"[1]。浙东学派所重视的富已不是"本富"而主要是"末富"，认定"商贾"与"力田"一样都是致富的正途。而且认为只有民富才能国富，"夫富在编户，而不在府库"。[2]富国和富民二者，富民是第一位的。国家不能打着抑兼并的旗号来压制、侵夺富民的财产，不能实行均富政策。解决土地问题不能"夺富民之田"，而应"听富民之所占"。崇公灭私是中国传统社会的主导观念，但这"公"是以政权来体现的，政权又以君主为代表，因此"公"到最后就归帝王一人所有。黄宗羲指出，所谓"公天下"就是能使老百姓"各得自私、各得自利"的天下："古者以天下为主，君为客；凡君之所毕世而经营者，为天下也。"[3]有公的天下就是统治者能全心全意为百姓服务的天下，就是能使百姓各得其私、各得其利的天下。

浙东学派新的经世致用思想大胆突破了秦汉以来所谓正宗的经世致用传统。首先，在如何"经世"的问题上，突破了"以孔子之是非为是非"的思想束缚，由名教作准则转变为"切于民用"为准则。王守仁在其心学理论中肯定"良知"、"吾心"是判别是非、善恶的标准。明确主张"学贵得之于心"，如果"求之于心而非"，虽然"其言出之孔子"，也"不敢以为是也"。要是"求之于心而是"，"虽其言出之于庸常"，"亦不敢以为非也"。[4]打开了以自己的认识来批判国家政事的思想大门。其次，在为何"经世"的问题上，突破了传统儒学重宗法人伦、轻个人私利的价值取向，在经世取向上从"天下是帝王的家天下"转变为"天下是天下人的天下"。儒家传统的经世观念"家国同构"将个人的身心、性命修养与家、国、天下之政治事务统一起来，维护的是宗法等级人伦。由于商品经济的发展，人们的公私观念发生了根本变化。浙东学术十分强调对皇权的制衡，要求将天下大事公布于天下之人，反对政治事务的家庭化、私人化。最后，在以何"经世"的问题上，突破了传统儒学重政治伦理而轻自然科学的观念局限，从只谈心性道德转变为同时关注自然科学。尤其是看到了自然科学对于经世兴邦的重要性，认识到兵、农、天文、地理和物理等皆属"经世致用"之务。[5]

两宋之际杭州著名理学家张九成是永嘉学派承上启下的人物。关于永嘉学派的思想渊源，学界一般认为源于宋初的王开祖，受"元丰九先生"周行己、许景衡、刘安节、刘安上、蒋元中、沈躬行、戴述、赵霄、张辉始传之伊洛之学影响，薛季宣等完成了由心性学向事功学的转变。从"元丰九先生"至薛季宣等事功思想的成型，张九成发挥了重要的桥梁作用。张九成绍兴二年（1132年）进士第一，官至礼部侍郎，因反对和议忤秦桧谪居江西南安（今江西大余）14年。秦桧死后任温州知州3年。朱熹曾说："因说永嘉之学，曰：张子韶学问虽不是，然他却做得来高，不似今人卑污。"[6]此论针对永嘉之事功学而发，但明确将张九成放在永嘉学派里。

[1]黄宗羲：《明夷待访录·财计三》，载黄宗羲：《黄宗羲全集》第1册，浙江古籍出版社2012年版。

[2]唐甄：《潜书·存言》，中华书局1984年版。

[3]黄宗羲：《明夷待访录·原君》，载黄宗羲：《黄宗羲全集》第1册，浙江古籍出版社2012年版。

[4]王守仁：《答罗整庵少宰书》，载王守仁：《王阳明全集》，上海古籍出版社1992年版。

[5]潘起造：《浙东学派的经世之学和浙江区域文化中的务实精神》，《中共浙江省委党校学报》，2005年第4期。

[6]朱熹撰、黎靖德编：《朱子语类》卷一二三《陈君举（附叶正则）》，中华书局1986年版。

张九成谪居江西时，其著作已在浙东广为流传，乃至“家置其书，人习其法”[1]。在张九成的倡导下，受秦桧打压的永嘉之学再兴，郑伯熊、郑伯英兄弟并起。至乾道、淳熙年间（1165—1189年），“永嘉学者连袂成帷，然无不以先生兄弟为渠率”[2]。在张九成之前，二程就提出“道亦器，器亦道”，主张道器相依不离；“元丰九先生”之一的刘安节也提出“道行于万物”。但他们更强调道、器相分。张九成更在意“器”对于“道”的意义。他强调：“道非虚无也，日用而已矣”[3]，“道非虚无也，实用处通变者是”[4]。追求形而上之道固然必要，但“道”的存在不是无本之木，支撑它的是实实在在的“器”。所以将“道”落到实处，学以致用，在日常的洒扫应对处做功夫，才是最根本的。薛季宣秉承张九成“唯实是务”和“道即日用”思想，明确提出“道，日用也”。“上形下形曰道曰器，道无形埒，舍器将安适哉？且道非器可名，然不远物，则常存乎形器之内。昧者离器于道，以为非道，遗之，非但不能知器，亦不知道矣。”道、器不离，离器则道无所依托，舍器则无从晓道。在此基础上，他“自六经诸史、天官地理、兵农乐律、乡遂司马之法，以至于隐书、小说、名物、象数之细，靡不搜采研贯”。[5]

尽管临安的事功性表现没有浙东那样外露，但内在强度是一样的，其内里与浙东学术精神毫无二致。事实上，北宋时全社会已形成重利风气，杭州也如此，乃至出现全民经商的风气。“凡人情莫不欲富，至于农人、商贾、百工之家，莫不昼夜营度，以求其利。”[6]清人沈尧对此作了生动的论述：“宋太祖乃尽收天下之利权归于官，于是士大夫始必兼农桑之业，方得赡家，一切与古异矣。仕者既与小民争利，未仕者又必先有农桑之业方得保朝夕，以专事进取，于是货殖之事益急，商贾之势益重……古者，士之子恒为士，后世商之子方能为士，此宋、元、明以来变迁之大较也。天下之士多出于商，则纤啬之风益甚。”他认为，士大夫与商人的关系之所以发生这样大的变化，“则以天下之势偏重在商，凡豪杰有智略之人多出焉。其业则商贾也，其人则豪杰也。为豪杰则洞悉天下之物情，故能为人所不为，不忍人所忍。是故为士者转益纤啬，为商者转敦古谊。此又世道风俗之大较也”。[7]南宋临安工商业发达，出现数量众多的富商、富工及经营工商业的地主，他们主张买卖自由，要求尊重富人，并希望能减轻捐税，发展工商业，抵御外侮，维持社会安定。一时市民竞相从事工商业，曾任知府的蔡襄有“钱塘风俗本夸奢，上商射利尤加勇”[8]之诗句指称。又知府陈襄专门写了一篇《杭州劝学文》，想改变这一风气：“某尝谓学校之设，非以教人为辞章、取禄利而已，必将风之以德行道艺之术，使人陶成君子之器，而以兴治美俗也。杭东南之会藩也，其山川清丽，人物秀颖，宜有美才生于其间。然自建学以来，弦歌之声萧然，士之卓然有称于时者盖鲜，反不迨于支郡。何也？岂非渤海之民罕传圣人之学，习俗浮泊，趋利而逐末。顾虽有良子弟，或沦于工商释老之业，曾不知师儒之

[1]陈亮：《龙川文集》卷一九《与应仲实》，中华书局1985年版。

[2]黄宗羲修、全祖望补修：《宋元学案》卷三二《周许诸儒学案》，陈金生、梁运华点校，中华书局1986年版。

[3]于恕辑：《横浦日新·道》，载《四库全书存目丛书》编纂委员会编：《四库全书存目丛书本》子部第83册，齐鲁书社1997年版。

[4]于恕辑：《无垢先生横浦心传录》卷上，载《四库全书存目丛书》编纂委员会编：《四库全书存目丛书本》子部第83册，齐鲁书社1997年版。

[5]薛季宣：《薛季宣集》卷二九《中庸解》，上海社会科学院出版社2003年版。

[6]蔡襄：《蔡襄集》卷三四《福州五戒文》，吴以宁点校，上海古籍出版社1996年版。

[7]沈尧：《落帆楼文集》卷二四《费席山先生七十双寿序》，《丛书集成续编》第195册，新文丰出版社有限公司1991年版。

[8]蔡襄：《蔡襄集》卷三《和王学士水车》，上海古籍出版社1996年版。

道尊而仁义之术胜也。某之至是邦也，固当以教育为先务，而必致学者首明周官三物之要，使有以自得于心而形于事业，然后可以言仕，此所谓学之序也。虽然自以为愚蔽弗明，而力不足且胜其任，责不逮思得明诚笃行之士，相与讲议其道而推行之。”[1]可见重商风气之炽。在这种社会氛围中，商人的社会地位很高，而且既可以获得相对较高的商业利润而过上富足的生活，也可以合法的身份参与科举考试，跻身仕宦行列。南宋商人和工匠在临安的居民中比重极高。游彪《关于宋代的免役法：立足于“特殊户籍”的考察》一文估计坊郭户占全体民户20%，其主体即商人和工匠。如按《西湖老人繁胜录·诸行市》“京都有四百十四行”每行百户推算，则市内从事工商业的户数可达41400余。每户以5口计，则总人口达207000口，约占城区居民总数的1/3。[2]

[1]陈襄：《古灵集》卷一九，文渊阁《四库全书》本。

[2]徐吉军：《南宋临安工商业》，人民出版社2009年版，第14页。

三、求理精神的实用性运作

南宋临安在外观上与狭义理学气质更加相合。狭义理学特指程朱理学，广义理学包括上述陆王心学等。理学因至明代又有新的发展，故一般也称为宋明理学。宋明理学流派众多，传统上就有濂（周）、洛（程）、关（张）、闽（朱）及陆、王之分，但大体上说，其最主要的两派是程朱理学和陆王心学。程朱理学所探讨的主要问题有理气、心性、格物、致知、敬静、涵养、知行、已发未发、道心人心、天理人欲、天命之性气质之性等。从本质上讲，理学是对发源于先秦的儒学思想从宇宙论和本体论的角度进行的新的阐发，并在此基础上论证了儒家道德原理的内在先天性，从而强调以存天理、去人欲为道德实践的基本原则，并由此提出种种具体的修养方法，所谓达至圣人境界的心性功夫。

余英时以《朱熹的历史世界：宋代士大夫政治文化的研究》为题，对宋代文化史和政治史进行综合研究，其侧重点在以前研究者忽视的政治文化或与宋学相互动的现实“历史世界”。余英时指出，政与学兼收并蓄不仅朱熹为然，两宋士人几无不如是。因此，此一历史世界不仅仅指朱熹的个人生活史，而主要指朱熹生活所在的政治世界，以及与朱熹相关联的国家政治生活和政治文化，呈现的是宋代士人群体的政治关切、政治主张和政治理想。在朱熹的历史世界中，士人的政治文化经历了3个发展阶段：第一阶段的高潮出现在北宋仁宗之世，是为建立期。经过七八十年的酝酿，宋初的儒学复兴终于找到了明确的方向，即超越汉唐而回向“三代”。范仲淹所倡导的士人当“以天下为己任”的呼声被普遍认同。第二阶段的结晶是熙宁变法，可称为定型期。回向“三代”的运动从“坐而行”转入“起而行”。在皇帝与士人之间突破性地形成了一种原则：皇帝必须与士人“共定国是”。治天下的权源仍握在皇帝手上，而治权的行使则完全划归以宰相为首的士人执政集团。甚至可以如程颐所说“天下重任，唯宰相与经筵：天下治乱系宰相，君德成就责经筵”[1]。第三阶段即朱熹的时代，可称为转型期。王安石变法虽是一次失败的政治实验，但直到南宋时期一直有持续性的政治主导效应。熙宁年间（1068—1077年）建立的士人政治文化基本范式尽管在这时已发生变异，但并未脱离原型的范围。南渡以后最有代表性的理学家朱熹、陆九渊等对儒学的不朽贡献虽然毫无疑问在“内圣”方面，但他们兹念兹思所追求的仍然是“外王”。朱熹们也始终陷于“国是”和党争的困扰之中，最后“得君行道”的美梦归于破灭。南宋的理学家认为王安石的“外王”建立在错误的“性命之理”上，不但朱熹说他“学术不正，遂误天下”[2]，而且最同情他的陆九渊也说“荆公之学，未得其正”[3]。尽管他们对王安石的学术虽评骘甚严，但对其“德行”却十分推崇，尤其是神往于他掀动神宗、重建治道的气概。朱熹在《跋王荆公〈进邺侯遗事奏稿〉》中指出：“独爱其纸尾三行，语气凌厉，笔势低昂，尚有以见其跨越古今、斡旋宇宙之意。甚矣！神宗之有志而公之得君也。”[4]因此，有理由将朱熹的时代理解为“后王安石时代”。[5]理学家一贯标榜自己的理论是有体有用、直上直下的。囿于体内的研究往往容易在逻辑思辨的迷宫里迷失方向，而由用寻体式的研究反而每每有扫落枝叶直见大本之效。理学家埋首典册、穷究性理、修养身心，绝不仅仅是为了独善其身。一旦时机闪现，就会义无反顾地投身政治，尽力争取作为权源的皇帝的支持，以变更“国是”。[6]这一时期的“内圣外王”之学“转而向内”的原因与政治相关：“南宋‘内圣’之学的骤盛与熙宁变法的失败有很密切的关系”，“他们转向‘内圣’正是为了卷土重来，继续王安石未完成的‘外王’大业”。[7]

北宋理学自从周敦颐首阐心性义理之微之后，一时像邵雍、张载、程颢、程颐等人接踵而起。然而周、邵、张、程彼此之间又各有所向，即使二程兄弟思想倾向也不尽相同。这种理学内部的思想分歧，一直到南宋才由朱熹加以融合调和，而使理学定于一尊。但事实上，在朱熹之前，杨时已在有意无意地从事这项工作。虽然其所欲兼容并蓄者未免有欠莹澈之处，然而却有着重要的先导之功。杨时将二程思想体系中的一些不同倾向加以融合并容纳在自己的思想体系中，又站在洛学立场批判地吸取了张载的气化说。二程与邵雍同居洛邑，过从甚密，但对邵雍所长的象数学却颇为忽视。杨时则试图吸纳融合邵雍思想。二程对张载的《西铭》推崇备至。“理一分殊”是宋明理学的一个重要范畴，它始见于杨时和程颐关于张载所著《西铭》主旨的讨论。《西铭》把事亲事君的封建关系和天人之间的关系等同起来，认为天地君亲都是绝对不可违背的，从而为社会等级秩序提供先验根据。二程对此极力推崇。但《西铭》中提出的“民，吾同胞；物，吾与也”以及“尊高年，所以长其长；慈孤弱，所以幼吾幼……凡天下疲癃残疾、孤独鳏寡，皆吾兄弟之颠连而无告者也”的普爱众生、泛爱万物的思想，就其形式而言，似乎有类于墨子的“兼爱”学说。杨时

[1]程颢、程颐：《二程集》之《河南程氏文集》卷六《论经筵第三札子·贴黄二》，中华书局1981年版。

[2]朱熹撰、黎靖德编：《朱子语类》卷一二七《神宗朝》，中华书局1986年版。

[3]陆九渊：《陆九渊集》卷一三《与薛象先生》，中华书局1980年版。

[4]朱熹：《晦庵先生朱文公文集》卷八三《跋王荆公进邺侯遗事奏稿》，载朱熹：《朱子全书》，朱人杰、严佐之、刘永翔主编，上海古籍出版社、安徽教育出版社2002年版。

[5]余英时：《朱熹的历史世界：宋代士大夫政治文化的研究》，生活·读书·新知三联书店2003年版，第8—9页。

[6]赵峰：《理学的真精神：读余英时〈朱熹的历史世界〉有感》，程朱与宋明理学国际学术研讨会论文，2005年。

[7]余英时：《朱熹的历史世界：宋代士大夫政治文化的研究》，生活·读书·新知三联书店2003年版，第11—13页。

唯恐《西铭》的全部意义因此而被湮没，甚至被曲解，因而便写信给程颐，以求《西铭》之宗旨，并望程颐能够“推明其用”，使学者体用兼明而不致流荡。程颐在复信中就《西铭》的体用问题作了答复，并指出《西铭》不是墨氏兼爱说，而是“明理一而分殊”，从而第一次将“理一分殊”作为一个哲学范畴提了出来。[1]此后杨时在倡道过程中不仅在许多地方再三地提到这个原则性论断，而且还从体用等方面对其进行了创造性的阐发。杨时将“理一分殊”与体用相联系，认为理一是体，分殊是用；体用不同，但又紧密联系，不可分割地结合在一起。杨时一生精研理学，特别是“倡道东南”，对闽中理学的兴起有开山之功，被后人尊为“闽学鼻祖”，被后人称为“程氏正宗”，对后来的罗从彦、李侗、朱熹等人产生深刻影响。他的学术还流传到国外，在朝鲜、日本等产生影响。杨时既是北宋时期著名的思想家，也是著名的政治家。他曾先后任余杭、萧山县令。崇宁五年（1106年）任余杭县令，以德化民，而于水利犹尽心力。蔡京葬母于南湖之侧，依方士言，欲浚南湖潴水以壮形胜。杨时不畏权势，竭力阻之，蔡京乃止。宋熙宁九年（1076年）又在余杭县创设龟山书院。政和二年（1112年）任萧山县令。见当地农田旱涝灾害严重，“视山可依，度地可圩，以山为界，筑堤为塘”，筑南、北两堤，废田37002亩（24.67km^2），蓄水成湖，灌溉周边九乡146868亩。[2]即使大旱之年仍然有过半农田可以得到灌溉。而且湖中多产鱼鲜，又有莼菜，可炊以疗饥。余杭、萧山百姓均为其建立祠堂。杨时在杭州期间，事实上也将最早的理学思想传布过来。

[1]杨时：《龟山集》卷一六《书一》，文渊阁《四库全书》本。

[2]铷襄、聂世棠等：《萧山县志》，成文出版社有限公司1984年版。

朱熹是宋代理学的集大成者，经他统合的程朱理学自南宋后期以后成为在中国社会影响最大的学术思想体系和意识形态。全祖望《宋元学案·晦翁学案》指出：“（朱学）致广大，尽精微，综罗百代矣。江西之学，浙东永嘉之学，非不岸然，而终不能讳其偏。”[3]朱熹兼采儒释道各家思想，以“理”（或称“道”、“太极”）为核心，建构了一个庞大而完备、具有极高哲学旨趣的理论体系。朱熹所谓的“理”是先于自然现象和社会现象的形而上者，是事物的规律，也是伦理道德的准则。每一个人或物都以理作为存在的根据，都具有完整的理。气是朱熹哲学体系中仅次于理的范畴，它是铸成万物的质料，有情、有状、有迹，具备凝聚、造作等特性。天下万物都是理和气的统一。理生气并寓于气中。理为主，为先，是第一性的；气为客，为后，属第二性的。朱熹沿着杨时的思路，融合佛教一即一切、一切即一和月印万川的思想，将“理一分殊”作为其理一元论的基本命题。他由本体论角度指出，总合天地万物的理只是一个理，分开来则每个事物都各自有一个理，然而千差万殊的事物都是那个理一的体现。“万物皆有此理，理皆同出一原，但所居之位不同，则其理之用不一。”[4]从伦理角度而言，人物以天地为父母，天地以人物为子女，因此以乾为父、以坤为母，有生之类无物不然，这是理一；人人各亲其亲，各

[3]全祖望：《宋元学案》，中华书局1986年版。

[4]朱熹撰、黎靖德编：《朱子语类》卷一八《大学五》，载朱熹：《朱子全书》，朱人杰、严佐之、刘永翔主编，上海古籍出版社、安徽教育出版社2002年版。

子其子，这便是分殊。“天地之间，人物之众，其理本一，而分未尝不殊也。”[1]知其理一，所以为仁，便可以推己及人；知其分殊，所以为义，故爱必从亲人开始。朱熹又将总天地万物之理说成是太极，太极便是最根本的理，“理一分殊”就是太极包含万物之理。万物分别完整地体现整个太极，“人人有一太极，物物有一太极”[2]。朱熹用《大学》“致知在格物”的命题探讨认识领域中的理论问题，既讲人生而有知的先验论，也不否认见闻之知，强调格物才能穷理。他还指出，知先行后，行重知轻。就知识来源而论，知在先，行在后；从社会效果上看，行为重，而知为轻。但知行互发，“知之愈明，则行之愈笃；行之愈笃，则知之益明”[3]。朱熹祖籍徽州婺源（今属江西），生于南剑州尤溪县（今福建三明），曾在临安、浙东等地任职，在两浙多有行迹。生前对两浙有一定影响，身后由于学术地位特殊而影响甚大。

程朱理学秉承的是儒家和道家传统，而且朱熹的道家因素事实上已是儒家的解题手段，因此相对而言比陆王心学有更多的理想化气质。尽管这种气质与两浙地区的社会风气不甚相合，但是由于科举考试的需要，程朱理学还是学问的首要，在社会各个层面影响甚大。而且，程朱理学有很强的求理特性，而两浙社会尽管关心形而上之理较少，关注形而下之理即各种“技艺”层面的“理”却有特别的热情。南宋临安世俗社会或商人群体在探求事功的“其理本一”有独到的功夫。杭州历来少有思想建树，但技术求理却一直构成生生不息的思想暗潮。南宋商人在朱熹所说的“气”的层面的求理则长久地有所发明。之所以如此，南宋的都市经济、明清的市镇经济、原初的工业经济直到当代的草根经济才会在谋略运筹中一再胜出。南宋商人能以道制胜和精致谋利，秉承的是求理精神。从某种程度上可以说，正是对“理”的追求精神引导着南宋商人获得一次次胜算。王守仁明嘉靖四年（1525年）在为弃儒经商的方麟所写的《节庵方公墓表》中说：“古者四民异业而同道，其尽心焉一也。士以修治，农以具养，工以利器，商以通货，各就其资之所近，力之所及者而业焉，以求尽其心。其归要在于有益于生人之道，则一而已。士农以其尽心于修治具养者，而利器通货犹其士与农也。工商以其尽心于利器通货者，而修治具养犹其工与商也。故曰：四民异业而同道……自王道熄而学术乖，人失其心，交骛于利，以相驱轶，于是始有歆士而卑农，荣宦游而耻工贾。夷考其实，射时罔利有甚焉，特异其名耳。”不仅说士农工商“其归要在于有益于生人之道，则一而已”，更进一步提出“古者四民异业而同道，其尽心焉一也”的观点。[4]此前两年王守仁的文友李梦阳在《明故王文显墓志铭》中引述山西商人王见训诫儿子的话：“夫商与士，异术而同心。故善商者处财货之场而修高明之行，是故虽利而不污。”[5]可见商人自己也宣称享有与士人同样的得道权利。

南宋以来，商人日益表现出对儒学的浓厚兴趣，朱熹、陆九渊等大儒

[1]朱熹：《孟子或问》卷一，载朱熹：《朱子全书》，朱人杰、严佐之、刘永翔主编，上海古籍出版社、安徽教育出版社2002年版。

[2]朱熹撰、黎靖德编：《朱子语类》卷九四《周子之书·太极图》，载朱熹：《朱子全书》，朱人杰、严佐之、刘永翔主编，上海古籍出版社、安徽教育出版社2002年版。

[3]朱熹撰、黎靖德编：《朱子语类》卷一四《大学一》，载朱熹：《朱子全书》，朱人杰、严佐之、刘永翔主编，上海古籍出版社、安徽教育出版社2002年版。

[4]王守仁：《节庵方公墓表》，载王守仁：《王阳明全集》，上海古籍出版社1992年版。

[5]李梦阳：《崆峒集》卷四四《明故王文显墓志铭》，文渊阁《四库全书》本。

备受他们推崇。商人们不仅积极学习得道，也在以自己的方式重新证道。所谓“道”既是“道德”之道，也是“道术”之道。南宋以后有关商人的文献记载经常出现“贾道”这个术语。汉代韩婴的《韩诗外传》卷四即有“士不言通财货，不为贾道”之说，与司马迁所说“货殖”之道是一个意思，指的是商业规律和商业谋略。余英时《商业文化与中国传统：中国历史上的商人文化演变研究》一文指出：“关于明清‘贾道’，我只提两个方面的特征，即数学在商业上的运用和‘压低价格同时增大流通量的规则’的出现。这两个特征碰巧也被韦伯看作是西方资本主义上升阶段中‘合理化进程’的例证。”“商业数学在徽州极受欢迎，甚至连家庭主妇也为了帮丈夫算账而进行学习。但是，人们对数学的热情并不仅限于徽州，而是全国范围内的普遍现象。一些晚明商业手册为了给旅商提供方便，也附有商业数学的内容。人们承认16世纪中国尚无复式簿记，不过当时的商业数字已极为精密，堪与欧洲同时期的商业数学相媲美。与此相关的是，在这一时期的商人传记中，‘心计’被作为一种应当具备的素质而经常强调。一个典型的‘好商人’应是一个精于计算的人，他既不会犯最小的错误，也不会错过任何一个机会。如果没有‘心计’这个术语，则工具的合理性就会得到最大程度的理想化。”[1]胡雪岩精研王秉元所著《生意世事初阶》即是一个典型案例。这种情形其实在南宋时已经萌发。南宋商人已都如胡雪岩一样热衷于“商理”。

[1]余英时：《商业文化与中国传统：中国历史上的商人文化演变研究》，载余英时：《人文与理性的中国》，上海古籍出版社2007年版。

第三章　元明清杭州经济的近世化展开

第一节　都市经济的维持与市镇经济的繁荣

一、元代都市经济的续兴

宋元鼎革，杭州的经济政治地位下降，富室逃散，人才外流，经济社会发展受到一定影响。但由于未遭兵燹，基本面得以维持，并在较短时间里恢复，以经济重镇的面目持续发展。文献有“衣冠不改只如先，关会通行满市廛。北客南人成买卖，京师依旧使铜钱”[1]、“钱塘十万家，坐见吴王之纳土”[2]、“九衢之市肆，不移一代之繁华如故”[3]、“杭自宋行都未归服籍后生齿日愈繁，无兵革者几三百年”[4]等记录。

元朝定都大都（今北京）后，为便于搜掠财富，即着手凿通通向杭州的水道。意大利旅行家马可·波罗（Marco Polo）在其《马可·波罗行纪》中说，汗八里（大都）城内外人户繁多，附郭（外城）中住着许多过往商人和外国人，整个城市像一个大商场。世界上没有其他城市能运进这么多少见的宝货。每天运进的丝就有千车。汗八里周围各城市的商民都要到这里来买卖货物。为了把江南富庶地区的财赋顺利运到大都，元廷组织人力大规模修治大运河。从至元十三年（1276年）到至治年间（1321—1323年）的数十年间，先后开凿了济州河、会通河、通惠河，并对江南运河进行了修治，把原来以洛阳为中心的隋代横向运河修筑成以大都为中心、南下直达杭州的纵向大运河。京杭大运河跨北京、天津、河北、山东、江苏和浙江6省市，沟通了海河、黄河、淮河、长江、钱塘江五大水系，全长1794km。摩洛哥旅行家伊本·白图泰（ibn Battuta）在游记中说：“从汗沙（杭州）至汗八里（北京）城，为64日程。”[5]拉施特·阿丁·法兹勒·阿拉赫（Rashid al-Din Fadl Allah）主编的《史集》则说从汗八里到行在（杭州）约需40日。[6]南下比北上可少花20多日。元代漕运实行河、陆、

[1]汪元量：《增订湖山类稿》卷一《醉歌》（其六），中华书局1984年版。

[2]徐世隆：《东昌路贺平宋表》，载苏天爵：《元文类》卷六一，《四部丛刊》初编，商务印书馆民国25年（1936年）版。

[3]宋濂等：《元史》卷一二七《伯颜》，中华书局1976年版。

[4]杨维桢：《东维子文集》卷二二《俞同知军功志》，文渊阁《四库全书》本。

[5]伊本·白图泰：《伊本·白图泰游记》，马金鹏译，宁夏人民出版社1985年版，第560页。

[6]拉施特·阿丁·法兹勒·阿拉赫主编：《史集》第2卷，余大钧、周建尔译，商务印书馆1983年版，第323页。

海联运，大运河除粮食外主要运输盐、茶叶等土产、手工业品以及海外贡品。许多过往的外国使者、商人、旅行家和中国的客商也通过运河往来于南北两地。为了方便航运，在运河沿途设立了水站。每个水站都配备站户和船只，负责来往官员的接送和食宿。至大二年（1309年）四月甲寅，中书省上表称："江浙杭州驿，半岁之间，使人过者千二百余。有桑兀、宝合丁等进狮豹、鸦鹘（宝石），留二十有七日，人畜食肉千三百余斤。"为了减轻站户压力，严格乘驿制度，杜绝非法乘驿，中书省建议"自今远方以奇兽异宝来者，依驿递；其商人因有所献者，令自备资力"。得到朝廷批准。[1]

[1]宋濂等：《元史》卷二三《武宗二》，中华书局1976年版。

杭州城内运河主航道除上塘河外，宋淳祐七年（1247年）又新开自武林门外北新桥之北通苏、湖、常、镇等地北上航道，张士诚以旧河窄狭，于元至正末年复自塘栖伍林港至北新桥、又南至江涨桥开浚新开运河，阔20余丈，构成主航道，上塘河则成为辅道。由于钱塘江泥沙壅积，运河与钱塘江之间水道受阻，至大元年（1308年）"开掘沙土，对闸搬载，直抵浙江，转入两处市河"，"河长九里三百六十二步，造石桥八，立上下二闸"。[2]这次修浚开挖了龙山河故道，并与市河、贴沙河相连，再与钱塘江相沟通。城区运河与钱塘江沟通后，航船一可循钱塘江、富春江逆流而上，通达富阳县以及建德路的桐庐、淳安等县；二可渡钱塘江到对岸的西兴镇转入浙东运河，经行宁绍平原与浙东贸易大港庆元相通。元代杭州也发展了海上交通。首先，恢复设置了杭州市舶司和澉浦市舶司。元代市舶司设置最多时达7处，除广州1处外，其余6处均在江浙行省内，而杭州又拥有其中的两个。杭州为市舶都转盐运使司，管辖庆元、上海、澉浦3市舶司，不仅掌管进出杭州港的舶货抽分，还承担各处市舶司舶货中转任务。庆元是对日本、高丽贸易和东西洋贸易的主港口，温州设有专供舶商使用的码头，泉州是当时世界上最大的港口之一，这些港口的发达大大促进了杭州对外贸易的繁荣。为便于泉州进口的大量番货运入大都，曾一度开通泉州到杭州的海道，从而使杭州成为外商、使臣、舶船进出的中枢之一。至元二十六年（1289年）二月设杭州到泉州海站15所，"站置船五艘，水军二百，专运番夷贡物及商贩奇货，且防御海盗"[3]。其次，肃清钱塘江口的海盗。至元二十七年十一月"增置战船百艘，海船二十艘"肃盗，从此"盗贼不敢发"。[4]再次，扩展了海上航线。东可达日本、高丽；南可达南洋各国，包括今越南、泰国、马来西亚、印度尼西亚、新加坡、菲律宾等；西可达北印度洋沿岸各国，远至波斯湾、东非和北非海岸。拉施特曾说，从大都出发，乘船可到杭州和刺桐（泉州）以及欣都斯坦（印度半岛）诸港湾。[5]元廷又在杭州实行"官本船"的官本商办海外贸易制度。"（至正）二十一年，设市舶都转都转盐运使司于杭、泉二州，官自具船、给本，选人入蕃，贸易诸货。其所获之息，以十分为率，官取其七，所易人得其三。"[6]这是元代官营海外贸易的一大创举。由于交通发展，加

[2]宋濂等：《元史》卷六五《河渠二·龙山河道》，中华书局1976年版。

[3]宋濂等：《元史》卷一五《世祖十二》，中华书局1976年版。

[4]宋濂等：《元史》卷一六《世祖十三》，中华书局1976年版。

[5]拉施特·阿丁·法兹勒·阿拉赫主编：《史集》第2卷，余大钧、周建尔译，商务印书馆1983年版，第323页。

[6]宋濂等：《元史》卷九四《食货二》，中华书局1976年版。

上幅员广阔，贸易政策灵活，以民间贸易为主，各民族之间以及与西域、海外增进了贸易往来，因此元代杭州的海外贸易有了较大发展。

由于在东南地区交通枢纽的地位更加凸显，元代杭州东南第一州的地位始终没有改变，其繁荣远非新建的大都可比。戏剧家关汉卿在元朝灭宋后不久从大都来到杭州，对杭州的繁华和秀美大为震惊。他在《〔南吕·一枝花〕杭州景》一曲中称颂说："这答儿忒富贵，满城中绣幕风帘，一哄地人烟辏集。""百十里街衢整齐，万余楼阁参差，并无半答儿闲田地"。"看了这壁，觑了那壁，纵有丹青下不得笔。"[1]马可·波罗在中国期间，曾任江浙行中书省枢密副使3年，对杭州进行了细致考察。在回国后写的《马可·波罗行纪》中称，这座城市方圆约有100英里，城中街道宽阔、河渠纵横，并且有许多广场或集贸市场，广聚人口，贸易之巨无人能知其数。又离城25海里的澉浦港为冲要之地，船舶甚众，远涉诸番，近通福建、广东，输出有金银、铜钱、铁器、丝织品、瓷器、茶叶等，输入有香料和各种宝货。马可·波罗由衷地赞美杭州是"世界上最富丽名贵之城"、天堂之城或天城（The Heaven City）。[2]意大利传教士鄂多立克（Odorico da Pordenone）《鄂多立克东游录》云："我来到杭州城，这个名字义为'天堂之城'。它是全世界最大的城市，确实大到我简直不敢谈它，若不是我在威尼斯遇见很多曾到过那里的人。它四周足有百英里，其中无寸地不住满人。那里有很多客栈，每栈内设10或12间房屋。也有大郊区，其人口甚至比该城本身的还多。城开12座大门，而从每座门，城镇都伸延八英里左右远，每个都较威尼斯或帕都亚为大。所以你可在其中1个郊区一直旅行六七天，而看来仅走了很少一段路。此城位于静水的礁石上，像威尼斯一样有运河。它有1.2万多座桥，每桥都驻有卫士，替大汗防守该城。城旁流过一条河，城在河旁就像波（Po）河畔费腊腊（Feerrara）之建设，因为它的长度胜过它的宽度。我竭力打听有关该城的情况，向基督徒、撒剌逊人、偶像教徒及别的所有人提出问题，他们一致同意说城的周围是100英里。人们从他们的君王那里得到诏旨称：每火要每年向大汗交纳1巴里失（Balis），即5张像丝绸一样的纸币的赋税，款项相当于一个半佛洛林（Florin）。他们的管理方式如下：10家或12家组成1火（指人户），以此仅交1火的税。现在据认为这些火计有85土绵（Tumans，蒙语1万），加上4火撒剌逊，共89土绵。1土绵原相当于1万火。此外有基督徒、商人和其他仅从该地过路者。既然如此，我很奇怪，那么多的人怎么能安排住在一个地方，但那里始终有大量的面食和猪肉、米和酒。酒又称为米醨（Bigni），享有盛名。那儿确实有大量其他种种食物。"[3]元末张士诚、张士信兄弟重修杭州城垣，改变了杭州原有的格局。"旧城包山距河，故南北长。至是，自艮山门至螺蛳门以东，视旧则拓开三里，而络市河于内。自候潮门以西，则宿入二里，而截凤山于外，故东西广。门仍一十有三，东无便门、保安二门，北增天宗、北新二门，南嘉会门改曰和宁门。"[4]明

[1]关汉卿：《〔南吕〕一枝花·杭州景》，关汉卿撰、蓝立蓂校注：《汇校详注关汉卿集》下册，中华书局2006年版，第1698—1699页。

[2]马可·波罗：《马可·波罗行纪》，沙海昂注，冯承钧译，中华书局2004年版，第570页。

[3]鄂多立克：《鄂多立克东游录》，载乞拉可思·刚扎克赛：《海屯行纪》、鄂多立克：《鄂多立克东游录》、火者·盖耶速丁：《沙哈鲁遣使中国记》，何高济译，中华书局1981年版。

[4]马如龙修、杨鼐纂：《康熙杭州府志》卷一《沿革》，清康熙二十五年（1686年）刊本。

清时杭州为省会、府治所在，城垣袭赖元末之修筑而无兴废之变。元末来杭州的白图泰称杭州是他从没有见过的大城市。

元代杭州的政区有所调整。至元十四年（1277年）改临安行在为杭州，次年设杭州路，置总管府。至元二十一年，将江淮行省治所从扬州迁到杭州。次年江淮行省改称江浙行省。治所此后又有至元二十三年还治扬州、至元二十六年再迁杭州等多次迁移。江浙行省所辖范围有31路1府2州，包括今江苏南部、浙江、福建、上海以及江西部分地区。元代还先后在杭州设立了江南行御史台、江南行枢密院、江南行宣政院等中央派出机构，以及两浙都转运盐使司、浙西按察使司、浙西道肃政廉访使司、浙西道宣慰使司、杭州路管军万户府、江浙等处财赋都总管府、江淮等处财赋都总管府等机构。所谓“行宣政院、财赋都府、肃政府、转运、儒学、军、医、金帛、杂造诸司，鳞比棋布”[1]。杭州又是军事要地，元世祖东征日本就以杭州为基地。至元十六年用兵日本，江淮、福建、湖广之兵将10万众皆齐集资食于杭州。为了加强对江南地区尤其是南宋政权心脏的控制，前后至少有 7 个镇戍军万户府曾全部或部分屯驻杭州，主要是汉军及新附军。至元二十七年（1290年），置4个镇戍军万户府。元代杭州路辖左、右录事司和海宁州以及钱塘（上）、仁和（上）、余杭（中）、临安（中）、新城（中）、富阳（中）、於潜（中）、昌化（中）8县。录事司是元代新增加的管理机构，主要功能是掌管城内治安、赋税等事。据《元史》卷六二《地理五・杭州路》所记，至元二十七年（1290年）杭州路共有360850户1834710口，人口达到历史高峰。除去其他6县人口，在城钱塘、仁和两县人口168921户1025600口，实际可能超过110万。南宋建德府改为建德路，除增设1录事司外，原辖6县不变。除遂安为下县外，其余为中县。人口共103481户504264口。南宋绍兴府改为绍兴路，辖1录事司和余姚、诸暨2州及山阴等6县。萧山县属之，为中县。元代路的标准为“十万户之上者为上路，十万户以下者为下路”，杭州路和建德路在元代均为上路。元代县的标准南北不一，至元三年（1266年）合并江北各县时规定“六千户之上者为上县，二千户之上者为中县，不及二千户者为下县”；至元二十年（1283年）又规定江淮以南“三万户之上者为上县，一万户之上者为中县，一万户之下者为下县”[2]，标准与江北相去甚远。这是杭州路和建德路都是上路而其所属各县却多为中县的主要原因。

元代杭州会聚了各方人士。“临安故宋行都，山川风物之美，四方未能或之过也。天下既一，朔方奇俊之士以风致，自必乐居之。”[3]在元朝蒙古贵族统治之下，社会划分为蒙古、色目、汉人和南人4个阶层。原南宋治下的汉人被称为“南人”，社会地位最低。但实际上南人是社会主体，所以仍发挥主导作用。只是许多少数民族或外国人到杭州侨居，形成了中外各族杂居的局面。蒙古人、色目人居杭州主要是为官或受汉文化涵濡。至元二十六年就任江浙行省平章的卜邻吉带（蒙古建国元勋速不台之孙，征

[1]杨维桢：《东维子集》卷一二《杭州路重建北门迎恩馆记》，文渊阁《四库全书》本。

[2]宋濂等：《元史》卷九一《百官七》，中华书局1976年版。

[3]虞集：《道园学古录》卷一〇《题杨将军往复书简后》，《四部丛刊》初编，商务印书馆民国25年（1936年）版。

宋名将阿术之子）曾受业于许衡，可能与不忽木等同为国子生，他在江浙行省任上对杭州路学正倪渊的讲授非常满意，命其子从倪渊受学，并将倪渊升为路儒学教授。[1]担任过江浙行省平章的有汉文化素养的蒙古人、色目人还有也速迭儿、康里脱脱、不阑奚、丑的、普化铁木儿、康里巎巎、康里庆童、康里达识帖睦迩等。康里脱脱即《辽史》《金史》《宋史》的都总裁官，曾两任中书右丞相。仁宗朝时曾任江浙行省左丞相，颇有政绩。康里达识帖睦迩为其子。色目人是除蒙古族以外的西北、西域以至欧洲各族人的概称，包括唐兀、乃蛮、汪古、回回、畏兀儿、康里、钦察、阿速、哈剌鲁、吐蕃、阿鲁浑等。《西湖游览志》卷一八《南山分脉城内胜迹·佛刹》云："元时内附者，又往往编营江浙、闽广之间，而杭州尤伙。号'色目种'，隆准深眸，不啖豕肉，婚姻丧葬，不与中国相通。"[2]他们散居全国各地，杭州主要是回回人。白图泰说，杭州的第三城（区）有穆斯林居住区，鄂多立克则说杭州有4火撒剌逊（即穆斯林），每火约10家或12家组成。白图泰所说的第三城可能指荐桥一带，回回人在这一带形成了聚居街坊，且在聚景园置有公共墓地。他们大多是商人，家资殷实，一般住高楼。当时杭州砂糖局的粮官皆主鹘、回回富商。主鹘是术忽的异译，即犹太人，在元代被看作回回的一种。元人陶宗仪说荐桥侧首"有高楼八间，俗谓'八间楼'，皆富实回回所居"[3]。并说当时人们将穿戴异族人的服饰看作是一种时尚，比如头戴紫色藤编成的帽子、脚穿高丽式靴子为"一时所尚"[4]。可见色目人与杭州人也有深入的文化交融。回回人居住的地方必定有清真寺。文锦坊南面的真教寺为延祐年间（1314—1320年）回回大师阿里鼎在唐宋清真寺的遗址上所建。[5]明清两代对真教寺进行扩建，发展为凤凰寺，为中国现存最古老也最有名的伊斯兰四大名寺之一（其他3处分别是广州狮子寺、泉州麒麟寺、扬州仙鹤寺）。西域阿鲁温人溥博因仕宦定居杭州，改姓浦，名仲渊。不仅将子弟全改为汉族名字，而且与汉族通婚，教他们学习汉族文化。这些子弟在科举上有所成就，溥博家因此成为"三世衣被乎诗书，服行乎礼义"[6]的世家。又如家住清波门的畏兀儿人文甫氏，其曾任参政的祖父在后苑栽植了一棵槐树，文甫氏为感念祖上恩德，每次"弹琴读书或与客觞咏，必于圃之所"[7]，儒雅风流丝毫不减汉人。萨都剌寓居杭州，"博雅工诗文，而性好游兴，至则发为诗歌以品题之，《西湖十景词》尤脍炙人口"[8]。沙班在杭州兴办义塾。[9]到杭州的外国人主要是商人、旅行家和传教士，他们中也有许多人定居。这些人中有阿速人、阿鲁浑人、钦察人、犹太人、印度人、埃及人、土耳其人等。白图泰即记述说杭州有基督教徒（元时称也里可温）、犹太人和土耳其人，并且人数很多。鄂多立克也说杭州有基督教徒。马可·波罗说杭州有景教堂一所。《至顺镇江志》卷九《僧寺》有相关记载，称其是中亚薛迷思干（今乌兹别克斯坦撒马耳罕）的马薛里吉思（Mar Sargis）于至元二十一年（1284年）建的，位于荐桥门，名为大普兴寺。这是元代基督教

[1]黄溍：《金华黄先生文集》卷三二《倪渊墓志铭》，《四部丛刊》初编，商务印书馆民国25年（1936年）版。

[2]田汝成：《西湖游览志》卷一八《南山分脉城内胜迹·佛刹》，浙江人民出版社1980年版。

[3]陶宗仪：《南村辍耕录》卷二八《嘲回回》，中华书局2004年版。

[4]陶宗仪：《南村辍耕录》卷二八《处士门前集赛》，中华书局2004年版。

[5]田汝成：《西湖游览志》卷一八《南山分脉城内胜迹·佛刹》，浙江人民出版社1980年版。

[6]宋濂：《西域浦氏定姓碑文》，载宋濂：《宋濂全集》第2册，浙江古籍出版社1999年版，第706页。

[7]杨维桢：《东维子集》卷一七《槐圃记》，文渊阁《四库全书》本。

[8]阮元：《两浙金石志》卷一八《元萨都剌游紫阳洞诗》，浙江出版联合集团、浙江古籍出版社2012年版。

[9]阮刘基：《诚意伯集》卷四《沙班子中兴义塾诗》，文渊阁《四库全书》本。

的远东支派景教传入杭州的开始，可知当时杭州的也里可温（Erkehün，教士）不少。白图泰遇到过在杭州定居的埃及富商，其子孙往来贸易，把南洋各地的象犀、珠玉、香药、珍宝舶来杭州出售。[1]马可·波罗则说杭州有许多印度等地的商人贮藏货物行旅的栈房。多民族杂居，多元文化的交流与融会，使得元代杭州充满生气和活力，成为举世公认的国际性都市，如元代学者黄溍所说："江浙当东南之都会，生齿繁伙，物产富穰，水浮陆行，纷轮杂集。所统勾吴、于越、七闽之聚，讫于海隅，旁连诸番，椎结卉裳，稽首内向，挈兵民二枋，而临制于阃外，事任至重。""江浙省治钱唐，实宋之故都，所统列郡民物殷盛，国家经费之所从出。而又外控岛夷，最为巨镇。"[2]《元史》等文献没有留下杭州赋税的完整记录，但从某些个别项目可以推断其数额巨大。例如年酒税总额即达27万余锭[3]。按至元钞，每锭值银50两或铜钱50贯，则杭州年酒税为1350万贯，是宋代的几十倍。再如仅杭州宣课提举司征收金银、珠玉、铜铁、竹木等岁课总额也达10余万锭。[4]据权衡《庚申外史》卷下所记："当元统、至元间，国家承平之时，一岁入粮一千三百五十万八千八百八十四石，而浙江四分强，河南二分强，江西一分强，腹里一分强，湖广、陕西、辽阳总一分强，通十分也。金入凡三百余锭，银入凡千余锭，钞本入一千余万锭，丝入凡一百余万斤，绵入凡七万余斤，布帛入凡四十八万余匹，而江浙常居其半。"[5]杭州当占江浙税收的相当部分。

元代杭州城内的商业也十分繁荣。"城中有大市十所，沿街小市无数，尚未计焉。大市方广每面各有半哩，大道通过其间。道宽四十步，自城此端达于彼端，经过桥梁甚众。此道每四哩必有大市一所，每市周围二哩，如上所述。市后与此大道并行，有一宽渠，邻市渠岸有石建大厦，乃印度等国商人挈其行李商货顿止之所，利其近市也。每星期有三日，为市集之日，有四五万人挈消费之百货来此贸易。""上述之十市场，周围建有高屋。屋之下层则为商店，售卖种种货物，其中亦有香料首饰珠宝。"[6]每日消耗的胡椒就有44担（每担重233lb。一作43担，每担重90kg），其他肉酒、杂货等日常物品消费之大可以想见。由于人口增加，特别是多民族、多国文化的交融，再加上工商业的繁荣，杭州的各类服务业持续发展。旅舍遍布城内外。环湖旅店环境清幽，多文人雅士投宿；濒江客栈地近港埠，多商人贾客投宿。寺庙庵堂多在进香旺季接纳香客。政府则设水、陆驿站和迎恩馆接待官差使节。[7]有些旅店提供住宿、饮食、车轿、存物等多种服务项目。鄂多立克曾说，杭州"有很多客栈，每栈内设10或12间房间"[8]。以每间3铺计，其接待能力也已相当可观。元人有"西子亡吴，西湖亡宋，事出一辙"[9]之说，故对西湖不加浚治，影响了西湖的自然景观。不过南宋定名的"西湖十景"和其他风景名胜、古迹园囿保存完好，基本保持原有格局。元时又有"钱塘十景"，即两峰白云、西湖夜月、孤山霁雪、六桥烟柳、葛岭朝暾、北关夜市、九里云松、浙江秋涛、

[1]伊本·白图泰：《伊本·白图泰游记》，马金鹏译，宁夏人民出版社1985年版，第557页。

[2]黄溍：《金华黄先生文集》卷八《江浙行中书省题名记》、卷二四《江浙行中书省平章政事赠太傅安庆武襄王神道碑》，《四部丛刊》初编，商务印书馆民国25年（1936年）版。

[3]宋濂等：《元史》卷九四《食货二》，中华书局1976年版。

[4]王逢：《梧溪集》卷五《陆县尹时俊席上赠郭府判》，文渊阁《四库全书》本。

[5]权衡：《庚申外史》，《丛书集成初编》第3911册，中华书局1985年版。

[6]马可·波罗：《马可·波罗行纪》，沙海昂注，冯承钧译，中华书局2004年版，第579、580页。

[7]杨维桢：《东维子集》卷一二《杭州路重建北门迎恩馆记》，文渊阁《四库全书》本。

[8]鄂多立克：《鄂多立克东游录》，载乞拉可思·刚扎克赛：《海屯行纪》、鄂多立克：《鄂多立克东游录》、火者·盖耶速丁：《沙哈鲁遣使中国记》，何高济译，中华书局1981年版。

[9]胡祥翰辑：《西湖新志》卷一《山水一》，《中国名山胜迹志丛刊》第2辑，文海出版社有限公司1983年版。

冷泉猿啸、灵石樵歌。西湖旅游渐成规模。“湖上有大小船只甚众，以供游乐。每舟容十人、十五人，或二十人以上，舟长十五至二十步，底平宽，常保持其位置平稳。凡欲携其亲友游乐者，只须选择一舟可矣，舟中饶有桌椅及应接必须之一切器皿。舟顶用平板构成，操舟者在其上执篙撑舟湖底以行舟（盖湖深不过两步），拟赴何处，随意所欲。舟顶以下，与夫四壁，悬挂各色画图。两旁有窗可随意启闭，由是舟中席上之人可观四面种种风景。地上之赏心乐事，诚无有过于此游湖之事者也。盖在舟中可瞩城中全景，无数宫殿庙观园囿树木一览无余。湖中并见其他游船载游人往来。盖城民操作既毕，常携其妇女或娼妓乘舟游湖，或乘车游城。其车游亦有足言者，城民亦以此为游乐之举，与游湖同也。”与游船一样，车子也可租赁。“常见长车往来。车有棚垫，足容六人。游城之男女日租此车以供游乐之用，是以时时见车无数，载诸城民行于中道，驰向园囿，然后由看守园囿之人招待至树下休息。城民偕其妇女如是游乐终日，及夜始乘原车返家。”而游道也便于步行。“通行全城之大道两旁铺有砖石，各宽十步。中道则铺细砂，下有阴沟宣泄雨水，流于诸渠中，所以中道永远干燥。”“任赴何地，泥土不致沾足。”[1]除一般的服务业外，娼优服务尤盛于南宋。“其他街道，娼妓居焉。其数之多，未敢言也。不但在市场附近此辈例居之处见之，全城之中皆有。衣饰灿丽，香气逼人，仆妇甚众，房舍什物华美。此辈工于惑人，言词应对皆适人意。外国人一旦涉足其所，即为所迷。所以归去以后，辄谓曾至天堂之城行在，极愿重返其地。”[2]

元代杭州的手工业发展水平近于南宋，商品化程度还有所提高。元灭金后，曾在金朝统治下的北方地区几次“籍民”，将各地的手工业者调集京师，编为与民户不同的匠户，分类置局管领。灭宋时又多次在江南签发匠户。按隶属关系，元代的官营手工业机构可分为两大类，一类由皇太子、后妃及诸王等控制，如太子名下储政院所属各织染局，后妃中政院名下江浙等处财赋都总管府。诸王驸马也各有自己名下的织染局。另一类由政府直接管辖，如工部系统大都人匠总管府下属的纹锦总院、涿州罗局、别失八里局等，将作院系统的异样局总管府，以及由地方政府管辖的各路、府、州、县织造局等。至元十三年（1276年）“籍江南民为工匠凡三十万户，惠选有艺业者仅十余万户，余悉奏还为民”[3]。这些工匠大多技艺高超，被称为“江南巧儿”。至元十六年（1279年），全国刚统一，就以“造作事重”下旨“授正议大夫浙西道宣慰使兼行工部事，籍人匠四十二万，立局院七十余所，每岁定造币、缟、弓、矢、甲胄等物”[4]。行诸路金玉人匠总管府和杭州织染局等江南各局随即先后建立起来。行诸路金玉人匠总管府下设金玉局、杂造局、军器局等数局，各有局官和作坊，分别从事官方所需器用什物的生产制造。[5]元代的官营手工业生产组织体系有奴隶制残余，匠户世袭，法律地位低下，人身不自由，实为工奴。白图泰描述说：“城中还有许多工场，内有织造上等衣料和打造军器的……他

[1]马可·波罗：《马可·波罗行纪》，沙海昂注，冯承钧译，中华书局2004年版，第583—584页。

[2]马可·波罗：《马可·波罗行纪》，沙海昂注，冯承钧译，中华书局2004年版，第580—581页。

[3]宋濂等：《元史》卷一六七《张立道》，中华书局1976年版。

[4]王恽：《秋涧集》卷五八《大元故正议大夫浙西道宣慰使行工部尚书孙公神道碑铭》，《四部丛刊》初编，商务印书馆民国25年（1936年）版。

[5]徐一夔：《始丰稿》卷九《夏君墓志铭》，文渊阁《四库全书》本。

们共有1600名师傅，每一师傅带三四名徒工，他们皆是可汗的奴隶，都戴着脚铐。他们的住处在宫外。虽可以在城内市街上走走，但不许出城门。他们每日都一百人一百人地由长官检查。如有短缺，唯队长是问。他们的惯例是：凡服役10年者，去其镣铐，任从下列两点选其一：要么是去掉镣铐继续服役；要么是在可汗境内自由行动，但不准远出境外。如年属50，可免除服役，并供应生活费，一般人至50岁者亦供给生活费。凡年届60者，被认为情同孺子，免除刑罚。”[1]徐一夔《始丰稿》卷九《夏君墓志铭》也有类似描述：“元置行诸路金玉总管府于杭，治百工之事，其官属颇盛……所督隶局工，类单人细民。或内府需器用急，工集局昼夜并作，面有寒饿色。”[2]这种制度无疑阻碍了经济发展。元代杭州的官营手工业总体上没有超越南宋，只是由于生产资料的高度集中，若干部门如纺织业、印刷业等有所进步。但民间手工业仍持续繁荣。《马可·波罗行纪》记云：“城中有商贾甚众，颇富足，贸易之巨，无人能言其数。”“此城有12种职业，各业有1.2万户，每户至少有10人，中有若干户多至20人40人不等。其人非尽主人，然亦有仆役不少，以供主人指使之用。”如以每家12人计，则从事工商业的人数高达14万以上。当时已有12个不同的手工业行会，各有许多容纳工匠的房屋。每屋一般可容纳10多人，大一些的可容纳二三十人。各行业都较普遍实行雇工制。“此种商店富裕而重要之店主，皆不亲手操作，反貌若庄严，敦好礼仪，其妇女妻室亦然。妇女皆丽，育于婉娩柔顺之中，衣丝绸而带珠宝，其价未能估计。其旧王虽命居民各人子承父业，第若致富以后，可以不必亲手操作，唯须雇用工人，执行祖业而已。”因而，“凡关涉此城之事，悉具广大规模。大汗每年征收种种赋税之巨，笔难尽述。其中财富之广，而大汗获利之大，闻此税而未见此事者，必不信其有之”。[3]《始丰稿》卷一《织工对》也云：“余僦居钱塘之相安里，有饶于财者，率居工以织。每夜至二鼓，一唱众和，其声欢然，盖织工也。余叹曰：‘乐哉！’旦过其处，见老屋将压，机杼四五具，南北向列。工十数人，手提足蹴，皆苍然无神色。进而问之曰：‘以余观，若所为，其劳也亦甚矣，而乐何也？’工对曰：‘此在人心。心苟无贪，虽贫，乐也；苟贪，虽日进千金，只戚戚尔。吾业虽贱，日佣为钱二百缗。吾衣食于主人，而以日之所入养吾父母妻子。虽食无甘美，而亦不甚饥寒。余自度以为常，以故无他思。于凡织作，咸极精致，为时所尚，故主之聚易以售，而佣之值亦易以入。所图如此，是以发乎情者，出口而成声，同然而一音，不自知其为劳也。顷见有业同吾者，佣于他家，受值略相似。’久之，乃曰：‘吾艺固过于人，而受值与众工等，当求倍其值者而为之佣。’已而，他家果倍其值佣之。主者阅其织，果异于人；他工见其艺精，亦颇推之。主者退自喜曰：‘得一工，胜十工，倍其值不吝也。’”[4]有的史学家认为《织工对》中所述的“有饶于财者”是资本家，“率居工以织”是指资本家雇佣工人集中在工场劳动。当时生产资料已经

[1]伊本·白图泰：《伊本·白图泰游记》，马金鹏译，宁夏人民出版社1985年版，第558页。

[2]徐一夔：《始丰稿》，文渊阁《四库全书》本。

[3]马可·波罗：《马可·波罗行纪》，沙海昂注，冯承钧译，中华书局2004年版，第571、570、581、573页。

[4]徐一夔：《始丰稿》，文渊阁《四库全书》本。

为工场主私有，织工是出卖劳动力的雇佣工人，雇主与工人之间没有身份隶属关系，因而这种生产关系已带有资本主义性质。元朝在北方实行丁税制，而在江南则沿用南宋依地亩征税的夏秋两税制。忽必烈灭宋时，曾规定“其田租、商税、茶盐、酒醋、金银、铁冶、竹货、湖泊课程，从实办之。凡故宋繁冗科差、圣节上供、经总制钱等百有余件，悉除免之”[1]，且除江东、浙西外其余地区只征秋税。斗斛也沿用宋文思院的旧斗（宋斗1石约当元7斗）。元贞二年（1296年）始征江南夏税，并规定秋税只令输租，夏税则据税粮输钞。这在客观上激励了经济发展。

元代江南各地的织染局归属于江浙等处财赋都总管府管辖，杭州织染局是浙江境内规模较大的织染局。与同期设置的建康织染局一样，也设“大使、副使、相副官各一员”[2]。至元十六年（1279年）九月，元世祖忽必烈“诏行中书省左丞忽辛兼领杭州等路诸色人匠；以杭州税课所入，岁造缯缎十万以进”[3]。从以行省左丞兼管诸色人匠和岁进缯缎之多，可见丝绸纺织业之盛。杭州生产的丝织品不仅普遍为市民日常所用，如马可·波罗游历杭城时看到杭州人多衣丝绸，而且还深受蒙元王公贵族的青睐，他们常差人来杭催办上等丝绸袢袄等物，由驿道递运到大都。[4]元廷非常重视丝织品生产，对支用物料、产品质量、缴纳时日等都订有细则。“络丝、打丝、缵坯、拍金、织染，工程俱有定例，仰各处局院置立工程文簿，标附人匠关物日期，验工责限收支，并要依限了毕。”“本路正官，依上提点，每季各具工程，次第申道宣慰使司，移关工部，照会工部通行比较，季一呈省。比及年终，俱要了毕，毋致亏欠。”[5]还要求各地织染局院必须选用高级细丝和上等染料，由手艺精湛的官营工匠织染。“须要经纬配搭均匀，如法变染。造到缎匹，亦要幅阔相应，斤重迭就……非奉上位处分，不得擅自损减料例，添插粉糨。”[6]为保证生产效率和产品质量还设有复实司，以检验产品，估算原料。如不合格发回重新织造，并自备工价赔偿。如大德四年（1300年），江浙行省局院造送的夏缎中就有3800匹被检出不合格，责成赔偿。元代杭州的民间丝织业更为发达，是普通百姓普遍的生业。由于元廷对生丝的大量需求，夏税只征丝而不征丝织品，因而江南地区的大多数农户不得不以养蚕缫丝为主要副业。虽然丝绸在禁止私卖之列，但由于利润丰厚，仍有不少商人违禁贩运海外。汪大渊《岛夷志略》中记载了通过海道南线向南洋各国、印度、伊朗和北非地区出口的十几个丝绸品种中就有“苏杭色缎”，而日本、高丽两大邻国是杭州丝绸的主要进口国。其中输往日本的诸多商品中有金襕、金纱、唐绫等丝织品类。另外还有一种暗花缎逐渐成为中国最具代表性的高档丝织品，至明清时也流行。除丝织品外，对蚕丝的采购也日益增多。每逢新丝上市之际，外商便溯钱塘江而上到建德一带收购生丝，当时有“蚕乡丝熟海商来”之语。元代杭州的织机基本继承了南宋时期的机型，有花素两大类。素织机主要有单动式的双综双蹑机和互动式踏板机，其中互动式踏板织机采用固

[1]宋濂等：《元史》卷九《世祖六》，中华书局1976年版。

[2]宋濂等：《元史》卷八九《百官五》，中华书局1976年版。

[3]宋濂等：《元史》卷一〇《世祖七》，中华书局1976年版。

[4]《大元圣政国朝典章》卷三六《兵部三·驿站·铺马不搬运诸物》，中国广播电视出版社1998年版。

[5]完颜纳丹编：《通制条格》卷三〇《营缮·造作》，方龄贵校注，中华书局2001年版。

[6]《大元圣政国朝典章》卷五八《工部一·造作一·选买细丝事理》，中国广播电视出版社1998年版。

定综开口，由两块踏板分别与两片综的下端相连。机顶这杠杆结构，两端分别与两片综的上部相连。当织工踏下一块踏脚板时，一片综就把一组经线压下；与此同时，此综的上部又拉着机顶的杠杆使另一片综提升，形成一个较为清晰的开口。踏下另一块脚踏板，则可以形成另一开口。[1]提花织机仍以小花楼织机为主。缫丝则主要使用南缫车，它相比于北缫车车架较高，机件也较为简单，以足踏为动力。南缫的水温较北缫低，虽然速度较慢，但是可以缫全缴细丝，质量较高。不适于缫丝的夏蚕茧则用来制作丝绵。

[1]赵丰主编：《中国丝绸通史》，苏州大学出版社2005年版，第344页。

元代杭州仍然是全国刻书中心之一，但以官刻为主。官刻书主要有两类：一类由中央政府或皇帝直接下令命办，江浙行省安排学粮或其他经费资助。例如至正五年（1345年）奉圣旨刻《辽史》《金史》，又次年刻《宋史》。延祐元年（1314年），仁宗以旧板弗称，诏江浙行省以端楷大书刻《农桑辑要》。另一类因国子监等机构或某地建议，由中央政府摊派任务。如翰林国史院呈中书省付礼部议准，由西湖书院刊刻苏天爵《国朝文类》。这类任务特重，主要原因是浙江经济比较富庶、刻书质量高。清末学者叶德辉《书林清话》卷七《元时官刻书由下陈请》云："元时官刻之书多由中书省行江浙等路，有钱粮学校赡学田款内开支，有径由各省守镇分司呈请本道肃政廉访使行文本路总管府事下儒学者，有由中书省所属呈请奉准施行、辗转经翰林国史院礼部详议照准行文各路者，事不一例，然多在江浙间。"[2]元代杭州刻书机构以西湖书院最为有名。西湖书院又称西湖精舍，其址原为南宋国子监，至元二十八年（1291年）翰林学士承旨徐琰任浙西行部使者时建。按宋制，国子监既是全国最高教育管理机构，同时又具有全国最高出版管理机构的职能，所以有印文字所和书版库，设丞、簿专管刻书事宜。西湖书院设有尊经阁和书库，主要贮藏南宋太学书籍和书版，并收藏宋高宗及吴皇后书石经（今藏杭州孔庙）及孔门72弟子画像石刻。据西湖书院山长陈袤泰定元年（1324年）九月写的《西湖书院重整书目记》所记，西湖书院所藏书版20余万片，其中除少数几部为元刻本外其余均为南宋书版。西湖书院初建时，政府拨给义田，每年收入供师生生活及祭祀外用来刻书。另还有郡人捐献义田。黄溍《西湖义田记》云："西湖书院实宋之太学，规制尤甚旧，所刻经史群书，有专官以掌之，号书库官。宋亡学废，而版库具在，至元二十八年承旨徐文贞公治杭，以其建置之详，达于中书，俾书院额立山长，书库之所掌悉隶焉。郡人朱庆宗捐宜兴州田二百七十五亩归于书院，别储以待书库之用。"[3]西湖书院除整理、修补南宋国子监书版外也刊刻了一些重要的学术著作，如苏天爵辑《国朝文类》、马端临撰《文献通考》等。江浙等处行中书省元时为江浙等处最早的行政机关，治所在杭州，管辖今江苏南部、浙江、福建两省及江西部分地区。其奉命刻官书甚多，如宋赵佶撰《大德重校圣济总录》、宋真德秀撰《大学衍义》、宋岳珂撰《鄂国金佗粹编》、元脱脱

[2]叶德辉：《书林清话》（附《书林余话》），中华书局1957年版。

[3]黄溍：《西湖书院义田记》，载嵇曾筠、李卫等修，沈翼机、傅王露等纂：《雍正浙江通志》卷二六一，中华书局2001年版。

等撰《辽史》《金史》《宋史》、元大司农司修纂《农桑辑要》、佚名撰《栽桑图》等。江浙儒学提举司官刻本掌行省所辖诸路、府、州、县之学校祭祀、教养钱粮等事，所刻书有元郝天挺注《注唐诗鼓吹》、汉许慎撰《说文解字》等。杭州路刻有元任士林撰《松乡先生文集》等。元代杭州寺院经济发达，所刻佛经颇多。《大藏经》卷帙浩繁，历代仅刻10余部，而元代杭州就刻了两部，即至元年间（1264—1294年）余杭普宁寺刻《大藏经》（世称“普宁藏”）、大德年间（1297—1307年）西湖孤山大万寿寺刻河西字《大藏经》（又称《河西字大藏经》）。“普宁藏”587函6010卷，刊刻历时20余年。大德十年（1306年），松江府僧录管主八从大都弘法寺《大藏经》选出南方各种藏经刻版所缺之秘密经类等，在杭州刻《大藏经》（秘密经、律、论），以为“普宁藏”和“碛砂藏”（宋末创刻未完的碛砂版《大藏经》）的补充。元代杭州私刻书较少，书坊可稽者仅四五家，且刻书甚少，说明私家刻书已衰落。值得注意的是刻印元杂剧颇多，对元杂剧的传播有重要作用。有记载的如佚名撰《京本通俗小说》、关汉卿撰《关大王单刀会》、尚仲贤撰《尉迟恭三夺槊》、石君宝撰《关目风月紫云庭》、王伯成撰《李太白贬夜郎》、杨梓撰《关目霍光鬼谏》、郑光祖撰《关目辅成王周公摄政》、佚名撰《小张屠焚儿救母》、纪君祥撰《赵氏孤儿》等。其中后8种皆署“古杭新刊”，且版式、行款皆同，说明同为一佚名书坊所刊。另外，众安桥杨家经坊刻后秦释鸠摩罗什译《金刚般若波罗蜜经》、睦亲坊沈八郎书坊刻释鸠摩罗什译《妙法莲华经》、杭州书棚南沈二郎经坊刻释鸠摩罗什译《妙法莲华经》、武林沈氏尚德堂刻宋朱熹撰《四书集注》、中瓦子张家刻佚名《大唐三藏取经诗话》等。

由于人口众多，元代杭州的食品药品加工业十分发达。杭州的酿酒市场面向全国，本地也行饮酒之风。陶宗仪《南村辍耕录》卷一一《杭人遭难》云：“杭民尚淫奢，男子诚厚者十不二三，妇人则多以口腹为事，不习女工。至如日用饮膳，唯尚新出而价贵者，稍贱便鄙之，纵欲买又恐贻笑邻里。”[1]大德十一年（1307年）九月，“杭州一郡，岁以酒糜米麦二十八万石”[2]，可见产量巨大。元代与宋代一样酒税收入很高，元初方回有“酒垆日征七百万”之说。[3]卢世荣理财时期，酿酒耗粮每石米官收10两钞，后行散办改为5两，后又增课。据推算，杭州的酒课收入在5万锭左右。而江浙行省的岁入酒课总数通常约为19万锭，杭州约占1/4。吴师道因而说：“问江浙财赋之渊，经费所仰，曰盐课、曰官田、曰酒税，其数至不轻也。以三者而论，盐课两浙均之，官田浙西为甚，酒税止于杭城而已。”[4]杭州产量最高的是米酒。“有若干商店仅售香味米酒，不断酿造，其价甚贱。”[5]其中红曲十分风行，但以颜色浓酽、绿如春江者更有特色：“柳花吹香扑酒缸，酒波滟滟如春江。”[6]“钱塘官酒秋仍绿，更与灵胥酹一瓢。”[7]见于记载的还有梨花酒、秋露白等。[8]贾铭《饮食须知》卷一

[1]陶宗仪：《南村辍耕录》，中华书局2004年版。

[2]宋濂等：《元史》卷二四《武宗纪一》，中华书局1976年版。

[3]方回：《桐江续集》卷一三《苦雨行（并序）》，文渊阁《四库全书》本。

[4]吴师道：《吴礼部集》卷一九《国学策问四十道》，《北京图书馆古籍珍本丛刊》第93册，北京图书馆出版社1998年版。

[5]马可·波罗：《马可·波罗行纪》，沙海昂注，冯承钧译，中华书局2004年版，第580页。

[6]萨都剌：《雁门集》卷九《走笔赠燕孟初》，上海古籍出版社1982年版。

[7]陈基：《夷白斋稿》卷八《次韵孟天伟郎中看潮十首》，《四部丛刊》三编，商务印书馆民国25年（1936年）版。

[8]宋伯仁：《酒小史》，载陶宗仪辑：《说郛》卷九四，上海古籍出版社1990年版。

《水火》指出，露水味甘性凉，百花草上露皆堪用。取秋露造酒，名“秋露白”，香洌最佳。[1]又有一类烈性酒可能是引入波斯、阿拉伯地区的阿剌吉酒（蒸馏白酒）酿制技术而为，颇受市场欢迎。《武林旧事》卷六《小经纪》擂槌条云：“俗谚云：‘杭州人一日吃三十丈木头。’以三十万家为率，大约每十家日吃擂槌一分。合而计之，则三十丈矣。”[2]从擂槌消耗量之大可见谷麦加工量庞大（也有人以为擂槌用于擂茶）。杭州的制糖业也十分有名，称得上是全国的制糖业中心之一。《马可波罗行纪》云：“应知此城及其辖境制糖甚多，蛮子地方其他八部亦有制者，世界其他诸地制糖总额不及蛮子地方制糖之多，人言且不及半，所谓糖果，值百取三。”[3]杭州制药业历史悠久，南宋时官私药局即遍布城内。元代“杭之业于药者，千百不啻”[4]。医者往往兼诊视、制药、配药于一身，居前为诊室、药店，居后为制药作坊。著名的药室有蒋氏正斋药室、夏氏药室、潘氏中和药室、徐氏药室、杨氏药室等。[5]当时许多中药材不仅采收自本地，而且还从异方殊壤进口。

元代杭州的乐器制作业、漆器制作业、金银打造业、制鞋业、冥器业和造船业等在南宋的基础上也续有发展。元统二年（1334年），建德路学拟新置乐器，“辑费求之杭市”，买得“琴一弦、三弦、五弦、七弦、九弦各一，瑟一，龠、篪、笛、箫各一，巢笙、和笙各二，埙一，搏、拊、柷、敔各一，而若钟磬之编，簨簴、崇牙、流苏、杂饰与柷敔之推籈咸具”[6]。可见乐器种类之多。白图泰视竹胎漆器为杭州特产。这类漆器系列化、规模化生产，工艺精良、用途广泛。元代杭州所制油靴款式仿高丽油靴，十分时尚。[7]油靴用土制董灶牛羊皮手工缝制，鞋面涂桐油，鞋底镶钉，又称钉靴，类于今天的皮鞋。元代杭州造船业也较发达。至大十四年（1311年）九月，都水监卿木八剌沙欲到杭州取所造龙舟，但被谏阻。[8]皇家可到杭州征造龙舟，说明杭州所造龙舟在全国有相当名望。

二、明清市镇经济的振兴

明初建都南京，江浙地区的发展重心北移。而永乐十八年（1420年）迁都北京后，杭州不仅政治、军事地位下降，相对于元代经济地位也有所下降。京杭大运河的漕运虽也在发展，但其在江南的重心已变为以苏州为中心的环太湖苏、松、常、宁、嘉、湖、杭等广大地区。明代全国设八大钞关，除九江外，有7个位于京杭大运河沿线，即崇文门（北京）、河西务（天津）、临清（山东）、淮安、扬州、浒墅（苏州）、北新关（杭州）。其中有3个位于南直隶。南北间的贸易不再集中在几个城市，而是以运河沿线的城市和市镇为主体的整个江南城镇网络。杭州虽然失去了第一等城市的地位，市镇经济却进一步崛起。杭州市镇经济的地位在明清时期几乎与都市经济相当。

[1]贾铭：《饮食须知》，张如青、丁媛评注，中华书局2011年版。

[2]周密：《武林旧事》，李小龙、赵锐评注，中华书局2007年版。

[3]马可·波罗：《马可·波罗行纪》，沙海昂注，冯承钧译，中华书局2004年版，第570页。

[4]黄溍：《金华黄先生文集》卷三八《养斋蒋君墓志铭》，《四部丛刊》初编，商务印书馆民国25年（1936年）版。

[5]见徐一夔《始丰稿》卷八《赠蒋正斋序》、卷九《元故将士郎金玉府军器提举司同提举夏君墓志铭》、卷五《中和室记》、卷七《弼刑》、卷八《序医》，文渊阁《四库全书》本。

[6]柳贯：《柳待制文集》卷一五《建德路学新置乐器记》，《四部丛刊》初编，商务印书馆民国25年（1936年）版。

[7]陶宗仪：《南村辍耕录》卷二八《处士门前怯薛》，中华书局2004年版。

[8]宋濂等：《元史》卷二四《仁宗一》，中华书局1976年版。

[12]龚嘉儁修、李榕等纂：《光绪杭州府志》卷八一《物产四》，成文出版社有限公司1974年版。

[13]许瑶光等修、吴仰贤等纂：《光绪嘉兴府志》卷一六《物产·草类》，成文出版社有限公司1970年版。

明代以后，尽管农业技术有所发展，但种田的比较效益一直不高。而杭州人多田少，人地矛盾突出，明洪武二十四年（1391年）人均3.01亩，清乾隆四十九年（1784年）仅1.01亩。[1]为了缴纳赋税，农民一方面将生产重点由粮食作物转向经济作物，以发展商品性农业，另一方面又从主要经营农业转向经营副业和手工业，农村经济的商品化程度比宋代更高。在杭嘉湖地区，田一般用来种植粮食作物，地用来种植经济作物。农民特别注重的不是种田，而是地的经营。自明后期到清康熙二十年（1681年）前后，杭州府田减了30顷，而地增了184顷。[2]改田为地的结果，使经济作物迅速发展。许多山区以笋和竹的收入作为重要或主要经济来源。余杭“直北诸乡以山为业，资竹为生”[3]。“余、临所产毛竹每年不下千舫”，“被湖州人买去”。[4]於潜“竹类甚多”，初夏时“笋干贩鬻于嘉、苏以千百计。谋生之资，不为无助”。[5]山区可种植松、杉、柏、柏、桐、漆等经济林，山农除自植外还承包给外乡人，获利颇丰。如“包种杉秧万株，株费一厘”，万株则值银10两。六七年后每株均价1钱，万株值银千两，可获百倍之利。种植乌桕经济效益也十分可观。树大后可收子二三石。子外白穰可压取白油，用于制造蜡烛。子中仁核可取青油，燃灯极明。每收子一石，约可得白油10斤、青油20斤。“其渣仍可雍田、可燎爨、可宿火，其叶可染皂，其木可刻书及雕造器物。且树久不坏，至抱合以上收子愈多。故一次种植，即为子孙数世之利。”当时种者极多，凡“高山大道，溪边宅畔，无不种之。亦有全用熟田种者”。临安人田畔必种乌桕。“田主岁收桕子便可完粮。如是者租额亦轻，佃户亦乐于承种，谓之熟田。若无此树……租额必重，谓之生田。”[6]富阳沙民“皆种桕树为业”[7]，“参差成行，采之为膏，以应会城造烛之用”[8]。於潜“俗多乌桕之利，故种（油菜）者不过十之二三”[9]。山区又多出薪炭。临安之薪炭结筏转输各地，富阳之柴往往聚于江干运入杭州，故杭州有“南门柴、北门米”之谚。平原地区有种芊芰为柴薪的。芊芰一般种在近水池滩或坟墓旁，极盛时每亩可得万斤，少也可得五六千斤。“二亩当一亩，尚优于田地租息也。”[10]《农政全书》卷三八《种植》云：“今广、浙中出一种漆，六月取汁漆物，黄泽如金。”[11]浙漆质地优良，而尤以昌化县西颊口所产最为著名。杭州、诸暨还产一种由油柿浸久所得的柿漆，漆于临安、於潜产桑皮纸用作制扇油纸，“质粗耐久”，名曰“蜀府扇”。[12]烟草音译淡巴菰，又名金丝醺，明代始由吕宋岛经闽、广传入中国，明代中叶传入浙江。其中塘栖种植最盛，品质绝佳。外地有品质佳者往往称“赛塘栖”。当时杭嘉湖地区“种者甚多，以其利倍于蔬谷也”[13]。种麻不碍晚稻、晚豆种植，所费功力与油菜不相上下，而效益则倍。仁和县出产黄麻、络麻、苘麻。余杭县“苎麻一岁三熟，其皮绩以为缕，轻细者夏月可为凉衫”[14]。新城县“苎麻一棵数十茎，缩根茈土中，至春自生，不须栽种。其皮煮之以缉布”。一般于端阳、中元、重九“割取其皮”。[15]“山区多有闽广人侨居。他们

[1]马如龙修、杨鼐纂：《康熙杭州府志》卷七《户口》，清康熙二十五年（1686年）刊本；郑澐修、邵晋涵纂：《乾隆杭州府志》卷四四《户口》、卷四五《税赋一》，《续修四库全书》第701册，上海古籍出版社2005年版。洪武二十四年无田面积数，因前后出入不大，故参照万历时。

[2]马如龙修、杨鼐纂：《康熙杭州府志》卷一〇《田赋》，清康熙二十五年（1686年）刊本。

[3]张吉安、朱文藻、崔应榴、董作栋等修：《嘉庆余杭县志》卷三八《物产》，上海书店出版社1993年版。

[4]龚嘉儁修、李榕等纂：《光绪杭州府志》卷五五《水利三》，成文出版社有限公司1974年版。

[5]蒋光弼修，张燮、李江纂：《嘉庆於潜县志》卷一〇《食货》，嘉庆十七年（1812年）刊本。

[6]徐光启：《农政全书》卷三八《种植》，中华书局1956年版。

[7]龚嘉儁修、李榕等纂：《光绪杭州府志》卷八一《物产四》，成文出版社有限公司1974年版。

[8]钱晋锡等纂修：《康熙富阳县志》卷五《风俗》引宣德旧志，清康熙二十二年（1683年）刊本。

[9]蒋光弼修，张燮、李江纂：《嘉庆於潜县志》卷一〇《食货志·物产》，嘉庆十七年（1812年）刊本。

[10]沈氏撰、张履祥补撰：《补农书》卷下《补〈农书〉·补〈农书〉后》，载楼璹等：《耕织图诗》，沈氏撰、张履祥补撰：《补农书》，朱肱：《北山酒经》，释赞宁：《笋谱》，陈师：《茶考》，许次纾：《茶疏》，周膺、吴晶点校，当代中国出版社2014年版。

[11]徐光启：《农政全书》，中华书局1956年版。

[14]张吉安、朱文藻、崔应榴、董作栋等修：《嘉庆余杭县志》卷三八《物产》，上海书店出版社1993年版。

[15]龚嘉儁修、李榕等纂：《光绪杭州府志》卷八一《物产四》，成文出版社有限公司1974年版。

佃地堆阜，种麻为业，称之蓬民。”[1]塘栖枇杷、蜜橘、梅、桃、李、甘蔗等水果很著名。其培植极工，旁无杂树，“一亩土地，数植百金”。独山北的横里村人“以种梅为业。花开弥蔓十余里。诗云：‘试上独山山顶望，村村香雪压檐齐。’”。[2]梅有青梅、红梅两种。青梅做蜜饯，红梅入药。富阳县善制乌梅。杭州艮山门外的青龙街俗称沙田，滨江一带多种瓜蔬。城东门“绝少民居，弥望皆菜圃也。城东横塘一带产菜最美。杭城东园人家四时种菜，贩卖运至临平、长安，俱船载而去”[3]。明末清初人张履祥目睹杭州有些地方“数十年来于田不甚尽力，虽至害稼，情不迫切者。利在蓄鱼也”[4]。“嘉、杭之间……家有塘以养鱼”[5]。西湖“薀藻蘋荇……弥蔓不绝，土人取之以供鱼食，岁计亦不下数百金也”[6]。塘栖“丁山湖民以养鱼为业”[7]。临平多畜鳜鱼。也有专畜鱼苗出卖的。鱼苗曰鱼鉠，春时以舟由苏、常出长江往贩，谓之鱼鉠船。康熙五十七年（1718年）三月《仁和、钱塘两县豁免鱼花船只税料碑》记载：“鱼花原为农民畜养资生，非同商贾可比……杭州府仁、钱两县俞彩臣、黄文生、刘震卿、屠令仪……等皆系穷民，贩鉠为业……总计杭府鱼花船只共一百有零，仰赖者不啻数千余家。”[8]水面还可植菱、芡等水生植物。西湖“滨湖多种莲、藕、菱、芰、茭、芡之属”，“茭田之值可十余金，利倍禾稼”。[9]杭州原来植棉不多，明代中叶后开始增加。如在海宁，棉花“西乡、东乡多艺之”[10]。而到清初，“钱塘滨江沙地数十年来遍莳棉花，其获颇稔。今远通商贾，为杭州土物矣”[11]。南宋以后，杭嘉湖逐渐成力全国著名的蚕桑丝织业中心，明代中叶至清前期居全国之冠。蚕桑业在明清杭州农村经济中占据主体地位。康熙三十八年（1699年）玄烨曾说：“朕巡省浙西，桑林披野，天下丝缕之供皆在东南。而蚕桑之盛，唯此一区。”[12]《乾隆杭州府志》载，杭州“沿山之田，民多种桑”。临安县“男务耕桑，女勤蚕织”，“山多田少，鲜巨富，只竭力农桑以给公输，妇女缫丝北工于南”[13]。富阳县“男力耕耨，女勤蚕织”，“南乡除育蚕外，绝无恒业”[14]。於潜县“邑中户户养蚕……邑中蚕忙，不但妇女日夜无间，男子亦佐助之”。“蚕熟丝多，乡人多资其利，出息差亚嘉、湖也”。[15]从这种局势可知，明清杭嘉湖农业经济结构已发生了巨大变化。以粮食生产为主的自给性农业经济结构日益瓦解，转为粮食生产与经济作物或养殖业相结合的商品性农业，单一的粮食经济结构被多种经营的经济结构所代替。农民不断积累生产经验，提高生产技术，发挥各自所处的地理环境和自然条件优势因地制宜地进行专业性生产，并形成地域性专业分工。可以说，以“桑争稻田”为标志的商品性农业的发展已成为带动城乡社会经济发展变化的轴心和动力，推动着杭州经济从自然经济向市场经济转变。张履祥这样比较种田与治地、种粮与种桑：“田壅多，工亦多，地工省，壅亦省；田工俱忙，地工俱闲；田赴时急，地赴时缓；田忧水旱，地不忧水旱。俗云：千日田头，一日地头……地得叶，盛者一亩可养蚕十数筐，少

[1]张吉安、朱文藻、崔应榴、董作栋等修：《嘉庆余杭县志》卷三八《物产》，上海书店出版社1993年版。

[2]王同编纂：《唐栖志》卷二〇《事纪》，清光绪十六年（1890年）刊本。

[3]郑澐修、邵晋涵纂：《乾隆杭州府志》卷七八《物产一》引《武林纪事》，《续修四库全书》第701册，上海古籍出版社2005年版。

[4]沈氏撰、张履祥补撰：《补农书》卷下《补〈农书〉·补〈农书〉后》，载楼琇等：《耕织图诗》，沈氏撰、张履祥补撰：《补农书》，朱肱：《北山酒经》，释赞宁：《笋谱》，陈师：《茶考》，许次纾：《茶疏》，周膺、吴晶点校，当代中国出版社2014年版。

[5]孙嘉淦：《南游记》，载张潮辑：《虞初新志》卷一七，河北人民出版社1985年版。

[6]田汝成：《西湖游览志余》卷二五《委巷丛谈》，上海古籍出版社1980年版。

[7]王同编纂：《唐栖志》卷二〇《杂纪》，清光绪十六年（1890年）刊本。

[8]《仁和、钱塘两县豁免鱼花船只税料碑》，浙江省博物馆藏。

[9]田汝成：《西湖游览志余》卷二四《委巷丛谈》，上海古籍出版社1980年版。

[10]李圭典原纂、许傅霈等续纂：《海宁州志稿》卷一一《食货志·物产》，民国11年（1922年）刊本。

[11]郑澐修、邵晋涵纂：《乾隆杭州府志》卷五三《物产》，《续修四库全书》第702册，上海古籍出版社2005年版。

[12]郑澐修、邵晋涵纂：《乾隆杭州府志》首卷一《天章》，《续修四库全书》第701册，上海古籍出版社2005年版。

[13]郑澐修、邵晋涵纂：《乾隆杭州府志》卷七四《风俗一》引《临安县志·风俗志》，《续修四库全书》第701册，上海古籍出版社2005年版。

[14]郑澐修、邵晋涵纂：《乾隆杭州府志》卷七四《风俗一》，《续修四库全书》第701册，上海古籍出版社2005年版。

[15]蒋光弼修，张燮、李江纂：《嘉庆於潜县志》卷三《食货志》，嘉庆十七年（1812年）刊本。

亦四五筐，最下二三筐。米贱丝贵时，则蚕一筐，即可当一亩之息矣。米甚贵，丝甚贱，尚足与田相准。”于是得出结论：“蚕桑利厚……多种田不如多治地。”[1]他还未将田赋重、地税轻和田徭役重、地徭役轻等因素放进去比较。最好年景种桑就比种粮收入高五六倍，正常年景约高2倍，最差年景也不低于种粮。故他又说“种田地利最薄”，只是“化无用为有用”。[2]在货币经济获得发展的前提下，农民既然可以通过养蚕售丝等以获银易米，当然会将注意力由生产费用高、边际效益差的粮食生产转向投入少、效益高的经济作物种植。况农民还可在业农的同时从事丝织、纺纱、编织、烧窑等副业、手工业。如海宁县西乡人除生产丝绵、绢外兼治席，仁和县各乡男女皆治棉布，余杭县“男务耕作，女勤织红，尤善御蚕，闾阎童稚皆知”[3]，瓶窑“自农桑外多以埏植为业，故市廛之与陶穴相望如栉比”[4]，富阳县“率造纸为业，老小勤作，昼夜不休”[5]。

由此可以看到，明清时杭州除了较广泛出现商农经济外，还普遍出现农村工业化局面。南宋江南市镇农业市场化程度较高，但手工业规模不大，明清时期则手工业规模大大提高，一些发达市镇乃至超过农业。而且当时城市手工业技术水平也不高，市镇手工业发展水平与城市手工业差距不大。欧洲在工业革命发生前与中国一样也处在原初工业化阶段，中国江南的一些劳动密集型的手工业以工艺相对进步、劳动力价格低廉而具有国际竞争优势。经济发达的市镇都有一定范围的四乡村落作为相对固定的“乡脚”。[6]市镇周围农村副业、手工业特色及其发展水平决定市镇发展类型和规模。农村经济的市场化、农村工业化推动江南市镇经济向商农经济与商工经济混合模式发展。反过来，市镇的存在和发展也使四乡农村商品经济更为活跃，并促进其进行社会变革。这种变革顺应了生产的社会化、国际化趋势。

李伯重《江南的早期工业化》（1550—1850年）一书认为明后期到清前期江南有一个早期工业化阶段，1850年以前的3个世纪工业比重日益提高，19世纪初大部分地区工业在经济中的地位已与农业不相上下。在经济发达的江南东部，甚至可能已经超过农业，乃至“过度工业化”。“过度工业化”一语出于美国学者伊懋可（Mark Elvin）。伊懋可鉴于明清时期中国农村工业的发展引人注目，认为当时的中国农村可能已经“过度工业化”和“过度商业化”。伊懋可此语并不专指江南，但是当时江南农村工业最为发达。而所谓“早期工业化”，又称“原初工业化”，是指现代工业化之前的工业化，所谓“工业化前的工业化”。20世纪70年代门德尔斯创立了“原初工业化”理论。这一理论把西方工业化的起源推至大机器工业诞生之前，将视线导向前工业社会农村经济内部的变化。最初，门德尔斯把原初工业化定义为“主要分散于农村的制造活动的发展”[7]。1972年，他修改了这个定义，将原初工业化解释为“传统组织的、为市场的、主要分布在农村的工业的迅速发展”[8]。后来为明确区分原初工业化与早期农

[1]沈氏撰、张履祥补撰：《补农书》卷下《补〈农书〉·补〈农书〉后》，载楼琦等：《耕织图诗》，沈氏撰、张履祥补撰：《补农书》，朱肱：《北山酒经》，释赞宁：《笋谱》，陈师：《茶考》，许次纾：《茶疏》，周膺、吴晶点校，当代中国出版社2014年版。

[2]沈氏撰、张履祥补撰：《补农书》卷下《补〈农书〉·总论》，载楼琦等：《耕织图诗》，沈氏撰、张履祥补撰：《补农书》，朱肱：《北山酒经》，释赞宁：《笋谱》，陈师：《茶考》，许次纾：《茶疏》，周膺、吴晶点校，当代中国出版社2014年版。

[3]稽曾筠、李卫等修，沈翼机、傅王露等纂：《雍正浙江通志》卷九九《风俗上》，中华书局2001年版。

[4]郑澐修、邵晋涵纂：《乾隆杭州府志》卷五《市镇》，《续修四库全书》第701册，上海古籍出版社2005年版。

[5]稽曾筠、李卫等修，沈翼机、傅王露等纂：《雍正浙江通志》卷九九《风俗上》，中华书局2001年版。

[6]樊树志：《明清长江三角洲的市镇网络》，《复旦学报》1987年第2期。

[7]Franklin F. Mendels, *Proto-industrialization: Theory and Reality*, in General Report, *"A" Themes: Eighth International Economic History Congress*, Budapest: Akadémiai Kiadó, 1982.

[8]Franklin F. Mendels, *Proto-industrialization, the First Phase of the Industria--lization Process*, *THE JOURNAL OF ECONOMIC HISTORY*, 32(1), 1972.

村家庭手工业，又提出原初工业化由区域经济内同时并存的3种因素构成：农村工业、外部市场、与农村工业相辅相成的商业性农业。[1]门德尔斯指出，原初工业化最重要的表现是为市场进行生产的农村工业的发展，与早期家庭手工业的区别在于：早期家庭手工业只为地方市场提供产品，原初工业化中的手工业生产则为区外甚至国外市场提供产品。家庭手工业迅速发展势必引起对商品粮的需求，从而又推动商业性农业发展。城市是原初工业化的基本单元，技术、资本和生产者密集，构成批发商的基地。城市通过商业资本对农村手工业活动进行渗透，支配整个原初工业化。[2]按照门德尔斯的理论，工业化是一个渐进过程，由前后相继的两个阶段构成。原初工业化是第一阶段，现代工业化即工厂或机器工业化是第二阶段。原初工业化临近工厂工业化，并为它铺路。原初工业化推动经济向工业革命方向发展，或至少使机械化容易发生。门德尔斯提出如下假说：第一，原初工业化打破了前工业社会的自我调节（Self-regulating）体系。如由于农民家庭手工业收入不直接受农田面积限制，人口增长突破自我调节体系的作用。第二，原初工业化也可能减少劳动报酬，因为分散生产有集约经营和控制质量的困难，为此商人会想办法努力实现工场化生产，并采用节省人力的机器。第三，原初工业化使商人、土地租赁者或地主积累大量财富，形成本地资本，为建造工厂、采用机器准备条件。第四，原初工业化造就了一批在区际或国际贸易中积累了技术知识的商人，促进企业家阶层、企业生产技术知识形成。第五，原初工业化阶段手工业人口增长创造了对农产品的市场需求，促进商品农业发展，为工业化第二阶段的都市化准备了粮食供给部门。总之，原初工业化促进了资本积累、市场发育、企业家形成和农业进步，缩短了农业社会进入现代工业化的进程。[3]不过，门德尔斯只是看到了原初工业化是现代工业化的前身，却忽略了原初工业化所代表的一个更加重要的历史过程，即以农业生产者阶级的消费为基础的经济形态的转变——从农民的传统的小地方经济转变为范围更大的区域经济。在这种新的经济形态中，专业化和社会分工得到发展（以区域专业化和分工的历史形态出现），出现了商品型农业区和原初工业区。两者的结合构成新的区域经济体系。这种新的区域经济体系不仅具有更加发展的社会分工和专业化，而且具有更高的社会生产力，特别是作为这种社会分工发展基础的农业生产率的高度发展。最重要的是，如果说现代工业化是以牺牲农业生产者的利益和农业发展的利益为基础的，那么原初工业化则是在农业发展基础上的工业化，是能够与农业良性互动的工业化。彭慕兰（Kenneth Pomeranz）《大分流：欧洲、中国及现代世界经济的发展》一书将中国的江南与欧洲的英格兰作比，得到的结论是，在18世纪后期以前，亦即欧洲工业革命以前，中国（江南）并不比欧洲（英格兰）落后。对此不少学者持有异议。但从他对早期工业化的比较研究看来，至少是颇具启发性的。王晋新《深刻而全面的经济变革：论16—18世纪中叶英国社会经济》一

[1]Franklin F. Mendels, *Proto-industrialization: Theory and Reality*, in General Report, "A" Themes: *Eighth International Economic History Congress*, Budapest: Akadémiai Kiadó, 1982.

[2]D. C. Coleman, *Protoindustrialization: A Concept Too Many*, *THE ECONOMIC HISTORY REVIEW*, 36(3), 1983.

[3]刘兰兮：《门德尔斯原始工业化理论简述》，《中国经济史研究》1988年第3期。

文曾论述过这种共同点：其一，农业商业化。阿尔弗雷德·莱斯利·罗斯（Alfred L. Rowse）《伊丽莎白时代英国的社会结构》一书指出：16世纪下半叶英国经济出现了从中世纪那种相对静止的状态向以货币、市场及商业交换为基础的更自由、更具流动性的状态迅速而集中的转变。这种转变在此后便延续不断且愈演愈烈，这在当时英国农业的各个领域、各个层面都有反映和表现。其结果是农场经营采用了商业的方式以适应市场条件，商业化成为农业的主导性趋势。其二，工业农村化或农村工业化。罗伯特·杜普莱西斯（Robert Duplessis）在《早期欧洲现代资本主义的形成过程》一书中对中世纪西欧工业地理的变迁轨迹进行考察时说：中世纪欧洲工业地理是流动的。在中世纪早期，大部分工业品生产在农村，而在中世纪接近尾声时农村工业再次兴旺起来。15世纪前后，西欧诸国工业地理布局都出现或大或小向农村转移的现象，形成一种工业乡村化趋势。[1]

[1]王晋新：《深刻而全面的经济变革：论16—18世纪中叶英国社会经济》，载侯建新编：《经济—社会史：历史研究的新方向》，商务印书馆2002年版。

明代江南水陆交通更加完善，为市镇商品流通创造了有利条件。据程春宇选辑《士商类要》、憺漪子辑《新镌士商要览》和黄汴撰《一统路程图记》记载，以杭州府为起讫的主要商路有杭州由官塘（运河）至镇江水路、杭州迂路由烂溪至常州水路、杭州跳船至镇江水路、扬州跳船至杭州水路、杭州由苏州至扬州水路、杭州至补陀山（普陀山）水路、杭州至上海水路、杭州由西兴至诸暨诸路、休宁至杭州水路、杭州至休宁齐云山路、杭州由江山至福建路、杭州由绍台二府至处州路、浙江布政使司至湖州水路、杭州由东阳至处州路、徽州由严州至杭州水路、杭州由余杭至齐云岩路等16条。这些商路促进了杭州市镇或江南市镇的繁荣。

明代中叶以后，在以桑蚕为标志的商品化农业以及随之兴起的丝绸、纺织等家庭手工业、工场手工业的推动下，杭嘉湖地区的市镇日益繁荣。杭州形成了以四乡为基础的市镇与乡村网络体系。洪武九年（1376年）六月改各行中书省为承宣布政使司，此后形成南、北2京和13承宣布政使司的格局。承宣布政使司下辖府、州、县3级政区。今杭州市域属杭州、严州、绍兴3府，设16县。杭州府辖钱塘、仁和、余杭、海宁、富阳、临安、於潜、新城、昌化9县。钱塘县城内设南壁、西壁、太平、丰宁、馨如、斯如、保安、芝松、松盛、南良、北良11坊，共领18里。附郭设城南上、栅外、南城下、尉司上扇、尉司下扇、城西、城北7隅，共领24里。城外设履泰、调露、灵芝、孝女、崇化、钦贤、定山、长寿、安吉9乡，共领115里。仁和县城内设羲和、平安、东里、如松、南北壁、东西壁、羲和安国、同德安国8坊，共领20里。附郭设似兰、会保2隅，共领10里。城外设芳林、肇元、大云、丰稔、长乐下、永和、安仁东、长乐上、安仁西、廉德、太平、临江12乡，共领328里。余杭县城内设东南一、东南二、在城一、西北一4隅，领5里，加原招德乡4里，共领9里。城外苕溪南有钦德、安乐一、安乐二、同化4乡，苕溪北有孝行、常熟、长安、止戈4乡，共领64里。元代的海宁州明洪武二年（1369年）降为县。万历年间（1573—

1620年）城内设东南、东北、西南、西北4隅，共领9里。城外设元西、元东、长平、灵泉、时和、昌亭6乡，共领342里。县东南有石墩镇，西南有赫山镇，西北有长安镇。富阳县设9乡，富春江北岸有富春、仙山、慈孝、丰义4乡，江岸有咏歌、长春、惠政、临江、永丰5乡。临安县设17乡101里，后又整合为48里。於潜县设坊郭、嘉德前、嘉德后、唯新前、唯新后、波亭前、波亭后、丰国前、丰国后、潜川前、潜川后、长安前12乡，共领12里。新城县设城郭、祥禽、折桂、七贤、永昌、新登、太平、昌东、昌西、定乡、广陵、东洲、宁善、南新、南安15乡，共领15里。昌化县万历年间设坊都和永丰、吴安、金山、玉山4乡，共领10里。严州府辖建德、桐庐、淳安、遂安、寿昌、分水6县，总体因元制。建德县编户84里，桐庐县编户53里，淳安县编户81里，遂安县编户59里，寿昌县编户30里，分水县编户18里。绍兴府辖山阴等8县，萧山县属之，编户140里。清代政区实行省、府、县3级制，清后期省下设道。浙江全省设杭嘉湖、金衢严、宁绍台、温处4道，辖杭州、嘉兴、湖州、宁波、绍兴、台州、金华、衢州、严州、温州、处州11府。今杭州市域属杭州、严州、绍兴3府，设1州15县。杭州府（冲繁难）[1]辖海宁州和钱塘、仁和、余杭、富阳、临安、於潜、新城、昌化8县。海宁州（疲繁难）于乾隆三十八年（1773年）恢复，设袁花、郭店、硖石、石墩、长安、马牧港6镇及许村、西路2盐场，长安镇为州判驻地。又辖东南、东北、西南、西北4坊，元西、元东、长平、灵泉、时和、昌亭6乡，共领355里。钱塘县（冲繁难，倚郭）。设西溪、瓶窑2镇，有武林驿、浙江驿和城南盐场司。乾隆年间（1736—1795年）设18坊（城内11，附郭7）和履泰、调露、灵芝、孝女、崇化、钦贤、定山、长寿、安吉9乡，共领159里。仁和县（冲繁难，倚郭）。设盐场司和汤镇、塘栖镇两个巡检司，又设德胜、临平2镇。乾隆年间设10坊（城内8、城外2）和芳林、肇元、大云、丰稔、长乐下、长乐上、永和、安仁东、安仁西、廉德、太平、临江12乡，共领348里。余杭县（繁难）辖双溪、石濑、闲林3镇。旧有5隅（在城隅、东南隅、西北隅、东隅、北隅），管7里；后改4隅（东南一隅、东南二隅、在城隅、西北隅，省旧东隅和北隅），管里不详。设招德、钦德、安乐、同化、孝行、常熟、长安、止戈8乡，共领68里。富阳县（冲繁）辖渔山、灵桥、场口、汤家、洋波场5镇和会江驿。乾隆年间设江北、富春、仙山、慈孝、丰义、咏歌、长春、惠政、临江9乡，共领65里。临安县（简）辖青山、亭川、板桥、化龙、横坂、三口、鹤山7镇。乾隆年间设南北、安义、谷昌、灵凤、凤东、庆仙、新西、凤亭、福兴、金岫、永安、高陆、辰隆、庆云、天目、山川、大云17乡，共领31里。於潜县（简）设坊郭、嘉德前、嘉德后、唯新前、唯新后、波亭前、波亭后、丰国前、丰国后、潜川前、潜川后、长安前12乡，共领12里。新城县（简）乾隆年间设城郭、祥禽、折桂、七贤、永昌、新登、太平、昌东、昌西、昌定、广陵、东洲、宁善、南新、南安15乡，共领15里。昌化

[1]清代以“冲繁疲难”划分行政区等第。交通频繁为“冲”，行政业务多为“繁”，税粮滞交过多为“疲”，风俗不纯、犯罪事件多为“难”。等第高字数就多，反之字数就少。“冲繁疲难”4字俱全的称为“最要”缺，3字（“冲繁难”“冲疲难”“繁疲难”3种）的称为“要”缺，2字（“冲繁”“繁难”“繁疲”“疲难”“冲难”“冲疲”6种）的称为“中”缺，1字（“冲”“繁”“疲”“难”4种）的称为“简”缺，无字的也为“简”缺，行文直接用“简”表示。

县（简）辖手岂[1]、颊口、柯桥3镇，乡建制因明代。严州府（简）属金衢严道，辖建德、淳安、桐庐、遂安、寿昌、分水6县。建德县（简，附郭）辖安仁、乾潭、三都、洋溪、大溪5镇，有乌石关、东南三河关和富春驿。共领86里。淳安县（简）辖威坪、茶园、街口、港口4镇。共领61里。桐庐县（简）辖芝厦、旧县、柴埠、窄溪、翙冈5镇，有桐江驿。共领53里。遂安县（简）辖凤林、横沿、郭村、安阳、东亭5镇。共领64里。寿昌县（简）辖大同、新市2镇。共领36里。分水县（简）辖毕浦、百江2镇。共领18里。绍兴府（冲繁难）辖山阴等8县，萧山县属之。萧山县（冲繁难）辖临浦镇，有渔浦、河庄山2巡检司。共领142里。范金民据《万历杭州府志》卷三四、《康熙杭州府志》卷二、《乾隆杭州府志》卷五、《光绪杭州府志》卷六、《万历嘉兴府志》卷一、《嘉庆嘉兴府志》卷四、《光绪嘉兴府志》卷四、《万历湖州府志》卷三、《乾隆湖州府志》卷一五、《同治湖州府志》卷二二市镇类统计，杭州9县（州）明万历年间（1573—1620年）有镇22个、市22个，清康熙年间（1662—1722年）有镇25个、市25个，乾隆、嘉庆年间（1736—1820年）有镇38个、市66个，同治、光绪年间（1862—1908年）有镇44个、市103个。[2]明万历年间、清乾隆年间和清末市镇几度大发展，但经济较为富裕、交通较为便利的地区市镇远多于经济相对贫穷、交通较为闭塞的地区。新城、於潜、昌化等县地理位置较为偏僻，市镇很少，经济相对落后；而钱塘、仁和、余杭、海宁等发达县（州）市镇发展较快。这些市镇中专业性较强的比普通市镇规模大许多，拥有的非农业人口一般都在1000户以上，甚至达到1万或几万户的规模。[3]何良俊《四友斋丛说》卷一三《史九》云："昔日逐末之人尚少，今去农而改业为工商者三倍于前矣。昔日原无游手之人，今去农而游手趁食者，又十之二三矣。"[4]市镇之间的间距以12—36里为较常见，形成水乡市场网络系统。大多数市镇的平均贸易范围在14—152km^{2}之间，山区一般在77—274km^{2}之间。平原地区农户距市场的最大贸易半径一般2—7km，山区也只有5—9km。[5]

明清时期杭州府较为典型的市镇有临平镇、塘栖镇、硖石镇、长安镇、瓶窑镇等。嘉兴府海盐县的澉浦镇是杭州的出海口，事实上是杭州的经济重镇。按经济偏向不同，可以将它们分为3种不同的类型。

第一种类型偏重于手工业商品生产，如临平镇、硖石镇、瓶窑镇等。临平镇位于塘栖镇东约13km，辖属仁和县，现已改为余杭区治临平街道。临平在晋代已有草市，唐代设立了盐监。晚唐时为防御黄巢进犯，杭州附近建立"八镇"，临平为重要的军镇，由安徽歙县人曹信统领。后曹信定居临平。吴越国时其子曹圭官至检校大尉、浙西营田副使，孙曹仲达则是钱元瓘、钱弘佐两代国王的丞相。吴越国时临平已成为重要驿站和交通枢纽。

[1]"手岂镇"《大清一统志》作"手穿岭镇"，《光绪杭州府志》作"手穿镇"。

[2]范金民：《明清杭嘉湖农村经济结构的变化》，《中国农史》1988年第2期。

[3]陈忠平：《明清时期江南地区市场考察》，《中国经济史研究》1990年第2期。

[4]何良俊：《四友斋丛说》，中华书局1959年版。

[5]陈忠平：《明清时期江南地区市场考察》，《中国经济史研究》1990年第2期。

明代杭州府户口数

年份	杭州府		钱塘县		仁和县	
	户数	口数	户数	口数	户数	口数
洪武九年（1376年）	193 485	720 567	36 912	124 865	61 869	223 479
洪武二十四年（1391年）	216 165	700 792			67 965	229 805
永乐十年（1412年）	204 390	684 940			61 292	199 748
宣德七年（1432年）	199 437	652 753	33 045	91 065	61 319	195 785
正统七年（1442年）	200 327	651 631	34 049	96 740	59 348	186 645
景泰三年（1452年）	199 027	698 994	33 377	96 445	59 302	199 873
天顺六年（1462年）	163 212	674 786	32 645	88 081	59 069	198 925
成化八年（1472年）	192 851	658 070	32 985	89 080	59 326	199 218
成化十八年（1482年）	199 348	629 794	40 333	60 994	59 435	199 525
弘治五年（1492年）	200 441	637 139	40 330	60 994	59 526	199 814
弘治十五年（1502年）	200 558	547 427			59 717	109 822
正德七年（1512年）	204 985	535 427	40 285	60 878	59 717	109 832
嘉靖元年（1522年）	218 818	396 473	40 285	62 069	72 560	104 582
嘉靖十一年（1532年）	222 584	377 575	39 688	62 069	72 850	105 271
嘉靖二十一年（1542年）	223 312	488 215	39 578	62 089	74 794	127 378
嘉靖三十一年（1552年）	223 449	520 521			74 794	127 378
嘉靖四十一年（1562年）	225 970	521 125			74 794	127 378
隆庆六年（1572年）	226 492	508 001	39 578	62 089	74 974	91 809

资料来源：龚嘉儁修、李榕等纂：《光绪杭州府志》卷五七《户口》，成文出版社有限公司1974年版。

清代杭州府户口数

年份	杭州府	钱塘县	仁和县
顺治十年（1653年）		49621丁	80692丁
顺治十四年（1657年）	281851丁口		
康熙三年（1664年）			84416丁
康熙六年（1667年）	292042丁口	59974丁	
康熙十年（1671年）			80700丁
康熙二十年（1681年）		49974丁	84416丁
康熙四十年（1701年）	292243丁口		
康熙六十年（1721年）	317227丁口	57547丁	93159丁
雍正四年（1726年）	319005丁口	57828丁	93757丁
雍正九年（1731年）	322003丁口	58098丁	94844丁
乾隆四十九年(1784年)	445943户，2075211男女大小丁口	102705户，309081男女大小丁口	103209户，555297男女大小丁口
道光十七年（1837年）		101480户	111457户
道光十八年（1838年）		101630户	111597户
道光二十四年（1844年）		105751户	115059户
道光二十五年（1845年）		101382户	116351户
道光二十八年（1848年）		112218户	121847户
光绪八年（1882年）		58010丁口	172998丁口
光绪九年（1883年）	211659户，621453男女大小丁口	12558户，54717男女大小丁口	83166户，173634男女大小丁口
光绪十年（1884年）		12704户，67630男女大小丁口	83240户，186180男女大小丁口
宣统三年（1911年）	313541户，1520928男女大小丁口	77224户，377559男女大小丁口	61918户，302728男女大小丁口

资料来源：龚嘉儁修、李榕等纂：《光绪杭州府志》卷五七《户口》，成文出版社有限公司1974年版。按清制，16—60岁男子称丁，女子称口，合称丁口。丁口既是当时统计人口的基本计量单位，也是派征丁银、徭役的依据。雍正初年推行"摊丁入亩"政策之前，男丁需缴纳丁银及承担徭役，女口除浙江、江西、福建、广东等省需缴纳一定数量的食盐税外，一般免纳丁银和免服徭役。乾隆五年（1740年）后推行保甲户口统计法，将人丁、女口全部分别统计，总称丁口。

北宋端拱元年（988年）正式建镇，设有监镇官。南宋时朝廷的许多政治活动安排在临平，临平已近似首都临安的副城，所谓"运河百里，尤辇运省觐之冲"[1]。《梦粱录》卷二《二十八日东岳圣帝诞辰》云："杭州有行宫者五，如吴山、临平、汤镇、西溪、昙山，奉其香火。唯汤镇、临平、殿庑广阔，司案俱全。"临平设有班荆馆，供皇帝、朝廷大员或来使休息。《梦粱录》卷一三《两赤县市镇》云："杭州有县者九，独钱塘、仁和附郭，名曰赤县，而赤县所管镇市者一十有五，且如嘉会门外名浙江市，北关门外名北郭市、江涨东市、湖州市、江涨西市、半道红市，西溪谓之西溪市，惠因寺北教场南曰赤山市，江儿头名龙山市，安溪镇前曰安溪市，艮山门外名范浦镇市，汤村曰汤村镇市，临平镇名临平市，城东崇新门外名南土门市，东青门外北土门市。今诸镇市，盖因南渡以来，杭为行都二百余年，户口蕃盛，商贾买卖者十倍于昔，往来辐辏，非他郡比也。"[2]明清时因漕运、驰驿移至塘栖临平的经济地位有所下降，但仍持续繁荣，较南宋时规模有所扩大。临平一直是上塘河蚕丝贸易的集散地。《成化杭州府志》就有这样的记载："海宁、仁和上塘蚕丝，于临平市贸易居多。"[3]明洪武十四年（1381年）临平税课局钱钞11596413文；永乐十年（1412年）定临平税课局门摊挑贩渔课等钞257102990文，定临平河泊所渔户钞240603380文；成化十年（1474年）定临平税课局税办课等钞942901077文；万历六年（1578年）定临平税课局商税酒醋课钞942901770文，遇闰加钞84604727文。[4]从上述税收的渐次递增以及商税居多的情况可以看到，临平镇经济的发展速度并未因运河改道等因素而受到太大冲击。硖石镇现已改建为海宁市治硖石街道，距杭州市区61.5km。硖石古称夹谷、夹山，唐代始称硖石。镇西紫微山与镇东东山"两山对峙，因名硖石"。苕溪至硖石而分流，一穿镇北达嘉兴长水塘，一从镇东南流达海盐黄道湖。又"襟江带湖海"，"多湖，湖多支港"。地接嘉兴、海盐、崇德、桐乡，史称"宁之咽喉，浙藩之门户"。[5]唐宋时属盐官县，元代属海宁州，明代属海宁县，清代属海宁州。唐永徽六年（650年）在盐官县治西南置硖石镇，开元十一年（723年）置市。天宝年间（742—756年）以盐官近海多盗置海宁镇，会昌年间（841—846年）出于同样原因复置硖石镇，设镇遏使。南宋建都临安，盐官县为其股肱，硖石则为盐官县咽喉，故在此建硖石寨，设巡检司。又设硖石酒库正，每月收掠人户息钱。元至正年间（1335—1340年）设硖石税务，隶巡检司。"课钞八千一百五十六锭九

[1]沈谦：《临平记》卷二《事纪》之二，载丁申、丁丙编：《武林掌故丛编》第10集，嘉惠堂丁氏清光绪九年（1883年）刊本。

[2]吴自牧：《梦粱录》，浙江人民出版社1984年版。

[3]张大昌：《临平记补记》卷三附记《临平镇产丝》条引，载丁申、丁丙编：《武林掌故丛编》第10集，嘉惠堂丁氏清光绪九年（1883年）刊本。

[4]沈谦：《临平记》卷二《事纪》之二，载丁申、丁丙编：《武林掌故丛编》第10集，嘉惠堂丁氏清光绪九年（1883年）刊本。

[5]王德浩纂修、王简可增修、曹宗载重订：《硖川续志》卷一《形势》，《中国地方志集成·乡镇志专辑》第20册，上海书店出版社1992年版。

贯一百五十文。”明洪武二年（1369年），改海宁州为县，硖石仍设巡检司。洪武十六年（1383年）设税课局，兼置硖石河泊所管理水上交通。又分筑硖石寨于石墩和绪山，硖石镇的经济功能已大于军事功能，成为海宁县东北的大镇，与长安镇并驾齐驱。至永乐年间（1403—1424年），“硖石已是越贾吴商、樯船云集，实为海宁一邑之最焉”[1]。又《硖川续志》卷一《沿革》引《海盐志》云：“镇大者，为澉浦，为乍浦，南北并峙。其次为硖石，又曰沈荡。硖石多湖，湖多支港。”[2]明崇祯年间（1628—1645年），“硖石道四通，盗出没，又盐贩千艘，帆夜扬如不键之户……西遏钱塘，东连武水，北经御儿，走吴淞、震泽各水……其港三十有六……于是日中为市，道遗不拾，眠不户扃”[3]。明末周宗彝《修备纪略》称：“海昌素称大邑，邑中雄镇有四，而硖石为重要。”[4]“硖石为最饶庶，袁花次之，长安又次之，郭店为下。”[5]硖石之主要经济来源与海宁县（州）之大宗一样为丝绸、棉布以及农副产业。其中所产紫薇绸远近闻名。其为“僧房所造，以丹井水缫茧，色微碧。《紫桃轩杂缀》云：‘海宁硖石人积梅雨水，以二蚕茧缫丝，织成有自然碧色，索上价。此法本宋宁宗时宫禁始为之，一时号称天水碧。’”[6]硖石的棉纺织业也十分发达。《宁志余闻》卷四《食货志·物产·货之属·棉布》云：“《万历府志》云：卉织为布，出海宁硖石者视他县为佳。”[7]其中赞山桥出的龙潭布更是远近闻名。鸦片战争以后，长安的海宁州市衰落，贸易重心更是转往硖石，硖石由此成为海宁的经济中心。《海宁州志稿》卷三《舆地志·市镇》云：“咸同以前，城外有丝市等行，乡货骈集，市廛称盛。自遭寇乱，蹂躏无遗。土产各货散售于乡镇，尤于硖石居多……厘局所收丝货等捐，在硖镇者十之七八。科名仕宦、富商巨贾，亦乡多而城少。”[8]清末现代工业引入硖石。同治四年（1865年），位于博儒桥的孙万茂油厂建成。光绪八年（1882年），泰润北碾米厂建成并首先使用柴油发动机作动力。同年，上海招商局开辟申硖“骅利号”客运专线，自硖石乘客轮可直达上海。光绪二十九年（1903年）在干河街设立邮政分局。宣统元年（1909年）沪杭铁路通车，在海宁境内设许村、长安、周王庙、斜桥、硖石等5站，进一步拉近了硖石与杭州、上海的距离。这5站中，硖石最为繁盛，转运亦较多。是年，郭幼川在硖石沙泗浜创办振兴袜厂，采用手摇机生产纱袜。钱塘县瓶窑镇是陶瓷生产专业镇。

第二种类型为商业性市镇，如塘栖镇、长安镇等。塘栖又称唐栖，位于杭州北部，现属余杭区辖区，明清时辖属仁和县、德清县，距仁和县治约30km。原为墩汊交集的河网湿地，分布着一些散落的渔村。境内有栖溪。明嘉兴人岳元声《图书编》云：“浙西诸水俱发源于天目，万山泄泻，一由德清而入太湖，一由余杭而入于栖溪。至塘栖又分为二：一由濑溪而入震泽，一由嘉兴而东入于海。”[9]由于大运河原来由临平镇过，这里地处腹里，地理优势无法发挥，声名不著。宋代有下塘寨（塞），而无

[1]朱逢古：《崇惠华严寺纪》，明永乐元年（1043年）刊本。

[2]王德浩纂修、王简可增修、曹宗载重订：《硖川续志》卷一《沿革》，《中国地方志集成·乡镇志专辑》第20册，上海书店出版社1992年版。

[3]朱一是：《硖石镇关厢水栅记》，载王德浩纂修、王简可增修、曹宗载重订：《硖川续志》卷一一《记》，《中国地方志集成·乡镇志专辑》第20册，上海书店出版社1992年版。

[4]周宗彝：《修备纪略》，载王德浩纂修、王简可增修、曹宗载重订：《硖川续志》卷一一《记》，《中国地方志集成·乡镇志专辑》第20册，上海书店出版社1992年版。

[5]谈迁：《海昌外志·舆地志》，《四库全书存目丛书》史部第212册，齐鲁书社1997年版。

[6]王德浩纂修、王简可增修、曹宗载重订：《硖川续志》卷五《物产》，《中国地方志集成·乡镇志专辑》第20册，上海书店出版社1992年版。

[7]周广业：《宁志余闻》，成文出版社有限公司1983年版。

[8]李圭典原纂、许傅霈等续纂：《海宁州志稿》，民国11年（1922年）刊本。

[9]王同编纂：《唐栖志》卷二《山水》（附溪潭、河漾、泉井、水利），清光绪十六年（1890年）刊本。

塘栖或唐栖名。元末张士诚因军事、经济发展需要于至正十九年（1359年）由塘栖伍林港至杭州北新桥开新开河，将运河截弯取直，改道经塘栖沟通苏、湖、常、镇诸府，这里渐成集市。“凡舟不入上塘河者皆行于此。”[1]所谓不入上塘河即不经过临平镇，表明元末明初塘栖开始成为与临平镇并驾齐驱的交通要道，地位凸显。此时塘栖兴起了造船业，大批船工、船户聚集在丁河一带造船、租船，并在此后延续了几百年间。明洪武年间（1368—1398年）改下塘寨为巡检司公厅。而塘栖真正兴旺繁荣是在明正统年间。正统七年（1442年），浙江巡抚周忱采纳杭州通判易轮的建议，修筑自北新桥至崇德县的纤道和桥梁，于是大船可直达杭州。“镇去武林关四十五里，长河之水一环汇焉。东至崇德五十四里，俱一水直达，而镇居其中。”[2]弘历驻跸塘栖时曾有“塘栖晨启跸，宝庆午维舟”的诗句。“宝庆”为位于今拱墅区湖墅南路和德胜路交叉口东北角的宝庆桥。此时塘栖的地位已取代临平成为杭州首镇。塘栖由此成为商贾、漕运和驰驿者南北往来的交通枢纽，“遥当水陆孔道，控带三郡，盖浙藩北一大门户也”[3]。“塘栖之人烟以聚，风气以开……水陆辐辏，商贾鳞集”，“官舫运艘，商旅之舶，昼夜上下有千百”，凡苏、湖、常、秀润等诸河纲运及贩米客舟皆由此达杭州。嘉靖时杭州大米囤积于塘栖的每岁数十万石。镇内临河列肆，交易繁盛，“素号哄市，岁计食货贸迁，毋虑数十百万”。[4]“今为市镇之甲，亦以运道改移，日益繁盛。”[5]成化、弘治年间（1465—1505年），“官舫运艘商旅之舶，日夜联络不绝，矻然巨镇也。财富聚集，徽杭大贾视为利之渊薮，开典、囤米、贸丝、开车者骈臻辐辏，望之莫不称为财赋之地，即上官亦以岩镇目之”[6]。当时出现了许多钱庄、当铺以及手工业作坊。塘栖在清代续有发展。俞璥伯《〈唐栖行〉诗序》云：“唐栖在吾杭之左偏，一大镇也。百货凑集，舟航上下，日有千百。居民稠密，不数里间烟火几有万家。家无不饶富，名族亦有十余。解句读、服青衿者已百人。且狱讼繁多，赋敛日益，诚可立一县矣。”[7]运河南岸建有占地逾百亩的行宫，设御花园、御膳房、阿哥所、军机处、御营等，玄烨、弘历南巡时多次驻跸塘栖。乾隆年间塘栖镇更是繁盛之极。《乾隆杭州府志》卷五《市镇》云：“此镇宋时所无，而今为市镇之甲，亦以运道改移，日益繁盛。”[8]又杭世骏《唐栖志略》序云：“夹岸筑塘，市廛隐赈。涩沓相竞，声沸水面，百货充牣。工匠斤削之具靡不具。”[9]清光绪二十二年（1896年），丁丙与庞元济合伙在镇东的日晖桥畔开设杭州大纶缫丝厂。这是浙江境内最早的3家机器缫丝厂之一。嗣后，祥纶、崇裕、华纶等丝厂纷纷在镇内创办，使之成为全省缫丝业的重镇，塘栖也因此成为著名的蚕桑产地。“唐栖田少，遍地宜桑，春夏间一片绿云，几无隙地。剪声梯影，无村不然。出丝之多，甲于一邑，为生植大宗。”又经营果业，盛产枇杷、蜜橘、桃、梅、甘蔗等，“培植极工，旁无杂树，一亩之地值可百金”，成为杭州的粮食、果蔬基地。[10]在此基础上发展出

[1]王同编纂：《唐栖志》卷二《山水》（附溪潭、河漾、泉井、水利），清光绪十六年（1890年）刊本。

[2]王同编纂：《唐栖志》卷一八《事纪》引胡元敬《栖溪风土记》，清光绪十六年（1890年）刊本。

[3]周诗：《唐栖镇添设水利通判厅记》，载王同编纂：《唐栖志》卷一八《事纪》，清光绪十六年（1890年）刊本。

[4]丁养浩：《明故存济沈公夫妇墓志铭》，载王同编纂：《唐栖志》卷一七《冢墓》，清光绪十六年（1890年）刊本。

[5]王同编纂：《唐栖志》卷二〇《杂论》，清光绪十六年（1890年）刊本。

[6]王同编纂：《唐栖志》卷一八《事纪》引胡元敬《栖溪风土记》，清光绪十六年（1890年）刊本。

[7]王同编纂：《唐栖志》卷一《图说》，清光绪十六年（1890年）刊本。

[8]郑澐修、邵晋涵纂：《乾隆杭州府志》卷五《市镇》，《续修四库全书》第701册，上海古籍出版社2005年版。

[9]何琪：《唐栖志略》，钱塘丁氏清光绪七年（1881年）重刊本。

[10]王同编纂：《唐栖志》卷一八《事纪》，清光绪十六年（1890年）刊本。

蜜饯、糕点特色产业。明清时大量徽州、宁波、绍兴商人迁居塘栖，形成“九车十三当”局面。“九车”指的是油车作坊多，“十三当”指当铺多。当时徽州商人主要经营油漆、茶叶、粮食和钱庄、典当等，宁波商人主要经营海产、药材、桐油、草席、日用百货、南北货等，绍兴商人主要经营染坊、酒酱坊、榨油坊、运输以及运河水产养殖等。其他尚有江苏、福建以及本省其他地方的一些商人经营特色产业。商市以西石塘至东石塘以及市河东西两岸为最盛。光绪二十八年以后，塘栖开始设立民信局、电报局、电话所。塘栖由河口湿地人工构建而成。大运河横贯镇中，镇中心又有市河、东小河、西小河、北小河与运河相通，整个地形如出水荷花，历史上曾设为3镇。运河北面是水北镇，隶属于德清县；运河南面隶属仁和县，又以南北向的市河为界划分为市东镇和市西镇。3镇以河为界，隔河而治；又以桥相通，相连成市。全镇以具有实用功能和景观功能的廊檐相勾连，以舟楫为基本交通工具。街道大都沿河而建，落成于屋檐里面，俗称“过街楼”。为方便那些从水路而来的客商们休息，沿河的一面还建有一长溜美人靠（也称“米床”）。旧时又有“三十六爿半桥”、“七十二条半弄”的风貌。由于市镇基础设施完善，镇市发达，商业环境宽松自由，明代以来吸引了包括徽商、甬商在内的许多商业精英。清中期“徽州同人之商于斯者不下千数。休、歙、黟、绩为盛，婺、祁次之”[1]。据说徽商从道光十年（1830年）起就在该镇建有会馆及义冢，厝房有数十间，可停棺木200余具。因经费充裕，以后不断修葺。咸丰十一年（1861年）全毁于太平天国战火，同治四年（1864年）同人公捐日厘，掩埋已故乡人未葬之棺柩。有茶叶、漆业之方正泰者捐款尤多。又在镇同人数十人邀集他地同乡在原址起造怀仁堂会馆，作为旅梓公所，规模初具。同治九年（1870年），茶商江明德带头捐款，并向松江、闵行、嘉兴、余杭4处徽商抽捐，次年又增塘栖、南浔两处。凡出口茶箱，每箱抽12文，六处分派，名为六善堂捐。同治四年到光绪二年（1876年）捐交茶叶堆金的商号或个人357个，交钱1891千文。[2]塘栖又兴起了一批世家大族。正统年间就出了两名进士。明清两代出进士38人、举人104人，出现了吕、卓、丁、沈、吴、胡、劳、姚、徐等大姓望族。富商大贾的活动使塘栖镇保持着久盛不衰的势头。长安镇西南距杭州约35km，南至钱塘江5km。长安旧名修川，古代为杭嘉湖地区的水陆要冲。唐代属盐官县，元代属海宁州，明代属海宁县，清代属海宁州。唐代设义亭驿，《咸淳临安志》卷五五《馆驿》载：“唐贞观五年置。旧号桑亭驿，今改名义亭。”[3]北宋设修川市。熙宁元年（1068年），提举河渠胡淮请修长安堰。绍圣年间（1094—1098年），转运使毛渐请起长安堰，至盐官御清水浦入海。[4]南宋建都临安，修川市扼其要津，地位显要，改名为长安市。南宋中叶由市升为镇，并成为临安府的大镇之一。《宋史》卷九七《河渠七》云：盐官“内有二十五里塘，直通长安闸，上彻临平，下接崇德，漕运往来，客船络绎。两岸田

[1]金淮：《濮川所闻记》卷一《开镇源流》，嘉庆二十五年（1820年）刊本。

[2]王同编纂：《唐栖志》卷一八《事纪》引胡元敬《栖溪风土记》，清光绪十六年（1890年）刊本。

[3]潜说友等：《咸淳临安志》，振绮堂汪氏清道光十年（1830年）刊本。

[4]顾祖禹：《读史方舆纪要》卷九〇《浙江二》，贺次君、施和金点校，中华书局2005年版。

亩，无非沃壤”[1]。元代设税课务，明代设税课局。《万历杭州府志》卷三四《市镇》载：“长安镇，县西北二十五里，与仁和接界，有坝以限，上下两河商贾往来，舟航辐辏，昼夜喧沓。”[2]长安河道四通八达，上河直达杭州艮山水门，下河则可通江南及川楚各地，为“通运之总区”，“杭绍诸郡商贩咸集”。在环太湖地区，商品粮流通频繁，长安镇成为仅次于枫桥、平望的著名米市，杭、绍、宁三府咸资接济。米市在石塘湾，“江南、川、楚之米无不举集”。[3]朱文治《海昌杂诗》云：“年来米价判高低，黄团尖团样不齐。近自江南及川楚，长安利甲浙东西。”[4]当时商业之兴盛可见一斑。长安仅次于米业的是纺织业。镇上物产属于纺织物一类的有棉布、紫花布、纱带、手巾，此外还有绵绸、绢、丝等。棉花、棉纱、绵线、丝绵等纺织原料也多。

第三类是港口型市镇，如澉浦镇等。澉浦镇辖属海盐县，但历史上长期作为杭州的外港，所以应视作杭州经济发展的有机部分。斯波义信在《宋代商业史研究》一书中指出：“杭州湾的海潮流速快，存在着沙堆的危险。凭当时帆船的技术来往航行时困难。”[5]北宋初燕肃《海潮论》指出：“或云夹岸有山，南曰龛，北曰赭，二山相对，谓之海门，岸狭势逼，涌而为涛耳。若言狭逼，则东溟自定海吞余姚、奉化二江，侔之浙江，尤其狭逼，潮来不闻有涛声也。今观浙江之口，起自纂风亭，北望嘉兴大山，水阔二百余里，故海商船舶怖于上潬，南北亘连，隔碍洪波，蹙遏潮势。夫月离震、兑，他潮已生。唯浙江潮水不同，月经乾、巽。潮来已半，浊浪堆滞，后水益来。于是溢于沙潬，猛怒顿涌，声势激射，故起而为涛耳，非江山浅逼使之然也。”[6]根据以上所述，目的地为杭州的海外贸易船舶踏入杭州湾后有沙涨影响通行，因此不再继续前行，而停泊在外港明州或澉浦，再进入杭州。绍兴二年（1132年），吕颐浩言：“朝廷近置沿海制置使，最为得策。然虏舟从海道北来，抛大洋至洋山、二孤、宜山、岱山、猎港、岑江，直至定海县，此海道一也，系浙东路。若自通泰州、南沙、北沙转入东签料角、黄牛垛头，放洋至洋山，沿海岸南来，至青龙港，又沿海岸转徘徊头至金山，入海盐县澉浦镇黄湾头，直至临安府江岸，此海道二也，系浙西路。”[7]两条海道中明州自古以来与杭州就有着十分紧密的联系，两地间依靠浙东运河互通往来。但浙东运河是由众多的自然水道串联而成的人工水道，一路上设有众多堰闸，运费较为昂贵。由此促进了澉浦—杭州线的繁荣。澉浦到杭州有两条途径：一是《澉水志》中提到的上潭、下潭一路，也就是吕颐浩所说的“海道二”。从澉浦出发，经过黄湾，沿着钱塘江进入杭州。二是通过招宝闸进入运河，过澉浦镇中到达六里堰再入杭州。“按：《宋志》：番舶皆聚于龙眼潭，诸货皆由招宝闸入运河，抵六里堰，车盘过坝，流通吴浙。”[8]澉浦约在西晋光熙初年（306年）就有外商前来贸易，在吴越国以前盐业已非常发达，这些因素使之逐渐形成聚落。唐开元五年（717年）设为镇，会昌四年

[1]脱脱等：《宋史》，中华书局1977年版。

[2]刘伯缙等修、陈善纂：《万历杭州府志》，成文出版社有限公司1961年版。

[3]邹存淦纂：《修川小志》卷首陈序，《中国地方志集成·乡镇志专辑》第20册，上海书店出版社1992年版。

[4]朱文治：《海昌杂诗》，载邹存淦纂：《修川小志》卷下《物产》，《中国地方志集成·乡镇志专辑》第20册，上海书店出版社1992年版。

[5]斯波义信：《宋代商业史研究》，庄景辉译，稻禾出版社1997年版，第1—62页。

[6]燕肃：《海潮论》，载郎瑛：《七修类稿》卷一《天地类·潮汐》，中华书局1959年版。

[7]徐松辑：《宋会要辑稿·职官四〇之四》，中华书局1957年版。

[8]董榖修：《续澉水志》卷一《地理纪》，嘉靖三十六年（1557年）刊本。

（844年）置镇遏使。北宋发展为一大镇，规模超过一般州治，设监镇官。南宋时因地近杭州，四方百货所辏，商业极为繁荣。淳熙六年（1179年）设市舶官，淳熙十年置市舶场。当时与大食、古逻、阇婆、占城、勃泥、麻逸、三佛斋诸国有贸易往来，繁盛甲于诸方。北宋熙宁十年（1077年）税额1819余贯[1]，南宋绍定四年（1231年）在3万贯以上[2]。元至元十四年（1277年）设市舶司。伴随着市镇经济的兴起，当地出现了贸易世家杨氏，元代是其最为显赫的时期。“总领舶务杨发者，土著澉川，其家复筑室招商，世揽利权，富至僮奴千指，尽善音乐。饭僧、写藏、建刹遍两浙三吴间。”[3]明初置巡检司，后改为千户所。但因严禁下海，官守兵御，利源断绝，市井萧条，差不多重新回到自然经济状态。“男唯力穑渔樵，女则僻缕井臼而已。”[4]清顺治十七年（1660年）废制，至康熙废海禁后重兴旧貌。

市镇具有两重性。一方面，是农村商品生产和商品流通的集聚点，乃自然经济过渡到市场经济的轴心所在，对封建经济具有分解作用；另一方面，它又是在农村基地上孕育发展的，具有不可摆脱的传统性和落后性。市镇是农副产品的集散地，有规则地、零星地散布在广大农村中，其繁荣主要不是建立在自身的商品生产发展基础之上，而是建立在四乡农副产品或家庭手工业品交换的基础上。它们的繁荣受到农村经济商品化水平的制约，但同时又反过来拉动农村经济市场化，并且还推动城市经济近世化。

英国和日本的城市人口较多集中于大中型城市。1801年英国占74%，1868年日本占71%，小城市和市镇只占1/4左右。中国则不然，只有不足一半在大中型城市，其余散居于小城市和市镇中。光绪十九年（1893年）中国有7100个小型城市和市镇，其中县治以上的城市仅约1700个。[5]饶凡济则估计有3万多个市镇。[6]可见市镇在中国经济发展中具有特别重要的地位。陈忠平《江南市镇经济结构研究》一文将江南市镇依其经济结构分为3种类型，即生产性市镇、流通性市镇和消费性市镇。明清江南市镇手工业普遍较发达，这些手工业虽然较多的还只是家庭副业，但也有许多已是很少依赖或基本脱离农业的专业化生产，反映了市镇手工业与农业间较高的分工水平。在这种分工的基础上，形成了以专门性手工业生产为主要生业、以手工业者为主要居民的生产性市镇。作为农村手工业生产中心，市镇不仅以农村为原料供应基地或商品市场，而且通过手工业生产技术的传播和影响推动周围农村专业化手工业生产区域的形成。一些市镇由于各种原因手工业虽然衰落了，但商品流通的功能不断增强，转化为与农村经济关系更为密切的流通性市镇。同时，以封建统治阶级及军队消费活动为主要功能的消费性市镇，由于内部缙绅地主势力的普遍衰落、城防军事色彩的减退以及商品流通和商品生产功能的增大，也逐渐转化为流通性市镇。流通性市镇作为地区经济的联系枢纽，满足了各个地区集中生产、消费的要求，成为社会再生产总过程中不可分割的环节，由此推动农村社会分工的扩大和商品经济的发展。由于市镇是在封建统治力量比城市薄弱的农村中

[1]徐松辑：《宋会要辑稿·食货一六之九》，中华书局1957年版。

[2]解缙等：《永乐大典》卷一四六二二《吏部条法·差注门》，中华书局1986年版。

[3]樊维城、胡震亨修纂：《天启海盐县图经》卷一二《人物篇六之二》，明天启四年（1624年）刊本。

[4]董穀修：《续澉水志》卷一《地理纪》，嘉靖三十六年（1557年）刊本。

[5]赵冈：《中国城市发展史论集》，新星出版社2006年版，第158—159页。

[6]Gilbert Rozman, *Urban Networks in Ch' ing China and Tokugawa Japan*, Princeton, New Jersey: University Press, 1973, p.108.

发展起来的，因此其经济活动受封建国家的干涉和控制相对要小。市镇生产和销售活动的竞争也不如欧洲中世纪城市那样激烈，有一个更为自由的工商业活动空间，以自然经济为基础的封建经济结构也就受到更大冲击。不过，作为市镇物质基础的生产活动主要还是一种直接目的表现为交换价值、终极目的表现为使用价值、由生产者和生产资料紧密结合的小生产，这就决定了建立于其上的生产性、流通性、消费性市镇只能在封建经济规律的支配下进行经济活动，未能像欧洲工业革命前的农村工业一样顺利地为现代工业化创造条件。[1]

[1]陈忠平：《江南市镇经济结构研究》，南京大学硕士学位论文，1984年。

傅衣凌在《明清时代江南市镇经济的分析》一文中提出一个问题，即明清江南市镇工商业不断发展，但不像欧洲封建社会末期北意大利、佛兰德福（威尼斯、热那亚、佛兰德斯等地）诸城市那样获得了城市自治权，确立了商人法、市民宪章以及市民免税、商业自由诸种特权，而是长期停滞并处于封建经济的附庸地位，成为地主经济的补充。他在对17世纪前后江南市镇内部社会阶级构成进行分析后指出：由于中国封建经济没有发展到很成熟的程度，自给自足的经济仍占支配地位，所以明清时期的市镇经济既具有工商业性质，又具有农业性质。尽管市镇中工商业人口占有一定的比重，但主体是乡居的经营地主或商人地主，他们既进行商品生产，又从事农业经营，剥削基础仍奠基于租佃关系，而且与高利贷结合。商业资本、高利贷资本的腐蚀侵害了资本积累，商人不必急于直接从事生产投资和技术改良，从而疏远于生产领域，真正的手工业工场便难以发展。少量手工业工场只不过是加工纺织品的染坊、端坊而已。市镇周围又完全是自给自足的农村，手工业生产有相当多仍属于农家副业性质，农业与手工业结合的自然经济性质很强，经济活动很自然地接近于纯封建方式。农民为了缴纳租赋、维持家计，不得不从事小规模副业活动，不大可能扩大再生产。因此，这时的市镇经济始终作为地主经济的一个组成部分，实际支配权不属于工商业者，而属于地主阶级，资本主义的萌芽只是稀疏出现。市镇经济也就不可能成为封建经济的对立物而独立发展，不可能成为新秩序的建立者，市民经济的成长也因此而受到严重压迫。由于工商业经济在城市中受官方和行会压迫，在市县治以外的市镇又遭受地主阶级的控制，中国资本主义萌芽就迟缓。[2]王家范在《明清江南市镇结构及其历史价值初探》一文中将市镇看作与传统城市截然不同的新生事物，与傅衣凌将市镇当作封建地主经济的一部分的观点有较大差异。他强调江南市镇的两重性，即具有由旧质渐变为新质、旧因素拖住新因素的过渡性质。[3]蒋兆成《明清时期杭嘉湖地区乡镇经济试探》一文发挥此义，认为浙西杭州、嘉兴、湖州3府的乡镇即具有这种两重性：一方面，它们是农村商品生产和商品流通的集聚点，起着分解封建经济的作用，因而是资本主义萌芽的发源地；另一方面，它们又是在封建农村的基地上发展起来的，与封建政治经济有着千丝万缕的联系，是封建国家和宗法势力在农村中的统治据点，尚

[2]傅衣凌：《明清时代江南市镇经济的分析》，《历史教学》1964年第5期。

[3]王家范：《明清江南市镇结构及其历史价值初探》，《华东师范大学学报》1984年第1期。

未完全摆脱自然经济的束缚和支配，所以发展不稳定，具有明显的历史局限性。[1]

[1]蒋兆成：《明清时期杭嘉湖地区乡镇经济试探》，《中国社会经济史研究》1986年第1期。

第二节　贡船贸易与商船贸易之间的都市经济

一、都市经济的国际化整合

历史上东南海陆地区主要被看作是中国的边缘区域，但自明清以来，随着航海技术的发展、中外交通的强化，这种观念被彻底打破。中国东北部沿海地区缺乏可以形成浙江—福建—广东沿海港口的那种沿海的山脉和河流，黄河、淮河多沼泽的港湾还阻碍了沿海定居和海上航行，另外也缺乏诸如茶、丝、瓷器等可用于对外贸易的商品。东南部沿海却天然地具有许多优势，东南沿海边缘区或边境区与农业—官僚政治占支配地位的腹地经济社会发展方式显著不同。“海洋甚至能使小规模的企业和进取的行动有收益，而大陆则方便官僚的政府。官僚政府只能靠发展海军力量，才能在控制陆地之外再去控制海洋；而海军要有战斗力，就需要在设备和技术方面进行比较大的投资。”“这些基本因素，再加上邻近没有敌对的海军强国，促使早期的中国忽视海洋而让私人团体去利用它。中国沿海和通向东南亚的帆船贸易在私人手中发展起来。不像亚洲内陆大草原（那里强大的蒙古人招致了中国人的几次讨伐），中国的海岸很少需要那种国力的延伸。”[2]在东南海陆地区发展地域经济或对外贸易的过程中，中央政府与民众发生矛盾时，地方政府既代表中央，又兼顾地方利益，事实上对地方各种经济模式采取兼容的态度，因而在两者之间起到了缓冲和润滑作用，从而使东南海陆地区得以在经济上相对游离于内陆地区，并在中国率先开始现代化。

[2]费正清（John King Fairbank）主编：《剑桥中华民国史》（1912—1949年）上卷，杨品泉等译，中国社会科学出版社1994年版，第15页。

由于多元经济的作用，16—19世纪中国东南海陆区域已经在事实上构建了体系性的中外贸易带。贸易带由与对外贸易相关的交通枢纽连接各类工商业地区、各级市场而形成，是贸易圈或贸易圈之间的商路连通渠道。特定的贸易圈与若干贸易带连接，跨贸易圈的贸易带又可构成更大的贸易圈。明代中期发展起来的中国东部沿海地区与日本、朝鲜之间的东北洋贸易圈，东南沿海地区与台湾之间的台湾海峡贸易圈，东南沿海地区与东南亚之间的南洋贸易圈，都有各自的贸易带。这些贸易圈又在贸易带的构架中形成了完整的中国海洋贸易圈。进入16世纪以后，与中国国内市场发生互动关系的国际市场开始具有了现代市场特征。尽管中国政府没有主动回应，作为市场主体的商人却在利益驱动下突破种种限制和禁令与之积极发展互动关系，不仅使传统的国内市场和中外贸易通道发生了新变化，而且构建了新的中外贸易带。在内外市场互动作用中的东南海陆区域的中外贸易带由内、中、外3个层次构成。外层因利润丰厚而成为中外贸易互动的动力源；中层是中介，是互动作用行为操作的主要层次，外层的巨利拉力由它传向内层，内层的张力由它引向外层；内层是中、外层贸易的腹地，是商品和利润获得之源，是互动作用产生的另一源泉。

明清时期中国的内层贸易带由贯穿东南诸省的商路干线和沿线大小市场组成。疏浚后的京杭大运河和长江—赣江—北江古河道焕发出新的活力，尤其是由内陆通向广州的大动脉京广水道的形成，使全国最重要的工商业城镇得以串联，发挥了前所未有的运输效益。“从水路进北京城或者出北京都要通过运河，运河是为运送货物进入北京而建造的。他们说有上万条船从事这种商业，它们全都来自江西、浙江、南京、湖广和山东五省……除去这些进贡的船只外，还有更大量的船都属于各级官吏们，来往不绝，再有更多的船从事私人贸易。”[1]中国河道为西高东低的地势所决定基本为东西走向，京广水道则纵贯南北，并使卫河、黄河、淮河、长江、钱塘江、西江等多条水系连接起来，使得商品的扩散渠道更加顺畅。明清时期长江、钱塘江和西江都有港口，为商品出海创造了条件。据黄汴《天下水陆路程》所记，“北京至南京浙江福建驿路”的主要线路是：北京（以下主要是陆路）—涿州—河间—德州—东昌—兖州—徐州—凤阳—滁州—南京（以下与江南运河同）—镇江—丹阳—常州—无锡—苏州—吴江（西去湖州）—嘉兴（东去松江）—杭州（以下与钱塘江上游各条水道同）—富阳—桐江—严州（西去衢州）—兰溪（东去金华）—龙游—衢州—常山—玉山（进入赣江水系的锦江上游）—上饶—铅山—崇安—（进入建江水系的崇溪上游）—武夷山—建阳—建宁—延平（西北去邵武）—水口—侯官—福州。“北京陆路至南京，自南京至常山县，皆水。自常山县至水口驿，属古田县，水马并应。”[2]这条路是内层贸易带连接中层贸易带的过渡带，到福州后既有沿海福州—福清—莆田—惠安—泉州—漳州的陆路以及海路贯通于外，[3]又有“北京至江西广东二省水路”由北京至凤阳，基本与“北京至南京浙江福建驿路”路线相同，渡淮河过凤阳后开始分道：凤阳—庐州—舒城—桐城—潜山—宿松—黄梅—九江—德安—建昌—南昌（以下与赣江水路同）—丰城—樟树—临江—庐陵—泰和—万安—赣州—南安（越梅岭）—南雄（以下与北江水路同）—韶州—英德—清远—广州。“两京至江西，其路有四，此其一也。”另外3条分别是：由长江入鄱阳湖，由浙江过玉山、广信，由镇江、浙江、徽州、饶州至江西。“北京至山东布政司路”基本上与“北京至南京、浙江、福建驿路”的北段相同。[4]明清政府都在这条贸易带上设置钞关税所，主要的十几处钞关税所都在这一带。京广水道连接了东南地区的手工业专业市场、城市综合市场和原材料市场3类市场。江南地区的杭嘉湖松是重要的手工业专业市场集聚区，山东临清是在大运河疏浚后形成的棉花原料市场，而南京、苏州、广州是最大的棉布贸易和出口市场。江南的棉纺织业“在原料方面，不仅采用了松江府附近棉产区生产的棉花，而且还买进了山东、河南

[1]利玛窦、金尼阁：《利玛窦中国札记》，何高济译，中华书局1993年版，第325页。

[2]黄汴：《天下水陆路程》卷一，山西人民出版社1992年版。

[3]黄汴：《天下水陆路程》卷三，山西人民出版社1992年版。

[4]黄汴：《天下水陆路程》卷一，山西人民出版社1992年版。

等地所产的棉花……形成了国内市场，这样，华北各省所产的棉花因其价格低廉便贩运到以松江府为中心的织布地区……棉布产品的交易市场，由布客（外来的棉布商人）、布庄（棉布商店）、布行（棉布牙行）三者组成……明代的布客主要是山西商人，估计到了清代，该地山西商人衰落下去，而为另一个商人集团——安徽的新安商人所取代。山西商人主要是向华北各省即河北、山东、河南、山西、陕西等地贩运棉布，新安商人主要是向长江中、上游地区贩运。除此之外，这些外地商人还向福建、广东方面卖出棉布。”[1]据荷西·巴罗·马士（Hosea Ballou Morse）《东印度公司对华贸易编年史》一书所记，英国东印度公司的董事部特别指定其下属购买南京棉布。[2]不仅棉纺织业如此，其他手工业如丝织业、制茶业、制瓷业等也通过这条贸易带上进入市场。

[1]西岛定生：《中国经济史研究》，农业出版社1984年版，第527页。

[2]荷西·巴罗·马士：《东印度公司对华贸易编年史》第1卷，区宗华译，中山大学出版社1991年版，第223页。

中层贸易带主要由东南沿海和台湾各类海港、海岛和市镇组成，以沿海海运线和陆路商途连接。徐学聚《嘉靖东南平倭通录》云：“浙人通番皆自宁波定海出洋，闽人通番皆自漳州月港出洋。”[3]浙东的海商非常活跃，而宁波和舟山群岛一带的双屿港、列港、岑港也就成了内外商货和商人的集散点。定海以南不远的双屿港“为倭夷贡寇必由之路”[4]，在明嘉靖年间（1522—1566年）发展成为与日本、葡萄牙等国贸易的市场，主要经营的是江南特产丝和丝织品等，以至于葡萄牙人一直以Liampo（双屿港）来指称浙江。舟山群岛西北不仅对着长江出海口，也对着在元代被称为“海道三关”并置市舶司的乍浦、海口和澉浦。清初海口、澉浦两关裁革，乍浦成为江南和大运河南端的主要出海口，一直延续到上海通商后才衰落。[5]舟山群岛东北有尽山（陈钱山）岛，“山大澳广，可泊舟百余艘，山产水仙，海产淡菜、海盐，贼舟每多寄泊”。沿海南下，有东霍山与尽山成犄角，“夏月贼舟亦可寄泊，伺劫洋舶回棹”。普陀山之南，“自崎头至昌国卫，接联内地，外有韭山吊邦，亦贼舟寄泊之所”。“自宁波、台州、黄岩沿海而下，内有佛头、桃渚、崧门、楚门，外有茶盘、牛头、积谷、鲎壳、石塘、枝山、大鹿、小鹿，在在皆贼艘出没经由之区。南接乐清、温州、瑞安、金乡、蒲门，此温属之内海。乐清东峙玉环，外有三盘、凤凰、北屺、南屺，而至北关以及闽海接界之南关，实温、台内外海径，寄泊樵汲之区，不可忽也。”[6]中层贸易带中市场港埠的连接主要是海路，但也有与陆路和内河水道连接的。这些商途不仅与海路一道构成相对独立的贸易带，而且大多与内层贸易带相连，与之共同形成网络。“北京至南京、浙江、福建驿路”中浙江至福建驿路可分出两段分别支持和连接中层贸易带，即杭州至铅山段和铅山至福州段，它们都由铅山去鄱阳湖的商路与京广水道相连。杭州还有至温州、台州、宁波、绍兴各临海府县的商路，水陆并行。[7]

[3]徐学聚：《嘉靖东南平倭通录》，载沈云龙选辑：《明清史料汇编》第8集第4册，文海出版社有限公司1967年版，第132页。

[4]何汝宝辑：《天启舟山志》卷二，何氏明天启六年（1612年）刊本。

[5]朱鉴秋主编：《新编郑和航海图集》，人民交通出版社1988年版。

[6]陈伦炯：《海国闻见录》卷上《天下沿海形势录》，文渊阁《四库全书》本，商务印书馆、上海古籍出版社1987年版。

[7]黄汴：《天下水陆路程》卷三，山西人民出版社1992年版。

外层贸易带指与中国市场和商人关系密切、保持经常性贸易往来并为多方贸易提供市场的地区或国家，在地理上与中国东南区域相连，在交通上则互相构成辐射形势。顾炎武《天下郡国利病书》原编第26册《福建》所收《漳州府志》的《洋税考》对“市舶”和“商舶”的界定有所区分：“市舶者，诸夷船泊吾近地与内地民互为市，若广之濠境澳然；商舶，则土著民醵钱造舟装土产径往东西洋而去，与海岛诸夷相贸易。”[1]“市舶”处于中层贸易带水平上，“商舶”则处于外层贸易带水平上。中层贸易带最活跃的部分是长江口以南至雷州半岛。由于中国商人并没有直接进入欧洲、美洲市场，而主要在本土和东亚、东南亚、南亚地区参与国际贸易，欧美市场的中国商品一般由欧美商人以转口贸易的形式运销而去，所以作为中国商人参与国际贸易互动作用的外层贸易带实际上限定在中国商人与外国商人贸易的外围区域，即“商舶”之地，这些地区或国家大多与中国历史上的朝贡国相覆盖。中日两国海上交通十分便利，日本曾长期是中国的朝贡国。进入明代，中日关系显得复杂起来，日本政府多次遣使朝贡，而倭寇又屡屡侵华，不过贸易却不曾断绝。1639年（崇祯十二年、日本宽永十六年）开始，日本江户幕府采取锁国之策延续长达200年，其间禁令甚严，但对中国和荷兰网开一面。虽“日本商人绝无至中国者”[2]，但驶抵日本的“唐船”有5000余艘[3]，平均每年20艘左右。吕宋岛而下称为东洋的区域，为中国商人常趋。吕宋岛以吕宋即马尼拉一带为中心，周围有大港、南旺港、玳瑁港等商港供商船驻泊和商人贸易。大港位于吕宋岛的北端，与台湾、漳州隔海相望。“华人既多诣吕宋，往往久住不归，名为压冬。聚居涧内为生活，浙至数万，间有削发长子孙者”，“我人往往留彼不返者，利其近且成聚故也”。明清两代吕宋岛曾发生多次杀害华人事件，死者多至两万余，少则数百数千，但事过之后贸易来往如故，正是“利其近且成聚故也”。[4]张燮《东西洋考》一书将文莱作为“东洋尽处，西洋所自起也”，大概认为再往下，该向西行。其实在今天看来，同方向还有数处是明代商人常去、入清以后又得到发展的贸易地区，如加里曼丹岛南端的文郎马神，东爪哇梭罗河下游的思吉港即苏吉丹，小巽他群岛上的迟闷即吉里地闷，爪哇岛上著名的三宝垄、加留吧（今雅加达）和下港。从下港往西，是今之所谓苏门答腊岛，一路上有旧港（三佛齐）、柔佛（乌丁礁林）、哑齐等处。折向北行过马六甲海峡，便是今之马来西亚半岛，当时有麻六甲（满剌加）、彭亨、大泥（港名吉兰丹）等岛。再北行为暹罗和柬埔寨。沿海岸东北而上是占城等国。这些国家或地区多数也为中国传统上的朝贡国，贸易一直频繁。从北面的日本到南面的爪哇，从东头的吉里地闷到西头的麻六甲，构成了一个非常大的环状外层贸易带。中国东南沿海中层贸易带上的商人从任何一个港埠岛屿出发都可以借助洋流和季风前往这条贸易带上的某个或若干个贸易点进入市场。这条外层贸易带其实还可以从麻六甲出海峡向印度洋北岸和西岸延伸，这就是当年郑和下西洋的路线。[5]明清两代由于推行海禁政策，官方对外贸易不发达，但民间贸易持续不断。16世纪，杭嘉湖和宁绍地区以及苏松常地区依托浙东运河成为

[1]顾炎武：《天下郡国利病书》，齐鲁书社1997年版。

[2]黄遵宪：《日本国志》卷六，上海古籍出版社2001年版。

[3]木宫泰彦：《中日交通史》下册《赴日之清船船数一览表》，陈捷译，上海商务印书馆民国20年（1931年）版。

[4]张燮：《东西洋考》卷五，谢方点校，中华书局1981年版。

[5]陈东有：《略论近代世界市场互动中的中国东南中外贸易带》，《南昌大学学报》（人文社会科学版）2000年第2期。

双屿港的腹地，并逐步发展为全国制造业中心或大宗出口商品的主产地，是全国的经济中心之一。杭州则由于处于京杭大运河与浙东运河的交汇点上，具有重要的战略地位。

自汉代开始，中国的海外贸易逐渐形成规模。宋元时封闭型的经济制度虽然没有被突破，但开放度有了较大提高，海外贸易非常频繁。有些学者认为，宋元时期是中国古代海外贸易的高峰，明清两代则在郑和下西洋的余晖之后因闭关锁国而退步。而事实上明清两代尽管多次实行海禁政策，但由于外商的主动侵入、中国经济市场化水平的提高等因素，海外贸易的水平大大提高，甚至在某种程度上融入了国际市场。大致在明代中期，随着大航海时代的到来，西方人开始大规模进入东方，中西方展开了大规模直接贸易。明代以前，甚至在明代前期，中国与欧洲的贸易主要是通过阿拉伯人进行的，而此时西方国家逐渐取代了中国周边国家的贸易地位，成为中国的主要贸易国。在贸易方式上，明清时期的海外贸易可分为贡船贸易和商船贸易两种。贡船贸易即朝贡贸易，是中国与周边属国间政治与经济交融的一种贸易形式。主要是由各属国派遣使臣，按照规定的时间、路线和规模甚至规定的贡品来中国纳贡，中国皇帝则回赐礼物。随团而来的商人远远多于使者及其随从，所载“附载物”也远远多于贡品。“附载物”由明清官方收买，或通过牙行在市场上售卖，一般也不抽分。使臣和随团商人则在中国采购所需商品载回本国。由于一些商品差价很大，而且中国朝廷为安抚属国均以“厚往薄来”为原则，因而朝贡国获利甚丰，以致常常争相前来朝贡，乃至突破时间、路线和规模等限制。当然，完整的朝贡贸易还包括明清政府派出使节前往各国。但除了郑和下西洋时期，“去使”在朝贡贸易中的地位远不如“来朝”。朝贡贸易是朝贡外交的产物，政治动机大于经济目的，奢侈消费的需求大于对商业利润的追求。其根本动机是维持“四海宾服，八方来仪”的局面。其结果是明王朝“岁时颁赐，库藏为虚”[1]，难以为继。明中期之后，朝贡贸易虽然仍在持续，但国际贸易的主体性地位已为民间的商舶贸易所取代。商舶贸易包括合法贸易和走私贸易两部分。明清政府对商舶贸易施加了各种限制，如禁止买卖军用物资、禁止某些民用商品出口、限定出入关口等，最严重时实行全面禁海，但最终并没有限制住。事实上，明清时期的海外贸易量大于以前的历代。从进出口平衡方面看，也长期维持大量顺差的局面，许多商品出口量居世界首位。出口商品以茶、丝、绸、瓷为多，其次为布、糖、药、书等。进口商品除白银外，最著名、价值量和影响最大的是鸦片，其次为香料（包括药材）、棉花，再次是铜、锡、铅、水银等金属，尤其是铜。此外，日本刀、硫黄和火器等兵器，大米、海产品、珍稀木材、奇禽异兽和各种珍宝，以及日本折扇、皮货、西洋钟表和玻璃制品，也在一定时期和一定贸易对象国的贸易中占有较为重要的地位。海外贸易商品已由以前的奢侈品为主变为以大宗民生商品为主，形成了真正意

[1]张廷玉等：《明史》卷三三二《西域传四·坤城》，中华书局1974年版。

义上的大宗商品海外贸易。而且一些原本属于奢侈品的商品也变成了大众消费品。尽管各种文献和考古发现证明，明代以前丝、绸、瓷的海外贸易量已然不少，但与明代中期后相比是不足道的。茶叶则更是到了清代才成为大宗出口商品。出口商品的加工程度总体高于进口商品，经过加工的制成品和半制成品占绝大多数，未经任何加工的初级产品只占很小比例。布罗代尔认为，16世纪“各种协力促成的运动”是从西班牙前往美洲；从贸易角度看，马尼拉大帆船代表着一条特殊的流通路线。美洲白银1572年开始一次新的分流，马尼拉大帆船横跨太平洋，把墨西哥的阿卡普尔科（Acapulco）与菲律宾的马尼拉连接起来，运来的白银用于收集中国的丝绸、瓷器和印度的高级棉布以及宝石、珍珠等物。从事对外贸易的中国商人不仅在马尼拉接收大帆船从阿卡普尔科运来的白银，而且在1638年日本实行闭关锁国后与荷兰商人一样甚至更加有效地参加与日本列岛的丝绸和白银贸易。中国的商人还有工匠深入南洋群岛每个角落。[1]安德烈·贡德·弗兰克（Andre Gunder Frank）《白银资本：重视经济全球化中的东方》一书指出：“‘中国贸易’造成的经济和金融后果是，中国凭借着在丝绸、瓷器等方面无与匹敌的制造业和出口，与任何国家进行贸易都是顺差。”[2]他把外国这种结构性贸易逆差称为“商业上的‘纳贡’”。梁方仲《明代国际贸易与银的输出入》一文指出：“由万历元年至崇祯十七（1573—1644年）的72年间，合计各国输入中国的银元，由于贸易的关系，至少远超过1万万元以上。”[3]西班牙官员德科民（De Comyn）估计，1571—1821年，从美洲运往菲律宾马尼拉的白银共计4亿西班牙比索，其中1/4至1/2流入中国。[4]1西班牙比索银元重约0.7两，其中成色在85%左右。250年间从南洋流入中国的白银，以最少1/4计，有近6000万两纯白银；以最多1/2计，有1亿多两。这还不算随日本贸易流入中国的白银。

明清时期海外贸易是被动打开的，因而呈现“东洋往市、南洋互市、西洋来市”的局面。“西洋来市”意味中国与西方的贸易主要是通过外国人来中国实现的。实际上，除下西洋的郑和船队而外，很少有中国船只西出马六甲。明清政府对海外贸易的大多数限制性政策设计与其对国内商业的限制是一致的，也是与以前历代的相关限制性政策一脉相承的。但这种“闭关锁国”的政策自明代开始已经难以维系。明清经济的基本性质虽然没有完全改变，但市场化、国际化水平大大提高。明朝开国以来，相继发行了“洪武通宝”铜钱和“大明宝钞”纸币，并严禁金银等贵金属在市场上流通。但铜钱面值小又不便携带，大明宝钞发行不久就因发行量扩大而急剧贬值，因而全社会出现一种白银货币化的要求。政府曾出台一系列政策防止大明宝钞贬值，如加以回笼，但这些政策多通过增加税种、税额等手段，治标不治本。于是白银价值得到公认。正统元年（1436年）颁布“米麦折银之令”，即田赋折银纳税，所谓“金花银”，将正赋征收白银以国家法令的形式固定下来，实际上确定了白银的法定货币地位。万历九

[1]费尔南·布罗代尔：《15至18世纪的物质文明、经济和资本主义》第2卷，顾良译，生活·读书·新知三联书店1993年版，第167—197、432—435、647页。

[2]安德烈·贡德·弗兰克：《白银资本：重视经济全球化中的东方》，刘北成译，中央编译出版社2000年版，第169页。

[3]梁方仲：《明代国际贸易与银的输出入》，《中国社会经济史集刊》民国28年（1939年）第6卷第2期。

[4]全汉昇：《明清间美洲白银的输入中国》，载全汉昇：《中国经济史论丛》第1册，香港新亚研究所，1972年，第435—450页。

年（1581年）推行租、役、贡一律交银的“一条鞭法”。由此，举凡国家税收、军饷官俸、京库岁需以及民间贸易借贷无不用白银，确立了白银的本位货币地位。嘉靖年间（1522—1566年），白银货币化基本完成，但白银供给不足的问题却日益突出，出现了“银荒”。在国内白银开采供应远远不足的情况下，政府打破200多年的“海禁”，实施了著名的“隆庆开关”政策，从国外大量回笼白银。到隆庆五年（1571年）年“银荒”得到改善，这年美洲白银大量输入。白银的大量流入和白银本位制的巩固，推动了中国经济的市场化。经济活动与国际市场联动，社会分工有了国际因素，市镇经济、城市经济则不仅有区域或全国辐射市场的功能，而且有国际交往的功能。封建王朝的资源更多地让位给了市场，政府对经济的支配作用也更多地让位给市场。在调整对外关系的同时也调整了国内的社会关系，人对人的依附关系更多地向对物的依赖关系转变，旧的等级制有所分解，社会价值观、社会行为、社会心理发生了改变。有些学者认为，明清政府没有及时控制白银货币的发行权，即发行国家铸造的法定银币，而是任由白银以其自然形态在市场上流通，由此失去了对经济的宏观控制，导致封建王朝毁灭。事实上不仅于此。明清时期西方爆发了文艺复兴、工业革命，尤其是彻底的政治制度变革，中国有这种内在要求，并且还有外力推动，但由于文化转型难以完成而失去了历史机遇。不过，中国经济还是在这种历史潮流中实现了重新整合。

明代初期，为了防止窜踞沿海岛屿的方国珍、张士诚余党勾结倭寇侵扰，政府一方面实行严厉的海禁政策，另一方面推行和平友好的朝贡贸易，建立了勘合贸易制。勘合是朝贡互市的凭准，凡是来华贸易的“贡舶”或“市舶”一律“以金叶勘合表文为验，以防诈伪侵轶”[1]。勘合制创始于洪武十六年（1383年），逐渐扩展至真腊、暹罗、苏门答腊、古里、锡兰山、满剌加、爪哇、日本15国。但在勘合贸易中仍夹杂着走私贸易。如日商从宁波到北京的往返途中，于杭州、南京等地沿途进行私下贸易，并借机搞走私活动。或由宁波预先发出货物，或在进京途中顺路将货物卸在各地，待返回时再领取充作货款的铜钱或纱绢。朝贡贸易还伴随着亦贡亦寇的海盗勾当。杨守陈《议倭》一文中指出：“（日人）拿舟载其方物戎器，出没海道而窥伺我，得间则张其戎器而恣肆侵扰；不得间则陈其方物而假称朝贡，侵扰则掠民财，朝贡则沾国赐。”[2]。永乐年间（1403—1424年）经济逐渐繁荣后中外贸易的欲求增强，进一步放宽了贸易政策。永乐元年即恢复了泉州、宁波和广州三市舶司，并置来远驿、安远驿、怀远驿。又派遣郑和下西洋，扩大和加强与海外各国的关系。明代中叶朝贡贸易走向衰落，商舶贸易增长势头更好。虽然海禁时紧时松，商舶贸易势不可当，乃至东南沿海地区的官僚地主也伙同海商进行走私贸易。杭州及周边地区的经济活动除满足本国需要外，也在一定程度上趋于外向。“蕃商海寇，俱至浙海，宁波、苏、杭奸宄射利之徒接济交通，勾引贸易。”[3]嘉靖年间（1522—1566年），双

[1]张廷玉等：《明史》卷八一《食货五》，中华书局1974年版。

[2]杨守陈：《议倭》，载陈梦雷、蒋廷锡等辑：《古今图书集成·边裔典》卷三九《日本部》，中华书局民国23年（1934年）版。

[3]马坤：《论倭疏略》，载陈梦雷、蒋廷锡等辑：《古今图书集成·边裔典》卷三九《日本部》，中华书局民国23年（1934年）版。

屿岛开辟为海商走私贸易的中心，不仅海商活动猖獗，广州、漳州、泉州、苏州、松江、南京、宁波、绍兴、杭州等地的官商、绅商也通过多种渠道前往进行走私贸易。隆庆以后有限度开放海禁，海外市场不断开拓，至万历时“通海若十倍于前”[1]。海外贸易由沿海直接伸向内地，如由宁波及于杭州。“夫漳、泉之通番也，其素所有事也，而今乃及于福清；闽人之下海也，其素所及闻也，今乃及于宁波，又转而及于杭州。杭之置货便于福，而宁之下海便于漳。”[2]“杭城之货，专待闽南市中之牙，勾结奸商，捏名报税，私漏出洋。”[3]日本仍然是杭州等地海外贸易的主要市场。姚士麟《见只编》卷上载：“大抵日本所需，皆产自中国。如室必布席，杭之长安织也；妇女须脂粉，扇漆诸工须金银箔，悉武林造也。他如饶之瓷器、湖之丝绵、漳之纱绢、松之棉布，尤为彼国所重。”[4]明代中叶后发生在东部沿海的海外贸易、海外移民、走私冲突甚至倭寇之乱的主要原因，应是东南沿海经济发展与海外贸易之间的推拉作用。当时沿海民众在思想观念上与前朝大为不同，越来越多的人甚至将具有海商、海盗双重身份的所谓“海贼”视为英雄。“有等嗜利无耻之徒交通接济，有力者自出资本，无力者转展称贷，有谋者诓领官银，无谋者质当人口，有势者扬旗出入，无势者投托假借，双桅三桅，连樯往来。愚下之民一叶之艇，送一瓜，运一樽，率得厚利。驯致三尺之童子，亦知双屿之为衣食父母。远近同风，不复知华俗之变于夷矣。”[5]“寇回家皆云：‘做客回。’邻居者皆来相贺。”[6]“以数十金之货，得数百金而归；以百余金之船，卖千金而返。此风一倡，闻腥逐膻。将通浙之人，弃农而学商，齐故都而入海。官军得其贿，唯恐商贩之不通倭；夷利其货，唯恐商船之不至。获息滋多，则旋归故里，可勾倭而使入。资斧偶绌，则久恋夷邦，可导倭以行奸。我恶其去，而倭喜其来；而我禁其去，则恐挑怨于倭。而将来必挟众以求通于我。我以异货，动倭之歆慕；倭以重价，中我之贪婪。是倭以饵钓闽，复以饵钓浙。浙人积货以资闽，假道以便闽；而闽人纠党以愚浙，口倭以祸浙。窃虑无穷之衅，从今伊始。”[7]顾炎武《天下郡国利病书》第26册《福建》对此也作了阐释：“海滨之民，唯利是视，走死地如鹜。”“今海贼据浯屿、南屿诸岛，公然番舶之利，而中土之民，交通接济，杀之而不能止，则利权之在也。”[8]王在晋《越镌》卷二一《通番》列举闽浙4件海商案，其中1件为海盗掠资通番，3件为海商集资购丝织品、瓷器和白糖等与日本通商。内有两件牵涉杭州海商。其一为万历三十七年（1609年）“闽人揭才甫者久寓于杭，与杭人张玉宇善，出本贩买绸绢等货，同义男张明觅船户施春凡、商伙陈振松等三十余人，于七月初一日开洋，亦到五岛投牙一官、六官零卖”。其二“为抚院访拿省城通番人犯赵子明、沈云凤、王仰桥、王仰泉、何龙五名。子明向织造蛤蜊斑缎匹等货，有周学诗者转贩往海澄贸易。遂搭船开洋，往暹罗、吕宋等处发卖，获得颇厚，归偿子明赊欠段价”。赵子明本是杭州织造哈蜊斑缎的工场主，他直接参与走私说明手工业资本与商业资本结合在一起。万历四十一年（1520

[1]郑舜功：《日本一鉴·穷河话海》卷六《海市》，商务印书馆民国28年（1939年版）。

[2]王在晋：《越镌》卷二一《通番》，《四库禁毁书丛刊》集部第104册，北京出版社2000年版。

[3]王在晋：《海防纂要》卷八《禁通番》，《续修四库全书》第739册，上海古籍出版社1996年版。

[4]姚士麟：《见只编》，《丛书集成初编》第3964册，中华书局1985年版。

[5]朱纨：《甓余杂集》卷三《双屿填港工完事》，《四库全书存目丛书》集部第78册，齐鲁书社1997年版。

[6]王文禄：《策枢》卷四《截寇原》，《丛书集成初编》第756册，中华书局1985年版。

[7]王在晋：《越镌》卷二一《通番》，《四库禁毁书丛刊》集部第104册，北京出版社2000年版。

[8]顾炎武：《天下郡国利病书》，齐鲁书社1997年版。

年）十月，“浙江嘉兴县民陈仰川、杭州萧府杨志学等百余人，潜通日本贸易射利，为刘总练、杨国江所获”[1]。明末的郑芝龙武装海商集团曾控制中国南方的所有航线，也大量采购杭州等地的丝织品等到日本、流球、吕宋、印度支那沿海进行贸易。郑氏曾设立山、海路五大商，直接经营大陆走私贸易。山路为金、木、水、火、土5行，设立在北京、苏州、杭州等处，负责经营；海路为仁、义、礼、智、信5行，设在厦门，负责商品派运。“成功山、海两路，各设五大商，行财射利，党羽多至五、六十人。”顺治十一年（1654年）正月十六日，“曾定老等就伪国姓兄郑祚手内领出银二十五万两，前往苏、杭二州置买绫绸、湖丝、洋货，将货尽交伪国姓讫”[2]。杭嘉湖地区的商人或外地客商则在该地置办商品，前往闽浙交界的沙埕港与郑氏集团交易。

明末清初，市场经济较为发达的山东、江苏、安徽、浙江、江西、福建、广东等东南沿海地区拥有全国80%以上的主要商品和商品流通量以及商业资本。这一地区不仅拥有大运河—长江—赣江—北江黄金水道，串联了以北京为枢纽通向全国各地的8条干线要道中的3条，即北京至江苏、浙江、福建，北京至江西、广东，北京至山东，[3]而且拥有全国约2/3的大中型工商城市和大量市镇[4]。明清两代人口密度前4位的在华东6省，明万历六年（1578年）华东6省人口6900万口，占全国15省1.2亿的58%。[5]清中期嘉靖二十五年（1820年）人口密度300人／km²以上的29个府州，华东6省占了24个。[6]明清时期国内市场大宗商品依次为粮食、棉花、棉布、生丝、丝织品、茶、盐、铁、瓷器等[7]，按人均占有量、产地、集散地、人均消费量等方法计算，东南沿海地区都是最大的市场并拥有最大的流通量。而农村经济作物商品化和城市手工业商品化已不可能停滞在自给自足的平衡上，国内市场的不充分促使这种优势产生的扩张力向海外发展。这种扩张力又与正在形成的世界海洋经济市场的拉力互动，促成了十分活跃的海外贸易。从16世纪初开始，欧洲大批商人和传教士成为海外扩张的先驱者奔走世界各地。葡萄牙人捷足先登来到中国，随后西班牙人、荷兰人、意大利人、英国人、法国人也接踵而至。17世纪以后，欧美国家的资产阶级先后主掌了政权，奉行有利于工商业发展的政策。18世纪又爆发了工业革命，空前提高的生产力水平使国内市场变得狭小，也使原材料日益紧张。“物产丰盈”的中国对西方国家具有不容置疑的吸引力，而中国的东南沿海地区又首当其冲。面对明清政府的“海禁”策略，西方国家以外交和坚船利炮来化解，而中国东南沿海地区的商人则以非常规的商舶贸易以及走私来应对。顺治十七年（1660年），绍兴商人王吉甫与福建商人张瑞、翁采、王一、卢措、王旺、魏久，广东商人卢秀、高参，处州商人周太、吴跃，四川商人王贵，杭州商人杨君甫、陈太、魏科等，结伙到福建沙埕，通过牙人凌起文贩卖药材、布匹、丝绸、毡条等货物，换回海参、木香、香料等商品，后被捕获。据一些商人口供，他们是在杭州城内、余杭县和

[1]《明神宗实录》卷五一三万历四十一年十月乙酉条，中华书局1961年版。

[2]《福建巡抚许世昌残题本》，载中央研究院历史语言研究所编：《明清史料》（己编）第6册，中华书局1985年版。

[3]另外5条为北京至河南、湖广、广西，至陕西、四川，至贵州、云南，至山西，至（辽宁）开原。见明人黄汴《一统路程图记》和憺漪子《天下路程图引》，杨正泰校注，山西人民出版社1992年版，第1—265、354—512页。

[4]明清时期比较发达的32座城市华东占21座，清代八大工商业城市华东占6座。见傅崇兰：《中国运河城市发展史》，四川人民出版社1985年版，第47页。

[5]胡焕庸、张善余：《中国人口地理》上册表12、表13，华东师范大学出版社1984年版。而张善余后来推测明代中后期人口为1.4亿—1.5亿。见张善余《中国人口地理》，科学出版社2003年版，第11页。

[6]梁方仲：《中国历代户口、田地、田赋统计》甲表88《嘉靖二十五年各府州人口密度》，上海人民出版社1993年版。

[7]张燮：《东西洋考》卷七，谢方点校，中华书局1981年版。

嘉兴等地购置货物的。张瑞说："由平阳一日一夜到沙埕，那里有主人家凌起文。小的原是福建人，住在杭城仁和羲和坊，在北关门内住。小的出了草桥门，是今年三月二十口出城，先于十八日报税。到兰溪、到金华、到武义、到处州、到温州，到福建埕沙贩货。"福州商人翁采说："旧年在嘉兴陈禹和家买毡一百条、药材二担，今年正月初十日杭城起身，到沙埕去的。"广东商人高参说："旧年十一月在余杭周自兴家买的东西，到福建沙埕卖了。"[1]与此同时，杭嘉湖也有一批海商往日本、吕宋贸易。如顺治时"商人永泰宁等纠同下海，先卖绸毡等物，于日本复买椒、木、烟等货，往来贩卖"[2]。康熙元年（1662年），捕获了一批去日本贸易的海商，其中有杭州商人，也有别处商人到杭州置货的。如"吴跃，处州府庆元县人。去年八月到杭州，有白笋十担，买毡五十条，正月初五日到平阳下船，月尽到东洋"，"魏久，福建福州闽县人，住本处。在杭州买药材，同王旺正月初五日到平阳下船，船主王自成就开船到长崎，卖银一百两"，"李茂，系杭州人，苏州南廒街原买轻绸一百匹，到东洋卖银二百一十两"。[3]

明宣德四年（1429年）在杭州城北北新桥设北新关。上为桥，收陆路商贾之税；下为水门，收水运商船之税。因关隶属户部，又称户关、户部分司、北新钞关。初无定制，只差御史、监生闸办商税。景泰元年（1450年）始差户部主事于苏杭二府专掌。景泰六年又委府官收钞。成化四年（1468年）被裁销，次年又恢复。弘治六年（1493年）命南京户部差官后成定制。万历时钞关几经裁革，至万历六年（1578年）仅存河西务、临清、九江、浒墅、淮安、扬州、杭州7关。嘉靖二十三年（1544年），关新关征得船料（税）、商税计3万余两。嘉靖二十六年后课税渐增，万历三十九年（1611年）达到4.97万两，崇祯七年（1634年）再增至11.02万两。清顺治二年（1645年）改为北榷关，康熙四年（1665年）交由浙江布政司管理，不久又改由户部管理。下设收税银口15处、稽查口20处。康熙二十五年（1686年），征税107669两，占全国关税1219782两的8.8%。另外还有钢筋水脚银15384两，实际为123053两。又成化七年（1471年）在候潮门与城隍庙之间设南新关抽分竹木税，隶属工部，故又称"工关"。下设10个分关。弘治十四年（1501年）起每年额定税收14440两。顺治二年改称"南榷关"，税收22008两，康熙二十五年26572两，最高时达到30247.5两。[4]由于海外贸易的发展，从17世纪中叶起海上贸易港口曾一度向杭州转移。康熙二十三年（1684年）九月即平定台湾当年，开放海禁，海舶贸易更加自由。当时杭州商品通过宁波、乍浦、定海、温州等港口出口。后又设立了粤海、闽海、浙海、江海4榷关，地点在广州的澳门（后在黄埔）、福建的厦门、浙江的宁波、江南的云台山。宁波、乍浦、温州是浙江海关的三大口岸，其中乍浦港又是清代浙江海上贸易最盛的港口。该港在平湖县，"西南海塘可通杭州，东北金山可通松江浦东"[5]，连接着当时商品

[1]《刑部残题本》，载中央研究院历史语言研究所编：《明清史料》（己编）第6册，中华书局1985年版。

[2]《内阁前三朝题本》，中国第一历史馆藏，胶片编号83。

[3]《刑部等衙尚书门觉罗雅布兰等残题本》，载中央研究院历史语言研究所编：《明清史料》（丁编）第3册，中华书局1985年版。

[4]杭州市地方志编纂委员会编：《杭州市志》第5卷，中华书局1997年版，第705页。

[5]宋景关修：《乾隆乍浦志》卷三，乾隆二十二年（1757年）刊本。

经济最发达的苏、松、杭、嘉、湖地区。由于海上贸易兴盛，乍浦港关税在清代前期一直处于浙江海关各口首位。康熙时浙江海关每岁额定关税3.2万余两，乍浦港岁额为1.5万余两，占浙江海关的40.6%。雍正七年（1729年）浙江海关总税额8.96万余两，乍浦港税额增至3.9万两，占浙江海关的43.5%，相当于康熙时的2.6倍。乾隆三十四年（1769年）浙江海关税额9.7万余两，乍浦港达到36860余两，占浙江海关的38%，超过温州、宁波两关的总和。乾隆二十年（1760年）以后，英国商船陆续来浙，杭州海商也加入贸易。鸦片战争后，根据《南京条约》，以广州、厦门、福州、宁波、上海为通商口岸，杭州的海外贸易日益增长。根据《马关条约》第六款规定，杭州被列为通商口岸。日本方面原打算在涌金门旁的西湖边开辟租界，遭到清朝中央和地方政府的拒绝。浙江地方政府只同意将杭州城北15里拱宸桥以北、京杭大运河东岸划为类似宁波江北岸的外国人公共居留地，中国保留行政管理权。光绪二十二年八月二十日（1896年9月27日），中日双方签订《杭州通商场地址和日本商民居住塞德耳门章程》（后来称为《杭州日本租界原议章程》），次年四月十二日（1897年5月13日）又签订《杭州日租界续议章程》，正式确定杭州拱宸桥一带为通商场。西以运河为界，从贯通运河的一沟起向南至乌龟桥；北以一沟为界，从运河向东至陆家务河；东以陆家务河为界，从一沟起向南到茶汤桥；南则从乌龟桥向东至茶汤桥划成一线为界（此线大致为当时的一条贯通运河与陆家务河的小河沟，后填没，今为定海路）。在杭州关《海关十年报告》（1896—1901年）的统计中，当时日本租界718亩，公共租界1095亩（其中英国335亩、美国124亩、法国111亩、意大利和瑞士合计31亩），总计1813亩，[1]与章程中记载的总面积“一千八百九亩二分六毫”基本一致。不久租界内开设了许多外国公司，拱宸桥一带逐渐成为仅次于城区的杭州第二大繁盛的商业贸易中心，时称拱埠。光绪二十二年（1896年）七月设立杭州关税务司署，即杭州海关，时称“洋关”。为区别于明清两代杭州所建的钞关（常关），又称“新关”。关署设于现杭州市第二人民医院3幢2层红砖瓦楼。该年八月初二（9月8日）清政府总理各国事务衙门电令杭州海关开关，八月二十五日（10月1日）举行开关仪式，对外宣布行使职权。十一月十一日（12月15日）又于嘉兴添设分关。《辛丑条约》签订后，又签订了中英、中美、中日通商行船条约。并将通商口岸50里半径内的常关置于海关税务司管辖之下。外国人把持的杭州、宁波、温州等海关的管辖范围随之扩大，同时规定通商省份之内港嗣后均准小轮任便往来贸易。从此各国商人纷纷在浙江沿海、内河开辟航线。

据海关总署总务厅、第二历史档案馆编《中国旧海关史料》（1859—1948年）土产出口和转口贸易表（Table-Trade in Native Produce-exports and

[1]陈梅龙、肖景波译编：《近代浙江对外贸易及社会变迁：宁波、温州、杭州海关贸易报告译编》，宁波出版社2003年版，第217—218页。

清光绪二十二年至宣统三年（1896—1911年）杭州海关征税额（单位：关平两）

年份	进口正税	出口正税	复进口税	药土各税	船钞	内地子口税	洋药厘金	合　计
1896	465	3 117	404			73		4 059
1897	33 605.326	227 040.689	4 137.762	29 328	31.6	2 523.373	7 208	374 874.749
1898	45 356.779	273 553.286	12 751.879	79 368	28.6	3 789.137	29 763	444 610.681
1899	51 537.284	293 159.984	30 798.622	156 536	25.3	5 165.612	58 701	595 959.802
1900	51 576.456	254 646.993	27 201.79	53 916	20.8	3 527.697	143 776	534 665.736
1901	84 380.276	289 537.853	34 975.759	55 546.65	25.1	5 538.442	148 124.4	618 128.48
1902	106 458.418	233 962.431	40 559.39	56 145.841	11.1	6 936.199	149 567.8	593 641.179
1903	120 236.707	235 016.922	47 411.351	66 821.974	52.2	9 859.217	178 135.3	657 533.671
1904	130 171.139	230 364.509	57 142.05	74 709.065	31.3	11 346.016	199 192	702 956.079
1905	117 988.695	217 636.716	39 109.88	62 789.727	42.9	9 920.1	167 416	614 904.018
1906	130 582.189	221 616.863	40 231.188	47 845.76	65.9	9 536.147	127 432	577 210.047
1907	169 114.187	267 152.693	53 621.91	50 244.994	85.5	11 440.341	133 986.65	685 646.275
1908	160 198.239	293 866.364	60 314.674	35 922	44.396	11 163.451	95 792	657 301.124
1909	172 183.687	304 405.693	61 924.851	31 005	86	11 522.87	82 68	663 808.101
1910	167 235.111	310 260.484	67 827.191	10 929	110.6	10 465.765	29 144	595 972.151
1911	156 248.894	312 765.674	76 582.556		106.9	8 280.648		553 984.672

资料来源：海关总税务司署：《中华民国海关华洋贸易总册》（1896—1911年），国史馆史料处，1982年；杭州市地方志编纂委员会编：《杭州市志》第5卷，中华书局1997年版，第707页。

Re-exports），1897年（杭州开埠后的第一个税收整年）杭州海关出口商品30种，1898年增加到37种，1899年即达53种，1910年则为55种，约占全国出口商品种类的37%（1910年《海关十年报告》所列的出口商品种类149种）。1897—1899年出口商品种类增加近1倍，而1899—1910年10年仅增加了2种，说明在杭州开埠的第三年就已经有了较为稳定的出口产品构成，且在全国出口商品市场占去近四成的出口种类。1897—1910年出口的大宗商品主要有棉花、绸缎、生丝、蚕茧、绿茶、纸扇、木炭、烟叶、柴、药材等。其中丝、茶、绸、扇类是核心商品，14年中出口量在全国占比甚高。生丝1903年出口量居全国第四位，1904年以后一直居第三位，年平均出口量约占全国的4.3%，货值占6.8%。绸缎1903—1907年出口量一直名列全国第四，1908年超过南京居第三位，年平均出口量约占全国的10%，货值占22.9%。绿茶出口量一直居全国第一位。由于统计上有差别无法准确计算，以1897—1904年的徽州茶、龙井茶和平水茶3项之和计算为28.4%，以1903—1906年再加上毛茶计算为50%，以1907—1910年的绿茶计算为40.4%。不管怎么计算，上述3类商品的年均输出值至少占了近六成。剩下的商品占比较大的是扇类，约为7%。杭州扇子的出口量一直居全国第三位，且多为纸扇，价值较高，贸易额应居全国首位。

丝绸在古代一直是杭州价值最高的人工商品之一，丝织业也是明清时期杭州最有代表性的产业。清末日本人绪方南溟考察中国工商业后曾指出，苏杭等江南城市“商情以绸缎为第一”。“丝织业为纺织业中最为悠久历史之最大工业，资本营业数量，不仅常居纺织类第一位，并为全市各

清光绪二十三年至宣统二年（1897—1910年）杭州海关大宗商品出口额及比重表（单位：关平两）

年份	出口总额	生丝	绸缎	绿茶	扇	棉花
		出口额（比重）	出口额（比重）	出口额（比重）	出口额（比重）	出口额（比重）
1897	6 169 372	729 960（11.8%）	802 300（13%）	4 267 869（69.2%）	193 524（3.1%）	3 578（0.1%）
1898	5 033 245	634 210（12.6%）	1 935 540（38.5%）	1 921 935（38.2%）	70 418（1.4%）	9 796（0.2%）
1899	6 402 552	1 111 842（17.4%）	2 516 028（39.3%）	1 833 472（28.6%）	101 208（1.6%）	138 083（2.2%）
1900	4 785 371	229 626（4.8%）	1 580 571（33%）	1 859 383（38.9%）	186 376（3.9%）	32 209（0.7%）
1901	5 815 982	667 663（11.5%）	1 502 541（25.8%）	2 506 439（43.1%）	230 973（4%）	66 321（1.1%）
1902	7 125 445	408 630（5.7%）	1 323 762（18.6%）		314 410（4.4%）	122 132（1.7%）
1903	8 203 026	367 695（4.5%）	1 472 167（17.9%）	4 325 448（52.7%）	541 497（6.6%）	149 442（1.8%）
1904	9 158 519	623 905（6.8%）	1 776 703（19.4%）	4 183 096（45.7%）	801 680（8.8%）	306 228（3.3%）
1905	10 200 623	308 447（3%）	2 244 824（22%）	5 253 298（51.5%）	863 137（8.5%）	65 648（0.6%）
1906	9 769 765	340 471（3.5%）	1 774 496（18.2%）	4 860 512（49.8%）	960 115（9.8%）	30 750（0.3%）
1907	10 301 995	763 924（7.4%）	1 805 529（17.5%）	4 005 502（38.9%）	991 289（9.6%）	127 855（1.2%）
1908	11 833 917	8 166 995（6.9%）	2 932 708（24.8%）	4 588 240（38.8%）	775 347（6.6%）	156 588（1.3%）
1909	12 557 729	600 885（4.8%）	2 977 926（23.7%）	5 119 787（40.8%）	969 246（7.7%）	241 525（1.9%）
1910	11 735 868	506 940（4.3%）	2 632 000（22.4%）	5 033 837（42.9%）	1 307 896（11.1%）	303 926（2.6%）
平均	8 506 672.1	579 349.5（6.8%）	1 948 363.9（22.9%）		593 362.86（7%）	125 291.5（1.5%

资料来源：中国海关总署总务厅、中国第二历史档案馆编：《中国旧海关史料》（1859—1948年）之《杭口华洋贸易情形论略》（1897—1910年），京华出版社2002年版。表中数据由杭州海关外籍税务司报告中的表Trade in Native Produce-exports and Re-exports和Principal Articles Exported through the Maritime Customs两项1906年和1910年的Analysis of Foreign Trade: Exports得出。由于1896年只有3个月的记录，所以在计算年平均值时统计。生丝包括White Raw Silk和Thrown Raw Silk两项，绸缎由Silk Piece Goods项得出。绿茶数据组成：1897—1902年由徽州茶（Fychow Green Tea）、龙井茶（Loongehing Green Tea）、平水茶（Pingsuey Green Tea）3种品的出口数据组成，1903—1906年由以上3种茶再加毛茶组成，1907—1910年据1910年的Analysis of Foreign Trade Exports。扇子包括组件。

清光绪二十九年至宣统二年（1903—1910年）全国部分地区生丝出口量对比表（单位：担

年份	杭州	上海	广东	芜湖	全国
1903	829	15 346	1 408	1 277	20 444（11 666 432）
1904	1 407	27 488	2 915	993	35 298（20 034 763）
1905	719	19 384	1 853	732	24 594（13 647 055）
1906	812	23 593	1 127	611	28 204（16 937 481）
1907	1 728	23 318	1 342	1 595	30 738（18 891 544）
1908	1 731	24 982	1 964	1 802	32 695（18 093 318）
1909	1 328	25 829	1 416	1 421	31 573（15 787 812）
1910	1 491	25 264	1 600	1 070	31 600（16 264 034）
平均	1 116.1	23 150.5	1 703.125	1 187.625	26 127.3（16 415 305）

资料来源：中国海关总署总务厅、中国第二历史档案馆编：《中国旧海关史料》（185—1948年）各海关外籍税务司报告，京华出版社2002年版。全国总数一栏括号内的数据为贸额，单位为关平两。

种工业之冠。其经济能力亦常左右杭州市商场。关系全浙民生甚巨”。[1]从某种意义上说，丝织业的演变在一定程度上也反映了杭州明清时期工业发展的基本脉络。鸦片战争之后，毗邻上海的杭州因为地利之便，丝绸生产和出口都十分兴旺。西方列强实行“引丝扼绸”政策，同时因战争破坏和社会动荡，曾造成蚕丝旺销、绸业衰退的局面，甚至全行业衰退，但这

[1]建设委员会调查浙江经济所编：《杭州市经济调查》下，载民国浙江史研究中心、杭州师范大学选编：《民国浙江史料辑刊》第1辑第6册，国家图书馆出版社2009年版，第394页。

也促使有识之士引进西方先进的经营理念和技术设备，发展现代丝织业。杭州商人中最多的是通过经营丝织业而完成原始积累的。许多外地进入杭州的商人如浔商也是靠丝织业起家的。康熙年间（1662—1722年）海禁解除以后，海外丝绸贸易取得了合法地位，杭州的生丝和绸缎出口增长迅速，为杭州商人进一步创造了发展机会。与明代相比，清代的丝绸外贸中丝货占的比例更大，主要是因为一些国家的丝织业进一步发展，原料需求巨大，因此仰赖中国生丝的情况不但没有消失，反而更为加重。生丝的大量出口造成国内丝价大幅度上涨。从康熙末年到乾隆前期约40年间丝价涨了约50%，而在杭州的余杭县等生丝产地涨得更快。一时间贸丝成为杭州商人最大的盈利点。清政府则对西方势力始终心存戒心，乾隆二十二年（1757年）又重申海禁，只准在广东一口通商。然而由于利润诱惑巨大，由商贩走私出去的生丝不在少数；清政府也离不开丝绸外销带来的丰厚利益，因而其政策时禁时弛。自康熙年间到鸦片战争之前，清政府为购铜铸钱而每年向日本输出大量生丝和丝绸。其中康熙朝中期即日本的元禄年间（1688—1703年）最盛。即使到了乾隆以后，每年由乍浦等地出口至日本的丝货仍在6.3万斤以上。[1]自康熙年间至鸦片战争前，从浙江到日本的商船有6200多艘，在整个贸易额中生丝和丝织品占了70%。[2]这些生丝几乎全部产于浙江的杭州、湖州和嘉兴3府。除了向日本输出外，杭州等地生产的丝货还销往英国、法国、荷兰、丹麦、瑞典、美国等地。自清乾隆到咸丰前后100多年的时间里，包括杭州在内的江南地区与新疆地区开展了大规模的直接官营丝货贸易。这项贸易的起因是乾隆二十二年（1757年）清政府平定准噶尔叛乱后，有功于清廷的哈萨克部落提出了在当地以马匹换货物（主要是丝绸）的要求，而清朝在新疆驻兵、屯田则需要马匹和其他牲畜。清政府命杭州织造局等筹划相关贸易。嘉庆年间（1796—1820年）江南与新疆的绸缎贸易进一步繁荣，贸易地点也由乾隆时期的5处，扩大为伊犁、塔尔巴哈台、乌什、阿克苏、叶尔羌及所属和阗、喀什噶尔、喀喇沙尔7处。嘉庆二年为新疆贸易备织的2015匹江南绸缎中，杭州织造局承担了671匹，约占1/3。除了具有官方色彩的丝货贸易外，民间的丝货贸易范围也极广。当时各路商贾云集杭州，“来杭只贩绸缎”。其中经营丝货的晋陕商人称标商，康熙年间“四方商客来买绸绫纱绢者，西标为最”，张家口等北方边镇的丝货主要就是由他们贩运去的。康熙后期，杭州的丝货标商就有梁日升等三四十家。江西地区的商人专营绢织物，陕西“绸帛资于江浙”，湖南常德府“境内不种桑……不工组织，锦绮之属，取之江浙远方”。杭州本地商人的足迹则遍布各地，并在各地建会馆。乾隆二十三年（1758年）“始创积金之议，以货之轻重定输资之多寡，月计岁会，不十年而盈钜万，费有借也”，以白银7200两购得苏州桃花坞有房屋130余间的“京兆宋氏之旧庐，易朽败，鲜漫漶”，成立了钱江会馆。[3]乾隆二十三年至四十一年（1758—1776年）杭州26家丝绸商捐白银11022.25

[1]朱新予主编：《浙江丝绸史》，浙江人民出版社1985年版，第117页。

[2]木宫泰彦：《中日交通史》下册，陈捷译，商务印书馆民国20年（1931年）版，第354页。

[3]杭世骏：《吴阊钱江会馆碑记》，载江苏省博物馆编：《江苏省明清以来碑刻资料选集》，生活·读书·新知三联书店1959年版。

清光绪二十九年至宣统二年（1903—1910年）全国部分地区绸缎出口量（单位：担）

年份	杭州（全国占比）	上　海	广　东	南　京	苏　州	全　国
1903	1 784（6.8%）	9 259	9 285	2 641	347	26 068（19 607 502）
1904	2 167（8.3%）	9 532	8 291	3 071	531	26 225（19 451 699）
1905	2 565（9.5%）	9 658	7 942	3 218	947	26 926（19 747 539）
1906	2 218（8.8%）	9 128	7 305	3 280	886	25 327（18 423 796）
1907	2 124（8.1%）	8 955	8 476	3 235	1 157	26 076（19 578 522）
1908	3 666（12.5%）	9 609	9 642	2 718	1 232	29 242（20 913 664）
1909	3 667（12.4%）	9 906	9 390	2 663	1 117	29 589（21 360 548）
1910	3 760（12.3%）	9 892	10 203	2 883	1 420	30 660（22 263 361）
平均	2 439（10%）	9 492.375	8 816.75	2 963.625	954.625	24 457（20 168 329）

资料来源：中国海关总署总务厅、中国第二历史档案馆编：《中国旧海关史料》（1859—1948年）各海关外籍税务司报告，京华出版社2002年版。全国总数一栏括号内的数值为贸易额，单位为关平两。

清光绪二十九年至宣统二年（1903—1910年）全国部分海关绿茶出口量（单位：担）

年份	杭州关	宁波关	三都澳关	九江关	温州关	全　国	销往国外
1903	**125 305**	**114 827**	**37 333**	**54 347**	**14 993**	**387 577**	**301 620**
1904	**111 227**	**98 316**	**47 024**	**38 965**	**14 074**	**329 360**	**241 146**
1905	**106 588**	**87 029**	**59 219**	**34 556**	**12 023**	**321 084**	**242 128**
1906	**102 362**	**82 820**	**69 199**	**31 761**	**10 378**	**327 553**	**206 925**
1907	106 845	106 589	64 038	33 049	14 649	343 950	264 802
1908	108 790	105 201	50 889	44 237	25 139	352 827	284 085
1909	132 459	96 948	66 906	44 934	11 794	371 922	281 679
1910	136 209	110 763	75 195	44 363	15 845	407 226	296 083

资料来源：中国海关总署总务厅、中国第二历史档案馆编：《中国旧海关史料》（1859—1948年）各海关外籍税务司报告，京华出版社2002年版。粗字部分包括绿茶和毛茶，1907—1910年的数量不是以上同项相加之和。

清光绪二十九年至宣统二年（1903—1910年）全国部分海关扇子出口额和数量

（贸易额单位：关平两；数量单位：柄）

年份	杭州关		拱北关		粤海关		宁波关	
	数　量	贸易额	数　量	贸易额	数　量	贸易额	数　量	贸易额
1903	6 075 048	541 497	36 165 962	239 167	13 222 104	216 681	2 140 302	134 839
1904	6 219 894	801 680	39 896 535	317 846	11 876 512	224 880	2 226 782	135 407
1905	6 696 965	863 137	40 875 800	327 254	2 284 126	76 900	1 648 070	77 129
1906	7 491 397	960 115	36 935 707	238 556	5 089 480	107 435	1 509 493	60 380
1907	7 713 067	991 289	35 086 860	233 480	8 140 662	160 528	2 253 776	94 659
1908	5 782 594	775 347	37 949 367	247 578	7 233 482	170 447	3 905 631	164 036
1909	7 248 578	969 246	31 250 613	217 447	11 650 430	277 749	2 996 292	125 844
1910	8 804 619	1 307 896	37 254 114	253 123	7 720 908	219 824	1 898 484	79 736
平均	7 004 020	901 276	36 926 870	259 306	8 402 213	181 806	2 322 354	109 004

资料来源：中国海关总署总务厅、中国第二历史档案馆编：《中国旧海关史料》（1859—1948年）各海关外籍税务司报告，京华出版社2002年版。

两[1]，可见其财力雄厚。在4关并立时期，由于浙江的海关没有得到充分发展，从杭州直接运到海外去销售的丝绸比较少，而大多通过其他港口特别是浙江以外的港口转运输出的。广州一口通商时期，则由江浙等省商民贩运于粤转售出口。所走之路由杭州出发有两条：一条沿钱塘江南下至衢州府常山县，转陆路至江西省玉山县，再转水路入信江，从信江北行至鄱阳湖转至赣江南下大庾岭商道。这是江南商品流入广东的重要商路，但信阳上游河口镇（今江西铅山）以东河窄水急，不利大船航行，故商品流通规模受到一定限制。另一条沿钱塘江南下经富阳县、桐庐县、建德县、淳安县，沿新安江过街口巡司至屯溪县、祁门县，从祁门出发进入江西境内，过浮梁县抵南昌府转入赣江水系南下。该条路线的航运条件比较好。[2]由于江南距广州路途遥远，运输成本和损耗较大，导致商品价格上涨。而当时的限制政策割裂了丝货产区与就近港口的天然联系，杭州等江南地区的丝绸外销因此受到扼制。毗邻蚕丝产区的上海开埠后，路程减少了10倍，因而销售价格可远低于广州。杭州的丝货外销规模由此迅速扩大。杭州的生丝出口在光绪二十五年（1899年）达到高峰，该年出口额达到1111842关平两，占杭州关出口总额的17.4%。此后一度低迷，至光绪三十三年（1907年）有所恢复。但由于外国资本争夺生产利润，中国政府提高关税，总体形势走差。取而代之的是蚕茧出口量的增加，如宣统二年（1910年）出口量为1909年的1.4倍。[3]又由于列强推行“引丝扼绸”，丝绸出口量也大幅度下降。

除鸦片外，1896—1910年杭州进口洋货以洋油（煤油）、糖类、锡和火柴等为大宗，土货则以大豆、烟丝、红砂糖、桐油、白蜡和黑枣等为大宗。洋油的年平均进口额为447830关平两，占年平均进口总额的11.6%。糖类商品的年平均进口额为930224关平两，占年平均进口总额的24%。进口鸦片主要在嘉兴分关完税，进口额约占进口总额的四成。

杭州海关设立至辛亥革命爆发前15年，除1900年、1905年、1906年、1910年进出口总额相比上年略有下降外，总体上处于上升趋势。其成长大体可分为3个阶段。第一阶段为1896—1900年（光绪二十二年至二十六年），进出口总额年均在7673000—11517000关平两之间（除1896年以外）。第一个税收整年（1897年）即达7673076关平两。第二阶段为1901—1906年（光绪二十七年至三十一年），出口总额较上一阶段有所增加，在12010000—17800000关平两之间。1904年达到顶峰后回落，但年均突破千万关平两大关。第三阶段为1907—1910年（光绪三十二年至宣统二年），进出口总额持续走高，在19700000—24100000关平两之间，年均超过21600000关平两，较上一阶段增加600多万关平两。尽管杭州当时在江浙沿海口岸的实际地位是“货物的进出口均通过运河，由船舶（轮船、民船）转运出入上海、苏州同通商口岸，而外洋直接出口货物极少，出洋货物也经上海转运出口”[4]，主要起到的是内地转运功能，但其发挥的作用与

[1]苏州历史博物馆等编：《明清苏州工商业碑刻集》，江苏人民出版社1981年版，第20—21页。

[2]范招荣：《江南丝货的广州外销》（1757—1843年），暨南大学硕士学位论文，2007年。

[3]朱新予主编：《浙江丝绸史》，浙江人民出版社1985年版，第126页。

[4]中华人民共和国杭州海关译编：《近代浙江通商口岸经济社会概况：浙海关、瓯海关、杭海关贸易报告集成》，浙江人民出版社2002年版，第56—57页。

清光绪二十三年至宣统二年（1897—1910年）杭州海关大宗商品进口额及比重表（单位：关平两）

年份	进口总额	洋油	糖类	锡	日本洋火	鸦片
		进口额（比重）	进口额（比重）	进口额（比重）	进口额（比重）	进口额（比重）
1897	1 259 544	238 798（19%）	45 869（3.6%）	68 983（5.5%）	31 789（2.5%）	543 800（43.2%）
1898	2 084 875	373 975（17.9%）	119 090（5.7%）	194 971（9.4%）	68 525（3.3%）	667 404（32%）
1899	2 736 032	429 450（15.7%）	170 157（6.2%）	113 894（4.2%）	91 313（3.3%）	1 245 877（45.5%）
1900	2 581 807	397 376（15.4%）	257 607（10%）	108 878（4.2%）		1 184 110（45.9%）
1901	3 565 760	523 897（17.7%）	656 040（18.4%）	175 124（4.9%）	120 370（3.4%）	1 272 632（35.7%）
1902	3 660 386	411 540（11.2%）	913 605（25%）	51 330（1.4%）	97 511（2.7%）	1 425 470（38.9%）
1903	4 344 168	382 891（8.8%）	1 144 233（26.3%）	158 120（3.6%）	130 549（3%）	1 566 214（36.1%）
1904	5 144 223	699 220（13.6%）	1 140 014（22.2%）	196 617（3.8%）	97 387（1.9%）	1 818 698（35.4%）
1905	4 438 522	362 642（8.2%）	1 184 694（26.7%）	128 649（2.9%）	82 237（1.9%）	1 669 420（37.6%）
1906	4 354 880	302 985（7%）	1 364 239（31.3%）	61 172（1.4%）	93 511（2.1%）	1 187 805（27.3%）
1907	4 789 000	432 610（9%）	1 683 114（35.1%）	158 344（3.3%）	77 542（1.6%）	1 007 588（21%）
1908	5 070 753	607 792（12%）	1 499 359（29.6%）	192 342（3.8%）	291 785（5.8%）	893 655（17.6%）
1909	5 653 614	620 613（11%）	1 503 439（26.6%）	89 727（1.6%）	44 094（0.8%）	928 704（16.4%）
1910	4 550 816	485 834（10.7%）	1 341 670（29.5%）	181 516（4%）	38 921（0.9%）	584 973（12.9%）
平均	3 873 884	447 830.2（11.6%）	930 223.6（24%）	134 261.9（3.5%）	97 348.77（2.5%）	1 142 596（29.5%）

资料来源：中国海关总署总务厅、中国第二历史档案馆编：《中国旧海关史料》（1859—1948年），京华出版社2002年版。表中数据由杭州海关外籍税务司报告中的表格Trade in Foreign Goods—Imports and Re-exports和Principal Articles Imported through the Maritime Customs两项及1906—1910年Analysis of Foreign Trade: Exports得出。洋油指从美国、俄国和印度尼西亚进口的煤油，糖类包括红糖、白糖、精制糖和冰糖。

清光绪二十三年至宣统二年（1897—1910年）
杭州海关糖类商品进口量（单位：担）

年份	红糖	白糖	精制糖	冰糖	总量
1897	2 755	5 427		289	8 471
1898	7 923	13 983		433	22 339
1899	12 436	23 141		426	36 003
1900	9 946	37 089		338	47 373
1901	17 840	101 199		1 033	120 072
1902	35 799	147 924		1 681	185 404
1903	38 045	63 488	98 289	3 060	202 882
1904	45 787	50 220	129 578	2 586	228 171
1905	42 838	167 210		2 400	212 448
1906	80 292	104 385	91 396	2 781	278 854
1907	95 342	95 966	162 854	3 051	357 213
1908	69 710	67 278	152 093	2 382	291 463
1909	81 223	73 620	135 780	2 722	293 345
1910	65 213	54 095	136 763	2 345	258 416

资料来源：中国海关总署总务厅、中国第二历史档案馆编：《中国旧海关史料》（1859—1948年），京华出版社2002年版。表中数据由杭州海关外籍税务司报告中的表格Trade in Foreign Goods—Imports and Re-exports和1906—1910年的Analysis of Foreign Trade: Exports得出。

清光绪二十三年至宣统二年（1897—1910年）
杭州海关锡进口量（单位：担）

年份	锡
1897	2 759
1898	7 799
1899	3 451
1900	3 629
1901	5 837
1902	1 345
1903	5 271
1904	4 536
1905	2 991
1906	1 020
1907	2 436
1908	3 847
1909	1 763
1910	4 748

资料来源：中国海关总署总务厅、中国第二历史档案馆编：《中国旧海关史料》（1859—1948年），京华出版社2002年版。表中数据由杭州海关外籍税务司报告中的表格Trade in Foreign Goods—Imports and Re-exports和1906—1910年的Analysis of Foreign Trade: Exports得出。

清光绪二十三年至宣统二年（1897—1910年）杭州海关大宗土货进口额和数量（贸易额单位：关平两；数量单位：担）

年份	进口总额	大豆		红砂糖		烟丝		豆饼		桐油		白蜡		黑枣		清漆		烟叶	
		进口额	数量	进口额	数量	进口额	数量	进口额	数量	进口额	数量	进口额	数量	进口额	数量	进口额	数量	进口额	数量
1897	241 703	753	376			83 496	5 566			6 065	977	2 728	34	663	133	17 927	448	22 893	2 289
1898	875 359	204 068	102 034	3 035	759	187 653	11 038	83 865	76 241	104 416	10 442	29 978	300			59 299	1 235	23 244	1 937
1899	2 363 183	1 076 118	413 918	8 011	2 195	280 194	16 482	236 918	236 918	175 861	17 586	77 679	762	4 112	653	66 224	1 380	56 758	4 730
1900	2 066 593	832 745	333 098	109 206	27 301	265 324	15 607	17 107	11 404	177 053	17 705	81 843	802	31 415	3 142	1 853	37	61 727	5 144
1901	2 723 925	509 431	221 492	380 308	95 077	264 770	15 575	79 968	66 640	111 061	11 106	132 306	1 297	105 728	8 811	68 388	1 425	140 554	11 705
1902	3 523 652	958 629	383 452	449 694	112 423	256 965	15 116	41 928	27 952	116 740	12 971	103 951	1 091	202 572	16 881	74 559	1 553	68 936	5 745
1903	3 059 939	742 690	412 606	508 915	127 229	371 158	14 846	69 226	27 690	107 486	13 436	77 600	1 035	84 592	16 918	64 628	1 616	30 393	3 199
1904	3 444 920	794 512	441 396	448 603	121 244	367 564	15 981	275 114	196 510	137 704	16 427	54 056	730	97 559	15 244	23 733	1 732	40 644	4 418
1905	2 857 835		173 293		95 315		16 838				14 173				16 078				
1906	2 174 540		299 199		67 411		15 805				17 740				15 168				
1907	4 596 740		424 391		95 271		17 348				21 047				24 270				
1908	5 112 390		321 738		113 373		17 692				30 528				23 694				
1909	5 841 518		449 781		76 745		14 623				26 460				27 444				
1910	4 557 633		396 918		92 744		18 281				28 832				29 030				

资料来源：中国海关总署总务厅、中国第二历史档案馆编：《中国旧海关史料》（1859—1948年）之《杭州口华洋贸易情形论略》（1896—1910年），京华出版社2002年版。

[1]张敏：《清末杭州关进出口贸易研究》（1896—1910年），杭州师范大学硕士学位论文，2011年。

直接贸易不相上下。出口的商品中也有不少工业品。[1]从这一阶段的情况来推理，以往没有海外贸易额记录的整个明清时期可能总体上都是顺差，并且有相当数量的手工业品，与前述白银流入可以互为印证。

明清政府虽然总体上比较保守，但中外文化和经济交流仍不可阻挡地向前发展。明代后期，随着殖民势力的扩张，加上耶稣会有计划地到东方传教，西方大批传教士来中国活动，带来了先进的文化和科学技术。耶稣会由西班牙人伊纳爵·罗耀拉（Ignacio de Loyola）于1534年创立，并在1540年获得教皇批准。耶稣会创立后即积极向海外传教，万历十年（1582年）罗明坚（Michele Ruggieri）、利玛窦（Matteo Ricci）进入中国内地，使天主教在中国站稳了脚跟。利玛窦为耶稣会中国传教区第一任会长，他融合中西文化的传教方式吸引了徐光启、李之藻、杨廷筠等为代表的士大夫阶层中的部分成员皈依天主教。当时到杭州传教的有明代的毕方济（Frangois Sambiasi）、邓玉函（Jean Terrenz）、罗儒望（João da Rocha）、金尼阁（Nicolas Trigault）、郭居静（Lazzaro Cattaneo）、钟鸣仁（Sebastiano Ferdnando）、黎宁石（Pedro Ribeiro）、游文辉（Manuel Pereira Yeou）、伏若望（João Froes）、阳玛诺（Emmanuel Diaz）、庞类思，清代的卫匡国（Martino Martini）、洪度贞（Humbert Angeri）、殷铎泽（Prospero Intorcetta）、徐日昇（Tomás Pereira）、法安多（Antonio

清光绪二十二年至宣统二年（1896—1910年）杭州海关进出口额（单位：关平两）

年份	进口额（占比例）	同比增长率	出口额（占比例）	同比增长率	进出口总额	同比增长率	进出口差
1896	124 402（54.7%）		102 994（45.3%）		227 396		-21 408
1897	1 501 247（19.6%）		6 171 829（80.4%）		7 673 076		4 670 582
1898	2 960 234（37.02%）	97.18%	5 036 230（62.98%）	-18.40%	7 996 464	4.21%	2 075 996
1899	5 099 215（44.3%）	72.26%	6 417 693（55.7%）	27.43%	11 516 908	44.03%	1 318 478
1900	4 648 400（49.1%）	-8.84%	4 815 173（50.9%）	-24.97%	9 463 573	-17.83%	166 773
1901	6 289 685（51.9%）	35.31%	5 834 873（48.1%）	21.18%	12 124 558	28.12%	-454 812
1902	7 184 038（50.2%）	14.22%	7 140 984（49.8%）	22.38%	14 325 022	18.15%	-43 054
1903	7 404 107（47.4%）	3.06%	8 217 654（52.6%）	15.08%	15 621 761	9.05%	813 847
1904	8 589 143（48.4%）	16.01%	9 171 625（51.6%）	11.61%	17 760 768	13.69%	582 482
1905	7 296 357（41.6%）	-15.05%	10 222 074（58.4%）	11.45%	17 518 431	-1.36%	2 925 717
1906	6 529 420（40%）	-10.51%	9 788 358（60%）	-4.24%	16 317 778	-6.85%	3 258 938
1907	9 385 740（47.6%）	43.75%	10 317 224（52.4%）	5.40%	19 702 964	20.75%	931 484
1908	10 183 143（46.2%）	8.50%	11 852 818（53.8%）	14.88%	22 035 961	11.84%	1 669 675
1909	11 495 132（47.7%）	12.88%	12 598 897（52.3%）	6.29%	24 094 029	9.34%	1 103 765
1910	9 108 449（43.7%）	-20.76%	11 749 090（56.3%）	-6.75%	20 857 539	-13.43%	2 640 641

资料来源：中国海关总署总务厅、中国第二历史档案馆编：《中国旧海关史料》（1859—1948年）之《杭州口华洋贸易情形论略》（1896—1910年），京华出版社2002年版；中华人民共和国杭州海关译编：《近代浙江通商口岸经济社会概况：浙海关、瓯海关、杭州关贸易报告集成》之《杭州关验放进出口贸易货值统计》，浙江人民出版社2002年版；实业部国际贸易局编纂：《最近三十四年来中国通商口岸对外贸易统计》之1900—1911年杭州进出口贸易统计对比表，商务印书馆1935年版。1896年10月1日杭州关开始征税，因此该年的统计数字只包含3个月。出口额含复出口额。

Faglia）、艾斯玎（Augustin Barelli）等。较为著名的是卫匡国。卫匡国是意大利人，崇祯十三年（1640年）渡海东航，3年后来到中国。主要在浙江杭州、兰溪、分水、绍兴、金华、宁波活动，又在南京、北京、山西、福建、江西、广东等地留下了足迹。在卫匡国的努力下，杭州教务发展很快，仅顺治五年（1648年）就有250人受洗。以利玛窦为代表的耶稣会士持迎合中国传统的传教路线，在罗马教廷引发"中国礼仪之争"。卫匡国坚定地站在利玛窦一边，在中国传教7年后以适应政策辩护人的身份于清顺治七年（1650年）重返罗马，为在华耶稣会士的行为申辩。他还在返国途经德国、法国、英国、比利时、挪威诸国时，将其对于中国的地理、文化的思想灌输给欧洲。后又于顺治十四年（1657年）再次赴华，并觐见顺治皇帝福临。再返杭州传教。顺治十六年（1659年），在浙江巡抚佟国器的大力支持下，由佟国器妻亚加大（Agathe）和肃王妃犹第大（Judith）出资，将天启七年（1627年）由杨廷筠、艾儒略建于原武林门内观巷（今天水桥）的教堂进行重建。次年举行开堂礼，受洗者207人。但卫匡国于顺治十八年（1661年）去世，教堂最终由洪度贞主持建成。这座被杭州人称作"天主堂"的教堂据称其"壮丽冠于全国"。卫匡国致力学习汉语和研究中国典籍，有极高的汉学造诣。他在欧洲游说期间，用拉丁文撰写了4部介绍中国历史、地理和文化的著作，即《中国上古史》《中国新图志》《鞑靼战纪》和《中国文法》。《中国上古史》1658年首次在德国慕尼黑出版，第二年又以拉丁文在荷兰阿姆斯特丹再版。用西式方法绘撰的《中国新图志》1655年初版于阿姆斯特丹。这是一部完整的中国地理著述，内有17幅地图，包括中国总图1幅，直隶、山西、陕西、山东、河南、四川、湘广、江西、江南、浙江、福建、广东、广西、贵州、云南各省1幅，此外还有日本地图1幅。有171页志文，19页目录，可以查阅中国各地城关的经纬度。具体内容上突破了中国官私地理志书因偏重政治建置所造成的知识包容量限制，更好地体现了欧洲地理学所主张的综合性学科的性质。该书后来多次重版，影响很大。在1735年法国人让—巴普蒂斯特·杜赫德（Jean-Baptiste Du Halde）出版《中华帝国全志》之前，卫匡国的这部图集一直是欧洲地理学界关于中国舆地的权威参考书，为欧洲在19世纪对中国先后进行的文化和商业开拓铺平了道路。卫匡国因此被称为"西方中国地理研究之父"。1653年，卫匡国辗转从海路去阿姆斯特丹的途中完成了世界上第一部记述明清易代的史书《鞑靼战纪》。《鞑靼战纪》1654年出版于比利时安特卫普，嗣后在德国科隆（1654年）、英国伦敦（1654年）、意大利罗马（1654年、1655年）和荷兰阿姆斯特丹（1655年）出版。据统计，1654—1706年共用9种不同的语言发行211版，流传十分广泛。卫匡国来到中国之际，正值明王室危机四伏，无法久居一地，于是便到各处游历，见证了中国政治的风云变幻。他至少到过中国内地15省（两京13布政司）中的六七个，对中国山川地理、人物掌故详熟于胸，同时结交也甚广。《鞑靼战纪》主要涉及3方面内容：明清之际中国基督教发展的基本状况，战乱中各地传教士的遭遇，孙元化、霍式耜、丁魁楚、庞天寿等明末政坛上重要人物的基督教徒身份证明及其不平常的经历。《鞑靼战纪》是明清嬗替之际最早和最原始的史书之一，叙写颇为冷静和客观，还从理论上探讨导致战争胜败的深层原因，具有较高的史料和史学价值。徐光启、李之藻和杨廷筠被称为中国晚明时期天主教的三大柱石。李之藻（1565—1630年），字振之，一字我存，号凉庵居士、凉庵逸民，仁和县人，万历二十六年（1598年）进士，曾任工部主事、南京工部营缮司员外郎、工部都水司郎中、开州知州、南京工部员外郎、南京工部郎中、光禄寺少卿等职，与利玛窦相交甚密，从其学习天文、数学、地理等。万历三十八年（1610年），李之藻在北京病危，朝夕相守的利玛窦劝其入教，他受洗后竟然起死回生。次年以丁忧回杭州，延请金尼阁、郭居静开堂传教。李之藻和利玛窦共同编译的《同文算指》是最早译成中文的西方算术著作。他所编的《浑盖通宪图说》是中国第一部介绍西方近代天文学的著作，《天学初函》则是中国第一部新学丛书。其他译著还有《寰有诠》《名理探》等。杨廷筠（1562—1627年），字仲坚，号淇园居士、井寒子、郑园居士、沁园居士、弥格子等，教名弥格尔（Michael），也是仁和人，万历二十年（1592年）进士，曾任湖广道监察御史、四川道掌道事、南直隶副使、江西副使等职。辞官回杭州后参与东林讲会，后皈依天主教。杨廷筠主张耶儒互补，以天主教的教义来重新解释乃至重构儒家文化传统。他曾指出："西学以万物本乎天，天唯一主，主唯一尊，此理至正至明，与吾经典一一吻合。"[1]著有《代疑篇》《代疑续篇》《圣水纪言》《天释明辨》《鸮鸾不并鸣说》等。据《杨淇园先生超性事迹》一文所记，有一天杨廷筠在散步时看到一个穷信徒无法埋葬亡父，很是伤感。他对其说："若翁即吾翁也，忍令至是。"[2]于是在桃源岭大方井杨家的祖坟地买地，用于安葬穷苦的教友。天启二年（1622年），钟鸣仁去世，杨廷筠也将其下葬于此。杨廷筠死后，其次子将该地赠与传教士，作为传教士的专用墓地。后来杨廷筠的长子又购买附近的一些田产用于建守墓房。清康熙十七年（1678年），时任耶稣会中国副省区会长的殷铎泽又购地扩大墓区，兴建了一个地下墓窟及一座小教堂，两年后为就棺于此的卫匡国举行了迁葬礼，并将散落在杭州各处的传教士灵柩迁入。原左右两壁间分嵌康熙年间（1662—1722年）所立石碑两块，右碑题"天学耶稣会修士受铎德品级诸公之墓"。现正前方高耸一座石牌楼，外题"天主圣教修士之墓"，内题"我信肉身之复活"。牌楼后是石墓。墓室前面有两块石碑，上面记录着曾经长眠于此处的传教士姓名、国籍、来华时间、卒年和享年。他们即前面提到的除毕方济、邓玉函外的来杭州传教的约16位耶稣会传教士。

19世纪，英、美等新教国家的基督教传教士也来杭州传教。较著名的有英国的慕稼谷（George Evans Moule）、梅藤更（David Duncan Main）和

[1]杨廷筠：《代疑续篇》，载郑安德（Andrew Chung）编：《明末清初耶稣会思想文献汇编》第30册，北京大学宗教研究所印，2003年。

[2]艾儒略口授、丁志麟笔录：《杨淇园先生超性事迹》，载钟鸣旦等编：《徐家汇藏书楼明清天主教文献》第2册，方济出版社1996年版。

美国的金楷理（Carl Traugott Kreyer）、应思理（Elias Brown Inslee）、司徒尔（John Linton Stuant）、费佩德（Robert Ferris Fitch）、马雅各（James Laidlaw Maxwell）、赖德懋（Tames V. Latimer）等。慕稼谷咸丰八年（1858年）来华，在宁波、杭州传教。曾任安立甘会华中教区主教。著有《杭州纪略》（*Notes on Hang Chow: Past and Present*）等书。其弟慕雅德（Arthur Evans Moule）咸丰十一年（1861年）来华，曾主持杭州安立甘会。慕稼谷之子慕阿德（Arthur Christopher Moule）同治十二年（1873年）生于杭州，是著名汉学家，1957年出版《行在所（杭州）考（附〈马可·波罗游记〉校注补）》（*Quisai, with Other Notes on Marco Polo*）一书。司徒尔是美国南长老会教士，同治七年（1868年）来华，在杭州传教达45年。长子司徒华伦（Warren Horton Stuart）光绪三十三年（1907年）来华，民国5—11年（1916—1922年）任之江大学（Hangchow Chrisitian College）校长。次子司徒雷登（John Leighton Stuart）光绪二年（1876年）出生于杭州天主堂教士住宅（位于今下城区耶稣堂弄），曾参与建立之江大学的前身杭州育英书院，光绪三十一年（1905年）开始传教，光绪三十四年（1908年）任金陵神学院希腊文教授，宣统二年（1910年）任南京教会事业委员会主席，辛亥革命时兼任美国新闻界联合通讯社驻南京特约记者，民国8年（1919年）任燕京大学校长，民国35年（1946年）任美国驻华大使，对中国的政治、经济、文化影响甚大。中外文化交流在促进海外贸易发展的同时极大地改变了杭州人的思想观念。

二、都市的原初工业化

明清时期杭州的手工业和商业由于扩大了商圈，并更多地融入国际贸易，因而有了更好的发展契机。“内外衢巷绵亘数十里……民萌繁庶，物产浩穰”，“车毂击人肩摩”，“为水陆之要冲，盖中外之走集，而百货所辏会”。[1]其时杭州手工业众多，并且专业化程度大大提高。所谓“三百六十行，各有市语”[2]。手工业中著名的有丝织业、纺织业、造纸业、金属制造业、造船业、印刷业等。商业、运输业等服务业也十分繁盛。在西方经济的作用下，晚清杭州的经济形态逐渐由传统领域向现代形式转换，其分布虽然主要仍在传统行业中，但已经有了向现代产业渗透的趋势，而且在个别行业有了突破性发展。其大体模式是由传统行业完成原始积累，然后逐步转产于现代产业或致力于行业现代化。官办产业则有的直接从新产业切入，有的致力于对传统主体产业的改造和控制。

明朝政府在“两京织染，内外皆置局。内局以应上供，外局以备公用。南京又有神帛堂、供应机坊。苏州、杭州等府亦各有织染局，岁造有定数”[3]。苏、杭之外，其他还设了20多个地方织染局。这些地方织染局多集中在作为丝绸生产重镇的江南地区，其中浙江布政使司管辖的有10处，

[1]刘伯缙等修、陈善纂：《万历杭州府志》卷三四《衢巷市镇》，成文出版社有限公司1983年版。

[2]田汝成：《西湖游览志余》卷二五《委巷丛谈》，上海古籍出版社1980年版。

[3]张廷玉等：《明史》卷八二《食货六》，中华书局1974年版。

而杭州织染局规模、产品品质和产量均居首位。杭州织染局于洪武二年（1369年）设于城南凤山门内朱家桥斯如坊，永乐年间（1403—1424年）又在涌金门内元代御史台基址上建新局。其大门为红色，民间也称为“红门局”。后旧局渐废，所有工料并归新局。新局规模宏大，“建立大门一座，正厅三间，东西二库，提调府厅、局官厅，各房屋计七十间。又置围墙，立中门，内有房屋一百二十余间，分为织罗二作，有古井一，避火园二。宏治间葺，东至西河街，西至都转盐运使司河街，南至藩司墙，北至台后河桥一带”[1]。隆庆年间（1567—1572年），又在积善桥改原工部尚书赵文华宅为新局。杭州织染局开始承织供赏赉之用的缎匹，曾岁造3694匹，闰年更要加织165匹。[2]永乐以后开始同时生产供宫廷内消费的上用缎匹。而其他地区的许多地方织染局或因工艺不精，或因丝质差，为完成岁造任务纷纷来苏、杭等地收买绸缎充数，后来甚至于折银上交，于是天顺四年（1460年）加派苏、杭、松、嘉、湖5府增织彩缎7000匹。此后随支用增加加派量逐年增加。弘治十六年（1503年）“内织染局请开苏、杭诸府织造，上供锦绮为数二万四千有奇”[3]。由于朝廷下达的织造任务繁重，织染局本身无法完成，于是仅专织御用袍服，岁织任务则改由民间机户到官局领取丝料代织，形成了所谓的领织制度。清代的官营织造机构在数量上远少于明代，只在北京和江南丝织业发达的江宁（南京）、苏州和杭州等城市设置4个由政府经营管理的织造机构，其中北京的称为内织染局，江南3个分别称为江宁织造局、苏州织造局和杭州织造局，合称“江南三织造”。历经战火的原明代杭州织造局颓坏，仅存少量织机和挑花匠。顺治三年（1648年）重建。《苏州织造局志》卷三《官署》云：“顺治三年，奉旨遣工部侍郎陈有明、满州官尚志等织造苏、杭。”其时，杭州织造局已“停工二十余年，机房颓坏无存，匠役逃亡甚多”。[4]陈有明等在“织造局尚存旧椽数间，总织局止存一片空地”[5]的条件下，“添修内造旧局，并盖岁造机房，铺设机张”[6]。次年四月完工，“共计新造织染东、西两库并总织局、机库等房三百零二间，修理旧机房九十五间”[7]。“东府自堂檐卧室之侧，悉置匠作以供织。”[8]康熙四十五年（1706年），为迎接玄烨南巡扩建为内造织局、外造织局、纺局和染局4局。内造织局也称红门局，为管理机构，另外3局为织染工场。共有织机770台，其中缎机385台，部机385台，规模大大超过前代。后规模略有缩减。乾隆十年（1745年），有织机600台，机匠1800人，摇纺、染匠、挑花及所管高手等匠530名。[9]鉴于明代管理官营织造的太监滋生腐败的教训，顺治三年（1646年）罢织造太监，改由工部管理，以工部侍郎管理苏、杭织造事。康熙二年（1663年）又改由内务府管理。织造局监造除管理织造生产外，还负有监督地方行政、充当皇帝耳目的职责。清初为解决如期织造缎匹而钱粮不敷的矛盾，织造官采用签派富户的办法来完成任务。顺治十年（1653年）实行“买丝招匠”制度，即由织造局预买丝斤，通过领机户雇募匠役在局按式织造。据对清

[1]龚嘉儁修、李榕等纂：《光绪杭州府志》卷一九《公署二》，成文出版社有限公司1974年版。

[2]范金民、金文：《江南丝绸史研究》，农业出版社1993年版，第115页。

[3]张廷玉等：《明史》卷一八五《曾鉴》，中华书局1974年版。

[4]孙珮：《苏州织造局志》，江苏人民出版社1959年版。

[5]《顺治四年十一月苏杭织造督理陈有明揭帖》，载中央研究院历史语言研究所编：《明清史料》（丙编）第3册，中华书局1985年版。

[6]《顺治四年正月工部侍郎佟同胤等揭帖》，载中央研究院历史语言研究所编：《明清史料》（丙编）第3册，中华书局1985年版。

[7]《顺治四年十一月苏杭织造督理陈有明揭帖》，载中央研究院历史语言研究所编：《明清史料》（丙编）第3册，中华书局1985年版。

[8]龚嘉儁修、李榕等纂：《光绪杭州府志》卷一八《公署一》，成文出版社有限公司1974年版。

[9]昆冈等纂：《大清会典事例》卷一一九〇，《内务府库藏织造》，光绪二十五年（1899年）重修本，文海出版社有限公司1991年版。

清前期杭州织造局生产规模（织机单位：台；机匠单位：人）

顺治年间（1664—1661年）			雍正三年（1725年）			乾隆十年（1745年）		
缎机	部机	合计	缎机	部机	合计	织机	机匠	其他工匠
385	385	770	379	371	750	600	1800	530

资料来源：杭州市地方志编纂委员会编：《杭州市志》第3卷，中华书局1997年版，第150页。表中所列“缎机”为织造上贡缎匹等用，“部机”为织造赏赐缎匹等用。其他工匠包括摇纺、染印、挑花以及所管高手。

代江南三局历年织造缎匹的统计和研究，杭州织造局以生产内用缎（官用、宫廷服用及装饰、庆典用绸等）为主，也承织部分上用缎（主要为御用袍料及制帛、诰敕、驾衣等）和部派缎匹。[1]其产品种类繁多，康熙元年（1622年）杭州织造局就曾造办官用妆花缎、片金、抹绒、花宫绸、闪缎等2290匹，还造办过上用袍缎、官绸、绫、罗、纱等1840匹，两项合计4130匹。虽然品种不及江宁织造局多，但数量却是三局中最多的。尤其是绫绸、杭紬等织物，因主要用于各种宫廷庆典，随着朝廷各种庆典日趋增多和规模日盛而逐年增加。太平天国战争后杭州织造局损毁严重。战后有所恢复，产量仍居江南三局首位。清末仅有少量织机在生产，而主要向民间定购或直接采购，织造局形同虚设。

明代中叶后，由于额外派织日增，不但远远超过地方织染局的承受能力，而且上用袍服的织造只靠内织染局也不能完成，不得不委派于地方织染局。《明神宗实录》卷一二一万历十年二月癸丑条载：“万历十年二月，工部同题织造一事，上用龙袍及各样所出细巧花样颜色，并非民间所易知晓，乞谕令该监择一精巧官匠并金星牙尺，早为给发，庶不误事。”[2]龙袍缎匹尚且不得不利用一向不能染指的民间织造，数量巨大的岁造、改造（岁造任务中之改织者）更得依靠民间机户来完成。隆庆时另建新局时，旧局由“世役”的“食粮官匠”织造御用袍缎，新局则由从民间招募来的“民机”织造岁造、改造缎匹。采用民机的经营方式袭用了赋税折绢中业已存在的领织制度。《成化杭州府志》卷二〇《粮税》载正统十二年（1447年）《夏税则例》云：“（杭州府）折绢二万五千六百零八匹，每匹准丝绵二十二两，共准正丝五十一万二千一百六十二两余，各征加耗不等，通共正耗平丝七十五万二千八百九十两余。内仁和、钱塘、海宁、余杭四县蚕丝颇细，每绢一匹，征丝二十八两八钱，内除二十五两，著令绢头领织，另丝三两八钱作解纲钱用；其富阳、临安、新城、於潜、昌化五县所产粗丝，每匹征丝三十两，照例内除二十五两，著令绢头领织，另丝五两作解纲钱。如丝绢完者，送府县管粮官处，眼同解纲粮长看验，堪中发县用印，连解纲钱交与粮长领解。如有不堪者，退还绢头别换。不许粮长克减价钱。通同将稀疏轻窄绢匹一概混收。”[3]万历时，仁和、钱塘等县纳解丝绢的办法有些改变，“每年四月将殷实人户定解领银，或令自往临安县买绢，或行文临安县，令机户赴县承认织完交纳”[4]。由“殷实人户”领银市买解纳，或由机户赴县领织缴纳，都属于一种包揽制。清代沿

[1]范金民：《清代前期江南织造的几个问题》，《中国经济史研究》1989年第1期。

[2]《明神宗实录》，中华书局1961年版。

[3]夏时正等修：《成化杭州府志》，成化十一年（1475年）刊本。

[4]龚嘉儁修、李榕等纂：《光绪杭州府志》卷八一《物产四》，成文出版社有限公司1974年版。

袭明代的领织制，并以签派方式鸠集工匠。顺治三年，杭州织造局奉旨派织上用袍段，除局内食粮官机300台、民机610台、挑花匠15名外[1]，织造太监卢九德以“召募匠役”的名义签派富户充任堂长，集工织造。这具有徭役性质。织造所需工料价银名义上由政府支付，实际上多半由堂长和机户赔贴。顺治八年（1651年）都给事中袁懋功曾揭露江南省、浙江省签派机户害民的情况说：“江南、浙江等处，巧立机户名色，签派富家承充，胥役百端科索，民多破产求脱，请敕部禁止。”此年户部议准“奉旨禁革机户”，并规定以后“织造局照额设钱粮，买丝招匠，按式织造。如有签报富民，滥派帮贴，奸胥借端科敛，查参究处”。[2]陈有明相应作出规划：“买丝召匠，造办上供，凡口粮工料价值悉为厘定，以昭画一，著为令典。”[3]但由于执行困难极大，直到顺治九年陈有明离任时上述规划尚未真正实施。顺治十一年（1654年），清廷下令江宁、苏、杭等处织造暂停两年，之后“买丝召匠”制才逐步成为有清一代官局织造的定制。

[1]《顺治四年正月工部侍郎佟同胤等揭帖》，载中央研究院历史语言研究所编：《明清史料》（丙编）第3册，中华书局1985年版。

[2]尹泰、张廷玉等：《雍正会典》卷二〇一《工部·织造》，载中国第一历史档案馆编：《大清五朝会典》第9册，线装书局2006年版。

[3]孙珮：《苏州织造局志》卷九《宦迹》，江苏人民出版社1959年版。

明清时期杭州的民间丝织业也十分发达。自嘉靖年间（15221—566年）开始，从一般分散的小型生产分化出一些规模作坊。作坊中工人的分工更细，有络工、拽工、牵经工、织工、运经工、刷边工、接头工等工种[4]。市区还形成了相对集中的专业基地，机户最集中的是城东的东园巷一带，城中的忠清巷、相安里（今新华路一带）一带。后来城东北艮山门外也发展起来。在杭州织染局供职的织匠匠籍虽然仍世袭且不得变更，但比之前代有了一定自由发展的空间。其中的“轮班匠”大部分3年一轮班，轮班之年也只需当值3个月，因而大部分时间可以自由从事商品生产。成化二十一年（1485年），工部还允许以“班匠银”代替服役，则更可用全部时间从事商品生产。又有一些商人以资本经营的方式与织工合作，他们提供原料并收购成品，按件计酬。清代江南的民间丝织业规模不断扩大，成为全国最大的蚕丝生产和丝织业中心。清初政府对民间手工业发展有所限制，机户必须由政府批准注册方可行业。为了防止机坊之间兼并和生产能力过于集中，对机户的织机数量也有所限制，规定不得逾百台，台纳税50金。这种限制受到丝织业主的反对。康熙年间“免限”后，民间织机数量增长迅速。到乾隆年间（1736—1795年），杭州拥有百台织机以上的机坊已不在少数，城内外共有织机3000余台、拈丝机1300余台，有“杭之机杼甲天下”之称。城东、城中机户以生产先将丝线染色后再织造的熟货为主，城东机户则生产先织后染的生货为主，生产工艺要求相对较低。原来这些生货需要运到城里进行练染，雍

明隆庆六年（1572年）杭州丝税数

府、县名	丝税（两）	占比（%）
杭州府	685 012	100
仁和县	76 820	11.3
钱塘县	49 689	7.3
海宁县	185 072	27
富阳县	146 756	21.4
余杭县	34 132	5
临安县	110 416	16.1
新城县	28 903	4.2
於潜县	33 748	4.9
昌化县	19 476	2.8

资料来源：蒋兆成：《明清杭嘉湖社会经济史研究》，杭州大学出版社1994年版，第317页。

[4]蒋以化：《西台漫记》卷四《纪葛贤》，《四库全书存目丛书》第242册，齐鲁书社1997年版。

正时艮山门一带也开了很多染坊，可就近练染。丝织业专业化程度进一步提高，乃至有“结综掐泛”等业。织造“向非机匠一手一足之力，尚有手艺数项赖此营生。如机张之须用泛头也，有结综掐泛一业；如丝之须练也，有摅丝一业；如经之须接也，有牵经接头一业；如织花缎也，有上花一业”[1]。《杭风遗俗》又记载：“杭州后市街之太平局以及下段东街等处，有该机子织缎者，其经纬各丝，多发女工络纺。”[2]业绸者将丝分给络纬工络丝摇纬，并给予一定报酬。晚清现代工厂兴起后产业得到整体性升级。光绪三十二年（1906年）吴恩元等合资创办扬华织绸公司，年产量接近光绪六年（1880年）全城手工业工坊的总量。

明清时杭州生产的丝绸品种也有所增加，工艺更是达到新的高度。据《天工开物》卷上《乃服第二·调丝》记载，当时一般丝织物的经纬线用量比例大约是“经四纬六”，而明中期苏、杭等地生产的吴绫因所用经线量多，织造紧密，质地较厚而光，在暗处用手摩擦会出现火光，俗称“油

[1]《长洲、元和、吴三县谕禁苏庄缎机应用结综掐泛一项向系顾继宗承做各缎庄及机户人等不得搀夺碑记》，载江苏省博物馆编：《江苏省明清以来碑刻资料选集》，生活·读书·新知三联书店1959年版。

[2]范祖述撰、洪如篙补辑：《杭俗遗风·女工类》，上海文艺出版社1989年版。

清后期杭州生产的部分丝绸品种

品　种	原　料	组　织	纹　样	颜　色	销售地区	用　途	备　注
五彩蟒袍	细丝经、肥丝纬	斜纹地五彩妆花	蟒、江崖海水等	天青、酱色	北　京	朝　服	
朝裙霞帔	细丝经、肥丝纬	斜纹地五彩妆花	龙、江崖海水等	天　青	北　京	朝　服	
荐衣外套	细丝经、肥丝纬	斜　纹	团　花	荐衣蓝色、外套天青	北　京	礼　服	
披风袍褂	细丝经、肥丝纬	斜　纹	团　花	天　青	北　京	礼　服	
宁　绸	细丝经、肥丝纬	斜　纹	团花、大花、中花	天青、酱色、二蓝	国内各埠	男女、外衣	
库　缎	细丝经、肥丝纬	八枚缎纹	团花、大花、中花	天青、酱色、二蓝		男女、外衣	
线　绉	细丝纺经、肥丝打线纬	平纹地上以八枚缎纹显花	团花、大花、中花	天青、酱色、二蓝	国内各埠	男女、外衣	经线原用淀粉上浆，后改用染色丝线
芝地纱	双经、肥丝纬	绞经组织与平纹组织结合		天青、元色、二蓝	国内各埠	男女、外衣	
实地纱	双经、肥丝纬	绞经组织与平纹组织结合	大花、中花	元青、蓝、浅灰	国内各埠	男女、夏衣	
官　纱	生肥丝经、板绒纬	平　纹	花、素	雪白、雪青	广　东	男女、夏衣	
匀条纱		绞经组织与平纹组织结合	素	生　白	国内各埠	轿帘、绣花底料	表面有留有空路
绉　纱	土丝经纬，纬线分别加左右捻	平纹，交替织入左右捻纬线	素	元　青	云南等地	包头巾	
杭　纺	生肥土丝	平　纹	素	白色、雪青	国内各埠	男女、衣用	郊区腰机织造
线　春							
	肥丝经、打线纬	平纹地上起斜纹花	花	练白、染色	国内各埠	男女、衣用	
大　绸	肥丝经、平线纬	平纹地上起斜纹花	花	练白、染色	国内各埠	男女、衣用	
素　罗	肥丝经、细丝纬	绞经组织与平纹组织结合	素	练白、染色	国内各埠	男女、衣用	每隔3—19纬，经线绞转一次
花　罗	肥丝经、细丝纬	绞经组织与其他组织结合	花	练白、染色	国内各埠	男女、衣用	郊区机坊织造
杭　缎		缎　纹	素	杭青及浅色	国内各埠	男女、衣用	

资料来源：徐铮、袁宣萍：《杭州丝绸史》，中国社会科学出版社2011年版，第100—101页。

缎子”。杭绢则因工艺精湛，是“土绸中之最著者，业此者多在东郊”[1]，服饰采用面很广。《金瓶梅》提到的就有“青杭绢女袄”、“柳绿杭绢对衿袄儿”、“素青杭绢大衿袄儿”、“鹅黄杭绢点翠缕金裙”、“贴里一色都是杭州绢儿”等。临安制生绢，“织者甚众，直隶、江西皆买之”[2]。海宁县有杜绢，可为夏衣。又有书画绢，织造平整致密。还有一种专供榨酒用的榨酒绢。“榨酒绢之粗疏者，仁和庆春、艮山二门外俱以纇丝织之。婺郡造酒者悉以此榨滤。”[3]杭绸“有一种极轻纤者，用湖水漂净，宜染色，大红尤佳，以杭绸多锤练故也”。硖石所产紫微绸也很著名。李日华《紫桃轩杂缀》记述：“硖石人积梅水，以供蚕茧缫丝，丝绸有自然碧色，名曰松荫色，享上价。此法本宋宁宗宫禁中有为之者，号为天水碧。”[4]除以长丝织成的绢外，还有纺丝绵而织成的绵绸。明末杭州人蒋昆丑“以纺织为业，时尚浮华，反谓质色厚重者非佳制。蒋乃易以团花疏朵，轻薄如纸，携售五都，市廛一哄，甚至名重京城，名曰皓纱”[5]。根据清宫档案中保留的杭州织造局上解各色缎匹清单，清前期所生产的品种多为高档丝织品。如彩妆金身蟒缎、彩妆绒身蟒缎、圆金妆缎、圆金寸龙妆缎、扁金妆缎、二色圆金五身蟒缎、扁金圈四爪蟒缎等，多采用妆花工艺。有些甚至使用了扁金线和圆金线等贵金属原料，使其纹样特别富丽堂皇。而妆花缎也是清代最为流行的缎类品种之一。这种缎在缎地上以局部通经断纬的工艺织造，十分费工。一般的缎织物是局织产品的大宗，有彭缎、大闪缎、实闪缎、大缎、素缎、双经素缎、杨缎、抹绒缎、八丝花缎、蟒缎等各色名目。此外，还有实地纱、芝地纱、五色春纱、屯纱、花罗、素罗等纱罗类织物，八丝宫绸、满花春绸、满花绉绸、花宫绸、素宫绸等纺绸类织物，花绫、素绫、满花杭绫等斜纹类织物，等等。雍正十一年（1733年）的收贮物件清册中还出现了洋锦和洋倭缎等品名，可能是仿制西洋和日本丝物的产品。从北京故宫博物院现存洋锦实物来看，这种织物多模仿18世纪法国洛可可风格锦缎的纹样，被称为“大洋花”。清代杭州民间生产的丝绸品种也十分丰富，并产生了众多以“杭”冠名的地方性名产，如杭缎、杭纺、杭罗等。还出现了《西湖十景图》。除国际贸易和具有官方色彩的与新疆地区的贸易外，清代杭州民间丝绸贸易范围也十分广阔。杭世骏曾说：“吾杭饶蚕绩之利，织红工巧，转而之燕，之齐，之秦、晋，之楚、蜀、滇、黔、闽、粤，衣被几遍天下，而尤以吴间为绣市。”[6]

古代杭州的缫丝业一直延续农民自养蚕桑、自收蚕茧、自缫生丝的传统，使用木制缫丝机以手捞脚踏的方法制土丝。明代虽然新出现了5人合作、2人主缫的缫丝机，但广泛采用的还是宋应星《天工开物》卷上《乃服第二·制丝》中所绘的脚踏缫丝机。它在元代缫丝机的基础上改进而成，主要包括加热用的火炉、烧水煮茧用的热锅、集丝的竹针眼、导引丝缕的星丁头、钩挂丝缕的送丝竿、绕集丝缕的丝架和带动丝架绕转的脚踏板连杆等部件，一般2人操作。一人负责将茧投入水中，并控制炉火和火温，以

[1]龚嘉儁修、李榕等纂：《光绪杭州府志》卷八〇《物产三》，成文出版社有限公司1974年版。

[2]彭循尧等纂修：《宣统临安县志》卷二《食货志·物产》，上海书店出版社1993年版。

[3]龚嘉儁修、李榕等纂：《光绪杭州府志》卷八一《物产四》，成文出版社有限公司1974年版。

[4]王德浩纂修、王简可增修、曹宗载重订：《硖川续志》卷五《物产》，《中国地方志集成·乡镇志专辑》第20册，上海书店出版社1992年版。

[5]龚嘉儁修、李榕等纂：《光绪杭州府志》卷八〇《物产三》，成文出版社有限公司1974年版。

[6]杭世骏：《吴阊钱江会馆记》，苏州历史博物馆等编：《明清苏州工商业碑刻集》，江苏人民出版社1981年版。

沸水溶解丝胶解纾，另一人用竹签捞丝并挂绕到丝架上。这种简单生产不仅会造成粗糙多断头，而且条分也不匀整，出口到欧美国家后往往还需要再缫制才能上机织造。一向大批进口中国生丝的欧洲商人早在19世纪70年代就曾抱怨中国生丝缫制和包装粗劣："除非在这两方面采取改进措施，他们的生丝就必须从我们的消费中排除出去。"[1]随着机械丝织工业的发展，外国丝织企业对原料的要求越来越高。而当时日本蚕丝业改良极速，其产品逐步取代中国而为欧美所用，因此造成清末之际中国土丝不销于洋庄的局面，丝行贸易一落千丈。面对这种局面，上海、江苏等地的有识之士开始引进外国先进设备创办机械缫丝厂。但由于杭州邻近上海，所产蚕茧可供应上海，而民间又不肯轻易放弃缫制土丝，所以开办机械缫丝厂反而迟于苏、沪。据《申报》记载，浙江巡抚梅小严在任时（1877—1879年）"曾究心洋务，讲究西法"，并购得缫丝机器若干开办丝厂，后来因为奉调"交卸入都"遂中止。他"所购机器，卒为上海公平丝厂仅以7000元廉价购去，论者惜之。然惜之者皆他处人，而杭之人未之惜也"。这种情况直到19世纪90年代，特别是在杭州开埠后才有所改变。当闻名中外的湖州辑里湖丝也滞销时，一些官吏、绅商才真正开始重视引进外国先进设备在杭州兴办新式机械缫丝厂。光绪二十一年（1895年）丁丙与庞元济在拱宸桥如意里创办杭州第一家机械缫丝厂世经缫丝厂。同年楼景晖在萧山县转坝头开设合义和缫丝厂，规模、设备与世经缫丝厂相似。次年丁丙、庞元济等又在塘栖镇创办大纶缫丝厂。上述3家缫丝厂是浙江民族资本最早兴办的现代缫丝厂。世经缫丝厂、合义和缫丝厂与绍兴的开源永缫丝厂并称"三丝"，是当时浙江省规模最大的缫丝厂。然而，清末机械缫丝业的发展步履维艰，总体上不成功，处于亏蚀状态。成立较早的世经缫丝厂虽然产品质量上乘，却由于经营不善，再加上外商的排挤，不到3年即光绪二十四年就停产，第二年被日商以六七万元收购。而在余杭、富阳等地创办的丝厂或工场也都在经营不久后即告停闭。到辛亥革命前夕，杭州的机械缫丝厂仅剩大纶、合义和等少数几家。据杭州海关统计，光绪三十一年（1905年）由杭州口岸输出的生丝为386担，光绪三十三年至宣统元年（1907—1909年）超过600担，宣统三年（1911年）又下降为344担。外销生丝在当年输出生丝总量中的比重，光绪三十一年占35%，宣统三年则下降为12.9%。[2]生丝而外，杭州的丝绵也较有名。临安县、於潜县所出丝绵"白而丽密者为贵"，而杭州丝绵用桑"灌以西湖水者为东南最"。[3]

棉麻纺织业在明代已成为较普遍的家庭副业，而苏、松，常、嘉、杭5府纺织业特别发达。《万历钱塘县志》等记载，杭州棉麻织品主要有棉布、苎布、麻布、葛布、綦布、黄草布、缣丝布和米囊布等。明清时杭州棉麻纺织业以海宁、仁和最发达。海宁出产棉布、苎布、麻布、兼丝布和黄草布等。棉布又称冬布，有不同的花色和织法。"棉纱以经床经之，穿筘上初织成。阔者曰大布，狭者曰小布。以筘缕匀密色白者为佳。又有棋

[1]汪敬虞：《关于继昌隆缫丝厂的若干史料及值得研究的几个问题》，载黄逸平编：《中国近代经济史论文选》下册，上海人民出版社1985年版。

[2]吴惠芬：《清末浙江的蚕丝业改良》，《农业考古》2003年第3期。

[3]郑澐修、邵晋涵纂：《乾隆杭州府志》卷五三《物产》，《续修四库全书》第701册，上海古籍出版社2005年版。

花布、鸟花布，以青白缕相间织之。”[1]“硖石出者幅最狭，长安出者售远而佳。”[2]仁和县“乡之男妇皆治棉布，多出笕桥一带”[3]。“出钱塘乔司者为乔司布，各乡之布市于大关者曰大关布，仁和、塘栖出产者曰塘庄布。”[4]“余杭木棉结实吐棉，纺以为布，本地所产者粗。”富阳“地不产木棉，故妇女皆不习织”，但“所产兼丝布，为货之擅胜者”。[5]新城“各处皆种棉，用以织布”[6]。於潜产麻布精良。《嘉庆於潜县志》卷一〇《食货志·物产》云：“麻布，络麻为之。其布坚韧而软，濡水不腐，粗不中衣被，用为米袋，乡民取给焉。”[7]晚清杭州的纺织业也较早开始现代化，当时政府对开办纺织厂给予扶持。“原为振兴工商业起见。时值杭州开埠，提议华商自行制造土货，以免利源外溢。故凡设厂者，均由司库拨发公款，存放生息，以为之倡。”“其时风气未开，集资不易，故迭拨官款，先后共拨至四十万一千两之巨。”[8]

南宋开始杭州的刺绣业即很发达，除官办织造机构专事宫廷服饰外，民间刺绣业也颇繁荣，官服、凤冠、道袍、帐幔、挂幡无所不绣。杭州刺绣以金银绣为主，线绣为辅，故坊间又以“杭绣”来称呼金银绣。清末后市街、天水桥、三元坊、弼教坊一带仍有刺绣作坊10多个，刺绣艺人200余名。

清末杭州独特的手工业品如“五杭”（杭扇、杭线、杭粉、杭烟、杭剪）在全国享有盛名，是纺织品之外的最大宗工业品。范祖述《杭俗遗风》记载：“五杭者，杭扇、杭线、杭粉、杭烟、杭剪也。扇店推芳风馆为首，其余则张子元、顾升泰、朱时敏等；线店推张允升为首，其余则胡开泰、张大森、鼎隆、德一等；粉店推裘鼎聚为首，其余则关玉山、金建侯等；烟店推达昌为首，其余则陈四海、迎丰、天润、天隆、玉润等；剪刀店则推张小泉一家而已。”[9]当时许多杭州商人热衷引进国外技术和设备，积极改造传统手工业，千方百计提高产品质量，保有或新创了张小泉剪刀、王星记扇子、天竺筷、边福茂鞋子、孔凤春化妆品、李德顺厨刀、王老娘木梳等一批特色产品。南宋时杭州的制扇业即已相当发达。清河坊之东的扇子巷从鼓楼延伸到清泰街，长逾1km，布满制扇作坊。晚清民国时期著名的商号有芳风馆、舒莲记、王星记等。除扇子巷外，制扇作坊还分布在太平坊、保佑坊、三元坊、官巷口、羊市街等。许多产品出口国外。下兴忠巷（忠清巷）建有“扇业祖师殿”，供奉先辈艺人462名。据扇业会馆碑文记载，此殿重建于光绪十四年（1888年），捐资助建的制扇工场有139个。扇业中以芳风馆最出名，后来舒莲记取而代之。舒莲记扇庄在全盛时销售额几乎占杭州扇业的2/3，直到辛亥革命前夕该扇庄还有工人300多名。光绪年间杭州扇业发展达到顶峰，与丝、茶一起被称为“杭产三绝”。清末仍规模不减，有扇业作坊50多家，大多集中在太平坊、扇子巷、官巷口一带，雇工数量达四五千人。王星记扇庄的黑纸扇曾经为宫廷所用，因此又称杭州贡扇。杭线是指以蚕丝为原料纠合而成的丝

[1]李圭典原纂、许傅霈等续纂：《海宁州志稿》卷一一《食货志·物产》，民国11年（1922年）刊本。

[2]龚嘉儁修、李榕等纂：《光绪杭州府志》卷八一《物产四》，成文出版社有限公司1974年版。

[3]郑澐修、邵晋涵纂：《乾隆杭州府志》卷五三《物产》，《续修四库全书》第701册，上海古籍出版社2005年版。

[4]龚嘉儁修、李榕等纂：《光绪杭州府志》卷八一《物产四》，成文出版社有限公司1974年版。

[5]郑澐修、邵晋涵纂：《乾隆杭州府志》卷五三《物产》，《续修四库全书》第701册，上海古籍出版社2005年版。

[6]龚嘉儁修、李榕等纂：《光绪杭州府志》卷八一《物产四》，成文出版社有限公司1974年版。

[7]蒋光弼修，张燮、李江纂：《嘉庆於潜县志》，嘉庆十七年（1812年）刊本。

[8]汪敬虞主编：《中国近代工业史资料》第2辑下册，科学出版社1957年版，第1018、1044页。

[9]范祖述撰、洪如嵩补辑：《杭俗遗风·驰名类》，上海文艺出版社1989年版。

线，广泛用于挑花、刺绣、缝制绸缎丝织品衣服以及靴帽璎珞，也用于串联佛珠等。有清一代专营杭线的首推清河坊四拐角的张允升线帽百货庄。该百货庄由绍兴人孙仲舒于乾隆年间创办，至抗日战争前发展为杭州百货行业从业人数最多、销售额最大的第一大百货商店。甚至到20世纪50年代还是杭州生意最好的商店。张允升线帽百货庄设有制线、制帽两个工场，前面是店铺后面是工场。自制多种精美丝线，民国18年（1929年）在首届西湖博览会上获奖。杭粉是杭州生产的用于化妆的脂粉。它在南宋时已出名，明末清初曾出口日本。杭粉主要以诸暨、湖州所产的滑石粉、广东的铅华为原料，配以珠兰、玫瑰、蔷薇等多种香料精制而成。孔凤春香粉号生产鹅蛋粉、生发油、雪花膏等10余种化妆品，尤以鹅蛋粉为有名。鹅蛋粉细腻滑爽、留香长久，曾为皇家贡品，以慈禧太后专用而久负盛名，被称为“宫粉”、“贡粉”。孔凤春香粉号后又转移到杭州官巷口、宁波北门及上海等地开设总号或分号。杭烟是一种优质旱烟，清初开始生产，采用萧山、嵊县、新昌等地的烟叶（后来也采用金华、衢州、建德等地的烟叶）细切成丝制作。清初杭烟的贸易额在100万两左右。宓大昌烟店生产的“元奇”、“呈奇”牌烟丝是杭烟中的精品。20世纪初，卷烟业和烟丝业竞争激烈，宓大昌烟店联合同业在上海设立旱烟总发行所，成为中国最大的烟丝店，工人多达五六百人，产品批发至江浙各地。杭剪是中国著名的传统手工艺品，素有“杭剪甲天下”之称。最有名的首推名扬中外的张小泉剪刀。明末清初黟县人张思家在吴山开设“张大隆”剪刀作坊，康熙二年（1663年）其子张小泉为防冒用改用“张小泉”商号。张小泉剪刀选用龙泉、云和等地产的好钢制造，精巧耐用，乾隆年间被列为贡品，誉满全国。后凡经营剪刀业者均冒仿张小泉牌号，最多时达到86家，时人有“青山映碧湖，小泉满街巷”的描述。“张小泉”的字号遍布杭州，唯在店号后加上某记以资区别，如“近记”、“老双近记”、“琴记”、“进记”等。正宗的“近记”为张小泉子张近高所加标记。宣统元年（1909年）传至第八代张祖盈时，以“海云浴日”为商标，报农商部注册，商标加“泉近”字样。清末剪刀业的分工日益精细，逐渐由前店后场演变成炉作、白工和商号3部分。宣统二年（1910年），杭州有12家剪号，制剪作坊几十户。

杭州竹器制造业是手工业的重要组成部分，明清时开设有许多纸伞作坊、天竺筷作坊、梳篦作坊等竹器店或竹器作坊。清代中叶杭州纸伞已比较出名，有作坊20多家。其中以创立于同治八年（1869年）的小禅堂纸伞铺最有名。清末起受洋伞冲击，销路日衰。其时开元路3号孙源兴伞号率先依照进口洋伞式样改良，开发了老头伞、文明伞、小花伞等系列产品，抢占了市场。其他各旧式伞铺也顺势革新。这种改良后的新式纸伞伞骨以富阳所产紫竹为主，柄作弯形，包以铜皮，形式颇为雅致。伞面纸张多用浙东产皮纸，坚牢耐用。其质量胜于洋伞，且价钱低廉，一时在江南各省成垄断之势。天竺筷生产始于光绪二年（1876年）。最初为灵隐、天竺一带农家农闲时的副业产品，因采用天竺产纤细、实心的苦竹制成而得名。用料后来扩展至宁波、奉化、诸暨等地的竹材。历经有年，逐渐成为地方特色商品。光绪十二年（1886年）潘三四改进工艺，通过硝酸处理将筷身染上不易褪色的枣红色，或用栀子汁、黄粉染成黄色，并烙上万字花等图案，把上则镶上牛骨（后改为锡）。高档的在筷身上烙刻人物、山水、诗词，具有典雅凝重的装饰感。制作时有锯皮、刮花、烫花、画花、做红、镶筷头等10多道工序。生产天竹筷的作坊大多集中在大井巷，以王老娘、乾泰顺、汤顺兴等店号比较出名。

明清杭州的海运、河运事业十分兴盛，促进了造船业的发展。明永乐年间（1403—1424年）朝廷连续颁命浙江造船，钱塘、仁和两县因能建造千石以上大船而承担较多任务。成化年间（1465—1487年），负责江南漕运的南京二总、江南二总和浙江把总共有漕船5044艘，占全国漕船总数11573艘的44%。嘉靖年间（1522—1566年）增至漕船5346艘，占全国11503艘的46%。[1]漕船一般由各邦自行建厂雇匠建造，但也有一些专门的大型船厂生产。杭州最著名的是钱塘船厂和仁和船厂。钱塘船厂又称钱塘宝船厂，可能位于钱塘江边。文献仅有万历三十三年（1605年）还修整船厂海塘的记录，其他情况不明。仁和船厂原设在谢村，嘉靖二十三年（1544年）因厂房隘陋，工部主事谢体升等组织在北新关板桥另建新厂。每年约生产450石漕船200多艘。[2]嘉靖三十八年（1559年）又在北新关设粮船厂。当时民间造船业也很发达，制造的船型更多。明代的沙船非常著名。这种船平底、五桅、方头、布帆，既适应潮涨水深寻丈，也可行于潮退水深尺许的浅水沙滩。《天工开物》卷中《舟车第九·杂舟》还记载一种行驶在常山至钱塘的帆船，缝布为帆，高可2丈许。明、清时湖心亭、三潭印月、阮公墩先后形成，游客众多，游船发展进入极盛期，仅有记载可查的画舫名称就达一二百种。康熙年间，朱彝尊撰《说舟示戴生锳》一文，汇集前人相关记载专门叙说西湖所尝浮有之诸色游船名目："西湖船制不一，以色名者，有明玉、戗金、金胜、宝胜、大绿、间绿、游红，申屠仲权诗'红船撑入柳荫去'、释道原诗'水口红船是妾家'是也。以形名者，有龙头，白乐天诗'小航船亦画龙头'是也；有鹿头，杨廉夫诗'鹿头湖船唱赧郎'是也；有燕尾，张思廉诗'斜日轻风燕尾船'是也。形色杂者，有百花、十样锦，钱复亨诗'谁家楼外停歌舞，又上西湖十锦船'是也。以姓名者，有黄船、董船、刘船，见吴自牧《梦粱录》。盖大者谓之头船，尤大者贾秋壑所造车船也。车船棚上无人撑驾，但用车轮脚踏而行，其速如飞。小者谓之瓜皮船，廉夫诗'小小渡船如缺瓜'、欧阳彦珍诗'瓜皮船子送琵琶'、张大本诗'瓜皮小船歌竹枝'、周正道诗'瓜皮船小水中央'是也。又有总宜船，取东坡居士'淡妆浓抹总相宜'之句名焉。李宗表诗'总宜船中载酒波'、凌彦翀诗'几度涌金门外望，居民犹说总宜船'是也。泗水潜夫述《武林旧事》，值探春竞渡日，画桡

[1]鲍彦邦：《明代漕运研究》，暨南大学出版社1995年版，第145、221页。

[2]孔天胤：《改建船厂记》，载沈朝宣等修：《嘉靖仁和县志》卷一四《纪文》，载丁申、丁丙编：《武林掌故丛编》第17集，嘉惠堂丁氏清光绪九年（1883年）刊本。

栉比如鱼鳞，无行舟之路。杨谨思诗‘大船挝鼓银酒缸，小船吹篷红绣窗’，今则败舫数艘，无复征歌按舞者矣。”[1]后又有厉鹗《湖船录》、丁午《湖船续录》等续著，记载十分详细。游船制作材料有木材、竹材等，形制有独船、组装船、楼船等，大的如屋，小的似瓜皮，许多依照南宋样式。明代最大的一艘西湖游船为“浮海槛”，用大竹编排，上铺木板，船舱里可布置六七张床，除餐桌外还陈设了琴棋书画。明代还曾将用于海战的一种无底船移植到西湖作为体育游戏船。船有官船与私船之分。官船主要是皇帝用的御舟和州府的公船。清代御舟金碧辉煌，别致如弘历乘用的“花园船”。此船上砌石阶，又构棕毛竹亭，栽松竹花草。私船除游览船外，还有交通船、出租船、采莲船、书画船、斋船、耍艺船等。明代还流行以游船为家的“居舟”。汪然明设计的游船“不系园”，长6丈2尺，宽丈许，内有餐室、卧室、壁橱、凉台，宽敞别致。明代出了田子艺等船舶设计大师，其代表作有“狎鸥行槛”、“会心特舫”等。清代杭州的造船业发展不如明代。

[1]朱彝尊：《曝书亭集》卷六〇《说舟示戴生镁》，《四部丛刊》初编，商务印书馆民国11年（1922年）版。

明清时江南造纸业主要集中在浙西杭、湖二州山区。明代杭州特产乌金纸，专用于制造金箔。赵学敏《〈本草纲目〉拾遗》卷九《器用部》载：“魏良宰云：乌金纸唯杭省有之。其造纸非城东淳祐桥左右之水不成。其法先造乌金水刷纸，俟黑如漆，再熏过，以捶石砑光。性最坚韧，凡打金箔，以包金片打之，金成箔而纸不损。以市远方，价颇昂值，盖天下唯浙省城人能造此纸故也。”[2]杭州所出草纸质量特优。明代宦官刘若愚《酌中志》卷一六《内府衙门职掌》云：“圣上所用草纸，系内官监纸房抄造，淡黄色，绵软细厚，裁方可三寸余，进交管净近侍收，非此司造也。神庙至先帝，唯市买杭州好草纸用之。”[3]当时富阳县产的草纸很有名。杭州的笺纸很著名。清徐康《前尘梦影录》卷上载：“老友陈柏君大令曾觅得康熙年间涧帘罗纹纸数页，周围暗花边，皆六尺匹，托杭城造笺纸良工王诚之为之。加椎染色，同于古制。”[4]杭州以富阳最盛，《光绪富阳县志》卷一五《物产》称：“总浙江各邑出纸以富阳为最良。”[5]明宣德年间（1426—1435年），“邑人率造纸为业，老小勤作，昼夜不休”[6]。纸有竹纸、皮纸、桑皮纸、草纸等，竹纸为富阳所产第一大宗，以毛竹、石竹为原料，出南乡。竹纸的品种繁多，有元书、六千、五千、塘纸、高白、时元、中元、海放、段放、京放、京边、长边、鹿鸣、粗高、花笺、裱心等名。“富阳各纸以大源元书为上上佳品。其中优劣，半系人口，亦半赖水色，他处不能争也。”元书纸又名白纸，“为富阳江以南诸山中专产，舂以水碓。业是业者曰槽户”。“其中优劣半系人工，亦半赖水色，他处不能争也。”[7]花笺以谢公笺最著名。“纸以人得名者有谢公、有薛涛。所滑谢公者，富春谢司封公厚创笺样，以便书，俗以为名，称谢公笺。谢公笺有十色：深红、粉白、杏红、明黄、深青、浅青、深绿、浅绿、铜绿、浅云等。”[8]用竹纸做的纸帘丝细如头发，漆如紫色，悬于门

[2]赵学敏：《〈本草纲目〉拾遗》，人民卫生出版社1957年版。

[3]刘若愚：《酌中志》，《丛书集成初编》第3966—3967册，中华书局1985年版。

[4]徐康：《前尘梦影录》，中华书局1985年版。

[5]汪文炳等纂修：《光绪富阳县志》，清光绪二十六年（1900年）刊本。

[6]钱晋锡等纂修：《康熙富阳县志》卷五《风俗》引宣德旧志，清康熙二十二年（1683年）刊本。

[7]汪文炳等纂修：《光绪富阳县志》，清光绪二十六年（1900年）刊本。

[8]龚嘉儁修、李榕等纂：《光绪杭州府志》卷八一《物产四》，成文出版社有限公司1974年版。

窗，极为雅观。草纸为富阳所产第二大宗，以稻草为原料。南北各乡都能制造，但以北乡所造为佳。皮纸用楮皮做原料，西北乡居民多造。桑皮纸产于西南乡。光绪时富阳纸年销售额不下百万两白银。余杭县以出产竹烧纸和皮抄纸著称。竹烧纸俗名烧纸，又名千张纸，细切如条不断。“竹烧纸出邑中南建、上高、斜坑地方，山民取竹浸之灰水中，碓成作纸，祭祀焚以代帛。自江以南，皆赖用之，民借以为利。”皮抄纸俗称绵纸，亦称楮，以“桑、谷等皮和石灰煮烂舂捣极细抄成”，出产于南建等地。[1]桐庐县的“历日纸”行销全国。於潜县嘉后、波后、唯后等村出产各色皮纸，“独擅其名，非他处竹厂所可比也”。其中的桃花纸“杭、宁、绍三郡伞铺悉资之”，桑皮纸“制扇资之”，秋皮纸“用以衬衣裘，薄帖胜于绵”，白脚树皮纸用作银包纸。[2]临安县南部各山乡都造纸。治南出产黄烧纸，“以竹浸灰水中，碓舂成纸”。又产茶白纸，用稻草制成。黄烧纸和茶白纸都是祭祀用纸，“祀神用以代帛”，行销于松江、上海等地。[3]桃源、居仁、白瓜、青草坞等地也产元书纸，治南钱宅桥产蚕生纸，治南大黄坞产方稿纸。此外，还出产大皮纸、桑皮纸等。新城县出银皮纸。“南安乡多业此，用百结花之枝为之。”[4]

明清杭州的金属制造业也十分发达。明代杭州生产的锡箔、银箔、金箔名闻全国，并列为朝贡物品。《光绪杭州府志》卷八一《物产四》云：“金锡非杭产，而金箔、锡箔之作悉出于杭。”[5]其实明嘉靖年间在西天目山、万历年间在淳安县仙洞乡九龙冈分别开采过银矿。杭产金箔、银箔，“民间首饰、衣裤、器用、文轴、榱题，多用涂画”[6]。据《成化杭州府志》卷一八《风土二·土贡总数》所记，仁和县岁工贡金箔72贴、银箔49贴，钱塘县岁贡金箔35贴、银箔23贴，海宁县岁贡金箔11贴、银箔8贴。[7]明代曾在日本长期经商的海商童化说：“大抵日本所需，皆产自中国……扇漆诸工须金银箔，悉武林造也。”[8]杭州人笃信佛教，日常佛事、祭祀多用锡箔。“锡箔出孩儿巷、贡院后及万安桥西一带，造者不下万家，三鼓则万手雷动，远自京师抵列郡皆取给。”[9]清代杭州所产锡箔量多品优，堪称全国之最。从业者甚多，“杭州之锡箔一行，不知养活几万万人。自点铜而镕塑及打叶子分中锭发担挑往人家，凡男人之业此者，已不知凡几矣”[10]。“贫户妇女借砑箔纸以度生者，城内外十家而九。”[11]清代杭州的铁器制造业也享有盛誉。除张小泉剪刀外，其他刀具以及农具等也有不少名牌产品。李钟德于光绪十七年（1891年）开办李德顺铁铺于琵琶街，所产刀具刀口锋利，刀面平滑，样式美观，经久耐用，享有盛名。其产品大至十几斤重的肉斧，小至二两重的切皮刀，应有尽有，品种多达130余种。尤其以厨刀、肉刀、斩节刀、司工刀为佳。还可根据买主需求按重量和刃钢含量定制。售出的刀具若有卷口、缺口、夹灰等质量问题均可退换。开设于同治年间（1862—1874年）的许源兴铁铺制作的铁制小农具也是名牌产品。许源兴铁铺在江干石桥，创始人为许老久。许老久铁耙、锄头、

[1]张吉安、朱文藻、崔应榴、董作栋等修：《嘉庆余杭县志》卷三八《物产》引崔应榴《蚕事统纪》，上海书店出版社1993年版。

[2]蒋光弼修，张燮、李江纂：《嘉庆於潜县志》卷一〇《食货志·物产》，嘉庆十七年（1812年）刊本。

[3]彭循尧等纂修：《宣统临安县志》卷二《食货志·物产》，上海书店出版社1993年版。

[4]龚嘉儁修、李榕等纂：《光绪杭州府志》卷八一《物产四》，成文出版社有限公司1974年版。

[5]龚嘉儁修、李榕等纂：《光绪杭州府志》卷八一《物产四》，成文出版社有限公司1974年版。

[6]田汝成：《西湖游览志余》卷二五《委巷丛谈》，上海古籍出版社1980年版。

[7]夏时正等修：《成化杭州府志》，成化十一年（1475年）刊本。

[8]姚士麟：《见只编》卷上，《丛书集成初编》第3964册，中华书局1985年版。

[9]陈梦雷编纂、蒋廷锡校订：《古今图书集成·方舆汇编·职方典》卷九百四十九《杭州府部汇考十五·杭州府物产考·货属》，中华书局、巴蜀书社1985年版。

[10]范祖述撰、洪如篙补辑：《杭俗遗风·女工类》，上海文艺出版社1989年版。

[11]龚嘉儁修、李榕等纂：《光绪杭州府志》卷八一《物产四》，成文出版社有限公司1974年版。

刮子不易锈、不粘泥、不卷口，使用起来灵便轻巧，不易损坏，深受农民喜爱。

明代杭州的出版印刷业仍较发达，只是不再作为全国的刻书中心。除南京、北京外，苏州的刻书自明代也开始兴起，一度曾为全国之冠，所刻书世称“苏板”。万历年后苏州府所属常熟县藏书家毛晋的汲古阁刻书更是名噪一时。另外福建建阳自南宋迄至明代一直为全国出版重点地区之一，在有明一代可与南京相抗衡。徽州所刻版画也十分有名。杭州仍是全国书籍刊刻聚集地之一，就刻书数量而言不下宋元时期，但较著名的不多。明人胡应麟曾指出：“余所见当今刻书，苏、常为上，金陵次之，杭又次之；近湖刻、歙刻骤精，遂与苏、常争价。”[1]明代杭州官刻机构有浙江布政使司、浙江按察使司、浙江巡抚都察院、两浙都转盐运使司、杭州府等。其中浙江布政使司刻本至少40种，浙江按察使司至少22种，浙江巡抚都察院至少13种，两浙都转盐运使司至少12种，杭州府至少42种，在各省中不算少。清代杭州官刻主要由浙江巡抚衙署、杭州府署主持。督刻书主要有《武英殿袖珍板书》39种、《四库全书总目》和《浙江通志》等。其中数量最多的是地方志书。因曾国藩倡议，同治三年（1864年）在南京设立江南书局，此后许多地方也设立书局。同治四年（1865年）浙江官书局成立，由俞樾主持，集刻工100余人。其刻印质量在“局本”中堪称第一，成为全国五大官办书局之一。所刻书主要有《清御纂七经》《通鉴辑览》《旧唐书》《新唐书》《宋史》《文庙通考》《绎志》《古文渊鉴》《周季编略》《王文成公全书》《四书反省录》《诗义折中》《小学韵语》《二十二子》《湖山便览》《唐宋文醇》《补注〈洗冤录〉集证》《岳庙志略》《理学宗传》《续资治通鉴长编》《唐宋诗醇》《清三通》《论语后案》《金佗粹编》《玉海》《西湖志》《平浙纪略》《两浙防护录》《两浙金石志》《杭州八旗驻防营志略》等。丁丙是浙江书局的主要襄办者，不仅资助和参与管理，而且提供了大量善本作为刻书底本。明代杭州民间书坊可能没有南京和建阳等地多，但为数也不少。其中可考者有40余家，如古杭勤德书堂、钱塘洪楩清平山堂、杭郡曲入绳、杭州书林翁传山、浙杭翁文源书肆、杭州朝天门翁文溪、武林继锦堂、武林冯念祖卧龙山房、武林冯绍祖观妙斋、钱塘杨尔曾夷白堂、武林容与堂、虎林双桂堂、武林舒载阳藏珠馆、武林书坊赵世楷（一作钱塘书坊）、武林凝瑞堂、武林阳春堂、武林张氏白雪斋、杭州横秋阁、蒋德盛武林书堂、武林书林徐象枟曼山馆、武林书林翁晓溪、武林夷白堂、段景亭读书坊、武林书林泰和堂、钱塘钟人杰、钱塘何允中、雷氏文会堂、杭州书林胡文焕文会堂、武林樵云书舍、钱塘王慎修、人文聚书肆、钱塘陆云龙峥霄馆及翠娱阁、杭州名山聚、钱塘金衙书肆、钱塘王元寿山水邻、杭州醉西湖心月主人笔耕山房、清绘斋金氏、杭州丰乐桥三官巷李衙静常斋、众安桥北朱家经坊、武林金氏清绘斋、武林养浩斋、杭州杜氏起凤馆、集雅斋、鸿

[1]胡应麟：《少室山房笔丛》卷四《经籍会通四》，中华书局1958年版。

文堂、笔耕山房等。[1]其中清平山堂、容与堂、文会堂刻书等在中国出版史上有重要地位。丁申《武林藏书录》卷中《洪氏列代藏书》称洪楩藏书"承先世之遗，缥缃积益"，有《洪子美书目》。又主要从事校刊刻书活动，为明代著名刻书家。其刻书"既精且多"。[2]所刻书据知有《清平山堂话本》《蓉塘诗话》《六臣注文选》《路史》《医学摄生类八种》《唐诗纪事》《新编分类夷坚志》等。《清平山堂话本》是现存刊印最早、保存最多的宋元明话本集，是研究话本最可靠的资料之一，在中国文学史上具有重要地位。容与堂则刻印了《李卓吾先生批评〈忠义水浒传〉》《李卓吾先生批评〈琵琶记〉》等珍贵刊本。明代的丛书刻印超过宋元。胡文焕文会堂刻有《格致丛书》《寿养丛书》《儒门教珠》《古今原始》《大明一统图书》《全庵胡氏丛书》等，收书400余种。除传统的经史子集外，还包括时令、农事、医学、戏曲、小说、绘画等类书。其中传统典籍之外的书一般不易看到，对保存古代文献发挥了重要作用。其他丛书如钟人杰刻《唐宋丛书》、何允中刻《广汉魏丛书》、陆云龙《翠娱阁评选明文归初集》等也很有价值。明代后期，杭州的书坊之间还合作刻书。如天启年间（1621—1627年）读书坊、泰和堂、横秋阁、溪香馆等联合刊刻《合诸名家批点诸子全书》，含27种57卷。《合诸名家批点诸子全书》中的《关尹子》和《鬼谷子》封面上分别印有"读书坊藏板，杭城段景亭发行"和"横秋阁藏板，虎林嘉橱里张衙发行"。"发行"一词可以有两种理解：一是由书坊投资刻版印刷，交由书商批发或包发；二是书坊投资刻版或藏版，由书商赁版自行印刷成书和销售。不管怎样理解，都说明出版与发行有了分工。[3]清代杭州较著名的民间书坊主要有瓶花斋、玉玲珑阁、小山堂、樊榭山房、道古堂、振绮堂、飞鸿堂、开万楼、知不足斋、寿松堂、八千卷楼、东啸轩、丹铅精舍、结一庐、文宝斋、慧空经房、玛瑙经房、景文斋、善书局、文元堂、知新店、古欢堂、经韵楼、小琳琅馆、诂经精舍、紫阳书院、西泠印社等。清代杭州丛书刻印大盛，历久而不衰。主持者多为学者和藏书家，刻书的目的主要不为营利，而是系统整理典籍。著名者如鲍廷博、卢文弨、陈春、许增、丁丙、汪康年等，著名丛书如鲍廷博《知不足斋丛书》、卢文弨《抱经堂丛书》、陈春《湖海楼丛书》、许增《榆园丛刻》、丁丙《武林掌故丛编》《武林往哲遗著》、汪康年《振绮堂丛书》等。《知不足斋丛书》为汇编、杂纂类丛书，共30集207种。内容十分广泛，有经史考订、算书、金石、地理、书画、诗文集、书目等。鲍廷博于乾隆、嘉庆间完成《知不足斋丛书》27集，其子鲍士恭续刻完成。《知不足斋丛书》为清刻丛书之翘楚。后有高承勋《续知不足斋丛书》、佚名《仿知不足斋丛书》、鲍廷爵《后知不足斋丛书》等续刻。鲍廷博于乾隆三十一年（1766年）所刻青柯亭刻本《聊斋志异》是现今存世最早的刻本。《抱经堂丛书》汇刻汉唐前著述11种、冯景著述1种、自著5种，共计17种。《湖海楼丛书》收书10余种。《榆园丛刻》收有宋姜夔

[1]张献忠：《明代杭州民营出版业述略》，载杭州市政协文史资料委员会、杭州文史研究会编：《明代杭州研究》，杭州出版社2009年版。

[2]丁申：《武林藏书录》，载丁申、丁丙编：《武林掌故丛编》第24集，嘉惠堂丁氏清光绪九年（1883年）刊本。

[3]郑士德：《中国图书发行史》，高等教育出版社2000年版，第359页。

《白石道人诗集》《白石道人歌曲》、张炎《山中白云词》《词源》等，清王士祯《衍波词》、纳兰性德《纳兰词》、郭麟《灵芬馆词》、顾翰《拜石山房词钞》、项廷纪《忆云词》、钱枚《微波词》等。《武林掌故丛编》为郡邑类丛书，计26集187种，乃杭州乡邦文献之百科全书。其包罗今古，广采博收，凡存世的相关典籍差不多应收尽收。俞樾《武林掌故丛编》序称："疆域之形势，耆旧之言行，民俗之沿习，物产之流通，儒林文苑之所传留，僧庐道观之所缘起，无不见于此编……博观精选，成此巨编。言武林掌故者，舍此何观焉。"[1]《武林往哲丛书》50余种66册，为杭州人物著作集成。《振绮堂丛书》初集收清佚名《圣祖五幸江南恭录》、彭孙贻《客舍偶闻》、佚名《克复谅山大略》和陈其镳译、张美翔定《蒙古西域诸国钱谱》等，二集收宋佚名撰、清文廷式辑《中兴致要》和汪宪《烈女传》、方象瑛《明史分稿残编》、张海《西藏纪述》、陈其镳译录《埃及碑释》、黎庶昌《奉使英伦记》等。许多学者也自办机构刻印自著书和其他学术著作。如龚翔麟玉玲珑阁、赵一清小山堂、厉鹗樊榭山房、杭世骏道古堂、汪宪振绮堂、孙宗濂寿松堂、汪启淑飞鸿堂和开万楼等。书院刻书多本院学者自己的著作，颇具特色。如诂经精舍的《诂经精舍文集》、紫阳书院的《铁桥志书》《文嘻堂书集》《婺源山水记》等都是清刻本中的善本。西泠印社刊印大量金石书画著作。明清时杭州各寺院刻印了许多佛教著作，其中明代刻印的两部《大藏经》非常著名。一部称《武林藏》，未经传世，有人认为乃昭庆寺所刻。另一部为释紫柏等在冯梦祯、陆光祖、瞿世稷、包柽芳、陈继儒、钱谦益、毛晋、毛扆等的先后支持或资助下于明万历至清初间所刻《径山藏》。因在嘉兴楞严寺装订发行，也称《嘉兴藏》。这部《大藏经》在中国历代刊刻的10几部《大藏经》中占有重要地位，历来为学界重视。明代其他寺院刻经也不少，如报国院、报先寺、昭庆寺、玛瑙寺等，尤以昭庆寺为多。明代杭州刻书在全国的地位虽不如昔，但是杭州的图书市场繁荣程度却为建阳、徽州等地所无法企及，与北京、苏州、南京同为明代四大图书聚散地。胡应麟说："今海内书，凡聚之地有四，燕市也，金陵也，阊阖也，临安也。"当时北京图书市场最繁荣，杭州、苏州、南京三地难分仲伯，杭州甚至还要略胜一筹。"越中刻本亦希，而其地适东南之会，文献之衷，三吴七闽典籍萃焉。诸贾多武林龙丘，巧于垄断，每瞰故家有储蓄，而子姓不才者，以术钩致，或就其家猎取之。楚蜀交广，便道所携，间得新异，关洛燕秦，仕宦橐装，所携往往寄鬻市中，省试之岁，甚可观也。"[2]清光绪十八年（1892年），杭州石印局成立，并使用蒸汽机动力的印刷机。雇工约30人。光绪二十三年（1897年），杭州开始应用铅字排印技术。民国元年（1912年）杭州约有10家印刷厂，民国20年（1931年）达到77余家。另有2家照相制版厂。又《中国实业志·浙江省》记载，民国22年杭州有印刷所86家，总资本22万元，营业额65.42万元，占全省60%以上。民国37年有印

[1]俞樾：《武林掌故丛编》序，嘉惠堂丁氏清光绪九年（1883年）刊本。

[2]胡应麟：《少室山房笔丛》卷四《经籍会通四》，中华书局1958年版。

刷厂103家，民国38年有90家。

民国20年（1931年）杭州印刷工业情况

业　别	家数（家）	从业人数（人）	资本（元）	营业额（元）
印刷业	77	1 059	220 258	650 580
照相制版业	2	8	1 700	3 700
合　计	79	1 067	221 958	654 280

资料来源：建设委员会调查浙江经济所编：《杭州市经济调查》下，载民国浙江史研究中心、杭州师范大学选编：《民国浙江史料辑刊》第1辑第6册，国家图书馆出版社2009年版，第519页。

明代中叶后，商品经济导入官营盐业，政府丧失了借以支配灶户生产的社会条件。盐课由本色改为折银征收，余盐也由政府统购改为由灶户自行买卖。灶户在生产和销售方面都获得了一定自主权，由此导致私煎、私鬻、私贩盛行，并出现富灶和穷灶两极分化。引商由输粮边境变为纳银运司，破坏了“开中法”，政府除发卖盐引外，又另置票引。盐商内分化出边商、内商、水商、山商、牙商、肩贩等，结成了以内商为核心的多元、多层次的官盐流通网络。后来内商中又分化出纲商，纲商控制着盐引卖买，垄断专卖权，打破了政府一统盐业的生产流通格局。清雍正时期（1723—1735年），通过强化盐业管理机构、推行币盐、扶植盐商等一系列盐政改革，又使官盐流通渠道得以疏通，私盐得到抑制，食盐运销全被纳入引岸制度规定的规范。但是灶户在生产销售方面的自主权以及盐商在商盐流通中的垄断地位和作用却以法定形式得以强化，引商与灶户之间、引商与牙商之间的交易已属于完全的商品卖买。只是引商中相继出现的纲商、总商和甲商与政府在政治、经济上的结合也促成了自身的官僚化，延缓了盐商向自由商人的转化，同时在一定程度上阻碍了自由经营。明代两浙岁办额盐约22.04万大引，每大引400斤，共约8800余万斤。当时全国岁额约为4.6亿余斤，浙盐接近全国的20%。弘治年间（1488—1505年）改大引为小引，每小引为200斤，两浙岁办额盐也变为44万余引。有明一代两浙岁办额盐实际数量基本未变。仁和、许村场盐岁课万历时分别为26857520斤和20470500斤，合计为47328020斤，大致是两浙岁额的一半，全国岁额的10%，可见地位之重要。西兴场盐岁课6609800斤。[1]浙江多丘陵山地，不少偏僻地区一般引商不愿跋涉贩运。当时两浙行盐之地共125处，而引商乐于贩运者仅36处。官盐不通，冒禁私贩者乘机占领市场。嘉靖八年（1529年），巡按御史王化奏准允许山商自卖食盐。规定每百斤纳银8分，给票行盐。盐引由户部发，而盐票由都转盐运使司发。此制使普通百姓也可参与食盐贩卖。而实际上票盐行销并不止偏僻之地，范围相当宽泛。万历十九年（1591年），仁和、钱塘两县共有票盐（小票，每票100斤）8万张，税银总额4000两（每票税银0.05两），共计行盐80万斤。[2]明代杭州盐商中以徽商居多，著名的如歙县汪道昆家族，其后又有歙县许氏、休

[1]刘森：《明代盐业经济研究》，汕头大学出版社1996年版，第161页。

[2]刘森：《明代盐业经济研究》表9.3，汕头大学出版社1996年版，第313页。

宁朱氏等家族。万历二十八年（1600年），巡盐御史叶永盛因徽州盐商汪文演、吴宪之请，允徽籍子弟占籍应考，礼部允准。此后至有清一代徽州盐商在杭州形成势力。约在正德以后，两浙地区各盐场大多采用新的煎盐方法。盐灶为“一灶四锅，首锅近火，末锅近突，煎之竟日。而首锅之卤成盐，遂取首锅盐，余三锅将成未成者，以次运入首锅，而盐悉首锅成矣……每煎一次，可得盐二百斤，多者可三百斤”[1]。这种煎盐灶的特点是各锅相连，热能得到充分利用，煎盐的速度也加快了。两浙地区晒盐约出现在明代中叶后。晒盐全靠阳光蒸发，不需柴薪，盐质也洁净细腻。不过由于受气候条件限制等原因，两浙盐场晒盐产量远不及煎盐。

南宋而后杭州的制笔业续有发展。元代郭天锡《客杭日记》载：“客有惠杭州潘又新笔者，书小楷数千而不伐。”[2]明代张文贵与湖州陆文宝齐名。屠隆《考盘余事》卷二《文房器具笺》云：“画笔以杭之张文贵为首。”[3]但张文贵之技艺“不肯妄传人”，“美恶不准，世业不修，遂不能与湖州争胜”。[4]创办于清同治元年（1862年）的邵芝岩笔庄（原名“粲花室”）生产“芝兰图牌”毛笔，选料精致，毛的长短、粗细、多少以及笔杆、笔套尺寸都有极严的要求，又有选毫、梳毛、造型、结头、装套、刻字等大小工序120余道，以“尖、齐、圆、健”四德具备而著称。又有羊毫、狼毫、紫毫和兼毫四大类：羊毫按锋颖长短分长锋、中锋和短锋，狼毫精选黄鼠狼毛作原料，紫毫选用山兔腹背弹性最好、最硬的毛，兼毫混合各种毛。因原料软硬皆有，书写时刚柔相济，别有一番妙处。其中“特制玉兰芯”、“福禄寿喜庆”、“极品冬紫毫”、“北狼豪”、“兰竹”、“山水”等为上品，多次在各类博览会上获奖。朱载堉《律吕精义》内篇卷五《新旧律试验第七》云：“累黍造尺，依尺造律……所谓依尺造律者，多采金门山竹，择天生合式者为律最佳。金门山亦名律管山，今属河南府永宁县地。”[5]“苦竹俗呼为观音竹，此竹节长而厚，内外皆可修治。假如黄钟外径五分，内径三分五厘，竹之厚者，外径五分强，内径三分五厘弱，则内外皆有余，斯可以修治也。若内外皆不足，斯不可以修治也。而金门山竹不如余杭县南笔管竹最佳。”[6]苦竹心实性坚，笔“以苦竹为之，节疏体劲直，虽久不裂”[7]。有笔管行专门经营笔管，余杭县南山民将苦竹投行发卖。“造笔羊毛以硖石为第一”，因为“硖川之羊不膻，其毫尤佳。苕溪人工于造颖，而取材尚此”。[8]著名湖笔产地南浔善琏制作羊毫笔也常从硖石进货。

钱塘县瓶窑镇在宋代已成为制陶专业区。《淳祐临安志》卷九《山川二》载：“《郡国志》云：杭州亭市山余石乡亭市村人悉作大瓮，今谓之浙瓮是此地所出（《太平寰宇记》）。”[9]“亭市山当即窑山，在瓶窑镇，钱塘县西界。亭市村人悉业陶，故名山曰窑山，镇曰瓶镇。”[10]明代瓶窑仍以出产瓶罂著名。《万历杭州府志》卷三二《土产》云：“瓶罂，为瓮缶，出钱塘瓶窑。”[11]由于窑业发达，瓶窑由村发展为镇。《乾隆杭州府志》

[1]方岳贡修、陈继儒纂：《崇祯松江府志》卷一四，《日本藏中国罕见地方志丛刊》，书目文献出版社1991年版。

[2]郭天锡：《客杭日记》，载丁申、丁丙编：《武林掌故丛编》第5集，嘉惠堂丁氏清光绪九年（1883年）刊本。

[3]文震亨：《长物志》、屠隆：《考盘余事》，浙江人民美术出版社2011年版。

[4]胡韫玉：《笔志》，《朴学斋丛刊》，安吴胡氏民国十二年（1923年）刊本。

[5]朱载堉：《律吕精义》，冯文慈点注，人民音乐出版社1998年版。

[6]张吉安、朱文藻、崔应榴、董作栋等修：《嘉庆余杭县志》卷三八《物产》引崔应榴《蚕事统纪》，上海书店出版社1993年版。

[7]戴日强纂修：《万历余杭县志》卷二《籍产志》，西泠印社出版社2010年版。

[8]周春：《海昌胜览》卷八《物产》，成文出版社有限公司1983年版。

[9]施谔纂修：《淳祐临安志》，中华书局1990年版。

[10]龚嘉儁修、李榕等纂：《光绪杭州府志》卷八一《物产四》，成文出版社有限公司1974年版。

[11]刘伯缙等修、陈善纂：《万历杭州府志》，成文出版社有限公司1983年版。

卷五《镇市》云："瓶窑镇……俗朴民勤，自农耕外，以埏埴为业，故市廛之与陶穴相望如栉比。"[1]此外，仁和、余杭、富阳皆造砖瓦。钱塘县近山产石的地方多建窑烧石灰，余杭县产南建等地，[2]富阳县以西北乡为多，正南、西南两乡间有烧造。[3]新城县"桃源山民以灰为业"[4]。临安县"四乡皆产"[5]。临安县"地出薪炭，结筏转输"[6]。富阳县南北各乡均产白炭、麸炭。[7]

杭州其他的一些手工业也比较发达。明清时杭州的私营酿酒业持续发展，著名的品牌有虎跑泉酒、珍珠泉酒、梅花泉酒。梅花泉酒又称"梅花白"。西溪镇"柏家园梅隐庵后，泉从地泛，如梅花瓣，味甘洌，溪人以之酿酒"，因而得名。"市之远方，与东浦、惠泉相埒"。新城县则有春分酒、秋分酒。春分酒为春分日造，味极甜；秋分酒秋分日造，其色绿，又名竹叶青、秋露白。"酒与曲相须而成，在乎择水之佳者。西湖之水清甘如饴，其外则用龙山鸿雁池水，巡检司大井水，江涨北关外用下湖水。"[8]道光二十五年（1845年）边春豪创办边福茂鞋店，始设于长庆街五老巷口，清末迁至太平坊闹市区。望江门一带还有专做鞋帮的外加工户。品种有棉、夹、单、呢、缎、葛、纱、绣等几十种。同治元年（1862年），毛四发在太平坊开设毛源昌眼镜店。经营的主要品种有铜边花镜、水晶眼镜、花晶眼镜等。顺治六年（1649年），方回春堂国药号创设于清河坊，主营丸散饮片，兼营拆兑批发，为杭州药业"六大家"之一。嘉庆十年（1805年），慈溪人张梅在同春坊盘进沈同泰国药号，改名为"张同泰"。后其子张耐先为嗣父业，扩建为著名的大药铺。张同泰所制丸散、饮片悉遵古法，不妄加增减，名闻杭嘉湖。嘉庆十三年（1808年），宁波人叶谱山在望仙桥直街吉祥巷口创设叶种德堂国药号。按照历代宫廷和家传验方，精心配制各门成药不下400余种。嘉庆二十三年（1818年），存会堂、余香山、太和堂等药店开设，道光至光绪年间又相继开设天禄堂（今保健药店）、泰山堂、汤养元（今长春药店）、万承志堂、孙泰和、天生堂、俞同春、泰和堂、德记、大德堂等中型药店。光绪四年（1878年），胡光墉创办胡庆余堂。从进货、制造、储藏到营业销售都有一套制度。自制传统成药470余种。清末杭州的中药业分工更细，如参燕业开始从国药业中分离出来，成为单独一业，相继开设益元参店、老一元参店、久康参店等。据《万历钱塘县志·纪疆·物产》记载，杭产药材有地黄、白芷、麦冬、荆芥、薄荷、续随子、紫菀、草决明、玄参、火麻仁、良姜、菊花、薏仁等96种。笕桥、彭埠、九堡和乔司一带是药材的主要产地。康熙初年，笕桥一带盛产浙贝。后钱塘江坍塘，海水淹灌，移植于宁波象山，改名"象贝"。清光绪末年，张万春在艮山门外打铁关等处租田1000多亩种植浙贝，名为"万春农场"，直至民国初年还有种植。杭白菊，原产杭州，据赵学敏《〈本草纲目〉拾遗》卷七《花部》载："杭州钱塘所属良渚桧葬地方，乡人多种菊为业，秋十月采取花，挑入城市以售……今杭人

[1]郑澐修、邵晋涵纂：《乾隆杭州府志》卷五《市镇》，《续修四库全书》第701册，上海古籍出版社2005年版。

[2]龚嘉儁修、李榕等纂：《光绪杭州府志》卷八一《物产四》，成文出版社有限公司1974年版。

[3]汪文炳等纂修：《光绪富阳县志》卷一五《风土·物产》，清光绪二十六年（1900年）刊本。

[4]龚嘉儁修、李榕等纂：《光绪杭州府志》卷八一《物产四》，成文出版社有限公司1974年版。

[5]彭循尧等纂修：《宣统临安县志》卷二《食货志·物产》，上海书店出版社1993年版。

[6]龚嘉儁修、李榕等纂：《光绪杭州府志》卷八一《物产四》，成文出版社有限公司1974年版。

[7]汪文炳等纂修：《光绪富阳县志》卷一五《风土·物产》，清光绪二十六年（1900年）刊本。

[8]龚嘉儁修、李榕等纂：《光绪杭州府志》卷八一《物产四》，成文出版社有限公司1974年版。

以茶菊作餉遗客，以用最广。”[1]明代望仙桥附近有药船停泊处，明末设有阜通药行，专门接待省内外贩药客商，是杭州最早的药材牙行。

[1]赵学敏：《〈本草纲目〉拾遗》，人民卫生出版社1957年版。

三、都市原初工业化的经济转型动力

英国的原初工业化或农村工业化使其在现代早期城乡人口结构及其分布发生变化。在传统社会中，农民和农村社会是社会主体，城市只是其中的孤岛。而原初工业化促进了农村城市化，使农业人口不断向城市流动。1520年英国城市人口比重为5.5%，农村非农人口占18.5%。1670年城市人口比重上升为13.5%，农村非农人口占26.0%。1801年城市人口上升到27.5%，农村人口虽占72.5%，但其中的非农人口却占总人口的36.25%，绝大部分人口实际上已转向非农产业和城镇。随着主体经济形态的改变，英国率先由农业社会向工业社会过渡。[2]彭慕兰《大分流：欧洲、中国及现代世界经济的发展》一书指出：中国与欧洲大小相当，中国有先进的江南，也有落后的西北；欧洲有先进的英格兰，也有落后的塞尔维亚。1750年的长江三角洲有人口3100万—3700万，相当于一个欧洲国家，其经济发展水平可以与英格兰作比较研究。比较的结果颠覆了西方盛行的一种历史观点，即西方的崛起与东方的停滞，或者说19—20世纪北大西洋核心区是变革的发动机，世界的其余部分以不同方式做出“反应”。他认为欧洲核心区（北大西洋核心区）和世界其他一些地方（尤其是东亚）核心区之间，经济命运的大分流在18世纪相当晚的时候至19世纪才出现。他赞同布罗代尔的观点：清代（18世纪）中国出现了“市场经济”，而几乎没有出现“资本主义”，这并不表明中国落后于西方。他还发挥了日本学者杉原薰1500年以来西欧走的是“资本密集道路”、东亚走的是“劳动密集道路”的观点，以18世纪后期至19世纪初期为分水岭，认为此前欧洲走的也是“劳动密集道路”，此后才是“资本密集道路”。[3]中国江南19世纪以前虽然没有出现英国或欧洲式的现代工业化，但是其社会基础却有相似性。

[2]Roger S. Schofield and E. Edward Anthony Wrigley, *Urban growth and agricultural change: England and the continent in the early modern period*, in Robert I. Rotberg and Theodore K. Rabb, (ed.), *Population and Economy: Population and History from the Traditional to the Modern World*, Cambridge: Cambridge University Press, 1986.

[3]彭慕兰：《大分流：欧洲、中国及现代世界经济的发展》，史建云译，江苏人民出版社2003年版，序言第2页，第5—8页。

在原初工业化的作用下，杭州的经济性质、经济结构和经济体制发生明显变化。国有土地私有化，田底权与田面权分化扩大，使地租形态发生改变，收入也不再稳定，动摇了政府和地主对土地的垄断。赋役归之于土地及其货币化，冲击着自然经济及其劳动隶属关系。官营手工业衰落后，其封闭的徭役制经营机制转变为与市场有一定联系的、雇役制的经营方式，为私营手工业发展开辟了道路。国家专卖体制逐步崩溃，国内外市场得以开拓，使商人积贮了巨额资本，并在经济中逐渐占据支配地位；白银货币化则推动了这一进程。在此境域下，晚明和清代的杭州已经为现代化做了许多准备。

一是商品性农业的发展引起农业经济和农村社会发生结构性变异。明清时地权与绅权、皇权、族权、神权相结合，又与货币经济相结合，所有权与使用权逐渐分离，显示土地所有制既具有垄断性，也具有多变性或弹性。杭嘉湖地区是全国著名的官田集中区和重赋区，地租和赋税合一改为单一赋税制促使官田变为民田，军屯土地私有化和军屯变为漕运屯并征收货币地租，反映国家土地所有制衰落及经营方式向民间惯行的租佃关系转换。土地卖买日益频繁、普遍，契约的内容和形式越来越复杂，地价随着市场供求关系变化而波动，田面权出让逐步成为习惯法，佃农变得更加自由。赋役货币化和差徭杂泛负担归于土地是明清时期赋役改制的主要表现，杭嘉湖地区是实施这一赋役改制的先行地区。自元末明初开始，杭嘉湖地区已实行“以粮签役”和“均工夫”等役制，出现了徭役负担转向土地的新趋势。只是由于当时还缺乏实行这一赋役改制的必要条件，随后签役的对象由土地转向“人丁事产”。自明正统到嘉靖年间（1436—1566年），杭嘉湖地区率先施行均徭法、十段锦法、均徭一条鞭法、均田均役法等改制，最后归结为一条鞭法，使差徭杂泛的绝大部分负担转归于土地，差役也由劳动力的自然形态变为货币形态。清顺治、康熙至雍正年间（1644—1735年），又陆续推行“摊丁入亩”政策，取消了人头税，完全将徭役归于土地，建立起赋役合一的地丁制度。明清时期赋役改制的这一历史过程，集中反映了中国赋役制度演变的矛盾运动。而由于一切最终都归于货币地租，因而从根本上为经济的商品化、市场化建立了基础。农业生产力的发展和粮食生产能力的提高则为经济作物种植规模扩大和畜牧业、林业、渔业、副业发展提供了可能，经济作物的普遍种植则导致农业商品化程度提高。商品性农业对自然经济结构和农村社会结构造成巨大冲击。

二是私营手工业高度发展为现代工业的兴起准备基本条件。官营手工业逐步衰落及其经营机制开始与市场联系，私营手工业不断发展，是明清时期官、私手工业发展的总趋势。官营手工业是一种建立在徭役经济基础上、由政府统一经营管理、产品统归政府支配的自然经济。明代中叶后，随着商品经济发展和雇佣劳动普遍化，官营手工业逐步趋向衰落。从成化二十一年（1485年）到嘉靖四十一年（1562年），杭嘉湖地区逐步推广班匠以银代役制，官营织造机构的经营则由签役制转换为领织制。全国大部分地方织造局衰落后，其领织任务遂渐集中到杭州织造局。而由于织造权力由掌管上用缎匹延伸到地方领织，官营织造的腐朽性、落后性以及经营管理上的腐败性愈益暴露，杭州等地方织造局因而逐渐停废。清代官营织造范围进一步缩减，仅存杭州、苏州、江宁3个织造局。签役制虽曾一度反复，但不久即实行“买丝召匠”的领织制。织造局的所有权和经营权一定程度分离，原料购自市场，机户可自行使用雇佣劳动力生产。部分产品还作为商品，按预先订购计划定量定向销售。但织造局仍以使用价值生产为主，而且生产规模也逐渐缩小。与此同时，私营手工业规模不断扩大。丝织业、棉纺织业、造纸业、竹木器业、制笔业、窑业、榨油业、酿酒业等

清光绪二十三年至宣统二年（1897—1910年）杭州海关机器设备进口货值及占洋货进口额比重

年份	货值（关平两）	占洋货进口额比重（%）
1897	184 227	14.6
1898	17 970	0.9
1899	5 357	0.2
1900	17 964	0.7
1902	2 696	0.1
1903	14 072	0.3
1904	18 318	0.4
1905	25 939	0.6
1906	25 876	0.6
1907	10 020	0.2
1908	27 166	0.5
1909	11 972	0.2
1910	5 595	0.1

资料来源：中国海关总署总务厅、中国第二历史档案馆编：《中国旧海关史料》（1859—1948年）之《杭州口华洋贸易情形论略》（1897—1910年），京华出版社2002年版。表中数据由杭州海关外籍税务司报告中的表格Trade in Foreign Goods—Imports and Re-exports和1906—1910年的Analysis of Foreign Trade: Exports得出。

都有显著发展。家庭手工业已较大程度转化为商品性生产，许多已由副业变为主业。家庭手工业虽与农业相结合，但依靠家庭成员内部实行劳动分工来完成。而在市场化的过程中，资本又逐渐向少数人聚敛，使之具备投资于机器大工业的实力。一些买办商人、民族商人、官僚、地主或钱庄主把在商业、土地、高利贷等传统经济部门中积累的资本投向实业，转化为工业资本家。张瀚《松窗梦语》卷六《异闻记》记载：其住在杭州的祖上，成化末年只是拥有1台织机的机户，因“织各色苎帛，备极精工。每一下机，人争鬻之，计获利五之一”，仅20天便可增购1台织机。至嘉靖时增至20多台织机。“自是家业大饶”。这种现象在当时已不是个别的孤立现象。张瀚指出：“余总览市利，大都东南之利莫大于罗、绸、绢、绮，而三吴为最。即余先世亦以机杼起，而今三吴以机杼致富者尤众。”[1]由此可见，在商品经济发展和价值规律支配下，小商品生产者通过自由竞争使资本与雇佣劳动两极分化，一些手工业小作坊扩大了规模或上升为手工业工场。道光以前，江宁、苏州、杭州已出现许多拥有数百台织机、上千工人的大型丝织工场。蒋广昌绸庄业主蒋海筹原籍绍兴，清咸丰八年（1858年）来杭州做学徒。同治元年（1862年），与其兄合买了1台木织机织绸。由于生产技术颇先进，加之销路又好，十几年间织机增加到10台，雇用许多学徒帮工，开设了蒋广昌绸庄。又得到杭州织造局信任，业务量不断增加。后来发展为向小机户放料收货的包买商，而不再织绸。向绍兴华舍、下方桥等地大量订货，仍供不应求。到光绪初年，所支配的织机达300多台，在上海、汉口等地设分庄或代销店，成为杭州绸业中的大户。又与金礼培兄弟合伙开丝绸染坊，进行丝绸后期整理加工。销售区域又扩大，北至北京、天津、蒙古、辽宁、长春、哈尔滨、山东、江苏等，南至福建、广东、广西，中路由长江上溯湖北、四川等，还经营出口南洋业务。民国元年（1912年）增设绸厂，向日商采购新式手拉提花机，逐渐转化为现代工厂。其他如袁震和绸庄庄主袁震和、悦昌文绸庄庄主王达夫以及其他行业的许多业主普遍走上蒋海筹的道路。晚清时期杭州已比较重

[1]张瀚：《松窗梦语》，盛冬铃点校，中华书局1985年版。

视引进外国机器设备。光绪八年（1882年）刘秉璋集银10万两购买外国机器设备，用于筹办杭州机器局。光绪十五年杭州通益公纱厂创办时向外国购置机器设备，光绪十八年杭州石印局创办也购置外国蒸汽机作动力。杭州开埠后的第二年即光绪二十三年（1897年），杭州海关进口机器设备货值为184227关平两，占当年洋货进口额的14.6%，仅次于鸦片和洋油。此后虽然没有持续增长，但每年都有一定的量。民国元年（1912年）后每年进口设备均在数万关平两以上。民国11年、12年杭州武林造纸厂创办时向美国进口价值165073关平两、73000关平两的机器设备。民国13年，杭州推广新式织机，当年进口织机价值30万关平两。据海关总税务司署《中华民国海关华洋贸易总册》记载，光绪二十三年至民国26年（1897—1937年）经杭州海关进口的机器设备和零部件价值1993586两。[1]

三是资本或经济组织萌发现代因素。旧式手工业经济组织方式大多是独资或在家族、亲友、同乡关系基础上的合伙制，新式工业或商业组织除了独资、合伙、领本等方式外许多还采取股份制模式，与传统经洗组织的经营方式和劳资关系不同。有的开业时是合伙的，不久也采取股份制。这些新的组织方式催生了大批商办企业，使经济体萌生现代经济因素。原初工业化也促进雇佣工人群体、劳动力市场形成以及工商业人口比重提高。城市和市镇中的各种作坊如机坊、炼坊、染坊、踹坊林立，需要大量有一技之长的雇佣工人，于是劳动力市场应运而生。李伯重《男耕女织与半边天角色的形成：明清江南农家妇女劳动问题探讨之二》一文推算，明代后期江南地区每年生产5000万匹棉布，需170万农妇从事纺织业；而清代中期每年生产1亿匹棉布，需300万农妇从事纺织业。[2]余同元《明清江南早期工业化社会的形成与发展》一文则估算明代后期江南地区有340多万农妇从事纺织业，清代中期有570多万农妇从事纺织业。加上其他行业和城镇相应人口，江南城乡工商业从业人口明后期约640万口，清中期约1346万口，分别占明后期总人口的32%和清中期总人口的37.4%。[3]商品性农业和商品性手工业的发展则使劳动力从等级雇佣向自由雇佣过渡。旧式经济组织保留着帮工对店主、学徒对师傅一定程度的人身依附关系，新式经济组织则采取自由雇佣制。从经理到职工都是业主的雇员，经营管理主要采用经济手段。雇佣群体涉及的行业非常广泛，其中在丝织业、纺织业、榨油业、酿酒业、典当业、酒馆茶楼业等分布较为集中。随着本地和外来人员大量参与工商业活动，运输等多种服务需求大增，船夫、脚夫、轿夫、乐人（工）、土工、剃头工等在内的临时雇佣人员数量也增多。雇佣群体内部诸如管理类雇佣人员以及一小部分从雇佣人员转化而来的小商小贩、作坊主，一般有一定资产，过着较为宽裕的生活，属于社会中层；其他的则收入来源不稳定，家产微薄，属于社会下层。雇佣关系往往表现为“大户张机为生，小户趁织为活”、“大户一日之机不织则束手，小户一日不就人织则腹枵”[4]这样一种局面。大量雇佣劳动力最终为现代工业准备了充裕的

[1]海关总税务司署：《中华民国海关华洋贸易总册》（1897—1937年），国史馆史料处，1982年。

[2]李伯重：《男耕女织与半边天角色的形成：明清江南农家妇女劳动问题探讨之二》，《中国经济史研究》1997年第3期。

[3]余同元：《明清江南早期工业化社会的形成与发展》，《史学月刊》2007年第11期。

[4]蒋以化：《西台漫记》卷四，《四库全书存目丛书》第242册，齐鲁书社1995年版。

熟练工人，它与资本的结合，催生了一大批现代民族工业企业。马克思有关资本雇佣劳动的基本观点可以归纳为3个方面：资本主义企业产生的充分条件是资本雇佣劳动，较多劳动者进行协作生产是企业存在的必要条件，企业的本质是同一资本同时雇佣较多工人。雇佣劳动是资本存在的前提，因而也是现代企业和现代经济产生的基础。当然，资本雇佣劳动不是企业产生之初即广泛存在的。在资本主义初期即工场手工业时期，资本家不一定完全享有对生产的控制权和剩余索取权，因为工人具有很强的、不可替代的生产技能而在劳资谈判中往往占据有利位置，并享有一定的生产控制权和决定权。工业革命后机器生产成为主导方式，劳动过程简化，工人不可能以技能作为谈判筹码，物质资本主体因此垄断了企业的控制权和剩余索取权，资本雇佣劳动的企业制度因此而广泛建立起来。明清江南地区的生产方式长期维持在手工业或低技术状态，因而相对于科技发展较快的欧洲来说现代经济的发生就较晚。

四是商业资本的扩张、商人势力的壮大开创了国际贸易新时代。随着城镇化进程加快，市镇和集市的发展速度超过都市。市镇无论是人口规模还是工商业繁荣程度都大大超过前代，经济功能明显上升。新兴商人群体构建了广域商圈，形成了国际性统一市场。明代中叶海上私人贸易崛起后，官方贸易趋向衰落。外国对中国的官方贸易逐步演变为由外商把持的私人贸易，而随着中国东南沿海商品经济的发展，中国的商业资本与海商势力日益增长，遂渐形成了大大小小武装走私的海商集团，它们与正在向中国东南沿海谋求贸易关系的外国商业资本和殖民势力结合起来，打破政府一统海上贸易的格局和禁海政策，不断开辟海上走私贸易的市场据点和市场网络，杭嘉湖地区因而变为走私贸易的重要平台。

五是货币权力的增大和信用借贷的活跃为现代金融业的发展打下了基础。赋役货币化和银本位制推动了货币资本化，而资本化的货币更多地向农业、工业领域转移，空前扩大了货币资本的权力。从事货币兑换、汇兑和保存的货币经营业也应运而起，它们已具有现代金融业的某些因素。南宋灭亡后，金银盐钞引交易铺消失，但民间买卖钞贯仍然存在。明万历年间（1573—1620年）又出现买卖铜钱和钞贯的铺户。明代的钱庄已经不再是简单的金融汇兑工具，而逐渐成为具有资本经营功能的金融机构，与白银货币本位制一同构成钱业。钱业在清代发展迅速，杭州也形成钱业市场。道光年间（1821—1850年）钱铺已开发钱票，收存豪商大贾之银。这些钱庄多为宁绍商人开设。钱庄支持南北贸易，沟通款项汇划，有的则与政府往来，受托收解饷、税各款。钱业务尽管与现代银行有所不同，但大端已无异，有存款、贷款、汇兑和货币买卖等。鸦片战争后，上海、宁波开埠，丝、茶等对外贸易激增，汇兑业务日繁，导致钱业务大增。当时杭州的钱庄资力雄厚，居于“百商之首”，影响力远达京、津、沪、汉。杭州本帮钱庄数量还一度超过外帮。同治末年（1874年），杭州建立钱业

清光绪二十一年至宣统三年（1895—1911年）杭州创办的资本在万元以上的民族工业企业（单位：万元）

年份	企业名称	开办资本	经营性质	创办人	备　注
1895	杭州世经缫丝厂	42	商　办	丁丙、庞元济	光绪二十六年（1900年）停工，由日商以7万元购得
1895	合义和缫丝厂	20	商　办	陈光颖、楼景晖	
1896	杭州大纶缫丝厂	8	商　办	丁丙、庞元济	
1896	杭州通益公纱厂	53.3	商　办	丁丙、庞元济	领有公款，后由高凤德接办。后数次出租
1897	萧山通惠公纱厂	55.9	商　办	陈光颖、楼景晖	
1897	韩永记牛奶厂		商　办	韩邦义、韩荣福	
1897	杭州电灯公司		商　办	陆肖眉、裘吉生	陆肖眉先创办浙省电灯公司，后由裘吉生接办
1900	杭州利用面粉厂	7	商　办	庄诵先	光绪三十一年（1905年）程恩培接办
1900	通济布厂	10	商　办	徐大仁等	
1901	振兴肥皂厂	0.3	商　办		
1902	杭州洋烛厂	5	商　办		
1903	杭州官脑局	5	官商合办		
1904	介和布厂		商　办		
1904	华昌织袜厂		商　办		
1904	同源织布厂		商　办		
1904	益盛榨油厂		商　办		
1905	杭州丰和石碱厂	3	商　办	葛昭华	
1905	杭州祥华肥皂厂	1	商　办	沈　某	
1905	余杭南乡煤矿		商　办	陶睿宣	
1906	杭州扬华织绸公司	20	商　办	吴恩元、高凤德等	
1906	顺兴荣布厂		商　办		
1906	华丰面粉公司	15	商　办		
1906	大通纸烟公司		商　办		
1906	远明洋烛公司		商　办		
1907	杭州鼎和罐诘厂	1.5	商　办	王家佑、孙懋华	
1907	华昌线袜厂		商　办		
1907	德隆油厂				
1907	教育物品有限公司		商　办	陈　栩	
1908	杭州大恒砖瓦厂	1.4	商　办	吴恩元	
1909	萃隆针织厂	1	商　办		
1909	杭州自来水有限公司		商　办		
1909	萧山日新织染公司		商　办		
1909	同裕碾米厂		商　办		
1909	杭州光华火柴厂	5	商　办	赵志诚、冯畅亭	
1910	浙江省杭江大有利电灯股份有限公司	3	官商合办	刘思训、俞　炜	后改名杭州电厂
1910	纬成织布厂		商　办		
1910	纬丰织布厂		商　办		
1910	浙省矿务股份无限公司		商　办	蔡奇凤	
1911	振新绸厂	4	商　办	金溶仲	
1911	六和布厂		商　办		
1911	利群袜厂		商　办		

资料来源：汪敬虞主编：《中国近代工业史资料》第2辑下册，科学出版社1957年版，第882—920页。本书做了补订。

公会，出现大同行、小同行和现兑庄3类不同钱庄。大同行钱庄又称汇划钱庄，是钱业同业组织的会员单位，可直接进入钱业市场交易，主要办理异地资金汇划和为工商业调剂资金，是业务规模最大的一类钱庄。服务对象以较大的商号以及鸦片战争后发展起来的一些实业为主。大同行钱庄资本金高的有五六万元以上，小的不足万元，一般在一二万元左右。它们与外地如上海、北京、天津、南京、汉口、九江等地的汇划钱庄有密切的信用业务往来。本埠同业之间的资金往来则无须支付现金，“过账”即可。大同行钱庄控制钱业公所（公会），它们派有“司月”、“司年”轮流坐庄，并订有严密的庄规。小同行钱庄又称非会员钱庄，也参加同业组织，但不能直接进入钱业市场交易，只是在一个大同行钱庄里开户，服务对象主要是本地客户，一般不经营异地资金汇划，资金结算由所挂靠的大同行钱庄代理。小同行钱庄的资本大多在5000元以下，一般为二三千元不等。再一类是现兑钱庄，又称“兑换店”、“现兑庄”，它们不参加钱业同业组织，从事中外各种货币的兑换业务。光绪二十年（1894年），杭州各行业中“以钱铺为第一资本，最大者可盈余三四万金，锡箔次之……典铺仅得官利禄，典质者多，取赎者少，架本过重，以致不能利市”[1]。钱庄经营的与产业发展相关度较高的长期存款是由钱庄专门兜揽来的个人存款和团体公款存款，一般都与本钱庄股东或与股东、职员有关系。这类存款一般数额较大，不常进出，但也并不固定期限，存户可随时支用。利率有的专门约定，有的按市场利率计算，一般都给予一定优待。存款时由钱庄发给存折，不使用过账簿和票据。存折上不写明钱庄牌号，只盖有钱庄专用的暗记图章，具有保密性。钱庄贷款一般限于往来透支，不做长期借贷。只有做往来透支后仍有大量多余资金的钱庄才从事长期贷款。利率由钱业市场公议统一行市计算，所有钱庄一律遵守，不得抬高或压低。一般实行对期贷款，每期6个月（俗称“六对”），利率为5.6%—5.7%。如借款1000元，利息57元，由借款人开具6个月到期还款1057元的期票。当时的商业习惯是“一切人欠欠人”，到农历年终都要全部清结归清，俗称“大结束”。客户如需较长期地使用资金，或预计年底无力还清全部透支，就要另向钱庄商借6个月长期贷款。假如客户在借了长期贷款之后预计年底不能还清，就要临时再向钱庄商借3个月期借款，俗称“三对”。这种借款利率就要比“六对”借款利率高。如到旧历年底仍无力还清，还要向钱庄另借2个月期借款，即年内借，明年开业后设法归还，俗称“二对头”。这种借款利率更高。对期贷款的办法与农业生产的季节性和手工业生产的短期性有关。晚清时现代工业开始兴起，而此时钱庄的实力已有所增强，长期贷款的比重逐步增加。清代杭州也形成了较为系统的钱业市场。钱业市场的交易主要有同业拆借、货币兑换和异地款项划拨等。同业拆借又分同业拆款和同业借款两类。同业拆款是钱庄逐日头寸余缺，在同业间临时拆借调剂。这种交易，在同治年间（1862—1874年）已经有5日1期、逢5逢10

[1]《申报》1894年2月21日。

进行的“掉期”制度。后又根据业务需要改为3日1期，逢3、6、9日交易。再后又改为每日进行、次日归还、利息逐日算清的“日拆”。每日日拆都有公开行市，由同业议定在市场上挂牌。同业借款是指同业间期限较长的定期借款。钱庄资金使用一般都量入为出，不做长期缺单。短期小额不足可通过同行拆款解决，如长期有较大缺单就要商借同业借款，方法与一般客户的对期贷款相同。货币兑换交易实际即现金货币买卖，其中最主要的是现银元买卖，其次是银角、铜元和铜钱买卖。埠际汇划也就是与外埠汇划洋（虚本位）的买卖。大约从道光时开始，杭州出现银号、官钱局（官银号）、官账房等金融机构，主要业务是代理政府收解和划拨公库款、发行货币、熔铸银锭等，有一定的政府职能和特权。这些非钱庄机构有商办的，也有官办的。商办的叫银号，官办的如官钱局。银号中影响最大的是胡光墉开设的几家。其极盛时在杭州设有阜康银号、泰来钱庄多家，在上海设有阜康银号、阜康了记钱庄，在宁波设有阜康银号、通泉钱庄，在福州设有裕成银号，在汉口设有乾裕银号，在北京设有阜康银号，等等。其“分号遍全国，积资三千万有奇，名洋溢，妇孺皆知”[1]。同治、光绪年间，晋商在珠宝巷开设日升昌、合盛元、大庆元等“西帮”票号，专做南北一路生意。后胡光墉、严信厚等开设阜康、源丰（这两家也称银号）、义善源等“南帮”票号。官钱局又名官钱铺，也有称官银钱号的。咸丰三年（1853年），政府筹措军需，发行以银两为单位的“户部官票”和以铜钱为单位的“大清宝钞”，合称钞票，户部设官钱总局，由各省发行。次年，浙江巡抚黄宗汉奏请在各省设立官钱总局，随后在杭州开设大美官钱总局，发行以银两为单位的部颁官票10万两，招有信誉较好、实力较强的钱庄、银号承领。浙江省政府趁此机会发放银洋票，简称“局票”，与户部官票同时使用。官银票发行不久，因行使不便而停发，官钱总局随即停办。光绪二十一年（1895年）杭州海关设立时附设了官银号一所，为杭州关收解课税饷项。光绪三十四年，又设立浙江官钱局。嘉庆年间（1796—1820年），绍兴商人孙汝坚在杭州开设“官账房”，随漕运船帮代理库款收付，并利用经营库款贷款。据宣统二年（1910年）统计，当时入钱业公会的钱庄有59家，未入的现兑庄和兑换店百余家。清末现代银行兴起，上海又发生金融风潮，使杭州的大同行钱庄大批倒闭，仅剩下半数。

[1]胡亚光：《安定遗闻》，《半月刊》第2卷第10期。

杭嘉湖地区是中国现代经济最早发生的地区之一。现代经济因素的发育不是个别、孤立的，而是稀疏的、散见的、多发的和重复的社会现象。它的发生是通过小生产者的分化和商业资本转化为产业资本两条途径实现的。首先发生在手工业部门，然后逐步渗透到其他经济部门。早在元末明初，杭州的丝织业中已出现工厂式作坊，明嘉靖、万历年间现代生产方式稀疏地散见于丝织业、棉织业、练染业、榨油业等手工业部门中。到了清代，有些手工业作坊已发展为规模较大的工场，有的采用工贸结合的方式提高经济效益。其中工场主兼包卖商是其典型形态。

第三节　稻桑经济的精深化

一、地域水循环系统的改善

明清时期杭嘉湖地区粮食和经济作物种植面积大幅度增长，土地使用效率也极大提高，但水患威胁仍相当大。钱塘江自上而下分作径流段、过渡段和潮流段3段，各段长度相近。钱塘江北岸海塘是保护环太湖流域的大型防洪（潮）工程，总长约160km。现存古海塘长约46km，其中海宁段33km，海盐段13km。海宁海塘位于过渡段，受径流、潮流共同作用；海盐海塘位于潮流段（也称河口湾），受海洋动力作用为主。河口下游受东海潮波影响一日两潮，形成半日潮港。其潮差冠居全国前列，最大时达9m，海宁、海盐也可达7m以上，台风暴潮时高出地面4m多。由于水域宽广，台风暴潮时还常伴有大风大浪，海盐实测最大波高达4.1m。由于河口河宽水浅，平面上呈喇叭形，纵剖面则有庞大沙坎隆起，河床质多为均匀细粉砂，冲淤变幅非常大。潮波向上游传递过程中变形剧烈，在海宁尖山一带开始形成著名的“钱塘江涌潮”，并上溯达90km之远。涌潮流速一般在6—8m/s，实测最大达12m/s，对海塘和丁坝的冲刷破坏力极大。其中海宁凹岸顶冲段尤甚，冲淤幅度可达4—6m。塘前滩地刷深较低时，海塘险情剧增，历史上曾因此多次造成塘基木桩出露或坍塘决堤，大量毁坏田舍。[1]如万历三年（1575年）五月，坏田地百万余亩。[2]明陈善《海塘议略》云：“海宁县县治南濒海，海塘距城仅百步。据旧志说，塘之外有沙场二十余里，沙场之内有陆地、草荡、桑柘、枣园一百六十顷有奇……今沙场草荡入于海，护沙尽没。”[3]据《光绪杭州府志》卷四七《海塘一》所记，明代海塘修筑次数多，工程规模也大，仅杭州境内就先后修筑了30多次，规模较大的有5次。永乐元年（1403年）八月，“决江塘万四百余步，坏田四十余顷。汤镇、方家塘江堤为风浪冲决，沦于江者四百余步，溺民居及田四千顷。冬十月修筑。”永乐九年七月“潮溢冲仁和县黄濠塘岸三百余丈、孙家园塘岸二十余里”，又重修海塘。[4]正统四年（1439年）富阳知县吴堂修筑富阳江堤。陈观《吴公堤记》云：“吴公堤，古春江堤也。不言春江而言今名，县令吴侯所筑，民为是名，示不忘也。按：《志》：富春居杭上游，背山面江，下通钱塘。潮汐往来，上接衢、婺、睦、歙，诸水会流，每天风撼涛，奔溃激射，号为险绝。矧自观山起，至苋浦桥止，东西三百余丈，适当邑城之南，其捍潮御浪，唯筑堤为可备。前代兴废，未暇究论。自唐万岁登封元年县令李浚所筑者，去旧城一百步许，迄今数百余年，而雨洗风淘，堤因以坏，渐逼城居，为患不小，民日以忧。前为县者，多后其事。宣德乙卯，侯始来治兹邑，抚字之暇，顾慈颓地，慨然兴怀。因与僚佐议政治所先，莫此为最，当亟修举。乃具词上闻，得允所

[1]周素芳：《钱塘江明清古海塘加固技术研究》，《水利电力技术》2004年第5期。

[2]龚嘉儁修、李榕等纂：《光绪杭州府志》卷四七《海塘一》，成文出版社有限公司1974年版。

[3]李圭典原纂、许傅霈等续纂：《民国海宁州志稿》卷五《塘工》，民国11年（1922年）刊本。

[4]龚嘉儁修、李榕等纂：《光绪杭州府志》卷四七《海塘一》引《明实录》，成文出版社有限公司1974年版。

言。会岁歉，未遑也。正统四年，秋谷既登，方将鸠工督匠，值所司别筑钱塘江岸，征役徒，伐巨石，动以千计，几寝是事。独富春以侯请得免，遂专力修筑，民在欢悦。经始于是年十月八日，乃率父老遍历江浒，验里分肥瘠，限以丈尺多寡，使得人平力均。于是夫匠云集，桩石山积。复新授方略，定立三级，下承以桩，上叠以石。布置得宜，事易工省。不再阅月，厥工告成。上坚下固，俨若天造。竣事之日，里父老子弟相与语曰：'昔为狂澜百尺之冲，今遂安居乐土之愿。伊谁之力欤？我侯之力也！'语竟，因以侯姓易堤之名。余曰：'宜然。'复征余文，以记其兴筑颠末。窃唯官府起大兴作，用大力役事有便于民、利于众者，虽劳不怨。筑堤，重事也，然在防遏水患，奠安民居，出于众人之所同愿，故用工虽大而民不劳，成功虽速而人不怨。使数百年已坏之遗业，一旦为千百人家之保障，盖有以见侯之举在于为民，而不在于为名也。虽然，地不自名，必因人而后名。昔苏子瞻守杭，筑堤西湖，名曰'苏堤'，亦因人而得名。今堤从侯姓，由前人起之也，庸害于理乎？侯名堂，字允升，饶州乐平人，由进士发轫仕途，凡见诸行事，一本于明体适用，兴废举坠。境内一新，皆民事所当为者。他日人思侯绩，因而得名者多，又不限一堤云。"[1]但明代杭州及附近的海塘工程技术主要采用"石囤木桩"法，总体效果不好，这与当时钱塘江潮流以南大亹为主出入口、海宁一带形势并不十分紧要有关。当时海盐、平湖一带潮患最重，因而是修筑海塘的重点地区，几乎每隔10年修筑1次，其中规模较大的就达23次。明代海盐海塘工程采用了较先进的技术，将土塘改为石塘，石塘又从坡陀塘发展为"五纵五横鱼鳞石塘"。嘉靖十七年（1538年）黄光昇发明五纵五横鱼鳞石塘，使修塘质量有了根本性改善。黄光昇时任浙江按察使司水利签事，他总结前人经验教训，认为旧塘有两个严重缺点：一是"塘根浮浅"，塘基不实；二是"外疏中空"，塘身不严密。于是他在这两方面做了重大改进。黄光昇《筑塘说》云："余筑海塘，悉塘利病也……余修必内与外无异石。先去沙涂之浮者四尺许见实土，乃入桩。入之必与土平，仍傍筑焉令实，乃置石为层者二。是二层者，必纵横各五，令广拥以土，使沙涂出于上令深，皆以奠塘址也。层之三若四，则纵五之，横四之。层之五若六，纵四之，横五之。层之七若八，纵横并四之。层之九与十，纵三之，横四之。层十一、十二，纵横又并三之。层十三、十四，纵三之，横二之。层十五，纵二横三。层十六，纵横并二。层十七，纵二横一。层十八，是为塘面，以一纵二横终焉。石之长以六尺，广厚以二尺，琢之方，砥之平，俾紧贴也。层表里必互纵横作丁字形，弥直罅之水也。层中横必稍昂作幞头形，弥横罅之水也。层相架必跨缝而置，作品字形，以自相制，使无解散也。层必渐缩而上作阶级形，使顺潮势，无壁立之危也。如是又坚筑内土培之，若肉之附骨，然后可免坍溃矣。"[2]即在塘基处理上，"先去沙涂之浮者四尺许见实土，乃入桩"，再用5米多长的粗木料打成"排桩""马牙桩""梅

[1]陈观：《吴公堤记》，载龚嘉儁修、李榕等纂：《光绪杭州府志》卷四七《海塘一》，成文出版社有限公司1974年版。

[2]黄光昇：《筑塘说》，载稽曾筠、李卫等修，沈翼机、傅王露等纂：《雍正浙江通志》卷六，中华书局2001年版。

花桩”等不同类型的桩。基桩夯入滩地大大提高了基础承载能力。塘体结构采用条石，“长以六尺，广厚以二尺”[1]，条石纵横砌筑（与塘体垂直放置为纵石，平行放置为横石），最下面两层纵横各5块条石，上层逐渐减少。层与层之间跨缝品字形砌筑。条石之间用糯米浆拌石灰砌连。条石上有燕尾槽，每两块条石之间用束腰生铁锭扣榫相连，所有条石连成整体。整个石塘底宽4丈、顶宽1丈、高3丈3尺，共18层。内复以土塘。所谓“鱼鳞石塘”，谓条石与条石如鱼鳞紧贴，冲吸无罅。鱼鳞石塘是中国古代海塘工程建筑上的一项重大技术突破。由于鱼鳞石塘造价昂贵，每丈需银300两，当时仅用罚三监生修塘银筑了5丈，故又称“监生塘”。隆庆四年（1570年），水利签事李文绩修筑海盐石塘时视形势险要情形，改用三纵二横或二纵二横起脚，共筑塘90丈，费银1.5万两，合每丈166.67两。万历三年（1575年）五月海盐潮灾后，巡抚谢鹏举请徐轼总理海塘修筑，徐轼采纳嘉兴府同知黄清的建议采用黄光昇法，并由黄清督率诸官30余人分段修筑。黄清相度潮缓急冲，稍增杀纵横石，并改用长2尺、高和宽1尺的条石，仍以五纵五横起脚，却以一纵一横盖顶，“石齿绚连，若垣贯然”[2]，人称“万年塘”。新建大石塘750丈，添筑缺塘83丈，理砌旧塘2790余丈，造完荡浪桩、木栅栏2600丈，筑完旧土塘备塘2216丈，新开内河白洋河3395丈。自海盐教场起迤南至秦望山止，延袤18里。由于石塘用石尺寸较小，造价比黄光昇塘低得多。上述各项总计仅费银120875两。[3]自黄清以后直至清代，险要海塘大多采用黄光昇筑塘法，沿钱塘江北岸向上游延伸。有的将鱼鳞石塘修筑得更臻完善，如加大塘身断面，筑双盖鱼鳞塘，以增强抵御潮水冲刷的能力。

清代海塘修筑的重点移到海宁、仁和一线。自宋以来钱塘江河口段岸线变迁总的趋势是北坍南涨，江道北移。钱塘江河口段江道主槽历史上曾发生多次变迁，最大变迁当数明清之际的“三亹变迁”。南岸萧山龛山与北岸海宁之间先后有3条入海通道，称为“三亹”。朱定元《海塘节略总序》云：“北大亹约阔三十余里，有河庄山为界；河庄山之南为中小亹，约阔八里，有赭山为界；赭山之南为南大亹，阔三十余里，有绍郡之龛山为界。”[4]按现代测量数据，龛山与赭山之间江道宽约6.2km，称南大亹（两山对峙如门，古称海门。龛山之旁有一小山形如鳖置海门之中，故又称鳖子门）；赭山与河庄山之间江道宽约1.7km，称中小亹；河庄山与北岸海宁海塘之间江道宽约10.5km，称北大亹。江道主槽变迁经历先走南大亹、二走中小亹、三迁北大亹3个时期。唐代主槽走南大亹。张宁《重筑障海塘记》云：“赭南有远山对峙如门，是为浙江受潮之口。岁久溯洄渟滀，赭涘出滩若渚，则口隘，潮束仄击于盐官隈岸。宋嘉定中，潮汐冲盐官平野二十余里。史谓海失故道有由也。成化十三年二月，海宁县潮水横滥，冲圮堤塘，逼荡城邑。”[5]说明南宋嘉定年间（1208—1224年）南大亹已经有所淤塞，但至明成化十三年（1477年）仍为主槽。主槽何时改走

[1]范骧：《海宁县海塘议》，载翟均廉：《海塘录》卷二〇，文渊阁《四库全书》本。

[2]许瑶光等修、吴仰贤等纂：《光绪嘉兴府志》卷三〇《海塘》，成文出版社有限公司1970年版。

[3]刘应钶、沈尧中等修：《万历嘉兴府志》卷八《水利》，成文出版社有限公司1983年版。

[4]朱定元：《海塘节略总序》，载翟均廉：《海塘录》卷一二，文渊阁《四库全书》本。

[5]张宁：《重筑障海塘记》，载翟均廉：《海塘录》卷二二，文渊阁《四库全书》本。

中小亹史无记载。据明代谈迁《海昌外志》、明清之交黄宗羲《行朝录》等史料间接推算，可能在明崇祯十一年（1638年）至清顺治二年（1645年）之间。走中小亹时间不长。朱定元《海塘节略总序》云："水若由中小亹为出入，当适中之地，杭、绍两府皆庆安澜。第中亹，地面窄小，难以容纳江潮。且山根余气似隐相联络，偶通旋塞，所以不徙而南，即徙而北。徙南尚有龛、常等山捍卫，为患犹轻；徙北仅借塘堤一线，倘有溃溢，为害甚巨。康熙三十六年以前水出中小亹，杭、绍相安无事。迨至康熙四十二年水势北趋，宁城迄南之桑田渐成沧海。康熙五十四年潮汐直逼塘根。"[1]由于海潮对钱塘江北岸侵蚀巨大，自康熙四十二年以后海宁、仁和海塘备受重视。康熙五十七年（1718年）、五十九年（1720年）、雍正十二年（1734年）、乾隆十二年（1747年）曾4次开浚中小亹江道，前3次开浚不久旋即淤塞，第四次趁潮流南趋、北岸涨沙之机才获成功。《海塘录》卷五《建筑三》记载，乾隆十二年二月在蜀山以南开浚中小亹，长1247丈，面宽3丈至6丈，底宽2丈至4丈，深6丈至7丈；到十一月冲开宽20余丈；至次年四月继续冲宽达3里，江流自中小亹畅流直下，同时北大亹完全淤平。但主槽再次走中小亹只持续了12年，至乾隆二十四年（1759年）中小亹又淤塞，主槽走北大亹。主槽走北大亹始于康熙四十二年，此后不断变动，乾隆四十二年（1777年）中小亹完全淤塞后才大致定形。嘉庆十八年（1813年），原属海宁州而此时已地处江南的赭山、河庄山等地划属萧山县。

[1]朱定元：《海塘节略总序》，载翟均廉：《海塘录》卷一二，文渊阁《四库全书》本。

清代以前，仁和县汤村（今余杭区乔司街道）至海宁之间海塘南侧有一块东西长约25km、南北宽约16km、总面积达60万多亩的滩涂，建有庐舍、盐场，可耕植。随着江道主槽从南大亹逐渐北移，这片滩涂不断遭受侵蚀。北宋元丰、宣和年间（1078—1125年）潮灾，坏农田盐地东西30余里、南北20余里。南宋"绍兴初，江涛连年冲突，自仁和白石至盐官之上管，百里生聚，荡为洪波，堤捍百端，随即沦毁，癸丑岁方定"[2]。清康熙三年（1664年）"八月初三日，飓风三日夜，海啸，冲溃海宁县海塘二千三百八十余丈"[3]。但此时海宁、仁和塘的完善似尚不十分迫切。约康熙四十二年（1703年）后情势陡变，钱塘江江道主槽开始较大幅度北移。康熙五十七年至五十九年，浙江巡抚朱轼主持修筑海宁石塘950余丈。朱轼又拟于老盐仓北岸建石塘1340丈，但由经济条件所限，仅在康熙六十一年新筑石塘500丈。雍正二年（1724年）七月，浙江潮灾甚烈，时任吏部尚书的朱轼被派往督修海塘。朱轼与浙江巡抚法海会勘，补修陈文港乱石塘3800余丈，又筑海盐和南岸诸县海塘多处。雍正四年李卫任浙江巡抚后曾连年修筑海塘，并建立岁修抢修制度，但治理效果不好。雍正十三年潮灾巨大，仁和、海宁、海盐等州县草、石、土塘崩坍1.2万多丈，几乎全线崩溃。雍正皇帝派时任大学士的朱轼督理，并面谕修筑鱼鳞石塘以图一劳永逸。后因雍正皇帝病逝，朱轼半途返京，由内阁大学士、江南道江道总督

[2]施谔：《淳祐临安志》卷一〇《山川》，载丁申、丁丙编：《武林掌故丛编》第3集，嘉惠堂丁氏清光绪九年（1883年）刊本。

[3]翟均廉：《海塘录》卷四《建筑二》，文渊阁《四库全书》本。

稽曾筠总理。稽曾筠修复了大部分原有设施，并于乾隆二年（1737年）开始在海宁修筑鱼鳞石塘，直至乾隆八年二月告竣。新建6090余丈，加上朱轼所建500余丈，共计约6600余丈。此后不断续修。至乾隆五十二年（1787年）十二月，钱塘江北岸西起钱塘县狮子口，向东经仁和、海宁、海盐等州县与江苏松江塘相接，全部建为鱼鳞石塘。乾隆五十五年后，"西塘涨沙五千七百丈，东塘涨沙三千四百丈，海塘之内桑麻遍野，安灶安恬"；海塘之外，"绵亘数十里，皆为沃址"。[1]耕种状况大有改善。但事实上，江道主槽走北大亹后虽基本稳定，仍有一定幅度的变动，两岸此坍彼涨的情况仍在持续。光绪三十一年（1905年）至民国37年（1948年）43年间，仁和（杭县）境内大坍江4次。为防坍江，民国6年（1917年）曾于七堡轻字号至且字号石塘内建3里长混凝土塘一段。抗日战争后，又用柴塘堵塞北岸缺口，但收效不大。1949年前七堡至盐官间江道主槽摆动幅度仍有5—12km。1953年杭县翁家埠盐区翁中乡全部坍陷于江下，翁东和翁西两乡坍半。北沙盐田2万余亩全部坍陷，北沙支堤及其以东海塘也受冲击。最大日坍量245m。南岸淤涨成陆后沙头起伏，滩涂也不稳定。清乾隆三十五年（1770年）至宣统三年（1911年），南沙多次坍蚀。光绪二十八年（1902年），山阴、会稽、萧山联合在沿江南岸筑堤4800余丈。后几经修缮，逐步将断续的围堤连成一体，至1949年围堤内303km^{2}滩涂逐渐得以开发。

随着钱塘江沿岸成陆面积扩大，特别是江岸陆地抬升和海塘加固，杭嘉湖地区的内陆水系逐渐由钱塘江水系演化为太湖水系，从东西走向改为南北走向。这种改变既形成了优越的水网平原，却也带来太湖、苕溪和京杭大运河淤涨等水患。调节水量和疏通水道使河水湖水涨落有序是解决水患的关键。明李悝《化湾陡门闸议》云："治钱塘水患，不自钱塘治之也。天目诸水经余杭汇具区，趋吴淞以入海。余杭南湖常浚，则有以留其势，而水不致奔溃；吴淞、刘河常通，则有以速其归，而水不至停蓄。"所以疏浚上游南湖、西湖和下游吴淞、刘河等，"三吴赖之，钱塘亦蒙福焉"。[2]

天目山水汇赴苕溪，若不能容又不能速泄，"所凭引巨流，而囊蓄之者，则南湖也。蓄而后泄，势杀而缓，下流始免冲激"。所以，"他郡视南湖为捍蔽，如精兵所聚控扼之地"。[3]遇旱岁又可引湖水灌溉。由于南湖堰坝经常会长期搁置不修，"奸豪又从而阴决之"，致使湖水走泄。湖水一泄则涸，湖荡泥深而土沃，"耕之则为肥田"，于是豪民以承佃为名纷纷私占，"庐割横污，封殖益广"。[4]弘治年间（1465—1505年），工部都水清吏司郎中藏某临湖勘踏，令占者田每亩增谷1石、地每亩增谷3斗、荡每亩增谷2斗。然而豪民乘机"紊占获利，又不纳谷"，私占湖田愈广。正德年间（1488—1521年），工部都水清吏司郎中朱某查追所占湖田稻谷，令将湖内庄房竹木尽行拆毁，通行开浚，筑堤造闸。但"迄无底绩"。至嘉靖十八年（1539年），金、徐、瞿等姓豪民"复占据湖田"。钱塘知县陈天贵申达巡按御史傅夙翔、通判王宗尹，二人慨然以清湖田为己任，议

[1]杨崃：《海塘挈要》卷七《国朝修筑》，清乾隆二十七年（1762年）刊本。

[2]李悝：《化湾陡门闸议》，载龚嘉儁修、李榕等纂：《光绪杭州府志》卷五四《水利二》，成文出版社有限公司1974年版。

[3]宗源瀚、郭式昌、周学浚、陆心源等修：《同治湖州府志》卷四三《经政略·水利》，上海书店出版社1993年版。

[4]金学曾：《南湖告成记》，载龚嘉儁修、李榕等纂：《光绪杭州府志》卷五五《水利三》，成文出版社有限公司1974年版。

定铲平所围土埂。“然考碑，亦仅还湖八千一百六十亩。”不久“诸豪割据如初”。万历三十六年（1608年）连月阴雨，洪水自余杭建瓴而下，新湾塘、月湾塘先后冲决，“漂没庐舍田畴以万万计”，整个杭嘉湖地区几乎全淹没，三府状民荷蓑笠，以铲斧从者千余人，“缚豪置之法，以上其事”。次年余杭知县戴日强奉命开浚南湖。除高田740多亩中的2/3用于民佃，其他菰蒲禾黍之区尽斥为湖。湖东北面修筑塘堤高4丈4尺，面广5丈；南面依山为堤；西面近上南湖高阜以堤为岸；湖心筑十字堤，分为4井。又在堤上种桑万株，湖借堤为固，堤借桑为固。桑与田之所入归官库，以充5年一小浚、10年一大浚之需。另外空湖东南5亩筑塍，长495丈，高5尺，导引湖水归入南渠、闲林二河。又在两河会流处筑石函，“涨则闭，以顾东乡之田；落则启，以走渠港之潦”。如此恢复了嘉靖时8000余亩的旧观。又立石碑界址8座以警示。[1]康熙元年（1662年），余杭知县宋士吉于南湖滚坝上襄筑辅坝，广袤高下与滚坝等。两坝相依，更加稳固，“使水来有所储，储不至于溢；去有所流，流不至于涌”[2]。康熙十年九月，浙江巡抚范承谟委派杭州知府稽宗孟浚湖。在余杭知县张思齐昼夜监督下，仁和、钱塘、德清、余杭4县分工阅三月告成。乾隆三十四年（1769年），浙江巡抚永德令将下湖西南隅所有新丈入额田地320余亩铲除，免除税粮，以还湖身之旧。并令应修各里乡民每岁按亩出钱交官，遇修时按数发交董事经理。又设坎夫三四名巡查看守，以防偷掘，使湖节宣充畅而可分杀暴涨。明初对西湖保护不重视，“豪民缙绅之家各私湖利为传家之产”。自苏堤迤西直抵西山之麓尽成桑田。里湖稍僻，皆成私居。外湖则自苏堤北第一桥迤东沿西泠桥、孤山沿城而南抵南屏，池荡田庐弥望。“昔称外湖南北十里”，此时则“五里而近焉”。湖水浅狭，遇干旱湖水先涸，加之闸石毁坏，严重妨碍了农田灌溉。宣德后屡兴开浚之说，但都未及毅然实行。成化、弘治时政府曾下令“凡旧隶湖而被侵占者，不分远近，尽行芟薙”[3]，湖身始复。后因豪民抗争，修复之处又被废弃。针对上述情况，正德时杭州知府杨孟瑛力排众议，坚决主张废田为湖，令民“有以占产自首者”免罪，并奏请除粮。并从正德三年（1508年）六月兴工疏浚，费银23600余两，斥毁田荡3481亩，除豁额粮930余石。由此复唐宋之旧。嘉靖十八年（1539年）、嘉靖四十五年（1566年），浙江巡按御史傅凤翔、庞尚鹏先后严禁包占湖面。明末清初沙土多淤，又被豪民所占。康熙三年（1664年）被丈入鱼鳞图册的420亩、未入册的218亩，皆阻遏水源和水道。雍正二年（1724年）湖址只存22里余，通计里外湖仅11315亩余，淤浅、硬沙、葑滩3122亩。浙江盐驿道副使王钧照旧址开通水源，“凡沙滩者汰去之，泉之壅者疏决之，葑之固结而蔓延者芟割而剔除之”，“以复故址而畅河流”。并于赤山埠、毛家埠、丁家山、金沙滩建石闸。雍正四年冬工程告成，用银37600余两。乾隆二十二年（1757年）春，浙江巡抚杨延璋又将湖址逐段丈勘，除无碍水源的589亩外尽行开挖归湖，实存湖面

[1]金学曾：《南湖告成记》，载龚嘉儁修、李榕等纂：《光绪杭州府志》卷五五《水利三》，成文出版社有限公司1974年版。

[2]宋士吉：《增南湖五亩塍辅坝记》，载龚嘉儁修、李榕等纂：《光绪杭州府志》卷五五《水利三》，成文出版社有限公司1974年版。

[3]吴农祥：《西湖水利考》，《丛书集成续编》第223册，成文出版社有限公司1989年版。

21里2分。589亩地荡酌量征租以充岁修之费。荡1亩征银5钱，田1亩征银4钱，地1亩征银3钱。乾隆三十九年（1774年）浙江巡抚三宝用节存解费银两大浚西湖，将各处窄港淤滩分段挑浚，费银9561两。又规定每岁秋冬之际由地方政府负责捞取葑草一次。[1]

钱塘、仁和、海宁数万顷土地全赖上、下塘河灌溉。“下塘河西北自石门、德清界入，径永安桥歧为二。北支为运河，入石门，为长安塘。东支复歧为二，一周王庙塘河，一许公塘河，入海盐。左出枝津为硖石河，入海盐、桐乡为界水。上塘河自仁和入，流为二十五里塘河，合备塘河，会袁花塘河，入海盐，为招宝塘。”[2]两塘高下相距七八尺，下塘之流仰视上塘。下塘苦潦，患在下流不速，“当合嘉、湖、苏、松以为功”。而上塘苦旱，尤其是海宁地高河狭，天旱则“陇亩难溉”，甚至“河底成涂”，“涝又易溃”。明清时先后多次疏浚上、下塘河以及袁花、硖石等河。明正统六年（1440年）五月，开浚海宁东门外官河、小东门外袁花塘河、北门硖石塘河。隆庆六年（1572年）十月重浚海宁市河。清顺治十年（1653年）十月，疏导市河与六十里塘河。康熙十四年（1675年）十月，重浚二十五里塘河。康熙五十七年（1718年），重浚六十里塘河。雍正五年（1727年），重浚二十五里塘河。雍正七年（1729年），深浚硖石、袁花二河。乾隆十六年（1751年），重浚六十里塘河和市河。塘河浚治颇显成效。康熙十四年浚二十五里塘河后，连续两年夏秋之交“雨阳不时，而田禾丰稔”。[3]浚河的同时，又建陡门、闸、笕以利灌溉。如上塘河底沙壅渐高，而隔塘诸笕低入河底，每走泄河水。天稍无雨，水即涸竭。天顺元年（1457年），知府胡浚与仁和知县周博计量近河一带民田多寡，起夫开浚。“笕门太低者，重令砌高”，“检水闸圮者重修之”，“由是干旱获利，舟行通便”。又于官塘一带重修陡门、闸五，于小林重建大闸，“溉田数千”。[4]天顺四年（1460年），肇元乡人陆浚倡导改周家坝为石闸，“视水盈缩以潴泄之”，使4万亩田“无干涝之忧”。成化七年（1471年）又改木塘坝为石闸，“田受其利二万余亩”。[5]崇祯十四年（1641年）大旱，诸闸、笕高而不能泄水，去河底石泄水至下河，救田数十顷。

棚民开掘山林与占湖为田一样对农田水利有巨大危害。南湖淤塞的原因之一也在于“棚民遍山开垦，沙土松浮，遇水陡发”，沙土“随流横泻，从溪入湖，水落沙停”。[6]清前期余杭县“多闽粤蓬民，不种苎麻，即种番薯。山遭垦松，遇潦即沙土随水入河，溃堰淤港，屡为农田水利之患”[7]。为了治理水患，浙江巡抚阮元于嘉庆六年（1801年）发布《抚宪院禁棚民示》6条，严禁棚民开垦山地。禁令规定“清查之后，该县各山外省棚民，仍有在保甲册外引类呼朋来浙种山者，即行拿究重处，唯该县及甲长是问”。“除嘉庆六年以前浙民租出山地概置勿论，如有嘉庆七年以后仍复贪利出租，以致淤坏他人田地者，绅士革究，军民查拿，治罪不贷”。[8]

杭嘉湖平原高田少、低田多，高低田之水利建设重点各有不同。就高

[1]龚嘉儁修、李榕等纂：《光绪杭州府志》卷五三《水利一》，成文出版社有限公司1974年版。

[2]赵尔巽等：《清史稿》卷六五志第四十《地理十二·浙江》，中华书局1974年版。

[3]龚嘉儁修、李榕等纂：《光绪杭州府志》卷五四《水利二》，成文出版社有限公司1974年版。

[4]龚嘉儁修、李榕等纂：《光绪杭州府志》卷五四《水利二》引《成化杭州府志》，成文出版社有限公司1974年版。

[5]龚嘉儁修、李榕等纂：《光绪杭州府志》卷五四《水利二》引《嘉靖仁和县志》，成文出版社有限公司1974年版。

[6]宗源瀚、郭式昌、周学浚、陆心源等修：《同治湖州府志》卷四三《经政略·水利》，上海书店出版社1993年版。

[7]王凤生：《余杭县水道图说》，载龚嘉儁修、李榕等纂：《光绪杭州府志》卷五五《水利三》，成文出版社有限公司1974年版。

[8]周绍濂、徐养原等修：《嘉庆德清县续志》卷四《法制志·乡约》，朱海闵、徐晓军、沙文婷、张群主编：《浙江图书馆藏稀见方志丛刊》第29册，国家图书馆出版社2011年版。

田来说，重点在于疏浚港渎以资灌溉。所以说“治高田之法有塘、有溇、有潭，凡潴水以灌田者皆是”[1]。以低田来说，重点在于修筑圩岸。圩田有岸、塍、坝、车阙。岸捍圩外，以障河水侵入；塍界田间，使高低有分；坝通田心，水道遇暴涨则将水疏泄；车阙附岸，以便车灌。唯圩岸坚固，高低界分，当田水满时，则车出注入支河。遇干旱时，则开阙车入河水。“虽有旱干水溢，无不救之田矣。”各圩都设有塘长、圩长。由于圩大不易管理，可分作小圩，“户少则力齐易集而易救”。一般300—500亩为一圩较适宜。每当冬春农闲时，各塘长、圩长就督乡民增筑堤塍。工程简易，则“随田出夫”，“田主出本，佃户出力”。[2]若工程浩大，则通融处置。筑圩根据地势与旱潦状况不同而有所区别。或高六七尺，广八九尺；或高八尺，广六尺。“水漫则专增其里，土不狼藉；水固则专筑其外，岸方坚固。”圩内开掘深沟，沟旁作塍。高平疾泄之地间设陡门板闸，以为蓄泄。圩岸里外尽栽蓑草，水边种菱芦，岸之两旁或栽水杨，或栽篱条、白茅，以巩固堤岸。

[1]万相宾、孙燕昌修：《嘉庆嘉善县志》卷一《水利》，清嘉庆五年（1800年）刊本。

[2]夏时正等修：《成化杭州府志》卷二七《水利》，成化十一年（1475年）刊本。

山区水利重在修筑塘、堰、陂、池。昌化县在深山中，虽有昌化溪，仍多旱少泽。“其所恃为水利者唯塘与堰而已。若堰利溥，而功百倍焉。”昌化溪之西北诸堰灌田3万余亩，东南诸堰灌田也以万计。堰在山涧者不过十数丈，在大川深溪者延袤百余丈。大凡近溪之田，“旱则上流可壅，潦则下流可泄，颇为民利”。不成溪流则旱潦无可恃，只得“因泽为塘”。所以昌化西北近溪多堰，东南远水多塘。於潜县冈峦夹峙，溪水行于两山之间，滩流迅急，春涨夏涸。濒溪低平的地方有大源田，倚山而上溪流不及处唯赖浅涧断溜以资灌溉。“故堰捺之设，较之他县为独周。”至于“山峡穷处，溪流不逮，亦疏凿以为塘”。万历时有捺70余，堰近400，塘数十。临安县溪流达于四境，但由于地势高，并无巨陂深潭潴蓄溪水。山水骤至，俨如巨浸，乃至朝如汪洋，夕仍沟浍。一经久旱则溪间细流，仅存涓滴。田之肥硗唯视水之停注。而欲水之停注，务必“填沙叠石，设堰以资蓄泄”。故临安一县溪河节节有堰。[3]明清时的塘、堰、陂、池体系建设使杭州山区的农业经济有了切实的保障。[4]

由于明清时期杭州的水利设施更加全面系统的完善，水循环更为畅通，所以形成了更为有效的农业生态系统，为发展生态农业、效益农业打下了良好基础。

[3]龚嘉儁修、李榕等纂：《光绪杭州府志》卷五六《水利四》，成文出版社有限公司1974年版。

[4]蒋兆成：《明清杭嘉湖农田水利设施》，《浙江学刊》1992年第5期。

二、稻桑作业系统的集约化和专业化

唐宋以前，杭嘉湖地区虽也偶尔出现暂时、局部的人多地少的现象，但由于这一矛盾不是本地区经济发展的历史产物，而是外来人口过分集中于条件较为优越的区域以及豪强广占良田引起的，所以可在农业系统内部消化。唐宋以后本地区内部人口开始普遍增长。由于推行货币经济等因素，明清人口统计严重失实，事实上人口大大高于政府的统计数字。而围湖为田、辟山造田式的耕地拓殖方式难以为继，精耕细作也在走向极限，农业系统本身已经无法完全消化人口增长的压力。在此情形下，改善农业生产效率的唯一途径是依靠科学技术和科学管理提高集约化水平。而农业集约化水平的提高在当时又包含两个基本方面，一是粮食单产的提高，二是产业结构的调整。

明清时期杭州的土地利用形式可分为3类：第一类称为“田”，种植水稻或水稻复种旱作、绿肥作物；第二类称为“地”，是天然或人工加垫的高地，主要用于栽桑；第三类称为“池”，可用来养殖水产。这3种土地利用模式构成明清时期杭州的基本农业生态系统。据当时的地方志统计，杭嘉湖地区田与地的面积比例约为9：1，池的面积与地的面积相当。[1]根据沈氏、张履祥《补农书》，可将当时的农业生态系统划分为水稻复种旱作和绿肥作物的农作物子系统、桑蚕子系统、畜牧子系统和水产子系统。

[1]唐建军、陈学文、仇名虎、胡永吉：《明清时期杭嘉湖地区农业生态环境状况研究》，《首届长三角科技论坛（生态环境与可持续发展分论坛）论文集》，2004年。

元代杭州的粮食主要仰给于苏、湖，本地粮食产量不高。明清时期人口扩张较快，杭州的农业生产技术虽然发展不快，但还是在许多因素的作用下比前代有了较大发展，实现了诱至性变迁（The Induced Changes）。所谓诱致性变迁就是在资源禀赋和市场需求等因素作用下发生的通过技术或制度改良带来的变迁。不同的资源禀赋和社会需求会诱导技术发明朝相异的方向发展。在人多地少的国家或地区，技术选择或发明通常朝节约土地的方向发展；而在地广人稀的国家或地区，技术选择或发明倾向于节约劳动力。与欧洲大陆、美洲大陆有所不同，中国尤其是江南地区土地供给缺乏弹性，因此一切有利于提高土地利用率和生产率的技术最容易得到开发和应用。尽管以稻为租的税收制度等因素阻碍了稻麦两熟制的发展，但稻麦两熟制特别是双季稻制还是有了一定推广。明万历时人高濂对杭州即有“桑林麦陇，高下竞秀”[2]的描述。明代中后期，原产于美洲等地的甘薯、玉米等农作物最早由福建、广东和浙江传入中国，极大地改变了杭州的粮食结构。而决定明清时期杭州粮食生产发展最主要的因素还是集约化水平的提高。其途径不是增加劳动力投入，而是增加以肥料、耕作、种子和育苗等方面投入为中心的资本投入。这种投入在整个明清时期一直以相当快的速度增长，到清末已接近传统生产力下水稻种植中肥料投入的极限。[3]《补农书》是明末清初反映杭嘉湖地区农业生产的经典著作。《补〈农书〉》的著者张履祥为杭州近邻桐乡县清风乡炉镇杨园村（今桐乡市龙翔街道杨园村）人，《沈氏农书》的著者沈氏为距杨园村十几公里的湖州双林、涟水之间的涟川（今练市）镇人，书中多处提到杭州，其所写应与杭州的情况基本一致。其中详细反映了上述几方面的改良情况。

[2]高濂：《遵生八笺》卷三《春时幽赏·登东城望桑麦》，文渊阁《四库全书》本。

[3]李伯重：《明清时期江南水稻生产集约程度的提高：明清江南农业经济发展特点探讨之一》，《中国农史》1984年第1期。

《补农书》卷上《沈氏农书·运田地法》指出：“凡种田总不出‘粪多力勤’四字，而垫底尤为要紧。”“盖田上生活，百凡容易，只有接力一壅。须相其时候，察其颜色，为农家最要紧机关。”肥料可分为人、畜

（猪、羊、牛）粪以及饼肥（豆、麻、棉、菜饼）、豆、河泥、蚕沙、草（紫云英、野草、稻草、豆茎、叶、根）和灰。《补农书》中提到的有草木灰、红花草、牛粪、人粪尿、垃圾、河泥、蚕沙、磨路、猪窠灰、羊粪、豆渣、豆饼等。当时的人虽然不知道这些肥料所含的化学成分和施用后的化学变化，但对这些肥料的使用性能和效用已有相当深刻的经验认识。如所谓"人粪力旺，牛粪力长，不可偏废"，即人粪肥效较速，而牛粪却有迟效性。[1]饼和豆作为肥料使用开始于明代。饼肥和豆类体积小，运输方便，而且用量少却肥效高。既可作基肥，也可以作追肥。徐光启《农政全书》卷六《农事》注云："麻豆饼亩三十斤，和灰粪；棉饼亩三百斤。插禾前一日将棉饼化开，匀摊内耖，然后插禾。"[2]包世臣《齐民四术》卷一上《农一上·任土》云："菜籽……亩收籽二石，可榨油八十斤，得饼百二十斤，可粪田三亩，力庇两熟。"[3]饼肥不仅肥效高，而且力慢不损苗，可大大提高粮食产量。不过由于价格较高，仅限于经济条件较好的富裕农民或经营地主使用。《南浔镇志》卷二一《农桑一·下壅》云："下壅富家多用豆饼，椎碎成屑，匀撒苗间。贫家力不能致饼，则用猪羊栏中腐草。"[4]猪羊粪尿肥效甚高。据沈氏核算，养猪6口，1年4窠，每窠得壅90担，1年可得360担；养母猪1口，每年得壅80担。如每亩施猪壅13担，360担可壅田27亩多，80担可壅田6亩。所以时谚云："养猪不赚钱，回头看看田。""养了三年无利猪，富了人家不得知。"养羊积肥效益更显著。杭嘉湖地区农户养羊多用圈养方法，于积肥最有利。1头羊全年平均排泄的粪尿总量为1100—1500斤，加上垫草全年产肥2500—3000斤。《补农书》卷上《沈氏农书·蚕务（六畜附）》说，养胡羊11头每年净得肥壅300担。垫草多还不止此数。城镇人、畜粪肥也是重要的肥料来源。《沈氏农书·逐月事宜》"置备"栏载：正月买粪（苏、杭）；四月买粪谢桑，买牛壅磨路（平望）；九月买牛壅（平望）；十月买牛壅（平望），租窖（各镇）；十一月租窖。沈氏购买肥料近在附近各镇，远至苏、杭，包括买粪、买牛壅、买磨路、租窖等。磨路即厩肥，是牛践踏粪尿和垫草、土壤产生的混合物，肥力最大。租窖是向附近各镇住户预订厕所粪屎。《运田地法》云："要觅壅，则平望一路是其出产。磨路、猪灰，最宜田壅。在四月、十月农忙之时，粪多价贱，当并工多买。其人粪，必往杭州……至于谢桑于小满边，蚕事忙迫之日，只在近镇买坐坑粪。上午去买，下午即浇更好。"施肥讲究合理适度，施足基肥、追肥都十分关键。"垫底尤为紧要。垫底多，则虽遇水大，而苗肯参长浮面，不至淹没；遇旱年，虽种迟，易于发作。"追肥重在观察稻色，掌握时机。"下接力须在处暑后，苗做胎时，在苗色正黄之时。如苗色不黄，断不可下接力；到底不黄，到底不可下也。若苗茂密，度其力短，俟抽穗之后，每亩下饼三斗，自足接其力。切不可未黄先下，致好苗而无好稻。盖田上生活，百凡容易，只有接力一壅，须相其时候，察其颜色，为农家最要紧

[1]沈氏撰、张履祥补撰：《补农书》，载楼琇等：《耕织图诗》，沈氏撰、张履祥补撰：《补农书》，朱肱：《北山酒经》，释赞宁：《笋谱》，陈师：《茶考》，许次纾：《茶疏》，周膺、吴晶点校，当代中国出版社2014年版。

[2]徐光启：《农政全书》，中华书局1956年版。

[3]包世臣：《齐民四术》，中华书局2001年版。

[4]汪日桢修：《南浔镇志》，《续修四库全书》第717册，上海古籍出版社2005年版。

机关。无力之家，既苦少壅薄收；粪多之家，每患过肥谷秕，究其根源，总为壅嫩苗之故。”如遇水灾，稻禾淹没之后，不可多做生活，尤不可下壅。下壅工多，则苗贪肥长枝，枝多穗晚，有稻无谷。施肥当与深耕和干田相结合。“深则肥气深入土中，徐徐讨力，且根脉深远，苗杆必壮实，可耐水旱；纵接力薄，而原来壅力可以支持；即再多壅……亦不害事。”干田可使“土实根牢，苗身坚老，堪胜壅力，而无倾倒之患”。施肥还要根据肥料特性、土壤条件和作物特性等不同情况而适度调整：“羊壅宜于地，猪壅宜于田。灰忌壅地，为其剥肥；灰宜壅田，取其松泛。若平望买猪灰及城镇买坑灰，于田未倒之前，棱层之际每亩撒十余担，然后锄倒，彻底松泛，极益田脚。”“积瘦之田，泥土坚硬，利用灰与牛壅。若素肥之田，又忌太松而不耐旱，不结实。”豆和紫云英只需撒灰，麦则灰粪并用；麦要浇子，菜要浇花。麦沉下浇一次，春天浇一次，太肥反无收。大麦、穬麦则不厌肥，又要肥在后半，照式浇两次，又撒牛壅，则杆壮麦粗，倍获厚收。菜比麦倍浇，又或垃圾，或牛粪，锹沟再浇煞花，即有满石收成。施肥还须间杂而下，如草泥猪壅垫底，则以牛壅接之；如牛壅垫底，则以豆饼豆泥接之。总而言之，“扼要之法：一在垦倒极深。深则肥气深入土中，徐徐讨力，且根脉深远，苗杆必壮实，可耐水旱；纵接力薄，而原来壅力可以支持；即再多壅，譬如健人善饭，量高多饮，亦不害事。此为第一着。一在多下垫底。垫底多，插下便兴旺，到了立秋，苗已长足，壅力已尽，杆必老，色必黄，接力愈多愈好。”

明清时种粮非常强调精耕细作。《补农书》卷下《补〈农书〉·总论》云：“用一分心力，辄有一分成效；失一时栽培，即见一时荒落。”《沈氏农书·运田地法》指出：“老农云：‘三担也是田，两担也是田，石五也是田。多种不如少种好，又省气力又省田。’”“宁可少而精密，不可多而草率也。”“作家第一要勤耕多壅，少种多收。”将精耕细作与施肥一样作为种粮的要务。犁田耕地须在立冬前进行，使深度达到七八寸使土壤彻底翻松为止。时谚云：“冬至垦为金沟，大寒前垦为银沟，立春后垦为水沟。”冬至前垦地翻起的泥土经过严寒冰冻日晒之后土质松泛。深耕又有利于保持肥效、扎深稻根，使苗干壮实且耐水旱。《运田地法》云：“古称‘深耕易耨’，以知田地全要深耕。”《补农书》卷下《补〈农书〉·补〈农书〉后》也说：“况种麦又有几善，垦沟、揪沟便于旱，旱则脱水而燥，力暇而沟深。沟益深则土益厚。旱则经霜雪而土疏，麦根深而胜壅，根益深则苗益肥，收成必倍。”未彻底翻松的残土硬块，至春初需倒翻一二次，或用耕牛耙、耖、摩使之细碎精熟。垦地倒地不可贪阴雨闲工，须晒一日。做秧田先将面泥劈去寸许，扫尽再垦倒，摩平田面，并用罱泥铺面，再行撒种。如此有利于除净稗草。中耕除草以早为贵。《运田地法》指出，插秧前应倒平田底，除净杂草。如插时先有宿草，得肥骤兴，秧未见活而草已满，拔甚费力，俗所谓“亩三工”。若插时拔草先净，则草未生而苗已长，不消20日可拔尽，俗所谓“工三亩”。“头番做得干净，后番次次省力。”从小暑后到立秋，锄、荡、耘四番生活锄二、荡一、耘一均匀排定。田间管理以灌溉为重。平时注意勤灌浅灌。“凡稻旬日失水则死期至。”立秋边及时干田，或荡干，或耘干，以田干裂缝为好。所谓“六月不干田，无米莫怨天”。唯此一干，则根派深远，苗干苍老，结秀成实，水旱不能为患。干在立秋前，多干几日不妨；干在立秋后，才裂缝便要灌水。因力处暑稻正做胎，不可缺水。时谚云：“处暑根头白，农夫吃一吓。”“稻如莺色红，全得水来供。”倘遇骤寒霜早，田中有水霜不损稻，无水则稻成秕谷。所谓“饱水足谷”。

明清时水稻品种已经有了较多开发，张炎贞《乌青文献》记载康熙年间有粳稻70多种、糯稻40多种。选择高产又适时的品种在当时已成为普遍经验。水稻品种可分为杭、糯两大类。杭与粳同，糯与秫同。粳有芒，糯无芒；粳不黏，糯性黏；粳供食用，糯可酿酒。“民间所植，秫一而粳十，其大较也。”[1]粳糯又各有早晚。“粳之小者谓之籼，籼之熟也早，故曰早稻；粳之熟也晚，故曰晚稻。”[2]明清时杭州的仁和、钱塘、海宁多种晚稻，余杭早晚各半，其他各县多种早稻。杭州与桐乡一样，选种以“以早白稻为上”。“其粒赤而稃芒白，五月初而种，八月而熟。”[3]优点是“米粒粗硬而多饭，所宜多种”，缺点是施肥不好掌握，“少壅不长，多壅又损苗”。其次为黄稻，优点是“能耐水旱，多壅不害”，缺点是“只怕霜早，米不圆满”。其他品种各有优缺点，总体不如白、黄两种。选种还需按生长期长短不同配搭。如白、黄两种“所宜对半均种，以便次第收斫，不致忙促”[4]。选定种子后，育秧也非常重要。育秧从做好秧田着手。如前所述，秧田最忌稗草，耕作施肥尤宜精细。浸种播种适当提早，以保证有足够的生长期。“谷雨浸种，立夏前下谷，稍备春气，至插青之日秧老而苗易长，且耐风日。所谓‘秧好半年田’也。中秋前下麦子于高地，获稻毕，移秧于田，使备秋气……人但知夏前秧之好，而不知所以好之故，在得春气、备三时也。知种麦之多收，而不知所以多收之故，在得秋气，备四时也。”“唯当急于赴时。同此工力、肥壅，而迟早相去数日，其收悬绝者。及时不及时之别也。俗曰：‘早蚕、早田为第一。’……田家忌三小：小满蚕、小暑田、小雪麦。其收较薄，故皆宜早。”“农叟有言：‘禾历三时，故杆三节；麦历四时，故杆四节。’种稻必使‘三时’气足，种麦必使‘四时’气足，则收成厚。吾乡种田多在夏至后，秋尽而收，所历二时而已；种麦多在立冬后，至夏至而收，所历三时而已。”[5]将种子与春细的豆饼拌匀一起播下，每亩秧田壅饼一块，另盖灰以利苗成后根松易拔。播种不宜太密。“行欲稀，须间七寸；段欲密，容荡足矣。”[6]10亩田须备13亩田苗的量。

由于集约化水平的提高，明清时的粮食产量增加较多。《民国海宁州志稿》卷九《食货二·田赋》载《明隆庆元年（海盐）知县许天赠丈量田

[1]张履祥：《杨园先生全集》卷一七《赤米记》，中华书局2002年版。

[2]黄省曾：《理生玉镜稻品》，《丛书集成初编》第1469册，中华书局1985年版。

[3]黄省曾：《理生玉镜稻品》引郑元庆《湖录》，《丛书集成初编》第1469册，中华书局1985年版。

[4]沈氏撰、张履祥补撰：《补农书》卷上《沈氏农书·运地之法》，载楼琏等：《耕织图诗》，沈氏撰、张履祥补撰：《补农书》，朱肱：《北山酒经》，释赞宁：《笋谱》，陈师：《茶考》，许次纾：《茶疏》，周膺、吴晶点校，当代中国出版社2014年版。

[5]沈氏撰、张履祥补撰：《补农书》卷下《补〈农书〉·补〈农书〉后》，载楼琏等：《耕织图诗》，沈氏撰、张履祥补撰：《补农书》，朱肱：《北山酒经》，释赞宁：《笋谱》，陈师：《茶考》，许次纾：《茶疏》，周膺、吴晶点校，当代中国出版社2014年版。

[6]沈氏撰、张履祥补撰：《补农书》卷上《沈氏农书·运地之法》，载楼琏等：《耕织图诗》，沈氏撰、张履祥补撰：《补农书》，朱肱：《北山酒经》，释赞宁：《笋谱》，陈师：《茶考》，许次纾：《茶疏》，周膺、吴晶点校，当代中国出版社2014年版。

土鱼鳞图册记略》云：“（海）盐亩得稻四五百束，（海）宁则赢者不过三百束，盐田得米二石余，宁二石，上农矣。”[1]明末《沈氏农书》载：“三担也是田，二担也是田，石五也是田。”上至3石，下至1石半，平均在2石二三斗之间。清初张履祥《补农书》卷下《补〈农书〉·补〈农书〉后》云：“况田极熟，米每亩三石，春花一石有半。然间有之，大约共三石为常耳。”[2]明清时杭嘉湖常年水稻亩产米在2—3石之间。按明亩约合今制0.9216市亩、明石约合今制1.0225市石推算，明亩产稻米1石约合今制稻谷266.3市斤，亩产稻米2.5石约合今制稻谷665.8市斤，亩产稻米3石约合今制稻谷798.9市斤。清代亩产稻米也约为2.5石，按清亩约合今制0.9216市亩、清石约合今制1.0355市石推算，约合今制稻谷674.2市斤。按亩产稻米2.5石计，比宋代多234.2市斤，约增长53.2%。按陈恒力编著、王达参校《补农书研究》第二章说明，明清时稻米每亩3石折合今制为稻谷642市斤，春花1石半折合今制为麦224市斤。[3]

然而，尽管粮食的集约化生产富有成效，其比较效益仍较低，而当时税收颇高，农民靠种粮食很难维持生计。《沈氏农书·运田地法》这样计算种粮的盈息情况：“种田八亩，除租额外，上好盈米八石，平价算银八两，此外又有田壅、短工之费，以春花稻草抵之，俗所谓‘条对条’。全天赢息，落得许多早起宴眠，费心劳动力……终岁勤动，亦万不得已而然。”足见粮食生产之不易。于是农民以兼业为“作家至计”，普遍经营商品性农业。以土地利用而论，力田同时大力经营旱地，兼营林地、水面、田间隙地。以种植养殖而论，种粮而外兼及桑、棉、麻、竹、果、药、蚕、湖羊、猪、鹅、鱼等。陈恒力校释、王达参校和增订的《补农书校释》附录《杨园先生全集》卷一八《荐新蔬果》所举全年按月可种植的有枣、慈菇、荸荠、韭、蔗、水芹、菜心、新茶、樱桃、笋、蚕豆、梅、李、莲（藕）、茄、瓜、梅豆（四季豆）、桃、火枣、菱、芋、白扁豆、橘、姜、栗、萝卜、梨、百合等。桑叶除可养蚕外还可饲养湖羊，以采其皮，售其羔。猪鹅养殖又以母猪种鹅生产仔猪苗鹅获利更丰。农业也可直接向手工业延伸，如种桑养蚕外可买糟制酒、产糖制饼等。邬行素家住溆浦镇角里堰（今六里堰）附近，距离张履祥所居住的桐乡县杨园村不远。他有田10亩、池1方，但邬行素殁后，母老子幼，无以为生，张履祥作《策邬氏生业》一篇试对亡友所留遗田进行战略经画：“瘠田十亩，自耕尽可足一家之食。若雇人代耕，则与石田无异。若佃于人，则计其租入，仅足供赋役而已。众口嗷嗷，终将安藉。今为力不任耕之计。诗曰：‘无佃甫田，唯莠骄骄。’言当量力也。莫若止种桑三亩（桑下冬可种菜，四旁可种豆芋。此项行素已种一亩有余，今宜广之，已种者勿令荒废）。种豆三亩（豆起则种麦，若能种麻更善。不种稻者，为其力省耳。行素今年见已种豆二三亩，善策也）。种竹两亩（竹有大小，笋有迟早，杂植之，俱可易米）。种果两亩（如梅、李、枣、橘之类，皆可易米。成有迟速，量植

[1]李圭典原纂、许傅霈等续纂：《民国海宁州志稿》，民国11年（1922年）刊本。

[2]沈氏撰、张履祥补撰：《补农书》，载楼琇等：《耕织图诗》，沈氏撰、张履祥补撰：《补农书》，朱肱：《北山酒经》，释赞宁：《笋谱》，陈师：《茶考》，许次纾：《茶疏》，周膺、吴晶点校，当代中国出版社2014年版。

[3]陈恒力编著、王达参校：《补农书研究》，中华书局1958年版。

之。性有宜肥宜瘠，宜肥者树下仍可种瓜蔬。亦有宜燥宜湿，宜湿者于卑处植之）。池畜鱼（其肥土可上竹地，余可壅桑；鱼岁终可以易米）。畜羊五六头，以为树桑之本（稚羊亦可易米。喂猪须资本，畜羊饲以草而已）。盖其田形势俱高，种稻每艰于水。种桑豆之类，则用力既省，可以勉而能，兼无水旱之忧。竹果之类，虽非本务，一劳永逸，五年而享其成利矣（计桑之成，育桑可二十筐。蚕苟熟，丝绵可得三十斤；虽有不足，补以二蚕，可必也。一家衣食已不苦乏。豆麦登，计可足二人之食。若麻则更赢矣，然资力亦倍费；乏力，不如种麦。竹成，每亩可养一二人；果成，每亩可养二三人。然尚有未尽之利。若鱼登，每亩可养二三人，若杂鱼则半之）。早作夜思，治生余暇，尚可读书。勤力而节用，佐以女工，养生送死，可以无阙。既壮，能胜稼事，累其赢余，益市田数亩。”桑3亩、豆3亩、竹果各2亩，再加养羊畜鱼、种瓜栽蔬，兼营丝、羊、鱼等业，根本就不提粮食，说明种粮的比较效益极低。不种稻，可以蚕丝易米，或以稚羊、鲜鱼易米。如此邬家的生活水平可以大大提高。如果说涟川沈氏还以“租额”作为经营的重要手段（实质是直接剥削佃农），那么，张履祥已将从交换中获利置于核心位置。如果每个农户都能“用天之道、资人之力、兴地之利”，“精勤以主事”，那么就可以过上“不复忧饥寒”、“衣食不苦乏”的富足生活。《补农书》所说的各种兼业在杭州也十分普遍。杭州除植桑养蚕外较为突出的是养鱼捕鱼。杭州在很早还出现了一些专门的渔户，他们以船为家，在西湖的孤山和江干一带捕鱼为生。元初曾禁止西湖网钓捕鱼，迁走渔户440户，[1]可见西湖渔户为数不少。“每日从河之下流二十五哩之海洋，运来鱼类甚众，而湖中所产亦丰，时时皆见有渔人在湖中取鱼。湖鱼各种皆有，视季候而异，赖有城中排除之污秽，鱼甚丰肥。有见市中积鱼之多者，必以为难以脱售，其实只须数小时，鱼市即空，盖城人每餐皆食鱼肉也。”[2]渔户已经不是一般的兼业，而是完全转业。通过兼业或转业，农家的内部劳动力得以合理配置，从而“资息”以发家致富。《补农书》还将兼业与传统伦理道德挂钩，即所谓勤以致富、俭以养廉、物尽其用。张履祥《杨园先生全集》卷四八《训子语上》云：“有田亩便当尽力开垦……田畴不垦，宁免饥寒？”[3]所谓“种田地利最薄，然能化无用为有用”、“人畜之粪与灶灰脚泥无用也，一入田地便将化为布、帛、菽、粟”。“残羹剩饭，以至米汁酒脚，上以食人，下以食畜，莫不各有生息”。不仅试图说明搞兼业对农户来说具备基本条件，而且说明了物尽其用的道理。张履祥还进一步发挥说：“至于其大者，勤则善心生，爱土物，厥心藏，又勿论已。筋力有用也，逸则脆弱。丁口有用也，闲则虚靡。金钱粟帛有用也，薪油耗之，酒浆耗之，瓜蔬又耗之，麻缕丝枲亦耗之。俭者耗三之一，奢者过之。至其甚者，男习惰游，女休蚕织，长傲诲淫，又勿论已。贾子曰：‘治天下至纤至悉也。’此言虽大，可以喻小。人能综其大纲，复不厌纤悉，家政其庶理乎？”[4]

[1]方回：《桐江续集》卷一三《望湖》，文渊阁《四库全书》本。

[2]马可·波罗：《马可·波罗行纪》，沙海昂注，冯承钧译，中华书局2004年版，第580页。

[3]张履祥：《杨园先生全集》，中华书局2002年版。

[4]沈氏撰、张履祥补撰：《补农书》卷下《补〈农书〉·总论》，载楼璹等：《耕织图诗》，沈氏撰、张履祥补撰：《补农书》，朱肱：《北山酒经》，释赞宁：《笋谱》，陈师：《茶考》，许次纾：《茶疏》，周膺、吴晶点校，当代中国出版社2014年版。

明清时期杭嘉湖地区的兼业或多种经营也符合生态循环的自然规律，事实上创造了稻、桑、渔、猪、羊、蔬菜综合经营的生产方式：利用水生植物养猪，以猪粪肥田肥桑。在鱼塘埂植桑固堤，以桑叶饲蚕，以蚕粪喂鱼，再以鱼塘泥肥田肥桑。秋冬时节，用残余桑叶辅以水草，喂养湖羊，再以羊粪肥桑。农家又利用桑树的冬眠期间作蔬菜，种菜所施肥料又能培育桑树的生长。明人徐光启曾在《农政全书》卷四一《牧养》中记载当时的农民把羊"圈于鱼塘之岸，草类则每早扫于塘中以饲草鱼，而羊之粪又可饲鲢鱼。一举三得矣"[1]。

[1]徐光启：《农政全书》，中华书局1956年版。

在众多兼业中，桑蚕业事实上是核心，因为桑蚕业比较效益最高，也与手工业结合得最紧密。沈氏与张履祥的经营观念有所不同，沈氏尚以水稻为第一，桑蚕为第二，张履祥则明确主张桑蚕第一，水稻为附。明末清初杭嘉湖地区桑蚕业在农业生产中已占压倒性优势，占据首要地位。《补农书》卷下《补〈农书〉·补〈农书〉后》云："地得叶盛者，一亩可养蚕十数筐，少亦四五筐，最下二三筐（若二三筐者，即有豆二熟）。米贱丝贵时，则蚕一筐，即可当一亩之息矣（米甚贵，丝甚贱，尚足与田相准）。虽久荒之地，收梅豆一石，晚豆一石，近来豆贵，亦抵田息，而工费之省，不啻倍之，况又稍稍有叶乎！但田荒一年熟，地荒三年熟，人情欲速，治地多不尽力；其或地远者，力有所不及耳。俗语云：'种桑三年，采叶一世。'未尝不一劳永逸也，弗思耳。"据陈恒力等对以上数据的推算，桑叶亩产可达1341斤。亩产1300斤桑叶的桑地，常年收入约为银6两5钱余，接近2亩2分水田的收入。价格较好的年份近于常年的3倍，即近于6亩6分水田的收入。叶贱之年"与田相准"。由于桑蚕业效益高，又比植棉业更适应杭嘉湖地区的土性，产业化程度又很高，所以明末以来得到前所未有的规模化发展。

蒙元在统一南宋的过程中逐渐开始重视农业，相继设立了司农司、劝农使和地方劝农官等，并多次发布农桑令。至元六年（1269年）八月，"诏诸路劝课农桑。命中书省采农桑事，列为条目，仍令提刑按察使司与州县风土之所宜，讲究可否，别颁行之"。致和元年（1328年）正月又"颁《农桑旧制》十四条于天下"。[2]为了推广蚕桑生产知识和技术，至元二十三年（1286年），司农司遍求古今农家之书，结合实际编成《农桑辑要》，大约每隔五六年就颁行约1500部于全国各路，前后总计约在2万部。延祐五年（1318年）司农苗好谦采录浙江东阳人李声所著《农桑图说》编成《栽桑图说》一书，仁宗命刊印千帙散之民间。在桑树栽培方面，除湖桑外又开发了许多新品种，如富阳桑、荷叶桑、木青桑、密眼青、白皮桑、红头桑（黄头桑）、扯皮桑、尖叶桑、山桑、女桑、乌桑、晚青桑、槐头桑，金桑、细叶密桑、责鸡窠桑、望海桑、火桑、麻桑、鸡脚桑、紫藤桑等。其中，"出富阳者最佳"。"富阳桑皮坚，虫不能啮"，大者可得数石，且愈老愈茂，年远不败。但彼地专擅贩叶之利，其种不许外出，

[2]毕沅：《续资治通鉴》卷一七九《宋纪一七九》、卷二四〇《元纪二二》，中华书局1999年版。

“故求之不得也”。[1]桑苗通过桑秧、埋条、压条等方法培育。《康熙长兴县志》卷三《民业志》载：“树桑有秧，多来自杭城，春分后捆载而至，投行发卖……亩可得五千余本，本售三厘，可收十五金。乡民多效之，几无虚地，亦本並也。”[2]“条桑，俗名桑秧，今北关外有此市。出临平，长八尺，其鬻之时于正月上、中旬，鬻之地于北关外江涨桥。”[3]又推行嫁接法。杭嘉湖地区宋代即出现了桑树嫁接，元代则有了技术性总结，说明推广面已较大。《农桑辑要》记述了插接、劈接、靥接、搭接四法，而王祯《农书》则分为身接、根接、皮接、枝接、靥接、搭接六法。其实身接和根接、皮接和枝接只是嫁接部位不同，因此六法实也只有四法。四法的采用根据具体情况而定，如废树、大树可插接、劈接，小树宜搭接、靥接。由于嫁接法可大量繁殖苗木，元代以后成为繁殖桑树的主要方法。当时发明了简便易行的“袋接”技术。袋接法是将砧口捏成袋状、将接穗削成弧形削面插入砧袋的一种小苗嫁接方法。此法简便易行，成活率高，不需绑缚。又在推广北方鲁桑的基础上逐渐开发了新桑种湖桑（因湖州丝绸出名而得名）。湖桑保留了鲁桑的一些优点，叶厚大而疏，多津液，少葚，蚕食之长得较大，吐丝较多。湖桑的形成与元代采用更为成熟的桑树嫁接技术有关。明代在栽桑技术上最突出的成就是将传统的“腊月剥桑”改成夏伐，这是栽桑史上的重大转折。从现有的史料看，最初推行夏伐的在杭嘉湖地区。黄省曾《蚕经·一之艺桑》云：“蚕之时，其摘也必洁净，逐剪焉（南浔之剪，价以七分）。必于交凑之处空其干焉，则来年条滋而叶厚。岁岁剪条则盛。禁原蚕之饲，饲则来年枝纤而叶薄。”[4]夏伐可使桑树保持较好的品质，不致朽坏。夏伐之后施“谢桑肥”，使桑树枝叶尽快恢复生长功能。另外，明代在防治“瘪桑”方面也总结了经验。

明清时农家已十分注意蚕种的选择，纷纷引进高产优质的蚕种。原来杭嘉湖地区只有养蚕之家自留的蚕种，称为“家种”或“杜种”。明代家种主要有早种与晚种两种，早种为一化性蚕，一年养一季，蚕茧质量高；晚种为二化性蚕，一年可养两季，产茧量较高，但单个蚕茧的重量会比早种少约1/3。蚕农又“将早雄配晚雌”，“幻出嘉种”，[5]培育出可耐高温、可继续在夏季饲养的二化性蚕，蚕茧质量也有所提高。而据《光绪杭州府志》卷八〇《物产三》记载，成化年间杭州地区的蚕种除头蚕、二蚕外，还有多化性的三蚕，新城则有“四蚕五蚕养至七月中”，“又有曰柘蚕，食柘叶者；有曰红蚕，二十七日而熟者”等品种。[6]但杭嘉湖地区历来以养育头蚕（春蚕）为主，其他的质量不高，且不利于夏伐。当时北方地区饲养的多是三眠蚕，而杭嘉湖地区饲养俱为四眠蚕。相比三眠蚕而言，四眠蚕体形更大、茧量更多，丝质也更佳。但四眠蚕比三眠蚕易得传染病，饲养较难。饲养四眠蚕为主，说明养蚕技术较高。作簇则采用屋簇，即让蚕在室内簇上结茧。当时北方一般还只沿用古法外簇。又已认识到环境因素可以诱发蚕病，并开始掌握“其母病则子病”的规律。注意选用健

[1]龚嘉儁修、李榕等纂：《光绪杭州府志》卷七九《物产二》，成文出版社有限公司1974年版。

[2]韩应恒修，金镜、朱升纂：《康熙长兴县志》，清康熙十二年（1673年）刊本。

[3]龚嘉儁修、李榕等纂：《光绪杭州府志》卷七九《物产二》，成文出版社有限公司1974年版。

[4]黄省曾：《蚕经》，《丛书集成初编》第1471册，中华书局1985年版。

[5]宋应星：《天工开物》卷上《乃服第二》，中华书局上海编辑所1959年版。

[6]龚嘉儁修、李榕等纂：《光绪杭州府志》，成文出版社有限公司1974年版。

康蛾留种，以防止继代传病，减少病原感染。[1]清代的育种技术也有所发展。至迟在雍正、乾隆年间，杭嘉湖地区已形成几个固定的蚕种产地。余杭县是著名产地之一，在市场上有很高的知名度。当地蚕农除养蚕缫丝外，专养蛾哺子育种。乾隆时高铨所著《吴兴蚕书》载："蚕之种不一，所出之地亦不一。丹柞种出南浔、太湖诸处，白皮种、三眠种、泥种出千金、新市诸处。余杭亦出白皮及石小罐种。"[2]"（海盐）向只有家种，十余年来有自余杭、湖州带归者，食叶猛，每斤较家种多数十斤，缎丝亦重数两。愚民第利其多丝也，竞弃家种而养客种。"[3]嘉庆时崔应榴所著《蚕事统纪》云："蚕有杜种，有山种。山种皆买之余杭。其蚕食叶粗猛，兼耐燥湿，比杜种为易养成，缫丝分两也较杜种为重。"[4]蚕农还总结出"十体"和"二戒"的养蚕经验。"十体"即体恤寒热、饥饱、稀密、眠起、紧慢，"二戒"即戒贪和戒懒。清代女诗人刘文如《题养蚕图》诗云："昔年蚕事传余杭，以纸裹种来维扬。一冬霜雪不甚冷，几番任向书楼藏。时光又到二三月，焚香试拜马头娘。蜷蜷细种活如蚁，手持鹅羽亲分将。此时食叶须细叶，买叶却向城北乡。一篮嫩绿不沾雨，青青颜色含轻香。头眠刚到声寂寂，无风无雨调温凉。越中仆妇最谙此，命伊率事居西堂。二眠二起渐多食，分箔满室还满床。夜来添叶直到晓，声如笔落纸奔忙。三眠已老不食叶，腹中嫩丝含清光。素丝吐尽结成茧，可怜自裹如入囊。草山簇簇摘不尽，珠丸玉果盈倾筐。缫车向风取凉意，轻轻抽得冰丝长。从此织成罗与绮，从此染成玄与黄。传与江城田舍妇，曷不努力兴蚕桑。"[5]清末余杭人鲍拭撰辑《蚕桑事宜》一书、仲昂庭撰辑《广蚕桑说辑补》一书，总结蚕桑业生产经验。

明清时杭州府是江南蚕桑的重要产区。"九县皆养蚕缫丝，岁入不赀，仁和、钱塘、海宁、余杭贸丝尤多。"[6]明洪武年间（1368—1398年），1府9县夏税丝409448两，成化十八年（1482年）增至674889两，隆庆六年（1572年）增至684616两，前后增了67%。税丝的不断增加，固然说明剥削加重，但也反映了蚕桑生产能力的提高。万历时人高濂称："桑麦之盛，唯东郊外最阔。田畴万顷，一望无际。"[7]这是杭州各地景况的写照。明代以前，从种桑养蚕到缫丝织绸的全过程绝大部分由农户包揽。生产的产品主要用于交换口粮，一般为物物交易。农户根据口粮需要安排生产，只求维持简单再生产。入明以后，绝大部分产品作为商品出售，受市场机制支配。嘉靖时种桑与种稻的收益即大不相同。当时栽1亩桑田，高产时可采叶2000斤，卖价银五六两；中产时可采叶1000斤，卖价银二三两；低产时所收也有银一二两。而种1亩稻田，高产可收米2石，次者1石5斗，按当时的米价每石3—5钱计，2石米只值银6钱到1两，与2000斤桑值银五六两比效益相差6—8倍，与最低产的桑田亩产一二两相比也相差一二倍。即便以万历年间大灾荒时米价每石1两6钱计算，每亩高产稻米的收益也仅及高产桑收入的一半左右。[8]而根据浙江巡抚王度昭等人的奏报，康熙五十四年（1715年）浙江丝产地丝价平均

[1]杭州丝绸控股（集团）公司编：《杭州丝绸志》，浙江科学技术出版社1999年版，第142页。

[2]陆心源、李昱修：《光绪归安县志》卷一一《蚕桑》引《吴兴蚕书》，《中国地方志集成》，江苏古籍出版社、上海书店出版社、巴蜀书社1990年版。

[3]王如珪、陈世倕、钱元昌修纂：《海盐县续图经》卷一《方域篇》，清乾隆十三年（1748年）刊本。

[4]张吉安、朱文藻、崔应榴、董作栋等修：《嘉庆余杭县志》卷三八《物产》引崔应榴《蚕事统纪》，上海书店出版社1993年版。

[5]徐世昌编：《晚晴簃诗汇》卷一八六，退耕堂民国18年（1929年）刊本。

[6]龚嘉儁修、李榕等纂：《光绪杭州府志》卷八〇《物产三》，成文出版社有限公司1974年版。

[7]高濂：《遵生八笺》卷三《春时幽赏·登东城望桑麦》，文渊阁《四库全书》本。

[8]樊树志：《江南市镇：传统的变革》，复旦大学出版社2005年版，第220—221页。

为每两7.5分，米价平均为每石1.05两，康熙五十六年丝价平均为每两7.5分，米价平均为每石1.3两。当时的丝米价格都比较正常，前后变化较少，如果以良地桑叶亩产1600斤、养蚕10斤、做茧100斤、缫丝10斤计算，则农家平均种桑1亩可得银11.74两，而种稻加上春花以3石计仅可得银3.525两。种桑是种稻收入的3.5倍。如果桑间套种其他作物，则收入更高。[1]而就种稻（种田）与栽桑（治地）所用劳动力以及繁简而言，栽桑也有明显优势。所谓“千日田头，一日地头”[2]。明清时棉花种植在全国推广，因为植棉之利百倍于种桑。不少传统的蚕桑产区都改为植棉。历史上曾经较长时期独占蚕桑丝织鳌头的齐鲁之地6府都广植棉花。但杭嘉湖地区的地质条件不十分适合植棉，而且桑农算计的实际比较效益仍大于植棉，因为种桑的1月之苦可抵植棉种稻的半年之劳，故仍重种桑养蚕。包括杭州在内的许多蚕桑区蚕桑业所占的比重已经超过了稻作农业。一些地主和农民甚至舍弃粮食作物，而只精心栽培桑树等经济作物。许多地方遍地皆桑，乃至田之畔、池之上、河之边、屋前屋后必树之桑。

蚕桑业在规模化的基础上更趋于专业化，如出现了专门经营蚕种、鲜茧、桑秧、桑叶的商人或商行。清代前期江南已培育出近十个优良蚕种，并形成了南浔、新市、千金、洞庭东西山和余杭等出售蚕种的固定场所。其中余杭是江南最大的蚕种生产和销售点，鸦片战争前后所产蚕种不仅满足本府的需要，而且销到嘉湖等地。《蚕事统纪》云：“乡人牟利，趋之若鹜。每当蚕将二眠之际，各乡买蚕之船，衔尾而至余杭。人又有于收茧后以厚桑皮纸生蚕子其上，携海盐、桐乡等处，其价自四五百文一张，至千余文不等，获利甚厚。且有开行收买以转售者。近年以来，贩鬻者日多，良苦莫辨，卖者买者，均稍衰歇矣。”[3]又《海盐县续图经》卷一《方域篇》云：“乡人狡猾者往唐栖、西溪诸处贩之，沿村放卖，利不赀，贩者益众。彼处苦无以应，反向吾邑收取绵茧生子，以畀贩夫，贩夫以贱值持归，仍昂价以给乡愚，其贻害匪浅鲜也。”[4]至迟至嘉庆、道光年间（1796—1850年），杭嘉湖地区已有出售鲜茧和购茧缫丝的农户。农家自己下桑籽培育桑树一般需要7年才能采叶，而买桑秧只需3年，因而又催生了桑秧买卖。明代中期桑秧就已成为商品，有固定的产地和销售场所。其后桑秧市场更多，较大的市镇都有桑秧行。明清时之所以能培育出几十种桑树品种，与桑秧的商品化颇有关系。明清时也出现了许多叶市。程岱葊《西吴蚕略》卷下《蚕报二则》载：“淳熙间湖蚕顿盛，桑叶价数倍，民无以为饲。”[5]说明南宋时湖州地区或已有桑叶买卖。至迟在明代晚期，杭嘉湖地区的市镇即普遍有叶市。“有地桑出于南浔，有条桑出于杭之临平。其鬻之时，以正月之上中旬。其鬻之地，以北新关内之江将桥。旭旦也，担而至陈于梁之左右，午而散。”[6]叶市一般立夏后3日开市，有头市、中市、末市，每1市凡3日，叶价有所不同。而一日之间，早市、午市、晚市叶价也迥然不同。每当叶市开张时节，各地买者纷纷前往，谓之

[1]范金民：《明到清前期江南蚕桑生产论述》，《古今农业》1992年第2期。

[2]沈氏撰、张履祥补撰：《补农书》卷下《补〈农书〉·补〈农书〉后》，载楼璹等：《耕织图诗》，沈氏撰、张履祥补撰：《补农书》，朱肱：《北山酒经》，释赞宁：《笋谱》，陈师：《茶考》，许次纾：《茶疏》，周膺、吴晶点校，当代中国出版社2014年版。

[3]张吉安、朱文藻、崔应榴、董作栋等修：《嘉庆余杭县志》卷三八《物产》引，上海书店出版社1993年版。

[4]王如珪、陈世倕、钱元昌修纂：《海盐县续图经》，清乾隆十三年（1748年）刊本。

[5]程岱葊：《西吴蚕略》，上海古籍出版社1995年版。

[6]黄省曾：《蚕经·一之艺桑》，《丛书集成初编》第1471册，中华书局1985年版。

"开叶船"。朱国桢《涌幢小品》卷二《蚕报》记载："湖之畜蚕者多自栽桑，不则豫租别姓之桑，俗曰杪叶。"[1]"稍叶"是叶市上重要的交易方式。在不同的文献记载中，"稍"或作"梢"，或作"杪"。这种买卖形式的关键之处在于"豫租"，即先期预购。《西吴蚕略》卷上《叶市》的说法与此相符："蚕向大眠，桑叶始有市。其预期市定者谓之梢。"[2]又有现梢、赊梢之别。"凡蚕一斤用叶八个。梢者先期约用银四钱，谓之现梢；既收茧而偿者约用银五钱、杂费五分，谓之赊梢。"[3]远期交易的方式使得交易货物的上市和买卖方的交割时间与达成交易的时间分离开来，因此，尽管叶市即桑叶实际流通的时间前后最多不过十几日，桑叶交易展开的时间则远不止于十几日。桑叶之有价（远期价格），也就远远不止于十几日。道光年间（1821—1850年）南浔人董蠡舟所作《稍叶》乐府云："家家门外桑荫绕，不患叶稀患叶少。及时唯恐值尤昂，苦语劝郎稍欲早。我家稍时在冬月，一担不过钱五百。迨至新年数已悬，蚕月顿增至一千。未到三眠忽复变，一钱一斤价骤贱。"[4]从中可以看到，梢叶早在头年冬季就已开始。其时桑树还没有发芽，当然只可能是预购形式的远期交易。远期交易是一种规避市场风险的制度安排，由于梢叶供给与需求具有较大的不确定性，交易时间集中而短暂，因而仍然存在一定风险。明清以来杭嘉湖地区发展了一套成熟的运作机制，虽然有大量投机现象存在，但总的来说维持着较好的信用状况，这反映市场成熟度已相当高。20世纪30年代，由于国际市场丝价惨落，蚕桑区农户濒于破产，叶市交易逐步萎缩，直至消失。兴盛的叶市给蚕农从事栽桑养蚕提供了方便，也为投机牟利创造了机会。蚕多叶少或有蚕无叶者被称作"看空头"或"做心思"，他们往往利用市场变化在蚕与叶之间谋求利益最大化。尽管一般将自栽桑和梢叶视为最稳当的办法，但在价值机制的支配下，不少农户却习惯于看空头这种投机行为。叶市上囤积桑叶从事贩卖的牙人也十分活跃。牙人以雄厚的资本贱价收进桑户的桑叶，所谓"囤叶"，然后以高价出售给蚕户。《西吴蚕略》卷下《蚕报二则》云："蚕向大眠，蚕叶始有市。有经纪主之，名青蚕叶行，无牙帖牙税，市价早晚迴别。至贵每十个钱至四五缗，至贱不值一饱。"[5]

与稻作农业相比，茶叶生产的比较效益也很高，乃至可以超过蚕桑业，因此明清时杭州也出现茶地挤占稻田的情况。而西南丘陵地区还缺乏稻田，又利用坡地或山地种植茶树。一些地区茶业经济成为当地人谋生的基本手段。"於潜县民之仰食于茶者十之七。"[6]如黄宗羲《匡庐游录》所描述的庐山那样："山中别无产，衣食取办于茶。地又寒苦，树茶皆不过一尺，五六年后梗老无芽，则须伐去，俟其再蘖。其在最高者为云雾茶，此间名品也。白香山药圃、茶园为产业，信非虚话。"[7]又如许次纾《茶疏》所说："天下名山，必产灵草。江南地暖，故独宜茶。"[8]凡宜茶山区，几乎都栽种了茶树。而自唐代以来，茶叶逐渐成为社会各阶层青睐的

[1]朱国桢：《涌幢小品》，中华书局1959年版。

[2]程岱葊：《西吴蚕略》，上海古籍出版社1995年版。

[3]董世宁原修、卢学溥续修：《民国乌青镇志》卷七《农桑》引张炎贞《乌青文献》，民国25年（1936年）刊本。按：《乌青文献》的记载本于《涌幢小品》，但后者尚未记载"现稍""赊稍"之名目。

[4]汪日桢修：《南浔镇志》卷二二《农桑二·稍叶》引董蠡舟《稍叶》，《续修四库全书》第717册，上海古籍出版社2005年版。

[5]程岱葊：《西吴蚕略》，上海古籍出版社1995年版。

[6]龚嘉儁修、李榕等纂：《光绪杭州府志》卷八一《物产四》引《於潜县志》，成文出版社有限公司1974年版。

[7]黄宗羲：《匡庐游录》，载黄宗羲：《黄宗羲全集》第2册，浙江古籍出版社2012年版。

[8]许次纾：《茶疏》，载楼璹：《耕织图诗》，沈氏撰、张履祥补撰：《补农书》，朱肱：《北山酒经》，释赞宁：《笋谱》，陈师：《茶考》，许次纾：《茶疏》，周膺、吴晶点校，当代中国出版社2014年版。

大宗消费品，并形成茶文化。随着生产规模的不断扩大，茶叶生产技术也不断改进。这些因素也推动着茶业发展。由于茶叶生产排挤粮食、蚕桑生产并破坏森林植被，以致清代有人提出禁开茶山。

万历时余杭县径山茶闻名于时，其中径山西壁坞和里山坞“出者多而佳”[1]。出于四壁坞者色淡而味长，出于里山坞者色青而味薄，出于凌霄峰者尤佳，然不可多得。钱塘县的龙井和老龙井的龙井茶、宝云庵的宝云茶、下天竺香林洞的香林茶、上天竺的白云茶均成绝品。临安县的云雾茶、昌化县的龙塘山茶、新城县的山坑茶也佳。昌化县所产“大叶如桃枝柳梗，其味乃极香”[2]。富阳南北各乡均产茶。北乡产量高于南乡，南乡质量高于北乡。龙井茶作豆花香，色青味甘，其品绝高，在自元代起名声渐起。《雍正浙江通志》卷一〇二《物产二》载：“杭郡诸茶，总不及龙井之产。而雨前细芽取其一旗一枪，尤为珍品。”“武林诸泉唯龙泓入品，而茶以唯龙泓为真。其上为老龙泓，寒碧倍之，其地产茶为南北山极品。”[3]清人杨秉杷《杨氏杂录》云：“浙产茶最盛，杭州诸山所产尤多。龙井茶高三四尺，枝叶甚繁，秋末冬初，叶老开花如梅，五瓣，淡绿色可观。”[4]元代虞集的《次邓文原游龙井》《次韵邓善之游山中》2首诗最早提到龙井茶。其中《次韵邓善之游山中》云：“徘徊龙井上，云气起晴昼……坐我薝卜下，余香不闻嗅。但见瓢中清，翠影落群岫。烹煎黄金芽，不取谷雨后。同来二三子，三咽不忍嗽。”[5]虞集的这首诗记述了饮茶的品质特点、类型以及品饮者的情状等龙井茶事。诗中提到的“黄金芽”当是散茶，而元代的茶叶加工技术已基本完成由饼茶为主向散茶为主的转换。龙井茶名声的鹊起，是以其制茶工艺的改进、茶叶品质的提升为契机的。自虞集之后，有关龙井茶事的记载日渐增多。明代田艺衡《煮泉小品·宜茶》云：“今武林诸泉，唯龙泓入品。而茶亦唯龙泓山为最……其地产茶，为南北山绝品。鸿渐第钱唐、天竺、灵隐者为下品，当未识此耳。而《郡志》亦只称宝云、香林、白云诸茶，皆未若龙井之清馥隽永也。余尝一一试之，求其茶泉双绝，两浙罕伍云。”[6]又屠隆《考盘余事》卷三《茶笺》云：“龙井不过数十亩，外此有茶，似皆不及……山中仅有一二家炒法甚精，近有山僧焙者亦妙。真者天池不能及也。”[7]其中“炒法甚精”之表述有不同于“焙”制之意，可能与现代龙井茶炒制工艺有相关性。屠隆还著有《龙井茶歌》盛赞龙井茶。明代朱元璋进行贡茶改制，推行“罢造龙团”和“叶茶上供”，推动清饮之风形成，龙井茶被选为贡茶，这在客观上推动了龙井茶的发展。明末清初，杭州已成为浙江最重要的茶叶集散地。弘历六下江南，四上龙井，御题“龙井八景”和“十八棵御茶”。随着茶叶产量日益增多，明清时发展了许多茶笋山货行，市场不断开拓。由此还形成了许多茶叶商标或品牌，名目不一，繁不胜记。杭州茶叶为“四方所珍，无地不售”，尤其是五口通商后每年出口额达数以百万两，“其利与蚕丝相埒”。新城县之山坑茶“味特美，所行极远，沈

[1]张吉安、朱文藻、崔应榴、董作栋等修：《嘉庆余杭县志》卷三八《物产》，上海书店出版社1993年版。

[2]稽曾筠、李卫等修，沈翼机、傅王露等纂：《雍正浙江通志》卷一〇一《物产一》，中华书局2001年版。

[3]稽曾筠、李卫等修，沈翼机、傅王露等纂：《雍正浙江通志》卷一〇二《物产二》，中华书局2001年版。

[4]杨秉杷：《杨氏杂录》，载陈祖槼、朱自振编：《中国茶叶历史资料选辑》，农业出版社1981年版。

[5]虞集：《次韵邓善之游山中》，载虞集：《道园遗稿》卷一，商务印书馆1974年版。

[6]田艺衡：《煮泉小品》，学苑音像出版社2004年版。

[7]文震亨：《长物志》、屠隆：《考盘余事》，陈剑校注，浙江人民美术出版社2011年版。

阳、辽东等处，岁必贸迁”。[1]

唐宋时期除少量兼营茶业的农户外，茶叶生产者主要为茶园户。明清以来则较多兼营户，茶业成为农家普遍的副业，种茶多少一时成为山区衡量财富的标准，所谓“千树茶比千户侯矣”[2]。作为副业的茶叶生产与茶园户的种植方式有所不同，个体小农采用多种方式栽培，形成条植、丛植、单株、穴播、林茶间作、果茶间作、粮茶间作、茶园轮作、混作等适应不同地貌特点的栽培制度。唐宋时期的茶叶生产组织方式多为家庭式，明清时期除了家庭式继续发展外，经营式组织方式有了很大发展。清代中叶以后，除了个体小农的茶园外，很多大地主、富商经营较大面积的茶山多采取雇工经营的方式生产。由于茶业是劳动密集型产业，经营式茶叶生产方式解决了大量农村劳动力就业问题，不仅为茶园主带来丰厚的利润，也在一定程度上改善了贫穷劳动者的生活条件。即使是在家庭式茶叶生产中，妇女和儿童作为辅助性劳动力也越来越多卷入，对改善个体小农家庭经济状况也起到了一定作用。

明末以来杭嘉湖地区出现的“桑争稻田”、“茶争稻田”现象体现了农业经营重心从集约程度较低的生产部门向较高部门的转移。类似的情况也存在于其他种植业、养殖业与稻作农业争地盘的现象中。与此同时，水稻生产的集约化水平也在提高。明清杭嘉湖地区种养业结构的调整使得农业集约化水平得以整体性提升。明清时期杭嘉湖地区人口增长较快，商业资本更有较大的发展，但因当时手工业不能大量地吸收劳动力和资金，造成商业资本无出路和有些地方劳动力相对过剩等问题。桑蚕业比水稻种植业需要更多的人力和资金，因此桑蚕业的发展在一定程度上解决了这一问题，这有助于地区经济的发展和社会稳定。

三、人工生态农业系统的构建

经济效益往往与生态效益相冲突。明清时期杭州农业经济的发展对生态环境也有一定的负面影响，但总体而言控制在适度的范围内，没有破坏生态循环。其中的人工生态农业系统发展水平达至有史以来的最高峰。

明清时期杭州的农地日趋紧张，一些低洼地还常遭水淹，粮食种植比较效益又不高，农民将许多洼地改造成水塘或水田，同时堆高旱地，普遍形成池塘养鱼、水田种粮、旱地种植养殖的经营格局。与此同时，又综合利用各类废弃物，例如用农作物的糠批、糟粕、秸秆饲养牲畜，以牲畜的粪便肥田，不但降低了生产成本，而且将农业、畜养业和副业有效结合起来，形成有机的生态农业系统。李诩《戒庵老人漫笔》卷四《谈参传》详细记载了嘉靖年间（1522—1566年）常熟农民谭晓（谈参）经营农业的方法并因而致富的过程：“谈参者，吴人也，家故起农。参生有心算。居湖乡，田多洼芜。乡之民逃农而渔，田之弃弗辟者以万计，参薄其值收

[1]龚嘉儁修、李榕等纂：《光绪杭州府志》卷八一《物产四》，成文出版社有限公司1974年版。

[2]疏筤等修：《道光武康县志》卷五《物产》，成文出版社有限公司1983年版。

之。佣饥者，给之粟。凿其最洼者，池焉。周为高塍，可备坊泄，辟而耕之。岁之入，视平壤三倍。池以百计，皆畜鱼。池之上，为梁，为舍，皆畜豕，谓豕凉处，而鱼食豕下，皆易肥也。塍之平阜植果属，其污泽植菰属，可畦植蔬属，皆以千计。鸟凫昆虫之属悉罗取，法而售之，亦以千计。室中置数十匭，日以其入分投之，若某匭鱼入，某匭果入，乃发之。月发者数焉，视田之入复三倍……以故参之货日益，窖而藏者数万计。”[1]同样的记载又见之于郑钟祥、庞鸿文等《光绪常昭合志稿》卷四八《轶闻志》。

前述张履祥《补农书》附录《策邬氏生业》所经画的与之一样。张履祥为邬氏制定的方案并非纸上谈兵，而是一个精通当地农事的农学家提出的切实可行的方案。事实上，邬行素生前已经在这个方向有所努力。张履祥说：“窃观行素生前规画，或者已有此意，恨不及与之论定也。”[2]因此张履祥的策划，不过是将类似情况进行优化后做出的总结而已。谭氏模式是在明代中期江南地区因重税而出现大批农民弃田不耕、土地和劳动力价格非常低廉的背景下出现的，因而规模很大，“池以百计”，种植梅桃诸果、菇茈菱芡、四时诸蔬“皆以千计”，所雇佣的人手也达百余之多。张氏方案则基于明末清初“人稠地密，不易得田”[3]“人工既贵”[4]的现状，以小经营适应变化的局势，有可能被众多小农接受，而成为普遍的经营模式。李诩等人未提到谭氏模式的土地复种或间种率，据其拥有较多土地的情况来推理可能还不高，而在张氏方案中各种土地利用都达到了很高的水平。例如在桑地上，“桑下冬种菜，四周种豆芋”；在豆地上，“豆起则种麦；若能种麻更善”；在果地上，“肥者树下仍可种瓜蔬”。而张履祥又在《补〈农书〉后》中讲道：“不得已则于桑下种菜，谓菜不害桑也。其实种菜之地桑枝不茂，此不特地力之不尽，亦见人工偷惰，无足取也。”这就是说，他所做的规划土地利用率已达到极限。尽管谭氏模式与张氏方案存在一定的差异，但共性更多，特别是明显具有如下共同特点：第一，通过资源改造营建生态农业小环境，变水害为水利，以保证水陆资源的充分应用。每一种农业生产活动都要求特定的自然生态环境，即一定气候和水土条件。即使在一个较小的地区内，尽管气候条件大体相同，水土条件也会有相当的差异。正如张履祥《补〈农书〉后》所指出的那样：“天只一气；地气百里之内即有不同，所谓阳一而阴二也。正如一父之子，所受母气不同，则子之形貌性情亦从而异。”但天然的水土环境也可以根据地气进行适度的人工改造，形成适合所选定的农业生产活动的微观生态环境，所谓“阴阳运数，有齐与不齐。齐者，数也；不齐者，人事使然”[5]。杭嘉湖一带地势低洼多水，不仅颇不利于桑、果、豆、麦、麻等旱地作物的生长，而且由于水田排灌不易，稻作生产也存在一定困难，宜根据具体情况进行各种规模的浚渠修塍。张履祥提出“提行农事大纲”3条，其一为“疆界宜正”，其二为“沟渠宜浚”，其三为“塍岸宜修筑”。由于“一方有一方之蓄泄，一区有一区之蓄泄，一亩亦有一亩之蓄泄”，因

[1]李诩：《戒庵老人漫笔》，中华书局1982年版。该卷云：“谈参实谭晓，行三，参者三也。”

[2]沈氏撰、张履祥补撰：《补农书》，载楼琫等：《耕织图诗》，沈氏撰、张履祥补撰：《补农书》，朱肱：《北山酒经》，释赞宁：《笋谱》，陈师：《茶考》，许次纾：《茶疏》，周膺、吴晶点校，当代中国出版社2014年版。

[3]沈氏撰、张履祥补撰：《补农书》卷下《补农书·总论》，载楼琫等：《耕织图诗》，沈氏撰、张履祥补撰：《补农书》，朱肱：《北山酒经》，释赞宁：《笋谱》，陈师：《茶考》，许次纾：《茶疏》，周膺、吴晶点校，当代中国出版社2014年版。

[4]沈氏撰、张履祥补撰：《补农书》卷下《补〈农书〉·补〈农书〉后》，载载楼琫等：《耕织图诗》，沈氏撰、张履祥补撰：《补农书》，朱肱：《北山酒经》，释赞宁：《笋谱》，陈师：《茶考》，许次纾：《茶疏》，周膺、吴晶点校，当代中国出版社2014年版。

[5]张履祥：《杨园先生全集》卷一五《祷雨疏》，中华书局2002年版。

此这种水利活动“其事系一家者，固宜相度开浚；既事非一家，利病均受者，亦当集众修治”。[1]浚渠、修塍以及与之相类的浚池等不仅是一般的水利事业，也是改造原有水土资源的重要手段。“桑性恶湿而好干，恶瘠而好肥，恶荫蔽而好轩敞”[2]，水田必须经过改造才能种桑，主要方法是用河塘泥培高地基。“勤农贪取河土以益桑田，虽不奉开河之令，每遇水干，争先挑掘。故上农所佃之田必稔，其所车戽之水必深。盖下以扩河渠，即上以美土疆。田得新土，不粪而肥，生植加倍，故虽劳而不恤。”[3]如此改造不仅可以改良某一种资源，而且还可以使得相关资源的综合品质得到明显改善。例如浚池，“为利无穷。旱年蓄水以资灌溉，水年藏水以备不虞，深者养鱼为利，浅者种荷为利；其地瘠者，每年以罱泥取污，即为肥田之利”[4]。浚池扩大了池塘的容量，提高了农田排灌能力，增加了水资源储备，同时又可以养更多的鱼，并以淤泥增加土壤肥力。原先生产能力不高的洼地，经过这样的改造，形成了旱地、水田和池塘3种不同形态的资源，这3种资源又组成相对完整的微观生态环境。这不仅降低了天灾和市场风险可能给农业带来的危害，而且也减少了农业生产在特定时间对某一资源（例如农业用水、肥料乃至特定时间和种类的劳动力等）的需求。“以一家一户为单位来进行基本建设，一家的水田10亩或20亩与邻家的10亩或20亩隔绝了。许多家都如此，形成田段分散，塍岸隔离，彼此不相连属。在一个家庭的10亩或20亩田中，各有沟、池、桑地的错综，各家都如此，又形成地面凸凹不平、桑地高、水田在地平面上、池与沟低于水田面的景观。”[5]这种微观生态环境非常适合小农生产。在这个人工营造出来的生态环境中，农民不仅能够选择最有利的生产活动，而且能够把不同生物种群组合起来，利用时空关系形成多物种共存、多层次配置、多级物质能量循环利用的立体种植与立体养殖相结合的农业经营模式。第二，充分利用时空关系，变平面生产为立体生产。充分利用时空结构关系来扩大生产，既可不占或少占耕地，又可扩大再生产。在时间方面，最充分利用农作物的生长周期提高复种指数。在空间方面，最充分利用水面和陆地资源。有高秆、矮秆搭配利用空间的，如“桑下冬可种菜，四旁可种豆芋”；有因植物攀缘性利用空间的，如“水滨遍插柳条，下种白扁豆，绕柳条而上……每豆一科，可收一升”。水面上则通过池中养鱼、池上养畜的办法利用空间。池上养畜不占耕地，牲畜粪便又可作为池鱼的饵料。又有对水体立体利用空间的，即分层混养家鱼。家鱼有不同的生活习性，鳝鱼、鲕鱼喜上层，草鱼、鳊鱼喜中层，青鱼、鲤鱼居底层。汪日桢《湖雅》卷六记载湖州的养鱼方法是“一池中畜青鱼、草鱼七分，则鲢鱼二分，鲫鱼、鳊鱼一分，未有不长养者”[6]。第三，废弃物的再利用。农业废弃物的利用已有悠久的历史，但直到明代中叶方式仍比较简单，如直接作为肥料。精明的谭晓发明了一种利用废弃物的新方式——将猪和鸡的粪便作为鱼的饲料，加上罱取有鱼粪便的淤泥作为稻、桑的肥料，就有了两次利用。但这样的方

[1]沈氏撰、张履祥补撰：《补农书》卷下《补〈农书〉·总论》，载楼玮等：《耕织图诗》，沈氏撰、张履祥补撰：《补农书》，朱肱：《北山酒经》，释赞宁：《笋谱》，陈师：《茶考》，许次纾：《茶疏》，周膺、吴晶点校，当代中国出版社2014年版。

[2]汪日桢撰、蒋猷龙注释：《湖蚕述注释》卷一《栽桑》引高时杰《桑谱》，农业出版社1987年版。

[3]陈确：《陈确集·文集》卷一五《投当事揭》，中华书局1979年版。

[4]钱泳：《履园丛话》卷四《水学·浚池》，中华书局1979年版。

[5]沈氏撰、张履祥补撰，陈恒力校释、王达参校增订：《补农书校释》附录四《生计》之《策溇上生业》校者按，农业出版社1983年版。

[6]汪日桢：《湖雅》，清光绪六年（1880年）刊本。

法还不普及。在明末清初的张氏方案中废弃物再利用达到了更高水平。张履祥在《策溇上生业》中明确提到将含有鱼粪的淤泥用作竹、桑的肥料[1]，《补农书》卷上《沈氏农书·蚕务（六畜附）》又讲到用枯桑叶作羊的饲料，《策邬氏生业》等篇又提到用羊粪作种桑的肥料，而蚕沙又成为种麦和种豆的肥料。用枯桑叶作羊过冬的饲料有五大优点，即羊身肥壮、冬季耐寒、出胎率和小羊成活率高、羊毛好、羔皮质地佳。[2]由于各种经营活动之间建立了一种连锁关系，所以废弃物得到多种利用。大概由于上述许多活动在当时已尽人皆知，因此张履祥未对具体情况进行详细说明。当时农业所产生的废弃物主要有4类，即人、畜（包括蚕、鱼）的粪便，农作物残留物（如作物秸秆、枯桑叶等），池塘和沟渠的淤泥，田间杂草和池中水草。其中有一些（第一、三类）可以直接作为肥料使用，另一些（第二、四类）则可作为饲料利用，转化为粪便后又作为肥料使用。前一种利用是一次性的，后一种利用则是多次性的。在明代中期以前，农户养羊、养鱼似乎还不普遍，所以对废弃物的利用基本上是一次性的。明代中期以后多次性利用开始流行起来，而至明末清初多次性利用技术已经比较成熟。[3]

[1]沈氏撰、张履祥补撰：《补农书》附录《策溇上生业》，载楼琇等：《耕织图诗》，沈氏撰、张履祥补撰：《补农书》，朱肱：《北山酒经》，释赞宁：《笋谱》，陈师：《茶考》，许次纾：《茶疏》，周膺、吴晶点校，当代中国出版社2014年版。

[2]《浙江省蚕桑志》编纂委员会编：《浙江省蚕桑志》，浙江大学出版社2004年版，第100页。

[3]李伯重：《十六、十七世纪江南的生态农业》（上），《中国经济史研究》2003年第4期；闵宗殿：《明清时期的人工生态农业：中国古代对自然资源合理利用的范例》，《古今农业》2009年第4期。

从生态学角度看，废弃物循环利用基于食物链机理、生物群落演替原理，形成分级利用自然资源的高效率系统。游修龄《中国古代对食物链的认识及其在农业上应用的评述》一文指出，明清时期江南地区“动植物生产和有机废弃物的循环从田地扩大到了水域，组成了水陆资源的综合循环利用。粮食生产方面实行稻麦一年两熟，并在冬季插入紫云英绿肥、蚕豆等，其他肥料来自猪粪、河泥等；蚕桑方面利用挖河塘泥堆起的土墩种桑，用稻秆泥、河泥、羊粪壅桑；桑叶饲蚕，蚕矢喂鱼，水面种菱，水下养鱼虾，菱茎叶腐烂及鱼粪等沉积河塘底，成为富含有机质的河泥。羊吃草，过冬食桑叶，可得优质羊羔皮，等等。就这样，把粮食、蚕桑、鱼菱、猪羊等的生产组成一个非常密切的互相支援的食物网，使各个环节的残废部分都参加有机质的再循环，人们从中取得粮食、蚕丝、猪羊肉、鱼虾、菱角、羔皮等动植物产品，而没有什么外源的能量投入。这是中国传统农业中充分利用太阳能的高度成就”[4]。谭氏模式主要是食物链结构型的生态农业，张氏经营所体现的则不仅是食物链机理，而且也是时空演替合理配置原理的实现，属于时空—食物链结构型的生态农业。这一变化意味着生态农业出现后不断发展，逐渐演化出不同的模式。有的达到了相当高的水平，具有普遍推广价值。明清时期杭州的生态农业较好地体现了这一成就。

[4]游修龄：《中国古代对食物链的认识及其在农业上应用的评述》，载杜石然主编：《第三届国际中国科学史学术讨论会论文集》，科学出版社1990年版。

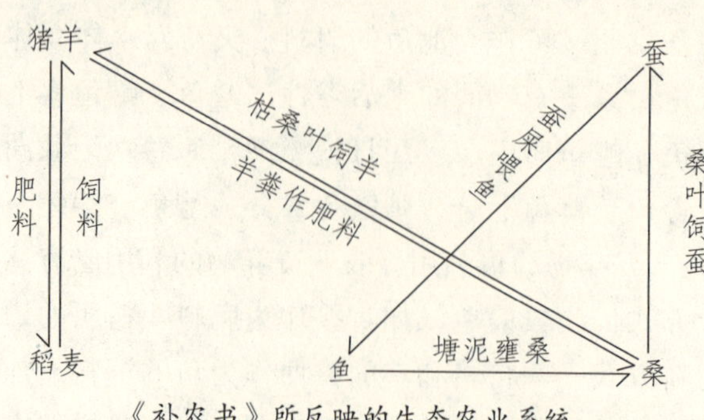

《补农书》所反映的生态农业系统

通过发展生态农业

可以获得综合经济效益。一是水旱轮作，以田养田。二是稻后种麦、油菜、蚕豆，当地称为春花。在栽培上采取开沟筑棱的方法。《光绪嘉兴府志》卷三二《农桑》云："场功既竣，遂于田中起棱艺麦，开沟以泄水……明年并菜、豆俱收，总呼为春花。谚云：'春花熟，半年足。'"[1]棱，也叫垅，是一种高畦。杭嘉湖地区的稻田田低土烂，地下水位高，开沟筑棱是为了抬高地面，使土壤脱水，为春花行根创造条件。这是利用稻田种春花的特殊技术。二是移栽种麦。《补农书》卷下《补〈农书〉·补〈农书〉后》云："中秋前下麦子于高地，获稻毕，移秧于田，使备秋气，虽遇霖雨妨场功，过小雪以种无伤也。"杭嘉湖地区晚稻生长期长，一般要到霜降和立冬时才能收割，而麦子播种又以立秋至处暑最适宜，收稻和种麦之间季节矛盾很大。为了解决这一矛盾，当地创造了移栽种麦的技术。这是巧妙利用天时的技术。《补〈农书〉后》又云：稻田"种麦又有几善。垦沟揪沟便于早：早则脱水而燥，力暇而沟深，沟益深则土益厚；早则经霜雪而土疏，麦根深而胜壅，根益深则苗益肥，收成必倍。垅燥、土疏、沟深又为将来种稻之利。"意思是说，稻田筑棱种麦要早，早起棱可以早脱水风化土壤，还可争取时间将沟加深并抬高棱面。棱高土厚，再经风化，土壤酥碎，不但有利于当季麦子的生长，而且也有利于下季水稻的种植。从物质循环上看，这是对稻株和春花作物残余部分的交替利用、形成好气菌与嫌气菌交替作用的过程，具有培肥土壤的作用。但稻田开沟筑棱种麦也有稻麦争肥的矛盾。为了解决这个问题，又采取另一种对稻田肥力的补偿措施，即稻与绿肥轮作。花草、杂草等草类是最便宜的肥料。花草或草子即紫云英，是一种能利用根瘤菌固氮的豆科作物，含氮量可达20kg/亩以上。它与水稻轮作能为稻田土壤提供大量氮素，茎叶腐烂后又能增加土壤有机质，肥分很高。在田地施予猪粪或坑灰，如《运田地法》所说："一取松田，二取护草。""花草亩不过三升，自己收子，价不甚值。一亩草可壅三亩田。今时肥壅艰难，此项最属便利。"《逐月事宜》中提到三月晴天"垦花草田"，阴天"窖花草"，即将紫云英堆在窖里沤制腐熟作基肥。也有将其踏入河泥中，待腐烂后与河泥一起施用。杂草可做基肥，也可做追肥。"六月草盛，割置田中，水熟田炎，三二日辄腐，水色如靛，最肥，又松土，计人工一工，而膏庇两熟。"[2]六月下的应为追肥。若将杂草、稻草塾入猪、羊栏中，与畜粪混在一起经猪羊残踏、腐烂，肥效更佳。绿肥与水稻轮作是一种以田养肥、以肥养稻的植物循环方式，它与稻麦（菜、豆）轮作共同构成稻田内以田养田的农业生产小循环。这种循环方式一直保留到今天。三是农牧结合，粮畜并举。即利用动植物之间的互相依赖关系，组成以农养畜，以畜促农的循环方式。当时平均每养一头猪要亏本银5钱，即约亏本20%。那么为什么要养蚀本猪呢？分析其原因，约有以下几条：首先是利用一部分品质较次的粮食和一些加工后的废料，使其变无用为有用；其次是用以解决部分肉食问题；最

[1]许瑶光等修、吴仰贤等纂：《光绪嘉兴府志》，清光绪五年（1879年）刊本，成文出版社有限公司1970年版。

[2]包世臣：《齐民四术》卷一上《农一上·任土》，中华书局2001年版。

后是为稻田解决部分肥料。《运田地法》云："古人云：'种田不养猪，秀才不读书，必无成功。'"又《蚕务（六畜附）》云："养了三年无利猪，富了人家不得知。"杭嘉湖地区所养的羊主要是湖羊。湖羊也叫胡羊，是南宋迁都临安时北方居民携带来的蒙古羊在太湖地区演化而成的。太湖地区地少人多，缺乏放牧条件，当地居民就用青草辅之以桑叶进行舍饲。以粮食喂猪，以猪粪肥田，以桑叶饲羊，以羊粪壅桑，这是杭嘉湖地区以农养畜、以畜促农的方式。四是以鱼养桑，以桑养蚕。《逐月事宜》提到"车池潭"一项，意思是把池水车干进行捕鱼。这是养鱼业在当地相当普遍的一个证明。《补〈农书〉后》云："湖州低乡，稔不胜淹。数十年来，于田不甚尽力，虽至害稼，情不迫切者，利在畜鱼也。"又说明养鱼在杭嘉湖地区的农业生产中占有极为重要的地位。明清时期杭嘉湖地区所养的鱼类主要是青鱼、草鱼、鲢鱼等数种，所用的饵料为草和螺蛳。"湖州畜鱼，必取草、籴螺蛳于嘉兴……尝于其乡见一叟诫诸孙曰：'猪买饼以喂，必须资本；鱼取草于河，不须资本。然鱼、肉价常等，肥壅上地亦等，奈何畜鱼不力乎？'临平多畜鲻[1]鱼；鲻鱼食土，名曰'荡鲻'，并不必捞草。池小畜鲻鱼，亦一道也。鲻鱼种临平买。草鱼、白鲢、螺青诸种，本地可卖。"这是一种以水产养水产的经营方式。如前所述，凿池之土可以培桑竹，则桑竹茂而池水益深。这样，人以螺狮、水草养鱼，鱼以粪肥桑，桑以叶养蚕，又形成了一种能量交换方式。据现代农业科学研究，1亩年产鱼250kg的鱼池，若戽5000kg池泥用于桑园，桑叶可增产250kg；以1000kg蚕粪养鱼，则鱼可增产10kg。五是以"水"肥土，田地互养。除动植物有机质循环外，还有土壤的水陆循环。其中循环的每个环节不断加进有机质，并利用微生物作用，使土壤肥力不断增加或更新。土壤水陆循环的方式之一是稻田和桑地之间的互养。《运田地法》在讲到冬季罱河泥壅桑地时说："罱泥固好，挑稻秆泥，亦可省工。"挑稻秆泥也叫抽田筋，就是在田里挖取一长条或几长条稻田土，给桑园培土。这不仅弥补了桑园中淋失的土壤，同时由于稻秆泥十分肥沃还可以培肥土壤。对于稻田来说，抽田筋又等于为稻田开沟，有利于冬季排水和熟化土壤。故有一举两得之功。以田养地外也以地养田。《补〈农书〉后》云："以梅豆壅田，力最长而不损苗。每亩三斗，出米必倍。"更有以"豆叶、豆萁头及泥入田，俱极肥"。梅豆是杭嘉湖地区的特产，下种于清明后，成熟于大暑前，相去百日，生长期短、成熟又早。土壤水陆循环的又一方式是河道淤泥同陆地土壤之间的循环。杭嘉湖地区是水乡，由于稻田开沟排水，桑地受大雨冲淋，常年有大量肥泥和有机物冲入河道。农民用罱泥的方法将它取回陆地，补充田地土壤的耗损，并增加肥力。上述4方面的循环围绕增进稻田和桑地的土镶肥力而进行。在稻田方面，参加循环的植物有稻、麦、菜、蚕豆、梅豆、紫云英等，参加循环的动物有猪等，非生物方面有河泥等。在循环过程中，这些动植物都直接或间接依靠稻田取得营养物

[1]陈恒力等校释，"鲻"可能为"鲻"之讹。

质，然后分别以粪、灰、泥、草、饼等形式归还稻田。在桑地方面，参加循环的有桑、蚕、鱼、羊、河泥、稻秆泥等，它们同样分别以粪、泥、草等形式归还桑地。人在这些循环中占据主导地位，不仅是各种循环的组织者，而且又是各种循环中的积极参与者。人从动植物有机体上获取衣食原料，经过消化或消费，以排泄物或其他有机物归还大地。这样，便组成了一个农业生态金字塔。在这种农业生态下，杭嘉湖地区的农业生产达到了较高水平，并实现可持续发展。[1]

[1]闵宗殿：《明清时期浙江嘉湖地区的农业生态平衡》，《中国农业科学》1982年第2期。

第四章　外来因素作用下的晚清民国经济现代化

第一节　商工经济的现代转型

一、商工一体化的机器大工业

晚清民国时期中国的社会性质具有极大的相似性，虽然前者维系于大一统帝国，后者进入共和时期，而实质上的社会机制仍具有一贯性。这时中国进入了历史转折期。自1912年中华民国成立到民国26年（1937年）抗日战争爆发，特别是民国16年（1927年）国民党与共产党对峙以前，社会相对稳定，经济发展进入黄金期，成为中国早期现代化的关键时期。民国时期杭州的行政区域经过多次调整，先后包括钱塘道、杭州市、杭县、萧山县和金华道、第六行政督察区、第十一行政督察区、第四行政督察区的全部或部分辖境。民国元年（1912年）2月废杭州府，以原钱塘县、仁和县区域并置杭县，直属浙江省，并为省会所在地。民国三年，浙江省在清代杭嘉湖、宁绍台、金衢严、温处等4道的基础上设钱塘、会稽、金华、瓯海4道，今杭州所属地区分属钱塘、会稽和金华3道。钱塘道辖20县，其中杭县、富阳、余杭、临安、於潜、新登、昌化7县属今杭州区域。清代的海宁州改为海宁县，属钱塘道。钱塘道废后不再属杭州辖区。钱塘道尹行政公署驻杭县。民国政府仿宋、清旧制，将道划分为紧要缺、边要缺、繁缺、边缺、要缺、简缺6类，又将第一、二类定为一等，第三、四、五类定为二等，第六类定为三等。钱塘道属一等。金华道辖兰溪等19县，其中原建德、淳安、桐庐、遂安、寿昌、分水6县属今杭州市域。金华道属三等。萧山县属会稽道。会稽道属一等。民国16年废道为省、县二级制，撤销钱塘道，各县直属于省。同年5月划杭县所属城区、西湖全境等地，即东南沿钱塘江至闸口一带，西至云栖、天竺，北至拱宸桥、笕桥，另设杭州市。杭州市区东西相距约26km，南北相距约20km，东北与西南相距约

36km，西北与东南相距约23km，总面积约910km^2。同年10月市下设区，辖城区、西湖、江干、会堡、湖墅、皋塘6区。时有人口380031。至民国25年（1936年）即增至530042。民国19年杭州市改为13个区（第一区至第十三区），民国23年合并为8个区（第一区至第八区）。民国24年浙江省设行政督察区，杭县属第二行政督察区，专署设嘉兴（后迁德清），杭州市仍为省直辖。民国26年12月24日日本侵略军占领杭州，沦陷期间原8个区改为7个区。民国34年（1945年）抗日战争结束后，杭州市政府、杭县县政府迁回杭州，杭州市恢复8个区。民国36年杭县改省直属。民国元年10月废清朝严州军政分府。民国16年废道时上述金华道6县直属浙江省。民国20年设第六行政督察区。民国22年第六行政督察区专员办事处设建德，辖建德、寿昌、桐庐、分水、淳安、遂安、昌化、於潜、孝丰、长兴、安吉11县。民国24年9月，在兰溪设第四行政督察区，建德、桐庐、分水属之；在衢县设立第五行政督察区，寿昌、淳安、遂安属之。民国32年5月增设第十一行政督察区，专员公署始设淳安，后移建德，辖建德、寿昌、淳安、桐庐、富阳、浦江6县。民国36年5月底撤销第十一行政督察区，浦江县改属第四行政督察区，余5县直属浙江省。民国37年4月于淳安设第四行政督察区，建德、淳安、寿昌、桐庐、分水、遂安及常山、开化、新登、富阳10县属之。8月辖县减为建德、寿昌、桐庐、分水、淳安、遂安6县。各县在明清发展的基础上市镇经济持续繁荣。在上述区域范围内，尽管具有区域发展水平的不平衡性，但都不同程度地开启了现代化历程。

晚清民国时期中国面临两个基本的社会问题：一是民族独立，二是以工业化为核心的现代化。这两个问题又是相互影响、相互依存的。推动杭州现代工业化的因素是多方面的。尽管有些因素的形成在晚清民国时期并不充分，但杭州的早期现代工业化主要只能依赖这些薄弱的基础。杭州工业化和现代化的发生与现代市场的产生与发展直接相关。鸦片战争打断了中国社会经济发展的原有方向，加速了自给自足的自然经济的解体，促进了中国社会的商品经济突破原有落后缓慢的模式而加速发展。列强对杭州市场的控制，阻碍了民族经济的发展，但其凿通的通商口岸同时也使杭州的国际化水平提高，原来分属于各城市或城镇的零散市场通过进出口的连接而逐渐整体化。现代金融业的繁荣又建构起了资本市场，加快了货币的流通速度，从而推动现代市场深入发展。清末特别是进入民国后，由于西方列强经济势力的增强，经济社会开放度进一步提高，杭州几乎实现了全方位的对外开放。另外，杭州现代市场的产生发展又是与上海的崛起密切相关的。上海成为通商口岸后发展异常迅速，至19世纪50年代已取代广州成为全国的对外贸易中心。民国建立后，上海更是发展为中国最大的开放型大都市，人口数量持续增长，并集聚了中国最先进的工商企业。宣统元年（1909年）和民国3年（1914年）沪杭、杭甬铁路先后通车，为扩大市场进一步创造了条件。光绪三十一年（1905年），英美两国向清政府提供铁路借款，以取得沪杭甬铁路和浙赣铁路的修筑权。浙江商人推举立宪党人汤寿潜和湖州南浔富商刘锦藻为领袖，在上海集会发起收回铁路利权运动，最终议决成立浙江全省铁路有限公司，自筹资金修筑铁路，并公推汤、刘二人为正、副经理。南浔商人是浙江全省铁路有限公司的主要投资者，除刘家外，庞家、周家、张家、蒋家、邢家、邱家等商人家族也大量投资，并都有人当选为公司董事。刘家投资在万元以上者多达十余人，其他家族如张家、邢家、邱家等在万元左右。张之洞在光绪二十一年十一月十二日（1895年12月27日）《筹办江浙铁路折》中说："铁路一开，百废俱兴，人货运载，为有形之利；风气开通，才智增长，工商奋兴，穷民有业，上下情通，百事迅速。为无形之利。其收运费，有形之利犹小；而改振作，无形之利乃大。"[1]在世界性贸易制度建立、铁路等全国性交通运输网络发展、地区专业化和劳动分工发展、商人集团和商人资本成长、农村经济商业化的背景下，商品流动、劳动力流动和资本流动快速发展，形成了全国性、世界性市场以及全国性的劳动分工，杭州经济由此最大程度地受市场规律支配。尽管北京北洋政府时期军阀混战不断，南京国民政府的政策也被很多学者批评，但基于民族独立的需要，南京政府和北京政府都制定和推行了一系列有利于经济发展的政策。北京政府统治时期掀起了"清末新政"后经济立法的第二次高潮，南京政府制定和颁布了200多项经济法规。后者涉及范围更广，内容也更丰富，影响更大，构成经济立法的第三次高潮。[2]这些立法虽然没有完全解决制度供给不足的难题，但却极大程度地促进了现代工商业的发展，也为早期现代商人群体或企业家群体的成长和发展提供了制度保障。[3]民国3年以后，中国民族工业发展开始进入短暂的"黄金时期"。由于辛亥革命爆发，特别是西方各国此时又先后卷入第一次世界大战，中国民族工业相对减少了竞争对手。民国政府取消了清政府的厘金两验制，改为统捐，以后又将统捐税率进一步减低。不属统捐者如生丝、茶、酒等之特别捐也较前减轻，运丝自80斤附税29元减为2.2元。杭州、宁波等港口进口有所减少（如杭州由1913年55.8万余关平两减至1918年的19.5万余关平两，仅及1913年的35%左右），有的增长数趋向延缓（如宁波1913年至1918年增长不到4%），从而为民族工业腾出较大的发展空间。在市场环境改变、现代经济体制引进和现代企业家崛起以及政府推行积极的经济政策这三重合力的作用下，杭州经济形成了变革的内在动因。

[1]张之洞：《筹办江浙铁路折》，载张之洞：《张之洞全集》卷四〇《奏议四〇》，河北人民出版社1998年版。

[2]陈争平、龙登高：《中国近代经济史教程》，清华大学出版社2002年版，第187页。

[3]陈晋文、庞毅：《现代化视阈下的民国经济发展》（1912—1936年），《北京工商大学学报》（社会科学版）2010年第5期。

以"工业革命"为标志的工业化发源于英国，开始于18世纪中叶，完成于19世纪中叶。欧洲其他一些国家也步其后尘，在19世纪基本实现了工业化。工业从此在经济活动中占据支配地位。菲利斯·迪安（Philis Dean）指出："工业革命一词，一般用来指复杂的经济变革，这些变革蕴含在由生产力低下、经济增长速度停滞不前的、传统的、工业化前经济向人均产量和生活水平相对提高、经济保持持续增长的现代工业化发展的转变过程。”“这一转变的性质，可以通过一系列相互关联的变革来说明：（1）经济组织变革，（2）技术变革，（3）工业结构变革。这些变革和（既是原因又是结果的）人口、总产值及人均产量（即使不是立即，但是最终将实现的）持续增长有着一定的联系。”[1]道格拉斯·塞西尔·诺斯（Douglas Cecil North）则说，工业革命由组织变革和技术变革构成，是一个“组织变革和技术进步相互影响的过程”[2]。如前所述，中国在现代工业化以前与西方国家一样经历了原初工业化，但历时较长，没有内生现代工业化的因素。19世纪以来，西方现代工业化的因子输入后，中国才被动地开始了现代工业化的历程。黄宗智在《中国研究的规范认识危机：社会经济史的悖论现象》一文中指出：“没有乡村发展的城市工业化正是19世纪后期以来中国的经历。当时中国的工业发展是没有疑问的。自19世纪90年代起，投资近代机器工矿业和运输的资本每年以高于10%的速度增长。上海、天津、无锡、青岛、汉口和广州等城市的兴起便是这一进程的例证。小城镇也有了蓬勃发展，特别是长江三角洲，甚至城镇中的小手工作坊也有了增长……这些发展发生在商品化的加速过程中。这过程首要的是小农家庭植棉、纺纱、织布三位一体的崩溃。机制纱，先是洋纱，后也包括国产的机纱，大量取代了土纱。棉农出售棉花给纱厂，而小农织户买回机纱织土布。这导致了乡村贸易的大量扩增……西方的冲击导致了由外国和国内城市企业组成的近代经济部门与过密化的乡村经济部门相连接。例如在国际化了的蚕丝经济中，相对资本密集的机器织绸由美国和法国的工厂承担，它们依靠资本不那么密集的中国缫丝工业提供生丝，而中国缫丝工业又靠过密化的小农家庭生产提供蚕茧。整个体系基于低收益的男性农民的植桑和更低收益的农民妇女的养蚕。在棉花经济中也有类似的逻辑。外国工厂承担大多数相对资本密集的织布，中国纱厂承担相对节省资本的纺纱，而中国农民承担劳动密集的低收益的植棉。于是，帝国主义、中国工业和过密化的小农连成了一个整合的体系。”[3]中国现代工业化有许多悖论，如总量增长与相对于人口增长没有发展的增长（人口过密型增长与没有生产效率提高的过密型商品化）、分散型市场的发育与整合型市场的发育不充分、公众领域的扩张与公民社会和公民权利的缺失、规范主义法制的完备与自由主义法制的缺乏、社会结构中的矛盾爆发与革命的人为抉择等。从局部或微观层面来说，杭州和苏州、扬州等江南传统工商业城市还面临着自身特殊的问题：一是京杭大运河得天独厚的交通优势渐失。京杭大运河向来水源不丰，常年从黄河引水，但黄河泥沙甚多，对运河河道破坏甚大。清道光初年，大运河已是“底高一丈数尺，两滩积淤宽厚”[4]。道光五年（1825年）黄河泛滥，夺淮入海，从黄河至长江一线的运河全被泥沙淤成平地，漕运被迫中断，运粮船只能改由海道经黄海、渤海运达京城。由于多种原因，常年的运河整治又无法进行下去，导致漕运体制趋于瓦解。而随着对外贸易的开展，海运取代河运已是大势所趋，京杭大运河不再能

[1]卡洛·M.奇波拉（Carlo M. Cipolla）主编：《欧洲经济史》第4卷上册《工业社会的兴起》第3章《英国工业革命》（菲利斯·迪安执笔），徐璇等译，商务印书馆1988年版，第131页。

[2]Douglas Cecil North, *Structure and Change in Economic History*, New York: W. W. Norton & Company, 1981,pp.158-159.

[3]黄宗智：《中国研究的规范认识危机：社会经济史的悖论现象》，载黄宗智：《长江三角洲小农家庭与乡村》（1368—1988年），中华书局2000年版。

[4]赵尔巽等：《清史稿》卷一二七《河渠志二·运河》，中华书局1974年版。

发挥联系南北经济的主干道作用。清末铁路运输的兴起则使运河运输体系彻底解体。苏、杭、扬等城市的传统经济地位因此而大幅度下降。二是太平天国战争的严重破坏。“时（杭州）贼兵四面环攻，城中粮食减尽，民情汹汹……有食人肉者，至于辗转沟恤而后已，计一月内饿死者不下十余万人”，“城破后……掳掠男女无算，尚有居民在城者数万。数日后，贼虑其反复，进驱而出诸城外，自是城以内尽为长毛所据”。[1]城市经济由此遭受重创。三是难以从根本上跳出农业经济的窠臼。以传统手工业和商业为主体的城市经济很难突破农业经济性质的桎梏，清代以来更是日趋僵化，进一步发展的空间越来越小，不可能发展出一种新的形态。杭州海关的外国海关税务司不无抱怨地在海关关报中写道：“总之，这一工业之发展比原先所盼望之目标低。这原因有些是受上海的影响而导致者，当然那些海、陆、空交通，尤其是铁道运输都是杭州所望尘莫及者也。另外，更主要的还是杭州企业、实业界本身过于保守，对体制结构等总是抱残守缺也。”[2]四是上海在晚清民国时期的崛起，苏、杭、扬等传统工商业城市在以上海为中心的长江三角洲经济区域中逐渐居于从属地位。中国自晚清开始被纳入世界经济圈，由此导致中国城市发展格局重新整合。上海等部分开放城市依附于西方世界得到快速发展，而其他城市又依附于上海等城市。上海开埠以后逐渐发展成为区域工商业和金融中心，既吸引了大量苏、杭、扬的资源，同时也对其产生辐射带动，但前者是主要的。

[1]冯氏：《花溪日记》卷上，载杨家骆编：《太平天国文献汇编》第6册，鼎文书局1973年版。

[2]《杭州关十年年报》（1912—1921年），中华人民共和国杭州海关译编：《近代浙江通商口岸经济社会概况：浙海关、瓯海关、杭海关贸易报告集成》，浙江人民出版社2002年版。

开埠通商为西方的商品以及资本和技术的进入打开了方便之门，对杭州的经济形成了双向刺激。一是对传统产业构成压力。外国商品通过杭州这个中介向内层贸易带流转，也向杭州近郊渗透。一些百姓以往闻所未闻、仅供上流社会消费的奢侈品开始进入广域贸易系统，如“洋火”、“洋皂”、“洋油”、“洋烟”等逐渐成为普通日用品。当这种需求成为常态时，便出现了一个庞大的工业品需求市场，从而为发展现代工业准备了条件。机制工业品不可能由手工业生产的家庭作坊来完成，也不可能全部依靠对外贸易来维持，创办新式现代工业成了当时最好的选择。但中层和内层贸易带以及杭州本地的商品则通过杭州这个贸易枢纽流向外层贸易带，如作为杭州基础原材料之一的蚕茧加速外流，致使本地丝绸企业有“狼来了”的感受。英国怡和洋行（Jardine Matheson）直接来杭州开设茧行，收购蚕茧，并凭借其强大的经济实力影响收购价格。又如作为工业革命象征之一的棉布输入后大行其道，迫使土布业萎缩和转产。运河流域的外国轮船则对中国轮船公司造成巨大的竞争压力。光绪二十七年（1901年）到宣统三年（1911年）间，华人曾在拱埠附近创办过3家轮船公司，但存活时间都很短。咸丰三年（1853年），太平军占领江南时封锁了京杭大运河，清政府和商人只得发展途经上海的海上运输。19世纪60年代初，太平军摧毁了杭州城，杭州人口从100万骤减至20万。杭州开埠通商后也没有形成上海那样的规模化外国租界，日租界又没有发展为现代工商业的新中心，浙江商人在杭州开办的工商企业规模也不大，所以杭州的经济文化中心地位迅速被上海所代替，并且反过来依赖于上海发展。民国时期杭州成为上海的后花园，是一座典型的消费城市。杭州早期机器工业的发展与上海有千丝万缕的关系，如棉纺业中的上海三友实业社股份有限公司杭州制造厂、针织业中的六一织造厂、造纸业中的华丰造纸厂等。有些由上海大公司注入资金，成为其分公司。民国23年（1934年）杭州光华火柴厂被刘鸿生创办的上海大中华火柴公司合并，民国18年（1929年）上海三友实业社股份有限公司受盘杭州通益公纱厂，改称上海三友实业社股份有限公司杭州制造厂。同时，杭州的工厂又纷纷在上海设立办事处或门市部等，将产品运往上海销售或转销。如都锦生丝织厂的大部分产品早先就是由上海永安股份有限公司经销的。后随着业务的扩大，民国14年（1925年）本厂在上海设立了门市部。抗日战争时期，都锦生丝织厂迁往上海租界继续生产。但这一时期杭州也迎来了发展现代经济的良机。第一次世界大战期间（1914—1918年），西方国家忙于战争，对华输入的商品减少，而国际市场对中国众多产品的需求则在增加。根据海关报告统计，英国输华商品自民国3年（1914年）以后逐步下降，民国7年下降至不足5000万关平两，几乎只有战前的一半。德国和法国出口到中国的商品也不断减少。美国和日本对中国的商品输出有所增加，但是并不能改变中国进口商品总值下降的趋势。这一时期中国商品出口贸易则迅速增长，民国8年（1919年）比民国2年（1913年）增加了40%。民国3年（1914年）之前，中国每年需从国外进口棉布1900万匹、棉纱250万担，而到第一次世界大战结束时已分别锐减到1400万匹、130万担。仅英国的进口棉织品就减少了48%。在亚洲地区，日本棉纱以细纱为主，中国市场则以粗纱为主，这就造成了巨大的需求空间，使得民族棉纱厂的赢利大增。严中平等编《中国近代经济史统计资料选辑》显示，民国5年每生产1包16支纱可赢利7.61元，民国6年猛升到36.93元，民国8年竟达70.65元。这一时期国内市场也明显扩大，尤其是第一次世界大战后期由于商船的缺乏，远洋运输费用急剧上涨，较战前高出10—20倍，具有价格优势的外国商品受到中国商品的挑战。以前主要消费外国商品的中国广大沿海城市和农村，此时转而购买本国商品。这一时期爆发的一系列抵制洋货、提倡国货运动，对国内市场的发展和繁荣也起了积极作用。根据国民政府农林工商部公司注册统计，民国18年（1929年）至24年（1935年）6月注册工业公司1966家，资本56039.4万元。[1]尽管这一时期的全国市场仍是分散的，没有形成整合型市场，特别是没有形成生产要素市场，但市场对经济的拉动作用还是比较大的。市场对经济的推动力量被称为“斯密动力”（The Smithian Dynamics），由此形成的发展模式称为“斯密型成长”（The Smithian Growth）。与之相对的是“广泛性成长”（Extensive Growth）和“库兹涅茨型成长”（The Kunznetsian Growth）。阿尔伯特·费维凯（Albert Feuerwerker）指出：“广泛性成长”主要是由

[1]刘佛丁：《中国近代经济发展史》，高等教育出版社1999年版，第116页。

同类型生产单位（例如农户）数量的增加推动的，只有经济总量增加而无劳动生产率的提高；“斯密型成长”主要是由劳动分工和专业化推动的，经济总量和劳动生产率都有提高，但技术变化不大；“库兹涅茨型成长”主要是由技术变革和组织变革推动的，不仅有经济总量和劳动生产率明显而持续的提高，而且还有重大的和不断的技术变革。[1]杭州的早期现代工业化主要表现为“广泛性成长”，也有部分是“斯密型成长”。傅衣凌在《明清社会经济变迁论》一书中指出：“明清时代的城市经济，大约可以分成两个不同的类型：（1）开封型城市。这是典型的亚洲的消费城市，又是封建地租的集中地，工商业是为这个城市的地主服务的……（2）苏杭型城市。这些城市虽然也是封建地租的集中地，但工商业的比重较大。此外还有不少和工商业生产直接有关的新兴市镇，如盛泽、濮院、王江泾、枫泾、洙泾等。”开封型城市“工商业是贵族、地主的附庸，没有成为独立的斗争力量，封建性超过了商品性”，“充满着腐朽、没落、荒淫、腐败的一面”；而苏杭型城市的“工商业是面向全国的”，出现了“清新、活泼、开朗的气息”。[2]傅衣凌的评估尽管有些过高，但相对于当时的中国其他地区，尤其是“开封型城市”，杭州的优势还是存在的。傅衣凌特别强调“苏杭型城市”在中国城市发展史上的重要地位，认为它代表了明清中国城市发展的一种新趋势。二是外国资本和外国文化也产生了示范效应。尤其是西方先进的科学技术和管理经验不断被介绍进来加以应用，如第一次世界大战时开始的电力普遍应用和生产设备更新、管理方式创新，造成了变革经济制度的态势。光绪二十二年至民国34年（1896—1945年），先后在杭州开设的外国企业及从事企业活动的其他机构315家，包括日本274家、英国27家、美国7家、中日合资4家、德国2家、法国1家。其中商业及进出口贸易175家、交通运输业24家、工业43家、金融2家、工商兼营7家、保险业28家、医疗卫生业5家、农业2家、文化业4家、其他行业13家。光绪三十一年（1905年）英国亚细亚石油公司、英美烟草公司在拱宸桥等地设立分支机构。宣统二年（1910年）美国美孚石油公司进入杭州。它们是当时杭州最大的国际垄断企业。[3]光绪二十四年五月十二日（1898年6月30日），清政府在列国公使团胁迫下颁布《内地水路开放通知》。按照规定，允许外国轮船公司自由出入杭州港。据《中国旧海关史料》和《最近34年来中国通商口岸对外贸易统计》统计，光绪二十二年至二十六年出入杭州港口的中外商船58302艘，年均11660艘。光绪三十一年至民国22年（1905—1933年），193556艘9257671吨位，年均6674艘319230吨位。自光绪二十二年至民国26年的42年间，经杭州关集运进出口的货物值771664737关平两。其中进口值354038048关平两，出口值416689417关平两，复出口（Re-export）即转口贸易值937272关平两。

民国时期杭州的对外贸易总体处于上升趋势。从民国元年到抗日战争前期27年间，除个别年份外大多有所增长。如民国元年（1912年）的贸易额为

[1] Albert Feuerwerker, *Presidential Address: Questions about China's Early Modern Economic History that I Wish I Could Answer*, JOURNAL OF ASIANSTUDIES, 51(4), 1992.

[2]傅衣凌：《明清社会经济变迁论》，人民出版社1989年版，第152、158页。

[3]杭州市地方志编纂委员会编：《杭州市志》第5卷，中华书局1997年版，第717—718页。

民国元年至27年（1912—1938年）杭州海关征税额（单位：关平两）

年份	进口正税	出口正税	复进口税	船钞	内地子口税	转口税	进出口附加税	救灾附加税	合　计
1912	102 740.916	387 494.385	43 957.044	79.7	10 550.796				544 822.041
1913	151 296.179	311 519.937	44 263.677	67.4	11 617.806				518 764.999
1914	75 352.408	279 797.341	46 082.353	86.5	10 202.089				411 520.691
1915	9 582.264	267 674.496	25 728.463	102.9	5 830.090				308 918.213
1916	8 700.934	288 640.407	11 048.690	139.9	5 169.631				313 699.562
1917	5 898.111	254 718.336	11 564.911	153.6	4 934.048				277 269.006
1918	9 748.207	212 693.216	12 075.179	164.6	4 743.914				239 425.116
1919	8 544.930	239 062.072	14 904.157	164.6	4 070.901				266 746.660
1920	4 817.483	153 075.944	11 652.075	183.5	4 635.162				174 364.164
1921	4 661.289	20 219.396	11 771.505	195.9	4 972.176				242 919.337
1922	3 039.396	168 399.644	10 755.562	199.2	6 364.116				190 475.837
1923	11 131.455	172 824.368	13 328.205	217.5	8 074.329				205 575.857
1924	3 236.089	172 684.496	16 667.771	209.6	9 058.987				201 856.943
1925	5 734.858	141 107.919	17 038.491	199.2	5 537.222				171 754.597
1926	6 745.450	149 947.625	16 130.242	232.8	5 040.362				182 741.158
1927	2 143.580	160 862.385	15 863.921	237.4	3 539.257				182 904.547
1928	3 264.828	191 366.541	13 236.870	256.9	1 846.775				209 971.914
1929	9 441.844	28 211.791	22 628.375	316.3	908.398				315 411.708
1930	6 889.027	307 011.439	18 938.332	354.1	555.346				333 748.244
1931	16 017.416	157 387.940		288.8		97 493.125		238.921	271 426.202
1932	10 285.300	26 202.220		286.2		155 683.760	1 382.300	2 268.950	196 108.760
1933	1 398 042.728	3 121.181		132.451		111 794.813	70 060.237	70 060.976	1 653 212.386
1934	1 812 082.721	1 583.710		47.080		70 563.960	90 930.802	90 933.203	2 066 141.476
1935	1 933 404.666	2 486.662		50.834		47 987.606	96 412.786	96 417.721	2 176 760.276
1936	3 002 900.462	6 997.022		50.642		42 680.238	150 096.932	150 096.496	3 352 821.791
1937	2 769 267.240	3 373.190		57.189		145 088.248	138 403.398	138 403.273	3 194 592.529
1938	48.607	3.338		1.926		45 778.517	2.606	2.606	45 837.600

资料来源：海关总税务司署：《中华民国海关华洋贸易总册》（1912—1938年），国史馆史料处，1982年；杭州市地方志编纂委员会编：《杭州市志》第5卷，中华书局1997年版，第707—708页。1921年、1922年、1925年、1926年、1927年征税总额有“附加征赈捐”20099.771、1717.919、2136.907、4644.679、258.004关平两。民国26年（1937年）杭州沦陷，停止征收关税，表中所列为1—10月数据；同年11月45811.142关平两列在次年数据内。民国22年（1933年）4月“废两改元”，统计数为国币值，本表换算为关平两（1关平两折合国币1.558元）。

清光绪二十五年至宣统二年（1899—1910年）杭州海关进口洋货转运到内地省份货值表（单位：关平两）

年份	浙 江	安 徽	江 西	福 建	江 苏	总 计
899	64 961	179 507	2 267	13 965		260 700
900	57 823	119 229	489	6 844		184 385
901	85 897	211 300	5 724	3 231		306 152
902	94 779	231 826	9 088	3 847		339 180
903	178 819	263 671	19 440	3 953		465 883
904	211 428	253 839	30 571	7 374		503 212
905	215 930	182 083	25 474	5 013		428 500
906	181 393	184 573	15 932	2 019		383 917
907	238 413	210 845	14 048	4 128		467 435
908	250 617	219 022	22 584	1 285	368	493 876
909	275 397	204 259	35 106	1 624		516 386
910	264 284	180 091	31 107	1 907	260	477 649
平均	176 645.1（43.9%）	203 353.8（50.6%）	17 652.5（4.4%）	4 599.2（1.1%）	314（0.08%）	402 272.9

资料来源：中国海关总署总务厅、中国第二历史档案馆编：《中国旧海关史料》（1859—1948年）之《杭州口洋贸易情形论略》（1899—1910年），京华出版社2002年版。

民国元年至26年（1912—1937年）杭州海关进出口贸易总额（单位：关平两）

年份	进口额	出口额	复出口额	进出口总额
1912	6 686 147	13 540 169	20 367	20 246 683
1913	6 438 178	10 855 330	31 991	17 325 499
1914	6 349 424	10 827 919	32 585	17 209 928
1915	7 213 264	12 822 168	43 958	20 079 390
1916	7 985 808	13 191 301	19 362	21 196 471
1917	9 689 916	11 348 472	17 556	21 055 944
1918	9 465 409	9 269 781	47 108	18 782 298
1919	7 178 903	11 196 530	10 255	18 385 688
1920	9 750 411	10 243 515	25 283	20 019 209
1921	10 949 758	11 294 966	27 811	22 272 535
1922	14 152 828	11 359 986	62 520	25 575 334
1923	15 387 610	11 231 473	45 110	26 664 193
1924	10 187 481	12 425 734	51 655	22 664 870
1925	11 212 094	11 868 813	8 596	23 089 503
1926	16 016 969	13 997 295	50 222	30 064 486
1927	12 739 786	12 921 640	26 872	25 688 298
1928	11 789 723	14 407 364	7 790	26 204 877
1929	12 747 912	15 734 212	37 124	28 519 248
1930	14 879 794	13 480 771	8 847	28 369 412
1931	7 439 127	11 109 857	15 123	18 564 107
1932	6 218 767	11 179 040	34 232	17 432 039
1933	8 299 676	9 381 009	15 691	17 696 376
1934	5 271 945	8 221 238	5 802	13 498 985
1935	5 168 581	6 769 539	20 652	11 958 772
1936	7 597 455	7 866 675	21 602	15 485 732
1937	7 107 537	1 316 163	302	8 424 002
合计	354 038 048	41 668 947	937 272	771 664 737

资料来源：中国海关总署总务厅、中国第二历史档案馆编：《中国旧海关史料》（1859—1948年）之《杭州口洋贸易情形论略》（1912—1937年），京华出版社2002年版；中华人民共和国杭州海关译编：《近代浙江通商口岸经济社会概况：浙海关、瓯海关、杭州关贸易报告集成》之《杭州关验放进出口贸易货值统计》，浙江人民出版社2002年版。民国21年（1932年）其他口岸的外国进口额未统计在内。民国22年（1933年）以后统计数为国币值，本表换算为关平两。

20226316关平两，民国3年降低到17177343关平两，民国10年（1921年）又恢复到22244724关平两。[1]民国11年至民国20年（1931年）10年间，年平均贸易额达到2500万关平两，最高为民国15年（1926年）的3000万关平两，最低为民国20年的1800万关平两。[2]民国时期杭州的对外贸易一直维持顺差，以进出口商品丰富、贸易额较大在中国中部16个通商口岸中居重要地位。

20世纪20年代以后，与杭州开展进口贸易的主要国家为英国（包括香港、印度）、日本以及南洋的菲律宾，以中日贸易和中英贸易为主。至20—30年代，杭州的对外贸易格局逐渐趋于复杂化和多样化。第一次世界大战时美、日乘机扩张势力，使对华贸易逐渐形成英、日、美3国鼎立之势。而杭州的对外贸易中德国的比重也上升较快，至30年代形成了以德国为主的欧洲、日本、美国和南洋各国的对外贸易格局。民国17年（1928年），德国进口额占总进口额的53.85%，次年为59.26%；民国20年（1931年）时达到72.05%，贸易额高达152705关平两。民国16年（1927年）英属印度进口额占总进口额的10.63%，民国19年增长到79.26%，3年间增长了将近8倍。民国8年（1919年）英属香港的进口额占总进口额12.5%，民国18年为15.05%，持续平稳增长。民国17年（1928年）美国的进口额10042关平两，占总进口额13.5%，此后几年虽有减少，但总体保持在中等水平。民国时期虽然有过两次抵制日货运动，但杭州的对日贸易仍日趋发达。民国8年（1919年）进口额比重达到87.3%，此后虽有下降，但幅度不大。至民国19年（1930年）日本开始进军中国，日货在中国市场大肆倾销，进口额比重

[1]中国海关总署总务厅、中国第二历史档案馆编：《中国旧海关史料》（1859—1948年），京华出版社2002年版，第258页。

[2]中国海关总署总务厅、中国第二历史档案馆编：《中国旧海关史料》（1859—1948年），京华出版社2002年版，第251页。

民国8年至20年（1919—1931年）杭州从各国（地区）直接进口额（单位:关平两）

国家（地区）	1919年	1927年	1928年	1929年	1930年	1931年
英　国	256	528	101	1 259	972	34 304
香　港	18 237	378 302	15 193	22 039	27 338	10 098
日本（含台湾）	127 827	14 393	4 916	3 666	9 609	2 267
法　国		469	792	1 341	1 831	4 086
德　国		22 626	40 063	86 802	33 130	152 705
美　国		2 853	10 042	7 316	5 435	3 774
印　度		145 985		21 972	4 088 416	3 214
菲律宾	156			16	36	1 147
加拿大		11	10	14	35	
朝　鲜				4	28	
新加坡				690	31	
丹　麦				58		
瑞　士				114		
比利时					13	
荷　兰		20	1 734			250
安　南		670 778		1 126	991 063	
荷属东印度		111 986	1 536			102
俄国和太平洋各国		25 705				
澳大利亚			15	56	63	6
总　计	146 476	1 373 656	74 402	146 473	5 158 282	211 953

资料来源：杭州市对外经济贸易委员会编：《杭州对外经贸志》，北京师范大学出版社1993年版，第130—131页。

民国元年至20年（1912—1931年）杭州海关进口主要货物（一）

年份	棉纱（担）	布（棉、毛、人造丝质）（尺）	棉花（担）	锡块（担）	镀锌钢材及器件（担）	纸烟（千支）	自来火（火柴）（罗）	赤糖（担）
1912	686	457	2 734		905	183 288	79 650	46 667
1913	632	267		5 029	1 895	227 045	66 447	66 386
1914	419	2 571		11 350	1 889	363 147	53 299	62 093
1915	690	947		10 591	960	425 654	44 847	42 068
1916	1 370	19 131		3 968	880	438 102	142 846	45 430
1917	705	8 241	6 264	346	782	567 763	160 373	27 939
1918	384	906	737	73	730	694 332	222 300	31 036
1919	57	39	344		740	620 442	100 510	20 146
1920	61	145	4 117	1	1 287	567 763	68 171	18 087
1921	284	10 745	13 107		1 702	694 332	56 092	26 848
1922	1 198	9 827	9 361	194	3 732	620 442	2 750	13 941
1923	822	292	481	94	2 558	652 997		15 763
1924	859	11 286	297	1	2 793	587 764		21 274
1925	725	3 582	1 024	660	3 456	495 140		19 652
1926	826	1 170	4 164	102	4 424	476 520	900	21 500
1927	285	5 490		1	6 927	135 690	250	26 362
1928		22 360		160	6 785	497 682		46 660
1929		3 961	11 847	425	6 698	185 662	2 365	66 782
1930		6 376	12 685	4	4 105	29 510	6 733	68 641
1931		2 205	7 816	7	3 872	68 605		23 110

民国元年至20年（1912—1931年）杭州海关进口主要货物（二）

年份	白糖（担）	扯白糖（担）	冰糖（担）	人造丝（担）	煤油（加仑）	煤（吨）	燃料、颜料、油漆		氯酸钾（洋硝）（担）
							各色燃料（关平两）	人造靛（担）	
1912	30 565	120 053	2 032		2 830 910	11 046	22 739	3 546	30 565
1913	17 320	151 241	1 575		2 846 570	11 582	23 752	5 665	17 320
1914	17 059	127 018	1 390		3 342 299	10 595	21 473	5 554	17 059
1915	94 340	128 394	2 160		1 300 120	12 125	9 276	704	94 340
1916	117 415	164 578	1 386		1 454 060	11 363	7 766	221	117 415
1917	170 109	162 301	4 436		2 447 770	10 365	4 853	455	170 109
1918	254 275	208 309	3 912		2 205 510	6 422	9 897	134	254 275
1919	185 059	102 977	3 241		2 533 546	2 477	17 724	734	185 059
1920	43 757	106 945	4 477		2 586 125	1 277	2 647	1 716	43 757
1921	61 619	137 476	6 579		2 109 833	2 151	12 012	2 269	61 619
1922	10 370	187 712	6 101		3 416 973	2 941	12 040	4 732	10 370
1923	10 072	183 445	5 431		3 506 695	1 669	31 356	4 184	10 072
1924	10 729	181 114	7 686	26	3 383 915	3 113	33 039	4 821	10 729
1925	41 182	152 576	7 439	123	9 191 570	6 471	19 589	7 841	41 182
1926	33 457	252 469	8 356	263	8 346 152	3 909	41 488	10 041	33 457
1927	47 151	154 205	5 923	273	4 755 324	16 057	71 695	5 933	47 151
1928	136 350	175 352	7 556	3 366	1 978 965	23 737	96 098	9 342	136 350
1929	204 914	81 880	3 391	4 657	6 993 759	3 732	73 029	8 115	204 914
1930	123 769	95 522	3 376	1 273	5 022 127	255	83 408	7 592	123 769
1931	21 568	54 156	344	4 702	795 686		40 545	3 963	21 568

资料来源：中国海关总署总务厅、中国第二历史档案馆编：《中国旧海关史料》（1859—1948年）之《杭州口华洋贸易情形论略》（1912—1931年），京华出版社2002年版。

民国元年至20年（1912—1931年）杭州海关出口主要货物（一）

年份	杭州棉纱(担)	白丝（担）	白缫丝（担）	白经丝（担）	白厂丝（担）	蚕茧（担）	乱丝头（担）	绸缎（担）	红茶（担）	绿茶（担）
1912	3 048	8 897	1 420	30		1 782	10 419	593	998	117 568
1913	2 223	3 971	544	36		1 950	10 982	803	617	105 735
1914	201	1 810	513	28		2 239	8 585	675	427	113 079
1915	10 857	2 486	558	10		1 913	7 439	1 885	460	97 370
1916	9 249	2 156	564	5		3 154	9 287	1 920	899	108 343
1917	17 565	1 152	720	25		525	7 931	1 756	703	87 710
1918	18 793	566	561			994	9 756	1 912	792	64 666
1919	34 604	256	486			836	8 568	2 254	435	81 040
1920	39 663	501	239			822	6 714	1 788	710	63 476
1921	38 645	470	392			515	4 199	1 450	866	62 997
1922	24 687	759	442			507	7 536	1 455	1 559	90 262
1923	8 009	478	483			713	7 160	1 720	1 883	107 684
1924	3 198	1 049	1 705			778	7 681	2 198	2 291	88 014
1925	7 282	353	517	10		844	5 115	2 166	3 701	98 778
1926	8 576	618		74	968		4 003	1 855	1 702	129 920
1927	1 071	2 015		447	1 123		2 461	1 652	9 681	109 818
1928	2 933	214			1 084		1 594	1 302	3 312	123 192
1929	26 270	33			360		498	754	5 011	122 558
1930	18 067	6			5		44	558	2 025	103 619
1931	107				18		273	623	1 700	81 400

达到58.38%。杭州对南洋的进口贸易较少，只有16年（1927年）较突出，进口额比重达到48.83%。杭州进口的是机械、煤油、金属、机制纺织材料等，对中国的原初工业化有积极影响。

民国时期杭州的出口商品主要包括原材料、一般工业品和消费品等。出口至英国的主要是丝及丝织品、桐油等一般工业品，茶叶、烟叶等消费品。出口至英属香港的以消费品居多，其次是一般工业品。出口至日本的有棉花、药材、麻及麻制品、烟叶梗、木材、蚕茧、菜籽饼等原材料，丝及丝织品、土布、棉纱、纸扇等一般工业品，茶叶、铜元、酒等消费品。出口至美国的一般工业品以丝及丝织品、桐油为大宗，另外还有裘皮等；消费品主要为茶叶、酒、烟叶等。出口至南洋各国的一般工业品主要是丝及丝织品、桐油等，消费品主要为酒、纸扇、纸伞等，另还有部分药材。

民国元年至20年（1912—1931年）杭州海关出口主要货物（二）

年份	毛茶（担）	茶末（担）	纸扇（柄）	火腿（担）	菜籽（担）	菜籽饼（担）	纸扇（柄）	烟叶（担）	药材（关平两）	酒（担）
1912		9 183	4 947 305	2 259	261 051	214 936	4 947 305	35 225	30 867	556
1913		9 107	5 095 689	1 885	152 232	192 925	5 095 689	21 955	35 422	665
1914		12 251	6 364 272	1 491	96 042	187 526	6 364 272	9 042	45 300	1 302
1915	23 712	8 787	8 042 344	2 223	196 719	130 929	8 042 344	23 544	54 970	14 404
1916	26 696	9 125	5 452 489	2 350	163 376	112 470	5 452 489	9 754	58 556	34 483
1917	27 197	11 904	5 819 142	2 284	124 387	199 401	5 819 142	16 630	72 299	27 224
1918	21 946	9 799	6 302 903	2 733	110 309	97 164	6 302 903	16 194	70 496	14 918
1919	24 918	8 460	5 995 158	3 354	94 449	102 532	5 995 158	37 342	80 136	15 362
1920	36 564	7 127		3 777	4 773	72 685		12 218	49 760	14 742
1921	28 914	11 116		4 685	262 425	171 347		7 397	72 953	20 377
1922	34 427	11 125		4 080	192 668	122 223		20 846	78 744	15 611
1923	32 549	1 595		3 855	159 856	164 998		16 408	85 729	18 643
1924	39 214			7 101	3 600	74 011		22 113	102 625	19 260
1925	32 451			3 694	3 937	43 782		31 078	102 320	19 523
1926	30 891		3 602 000		900	83 790	3 602 000	35 848	101 729	15 946
1927	27 858		1 020 000			57 105	1 020 000	18 804	86 286	12 461
1928	46 503		1 769 000		30 850	185 816	1 769 000	8 143	70 255	7 433
1929	36 492		2 238 000		105 811	175 828	2 238 000	14 392	101 961	7 473
1930	39 007		3 178 000		147 654	105 879	3 178 000	20 238	123 442	3 750
1931	38 485		2 495 000		106 068	193 533	2 495 000	18 225	77 210	3 902

资料来源：中国海关总署总务厅、中国第二历史档案馆编：《中国旧海关史料》（1859—1948年）之《杭州口华洋贸易情形论略》（1912—1931年），京华出版社2002年版。

此外还有大宗茶叶出口到俄国和法国。

对外贸易的发展，尤其是土货出口的迅速增长，直接刺激了杭州农副业的结构调整。棉花、蚕桑、茶叶等经济作物种植面积因此而明显扩展。德怀特·希·珀金斯（Dwight H. Perkins）《中国农业的发展》（1368—1968年）一书指出，20世纪20年代中国农产品商品化率为30%—40%，一些地区可能已达到50%—60%。[1]杭州是农产品商品化率比较高的地区。最多的余杭县茶园面积达72348亩，淳安县近5万亩，并形成龙井茶、九曲红梅、径山茶、天目青顶、富阳安顶茶、天尊岩茶、建德苞茶、鸠坑茶、杭州旗枪、杭州大方十大名茶系统。民国政府实业部民国22年（1933年）的调查资料将浙江省产茶63县市分为4种茶区，杭州所属的杭湖茶区包括杭州市区以及杭县、余杭、临安、於潜、吴兴、长兴、安吉、孝丰、武康等县。[2]民国时期西湖一带分为南山区、北山区和中路区3个产茶区。南山区包括龙井、天马山、珍珠寺、石屋洞、四眼井、满觉垅、杨梅岭、翁家山、饮马桥、贵人峰、虎跑、赤山埠、杨家山、于坟、鸡笼山、三台山、小天竺、法相寺、理安寺等22处，北山区包括铜佛寺、上宁桥、金祝牌楼3处，中路区包括狮子峰、灵隐、云栖、天竺、桃源岭、东山弄、白乐桥、玉泉、黄妃岭、九里松、大同坞、法云弄等22处。以中区为最广。[3]民国38

[1]德怀特·希·珀金斯：《中国农业的发展》（1368—1968年），宋海文等译，上海译文出版社1984年版，第49页。

[2]余绍宋等：《重修浙江通志稿》第21册《物产·特产上·茶叶》，民国32年至38年（1943—1949年）纂修，浙江图书馆1983年誊录本。

[3]建设委员会调查浙江经济所编：《杭州市经济调查》下，载民国浙江史研究中心、杭州师范大学选编：《民国浙江史料辑刊》第1辑第6册，国家图书馆出版社2009年版，第278—279页。

年西湖龙井茶产量175.25万吨。民国时期杭州蚕桑生产达到鼎盛，民国12年（1923年）浙江省桑田面积265.82万亩，其中杭县、嘉兴和海宁都在35万亩以上。[1]民国20年城郊桑园面积约占土地总面积1/5，植桑520万多株。民国22年（1933年），杭县、余杭、萧山、临安、富阳、新登等10县桑田面积564926亩，养蚕农户259150户，蚕茧产量314160担，为历史最高水平。[2]晚清民国时期余杭和绍兴是江南蚕种业中心。余杭有3000—4000农户或70%的人从事蚕种业，每年出产30万—50万张蚕种。[3]民国38年全市种棉

民国24年（1935年）杭州主要茶叶产区茶叶种植面积、产量和产值

市 县	茶园面积（亩）	产量（担）	产值（元）
杭 县	12 000	52 000	770 000
余杭县	72 348	398 000	1 870 600
临安县	13 500	81 000	267 300
杭州市	2 000	6 000	68 900
合 计	99 848	537 000	2 976 800

资料来源：《浙江商务》，民国25年（1936年）第1卷第1期。

民国20年（1931年）西湖茶区基本情况

区 别	茶地面积（亩）	年产量（担）	茶户数（户）	工人数（人）	备 注
南山区	1 100	440	130	500	茶地面积根据土地局实地测量统计。每亩产量中路灵庆里平均干茶35斤，其他各区平均40斤
中路区	1 220	420	70	860	
北山区	30	12	15	34	
合 计	2 350	872	215	1 394	

建设委员会调查浙江经济所编：《杭州市经济调查》下，载民国浙江史研究中心、杭州师范大学选编：《民国浙江史料辑刊》第1辑第6册，国家图书馆出版社2009年版，第279页。

民国22年（1933年）杭州各县蚕桑生产情况

县别	桑园和桑叶				蚕 户			蚕 茧	
	桑园面积（亩）	占全市（%）	占本县耕地（%）	桑叶产量（万担）	蚕户数（户）	蚕户占农户（%）	占全市蚕户（%）	产 量（担）	占全市（%）
杭县	355 596	62.94	18	284.48	137 000	74	52.86	189 000	66.16
余杭	58 200	10.3	21	52.38	14 500	83	5.59	34 900	11.11
萧山	57 280	10.14	7	51.5	65 460	62	25.26	39 660	12.62
桐庐	5 300	0.94	0.5	2.65	5 100	16	1.97	1 600	0.51
分水	7 000	1.24	3	7	3 200	34	1.23	3 900	1.24
临安	36 600	6.5	12	34.03	15 590	64	6.02	24 000	7.64
於潜	9 900	1.75	9	6.93	3 400	20	1.3	3 800	1.21
昌化	3 800	0.67	2	3.04	2 700	25	1.04	1 700	0.54
富阳	18 000	3.2	7	14.4	6 400	15	2.07	9 000	2.86
新登	13 250	2.34	11	11.92	5 800	46	2.23	6 600	9.1
合计	564 926	100		468.33	259 150		100	314 160	100

资料来源：杭州丝绸控股（集团）公司编纂：《杭州丝绸志》，浙江科学技术出版社1999年版，第126页。

[1]《浙江省蚕桑志》编纂委员会：《浙江省蚕桑志》，浙江大学出版社2004年版，第62页。

[2]《浙江省蚕桑志》编纂委员会：《浙江省蚕桑志》，浙江大学出版社2004年版，第62页。

[3]李明珠（Lillian M. Li）：《近代中国蚕丝业及外销》（1842—1937年），徐秀丽译，上海社会科学院出版社1996年版，第168页。

41.15万亩，产量3155吨，分别占全省的35.02%和46.40%。

综上所述，民国时期杭州的对欧贸易以工业品进口为主、农副产品出口为主，对美贸易在很大程度上属原材料的互补互惠，对日贸易主要属原材料输出，而对南洋各国的贸易则以一般工业品和消费品出口为多。从总体趋势看，对美、日的贸易比重逐渐增多，对欧洲贸易的比逐渐减少，说明工业化水平在不断提高。随着对外贸易发展规模不断扩大，进出口商品结构日趋多元化，杭州原有的整个经济体都受到巨大刺激，加速了经济和城市的现代化转型。

受甲午战争失败的巨大冲击，国内涌动变革思潮，学习西方成了“时务”，变法维新思潮在杭州表露得非常强烈。“杭垣西学大兴，绅富之家，每不惜金资延请西儒教习子弟；其无力者，皆向西塾就学，现已日盛一日。”[1]“成千上万正在成长的下一代都在学习英语，它迅速取代了那些到目前为止仍在中国旧文人心中根深蒂固的古典文化。”“英语已胜出了四书，数学超过书法。”[2]当时的杭州商人或士绅创办新式学堂和现代企业、扩建城区和商业街区、兴建公路和铁路等冲动异常强烈，表现了一种历史主动性。外国企业先进的生产设备和生产方式又开拓了他们的眼界，激发了他们开设新式工厂的热情。林启于光绪二十三年（1897年）和光绪二十四年开办3所新式学堂，此后又有浙江省立中等工业学校等创办。一些企业甚至创办工人夜校来提高从业人员的知识水平和技术能力。海外留学人员被企业高度重视，他们的技术创新和管理才能被不断挖掘和广泛利用。作为市场主体的杭州商人自主性和独立性增强，并逐步形成了企业家品格。尽管拱埠离市中心有一定距离，但其完备的新式市政设施衬托出市中心的落后和不合时宜。在人力车、汽车等交通工具正式进入杭州很久以前，即已有人提议发展新式交通工具和完善城市道路。光绪三十三年，全长16.1km的苏（沪）杭甬铁路浙路江墅线（江干闸口至拱宸桥新埠段）竣工通车，宣统元年（1909年），由江浙两省出资建造的沪杭铁路全线通车。在此基础上又修建了6条与外省相连接的公路外线以及沟通城区江干和拱埠的拱三线，形成辐射状的公路交通网。民国时期收回八旗军占据了270年之久的西湖湖滨旗防营地，拆除城墙修路修公园，建为新商业区，使杭州在20世纪20年代末初步具备了适应经济发展需要的交通体系和经济发展空间。

尽管存在种种制约，杭州还是在危机面前开始了现代工业化。明清以来，作为“苏杭型城市”典型的杭州经济发展呈现出强烈的工商业特征。据前述范祖述《杭俗遗风》所记，清末手工业已逐渐有了块状集聚的发展态势，形成了杭扇、杭线、杭粉、杭烟、杭剪等所谓的“五杭”品牌，并有了较普遍存在的手工业作坊，有的规模也较大。这些规模手工业为现代工业的发展打下了基础。在晚清政府“提挈工商”、“奖励工艺”的法令激励下，杭州现代机器工业渐次兴起。据《光绪杭州府志》记载，清嘉庆

[1]《申报》1896年12月14日。

[2]中国海关总署总务厅、中国第二历史档案馆编：《中国旧海关史料》（1859—1948年），京华出版社2002年版，第66页。

十二年（1807年），阮元任浙江巡抚时在杭州设冶局铸大炮。同治元年（1862年），清政府在杭州中正巷设杭州军装局。同治三年（1864年）闽浙总督左宗棠在杭州试造轮船，但是“试之西湖，驶行不速”[1]，没有成功。光绪八年（1882年），浙江巡抚刘秉璋在杭州设杭州机器局，次年开始制造枪支弹药，有工人20人。光绪十八年（1892年）杭州石印局创办，使用蒸汽机动力，有雇工约30人。这些工人是杭州最早的产业工人。杭州最早的民族资本主义企业建于光绪十五年（1889年），最大的几家均由绅商创办。如光绪二十一年（1895年）起丁丙和庞元济创办杭州通益公纱厂、杭州世经缫丝厂、大纶缫丝厂等，光绪二十三年萧山县士绅陈光颖和嵊县士绅、候补知县楼景晖创办萧山通惠公纱厂。光绪二十三年，陆肖眉、裘吉生筹办杭州电灯公司。光绪二十六年，候补知县庄诵先在拱宸桥丁公浜开设杭州利用面粉厂，徐大仁等在湖墅德胜坝创办通济布厂。同一时期陆续创办的还有寿昌煤矿等。此后，杭州商人利用清政府筹划新政、浙江各界群众兴起收回利权运动等有利条件，创办了振兴肥皂厂、杭州洋烛厂、介和布厂、丰和石碱厂、祥华肥皂厂、扬华织绸公司、顺兴荣布厂、鼎和罐诘厂、大恒砖瓦厂、同裕碾米厂等一大批现代工厂。辛亥革命前几年，创办了多家银行和铁路公司、轮船公司，现代金融业和交通运输业、邮政业起步。在光绪三十三年（1907年）席卷全浙的“护路拒款”运动中，以浙江民族资本家为主，创办了浙江第一家商办银行浙江兴业银行。每年吸收存款约200万元，至宣统二年（1910年）达300万元。同时又发行银行券，到宣统二年末发行额达128万元，可营运的资金总额达到400万元。[2]宣统元年（1909年），由浙江官钱局改组的官商合营的浙江银行创办。光绪三十三年，杭州电话公司创立。宣统元年，浙江官商合办电话公司创立。至清末，杭州的工业资本总额居全国第五位，仅次于上海、广州、天津、武汉。

[1]左宗棠：《拟购机器雇洋匠试造轮船先陈大概情形折》，载左宗棠：《左宗棠全集·奏稿三》，岳麓书社2009年版。

[2]许涤新、吴承明：《中国资本主义发展史》第2卷，人民出版社2003年版，第726—879页。

晚清民国时期杭州的产业资本处于由传统领域向现代形式的转换之间，其分布虽然主要仍在传统行业中，但已经有了向现代产业广泛渗透的趋势，而且在个别行业有了突破性发展。其大体模式是由传统行业完成原始积累，然后逐步转产于现代产业或致力于行业现代化。官办产业则有的直接从新产业切入，有的致力于对传统主体产业的改造和控制。杭州开埠之前创办的洋务企业杭州机器局和光绪十八年（1892年）或十六年创办的使用蒸汽机械的石印局属于前者，而最具规模的现代丝织业、纺织业企业则属于后者。民国21年（1932年）建设委员会调查浙江经济所编《杭州市经济调查》将当时的制造业和服务业分为工业（丝织业另单列）、商业、金融业三大类。工业又分为纺织工业（丝织业、棉织业、针织业、毛巾业、弦线业、辫带业、机织鞋带业、棉头绳业）、建筑工业（营造业、石子业、石灰业、锯木业、黄砂业）、化学工业（火柴业、制革业、染炼业、肥皂业、玻璃业、漂染业、洋烛业、镀镍业、制碱业、硝皮业、玻璃石粉业）、机器工业（电气业、铁器业、造船业、蓄电池业、制罐业）、迷信工业（锡箔业、冥洋业、水锡业）、食品工业（冰糖业、碾米业、麻辣酱业、机面业、制冰业、莼菜业、炼乳业、制胶业）、日用工业（炼油业、细木作业、煤球业、油纸业、金银箔业、布伞业、草帽业、剪刀作业、梭子业、纱带业、浆糊业、明角灯业、化妆石粉业、参皮纸业、乌金纸业、烟管铜口业）、印刷工业（印刷业、照相制版业），商业又分为服饰类（布业、裘货业、棉织巾袜业、绣花织锦业、丝线绉纱业、衣庄业、服装业、成衣业、帽业、鞋业、金银珠宝首饰业、钟表眼镜业、草织业、洗染织补业、颜料业、棉花蛋业）、饮食类（米业、面粉业、南北货业、油业、酱业、酒业、鲜肉业、火腿醃腊鱼鲞业、鸡鸭野味业、水作业、菜馆业、饭店业、面点业、糕团业、烧饼馒头业、茶食糖果业、水果业、茶叶业、茶馆业、烟业）、住用类（木料业、木器业、圆件业、雕锉业、竹器业、藤器业、竹灰砖瓦业、石料业、瓷陶料器业、五金业、铁器业、铜锡器业、白铁器业、皮箱业、棕绷绳索业、髹漆业、漆料业、旅店业）、燃料类（煤油业煤业、柴炭业）、医药卫生类（西药业、中药业、参燕业、镶牙业、理发业、浴堂业）、文化娱乐类（纸业、书报业、文具业、刻字业、电刻业、裱画业、古玩业、照相业、乐器玩具业、花卉种子业、百鸟业、游艺业、广告业）、婚丧祀用类（香烛纸炮业、寿具业、迷信用品业、彩结业）、日用杂物类（洋广货业、化妆用品业、剪刀业、扇业、蒲包麻袋业、纸伞业、板刷业、灯笼业、度量衡业、纸盒业、皮革毛骨业、旧货业、杂货业）、民间类（山地货禽畜鱼行业、中人行业、牛行业），金融业又分为银行、钱庄、证券、典当、储蓄（银行储蓄、邮政储蓄、储蓄会储蓄）、货币（硬币、纸币）、钱市（日拆、沪汇、绍汇、甬汇、苏汇、规元、辅币）、保险业。[1]据干人俊《民国杭州市新志稿》统计，民国20年（1931年）前后共有杭州市区工业和手工业企业26类1367家。又据新中国成立前后的统计资料，杭州市区约有工业和手工业企业3000家，另有个体工商户近1万户。总体来看，民国时期杭州的产业结构总体水平不高，尤其是工业主要集中在丝绸、纺织、日用品等轻纺工业，从事生产资料生产的企业仅50家左右，而且只能仿制织机之类，产值仅500多万元，占工业总产值的比重仅4%左右。但也应当看到，当时已出现许多新兴行业，如工业中的肥皂业、镀镍业、电气业、蓄电池业、照相制版业和服务业中的金融业、广告业等。甲午战争之后，随着机器工业的推进，传统手工业也开始变革，丝织业、棉纺业、印刷业、军事工业等相继跨入了现代工业的行列。

[1]建设委员会调查浙江经济所编：《杭州市经济调查》下，载民国浙江史研究中心、杭州师范大学选编：《民国浙江史料辑刊》第1辑第6册，国家图书馆出版社2009年版，第18—25页。

杭州有较好的发展丝织业、棉纺业的自然和技术条件。在纺织工业兴起以前，鉴于众多零机户分散落后、资金短缺、经销不稳的现状，一些商人筹办绸庄、布庄，组织代工和经销。当时较有名的有“瑞云公记”、

“蒋广昌”、“袁震和”、“丁日升”等绸庄。杭州被辟为通商口岸以后，外国企业借其发展进出口贸易，并在杭州相应创办了一些工业企业。民族资本也开始较大规模进入。

民国20年（1931年）前后杭州市区工业和手工业企业情况

类　别	家数（家）	资本额（元）	工人数（人）
棉纺业	1	2 000 000	1 589
棉织业	12	112 990	1 394
缫丝业	3	367 660	
丝织业	17	38 200	1 299
针织业	17	60 600	344
碾米业	163	100 000	592
酿造酱园业	26	421 300	453
制糖业	2	26 000	60
炼乳业	1	70 000	12
玻璃业	2	75 000	175
造纸业	1	500 000	202
制皂业	6	37 900	56
洋烛业	2	12 000	
漂染印花业	187	178 780	
制革业	24	54 800	
火柴业	1	500 000	1 493
铁工业	85	383 210	
其他铁器业	141	29 790	
印刷业	77	220 285	
制冰业	5	10 300	
石灰业	3	5 500	
电器业	1	3 000 000	234
锡箔业	430	418 000	34 700
棉头绳业	1	500	
自来水业	1		
铜锡业	158	60 370	655

资料来源：干人俊：《民国杭州市新志稿》卷二二《工业》，《杭州史地丛书》第1辑，杭州图书馆古籍部校点复印，1983年。表中锡箔业工人多数为家庭工。

光绪二十一年，丁丙与庞元济等在杭州拱宸桥如意里创办杭州世经缫丝厂，次年投产，出产“西泠牌”生丝，日产1担，质地优良。该厂有资本银30万两，拥有上海摩宜笃公司制造的直缫式缫丝机208台。这种又叫意大利坐式直缫车的机器，是意大利在19世纪50年代试制成功的。光绪二十二年，丁丙与庞元济又集银8万两在仁和县塘栖镇东日晖桥创办杭州大纶缫丝厂，初购意大利式缫丝机208台，后增至276台，有缫丝工200余人。民国10年（1921年）缫丝机增至468台，此外还有锅炉2台、煮茧机1台，年产生丝约600担，为当时浙江省三大机械缫丝厂之一。原料专收太湖地区蚕丝纤度细匀的莲心种三眠蚕茧，缫制9/11条份的“金银鹤”牌细丝，畅销欧美。又其“仙鹤牌”细丝在民国18年（1929年）首届西湖博览会上获优等奖。光绪二十一年楼景晖在萧山县转坝头开设合义和缫丝厂。该厂规模、设备与世经缫丝厂相似，生产的“和合牌”生丝曾行销国外数十年。宣统二年（1910年）后，特别是进入民国以后，杭州的机械缫丝业得到较大发展。民国4年（1915年）天章绸厂首先设缫丝部，后改称天章丝厂。开始有意式坐缫丝机32部，3年后扩充到172部。民国19年（1930年）时已拥有资本12万元，从业人员1100余人，销售额27.6万元。[1]民国6年杭州纬成股份有限公司增设缫丝部，有日式小篗沉缫缫丝机100台，并配置锅炉、蒸汽煮茧机、复摇机等先进的日式设备，年产量39吨，所产“蚕猫牌”生丝享誉海内外。民国15年（1926年）庆成绸厂也增设缫丝部，并更名为庆成缫织厂。杭州虎林股份有限公司民国7年设缫丝部并附设茧行，开始有50台缫丝机，民国9年即扩展至208台，也曾成为最具外贸优势的缫丝企业。当时天章、庆成两家公司以内销为主，而纬成、虎林两家公司则侧重于出口。虎林公司所产的生丝中A级顶号丝用“WL牌”商标，B级头号丝用“虎林牌”商标，均供外销出口，而将C级二号丝留作自用。虎林公司除在上海设洋行外，还在意大利、美国设代理处，直接销往国外的生丝从每年600余担增至3000余担。民国16年（1927年），庞元济、刘梯青等在塘栖镇创办崇裕丝厂，有意大利、德国进口的5绪坐式缫丝机486台以及其他日本制造的先进设备，有从业人员1100余人，年产“双鹤”牌白生丝40余吨，全部销往欧美及东南亚地区，享有很高的声誉。[2]民国18年（1929年），由浙江省政府建设厅拨款在武林门外密渡桥建杭州缫丝厂，使用日本在19世纪20年代初研制的群马式立缫机，缫制生丝匀度接近世界先进水平，成为全省缫丝行业技术改造的样板。至民国18年，杭州建有15家缫丝厂。然而由于世界生丝市场受西方国家的操纵，此时又面临世界经济危机，杭州缫丝业的两大巨头纬成和虎林公司相继停业。民国26年（1937年）抗日战争爆发后，杭州的缫丝厂60%以上的厂房和设备被毁，其中240台新式立缫丝机、煮茧机、烘茧机以及锅炉等设备被日军拆卸运走。同年8月日资占75%的华中蚕丝股份有限公司在上海成立，民国28年（1939年）汪伪政府将江、浙、皖3省蚕丝业统归其管辖，杭州的蚕种生产、蚕茧收购、缫丝生产到销售全部环节皆为其操纵。民国31年（1942年）该公司解散，但缫丝厂恢复的并不多。抗日战争结束后，苏浙皖蚕丝复兴委员会接收了原华中蚕丝股份有限公司的全部资产。后来民国政府设立的中国蚕丝公司在杭州和嘉兴两地设立了办事处，将苏浙皖蚕丝复兴委员会全部人员及其全部企业并入。在中国蚕丝公司的帮助指导下，纬成、虎林两公司由沈九如在上海创办的福华丝业股份有限公司改组，连同杭州的庆成和天章、杭县的开源和崇裕、湖州的中兴以及嵊县的开源等7家缫丝厂首先复业。然而由于经济不景气等原因，多数处于半停工状态，普遍发生严重亏损。因此，杭州的丝绸资本未能完成真正意义上的现代转型。

[1]陈永昊、陶水木：《中国近代最大的丝商群体》，浙江人民出版社2002年版，第104页。

[2]陈松林：《湖州丝绸志》，海南出版社1998年版，第96页。

人造丝是植物纤维经过化学加工再造的长丝。1884年法国化学家夏尔多内（Hilaire de Chardonnet）发明了人造丝，最早的中文译名为嫘萦。此后经不断完善工艺，欧美国家开始竞相生产。清末舶来的人造丝绸即所谓的“泰西绸”、“泰西缎”已在中国市场出现。江南地区人造丝进口起始于宣统元年（1909年），但限于上海。当时主要用于制线、织带和织造缎边。“民国十一年之前，杭州尚无人造丝的踪迹。”[1]20世纪20年代初江浙地区的丝织厂试用人造丝，但又以为其不耐穿、易褪色，会影响苏杭丝绸声誉，或也恐袭夺桑蚕丝产销，反对者占上风，杭州绸业公会决议禁用人造丝，并订了罚则。然而这次查禁没有维持多久，人造丝凭着其优势不可阻挡地发展起来。民国13年（1924年），纬成公司经理朱光焘之侄朱维毅自法国留学归来，在该公司主管生产技术，竭力主张使用人造丝。他在悄然说动犹豫不定的朱光焘后，不事张扬地购进一批人造丝用以织造，产品试销时颇受市场欢迎。由于人造丝的成本远低于生丝，因而纬成公司获利颇丰，引起了同行的瞩目和效仿。民国13年至15年各厂所产巴黎缎、花香缎、锦地绉等人造丝交织品7匹、纯人造丝绮1匹因价廉色艳而畅销，于是此后新品迭出，增加到23个品种。杭州民国13年使用人造丝为26担，民国20年（1931年）达到4657担，民国25年（1936年）再增至14084担。其间，民国14年（1925年）仅占丝织业原料的10.5%，民国17年（1928年）上升到57%，超过了生丝的用量。民国16年杭州开设首家专营人造丝的商号德泰

[1]建设委员会调查浙江经济所编：《杭州市经济调查》下，载民国浙江史研究中心、杭州师范大学选编：《民国浙江史料辑刊》第1辑第6册，国家图书馆出版社2009年版，第382页。

民国二十年（1931年）杭州人造丝行概况

商　号	地　址	性质	资本额（元）	销售额（元）	从业人数（人）	备　注
兴业公司	菜市桥	合资	5 000	144 000	8	机料店
茅德源		独资	500	120 000	6	线庄
大来昌	海狮沟	独资	2 000	120 000	4	颜料店
仁　和	忠清街	合资	2 000	120 000	10	广货店
明远公司		公司	3 500	96 000	6	机料店
杭州机料公司	大东门	合资	1 000	91 200	6	机料庄
绵泰昌	东街路	独资	1 000	84 000	5	机料店
緦　昌	东街路	独资	800	79 200	8	香烟店
成　昌	忠清街	独资	800	76 800	5	杂货店
协丰祥	东街路	独资	500	72 000	2	
钮荣昌	忠清街	独资	500	72 000	2	机料兼帽店
钜　成	忠清街	独资	3 000	72 000	15	五金店
恒　昌	忠清街	独资	500	60 000	2	机料店
三　和	白莲花寺	独资	500	60 000	3	
德　泰	白莲花寺	独资	3 000	60 000	3	
兴　昌	东街路	独资	300	60 000	2	
义　昌	太平桥弄	独资	1 500	60 000	9	杂货店
刘六艺	东街路	独资	1 000	60 000	3	兼售织梭
竹　林	长庆街	独资	800	57 000	4	机料店
振大祥	菜市街	独资	1 000	52 800	2	
生　昌	菜市桥	独资	700	52 000	4	五金店
大　成	三角荡	独资	500	50 000	4	
同　康	忠清街	独资	2 000	50 000	4	颜料店
其余10家			6 000	220 600	48	销售额均在5万元以下
合　计			38 400	1 989 600	165	

资料来源：建设委员会调查浙江经济所编：《杭州市经济调查》下，载民国浙江史研究中心、杭州师范大学选编：《民国浙江史料辑刊》第1辑第6册，国家图书馆出版社2009年版，第385—386页。

人丝号。由于营销人造丝获利丰厚，至民国24年人造丝号骤增至36家，当年销售额逾350万元。[1]

[1]周德华：《人造丝与中国近代丝绸》，《丝绸》2004年第6期。

杭州现代丝织业的发轫晚于缫丝业。民国以前，杭州还没有手织铁机，也没有所谓的绸厂。名声显赫的杭州绸缎均由机户用木机织造，属于家庭手工业。民国元年至民国9年，杭州手织丝织木机由28台增加到1060台，猛增37倍多。民国3年开始从日本引进机械丝织机。新建丝织厂与其他早些时候开办的其他企业几乎都获利很多。当时买进土丝100两价30余元，织成绸可以卖七八十元，甚至更多。丝织业由此进入发展的黄金期，完成了欧美丝织业近百年、日本丝织业近30年的现代化历程。其时杭州每年绸缎出口颇巨，内销畅旺，市价高贵，成本低贱，每年销售额达3000余万元，经营绸业无不获利。当时从业人员达到10余万人，生活颇为优裕。全市商业亦赖此得以兴旺。宣统三年（1911年），金溶仲创办振新绸厂，引进日本手拉提花机10台。民国元年，纬成、永成、庆成3家绸厂创办。其中杭州纬成丝呢公司引进日本手拉提花机6台，至民国3年增至100台。“杭州丝织业遂始由家庭手工业变为工厂机械工业”[2]。誉满一时的机织提花缎是杭州纬成丝呢公司的成名之作。纬成丝呢公司民国元年创办时资本2万元，翌年即增至4万元，成立杭州纬成股份有限公司。该公司是中国最早形成一定规模的民族丝织企业，也是国内最早使用机械织机生产丝织品的企业，开浙江丝织业由家庭手工业和工场手工业向现代大工业转变之先。民国3年资本增为20万元，民国6年再增为40万元。迨至民国9年，拓地嘉兴百余亩建分厂，增资为100万元，民国11年再增资为200万元。经营产品从织绸扩展至生丝，继而发展至养蚕、烘茧、织造、意匠、精炼、漂染等，并增设专科学校。民国3年，周庆云投资3万元在杭州独资创办天章绸厂，初有铁木手拉织机12台，次年改用电力机械织机，开了杭州丝织业使用电机之先河。后电力织机增至40台，日产绸120匹。至民国15年，拥有丝织机194台，其中电力织机114台，约占58%。到民国19年，拥有资本12万元，有工人1090人，成为杭州在民国前期与纬成、虎林公司并列的三大丝绸企业之一。当时虎林公司拥有缫丝机208台、织机200台、从业人员560人，年产生丝400担、绸缎1.2万匹，年产值120万元。民国4年，蒋广昌绸庄在积善坊巷绸庄附近建立绸厂，“原有铁木手拉织机66台，织造新花式绸缎，后来又扩建4个工场，增加铁木机和电力机71台，合共有织机150台，拥有资财300万元以上，为杭州实力最雄厚之绸商”[3]。都锦生于民国8年毕业于浙江省甲种工业学校机织专业，留校任教。期间试制出中国第一幅丝织风景画《九溪十八涧》。民国11年在杭州茅家埠家中办起都锦生丝织厂。其产品新颖别致，受到市场欢迎。民国15年又在艮山门外购地10多亩扩大生产，时有手拉机近百台、轧花机5台，从业人员130多人。后又建两个工场，并在上海、南京、汉口、北平、广州、香港等13个城市开设营业所，产品远销东南亚和欧美等地。民国初期杭州的机械丝织厂达到近百家，大多分布

[2]建设委员会调查浙江经济所编：《杭州市经济调查》下，载民国浙江史研究中心、杭州师范大学选编：《民国浙江史料辑刊》第1辑第6册，国家图书馆出版社2009年版，第357页。

[3]《申报》1915年12月31日。

在下城区一带，而使用手抛梭木机的织户则主要集中在艮山门外，形成了工厂机器工业与家庭手工业参半并存的格局。民国16年，全市有丝绸公司2家、绸厂112家、零机坊户2958家，有木机115台、提花机6800台、电力机3800台，直接生产工人约3.52万人，年产生绸货约88万匹。丝绸工业逐步转向机械化、半机械化生产。北伐战争爆发后，丝织厂相率停业。尤其是民国18年前后世界经济危机爆发，原有52家丝织厂仅留下22家，而且生产规模大大缩小。民国19年稍有起色。至民国20年，全市共有丝织厂54家，其中独资23家、合资30家、股份制1家。有电力织机867台，其中30%为进口。另有铁木手拉织机527台，全部国产。有卷纬机16台、牵经机58台，30%为进口。有拈丝机38台、拼丝机23台，一半进口。有络丝机100台、浆丝机53台、倒筒机4台，均为国产。进口设备来自德、意、法、日等国，国产设备由武林机器厂和上海中华机器厂出品。各厂设备总值88.5万元。其中以天章绸厂最大，为23.7万元。各厂共有经营资本84万元。以天章绸厂最大，计12万元；永安绸厂次之，10万元。产值441.4万元，其中天章绸厂95万元。各厂共有管理人员451人，工人2558人。民国24年后世界经济复苏，杭州丝织业开始走出困境。据民国25年（1936年）的调查统计，全市有丝绸公司1家、绸厂140家、零机机坊4000户，有各种织机1.47万台，其中电力织机6200台，直接生产工人约3.65万人，年产绸货约120万匹。由于具有连锁效应，直接或间接依附于丝绸业的有10多万人。抗日战争中丝织业又一次遭受打击，战后一度有所恢复。民国35年（1946年）初杭州市丝织业同业公会登记的数据显示，当时拥有6台织机以上的绸厂90家，6台以下的机坊2209户，与民国31年（1942年）初相比增加了两倍多。不过仅及战前高峰时期的三成多，而且规模都偏小。民国36年丝织机增至8000台，但是年下半年起生丝和人造丝价格上涨很快，而丝织业税负又创最高纪录，致使全行业陷于亏损。民国38年全市虽有绸厂101家、机坊1300多户，但平均每厂织机不到18台，每户不到3台，而且有3/4处于停产状态。相比于缫丝行业，更为先进的现代丝织业及其资本的发展更不理想。

宣统二年（1910年）留日学生许炳坤等在杭州筹办浙江省立中等工业学堂，并于次年开学。该校设有染织、机织、机械3科，附设工业教员养成所。学生来源系各县保送的织匠，以后还收了机匠帮机、艺徒。学校附设工场，实行半工半读。学生毕业后一般到企业充任管理员，有些后来自己设厂而成为企业家。这个学校对于丝织工艺、设备和企业管理的改进都做了努力。其中意义重大的是民国元年（1912年）以后集资创办杭州纬成股份有限公司、杭州虎林股份有限公司等丝织企业，从日本引进新式机械丝织机，使杭州的丝织业由家庭手工业或工坊手工业发展为现代机器工业。此后，杭州、湖州等地各厂纷纷效法，原来经营丝行、绸庄的商人也酝酿着投资兴办丝绸工业。该校还在民国3年创办杭州武林铁工厂，资本2.5万

民国元年至25年（1912—1936年）杭州丝织业基本情况

年份	户数（户）				机台数（台）				年产量（匹）				直接生产工人数（人）
	合计	零机	绸厂	公司	合计	木机	提花机	电力机	合计	生货	零机熟货	厂货	
1912	2 050	2 049		1	5 012	5 000	12	0	388 310	125 300	262 290	720	18 783
1915	2 090	2 078	10	2	4 350	2 790	1 500	60	331 890	117 400	167 510	46 980	15 012
1920	2 206	2 152	51	3	6 400	1 800	3 800	800	480 000	160 000	224 000	96 000	19 400
1926	2 797	2 687	107	3	11 200	1 600	6 100	3 500	840 000	280 000	392 000	168 000	33 600
1927	3 100	2 985	112	3	11 750	1 150	6 800	3 800	881 230	293 700	411 250	176 280	35 248
1928	1 857	1 800	55	2	7 100	1 130	3 270	2 700	556 000	82 000	378 000	96 000	18 330
1929	2 306	2 252	51	3	6 721	1 100	3 421	2 200	419 610	73 800	243 810	102 000	17 242
1930	2 653	2 596	54	3	8 200	1 100	4 000	3 100	491 520	67 000	302 520	122 000	19 930
1931	3 162	3 106	54	2	9 500	1 000	4 400	4 100	549 480	44 600	381 880	123 000	21 800
1932	1 455	1 400	54	1	5 140	850	1 690	2 600	324 180	43 200	163 800	117 180	12 570
1936	4 141	4 000	140	1	14 700	500	8 000	6 200	1 205 400	242 550	705 600	257 250	36 515

资料来源：杭州市工商业联合会：《杭州市丝绸业史料》（初稿）。其中机台数根据历年零星资料并参照当时情况核计，年产量根据一般生产水平匡算，工人数按一般雇佣人数匡算。

元。杭州武林铁工厂是浙江最早的机器制造企业，出产许多生产机械，民国9年开始自制铁制丝织机。

晚清民国时期杭州的棉纺织业也逐渐兴起。光绪十五年（1889年），丁丙与庞元济、王震元等在杭州筹建杭州通益公纱厂。创办时以“官为商倡”为理由，通过李鸿章借国库银40.1万两，筹集商股8.33万两。“纱厂之设，原为振兴工商业起见。时值杭州开埠，提议华商自行制造土货，以免利源外溢。故凡设厂者，均由司库拨发公款，存放生息，以为之倡。”“其时风气未开，集资不易，故迭拨官款，先后共拨至四十万一千两之巨。”[1]光绪二十一年（1895年）选定杭州拱宸桥西厂址，并于光绪二十三年建成投产。时有资本53.33万元，厂基面积7191m^2，建筑物新颖先进，初期从英国购进纱锭15040枚，有工人1240人。光绪二十四年至二十七年各年产纱分别为200、300、230、180万磅[2]，光绪二十八年至宣统三年（1902—1911年）“棉纱平均年产量为200万磅”[3]。后为高懿丞盘下，改名为杭州鼎新纱厂，又通过募集资本组建杭州鼎新纺织股份有限公司，规模扩大到约纱锭2万枚、工人2000名，年产10、12、14、16、20、32和42支纱1.3万担。[4]民国4年其所产棉纱在北京举办的国货展览会上获奖。至民国8年至9年间，纱锭开工18840枚，年产棉纱1.2万件。民国13年至14年间，纱锭开工1.2万枚，产纱6500件。民国17年纱锭开工20360枚。民国17年（1928年）以26万规元（折银元36万元）的价格卖给了上海三友实业社股份有限公司。上海三友实业社股份有限公司杭州制造厂厂基面积68亩，厂房数百间。始有纱锭20360枚，织布机285台，后又投资160万元发展成为集纺织、印染、漂整为一体的联合工厂，厂基面积达到118亩，日产毛巾3000打、被单700条、布匹500匹，日产值超过万元，产品在首届西湖博览会上获一等奖，成为中国第一家全能型棉纺织企业。到民国20年（1931

[1]汪敬虞主编：《中国近代工业史资料》第2辑下册，科学出版社1957年版，第1018、1044页。

[2]汪敬虞主编：《中国近代工业史资料》第2辑下册，科学出版社1957年版，第691页；《海关十年报告》（1892—1901年）杭州口，载陈梅龙、景消波译编：《近代浙江对外贸易及社会变迁：宁波、温州、杭州海关贸易报告译编》，宁波出版社2003年版，第238页。

[3]陈梅龙、景消波译编：《近代浙江对外贸易及社会变迁：宁波、温州、杭州海关贸易报告译编》，宁波出版社2003年版，第252页。

[4]陈梅龙、景消波译编：《近代浙江对外贸易及社会变迁：宁波、温州、杭州海关贸易报告译编》，宁波出版社2003年版，第278页。

年）时资本200万元，有从业人员2000多人，年盈利3211万元。生产的棉纱在首届西湖博览会上获一等奖。“九一八”事变以后，市场萎缩，效益逐年下降。民国32年（1943年）国华工业投资公司和新亚建业公司共同接盘，更名为杭州纱厂，资本为伪中储券2000万元。次年12月复更名为杭州第一纱厂股份有限公司。抗日战争后，由于物价飞涨，调整资本为法币1亿元，民国35年（1946年）8月又调整为法币2亿元。有纱锭2万枚，工人1500余人，年产棉纱1.1万余件、棉布近11万匹，每日织造毛巾300余打、被单300余条，产品行销浙、赣、皖、闽及国内外各埠。该厂一直延续发展到现在，是新中国成立后的杭州第一棉纺织印染厂、杭州第一棉纺织厂和现在的杭州一棉有限公司的前身。光绪二十一年，萧山县士绅陈光颖、楼景晖等人得知县朱荣璪促成，集资在萧山县西门外姑娘桥兴办萧山通惠公纱厂。由杭州抚台藩库3次借款共计银10775两、银元10250元，光绪二十三年建成投产。时有资本银55.9万两，纱锭10376枚，工人1100多人。杭州通益公纱厂、萧山通惠公纱厂和宁波通久源轧花厂当时合称“三通”，是当时浙江规模最大、设备最先进的棉纺织厂。民国元年，杭县王志芳发明了旧絮漂练新法，筹集资本1万元在武林门外创办日新新制棉厂，以“鸣鹤”为商标。“情系为振兴实业，漂练之棉色尚佳，自应准予维持，以资提倡，省政府并申令不准他人仿办及给予免税待遇。”[1]民国6年（1917年）全市有织布厂14家，有织机372台。民国15年增加到17家，有织机1200台，从业人员3000余人。民国21年又减至13家，但企业规模有所扩大，共有织机1745台（其中电力织机337台），从业人员达到4491人。年产量30.65万匹，产值265.2万元。上海三友实业社股份有限公司杭州制造厂是杭州棉纺织业巨头，集纺、织、染于一体，有纱锭20360枚，织机765台，从业人员2669人。广生、正丰、惠民、大同、九华、振华、永新、大丰、贫民、普益等10家棉纺织厂专织各色布匹，华丰、精勤两家则专织纱布。民国34年（1945年）杭州的织布厂增加到320余家。其中杭州第一纱厂、长安纱厂、杭江纱厂规模较大，在省内占有重要地位。杭州布业同业公会会员民国34年为111家，民国37年增加到711家。时有织机约3400台。民国38年又减为3029台。另有未加入同业公会的家庭作坊200余家，约有织机250台。由于时局混乱，至民国37年倒闭了300多家，开工的也只有20%左右。

[5]《浙江省政府公报》，1912年10月。

自杭州通益公纱厂、萧山通惠公纱厂兴办以后，纺纱机器主要由英国进口，有弹花机、梳棉机、并条机、粗纱机、细纱机等成套设备，使纺纱工艺上了新的台阶。20世纪初，织布机仿造人力拉簧织绸机，后逐渐发展为改良人力铁木机（铁轮机）、脚踏铁木机，再发展为全铁机和电动铁木机。电动织机出现于民国6年。上述民国38年3029台织机中全铁机仅占10%，人力机仍有1239台，其余为铁木机。附属生产设备大多为人力机。使用新式织机后，纱布质量大大提高，品种也增加许多。纱厂能生产6—21支各种粗中支棉纱。杭州通益公纱厂、萧山通惠公纱出品的以“麒麟”、“五

民国二十年（1931年）杭州纺织业统计表

业　别	家数（家）	从业人数（人）	资本总额（元）	销售额（元）
丝织业	3 437	21 041	4 186 850	21 968 615
棉织业	13	4 491	1 351 490	6 561 600
针织业	17	382	100 600	509 700
毛巾业	4	59	6 400	34 300
弦线业	2	5	2 500	16 000
辫带业	4	24	1 600	12 100
棉织鞋带业	1	6	700	
棉头绳业	1	2	500	6 400
合　计	3 479	26 010	4 434 299	29 108 715

资料来源：建设委员会调查浙江经济所编：《杭州市经济调查》下，载民国浙江史研究中心、杭州师范大学选编：《民国浙江史料辑刊》第1辑第6册，国家图书馆出版社2009年版，第405—406页。

狮”、“双鱼吉庆”等为商标的棉纺能与洋纱抗衡。民国4年至11年，织布业在生产自强呢、维也纳呢、自由布、爱国布的基础推出了金钟布、色哔叽、色斜纹布等20余种新产品。其中永兴布厂生产的提花女式线呢、高档男式线呢等远销外地，供不应求。在首届西湖博览会上，五丰布厂生产的中山厚呢获一等奖，大丰布厂生产的明星呢、中山呢、鸳鸯葛和永新布厂生产的丝光自由布、惠民布厂生产的线呢等获二等奖。民国19年以后行蓝袍、黑褂之风，广生、九华、永兴等布厂出产了大量棉贡呢、色呢等。此后又较多生产府绸、斜纹、细布等产品。

清同治年间（1821—1874年），陈双和手摇袜机厂在杭州察院前36号创办，宣统元年（1909年）萃隆袜厂开业。至宣统三年，杭州的袜厂迅即发展到20多家，有织袜机150余台。其中萃隆袜厂在民国2年时即有手摇袜机100余台，漂染整理设备齐全，有股本3万元，从业人员100余人。年产袜子84万双，销售额3万元。民国14年，稍有规模的袜厂发展到40余家，有手摇袜机3000余台，从业人员2000余人。民国16年，六一织造公司从上海迁至杭州，改名六一织造厂，时为杭州最大的针织内衣厂，年产量7.2万—8.4万件。民国26年从业人员增加至300多人，年产量180万件，销售额达60万元。据棉织业同业分会文件记载，民国35年（1946年）市区有袜厂79家、手摇袜机1337台，未入会的56家，有袜机367台。民国9年曾从外国引进20台电动袜机，后因成本太高停止使用。但后来陆续引进了一些辅助设备。

随着丝绸和棉纺织业等的发展，相关机械及配件市场日益增大，除武林铁工厂外，民国时期还创办了大冶铁工厂、立新机器厂、镇昌铁工厂、鼎新铁工厂、普飞机器厂等。据《中国实业志·浙江省》记载，民国22年（1933年）初，杭州有机械制造厂86家。其中机器铁工厂11家，资本23万元，从业人员595人。翻砂厂及铁工店铺75家，资本5.2万元，从业人员448人。全行业共有电动机55台，车、磨、铣、刨等机械274台，年销售额125万元。该年国民政府还拨款80万元筹建中美合资的杭州笕桥中央飞机制造厂，次年建成生产，有从业人员207人。主要装配道格拉斯飞机等，同时修理飞机。抗日战争中杭州的机械工业萧条，至抗日战争后逐渐恢复。民国38年武林德记铁工厂股东何松杆与大来铁工厂股东黄渭川等集资合作，借原武林铁工厂部分机器设备和厂房创办杭州合一铁工厂。

晚清民国时期，杭州的制剪技术又有了很大的飞跃。张小泉剪刀相继在宣统二年（1910年）南洋第一次劝业会和民国4年（1915年）巴拿马太平洋世界博览会上获奖。民国8年，张小泉近记首创剪刀抛光镀镍的新工艺，获得农林工商部褒奖。民国18年又在首届西湖博览会上获特等奖。民国10年，张小泉洪记首开刻花工艺。20世纪30年代是张小泉剪刀发展的鼎盛时期，剪刀的制造技术日臻完善。根据用途不同，分为平面剪（即家用剪刀）、裁缝剪、圆头剪、洞庭剪、银作剪、五虎剪、羊毛剪、猪毛剪、丝把剪、茶叶剪等数十种，还有深受农商学界青睐的剪枝剪、芽接刀和纱布剪。其中又以5号平面剪最畅销。[1]这时的制剪业又分为大制剪业与小制剪业。其中大制剪业以城煌牌楼王明生最大，年产大剪刀2.5万把；小制剪业以湖墅珠儿潭楼阿火家最大，年产小剪刀3.8万把。[2]据民国20年（1931年）调查，全市有剪刀厂42家，从业人员231人，年产各类剪刀64万余把，花色品种多达160余种，销售额19.9万元。[3]民国35年有剪刀厂72家。产品除了在全国各地销售外，还远销南洋群岛、欧美等地。经营规模较大者除张小泉近记外，主要还有太平坊之张小泉晋记、大井巷之张小泉大井记、三元路之张小泉老双井记等。

[1]浙江省商务管理局编：《杭州之特产》，民国25年（1936年），第19页。

[2]建设委员会调查浙江经济所编：《杭州市经济调查》下，载民国浙江史研究中心、杭州师范大学选编：《民国浙江史料辑刊》第1辑第6册，国家图书馆出版社2009年版，第503页。

[3]建设委员会调查浙江经济所编：《杭州市经济调查》下，载民国浙江史研究中心、杭州师范大学选编：《民国浙江史料辑刊》第1辑第7册，国家图书馆出版社2009年版，第37页。

民国22年至24年（1933—1935年）杭州部分张小泉剪刀店营业概况

店　名	资本（元）	销售额（元）		
		1933年	1934年	1935年
张小泉近记	10 000	49 000	34 600	42 000
张小泉近记支店	并入总店	15 482	16 000	17 200
张小泉荫记	1 000	6 200	6 100	6 000
张小泉琴记	1 000	3 600	3 000	3 600
张小泉鼎记	1 000	3 000	3 000	3 000
张小泉鹤记	1 000	3 500	3 500	3 200
张小泉	1 000	12 500	9 400	11 600

资料来源：浙江省商务管理局编：《杭州之特产》，民国25年（1936年），第12—13页。

西湖绸伞是中国古老的制伞业与杭绸的完美结合。清末民初洋伞大量输入，传统纸伞销路日减。以开元路孙源兴伞铺为代表的杭州纸伞商不甘落后，改良旧式雨伞，开发了老头伞、文明伞、小花伞等系列产品，抢占了市场。据民国24年（1935年）调查，杭州年产文明伞约5万把，小花伞约40万把。[4]20世纪40年代，杭州较大的纸伞行有胡福兴、俞恒兴、周永兴、振和、金恒和、永顺兴、陈祥顺、胡振兴、昌记、金恒和、朱润兴等。[5]民国17年至18年间（1928—1929年），都锦生东渡日本考察织锦技术后，仿日本阳伞制成造型美丽、晴雨两用的西湖绸伞。但当时还只是偶尔

[4]浙江省商务管理局编：《杭州之特产》，民国25年（1936年），第30页。

[5]浙江工商年鉴编纂委员会编：《浙江工商年鉴》（1946年），民国36年（1947年），第345页。

零星生产，伞面图案也只有“三潭印月”、“平湖秋月”等4种。民国21年（1932年），都锦生丝织厂艺人竹根斐、游静芝等创制了第一批实用型西湖绸伞。都锦生还特地邀请电影明星胡蝶、徐来等为新产品发布庆典剪彩和做广告宣传。西湖绸伞伞面绸薄如蝉翼，织造细密，色彩瑰丽，透风耐晒，易于折叠。伞骨则采用江南独有的淡竹做成，篾质细洁，色泽玉润，即使烈日暴晒也不弯曲。尤其是网状形伞架给人以精工细琢之美感。西湖绸伞既可用于夏日遮阳，又可作舞蹈、戏剧和杂技等的表演道具，是达官贵人、富家小姐、游客和艺术界钟爱的高档艺术品，时有“西湖之花”的美称。民间流传的《白蛇传》中“湖畔赠伞”的故事更是为它平添了一份浪漫色彩。由于销路甚广、利润丰厚，制伞作坊纷纷兼制西湖绸伞。至民国21年年底兼营西湖绸伞的作坊就达到27家，资本1.28万元，从业人员120人。[1]民国24年（1935年），又出现了一家专门生产西湖绸伞的作坊“振记竹氏伞作”，之后又有王志鑫等专业作坊创办。

[1]杭州市政府社会科编：《杭州市二十一年份社会经济统计概要》，民国22年（1933年），第17页。

除上述主要传统产业逐渐现代化外，其他传统产业以及新兴产业也在不断发展。如造纸业、火柴业、肥皂业、电器业、玻璃业、洋烛业、镀镍业等。晚清民国时期杭州的造纸业仍较发达。富阳的元书纸，余杭、富阳、昌化的桑皮纸，昌化、於潜的桃花纸，新登的雨伞纸，均闻名遐迩。在首届西湖博览会上，昌化皮纸获一等奖，富阳元书纸、桐庐坑边纸获二等奖。据民国21年调查，富阳、余杭纸的产量居全省之冠。武林造纸厂是杭州首家机械造纸厂，创办于民国13年。该厂从美国引进1台年产6000吨的多缸多网造纸机以及切料、蒸煮、打浆、洗涤、锅炉、电动机等配套设备，日产黄板纸15吨。民国20年标买后改名华丰造纸厂，增添设备，至民国38年又日产量提高到30吨。华丰造纸厂成立后，联合民丰、华盛、大华、振华4家造纸厂成立国产纸板联合营业所，统一供产销，有计划地开发新产品。宣统三年（1911年），萧山人赵志诚、杭州人冯畅亭等集股在江干海月桥里街创办杭州光华火柴厂，开办资本5万元。民国20年扩大到资本50万元，从业人员1493人，销售额180万元。民国23年（1934年）为刘鸿生创办的上海大中华火柴公司合并。该厂是后来的杭州火柴厂的前身。民国15年药剂师周师洛等7人开设同春药房，并制造针剂以民生制造厂药品部的名义对外销售，为杭州最早生产的西药。民国25年民生制造厂药品部改为民生药厂股份有限公司。民国25年，杭州的工业生产达到抗日战争前最高水平。主要产品产量：丝1983公担，绸缎110余万匹，布15万匹，针织内衣4.5万打，袜子18万打，黄板纸7000吨，火柴3万箱，肥皂10万箱，用电量达到3000万kW·h。

据《中国实业志·浙江省》记载，至20世纪30年代初，杭州机制工业采用电力及汽力者有28业，即织绸厂业、棉织厂业、缫丝厂业、火柴厂业、自来水厂业、电灯厂业、轧石厂业、锯木业、制革业、辫带业、玻璃业、炼染业、镀镍业、精炼染业、玻璃石粉业、铁工厂业、造船厂业、制

民国20年（1931年）杭州机器工业统计表

业　别	家数（家）	从业人数（人）	资本（元）	销售额（元）
电气业	1	380	3 000 000	1 543 909
铁器业	86	1 102	283 210	1 250 190
造船业	6	150	2 800	31 000
电池业	2	8	1 500	8 600
制罐业	1	8	2 000	15 000
合　计	96	1 648	3 289 510	2 848 699

资料来源：建设委员会调查浙江经济所编：《杭州市经济调查》下，载民国浙江史研究中心、杭州师范大学选编：《民国浙江史料辑刊》第1辑第6册，国家图书馆出版社2009年版，第468—469页。

民国20年（1931年）杭州化学工业统计表

业　别	家数（家）	从业人数（人）	资本（元）	销售额（元）
火柴业	1	1 493	500 000	1 800 000
制革业	24	218	53 800	548 600
染炼业	98	633	73 480	289 470
肥皂业	6	76	37 900	252 000
玻璃业	2	323	75 000	127 000
漂染业	21	216	24 400	97 600
洋烛业	2	15	10 800	50 500
镀镍业	8	103	6 350	49 700
制碱业	1	11	3 000	40 000
硝皮业	7	55	3 500	17 450
玻璃石粉业	1	29	13 000	15 000
合　计	171	3 172	801 230	3 287 320

资料来源：建设委员会调查浙江经济所编：《杭州市经济调查》下，载民国浙江史研究中心、杭州师范大学选编：《民国浙江史料辑刊》第1辑第6册，国家图书馆出版社2009年版，第450页。

民国20年（1931年）杭州食品工业统计表

业　别	家数（家）	从业人数（人）	资本（元）	销售额（元）
冰糖业	2	51	26 000	288 000
碾米业	105	592	103 000	176 000
麻辣酱业	4	27	25 000	126 400
机面业	16	60	13 050	106 400
制冰业	5	36	10 300	25 500
莼菜业	2	6	2 500	21 990
炼乳业	1	32	70 000	5 760
制胶业	2	120		494 808
合　计	137	924	249 850	1 244 858

资料来源：建设委员会调查浙江经济所编：《杭州市经济调查》下，载民国浙江史研究中心、杭州师范大学选编：《民国浙江史料辑刊》第1辑第6册，国家图书馆出版社2009年版，第494页。

罐业、冰糖业、碾米业、麻辣酱业、人造冰厂业、炼乳厂业、桐油厂业、煤球厂业、梭子业、化妆粉业及印刷业等，总计有企业226家，总资本9723810元。当时手工业厂家1632家，资本8237566元。[1]机制工业企业资本已超过手工业厂家资本。

杭州早期现代工业的发展没有完全遵循工业经济的一般规律，而在半封建半殖民地社会外国资本刺激下形成自身的发展特点：第一，资本较小或有所不足。从较简单的轻工业起步。轻工业一般技术含量较低、经营资本较小、周转较快，为缺乏资本积累的早期商人所能承受。根据杭州等几个城市民国10年前创建的128家大小工厂的初步统计，重工业占15%，轻工业占85%，其中丝织、纺纱等工业部门又占据优势地位。多数企业资本在10万元以下，用工百人以下。据对杭州、宁波和温州3个城市56家企业资本额的统计，1万元以下的20家，1万—5万元的16家，5万—10万元的9家，10万元以上的11家。有的还只是名义资本，如杭州光华火柴厂登记资本是5万元，实际上开办初期只有1间草棚和3间平屋作厂房。企业规模不仅不能与发达国家相比，而且也不能与当时在华外资企业相比。光绪二十年（1894年）国外资本在华经营的企业资本一般缫丝业在银20万两左右，船舶制造业在20万两以上，其他如印刷、造纸、砖瓦业也都在5万两以上。由于这种先天不足，不少企业开办后不久就倒闭、转让或改组。如杭州通益公纱厂因“困于经济”于民国4年租给杭州鼎和纱厂。杭州世经缫丝厂开办不久如数盘给日本商人。至于因为资金不足而造成经常停工更是非常普遍的现象。第二，技术和设备落后。有不少企业的设备为半机械半手工操作机器，使用动力机械的为数不多。根据杭州、宁波和温州等3个城市60家企业创办时的情况统计，使用动力机械的只有10家。所用机器设备几乎均由国外进口，不少大企业还聘用外国工程师和技师。第三，投资主要依赖政府资本、官僚资本、绅商资本、地主资本和外国资本。政府资本和官僚资本是杭州现代工业最早的资本形式。它们所控制的企业数量不算太多，但一般规模都比较大，资本额在全部工业资本中占了很大的比重。杭州通益公纱厂、杭州通惠公纱厂等都曾向政府借款，杭州通益公纱厂还向日本旭公司借款20万两。用政府资本、官僚资本、绅商资本办的“三通”纱厂、杭州世经缫丝厂、宁波和丰纱厂等5家企业平均资本达50万元，相当于当时杭州、宁波等浙江5个主要城市工业企业平均资本（估计为3万元）的15倍以上。一些绅商往往是几个甚至十几个企业的投资者。如庞元济是杭州通益公纱厂、杭州世经缫丝厂和上海龙章机器造纸有限公司等大型企业的投资者。官僚资本一般与封建政权结合在一起，形成特权势力。高懿丞为李鸿章远亲，民国2年至3年间凭借李鸿章嗣子李经方所出资本逐步盘下杭州通益公纱厂，改名为杭州鼎新纱厂，又通过募集资本组建杭州鼎新纺织股份有限公司。自20世纪初起，不少地主资本也陆续投入工业。国外资本进入后，造就了新的买办阶层，他们在买办服务中积累买办资本进行工业投

[1]实业部国际贸易局：《中国实业志·浙江省》丙编，宗青图书公司民国22年（1933年）版，第25—26、6页。

资。杭州利用面粉厂创办人庄诵先原是日本信义洋行买办。第四，企业家主要是商人、地主和官僚出身。据对20世纪30年代以前杭州、宁波、绍兴和温州等城市39家企业的统计，其创办人或主要投资者中官僚6人、买办3人、地主9人、商人16人、手工业者或学徒5人。杭州有不少工业企业是从商业企业扩展而来的。有些企业在创办初期半工半商，一边开厂，一边开店。杭州历史上早就有比较发达的经营丝绸买卖的行庄，其中资本较大的在20世纪初逐步进入工业。最早的丝织厂如袁振和、蒋广昌、悦成文记等，原来都是大绸庄。其他行业如榨油、印刷等由商铺转为半工半商又转为单一工厂的情况也不少。但尽管商业资本有较长的发展历史，转为工业资本的规模与官僚、地主、买办等资本规模相比还是相形见绌，一般仅及官僚资本的几十分之一。[1]

[1]史群：《浙江民族资本主义近代工业的产生和发展：杭州、宁波、湖州、温州和绍兴五个城市的初步调查》，《浙江学刊》1964年第2期。

二、现代服务业的萌发

由于受到贸易核心圈转移以及交通运输和生产技术局限等因素的影响，杭州的早期现代工业化未能发展出明显的地域优势，倒是与资本经营以及旅游业等相结合的现代服务业相对见长。如前所述，清末杭州的工业资本总额居全国第五位，民国以后中国工业投资中心出现了几度转移，从广州、香港到上海、天津再到汉口、九江等地，作为江南重镇的杭州似乎被边缘化了。但事实上杭州经济发展方向主要转向了现代服务业。现代服务业不仅是带动工业发展龙头，而且也总体上将农业改造为商品性农业。民国时期杭州市区地域面积很小，民国18年（1929年）测量的数据仅341809亩，即约227.87km^2。其中水田仅36122亩，年产粮食4.3万石，市民口粮绝大多数靠外地供给。多数耕地种植蔬菜，部分种植茶桑。茶叶种植面积约800亩，产量却达到2207担。又据《中国实业志·浙江省》记载，民国21年，杭州市域粮食（含大豆）播种面积451.69万亩，产量508778吨，亩产113kg，常年缺米比例达到58.80%。建设委员会经济调查所《浙江之农产》记述，丰年时於潜、寿昌、遂安、余杭、临安、富阳“小盈”，分水、杭县、新登、萧山能“自给”，桐庐、淳安、建德、市区“不足”。荒年则大多不足。而如前述，大部分农田都用于植桑种茶。又出产桃、梨、青梅、杨梅、枇杷、柿、枣、樱桃、葡萄、石榴、花红、甘蔗等水果。其中塘栖枇杷、塘栖甘蔗、超山青梅、萧山杨梅、市郊水蜜梨等为名产。民国20年，全市有池塘6508亩，年产鱼26032担。民国38年有养殖水面85682亩，年产水产8760吨。依靠这些比较效益较高的农副业商品化换取商品粮，并提升生活水准。杭州从晚清的战乱废墟上重建，没有去做与上海同质竞争的工业中心，而是充分发掘其一贯的商业特长凝聚旅游特色和打造旅游胜地。历史上杭州有都市消费文化的传统，自南宋以来也形成了浓郁的商业文化，明清之际更是受徽商影响深重，因此在早期现代化过程中并没有完全走工业化的常规道路，而是走了一条以商业为主导、以金融和商业带动工农业发展的特殊道路，成为全国较大商业城市之一。晚清民国时期是杭州自南宋以来服务业崛起的又一个高峰期，它使杭州在工业化的同时转向现代消费城市，在很大程度上对日后的城市性质和发展方向进行了规定和规划。这种规定和规划既是地缘基础的自然引申，也是执政当局和杭州商人的理性选择。晚清民国时期杭州的服务业既有传统服务业的改造提升形态，也有许多最具前沿性的先进行业或新潮行业。其中金融业是晚清民国时期杭州发展最快、最具代表性的现代服务业，旅游业、交通运输业等成为具有较好成长性的城市服务业，传统的商业则全面繁荣。

民国之前，城隍山一带是杭州的商业中心。这一带庙宇云集，许多一年一度的宗教节日和相关娱乐活动在此举行，因而逐渐发展成为繁华的商业区。清朝政府始终将杭州视作军事重镇，以之为“江海重地，不可无重兵驻防，以资弹压”[1]。顺治二年（1645年）开始兴建八旗军旗防营，历时两年建成。随着杭州的光复，收复了被八旗军占据的旗防营，规划和建设“新市场”，从而使西湖融入城市之中，打开了封闭的城市空间，实现了城市形态的更新变化。又全面展开了西湖湖滨地区的市政建设，新建了延龄路（今延安路）、迎紫路（今解放街）和湖滨路等大型商业街区。民国7年（1918年）由工商企业集资在迎紫路、吴山路口建立商品陈列馆（民国17年改称国货陈列馆），面向海内外征集国货，并出租可设商店和工场的店屋，吸引了沪杭一些著名企业或商号。长庆街个体丝绸机户较集中，有许多掮客兜揽生意。民国4年形成了以阿荣茶馆为聚集地的“绸业交易茶会”。绸商在茶馆内看货论价，就地交易，成交每匹给茶店报酬3角。民国14年（1925年）10月，杭州绸业会馆出面设立杭州绸业公共贸易场，并将场址迁至王马巷口。民国23年杭州市政府转呈浙江省政府核准，以2.6万元购进长庆街大新绸厂厂址加以改建，改名为杭州市立绸业市场。内分生货、熟货两个市场。体制为官督民办，实际业务由杭州绸业会馆经营。下设总务、指导、统计3股，另还设监理委员会、评价委员会和审查委员会。当年入场收货庄152家，机户2704户，成交绸缎138942匹，销售总额486.3万元。至民国26年（1937年）3月底，累计成交绸缎336.47万匹，销售总额3024.02万元。该年底杭州沦陷后关闭，民国27年10月重新开市，次年改为浙江省绸类贸易市场。民国34年（1945年）平均日成交绸600—1000匹。[2]经水路运至杭州的药船在望仙桥停泊交易，这一带因此逐渐形成药材集散地，入驻了许多药材批发行。至民国20年（1931年），杭州有大中小药店、药行151家，参茸店19家，主要集中在望仙桥两侧沿河一带。其中以广大药行经济实力最强，在上海及大的产药省设有办事处。运销药材在1000种以上，分洋广、川汉、西怀、关北、山浙5个大类，不仅供应市内药店，还向新加坡、缅甸、越南、朝鲜、加拿大、罗马尼亚等国出售萸肉、白术、白芨、茶菊（杭白菊）等大宗地产药材。

[1]张大昌：《杭州八旗驻防营志略》，文海出版社有限公司1972年版，第474页。

[2]杭州市政府秘书处编：《杭州市政府十周年纪念特刊》，载杭州市档案馆编：《民国时期杭州市政府档案史料汇编》（1927—1949年），1990年，第53页。

随着铁路和公路系统的完善，特别是沪杭甬铁路的建成，杭州形成了功能较为强大的现代商贸旅游服务系统。其中主要有5个商贸旅游区。城站为东市区，新市场为西市区，江干为南市区，湖墅为北市区，鼓楼至官巷口为中市区，简称东、西、南、北、中5市。东市城站是客货运之总枢纽，有许多著名的旅馆、饭店等，如城站大旅社、清泰旅馆、聚丰园京菜馆、协兴西菜馆、王润兴饭店、吴山第一楼菜馆、活佛照相馆、镜花缘照相馆等，形成了以接待外地旅客为主的商贸旅游板块。其夜市极为热闹。西市为新辟之湖滨一带，民国初年至抗日战争前十分繁华，兴起了一批名店名楼。南市江干位于钱塘江北岸，有“十里江干，千艘风帆”之景象，又有“金江干”之誉。沿江行栈林立，以过塘行、木行、陶瓷器行、柴炭行、杂货行最多，号称“半个杭州”。北市湖墅为杭州之北大门，有著名的“三行一市”，即米行、纸行、箔行及鱼市场。中市区以中山中路最为繁盛，名店荟集，备货齐全，著名的“五杭”特产都集中在此处。除此之外，还新兴了一批专业市场，其中最负盛名者是上述杭州国货陈列馆和杭州市立绸业市场。从民国元年到20世纪20年代末，杭州的商店开业歇业更迭不断。民国元年以前，全市仅有1083家商店，民国20年（1931年）即增加到10363家，总资本919.93万元，分为96个行业，营业额9794.27万元，从业人员48662人。[1]其中：服饰类（包括布业、裘货业、棉织巾袜业、绣花织锦业、丝线给纱业、衣庄业、服装业、成衣业、帽业、鞋业、金银珠宝首饰业、钟表眼镜业、草织业棉花蛋业等）110家，总资本147.5万元，营业额1472.6万元，从业人员8150人；饮食类（包括米业、面粉业、南北货业、油业、酱业、酒业、鲜肉业、火腿腌腊鱼鲞业、鸡鸭野味业、水作业、菜馆业、饭店业、面点业、糕团业、茶食糖果业、水果业、茶叶业茶馆业、盐业等）3669家，数量最多，总资本372.9万元，营业额4734.0万元，从业人员19154人；住用类（包括木料业、木器业、雕刻业、竹器业、藤器业、竹炭砖瓦业、石料业、瓷陶料器业、铁器业、铜锡器业、皮箱业、漆料业、旅店业等）1652家，总资本144.1万元，营业额1152.8万元，从业人员8041人；燃料类（包括煤油业、煤业和柴炭业）353家，总资本29.4万元，营业额316.4万元，从业人员1286人；文化娱乐业（包括纸业、书报业、文具业、刻字业、电刻业、裱画业、古玩业、照相业、乐器玩具业、花卉种子业、百鸟业、游艺业、广告业等）411家，总资本59.3万元，营业额734.4万元，从业人员2346人；日用杂货类（包括洋广货业、化装用品业、扇业、蒲包麻袋业、纸伞业、板刷业、灯笼业、度量衡业、纸盒业、皮革毛骨业、旧货业、杂货业等）1563家，总资本73.3万元，营业额642.9万元，从业人员4553人。[2]民国21年，全市工业与商业企业家数之比为17：100，资本额之比为93：100，而且工业总体分散落后，商业却不仅规模大，结构功能也较齐全。[3]此后杭州的商业一度萧条，但很快就开始回升。民国24年即有金融、交通、杂货、书报、美术、文具、医药、旅游等19

[1]建设委员会调查浙江经济所编：《杭州市经济调查》下，载民国浙江史研究中心、杭州师范大学选编：《民国浙江史料辑刊》第1辑第6册，国家图书馆出版社2009年版，第521页；千人俊：《民国杭州市新志稿》（1948年），载杭州市地方志编纂办公室编：《杭州地方志资料》第1辑、第2辑，第154页。

[2]建设委员会调查浙江经济所编：《杭州市经济调查》下，载民国浙江史研究中心、杭州师范大学选编：《民国浙江史料辑刊》，国家图书馆出版社2009年版第1辑第6册，第523、579、630、678页，第1辑第7册第1、33页。

[3]周峰主编：《民国时期杭州》，浙江人民出版社1997年版，第355页。

民国元年至16年（1912—1927年）杭州商店增量

商店类别	1912年已有商店（家）	1912—1927年新开商店（家）	1912年后增加（%）
服饰类	107	596	457
饮食类	394	1 701	332
住用类	172	716	316
燃料类	22	142	545
医药卫生类	74	242	227
文化娱乐类	54	178	227
婚丧礼用类	70	133	90
日用杂物类	108	569	427
居间类	18	82	356
合　计	1 019	4 359	330

资料来源：金普森等：《浙江通史》（民国卷）上表3-19，浙江人民出版社2005年版，第114页。1912年后增加倍数本书改为百分数。

民国20年（1931年）杭州市区各类商业所占比重（单位：%）

类　别	家　数	资本额	营业额	从业人数
服饰类	14.35	16.04	15.03	16.75
饮食类	37.40	40.54	48.33	39.36
住用类	16.11	15.68	11.77	16.52
燃料类	3.40	3.20	3.23	2.64
医药卫生类	5.63	8.22	4.71	7.02
文化娱乐类	3.93	6.43	7.50	4.82
婚丧祀用类	2.70	1.22	0.53	2.09
日用杂货类	15.06	7.95	6.65	9.36
居间类	1.42	0.72	2.34	1.44

资料来源：杭州市地方志编纂委员会编：《杭州市志》第3卷，中华书局1997年版，第27—28页。

个大类209个行业1.46万个商店。[1]其中饮食业1000余家，服饰业180余家。

另外还有许多集市。据《光绪杭州府志》等记载，清末杭州城内有通江桥市、清河坊市、塔儿头市、司前市、闹市、荐桥市、羊市街市、东花园市、寿安坊市、众安桥市、惠济桥（盐桥）市、菜市桥市、东街市等集市。城外则有许多市镇。其中仁和县有旧嘉会市、南土门市、北土门市、范浦镇、沙田市、南新关市、夹城巷市、宝庆桥市、米市、德胜桥镇、石灰桥市、江涨桥镇、北新桥市、拱宸桥市、瓜山市、柏树头市、永和寺市、独山市、王家庄市、横塘市、笕桥市（旧名茧桥市）、沙河沿市、新塘市、彭家埠市、白泽庙市、枸橘卫市、姚店桥市、前村市、半山市、汤村镇、临平镇、星桥市、塘栖镇、丁山湖市、永泰市、超山市等36个，钱塘县有南场镇、昭庆寺市、浙江市、龙山市、范村市、朱桥市、周家浦市、北郭市、归锦桥市、半道红市、湖州市、江涨桥市、松木场市、赤山市、小河市、勾庄市、良渚市、西溪镇、三墩市、方山市、蒋村市、长明桥市、瓶窑镇、上牵埠市、安溪镇等25个。民国时市镇数量进一步增加，规模也有所扩大。这些市镇和城区紧密相连，与城区商业一起形成辐射全

[1]李修真：《杭州市商业行名录》，浙江省档案馆藏本，民国24年（1935年）。

民国二十一年（1932年）杭州经济区域县、市镇基本情况

	县数	面积（km^2）	人口数	市镇总数	县平均市镇数	市镇平均面积（km^2）	市镇平均人口
杭州经济区域	21	80 004	4 387 424	220	10.47	363.65	19 428
附（一）	8	34 369	1 480 896	65	8.12	528.63	22 781
附（二）	4	18 081	2 178 934	119	29.75	151.94	18 325
小　计	33	132 454	8 047 254	404	12.24	327.85	19 918

资料来源：实业部国际贸易局：《中国实业志·浙江省》丙编，宗青图书公司民国22年（1933年）版，第3—4页。

市及周边的巨大商业网络。

除了传统的有形市场外，晚清民国时期出现了许多辐射面更广的无形市场，如茶叶市场。自清末开始，龙井茶已遍植西湖湖西、湖南各处，形成了“狮、龙、云、虎”4个主要生产基地。民国时龙井茶曾被列为中国名茶之首。民国21年（1932年）《农声》杂志第160期刊载的调查资料显示，当时龙井茶园面积已增至2350亩。民国政府农林工商部应商家申请，准予龙井茶以“狮”、“龙”、“云”、“虎”4字号为商标注册。“狮”字号品质为最，仅为狮子峰一处所产。“龙”字号产于龙井、翁家山、杨梅岭、满觉陇、理安寺、赤山埠一带，自然品质可与“狮”字号相媲美，唯采摘、炒制技术稍逊。“云”字号产于云林、法云弄、天竺、云栖、五云山、梅家坞、郎当岭西等地，香味不及“狮”字号、“龙”字号，但做工讲究。尤以梅家坞的为优，后来又单列“梅”字号。“虎”字号产于虎跑、四眼井、白塔岭、三台山一带，自然品质略次。4字号茶区相邻地区，也有采制龙井茶的，称为“四乡龙井”。此外尚有白乐桥、玉泉、金沙港、茅家埠、黄龙洞一带平地茶园，俗称“湖地茶”。约自抗日战争时期起，浙江的丽水、武义、松阳、淳安、嵊县等茶区也有仿制龙井茶的。吴觉农在1948年写的《浙江茶业瞻望》一文中曾说：“龙井茶虽冠以西湖之名，而其产区包括杭州附近，如杭县、临安、富阳，乃至於潜、昌化及绍属各县，产量极为可观。”[1]吴觉农还指出，杭州是内销的龙井茶与外销的红绿茶的产销中心。上海出口的茶叶占全国80%，杭州既是龙井茶的故乡，也是浙、皖、赣、闽茶叶运销集散枢纽，为茶业重心所在。民国时期，杭州各茶叶商号货源主要有四：一是环西湖诸山所产的龙井茶，二是产于富阳、桐庐、临安、余杭、留下、闲林等处的四乡茶，三是钱塘江上游及浦阳江各县所产之茶，四是来自江西的红茶。除此之外，各商号还中转数目巨大的其他外埠茶叶，主要出自皖南歙县、休宁、绩溪、婺源等县及钱塘江上游衢州、处州、严州等地。有茶户（俗称山客）自主运至杭州售与的，也有茶商（俗称水客）直接到茶乡采购转运至杭州的。茶叶商号分为茶行和茶店两种。茶行系收购批发商，茶店又分茶庄和茶号两种，茶庄为零售兼批发商，茶号为零售商。民国20年（1931年），全市有各种茶行16家，即同春兴记、永大、公顺、裕泰、全昌泰、庄源润、隆兴记、源记、保泰、沈荣桢、戚龙章、翁启龙、鼎丰、翁月龙、吴钦记、应公兴。

[1]吴觉农：《浙江茶业瞻望》，载浙江省银行经济研究室编：《浙江经济·浙江茶业专号》（上），民国37年（1948年）。

其中候潮门外9家（经营皖、赣及钱塘江上游各县茶叶），翁家山和龙井各2家，满觉陇、杨梅岭和茅家埠各1家。总资本98100元，销售额2881200元，从业人员247人。全市共有茶店61家，规模较大者如翁隆盛、鼎兴元记、方正大、方福泰、吴恒有和记、茂记、永馨、永春、汪同裕等。总资本117830元，销售额1879060元，从业人员494人。外埠运至杭州的茶叶37万担余，其中由杭州中转的34.4万余担，总价值1437.5万余元。[1]这些茶叶一般都集中在候潮门外装箱外运，主要销往山东、广东、香港等地。每至春季，全国各大城市茶商云集杭州，通过当地茶庄、茶号收购茶叶，抢运各地报新。当时的茶庄侧重批发业务，茶号则侧重门市零售业务。杭州最有名的茶庄要数汪庄。汪庄不仅是汪自新构建的私家别业，而且也是上海汪裕泰茶号在杭州的门市部汪同裕茶叶店。每当西湖龙井新茶上市，汪自新、汪振寰父子从上海赶到汪庄，认真验收各茶行代购的新茶，择优汰劣，分级包装上罐。汪庄设有临湖的试茗室，陈设雅洁，茶具均为精品，宜兴紫砂、景德镇精瓷、福州漆器以及法国进口的玻璃器皿应有尽有。清明前后大批茶商、散客来汪庄购茶，可以在风景之间一面品茶，一面选购茶叶和茶具。汪庄以文化业茶名声大振，但汪同裕茶叶店并无茶叶加工场和贮藏保管茶叶的成套设备，相比之下这方面翁隆盛茶庄更有优势。雍正七年（1729年）歙县（另有杭州、海宁说）人翁耀庭在清河坊创办的翁隆盛茶庄，民国20年（1931年）资本为3万元，销售额24万元，是当时最大的茶庄。[2]翁隆盛茶庄以进货严格、加工精细、保管得法闻名。它在立夏后几天就会停止收购茶叶，所产皆为名副其实的龙井春茶，其中极品狮峰龙井茶曾在首届西湖博览会和巴拿马太平洋世界博览会上获奖。翁隆盛茶庄还首开邮购业务，产品远销全国各大城市和东南亚各国。位于清河坊的大成龙茶庄也享有盛名。其自建新式洋楼，志于推销中华特产，主营狮峰龙井茶，兼营各省红绿茶及黄白菊花、白莲、藕粉。经营者历来亲赴产地选购原料，精求地道。联桥大街的方福泰茶庄经营各种红绿名茶，是首届西湖博览会指定的参观场所之一，被誉为“国货之先军”。其在上海、武汉、北平、广州、天津、香港、青岛、哈尔滨等城市设有批发处，在南洋群岛也有门市部。鼎兴元记的批发量居第一位，年销售额21.8万元。民国时期杭州的茶馆业也非常发达。民国20年（1931年）计有555家，规模较大的有新市场之雅园、西园、喜雨台、乐园、一乐天，城站之武林第一楼、迎轩楼，拱埠之第一楼、醒狮台、品芳阁，湖墅之曲江楼，等等。[3]

民国时期杭州的商业发展具有如下一些特点：一是饮食、服饰和住用三大类占很大比重。民国20年商店户数、资本额、营业额、从业人员数分别占商业行业总数的67.86%、72.26%、75.13%和72.63%。二是民族商业在原料采购和产品销售方面买办资本和官僚资本。丝织业约44%的原料是来自意大利、日本的人造丝，棉纺织业约有60%的原料从美国、印度进口，火柴、造纸行业的原料也依赖进口。丝绸、茶叶等则以外销为主，内销则

[1]建设委员会调查浙江经济所编：《杭州市经济调查》下，载民国浙江史研究中心、杭州师范大学选编：《民国浙江史料辑刊》第1辑第6册，国家图书馆出版社2009年版，第619—625页。

[2]建设委员会调查浙江经济所编：《杭州市经济调查》下，载民国浙江史研究中心、杭州师范大学选编：《民国浙江史料辑刊》第1辑第6册，国家图书馆出版社2009年版，第620页。

[3]建设委员会调查浙江经济所编：《杭州市经济调查》下，载民国浙江史研究中心、杭州师范大学选编：《民国浙江史料辑刊》第1辑第6册，国家图书馆出版社2009年版，第626页。

以官宦富家为主。三是与上海形成密切的商缘关系。进出口多在上海转口。进口商品80%—90%从上海转口而来，出口大多通过上海再出口。民国20年杭州海关出口额10243515关平两，其中直接出口额仅7000多关平两。后来虽有所增加，但比重仍不高。因此，上海许多大商行都在杭州设分店，杭州较大的厂商也设“申庄”。杭州不少行业尤其是五金、百货等行业的商品价格随“申盘”涨落。

到民国20年，以杭州为中心的航道已开辟14条，可达苏州、上海和浙江的重要地区，总里程达3353km。至抗日战争前夕，杭州境内有轮船公司15家。杭州的运河航运集中在拱宸桥一带，主要辟有杭苏线（杭州至苏州）、杭湖线（杭州至湖州）、杭沪线（杭州至上海）、杭塘线（杭州至塘栖）、杭新线（杭州至新市）、杭瓶线（杭州至瓶窑）、杭余线（杭州至余杭）、杭长线（杭州至长兴）等航线。钱塘江航运则集中在江干，主要辟有杭桐线（杭州至桐庐）、杭诸线（杭州至诸暨）、杭兰线（杭州至兰溪）、杭威线（杭州至威坪）、杭深线（杭州至深渡）、杭衢线（杭州至衢州）等航线。光绪十六年（1890年），清政府允准在经济发达、轮运潜力较大的上海地区经营内河小轮客运业务。上海最早初具规模的轮船客运企业——戴生昌轮船局于翌年应运而生。戴生昌轮船局的创始人戴嗣源是浙江镇海人，曾随淮军运输军械至台湾，有功被赏花翎三品衔，并先后委办筹助粮捐、监修兵轮等事宜。戴生昌轮船局创办初期，受清政府“内河轮船允准搭客附拖官船，不准载货、不准拖带货船”之限制，仅以小轮数艘航行于上海至杭州之间，经营拖带官船的客运业务。随着清政府对华商内河轮运业禁令的逐步解除，其客运业务开始独立发展。光绪二十一年（1895年）开辟了上海至苏州的定期航线，翌年迅速扩展到杭州、湖州。其资本12余万两银，拥有客货火轮20余艘、客轮7艘，成为上海最大的民族内河客运企业。不过，当时清政府虽然对内河小轮航业解除了禁令，但对民族内河小轮客运业则课以重税，即必须“照完厘金”，而洋商内河小轮只“完一正税，或再完半税，相去悬绝”。为了避税，戴生昌轮船局将轮船先后抵押给英国怡和洋行、祥生洋行等名下，悬挂外国旗帜。至光绪三十一年（1905年），戴嗣源之子戴玉书不惜冒充台湾籍人加入日本国籍，由华商资本蜕变为日本资本，逐渐转为经营长江航线的轮船运输局。从民国元年到16年间，除戴生昌轮船局外，其他规模较大的轮船公司还有内河招商轮船局、宁绍内河轮船公司、长杭轮船公司、源通轮船局、翔安轮船局、和记轮船局等经营杭州的内河水运业务。光绪二十五年（1900年），浙江招商局官督商办的利用公司所附设的轮船局开始经营从杭州到上海的航线，但遭到戴生昌轮船局和日本泰东轮船公司的强烈抵制，因缺乏资金而停航。次年重新开始营业。光绪二十八年（1902年），为谋求抵制外轮，挽回内河航权，将利用公司所附设的轮船局改组为内河招商轮船局，时为浙江招商局最大的附属企业。内河招商轮船局成立之初，为了方便内河客货运输营运的管理，将总局设在上海，并在各客货航线的终点及沿线重要站点苏州、杭州、湖州、嘉兴、常州、无锡、镇江、扬州、清江、扬庄、临淮关、近阳关等处设立分局。内河招商轮船局创办后头10年内，组织机构比较完善，发展迅速。到民国2年（1913年），船只拥有量从13艘发展到36艘，航线也不断扩展，逐渐形成跨沪、浙、江、皖的内河客货航线网。此后虽有亏损，但仍维持营业。至民国16年（1927年）有小轮21艘、客班拖船及其他船只22艘，另租货船10多艘。抗日战争爆发后停业。宣统三年（1911年），奉化人王廉创办宁绍内河轮船公司，挂靠上海宁绍商轮公司，总部设在嘉兴，在杭州拱宸桥的大同街设分公司。民国5年（1916年）与上海宁绍商轮公司脱离关系，同时扩大了经营范围，截至民国19年（1930年）共辟8条航线，时有轮船11艘，每年的盈利也相当可观，“仅杭州一地民国17年的营业收入就达3.63万元”[1]。长杭轮船公司也是一家有实力的小轮船公司。民国5年（1916年），湖州刘合记商号的老板刘颜从日商手里购买了5艘小轮船用于出租。民国8年，刘颜与长兴的钟学书、温锦生等联合组建了长杭轮船局，先后拥有12艘轮船，总部设在湖州，而在杭州拱宸桥设立分局，主要经营杭州与湖州之间的夜间航班，次年又开通杭苏湖之间的长途客货航班。民国16年，由于翔安轮船局也投入湖杭之间的营运，为了应对竞争，长杭轮船局与宁绍内河轮船公司联手组建了长宁联营公司。源通轮船局的前身是戴生昌轮船局，民国9年戴生昌轮船局重新以中国籍注册，才逐渐在杭嘉湖航线营运。民国16年（1927年），在拱宸桥大同街设立分局，先后拥有12艘轮船，陆续开辟了杭苏、杭申、杭震、湖苏等航线。民国时期钱塘江流域的轮船运输业也较发达，除民国前就创办的钱江商轮公司外，先后出现过振兴、杭诸、钱浦、大华等轮船公司。钱江商轮公司总部设在杭州，先后在富阳、桐庐、兰溪等地设有分公司或办事处，是最早的钱塘江议价小轮运输企业，光绪三十四年（1908年）由嵊县人楼景晖等合资创办。初建时仅有2艘小轮，民国后俞炜接办，增加至6艘，主要在杭州至桐庐、诸暨的两条航线上从事客运。民国10年又增购1艘轮船和1艘小汽船，并试办了杭州至桐庐、桐庐至严东关的拖船和客运业务。民国4年，杭州过塘行老板韩子林在闸口创建振兴商轮公司，主要从事杭州至桐庐航线的营运。由于与老牌的钱江商轮公司存在业务冲突，两家公司商定每天轮流在杭州和桐庐各发3个航班。民国11年，仿效钱江商轮公司在杭州、严州和兰溪之间开办汽船拖载客货业务。由于韩子林出生于过塘行，因此客货运输的来源一直很充裕，因此业务发展迅速，可与钱江商轮公司相媲美。民国4年，俞襄周等集资3万元创办杭诸汽船公司，通过租用汽船开通了杭州经临浦到诸暨的客运航班。民国6年又以同样的形式开通杭州至诸暨姚公埠的航线。民国12年，杭县人张浩等集资7.5万元在江干设立钱浦商轮公司，与杭诸汽船公司商定轮流开日夜班轮。民国17年，童铎、胡芷香等人集资5万元在江干三廊庙创办大华航业股份有限公

[1]周峰主编：《民国时期杭州》，浙江人民出版社1997年版，第262页。

司，拥有轮船2艘，主要在杭州与桐庐之间营运。为了增强竞争力，又组装了4艘快速“滑艇”，并向省政府申请专利，得到批准。后又申请杭州至威坪、常山两条航线的10年专营权，也被批准。营运之初经营状况较好，但由于钱塘江航道有缺陷、“滑艇”的机器故障多而维修又要到上海，故陷入经营困境。至民国20年，杭州共有21家轮船公司，从业人员619人，平均每艘轮船15人。总营业额48.8万元。其中振兴轮船公司第一，钱江轮船公司第二。

除新式轮船航运系统外，杭州尚保存有传统的航船运输业。主要有以上塘河等内河为营运主线的内河船航运系统，以及外河流动散居的外江船航运系统。它们又可分为内营和内航两类。内营以货运为主，行驶无定期；内航以客运为主，行驶有定期。民国20年（1931年）时经营有定所或有船埠的内河船户约有147家，航行线路58条。开往各地的航船日均65艘，载客1200人，载货2200—2300担，年营业额约800万元。城区的船埠有万安桥、章家桥、菜市桥、斗富三桥4处，城外的有松木场、大关、湖墅、七贤弄等。内河航船的全年运货总值当在800万元以上，约占杭州关贸易总额1/6。当时西湖计有船只622艘，其中游船593艘、货船29艘。民国19年成立内河航船同业公会。[1]同治三年（1864年），由胡光墉发起集资设立钱塘江义渡局，购置了几艘木船，归同善堂管理。“渡客往来，不取分文，每日开行十余次。”[2]义渡先设于江干银杏埠（今望江门），光绪元年（1875年）移址三多亭潮神庙。光绪六年义渡局有渡船37艘、牛车8辆、牛16头。光绪十二年改为官督民办，民国时改为一般轮渡。外江船可分为航船和一般民船两种。其中航船业随着轮船的兴起而衰败，民国20年只剩下杭州至诸暨7艘、杭州至临浦6艘，航班也较少。一般民船则分3种，即开梢船、江山船和游水船。开梢船有走内河与外江两条航线。走内河者主要分布在义桥和富阳一带，共计400多艘。走外江者往往散布在沿海一带，共2000余艘。江山船约4000艘经常来往于杭州与钱塘江上游，主要从事货运。游水船都是诸暨的民船，约650艘，在杭州、临浦和诸暨之间往来。

鸦片战争后不久，外国列强纷纷谋求在中国修建铁路，但当时阻力很大，到光绪二十年（1894年）甲午战争前夕仅修建了约400km。杭州海关税务司的单尔于光绪二十七年（1901年）指出：“本地的未来极大地依赖于水路交通的改善……值得注意的是连接公共租界、杭州城区和钱塘江的交通……要么修筑一条小铁路，要么对城墙外的河道加以改善，总之应设计一条最便捷的路线……修筑铁路可能是上面提到的两种方法中较好的一种，即修一条8至10英里的铁路。修筑这条铁路应该没有大的困难，考虑到乘客和货物运输量，赢利将会很大。”[3]当时许多人以为“此数十里（从拱宸桥到江干）非速造铁轨通行火车，不足以利行运而兴商务”[4]。光绪三十一年（1905年），开始筹备修筑江墅线，线型为南起江干闸口、北至拱宸桥租界。有东西两条线型可供选择。西线绕西湖而行，翻越万松岭抵

[1]建设委员会调查浙江经济所编：《杭州市经济调查》下，载民国浙江史研究中心、杭州师范大学选编：《民国浙江史料辑刊》第1辑第6册，国家图书馆出版社2009年版，第213、219、221、240页。

[2]范祖述撰、洪如篙补辑：《杭俗遗风》，上海文艺出版社1989年版，第41页。

[3]陈梅龙、景消波译编：《近代浙江对外贸易及社会变迁：宁波、温州、杭州海关贸易报告译编》，宁波出版社2003年版，第241页。

[4]《申报》1903年11月20日。

达闸口；东线主要沿东城郭而行。由于西线所经之地墓地较多，征地拆迁阻力较大，而且还有破坏风景名胜之嫌，因此最终采用了后一方案。该年七月，浙江全省铁路有限公司成立，承担建设事宜。江墅线闸口到艮山门段是苏杭甬铁路的干线，因此真正的江墅线仅是拱宸桥到艮山门的一段。苏杭线开通之后，江墅线成了支线。江墅线的总造价为168万余元。从拱宸桥到闸口一共分5个站，其中3个站为艮山门站、城站、南星桥站。光绪三十三年八月二十三日（1907年10月1日）全线通车。营运初期实行客货混合运输，以后逐渐分开营运，分为客运和客货混合列车两类。开始每天运行6对，民国8年（1919年）增加了一对。苏杭甬铁路以上海为起点，故又称沪杭甬铁路，由汤寿潜主持的浙江全省铁路有限公司建设。其中沪杭铁路浙江段自闸口至枫径长168.17km，属于一级铁路，光绪三十一年九月开工，宣统元年（1909年）四月竣工，七月全线通车。沪杭线以其工费低、质量高、路程长，被誉为全国商办铁路之冠。江苏段自枫径至上海南站长61km，光绪三十三年二月开工，光绪三十四年（1908年）十月竣工。杭甬段为钱塘、曹娥两大江隔开，先修宁波至曹娥江段长78km，宣统二年（1910年）五月开工，民国3年（1914年）竣工通车。此年浙江全省铁路有限公司收归国有，改名为交通部直辖甬嘉铁路管理局，由沪宁铁路管理局局长钟文耀兼任局长。不久又与沪嘉铁路局合并成沪杭甬铁路管理局。民国5年，又与沪宁铁路管理局合并为沪宁沪杭甬铁路管理局，局址设在上海铁路北站。沪杭甬铁路的开通整体上改变了杭州的传统交通结构，不但直接沟通了运河与钱塘江两大运输水道，而且将长江、黄浦江与运河、钱塘江相连，提供了比水运大得多的运载力，使杭州与全国最大的商埠上海紧密地联系在一起，提高了杭州在东南沿海经济体系中的地位。民国17年（1928年），刚任建设委员会委员长和浙江省主席的张静江即筹划修筑杭州至江山的杭江铁路。次年成立杭江铁路工程局，并开始分段建设。民国22年底全线建成通车。该年浙赣两省和铁道部及相关银行组织设立了浙赣铁路联合公司，后又设立浙赣铁路局。铁路局设在杭州，由著名铁路专家杜镇远出任局长兼总工程师，侯家源任副局长兼副总工程师，谢文龙任副局长。浙赣铁路局设立后，继续向西修建浙赣线。民国25年（1936年）修至南昌，次年修至萍乡。萍乡至株洲段铁路原属粤汉铁路，铁道部令划归浙赣铁路局管辖，仍命名为浙赣线，此时浙赣线全长1008km（包括支线）。浙赣线接通了沪杭甬、南浔及汉粤铁路，是中国东南地区的交通动脉，不但促进了浙、赣、湘等省的经济发展，更在军事上发挥了重要作用。至此，杭州城内已建成闸口、南星桥、城站、艮山门、笕桥、拱宸桥6个车站，并以城站为中心，初步形成了以杭州为中心沟通省内外的铁路营运网络。几大车站的货物周转量和旅客周转量逐年攀升。据统计，民国16年（1927年）进站人数为1295749人，出站人数为1435562人，而民国20年（1931年）则分别为1524579人和1478898人。货运营业额民国16年为

[1]建设委员会调查浙江经济所编：《杭州市经济调查》下，载民国浙江史研究中心、杭州师范大学选编：《民国浙江史料辑刊》第1辑第6册，国家图书馆出版社2009年版，第186、187页。

1351473元，民国20年为1693040元。[1]民国20年（1931年），热心造桥的曾养甫主持浙江省建设厅工作，筹划建设钱塘江大桥，邀请茅以升出任工程处处长，罗英担任总工程师。民国23年开工建设，民国26年建成通车。钱塘江大桥是中国自行设计建造的第一座铁路、公路两用双层大桥，它使沪杭甬线和浙赣线完全贯通。

民国时期杭州开始构建现代公路体系，形成省内、省际公路大动脉。杭州长途汽车运输开创于民国13年（1924年）。当时的政策规定，运输公司需先承筑或承租公路方能经营，经营路线以各自所筑或所租路段为限。杭州至余杭段是浙皖正线的首段，也是浙江省最早建设的公路，从杭州松木场至余杭山西弄长26.18km，松木场至观音桥支线长2.88km。沿线设观音桥、松木场、古荡、东岳、留下、闲林、余杭7个车站。由浙江省第一家民族资本性质的汽车运输企业承筑杭余省道汽车股份有限公司承建。民国11年开工，民国13年通车。杭州至富阳段是浙赣线的首段，由承筑省道杭富路汽车股份有限公司修建。起自净慈寺，经四眼井、虎跑、六和塔、九溪、梵村、转塘、中村、高桥至富阳，长35.62km，民国15年建成通车。杭州经笕桥到乔司段是浙苏线的首段，由商办杭海二县汽车股份有限公司修建。起自清泰门、经庆春门、石弄口、笕桥至乔司，全长28.81km，民国15年建成通车。萧山江边至萧山段是浙闽正副线的首段。由于钱塘江的横亘，因此公路的起点设在江边，经江一、西兴、小岳桥、东岳庙到萧山，全长9km。该路段由省政府投资兴建，民国14年竣工并通车，是省内由浙江省公路局组织营运和养护的第一段公路。由于是政府投资，沿线的附属配套设施比较齐全。杭州至瓶窑段是浙皖副线的首段，以省道基本线上的小河为起点，经花园岗、祥符桥、勾庄、良渚、长命到瓶窑，长19.99km。民国18年开工并建成通车。为了使省道干线公路能连接贯通，形成发射状的公路体系，浙江省公路局决定以武林门为总车站站址，修筑从拱宸桥到三廊庙的省道基本线拱三段，从拱宸桥开始，经小河、观音桥、武林门、钱塘门、涌金门、清波门、万松岭、凤山门到三廊庙，全长13.78km。这条线路使得杭州城区道路与各条省道相连接，同时北部在拱宸桥与京杭大运河相连，南部在江干与钱塘江相连。其中从拱宸桥到观音桥段利用承筑杭余省道汽车股份有限公司建成的支线公路，从观音桥经武林门到钱塘门段（今湖墅南路和武林路一线）为新建道路，从钱塘门到清波门段利用原来的城区道路，清波门经万松岭、凤山门到三廊庙段为新道路。新修道路长9.23km。民国14年开工修建，因为经过城区的路段长、修建要求高，加上拆迁等因素，一直到民国17年才完工。张静江主政浙江时，还主持制定并实施了以杭州为中心，由杭长（兴）、杭徽（州）、鄞奉海（宁波至宁海）、杭平（湖）四大干线构成的浙江公路网建设计划。杭长线240km，杭徽线200km，鄞奉海线120km，杭平线约200km。民国17年，国民政府行政院下令督造7条国道干线，其中经过杭州的有3条，分别是南京—杭州线、杭州—南昌线和杭州—徽州—安庆线。20世纪30年代初期，浙江北部公路干线基本建成，杭嘉湖与上海、苏州、南京等地的运输畅通。民国21年，全国经济委员会拨款督造苏、浙、皖3省联络公路。到民国26年，其中的6条重要线路沪杭、杭徽、京芜、苏嘉、长宣、京杭公路先后建成。[1]京杭国道杭长段与沪杭甬铁路相接，杭徽公路则有力地促进了杭州与皖南腹地的经济、文化联系。这些公路干线在杭州境内709km，杭州以此为基础强化了对外辐射功能，同时还利用3716km省道干支线聚集更多的腹地资源。民国21年，浙江省公路局在杭州设湖滨总站、北站（武林门站）、南站（三廊庙站）、东站（清泰门站）。民国23年，杭州有至省内各地汽车1041辆。[2]至抗日战争前，有长途汽车公司8家，经营省际省内线路19条。[3]

新式交通系统的建成，使杭州的货物转运业呈现快速增长态势。晚清民国时期的货物转运业可以分为两大类：一为纯粹的转运业，承运机构包括货物转运公司和过塘行；二为报关业，乃报关兼理货物转运业务，承办机构称报关行。民国20年（1931年）的货物转运公司和过塘行有200多家。“自三廊庙至闸口塘上，过塘行多如过江之鲫；城站为转运公司之集中地，以其近车站故也；拱宸桥为杭州关所在地，报关行多聚集于此。”[4]货物转运公司和过塘行总资本在24万元以上。其中货物转运公司85家，总资本6.9万元，年经运货物价值约3200万元。“杭州之转运公司，皆设立于城区、江干、湖墅、笕桥四区，以其地近铁道，便于转运故也。”进口以洋广杂货及盐鲜南货为主，出口以丝茧绸缎茶纸水果等为大宗。[5]杭州的过塘行是浙江较为特殊的一种行业，存续历史久远。钱塘江与运河之间的水位有落差，以塘堤和坝闸相阻隔，船只进出须转驳，这就是所谓的“过塘”。原先的过塘行以转驳兼营转运，后来事实上变为货物转运公司，只不过规模稍小。到20世纪30年代初，“自三廊庙至闸口塘上，连绵十余里，过塘行林立，总计八十余家；湖墅计有三十家，城区一家，全市总计一百十九家。”[6]其中规模较大的有福记、信成、广大、源大、大同、曹采记、裕大济、新记、晋大昌、韩大来、潘宏先、裕通、源华、兴昌、来衡记等20多家。民国20年，总营业额约107.2万元，过塘货物价值约5307.7万元。有职员675人，常雇搬运夫计206人，临时雇用一千四五百人。[7]民国前有徽帮、金帮、开梢帮及粮食帮之分，后三者多为义乌人所设，少量为宁绍人所设。徽帮主营茶叶、生漆等，金帮主营京广洋货，开梢帮经营一切杂货，粮食帮主营粮食。民国后则经营范围不再有过去的边界。[8]宣统元年（1909年），在裕大济等行商的推动下，江墅粮食转运商发起建立了同业组织，并公举黄树槐为董事。[9]杭州海关正式设立之后，即兴起报关行业。依照海关的规定，所有商船进出开放口岸，都必须向海关报验和缴纳关税。报关手续分进口、出口和转口3种。报关所需关税、附加税、保险费、装卸费等由报关行垫付。报关行的营业收入主要是顾客付给的佣金，此外

[1]浙江省交通厅公路交通史编审委员会编：《浙江公路史》第1册，人民交通出版社1988年版，第145页。

[2]杭州市科学技术委员会科技志编纂委员会编：《杭州市科技志》，杭州大学出版社1996年版，第88页。

[3]杭州市地方志编纂委员会编：《杭州市志》第5卷，中华书局1997年版，第42页。

[4]建设委员会调查浙江经济所编：《杭州市经济调查》下，载民国浙江史研究中心、杭州师范大学选编：《民国浙江史料辑刊》第1辑第6册，国家图书馆出版社2009年版，第262页。

[5]建设委员会调查浙江经济所编：《杭州市经济调查》下，载民国浙江史研究中心、杭州师范大学选编：《民国浙江史料辑刊》第1辑第6册，国家图书馆出版社2009年版，第263页。

[6]建设委员会调查浙江经济所编：《杭州市经济调查》下，载民国浙江史研究中心、杭州师范大学选编：《民国浙江史料辑刊》第1辑第6册，国家图书馆出版社2009年版，第265页。

[7]建设委员会调查浙江经济所编：《杭州市经济调查》下，载民国浙江史研究中心、杭州师范大学选编：《民国浙江史料辑刊》第1辑第6册，国家图书馆出版社2009年版，第267页。

[8]建设委员会调查浙江经济所编：《杭州市经济调查》下，载民国浙江史研究中心、杭州师范大学选编：《民国浙江史料辑刊》第1辑第6册，国家图书馆出版社2009年版，第265页。

[9]《申报》1909年5月8日。

民国20年（1931年）杭州报关行的营业状况

行　名	资本（元）	营业额（元）	主运货物	全年报定价值（元）	地　址
万　丰	4 000	12 000	南货、茶叶	4 800 000	拱宸桥
永发源	4 000	11 200	茶　叶	4 480 000	拱埠里马路
东兴源	4 000	8 500	杂　货	3 400 000	拱宸桥
天宝琛	2 000	8 000		3 200 000	拱埠永和里
恒　义	3 000	65 000		2 600 000	拱埠武林路
永源丰	3 000	6 000	纸　货	6 000 000	拱埠永和里
庆余公	1 000	5 000		2 000 000	拱埠武林路
其他6家	5 800	17 920		13 520 000	
合　计	268 000	75 120		40 000 000	

资料来源：建设委员会调查浙江经济所编：《杭州市经济调查》下，载民国浙江史研究中心、杭州师范大学选编：《民国浙江史料辑刊》第1辑第6册，国家图书馆出版社2009年版，第268页。

还有垫付资金的利息、航运业付给的好处费、货物以多报少从货主那里获得的回扣等。“新关报税之事，须有熟悉情形者为之经理，方无并错，现已开有税行两家。一为升记，在大关北首；一为仁昌，在拱宸桥如意里旁。专带客商呈报税务，兼代雇船只等事。”[1]1个月后“代客报关各行，计开十余家”[2]。民国20年时有13家，除了城站的丰顺永、维新和浙绸3家（专办邮寄手续，只代客寄抵绸缎包裹）外，其余的基本上集中在拱宸桥的海关附近。

[1]《申报》1896年10月22日。

[2]《申报》1907年11月10日。

清乾隆年间（1736—1795年），杭州出现了经办寄递信函、包裹和汇款业务的民信局，主要是协兴、全盛、顺成、正源、协源、全盛源记、老协兴、协泰森、永利、永和、正和、福润、恒利13家。道光至同治年间（1821—1874年）又增正大、永和新等4家。宣统三年（1911年）有恒利、协泰、全泰盛、马正源4家民信总局，总局在上海而杭州设分局的有合记、福润、协兴、正大、正和、永和、永利、金盛8家。民国19年（1930年）总局和分局共有27家，经营业务发展为普通信业、运送业、报刊发行、汇兑等综合性业务。民信局是一种准金融机构，许多本由钱庄、商行兼营。现代邮政初兴时网线不多，民信局则因业务网络完善，并有良好的信誉基础，与之形成强烈的竞争态势。为促进邮局发展，当局对民信局采取利用、限制、取缔措施，杭州的民信局至民国24年（1935年）全部停业。鸦片战争后，外国在中国设立邮政机构，时称“客邮”。光绪二十二年（1896年）日本在拱埠乌龟尾巴桥北侧（原浙江麻纺厂）设邮便局，后因地段偏僻而移杭州通商场内。又在城内马市街104号设邮票代售所。民国11年（1922年）根据英、美、法、中、日等9国太平洋会议形成的公约要求撤销。光绪二十一年杭州府送信官局在官巷口开设，光绪二十三年改组为大清杭州邮政局，由杭州关税务司（英国人）兼任邮政司。光绪二十五年改称杭州邮界邮政总局，至光绪二十九年所辖分局11处。宣统二年（1910

年）以通商口岸划分的邮界改按行政区域划分，杭州为华东邮界10个区之一，设邮政总局；宁波、温州邮界改为副邮界，改设副总局，隶属杭州邮政总局。宣统三年邮传部接管海关管辖的邮政业务，杭州邮政总局直属于邮传部。民国3年（1914年）杭州邮政总局改称浙江邮务管理局，管理全省业务。民国20年（1931年）又更名浙江邮政管理局。邮政局的业务主要有寄递函件和包件、汇兑和储金以及简易人寿保险、报刊发行等。除传统的步班、水道邮路外，又开辟了汽车、铁道、航空邮路。光绪三十二年（1907年），浙江全省铁路有限公司在杭州装设西门子磁石交换机1部，用户30余户，是为杭州电话之肇始。次年收为官办，设立浙江官办电话局。后因亏损于宣统元年（1909年）改为官商合办，改名为官商合股浙江电话有限公司。共有资本10万元，官商各半。民国元年再改商办，改名浙江省城商办电话公司。时有西门子磁石交换机2500门。民国4年改名为杭州电话公司。至民国3年设分公司4个。民国18年由浙江省长途电话局接办。民国21年，有西门子磁石交换机3000门，市内电话用户达到2225户。民国12—13年（1923—1924年）经营状况最好，纯利润5万多元。[1]民国17年形成杭枫线（杭州至枫泾）、杭长线（杭州至长兴）、杭甬线（杭州至宁波）、杭衢线（杭州至衢县）、杭丽线（杭州至丽水）等长途电话干线。光绪九年（1883年），在兴建苏浙闽粤电报至杭州时即开设了杭州电报分局。民国2年投资扩建电报线，至民国13年增加线路59条。但发展一直较慢。民国17年以后又新建高容量沪杭、沪宁电报线等。民国27年设杭州电报局。至民国38年（1949年）有电路24路。其中至上海的为电传电路，至南京、屯溪、衢县的为韦氏快机电路，至苏州、嘉兴、湖州、绍兴、宁波、余姚、金华、兰溪、诸暨、硖石、长安的为音响机电路，至余杭、富阳、桐庐、建德、萧山、义乌、德清、临浦、莫干山的为话传电路。[2]

由于经济规模不断扩大，又受到上海的影响，杭州的金融业除战乱期间一直发展较好。尤其是民国16年至26年（1927—1937年）发展更快，成为全省的金融中心，也成为华东地区的金融中心之一。曾发放大量贷款支持丝绸、棉纺、造纸、火柴、肥皂等工业和地方交通等公用事业，在杭州经济的持续繁荣和现代化事业中发挥巨大作用，成为现代服务业的代表。

民国以来，尽管政治制度实现了变革，但传统的钱业与现代金融业较长时间并行发展，相互补充，各尽所长。民国3年至17年（1914—1928年）又迎来杭州钱业的鼎盛期。民国初年钱庄恢复发展，民国2年钱庄和银行分别有“十户和二户：晋泰、泰生、开泰、同和、生昌、寅源、交泰、广大裕、裕源、安孚，浙江银行、兴业银行”[3]。第一次世界大战爆发后，中国现代工商业发展较快，因为“获利颇为丰润”，钱庄和新兴的银行同遇发展良机。民国4年，设在柳翠井巷的钱业会馆改为杭州市钱业同业公会，先后推举宓廷芳、倪幼亭、王子球、李春枝等任主席，下设监事和审查理事会，制定《营业规则》进行行业整顿，推动钱庄和钱业健康发展。当时经

[1]浙江省电信公司杭州分公司编纂：《杭州市电信志》，人民邮电出版社2002年版，第69页。

[2]杭州市地方志编纂委员会编：《杭州市志》第5卷，中华书局1997年版，第543页。

[3]《浙江省政府公报》1913年2月。

营较好的“大同行为泰生、晋生、唯康、怡源、信昌裕、元泰、安孚、开泰、生昌、寅源、仑源、德昌、谦豫、交泰、庆和等；中同行为裕源、瑞泰、永裕、盈丰、恒盛、鼎泰、义孚、慎康、德丰、衡康、泰源、天源、道生、钜康等；贴票店为泰康、瑞和、承康、泰顺、致和等共四十余家”[1]。民国8年，泰生、怡源、信昌裕、唯康等庄盈利“自二万余元至三万余元不等”[2]。至民国20年（1931年），市区有大同行钱庄23家，小同行钱庄26家，未入会的现兑庄25家。后世界经济危机和“九一八”、“一·二八”等事变影响工商业发展，几家大银行陆续开办储蓄业务，致使钱庄陆续倒闭。此后到民国25年（1936年）继续开业的只有大同行钱庄12家、小同行钱庄17家，但次年全部停业。又因为实行法定货币政策，现兑业务已无必要，现兑庄、兑换店也全部停业。汪伪政府统治时期，沦陷区物价不断上涨，利用金融资金从事物资囤积投机有厚利可图，于是一批投机性的钱庄又相继开业。当时的杭州市钱业同业公会记录显示，经汪伪财政部注册的银号、钱庄有五源、信昌、裕昌、大春、日新等45家。抗日战争胜利后，国民政府财政部规定，在汪伪政府统治时期注册设立的一概停业，战前停业的钱庄可以申请复业。在市区复业和新设的钱庄有亦昌、诚昌、同昌、盈丰、寿康等34家。但通货膨胀愈演愈烈，钱庄正常业务已无法开展，无不设置暗账，把资金转向黄金、物资囤积的投机活动，或以暗息拆放，攫取高利。杭州的钱庄至20世纪50年代中期才全部消亡。

[1]《申报》1916年2月11日。

[2]《申报》1920年2月25日。

晚清民国时期的钱庄有了银行化趋势，它们自觉或不自觉地向银行学习。有的模仿银行的组织建制，设立营业、存款、贷款、汇兑、信托等部门，以及存放抵押品的仓库和保管公债证券的保管库等。同时也模仿银行，如增设储蓄存款、抵押贷款、工厂贷款等业务，兼营地产信托业务，推广使用承兑汇票。民国25年（1936年），仿银行业成立钱业同业联合准备库，从“过账制”结算转向票据化结算。有的钱庄则直接改组为银行。如浙江建业银行是金百顺儿子开设的钱庄转化的，两浙商业银行则是由金百顺开设的顺昌钱庄转名的。钱庄的顺势发展，使其能够与时俱进。

典当业与钱庄一样也是一种金融机构。传统的民间借贷业典当业兴起于唐宋时期，从事质押借贷业务。唐宋时多称质库（北方有称柜坊、僦柜的），元代有叫解库、解典库的，明代开始称典铺或典当铺，又称质铺、典当铺、当铺、长生铺、当店、押当铺等。清代杭州的典当业因资本雄厚、分布广泛，与盐业、木业成为最显赫的三大行业，并出现民当和皇当并举的格局。[3]官场中也有投资典当者，康熙二十八年（1689年）都察院左副都御史许三礼向朝庭奏劾徐乾学：“布商陈天石新领乾学本银十万两，见在大蒋家胡同开张当铺。”[4]康乾年间，杭州的典当行已达50多家。[5]太平天国战争期间，杭州“城内典当业务全部停顿”[6]。同治三年（1864年）起重新发展，连年增设，投资者都是官绅富商。由于受钱业的冲击，这时的典当业务已不限于一般的质押，而在经营范围上表现出较大的灵活性，

[3]曲彦斌：《中国典当史》，上海文艺出版社1997年版，第62、70页。

[4]蒋良骐：《东华录》卷四四康熙二十八年十月癸未，中华书局1980年版。

[5]杭州市金融志编纂委员会：《杭州市金融志》，浙江人民出版社1990年版，第60页。

[6]杭州市地方志编纂委员会编：《杭州市志》第5卷，中华书局1997年版，第187页。

民国20年（1931年）杭州部分大同行钱庄

庄名	登记股本（元）	经理	协理	监理	地址
交泰	40 000	李友范	黄厚斋		周公井
晋泰	40 000	吴位西	沈耀延		清河坊
庆和	36 000	毛浩甄	翁云笙		清河坊
聚源	36 000	吴震三	邱元再		状元坊
崇源裕记	36 000	施俊夫	叶承甫		缸儿巷
寅源	36 000	李春枝	张春如		清河坊
仑源	36 000	翁璞卿			湖墅
益源	36 000	陈德甫	洪兆承		上扇子巷
生昌	30 000	袁载春	王定甫		清河坊
亿丰	30 000	钱丽生	邵芹生	王叔林	清河坊
德升	30 000	张锡侯	成子山	章亮成	湖墅
德康申记	30 000	王子球	冯韵梅		三元坊
德昌	30 000	章亮臣	成彩章		湖墅
义昌源记	30 000	陈锡庭	徐翕川		保佑坊
开泰源记	30 000	顾经斋			大井巷
唯康	30 000	宓孟余	宓廷芳		珠宝巷
泰生源记	30 000	王康甫	吴晋卿		上珠宝巷
同他昌记	30 000	吴舜卿			上祠堂巷
元泰	30 000	赵舜惠	钱芝松	倪幼亭	木场巷
信昌裕	24 000	成乡泉	成民		广兴巷
志成	16 000	刘宝庆			央坝头
介康	16 000	戌小坡	陈辛伯	洪绍成	大井巷
安孚	12 000	陈官庆	何泉甫		清河坊

民国20年（1931年）杭州部分小同行钱庄

庄名	登记股本（元）	经理	协理	地址
绍泰	25 000	陈作新	张楚贤	何坊巷
义源	20 000	孙辛涛	孙味谷	清河坊
同德	12 000	谭复堂		大井巷
亦昌	12 000	杨绍增	江善卿	清河坊
同昌	12 000	朱文粲	徐松龄	联桥
诚昌	12 000	俞楚卿	张忍甫	三元坊
泰赉	10 000	王近僧		珠宝巷
盈丰	10 000	邵润生	袁华成	清河坊
恒盛	10 000	李逸斋	潘庭惠	联桥大街
成康	10 000	施丽泉		三元坊
永裕	10 000	闻鸿源		西河坊街
谦豫源记	10 000	胡赓扬	王镜秋	城隍牌楼
震和	10 000	余桂轩		联桥街
衡九	10 000	臧仲三		保佑坊
慎康	10 000	周震生	王寿昌	忠清巷
瑞康	10 000	洪绍廉	宓仲玉	大福清巷
源昌	10 000	孙尚谋		珠宝巷
顺昌	10 000	孙月楼	孙辛涛	祠堂巷
同古	8 000	邱荣宸	凌冰心	江干
衡康	6 000	钱济棠		城隍牌楼
益昌	6 000	沈最哉	王懋鸿	清河坊
生泰	5 000	郭继然		荐桥
宏泰	5 000	赵心田	林柳堂	贯桥
同益	5 000	针光荣		南星桥
瑞和	5 000	俞联笙	谢炜耀	东街
天源	3 000	吴贻谋		河坊街

资料来源：杭州市金融志编纂委员会：《杭州市金融志》，浙江人民出版社1990年版，第65—67页。

民国20年（1931年）杭州部分现兑庄

庄　名	登记股本（元）	经　理	协　理	地　址
同　升	16 000	郭芝庭	黄厚修	寿安坊
恒　孚	10 000	陈六如		梁家桥
万　源	10 000	韩　涛		梁家桥
恒大昌	10 000	陈子英	高蓉生	太平门
致　丰	5 000	俞　夷		开元路
穗　源	5 000	朱子雅		菜市桥
泰　康	5 000	沈绍炳	金惠龄	东　街
衍　源	5 000	朱虎泉		三元巷
同　盛	5 000	吴浚清		水漾桥河下
诚　益	4 000	黄燕堂		三桥址
泰　安	4 000	金雅堂		忠孝街
复　泰	4 000	边国良		小学前
恒　裕	4 000	金惠龄		东　街
友　记	2 000	朱栋臣		卖鱼桥
震　源	2 000	赵振声		荐　桥
鸿　源	2 000	王嘉荣		荐　桥
兆　泰	2 000	方麟生		联　桥
元　泰	2 000	王何记		湖　墅
春　源	2 000		阮子安	海月桥
福　源	2 000	叶海吨		湖墅甘露茶亭
万　和	1 200	齐镜清		海月桥
惠　通	1 000	不　详		粥教坊
恒　润	1 000	王辛桶		楚妃巷口
华　记	1 000	方福生		夹城巷
怡　升	500	朱振华		忠清巷

资料来源：杭州市金融志编纂委员会：《杭州市金融志》，浙江人民出版社1990年版，第67—68页。

比如做经营性粮食、丝绸等土特产典押借款。还有一些典当行收受客户存款，开发可兑换的钱票、银票。有些钱票、银票可以转手在市场上流通。“至清末，杭州城内的典当行有20多家。”[1]杭州光复之初，由于政局动荡，曾“典业一体罢市”[2]。但“解困救急”的典当业仍有生存空间。民国4年（1915年），杭郡典业公所在杭州安徽会馆成立，市内入公所的典当行有22家，分别是协济、保善、裕通、成裕、善兴、聚和、聚源、成康、万丰、永济、同庆、同济、泰和、鼎和、裕隆、裕兴、同吉、谦济、同兴、善庆、寿昌、同安。[3]另外还有余杭、临平、塘栖、富阳、新登、三墩、良诸、瓶窑、长安、陕石、海宁等地的典当行26家。同年6月28日，又成立全浙典业公会。到民国20年，市内共有典当行19家，从业人员546人。但民国建立后新成立的典当行只有3家，分别是民国3年、14年和15年成立的聚源、同康和天济。

清末现代银行业开始在杭州兴起。光绪三十三年（1907年），由浙江全省铁路有限公司发起创办的浙江兴业银行在杭州正式营业。股本初为100万元，先收1/4计25万元即开业，总行设杭州，分行设上海等地。[4]这是中国第一家商办银行和当时中国最大的民族资本银行，也是浙江第一家银行。浙江兴业银行是20世纪初铁路风潮——拒款保路运动的产物，初为浙

[1]杭州市地方志编纂委员会编：《杭州市志》第5卷，中华书局1997年版，第156页。

[2]《申报》1911年11月28日。

[3]杭州市地方志编纂委员会编：《杭州市志》第5卷，中华书局1997年版，第156页。

[4]陈真、姚洛合编：《中国近代工业史资料》第1辑，生活·读书·新知三联书店1958年版，第797页。

民国21年（1932年）杭州部分典当行

行名	设立年月	资本金（元）	经　理	股本	开设地址
裕通	清同治六年（1867年）	50 000	许泳梅	合资	联　桥
成裕	同治十年（1871年）	50 000	沈琢斋	合资	后市街
保善	同治十一年（1872年）	68 000	鲍达生	合资	堂子巷
善兴	清光绪十年（1884年）	40 000	王叔荣	合资	拱　埠
协济	光绪十年（1884年）	45 000	潘子韶	合资	状元坊
善庆	光绪十年（1884年）	58 000	傅瑞禾	合资	湖　墅
同吉	光绪十一年（1885年）	77 000	汪迪封	合资	贯　桥
聚和	光绪十二年（1886年）	48 000	程馥棠	合资	塔儿头
永济	光绪十三年（1887年）	35 000	王芗泉	合资	过军桥
裕兴	光绪十四年（1888年）	50 000	周廉芳	合资	忠清街
同济	光绪十七年（1891年）	60 000	程如衡	合资	丰乐桥
裕隆	光绪二十二年（1896年）	50 000	周锡炎	合资	焦旗干
成康	光绪二十七年（1901年）	40 000	方增卿	独资	缸儿巷
同兴	清宣统元年（1909年）	50 000	谢虎丞	合资	江　干
寿昌	宣统三年（1911年）	120 000	王又心	合资	湖　墅
万丰	宣统三年（1911年）	45 000	方增卿	合资	上板儿巷
聚源	民国3年（1914年）	76 000	范焕章	合资	东　街
同康	民国14年（1925年）	70 000	汪侣笙	独资	金洞桥
天济	民国15年（1926年）	50 000	赵炳恒	合资	东清巷

资料来源：杭州市金融志编纂委员会：《杭州市金融志》，浙江人民出版社1990年版，第62页。

江全省铁路有限公司附设银行，宗旨是振兴民族工业。早期主要为铁路建设服务，后又为中国民族工业的发展做了许多实事。此外大清银行杭州分行、浙江银行等官办银行也相继而起。光绪三十四年浙江官钱局创设，稍后由官商合股经营，并改组为浙江银行。资本200万两，官商各半，但实收资本54.2万两。总行设于杭州，分行设于上海，民国4年（1915年）改为浙江地方实业银行。宣统元年（1909年），大清银行浙江分行创办，主要职责有：一是发行货币，至宣统三年共发行纸币182432元；二是代理国库，并代理杭州官银号职能，也经营存款、贷款和汇划业务。辛亥革命爆发后停业。民国建立以后，杭州的银行业适应工商业快速发展需要得到长足发展。20世纪上半叶，浙江商人创办或合办的银行在全国占半壁江山；杭州以中山路为中心曾先后聚集过76家银行，为全国少见。[1]其中总行先后设于杭州的就有浙江省银行（浙江地方实业银行改组）、杭州市银行、杭县县银行、杭县农工银行、浙江兴业银行、浙江储丰银行、浙江商业储蓄银行、浙江典业商业银行、两浙商业银行、杭州惠迪银行、杭州商业银行、浙江华孚商业银行、浙江建业商业储蓄银行、浙江茶叶商业储蓄银行、江浙火腿业银行等。这些银行大体可分为国家、省市县地方办两大类，地方银行又有官办、官商合办和商办等性质。另外尚有日伪政府扶植的浙民银行、华兴商业银行杭州支行、中央储备银行杭州分行及日本侵略军的随军银行横滨正金银行杭州出张支行等。

[1]储建国：《杭州老银行》，杭州出版社2009年版，第1页。

除中央银行以代理国库为主外，其他各行业务大致相同。但中国银行杭州分行、杭州慧迪银行、杭州道一银行3家银行没有兼营储蓄。浙江地方

民国时期杭州的国家金融分支机构

银行名称	组织性质	总行地址	杭州行地址	设立年月	经　理	备　注
大清银行浙江分行	官　办	北　京	东太平巷	宣统元年（1909年）二月	金百顺	
中央银行杭州分行	官　办	上　海	忠清巷、新民路	民国18年（1929年）3月	张忍甫 潘益民	
中国银行杭州分行	官商合办	北　京 上　海	清河坊、三元坊	民国2年（1913年）9月	金百顺 金承诰 蔡元康	民国2年创办时称中国银行浙江分行，民国7年更名中国银行杭州分行
交通银行杭州分行	官商合办	上　海	荐桥西街、开元路、三元坊	民国4年（1915年）3月	王承组 沈维桢 黄启埙 沈佐周 冯　薰	民国4年设交通银行杭州汇兑所，民国6年改交通银行杭州分行。不久又改汇兑所，民国12年3月改支行，民国19年复改分行
中国农民银行杭州分行	官　办	汉　口 南　京	忠清巷、三元坊	民国24年（1935年）2月	严兆祖 关龙荪	民国24年2月为豫鄂皖赣四省农民银行杭中国州办事处，次年改组为农民银行杭州分行
中央信托局杭州分局	官　办	上　海 重　庆	中正街	民国24年（1935年）10月	沈炳蔚 赵聚钰 龙毓聃	民国24年设中央信托局杭州代理处于中央银行杭州分行，民国35年独立设中央信托局杭州分局
邮政储金汇业局杭州分局	官商合办	上　海	清泰街	民国34年（1945年）11月	龙毓聃	
中央合作金库浙江分库（筹）	官　办	南　京				民国37年设筹备处，但未正式建库
中央银行、中国银行、交通银行、中国农民银行联合办事处杭州分处（简称“四联杭分处”）	官　办	上　海 重　庆 南　京	东太平巷	民国26年（1937年）8月	张忍甫（主任委员）	民国29年改称中央银行、中国银行、交通银行、中国农民银行联合办事处浙江分处

资料来源：杭州市地方志编纂委员会编：《杭州市志》第5卷，中华书局1997年版，第163—166页；杭州市地方志编纂办公室编：《杭州地方志资料》第4辑，1988年，第113、114页；储建国：《杭州老银行》，杭州出版社2009年版。

银行、浙江兴业银行、中国实业银行杭州分行3家则兼营堆栈。

民国时期杭州还先后兴办了许多中小银行，主要有以下几种：一是因民族工业的发展需要而组建的银行。如浙江丝绸商业银行杭州分行、上海绸业银行杭州分行，由绸商集资创办。二是由钱庄、当铺转化或兴办的银行。由于政府实施废两改元和法币政策，再加上世界经济危机的影响，钱庄和当铺的经营根基发生了动摇，形成了向银行转向的趋势。浙江建业商业储蓄银行、两浙商业银行由钱庄转化而来，浙江典业银行由全浙典业公会（主要是杭州、嘉兴、湖州典商）投资组建。三是“银行热”带动兴起的银行。由于市场萧条，很大一部分游资没有出路而转向投资利润较高的银行业。四是外地银行寻求市场而在杭州设分支机构。著名的如“北四

民国时期杭州的地方金融机构

银行名称	组织性质	总行地址	杭州行地址	杭州行设立年月	历任负责人	备注
浙江省银行	官办	杭州	荐桥、太平坊	民国37年（1948年）3月	董事长（理事长）徐清夫、王征莹、朱孔阳、徐桴、斯烈；总经理（经理）葛叔谦、徐恩培、唐观源、汪筠、徐桴、严燮、童蒙正、尹志陶	前身为官商合办浙江官银号，宣统元年改名浙江银行，民国元年改组为中华民国浙江银行，民国4年改组为浙江地方银行，又在上海、汉口、海门、兰溪设分行。民国12年官商股分设。上海、汉口两行设为商股，成立浙江地方银行；杭州、海门、兰溪3行设为官股，成立浙江实业银行。民国37年改组为浙江省银行
杭州市银行	官办	杭州	中山中路	民国36年（1947年）7月	董事长周象贤、郑明澂，经理徐梓林、劳鉴劭	
浙江省合作金库	官办	丽水	中正街	民国29年（1940年）1月	理事主席严兆祖、皮作琼，总经理徐渊若、徐绍桢、唐巽泽	全省设丽水总库1个，温州、永康、於潜、嵊县、宁波省合作金库办事处5个。有龙泉、云和、丽水、金华、兰溪、乐清等17个县正式成立县合作金库，寿昌、遂安、萧山、富阳等14县设立筹备处并开始营业，淳安等6县设立筹备处但未营业。抗日战争后省总库迁杭州中正街
中国实业银行杭州分行	官商合办	天津上海	打铜巷、太平坊	民国18年（1929年）7月	经理潘云翰、吴晋山、严燮	民国18年设办事处，民国20年设分行
四明商业储蓄银行杭州支行	官商合办	上海	三元坊	民国26年（1937年）7月	经理何创夏	
中国通商银行杭州支行	官商合办	上海	三元坊	民国26年（1937年）1月	经理袁子干	民国22年在清河坊设兑换处
中国农工银行杭州分行	官商合办	北京上海	中山中路	民国18年（1929年）9月	经理程振基、刘石心、徐再元	
杭县县银行	官商合办	杭州	清泰街	民国35年（1946年）12月	经理劳鉴劭	民国36年4月设临平、塘栖两个办事处
杭县农工银行	官商合办	杭州	珠宝巷、太平坊	民国7年（1918年）3月	经理袁道冲、周季伦	民国8年官股不足，潘国纲、蔡元康等出资接办。民国18年财政厅收回，并入浙江地方银行
富阳县银行	官商合办	富阳		民国37年（1948年）5月	董事长李宝濂，经理章泰和	
新登县银行	官商合办	新登		民国37年（1948年）8月	董事长韩永康，经理曹杰生	
萧山县银行	官商合办	萧山		民国36年（1947年）8月	董事长陈乐欢，经理汤池	
浙江兴业银行杭州分行	商办	杭州上海	保佑坊	清光绪三十三年（1907年）五月	总经理胡藻青、沈新三，经理蔡谷清、张笃生、徐行恭、马久甫、吕望仙	民国12年总行迁上海
浙江实业银行杭州分行（浙江第一商业银行）	商办	上海	保佑坊	民国12年（1923年）4月	董事长胡济生、李铭，经理李铭、葛尔馨、金文雄	民国37年易名浙江第一商业银行

续 表

大陆银行杭州分行	商办	天津 上海	保佑坊	民国18年（1929年）6月	史久衡、王逸之	
中南银行杭州分行	商办	上海	新民路	民国20年（1931年）9月	经理李锦堂、余子封	
浙江储丰银行	商办	杭州	保佑坊	民国7年（1918年）12月	董事长徐冠南、陈其采，经理黄厚斋、张旭人	
浙江商业储蓄银行	商办	杭州	荐桥路、清泰街	民国10年（1921年）7月	董事长王芗泉、洪惟清，经理韩志学，总经理洪桢良	原名浙江储蓄银行，民国19年改称浙江商业储蓄银行
浙江典业商业银行	商办	杭州	新民路、中正街	民国11年（1922年）1月	董事长陈其业，经理朱畅甫、王芗泉、谢虎丞，总经理庞赞臣	民国11年1月设浙江典业银行，民国38年1月改称浙江典业商业银行
两浙商业银行	商办	杭州	太平坊、中山中路	民国24年（1935年）4月	董事长金百顺，总经理孙月楼	
杭州惠迪银行	商办	杭州	信余里	民国10年（1921年）10月	董事长兼经理王竹斋，经理舒慎安	
杭州道一银行	商办	杭州	平太坊	民国8年（1919年）4月	董事长萧剑尘，经理韩绍镛、周锡经	
殖边银行杭州分行	商办	北京	荐　桥	民国4年（1915年）3月	经理谢虎丞	
杭州商业银行	商办	杭州	清河坊	民国6年（1917年）9月	经理林子英	
浙江华孚商业银行	商办	杭州 上海	清河坊	民国6年（1917年）9月	经理吴厚卿	
盐业银行杭州支行	商办	天津	三元坊	民国10年（1921年）	经理周锡经	民国10年设中国盐业银行杭州办事处，民国16年撤销，民国18年设盐业银行杭州支行
浙江丝绸商业银行杭州分行	商办	上海	清泰街	民国13年（1924年）12月		
浙江建业商业储蓄银行	商办	杭州 上海	太平坊、祠堂巷	民国22年（1933年）5月	董事长陈其采，总经理金观贤，经理周仰松	民国26年迁上海，民国35年7月在杭州设支行
上海绸业银行杭州分行	商办	上海	三元坊	民国23年（1934年）4月	经理高君藩	
上海大沪商业银行杭州分行	商办	上海	太平坊	民国23年（1934年）9月	经理马叔平	
江海银行杭州分行	商办	上海	三元坊	民国24年（1935年）3月	经理王子球	
农商银行杭州支行	商办	上海	清泰街	民国25年（1936年）1月	经理陈怀谨	
惇叙商业储蓄银行杭州分行	商办	上海	中正街	民国36年（1947年）3月	经理毛栽柱	
浙江茶叶商业储蓄银行	商办	杭州	和合桥街	民国32年（1943年）7月	董事长陈陶甫，总经理陈九经	
江浙火腿业银行	商办	杭州	开元路	民国32年（1943年）8月	董事长徐纪水，总经理徐士奎、章家岛	
浙江裕业银行	商办	杭州	清泰街	民国20年（1931年）10月	经理查道初	

续表

浙江福民银行	商办	杭州	清泰街	民国22年（1933年）8月	经理胡达卿	
绍兴兴业银行杭州分行	商办	杭州	清泰街	民国21年（1932年）10月	经理许树人	
竟成商业银行	商办	杭州	羊坝头	民国22年（1933年）10月	经理陈公度	
浙江工商复兴银行	商办	杭州	太平坊	民国31年（1942年）7月	经理褚新田	
浙江泰丰银行	商办	杭州	竹泰路	民国31年（1942年）7月	经理夏陈	
江南商业银行	商办	杭州	大井巷	民国22年（1933年）10月	经理蒋皋泉	
浙江裕民银行	商办	杭州	保佑坊	民国22年（1933年）1月	经理范学堃	
两浙企业银行	商办	杭州	清泰街	民国21年（1932年）10月	经理王文杰	
企伦商业储蓄银行	商办	杭州		民国22年（1933年）12月	经理顾允之	
浙江裕丰商业银行	商办	杭州	清泰街	民国22年（1933年）7月	经理华健义	
浙江建中商业储蓄银行	商办	杭州	东街路	民国22年（1933年）10月	经理蔡鹿芝	
浙江华元银行	商办	杭州		民国22年（1933年）3月	经理史颂南	
浙江振兴商业银行	商办	杭州	霍家巷	民国22年（1933年）10月	经理沈光荣	
浙江中一商业银行	商办	杭州	青年路	民国22年（1933年）1月	经理景津	
浙江建华银行	商办	杭州	青年路	民国21年（1932年）12月	经理陈温如	
浙江裕华银行	商办	杭州	开元路	民国22年（1933年）9月	经理谭裕卿	
浙江女子商业银行	商办	杭州		民国22年（1933年）10月	经理王锡荣	

资料来源：杭州市地方志编纂委员会编：《杭州市志》第5卷，中华书局1997年版，第167—173页；杭州市地方志编纂办公室编：《杭州地方志资料》第4辑，1988年，第113、114页；储建国：《杭州老银行》，杭州出版社2009年版；储建国：《钱塘江金融文化》，杭州出版社2013年版。

民国20年（1931年）总行在杭州的4家银行的营业状况

银行名称	已缴股本（元）	公积金（元）	存款（元）	发行兑换或本票（元）	资本合计（元）
浙江储丰银行	营业部190 300 储蓄部50 000	15 053	517 150 133 986	8 519	915 008
杭州惠迪银行	134 900	5 600	449 885	5 007	595 392
浙江典业银行	营业部257 800 储蓄部100 000	17 072 1 098	779 980 147 626	0	1 303 579
浙江商业储蓄银行	营业部250 000 储蓄部100 000	43 892 30 215	357 505 582 012	0	2 363 624
合计	营业部833 000 储蓄部250 000	81 617 30 215	104 520 863 627	13 526	5 177 603

资料来源：杭州市地方志编纂办公室编：《杭州地方志资料》第4辑，1988年，第117页。

民国20年（1931年）杭州部分银行业务要目

银行名称	主要业务	附属业务	特别业务	备　注
中央银行杭州分行	代理国库	贴现汇兑		发行钞票
中国银行杭州分行	各种存贷款贴现国内汇兑	代理一部分国库及经理公债还本付息		发行钞票
交通银行杭州分行	各种存贷款、贴现汇兑信托储蓄等	经理公债还本付息		发行钞票
浙江地方银行	各种存贷款	储蓄堆栈保管	经理本省省市公债还本付息代理各县金库	
大陆银行杭州分行	商业银行一切业务		储　蓄	
杭州惠迪银行	各种存贷款汇兑贴现			
中南银行杭州分行	商业银行一切业务	储　蓄		发行钞票
浙江兴业银行杭州分行	各种存贷款汇兑及商业银行一切业务	堆　栈	兼办各种储蓄	发行钞票
道一银行杭州分行	各种存贷款汇兑贴现	买卖国库证券及现金银		
浙江储丰银行	各种存贷款汇兑	储　蓄		
中国农工银行杭州分行	银行一切业务	储　蓄	经理本省农工贷款营运教育基金	发行钞票
中国实业银行杭州分行	商业银行一切业务	储蓄堆栈		发行钞票
浙江实业银行杭州分行	各种存贷款汇兑贴现买卖生金银行代理收解保管证券物品	储蓄存款		发行钞票
浙江典业银行	各种存贷款汇兑抵押	储　蓄		
盐业银行杭州分行	银行一切业务	储　蓄		
浙江商业储蓄银行	储蓄银行业务	商业银行业务		

资料来源：杭州市地方志编纂办公室编：《杭州地方志资料》第4辑，1988年，第123—124页。

行”中的中南银行、盐业银行、大陆银行以及中国实业银行，以上海等地为中心向江浙一带扩展。

除银行外，又有专门的储蓄机构和借贷所。储蓄机构如万国储蓄会、中法储蓄会、中央储蓄会等。万国储蓄会、中法储蓄会由法商所办，总会分别设在上海和北平，分别于民国5年（1916年）、民国15年在杭州设分会。中央储蓄会由中央信托局创办于上海，民国25年在杭州设分会，并在临安、富阳、新登、淳安、塘栖等地设代理处。民国8年浙江邮务管理局在官巷口设邮政储金局，办理储蓄业务。民国19年，浙江省政府颁布《浙江省农民借贷所规程》，规定筹设农民银行各县所筹资本不足省颁农民银行条例规定之数者，得先设农民借贷所。农民借贷所核定资本为2万元，收足1/4后呈财政、建设两厅核准开办。次年国民政府在行政院设立农民借贷所，此后各县均开设农民借贷所。

晚清民国时期杭州银行业的兴起和发展主要依靠三方面的力量：一是杭州及其周边地区商业和钱庄的长期发展积累了相当大的商业资本或钱业资本，这些资本需要寻找出路，而现代银行业则是最有成效的吸存库。二是杭州商人较多涉足钱业，又不像晋商那样有沉重的票号文化传统，再加上江浙地区早期工业化兴起、商工经济和商农经济兴盛，对资本的需求特别巨大，因而占领了市场先机，成长为中国第一批掌握银行业务的银行家和中国早期现代金融业的领军人物。三是地方政府大力支持，不仅出台了许多扶持政策，而且直接参与银行业投资，组建了许多官商合办银行。官办银行、官商合办银行与商办银行经常在做相互间的转换。有的银行则拥有政府授予代理国库、发行货币和揽做官办企业业务的特权。商办银行又与政府保持较为完全的独立性，总体上能摆脱政府的控制，按照市场规律运行。

清顺治六年（1649年），清政府在杭州设立铸钱局浙江省局，雍正八年（1730年）改称宝浙局，是清代开设较早、存在时间较长、铸币量最多的造币局之一。局址康熙二十五年（1686年）时在大仓前，即宝善桥西堍。康熙三十八年停铸，雍正八年重设后改在仁和县羲同二图（西大街铜元路）。光绪二十九年（1903年），浙江省政府在报国寺旧军火局设立浙江省铜元总局铸铜元。光绪三十一年又在铜元路宝浙局旧址设分局。银元于明中叶开始由外国流入，俗称“洋钱”或“番饼”。约在清乾隆四十年（1775年）前后，杭州使用西班牙银元。有多种版别，统称“本洋”或“佛洋”。初与银两并用，后逐渐取代银两，成为通行货币。道光年间（1821—1850年），各地仿铸“本洋”，杭州仿造的称“杭板”。道光末年，墨西哥“鹰洋”流入杭州，逐步代替“本洋”。光绪十三年（1887年），清政府批准在广州设局铸造“光绪元宝”银币，俗称“龙洋”。嗣后各省相继仿造。光绪二十二年、二十三年，杭州兵工厂铸造面文为“浙江省造”的“光绪元宝”银辅币，面值七分二厘（一角）、一钱四分四厘（二角）、七钱二分（一元），颇受商民欢迎。经浙江巡抚廖寿丰奏准，设立浙江银元局，并在报国寺空地建造币厂。光绪二十五年开始铸一元“光绪元宝”和五角、二角、一角、五分4种辅币，正背面分别有“浙江省造”字样和龙图案。光绪二十九年，在报国寺旧军火局内设立浙江省铜元局，开铸当十、当二十两种“光绪元宝”铜元。光绪三十一年又在西大街宝浙局旧址设立分局。浙江省铜元局改称浙江省铜元总局。此年清政府整理币制，改“光绪元宝”为“大清铜币”。浙江省铸造的中间有一“浙”字（俗称“中心浙”），面值有二文、五文、十文和二十文4种。浙江省铜元总局自光绪二十九年至光绪三十二年底并入福建局共铸折合当十铜元计821107384枚。宣统二年（1910年），清政府颁布《币制则例》，规定银元为本位币，铸造权收归中央政府，开铸“大清银币”。民国3年（1914年），北京北洋政府又颁布《国币条例》，开铸袁世凯头像银币，面额1元，俗称

"大头"或"袁币"，流通全国。民国9年，在铜元路宝浙局旧址设杭州造币厂，主要受上海、杭州两地的中国银行、交通银行委托代铸银元。先铸"袁币"，民国16年改铸孙中山头像的"孙币"（"小头"）。民国21年（1932年）上海造币厂建成后，杭州造币厂停业。清代后期银元广泛流通后，全国各大城市除现洋交易外都另有"虚银本位"，以银两的"两"为单位。但杭州的虚本位货币以银元的"元"为计数单位，故称"虚洋本位"，简称"杭洋"。"杭洋"没有货币实体，只是一种记账名称。由于各地虚本位不同，现洋与虚本位比价波动，使地区间往来结算繁杂。杭州的现洋与"杭洋"的比价叫作"现水"。民国22年（1933年），南京国民政府发布"废两改元令"。次年杭州取消"杭洋"虚本位。除前述浙江官钱局发行银洋票等外，清末和民国时期银行还发行过许多钞票，统称兑换券。杭州发行兑换券的有浙江兴业银行、浙江银行、大清银行和中国银行。在杭州市场流通的还有中央银行、交通银行、中南银行、中国实业银行、中国通商银行、四明商业储蓄银行、中国垦业银行等发行的兑换券。又浙江军政府为应付军需，于宣统三年（1911年）、民国元年（1912年）和民国5年先后3次发行军用票。民国13年（1924年）卢永祥任浙江军务善后督办时发行"浙江金库兑换券"，由浙江地方银行代为发行和兑换。

浙江的信用合作社运动发生得比较早。杭州很早就出现钱会（又称兜会、纠会、银会、合会），即民间所称的金融互助会。清代和民国初期，各类钱会均为合法组织。特别是公益型、专业型钱会，政府不仅承认其合法性，还确认其法人资格，颁给《奉宪颁给户则清册》。后又出现信用合作社。萧山县衙前村信用合作社是浙江省最早建立的信用合作社。民国10年（1921年），沈定一、刘大白、宣中华创建萧山县衙前村农民协会。民国13年，沈定一又创建了萧山县衙前村信用合作社。沈定一为萧山人，是中国共产党的早期党员，从光绪二十七年（1901年）起历任云南广通知县、武定知州、省会巡警总办等职，后因暗中帮助同盟会进行河口起义被人告密而流亡日本。宣统二年（1910年）回国，辛亥革命后参加光复上海的武装起义。民国元年（1912年）当选为浙江省第一届省议会议员，后因参加倒袁运动再次流亡日本。民国5年回国后当选为第二届浙江省议会议长。民国9年，在共产国际帮助下与陈独秀等在上海发起组建上海共产主义小组。民国10年，在家乡衙前邀集中国共产主义青年团团员及进步学生宣中华等创办农村小学，并领导衙前农民运动。民国12年6月，受孙中山指派与蒋介石同赴苏联考察政治军事。11月回国后加入国民党，当选为国民党中央委员会候补委员，在杭州主持召开国民党浙江支部会议。民国14年，在国民党右派戴季陶的支持下，于衙前主持召开国民党浙江省临时执行委员会，破坏浙江国共合作，中共中央决定将其清除出党。民国15年，国民党内部派系倾轧，沈定一辞去所有职务回衙前试行地方自治，建立东乡自治会。民国17年由莫干山返回衙前时被刺身亡。衙前信用合作社是沈定一试行地方自治时发起组织的。先后入社农户有540户，股金为每户1元，共筹得基金540元。由农民协会推举副会长金如涛、李张保和佃农卫炳贤3人组成委员会，并推金如涛为主任。其经营业务是贷款给有困难的合作社社员。贷款的资金来源除了上述入社社员缴纳的基金外主要还有：（1）农民协会在农民运动中没收财产中的大部分现金；（2）当时在衙前村推广优良蚕种和新法育蚕的劳农学院借来的无息借款500元；（3）其他借入资金。民国18年9月该社共有借入资金6490元，贷款总额6820元。社员借款均不计利息，每笔贷额一般为3—5元，最多不超过10元。到期归还，有特殊困难的可以展期。当时萧山先后建立的还有瓜沥信用合作社和南阳信用合作社，均受东乡自治会领导。民国19年东乡自治会解散，这3个信用合作社也先后停办。民国17年（1928年）国民政府将农村合作运动列为七项国策运动之一，颁布《浙江省农村信用合作社暂行条例》。杭州农村相继建立了一些信用合作社，市郊有万松岭信用合作社、笕桥富饶址信用合作社、万仁乡信用合作社、凤凰山脚信用合作社、墅北里信用合作社、北沙村信用合作社、灵隐信用合作社、茅家埠信用合作社、青石桥信用合作社9家，萧山县衙前村信用合作社等3家，富阳县有东洲第一村何埭无限责任信用合作社等29家，临安有徐卢村无限责任信用合作社等9家，余杭县有临平西罗庄无限责任信用合作社等142家。入社社员每1人1股，每股5元。由于股金甚少，难以满足生产需要。因此，浙江省政府在合作运动甫经展开之际即着手在各地设立农民银行和农民借贷所，作为当时调剂农村金融之机关。民国17年9月，负责筹备全省农民银行的"浙江省农民银行筹备处"成立，又与中国农工银行杭州分行订立"农民放款互约"，拨款38万元作为农贷基金，以农村信用合作社为贷款对象。但中国农工银行杭州分行对农业贷款比例甚低，而且不过数年即停止这一业务。"至1933年末，全省各县已筹设农民银行和农民借贷所等合作金融机关37所。"[1]不过这些金融机关因各种原因并没有得到发展，民国24年后陆续改组或解散。抗日战争后，政府对金融机构实行"复员"政策，不准新式银行、钱庄，因而出现了一批城市信用合作社。民国35年至38年（1946—1949年），市区先后设立浙江省励志信用合作社、浙江省机关员工消费合作社、浙江地方建设协会员工信用合作社、杭州市信用合作社、杭州市第二信用合作社、杭州市妇女信用合作社等。民国36年约有存款5亿元，贷款6亿元。经营方式与钱庄无异，效益以浙江省励志信用合作社为佳。民国27年（1938年）1月，浙江省政府公布《浙江省筹设省合作金库进行办法》，规定"省合作金库资本总额暂定100万元。先由省款认提倡股60万元至80万元。各县合作金库分别认股8000元至2万元。各县农民银行及农民借贷所分别认购提倡股5000元至1万元。各出入口贸易公司认提倡股5000元至2万元，不足之数商由农本局及其他不以赢利为目的之机关法团认购之"。是年3月，浙江省建设厅颁发《浙江省合作金库筹备处组织章程》，浙江省合作金库筹备处宣告成立。为适

[1]陈国强：《浙江金融史》，中国金融出版社1993年版，第222页。

应战争形势之需要，省政府又拟定了《浙江省合作金库筹备处暂行营业办法》，规定其业务范围包括“各种存款、各种放款、汇兑、贴现、代理收付”。贷款对象包括“县市合作金库、贸易公司、各种仓库、省合作社联合社、未成立县合作金库各县市之合作社联合社或区合作社联合社、认购本金库之事业机关及法团、与本处订立特殊契约者”。[1]浙江省合作金库以筹备处名义从民国27年（1938年）4月开始营业，民国29年1月正式成立于丽水。时全省设丽水总库1个，温州、永康、於潜、嵊县、宁波省合作金库办事处5个。有龙泉、云和、丽水、金华、兰溪、乐清等17个县正式成立县合作金库，寿昌、遂安、萧山、富阳等14县设立筹备处并开始营业，淳安等6县设立筹备处但未营业，另有14个办事处或代理处14个以及专业合作金库（温区渔民合作金库）1个。[2]

[1]《各县政府合作金库办法》，浙江省档案馆馆藏档案：L073-000-0180。

[2]浙江省建设厅编：《浙江省建设事业概览》，民国29年（1940年），第25—26页。

广义的金融还包括保险、证券和信托业。嘉庆十年（1805年），英国东印度公司在广州创办谏当保安行（亦译广州保险社、谏当保安行、谏当水险公司、广东保险学会等），这是外商在中国设立的第一家保险公司，也是外商在中国设立的第一家现代股份制企业。光绪十一年（1885年）华商创办仁和、济和两家保险公司，光绪三十四年（1908年）又创办华兴、华安、华成、四海通等几家。到抗日战争前夕，中国保险公司发展到38家，资本总额3000万元。其中中央信托局保险部资本500万元，太平、中一两家保险公司60万元，其余则资力微薄。而此时外商保险公司共有155家，每家资本额也远较华商所办保险公司为大。杭州的保险业起步于民国建立前夕，清宣统三年（1911年），有禅臣、好时、福安、信益、恒安5家保险公司经营水火保险业务，还有永年保险公司经营人寿保险业务。民国初年，火灾频起，商界大多参加保险，业务日益发展。晚清民国时期杭州先后开设有各种保险机构82家。民国20年（1931年）杭州共有保险公司35家，其中华商保险公司9家，外商保险公司26家。险种仅水险、火险、人寿险3种。民国35年（1946年），浙江地方银行发起组建浙江物产保险股份有限公司，核定资本500万元。新中国成立前夕，市区尚有浙江产物、太平、安平、保平等23家保险公司，以及中华、中国产物、中国农业、中国海上、华业、永宁6家保险公司的代理处。

晚清民国时期杭州的证券信托业也开始发展。光绪三十一年（1905年）浙江全省铁路有限公司创办时，采取向民间募集股本的方法解决沪杭铁路的资金问题。20世纪20年代，股票、债券等一些有价证券在杭州发行渐多，转让买卖现象也同时出现。但为数不多，未能形成市场。南京国民政府为解决财政危机，以高利率诱导储蓄而大量发行政府公债，很多银行钱庄将购买公债作为营运的基本业务。杭州、宁波等地也有一些人专门从事掮客性质的证券买卖业务。杭州较早出现的证券公司是元丰证券公司、上海信义昌证券公司杭州分公司两家证券公司，分别设立于民国19年（1930年）和民国20年，它们专做证券期货交易业务。顾客委托其买卖证券，每万元缴保证金600元。以两月为期，

民国20年（1931年）杭州的保险公司

名　称	国别	险　种
中国保险股份有限公司杭州分公司	中　国	水火险
上海华兴保险股份有限公司杭州分公司	中　国	水火险
上海华安合群保险股份有限公司杭州分公司	中　国	人寿险
太平洋保险股份有限公司杭州分公司	中　国	人寿险
中华联合保险股份有限公司杭州分公司	中　国	水火险
上海通易信托股份有限公司杭州分公司	中　国	水火险
中央信托局保险部杭州分部	中　国	水火险
赖安仁保险股份有限公司杭州分公司	中　国	水火险
宁绍保险股份有限公司杭州分公司	中　国	人寿险
太古保险股份有限公司杭州分公司	英　国	水火险
太阳保险股份有限公司杭州分公司	英　国	水火险
公平保险股份有限公司杭州分公司	英　国	水火险
百立太保险股份有限公司杭州分公司	英　国	水火险
泰隆保险股份有限公司杭州分公司	英　国	水火险
保兴保险股份有限公司杭州分公司	英　国	水火险
保隆保险股份有限公司杭州分公司	英　国	水火险
锦龙保险股份有限公司杭州分公司	英　国	水火险
中和保险股份有限公司杭州分公司	英　国	水火险
信礼保险股份有限公司杭州分公司	英　国	水火险
巴勒保险股份有限公司杭州分公司	英　国	水火险
祥兴保险股份有限公司杭州分公司	英　国	水火险
保慎保险股份有限公司杭州分公司	英　国	水火险
禅臣保险股份有限公司杭州分公司	英　国	水火险
联安保险股份有限公司杭州分公司	英　国	水火险
泰慎保险股份有限公司杭州分公司	英　国	水火险
美亚保险股份有限公司杭州分公司	美　国	水火险
美最时保险股份有限公司杭州分公司	德　国	水火险
美兴保险股份有限公司杭州分公司	美　国	水火险
花旗保险股份有限公司杭州分公司	美　国	水火险
礼和保险股份有限公司杭州分公司	德　国	水火险
祥泰保险股份有限公司杭州分公司	德　国	水火险
永兴保险股份有限公司杭州分公司	法　国	水火险
鲁麟保险股份有限公司杭州分公司	德　国	水火险
友邦保险股份有限公司杭州分公司	美　国	人寿险

资料来源：建设委员会调查浙江经济所编：《杭州市经济调查》下，载民国浙江史研究中心、杭州师范大学选编：《民国浙江史料辑刊》第1辑第7册，国家图书馆出版社2009年版，第604—605页。

可随时买卖结算。亏在保证金内扣除，盈则发还保证金和盈余款。交易以国家公债为主，市价以上海为标准。民国21年，杭州有鸿源、致丰、惠通、同盛4家小钱庄兼营这一业务。成交的证券全是浙江省政府发行的公债（国家公债的交易仍需通过上海交易所进行），没有公司股票、债券交易。民国23年，上海通易信托公司在杭州设立分公司，办理信托、储蓄及一般银行业务。后中央信托股份有限公司（后因与政府所办的中央信托局同名而改名中一信托股份有限公司）也在杭州设立分支机构。另外，中国银行杭州分行、交通银行杭州分行、中国实业银行杭州分行、大陆银行杭州分行、四明银行杭州分行、中南银行杭州分行、浙江实业银行杭州分行、浙江兴业银行杭州分行、浙江地方银行、两浙商业银行等都设立了信托部，主要经营以下业务：（1）代理有价证

民国16年至20年（1927—1931年）国内公债及库券市价（单位：元）

债券名称	市价	1927年	1928年	1929年	1930年	1931年
整理六厘	最高 最低	81.00 36.40	83.40 55.00	83.00 63.00	73.50 60.20	71.45 28.80
七年长期	最高 最低	69.90 33.00	80.70 63.60	77.20 67.30	85.50 72.00	85.00 73.40
九六公债	最高 最低		30.00 18.00	26.80 17.50	22.20 22.00	21.00 7.00
裁兵公债	最高 最低				77.00 40.50	80.60 49.00
善后公债	最高 最低		73.00 65.50	86.10 69.50	95.10 79.00	95.00 89.00
金融长期	最高 最低				34.50 28.60	40.00 26.50
二十年盐税	最高 最低					55.30 29.70
二十年统税	最高 最低					63.20 30.00
十九年卷烟	最高 最低				78.10 73.60	76.00 66.80
二十年卷烟	最高 最低					78.00 30.70
编遣库券	最高 最低				65.00 40.00	65.60 27.50
十八年关税	最高 最低			77.50 58.50	69.50 49.40	62.90 28.60
十九年关税	最高 最低				80.50 67.40	82.70 36.50
二十年关税	最高 最低					78.10 30.50
十九年善后库券	最高 最低				78.90 75.00	82.50 33.00

资料来源：杭州市地方志编纂办公室编：《杭州地方志资料》第4辑，1988年，第159页。

民国17年至20年（1928—1931年）浙江省公债市价（单位：元）

公债名称	市价	1928年	1929年	1930年	1931年
建设公债	最高 最低		62.0 61.4	67.0 65.0	79.0 45.0
偿还旧欠公债	最高 最低	63.0 62.0	75.0 73.5	76.0 74.8	70.0 42.6
公路公债	最高 最低	62.0 60.6	67.0 65.2	80.0 78.6	89.5 58.0
赈灾公债	最高 最低			58.2 56.4	79.0 41.5
清理旧欠公债	最高 最低				61.0 60.6
自来水公债	最高 最低				53.0 30.0

资料来源：杭州市地方志编纂办公室编：《杭州地方志资料》第4辑，1988年，第161页。

券买卖，主要是买卖政府公债和公司股票；（2）代理房地产买卖、租赁以及招堆客货等，浙江兴业银行杭州分行信托部还开办保险箱出租业务；（3）兼理保险业务；（4）代理银团组织投资业务等。民国24年，杭州钱业会馆成立浙江省证券评议交易所（又称浙江省公债买卖集议所），拟专门交易本省政府公债，后因省政府不批准而停运。

三、旅游城市定位及其战略导向

自吴越国特别是南宋以来，杭州的旅游业即开始逐渐兴起。在晚清民国时期“棉铁主义”盛行的大背景下，杭州并没有简单奉行功利主义，而是以地理区位、资源禀赋以及西方的贸易主义为根据，突出发展服务业，尤其是推动城市功能和定位向现代旅游城市转变，较好地保护了城市的经济资源和生态资源。

杭州在历史上有过3次大的城市格局调整或城市化过程。清代以前主要沿循吴越国、南宋时期的城市规划线路逐步拓展，大体范围都在延龄路以东区域。晚清时拱宸桥一带划为租界后有了较大发展，后又有铁路、公路与主城区连接。辛亥革命拨除八旗军旗防营后在西湖湖滨建立了新市场，并将城市建成区从延龄路西延到西湖，形成了当时的城市新区，也使杭州形成扇形城市布局。这一新区的核心部分直至改革开放前北部延伸至武林门一带。这样，以新市场和拱埠为核心分别形成了两个城市新区。最后一次是改革开放以来向各个方向尤其是钱塘江沿岸的拓展。民国时期杭州的城市规划调整已经具有清晰的旅游城市概念。

民国元年至37年（1912—1948年）
杭州市区人口数（单位：人）

年份	杭　县	杭州市
1912	680 287	
1919	1 054 281	
1927		380 031
1928	390 351	451 147
1929		474 228
1930		506 930
1931		523 569
1932	393 401	529 862
1933		524 012
1935		490 187
1936	402 643	490 187
1946	350 836	
1947		434 000
1948		约500 000

资料来源：杭州市地方志编纂委员会编：《杭州市志》第1卷，中华书局1997年版，第407页。

民国元年（1912年）拆除钱塘门至涌金门城墙，次年拆除旗防营城墙，使城区与西湖连成一片，并打通了城区通往西湖旅游区及北部平原的通道，打破了湖滨一带发展工商业及进行城市建设的封禁，促进城市经济功能特别是旅游功能提升，为建设现代化城市奠定了基础。拆除钱塘门至涌金门城墙后，先建立了湖滨5个公园。它们由5块大小不等的园地连缀而成，全长近1km。公园之间修建码头，加强了新市场和西湖风景的衔接。民国18年（1929年），又将圣塘路附近的20亩土地辟划成湖滨第六公园。民国16年将位于西湖孤山之麓的原为玄烨南巡时的行宫所在地部分改建为中山公园。此外，还规划开辟了上城公园、吴山公园和城北公园、城站公园等新公园。公园为城市公共生活和公共领域的形成创造了条件。辛亥革命后废除了清代建制杭州府，将仁和、钱塘两县合并为杭县，直属浙江省，工商业不再受原两县行政藩篱的分割，而可以在空间上得以融合发展。另外还废除了地保遗制，彻底取消了封建政权对人口和土地的严格管制，人口迁移更加自由，使得杭州工商业的发展和人口集中大大加速。辛亥革命后短短7年中，杭州（杭县全境）人口净增54%，年均增长6.5%。民国16年（1927年）南京国民政府成立后，撤销道制，实行省县两级制，规定在经济上有特殊情形者可酌情设市，浙江省政府划出杭县城区及西湖全境，即东南沿钱塘江至闸口一带，西至云栖、天竺，北至拱宸桥、笕桥，另设杭州市。杭州建市后，政府按照西方城市管理模式设立财政、工务、公安、教育、公用、卫生6局，另设市参事会，为咨询及代议机关。新市政厅（后改市政府）发表8项兴革措施：调查户口、兴办自来水、增加菜场、设游民艺习所、发展贫民教育、修筑道路、疏浚西湖、改进旅游景区。在政府的主导下，杭州的市政建设全面展开。杭州商人则积极参与到这一建设运动之中，有的直接承揽市场化项目，有的则参与政府工程。从新市场建设、道路建设，到自来水厂、邮政、电信、公交、电力、旅游等各方面，无所不及。

杭州市政府组织对全市地理空间进行精准测绘，先后绘制了《杭州市图》《杭州市街及西湖附近图》《最近实测杭州西湖图》《杭州市附近名胜交通图》等。杭州市政府工务局制定了《杭州市工务局行政计划纲要》，提出了较为详细的城市规划方案。此后又不断深化城市规划，形成商业、住宅、工业等各类功能区规划概念。民国21年（1932年），拟定《杭州市政府分区计划草图》，设有专门的工业区和住宅区，商业区则零星分布。其中西湖风景区和公园占规划面积的2/3。[1]民国23年至26年（1934—1937年）编制的《杭州新都市计划图》所做分区更为详细，有行政区、风景区、森林区、商业区、农业区、码头区、园林区、文化区各1个，工业区3个，住宅区2个，共13个区。工业区分布于城市外围。新市场内为商业和文化区。[2]这一规划是政府与包括商人在内的公众互动的成果。新规划的新市场一带迅速崛起，成为杭州的闹市区。当时曾有“三馆兴市”的建设理念（三馆即旅馆、菜馆、戏馆）。延龄路逐渐取代清河坊成为杭州最繁华的商业街区。新市场平海路房屋月租金达到每平方米40元，可与上海匹敌。杭州通商后，西方建筑样式传入，中西建筑风格互融。20世纪20年代，开始使用钢筋混凝土，建筑物普遍有三四层，最高达7层。外立面以水刷石或斩假石做花饰和古典柱式，更高级的则以花岗石贴面，有的还采用花岗石雕花饰件。内部装饰开始用拼木地板、木台和石膏花饰。产生了浙江兴业银行、新新饭店等优秀设计作品。浙江兴业银行建筑面积3487m^2，主体为一幢5开间3层的西式古典建筑，钢筋混凝土结构，花岗石贴面，爱奥尼亚柱

[1]阙维民：《杭州城池暨西湖历史图说》附图，浙江人民出版社2000年版，第209页。

[2]阙维民：《杭州城池暨西湖历史图说》附图，浙江人民出版社2000年版，第215页。

式（Ionic Order）门楼，中部冠戴高突的圆顶。[1]整幢建筑造型宏伟，比例精当，装饰华丽，内部用材和装修考究，宽敞气派，是建筑精品。

在政府和商界两方面的共同推动下，民国时期杭州的城市基础设施大幅度改善。民国5年（1916年）孙中山到杭州时发表演说即称赞："兄弟于四年前曾到杭州，今日重来，见道路修治，气象一新，足见浙江之进步。"[2]光绪三十三年（1907年），金敬秋、杨长清等为解决工商企业照明问题而发起筹建电厂，但因不少人认为电流危险性大、易肇火灾及人身伤亡事故，一时不能接受。但筹划者坚定不移。杭州市总商会从工商界需要出发也积极支持，会长王芗泉还受聘担任商办浙江省杭江大有利电灯股份有限公司经理。宣统三年（1911年），浙江省杭江大有利电灯股份有限公司板儿巷电厂建成发电，当年发电负荷112kW，用电量8万kW·h。辛亥革命后，新市场拓展，大量新建房屋和马路路灯、营业夜市都需电力供应，电力消费剧增使公司规模得以进一步拓展。民国5年（1916年）新400kW汽轮发电机设备1组，民国7年又增加1000kW汽轮发电机设备1组，装机容量达到1880kW。民国10年发电负荷1700kW，年发电量约500万kW·h。该公司的兴办资金主要是向浙江兴业银行借贷，最多时曾积欠贷款10多万元，但到民国6年已经还清了所有贷款。民国11年艮山门电厂建成发电，板儿巷电厂转为备用。民国18年浙江省政府收回改为官办，并改名为杭州电厂。省政府随即推出"浙江省建设公债"，计划用公债募集的资金再建一个新电厂——闸口电厂。公债推出不久，就急匆匆向国外企业订购了全套发电设备。然而公债发行情况不佳，离确定的目标相差很远。在艰难时刻，杭州金融界知名人士李馥荪发动中国银行、交通银行、浙江兴业银行以及几家富商组成"企信银团"，垫付资金300万元。民国20年，省政府将电厂委托"企信银团"经营。次年将全部资产和电器事业专营权（30年）以法币660万元的价格卖给了"企信银团"。该年闸口电厂建成，总装机容量达到1.5万kW，供电能力为浙江全省之冠，与南京下关电厂和上海杨浦电厂并称江南三大电厂。闸口电厂可供全市需要，故撤销板儿巷电厂，艮山门电厂转为备用。民国22年杭州电厂改组为杭州电气股份有限公司，李馥荪被推举为董事长，李叔明担任经理。民国4年，萧山临浦镇创立乾元电气公司，此后桐庐、余杭、富阳、建德、淳字、新登等县陆续创办了一些城镇小电厂。到民国25年（1936年），杭州共有电力企业17家，总装机容量1.76万kW，年发电量和用电量分别达到3160万度和2264万度，供电最高负荷近9000kW。电网供电范围扩大到250km^2，用户达3.37万户。其中市区用电量

民国16年至25年（1927—1936年）杭州路灯增加情况

年份	1927	1928	1929	1930	1931	1932	1933	1934	1935	1936
盏数	2 488	4 034	4 239	4 259	4 265	4 277	4 298	4 536	4 713	4 862

资料来源：杭州市政府秘书处编：《杭州市政府十周年纪念特刊》，杭州市档案馆：《民国时期杭州市政府档案史料汇编》（1927—1949年），1990年，第18页。

[1]杭州市城乡建设志编纂委员会编：《杭州市城乡建设志》上，中华书局2002年版，第178页。

[2]孙中山：《孙中山在杭州之演说辞》，《杭州民国日报》1916年8月19日。

2224万度，年人均综合用电量8.26度。[1]清光绪二十四年（1898年）城市街道开始装用燃油“风灯”，民国后陆续改装为电灯。民国23年，西湖风景区玉泉、灵隐、栖霞岭等地相继添装路灯，为夜间游览提供了方便。另还新增了公共厕所灯。至民国25年，市区路灯增至4862盏。[2]民国17年，浙江省政府批准建造杭州自来水厂，成立杭州自来水筹备委员会。为解决建厂经费问题，依据国民政府《提倡兴办自来水办法》中“凡市县地方无法举办时，得依法发行公债”的规定，次年经市政府批准核发自来水公债250万元，以杭州市土地税及水厂全部产业为担保，按区向工商业主和房屋业主派募。[3]杭州的市内道路在辛亥革命后迅速发展，很大程度上源自湖滨新市场等开辟后城区扩大和商业、旅游业的勃兴。当时筹集建设资金采取标卖地基的方式取得。杭州商人普遍看好湖滨等地段的发展前景，认购踊跃。民国时期杭州的城市内部交通在布局设计上采用取直规整的办法进行不断修正，并结合自然景观、名胜古迹、城市建筑、城市绿化等方面的要求构建了以西湖为中心的优美、清晰、便捷的交通网络。民国元年（1912年）设立浙江省民政司，其内又设规划工程事务所，负责对市区道路规划修筑。先对新市场通道进行分级建设，一等路面宽60尺（19.2m），人行道各宽10尺（3.2m）；二等路面宽30尺（9.6m），人行道各宽6尺（1.92m）。共修一等路迎紫路（今解放街湖滨路至青年路段）、延龄路（今延安路解放路至庆春路段）、湖滨路（今六公园至南山路涌金门段）、平海路4条约4020m，二等兴武路（今开元路）、仁和路、花市路（今邮电路）、吴山路、长生路、泗水坊路（今国货路）、惠兴路、岳王路、钱塘路（今庆春路众安桥至东坡路段）、学士路、将军路（今人民路延安路南山路段）、柳营路、慈幼路（今人民路浣沙路至延安路段）、蕲王路、东坡路、孝女路、白傅路、东浣路和西浣沙路（河填后统称浣沙路）、南浣路和北浣沙路（河填后部分为今龙翔路、东坡路）、板桥路、杭县路（今青年路）23条约11890m。民国6年，浙江都督府修筑杭州城站附近的道路，路面宽6.4m。不久又修荐桥路（今清泰街佑圣观路至中山中路段）、清泰路（今清泰街中段）、长明寺路、蒲场巷（今大学路）、城头巷、佑圣观路、福缘路（今福缘巷）、馆驿后路、三桥路（今斗富桥三路）、二桥路（今斗富桥二路）、马弄路（今城头巷二桥至梅花碑西）、许衙路（今城站路）、板儿巷（今建国南路清泰街至姚园寺巷段）等13条路，路面宽20尺（6.4m），总长约5707m。这些道路的修筑使城站成为交通要冲和新的商业中心，与新市场遥相呼应。民国9年，浙江省议会议决修建环湖公路。民国11年修成，分为圣塘路、白公路（今少年宫广场、白堤及孤山路）、岳坟路（今北山路）、灵隐路等，总长7791m，路宽30尺（9.6m），人行道各宽5尺（1.6m）。[4]随后涌金门至净慈寺、江墅路（中山路凤山门至贯桥段）、大营盘路（今体育场路宝善桥至万寿亭）、庆春路（今建国路至众安桥）等先后筑路。民国16年杭州设市后，为了统一规划和实施城市

[1]杭州市城乡建设志编纂委员会编：《杭州市城乡建设志》上，中华书局2002年版，第378、385页。

[2]杭州市电力工业志编纂委员会编：《杭州市电力工业志》，水利电力出版社1994年版，第177、178页。

[3]杭州市地方志编纂委员会编：《杭州市志》第5卷，中华书局1997年版，第42页。

[4]施奠东主编：《西湖志》，上海古籍出版社1995年版，第708页。

建设方案，成立了专管城市建设的工务局。当时提出的城区道路建设计划是："大致就原有道路，视其交通情形，分干道支路，拟定适宜之宽度，南北交通干道以中山路为中心，另附以平行线二条，东西干道以新民路为中心，另附以平行线五条，其余则按照各地段情形，依所定等级，妥为支配，俾与各干道相互联络，沿城垣一带，则加筑环城路，各河道之无关水利者，均填平筑路，其应行保存者，则于河岸开辟道路……再称街道之东西向者为街，南北向者为路，其余弯曲之支道，则仍沿用原有巷弄，以期划一名称，并以便利外来旅客。"[1]修建干道主要有中山南路、中山北路、艮山门至笕桥干道、湖滨至九堡干道、武林门至杜子桥干道、武林门至艮山门干道、凤山门至六和塔干道等。[2]至民国26年（1937年），市区道路初具网络。据民国25年11月30日出版的《杭州市政季刊》记载，市区道路计有83条共58.13km。至新中国成立前夕，又达到307.88km。在完善市内道路的同时，还在对外交通站、港的衔接上做了必要的优化，使得与近郊、省内外风景区的交通联系更为便捷。近郊包括塘栖长桥、富阳鹳山、临安天目山、白龙潭、桐坞、梵村等，形成短长途交错的旅游线路网。按步游、舆游、舟游和骑马游等不同交通工具分为1日游、3日游、5日游、8日游，直到10日游、15日游。浙江省政府在规划修筑省道的同时，还修筑了省道至省内风景区的支线。省建设厅以杭州为中心规划17个风景名胜点构成的旅游体系，建立联系各个风景点的12条支线交通网。杭州至天目山、莫干山、桐庐、天台山、雁荡山等风景名胜点道路的修通，以及杭州至安徽、福建、江西等省道路的建成，为杭州发展市（县）际、省际旅游奠定了基础。由于基础设施的改善，浙江省初步形成了以杭州为中心的交通网和贸易网，密切了杭州与沿海商埠和内陆城市的联系，便捷了大宗商品的流通，繁荣了城市经济，加速了城市现代化进程。[3]

清代早期即对"西湖十景"进行了系统的修缮和整治，到雍正时期拓展为"西湖十八景"，乾隆时期又有"钱塘二十四景"。乾隆年间（1736—1795年）杭州人翟灏、翟瀚兄弟合著的《湖山便览》一书记载的西湖游览景点已经增加到1016处。雍正二年（1724年），浙江总督兼巡抚李卫及浙江盐驿道副使王钧费银3.7万余两，历时近两年，疏浚里湖及外湖3100多亩淤浅葑滩，增设了许多景点。《湖山便览》卷一《纪盛·十景》云："雍正间，总督李卫浚治西湖，缮修胜迹，复增西湖一十八景，目曰：湖山春社、功德崇坊、玉带晴虹、海霞西爽、梅林归鹤、鱼沼秋蓉、莲池松舍、宝石凤亭、亭湾骑射、蕉石鸣琴、玉泉鱼跃、凤岭松涛、湖心平眺、吴山大观、天竺香市、云栖梵径、韬光观海、西溪探梅。"[4]西湖十八景分布范围较广，既有自然风光，也涉及民间风俗。钱塘二十四景由弘历品题诗集合而成，取西湖十八景十三再新增十一，分4字和3字两类。其目为：湖山春社、宝石凤亭、玉带晴虹、吴山大观、梅林归鹤、湖心平眺、蕉石鸣琴、玉泉鱼跃、凤岭松涛、天竺香市、韬光观海、云栖梵

[1]杭州市政府秘书处编：《杭州市政府十周年纪念特刊》，载杭州市档案馆编：《民国时期杭州市政府档案史料汇编》（1927—1949年），1990年，第88页。

[2]张光剑：《杭州市指南》，民国24年（1935年），第19—21页。

[3]马珊珊：《民国时期杭州城市发展与城市意象：以旅游功能为中心的考察》（1912—1937年），东北师范大学硕士学位论文，2008年。

[4]翟灏、翟瀚辑，王维翰重订：《湖山便览》，成文出版社有限公司1983年版。

径、西溪探梅、小有天园、漪园湖亭、留余山居、篁岭卷阿、吟香别业、瑞石古洞、黄龙积翠、香台普观、澄观台、六和塔、述古堂。嘉庆年间（1796—1820年），西湖中的湖心亭、三潭印月、阮公墩整体形成。清代还增设了许多园林，包括皇家园林、公共园林、私家园林、寺庙园林等。皇家园林主要是为玄烨、弘历两帝南巡而兴建的两座行宫太平坊行宫、孤山行宫，包括西湖十八景或钱塘二十四景在内的大多数园林都是公共园林，私家园林则有刘庄、宋庄（郭庄）等。圣因寺、灵隐寺、净慈寺、昭庆寺并称“杭州四大丛林”，是寺庙园林的代表。清代中后期，杭州的旅游设施已比较完备，具有了现代意义上的旅游气象。有记载的当时的西湖画舫达一二百种，又有小有天、聚丰园、宴宾楼、奎元馆、楼外楼、状元馆、天外天菜馆、颐香斋食品店、件儿饭店（“件儿”为杭州方言，意指小份、小件。件儿饭相当于小吃）、羊汤饭店、天竺饭店、王润兴饭店、五柳居、壶春楼、杏花村、两宜楼、卧龙居、自然居等几十家餐馆，三雅园、藕香居、雅园、喜雨台等几百家茶馆。晚清民国时对这些旅游资源进行了全面整修和完善。首先是加强文化遗产保护。清末重建了灵隐寺大雄宝殿，民国6年增建大悲阁，民国19年建翠微亭、春淙亭，翻建天王殿，民国21年重塑弥勒佛和四大天王像。民国3年修于谦祠、西泠桥，民国4年修放鹤亭，民国7年至12年修岳王庙，民国12年修钱王祠，民国13年拆建保俶塔。民国时期对孤山景区进行了全面修整改造，基本形成了今日所见的格局。民国6年（1917年）将清同治三年（1864年）设立的西湖浚湖局改为西湖工程局，隶属于浙江省会工程局。民国17年设市时裁撤西湖工程局，由浙江省会工程局和杭州市政府工务科负责浚湖事宜。时常设浚湖工30人，机器挖泥船2艘，捞草机船2艘，小船18艘，每日约可挖湖泥、水草各110m^2。虽然时逢战乱，经费也较紧张，晚清民国时期还是对西湖进行了多次规模较大的疏浚。又对环湖沿线的环境进行了整治，拆除违章建筑，增加绿化，规定名胜景点150m范围内不得营葬。其次是添建了一些旅游设施。如宝石山的坚匏别墅和秋水山庄、夕照山麓的汪庄、丁家山下的刘庄、丁家山上的康庄、卧龙桥下的郭庄、万松岭上的万松园、涌金门的澄庐、苏堤南端的蒋庄等，又如陈英士等的纪念设施。在此基础上，对旅游资源进行整体性推广和经营。

晚清民国杭州道路经历了土路、碎砖路、碎石路到沥青路的变迁，与之相适应的是杭州的公共交通工具经历了从轿车到骡马车、人力车再到汽车的急剧新陈代谢。清末杭州著名的大轿埠有72家，各埠均有当官值班。其余小轿埠遍及全城和风景区，有110处。小轿埠归大轿埠管理。轿夫除政府的轿班、富商私人雇用外，其余一律划分地域归轿埠管理。轿子式样有花轿、乌壳轿、凉轿、兜子轿、三斗轿等。辛亥革命以后，由于宣扬平等思想，坐轿人有所减少，但以轿为生者在仍有一二千人之多。民国24年（1935年），“全市各埠轿行，较大者犹存二十六家，计轿二百零九乘”[1]。较大

[1]国民党浙江省党部编：《西湖导游录》，杭州正中书局民国24年（1935年）版。

的轿行有灵隐埠、茅家埠、利泰埠、熙春埠、聚英埠、东方埠、大通埠、瀛洲埠、鸿升埠等。总资本5460元，年营业额22500元。“湖滨各大旅馆，如西湖饭店，清华旅馆等，均自备轿舆供客乘坐。”[1]抗日战争时轿业凋零，此后至民国37年（1948年）又复兴，有轿行21家，直至1953年轿行才自行歇业。清末清波门、钱塘门、武林门一带均设有骡马棚，专门经营骡马租借业务，供行人代步。人力车俗称黄包车，由日本人礁加于1870年发明，约在19世纪80年代末90年代初出现在拱宸桥的日本租界，被称为“东洋车”。与轿子、骡马车相比，它具有速度相对较快、效率高、价格低的优点，因而在杭州发展较快，成为轿子的有力竞争对手，并在20世纪20年代初汽车进入后仍然以较快的速度增长。民国元年有人力车50辆，民国5年519辆，民国9年1124辆，民国12年2183辆，民国16年设市时2947辆。[2]民国20年营业人力车3492辆，有车行164个，车夫达8800余人。另有自用人力车1362辆。[3]民国25年有营业人力车4305辆、自用人力车1500辆。[4]民国32年南洋三轮车股份有限公司开业，有三轮车十多辆。后又有杭州三轮车股份有限公司和日本人的西湖三轮车股份有限公司相继开张，各备车20辆。自行车约在清光绪年间传入杭州，为富豪之家的奢侈品，后逐步成为营业性出租和自备的代步交通工具。民国时多称脚踏车，已是杭州重要的交通工具。光绪年间（1875—1908年）云飞车行即开展自行车出租业务，民国初期则有同昌、华发等租车行。民国17年（1928年）经市工务部门登记发照的自用自行车约2000辆，其中营业自行车600辆。[5]民国20年，自用自行车3748辆，为各种车辆中最多的。时有自行车行71个，出租用自行车450辆。[6]当时只能在市区使用。民国25年全省互通后自行车数量激增，次年上半年自用和出租用自行车达1.1万余辆，出租车行增加到136家。[7]民国11年，大世界游艺场经理潘宝泉和湖滨旅馆经理陆宝泉分别组建宝华汽车行和永华汽车行，后两家公司合并组建为永华汽车公司。有可乘10余人的客车1辆作公共汽车，在湖滨至灵隐的风景线上营运；另有小客车7辆兼营出租业务，主要在湖滨至拱宸桥之间营运。次年又陆续增添较大型客车6辆，并在洪春桥设有简易修车场。民国21年该公司还出资铺设了市区至灵隐的沥青公路。后来又有其他一些汽车公司相继挂牌。民国20年计有之江、永华、西湖、海丰、黑猫、三友、龙飞、震昌、大亚、兄弟、上海、中央等汽车行13家，有客运汽车58辆、自用汽车83辆。[8]民国23年浙江省公路局设立湖滨营业所，兼营小客车出租和游览包车业务，开辟杭州至海宁、天目山、黄山、严子陵钓台等地的长途旅游出租车业务。至民国26年（1937年）全市计有汽车公司24家，有客运汽车87辆、货运汽车39辆、自用汽车307辆。[9]游西湖必用游船，所谓“游西湖者必雇游艇，方可放手中游，纵情山水”[10]。民国时期杭州的游船种类、数量、款式日益增多，主要有水月楼、龙头、明玉、十样锦、百花、兰言舫、罗船、乌龙、梅槎、四不像、小划船、渡船、画舫、蓬船、汽船、灯船、秋千船、云舫、看工船等。画

[1]转引自杭州市地方志编纂委员会编：《杭州市志》第2卷，中华书局1997年版，第211页。

[2]杭州市地方志编纂委员会编：《杭州市志》第5卷，中华书局1997年版，第304页。

[3]建设委员会调查浙江经济所编：《杭州市经济调查》上，载民国浙江史研究中心、杭州师范大学选编：《民国浙江史料辑刊》第1辑第6册，国家图书馆出版社2009年版，第200页。

[4]杭州市政府秘书处编：《杭州市政府十周年纪念特刊》，载杭州市档案馆编：《民国时期杭州市政府档案史料汇编》（1927—1949年），1990年，第32页。

[5]杭州市地方志编纂委员会编：《杭州市志》第5卷，中华书局1997年版，第93、98页。

[6]建设委员会调查浙江经济所编：《杭州市经济调查》上，载民国浙江史研究中心、杭州师范大学选编：《民国浙江史料辑刊》第1辑第6册，国家图书馆出版社2009年版，第196页。

[7]杭州市政府秘书处编：《杭州市政府十周年纪念特刊》，载杭州市档案馆编：《民国时期杭州市政府档案史料汇编》（1927—1949年），1990年，第32页。

[8]建设委员会调查浙江经济所编：《杭州市经济调查》上，载民国浙江史研究中心、杭州师范大学选编：《民国浙江史料辑刊》第1辑第6册，国家图书馆出版社2009年版，第195页。

[9]杭州市政府秘书处编：《杭州市政府十周年纪念特刊》，载杭州市档案馆编：《民国时期杭州市政府档案史料汇编》（1927—1949年），1990年，第32页。

[10]石克士：《新杭州导游》，杭州新新印刷公司民国23年（1934年）版，第119页。

舫一般分为里外三进，外面可摆一两桌酒席，内面备有床铺，以供游人休憩，船两侧装有玻璃窗，也有装木板窗或百叶窗的。篷船俗称板踏儿，是西湖游船中最大的。其篷下有窗，仓内甚为宽敞，有桌椅炕床。汽船在当时为时兴之物，系小划船加装发动机而成。除此之外，还有专供文人雅士书画、题咏、赛诗、宴饮的赛诗舫，供学生做功课的读书舫，供杂耍艺人表演的游艺船，供僧尼使用的斋饭船，供军士娱乐的军娱船，专载商人、歌妓、香客的小脚船，等等。据民国20年（1931年）建设委员会调查浙江经济所编《杭州市经济调查》记载，当时西湖共有大小游船622艘、游舫593艘，从业人员1000余人。游船大多聚集在湖滨公园、公共运动场及沿湖各埠，渡船停靠在涌金门、钱塘门、岳坟外。

明清时旅舍一般建在望仙桥、闹市口一带，设施都很简陋。宣统元年（1909年）沪杭铁路通车，城站附近的旅馆业兴旺起来。城站的福缘巷口最早开办清泰旅馆和城站旅馆，以后又开办迎宾旅馆以及其他一些小旅馆。上板儿巷的清泰第一旅馆是当时杭州规模最大、设施最完备的旅馆。但全市总共只有旅馆15家。民国时环西湖一带新建了西湖饭店、西泠饭店、新新旅馆、蝶来饭店、金城饭店、湖滨旅馆、环湖旅馆、沧州饭店、聚英旅馆、新泰旅馆、清泰第二旅馆等规模较大的饭店。它们都是西式建筑，设备较完善。有的旅馆还备有游船、汽车、轿舆等供租用。民国20年（1931年），全市旅馆增至168家。杭州市旅馆业同业公会对入会旅馆进行分等，其中如西湖饭店等特等4家（西泠饭店与西湖饭店相当，但未入会），如城站饭店等一等7家，如新新旅馆等二等8家，如瀛洲旅馆等三等78家。总资本621870元，营业额838750元。[1]“特等的建筑壮丽，设备亦佳，里面附设餐厅、礼堂、弹子室、理发室、洗澡间等；稍次为甲等、乙等旅馆，虽不富丽，但规模相当大，设备亦清洁完善，适于普通旅客居住。”[2]新新旅馆建于民国11年，为6层洋楼，内设会议厅、藏书间、弹子房、舞厅、听书馆等，食宿、娱乐、卫生设施较为完善。何应钦、胡适、郁达夫、梅兰芳、周信芳等曾入住。蝶来饭店在西泠桥畔凤林寺旁，建筑模式更为精致，为陈栩之子陈小蝶于民国19年（1930年）创建。除一般旅馆外，尚有清修寺、大慈定慧寺、大佛寺、玛瑙寺、清涟寺、韬光寺等寺院可供香客、游客寄寓。

晚清民国时期杭州的日用百货和餐饮业非常发达。民国37年（1948年）杭州有日用杂货行业10多个700余家店铺，另还有许多个体摊贩。餐馆有菜馆、饭店、面点店、羔团店、烧饼馒头店、茶食糖果店等。其中菜馆是规模最大的餐饮店，饭店其次，相当于平民食堂的消费水平，二者数量最多。民国20年（1931年），全市共有菜馆80家，总资本21204元，营业额1097490元，从业人员1143人。营业额1万元以上的有聚丰园、协顺兴、宴宾楼、西悦来、三义楼、聚贤馆、大远、天真、五朵云、劳仑斯、功德林、异家香、天香楼、小有天、楼外楼、协兴、素馨斋、素春斋、鸿兴、

[1]建设委员会调查浙江经济所编：《杭州市经济调查》下，载民国浙江史研究中心、杭州师范大学选编：《民国浙江史料辑刊》第1辑第6册，国家图书馆出版社2009年版，第604—613页。

[2]王兰仲：《小说的杭州西湖指南》，民国18年（1929年），第14页。

红月楼、雅园、快活林、太和园南星桥大街店、太和园外西湖店、鼎园处、素香斋、杏花村、新民园、天乐园29家。饭店共258家，总资本67305元，营业额573990元，从业人员892人。营业额6000元以上的有王润兴城站店、王润兴羊市街店、王润兴、春华园、赵长兴、皇饭儿、连升馆、吴杏记、丰和、聚兴楼、德胜馆、聚兴馆、顺和馆13家。另外，有面点店283家、羔团店51家、烧饼馒头店194家、茶食糖果店132家。[1]杭州地方特色名菜或名点"西湖醋鱼"、"龙井虾仁"、"东坡肉"和"虾爆鳝"、"猫耳朵"、"吴山酥油饼"等为中外游客喜爱。

晚清民国时期杭州具有现代文化服务业性质的游艺业也迅速发展，出现了诸如大世界游艺场、杭州大戏院、浙江大舞台、西湖大礼堂电影院、新新娱乐场、杭州影戏院、荣华戏园等大型娱乐设施。民国早期，杭州最著名的娱乐场所为大世界游艺场和新新娱乐场。设在新市场的大世界游艺场规模、设备可比上海大世界，"建筑堂皇伟大，布置曲折精致，游艺高尚名贵，座价舒适低廉"[2]，内设电影、京剧、杭剧、话剧、绍剧、合锦戏、群芳会唱、爱新社女子苏摊及戏法杂技等表演场所。新新娱乐场主要上演京剧及露天电影。浙江大舞台的京剧表演人气最旺，每到晚间"繁丝肉竹喧嚣枯耳，国事兴亡浑不管，满城争说叫天儿"[3]。杭州第一座现代化的剧场是民国3年建成的城站第一舞台，地址在现铁路工人文化宫区域内，总面积2917m^2，有座位1039个，并设有包厢。民国5年开业的城站杭州大戏院，以演出京剧为主，也上演歌舞剧或话剧和放映电影。著名京剧表演家谭鑫培、梅兰芳、马连良、尚小云、芙蓉草、姜妙香、王凤卿等先后在此演出。民国24年9月2日，梅兰芳在此义演7天，净收入2万元，用以赈灾和拨助杭州乞丐收容所。这一时期，新式歌场、舞场很兴盛。歌场往往集合一批青年女子在场，由顾客随便指名点唱。歌女有时也伴舞助兴。较著名的歌场有西湖歌场、金国歌场、望湖楼歌场等，舞场有中美咖啡馆舞场、久隆舞场、凤凰舞场、中国酒家舞场、西湖酒家舞场、西园歌舞场等。另外，全城大小茶馆也是人群聚集的娱乐场所，最主要的活动是唱戏说书。湖滨公众体育场有篮球场、网球场，并装有广播可播放各种音乐、戏曲。民国34年成立杭州市娱乐商业同业公会。民国17年2月，市政府成立影片戏剧杂艺审查委员会，负责审查娱乐场所的表演项目。抗日战争后制定的《杭州市公共娱乐场所管理规则》规定：开设公共娱乐场所须有两家以上殷实商铺保结；须在适当地方分设男女厕所，每日至少清除一二次，并随时施行避疫药水；须于余地内开凿水井，并多备水缸蓄满清水，若装有自来水者应设消防龙头，备有各种救火器具；每日营业时间至迟不得超过午夜12时；门票及各种游艺价格须明白揭示，不得额外多取；营业时间之内大门、侧门、太平门均不得加锁或在旁堆积杂物，等等。[4]

光绪三十四年（1908年）拱宸桥二马路阳春外国茶园内开始放映电影，但至民国初期只有杭州仅有位于现解放街的杭州基督教青年会（思澄

[1]建设委员会调查浙江经济所编：《杭州市经济调查》下，载民国浙江史研究中心、杭州师范大学选编：《民国浙江史料辑刊》第1辑第6册，国家图书馆出版社2009年版，第676页。

[2]《新闻报》1934年10月10日。

[3]张光剑编：《杭州市指南》，民国24年（1935年），第364页。

[4]《杭州市公共娱乐场所管理规则》，杭州市档案馆馆藏档案：旧3-3-209。

堂）和位于现青年路的杭州基督教青年会新址两个教会礼堂放映过无声电影。民国10年至26年（1921—1937年），先后有杭州大世界游艺场电影场、杭州影戏院、西湖大礼堂、联华大戏院等固定放映场所。这些场所大都以大戏院命名注册，其中部分专业放映电影，部分以演戏为主兼营电影。民国10年大世界游艺场电影场（位于今东坡剧院址）开业，始为露天放映，后改为室内。次年城站旅馆屋顶楼外楼露天电影场营业，主要播映国产无声电影。因秩序不好而于民国13年停业。次年杭州基督教青年会开办露天电影场，在杭州最早上映外国影片，以播映美国影片为主。民国5年开业的城站杭州大戏院则是杭州最早的室内电影院。电影商人徐梦痕集股承租原城站第一舞台改建为电影场，专门放映国产影片。延龄路有一家最早开设的京剧院，3层楼座，约有座位2000个，是杭州最大的戏院，原名歌舞台，后改名凤舞台，又改名共舞台，京剧外偶尔也演话剧、越剧及其他戏曲。卖座历来尚好，只因白看戏和闹事的人太多而天天亏本。业主与徐梦痕合作改办电影场，改名浙江大戏院，于民国16年开始营业。民国18年举办首届西湖博览会时，在里西湖建造了大礼堂，有座位1400多个。博览会结束后，由杭州电厂向省建设厅承租开办杭州电厂用户娱乐电影院，以电厂用户为服务对象，凡装电灯的用户都可优惠看电影，并有专车接送。次年王梦樵接办，改名西湖大礼堂电影场，并从民国22年开始放映有声电影，成为杭州最早的有声电影院。民国19年由浙江大学教授胡汝鼎改异步电机为同步电机，使中国有了最早的有声电影。民国24年（1935年）上海联华影片公司张啸林、吴邦藩等与杭州地产主杨东升合资新建联华大戏院（今浙江胜利剧院），设沙发座椅1170座，安装辛泼莱斯放映机，为当时杭州市设备最完善的电影院。民国35年改名为国际大戏院。电影商采取多种形式进行商业宣传，如报刊广告、橱窗画廊、路牌海报、宣传画、说明书、幻灯片、电影评论、电影刊物以及举行首映式等。光绪三十四年四月十八日（1908年5月17日）的《杭州白话报》刊有拱宸桥阳春外国茶园的广告："聘请英国美女跳舞大戏、天下第一活动电光影戏、最新发明电气留声大戏，三班合演连登6天。"民国10年以后，杭州电影业有了发展，《浙江商报》《东南日报》等报刊经常刊登电影广告。为了扩大影响，电影院开业和新片上映时一般都组织首映活动。民国24年联华大戏院开业时，邀请著名电影明星阮玲玉揭幕，首映由她主演的《神女》。民国35年12月西湖大戏院重修门面竣工举行揭幕典礼，邀请电影明星欧阳飞莺剪彩，并上映她主演的《莺飞人间》。民国36年太平洋电影院开业，首映《一江春水向东流》。次年大华电影院开业，首映美国影片《金童玉女》。民国23年成立中国电影教育协会杭州分会。抗日战争后，电影商投资在杭州开办了9家电影院。

早在清光绪年间，杭州就有了照相馆。其中历史最悠久、影响最大的要数涌金门外的二我轩照相馆，它是杭州最早使用"电光照"的照相馆，专门从事一二寸黑白人像拍摄，在宣统年间曾获得南洋第一次劝业会展览金奖。二我轩照相馆还开设了画室，承接人像写真。20世纪到20年代，摄影已成为市民的重要娱乐活动之一。民国18年首届西湖博览会举行期间，照相业有了突飞猛进的发展，一大批新式照相馆开办。除二我轩外，较著名的照相馆还有花市路的月溪，仁和路的活佛照、佛国、留影、顾影，延龄路的英华，新民路的天福、明星、真光，城站的就是我、回回，盐桥大街的逸义，金钱巷的三星，等等。各馆竞相引进国外先进技术，并配有专业机械师操作。清朝人照相大都正襟危坐，且很少有女人照相，民国时期照相则显得随意轻松，具有一定的艺术性。各照相馆都在拍摄西湖风景照方面下功夫。其中英华照相馆的美术摄影被公认为“全杭第一”，月溪照相馆还专门印售西湖风景明信片。民国17年，二我轩照相馆曾组织摄影队至西湖扎营半个月拍摄湖光胜景，由日本游客重重木编写说明，编印《西湖风景图说》，广受中外游客的好评，成为各大旅行社的必备宣传资料。同年，由各地摄影家通力合作精选36张西湖风景照片，由海上重来客编成《银色的西湖》一书，由西湖一朵花发行所发行。另外，活佛照相馆组织拍摄编印的《浙江西湖景》在当时销售量也较大。次年杭州人舒新城出版了摄影集《西湖百景》，进一步表明照相技术的日益普及和摄影艺术观念在当时已经开始形成。[1]

杭州旅游业的快速发展催生了一大批新式旅游图书。民国8年商务印书馆组织摄影并出版《西湖风景画》。民国16年，黄炎培等编纂《西湖》（系《中国名胜》第4卷第1、2集），全方位介绍西湖的山水名胜，在旅游界、艺术界影响非常大。民国15年商务印书馆出版了徐珂的《西湖游览指南》。该书参考了《杭州府志》《仁和县志》《钱塘县志》《西湖志》《湖山便览》《梦粱录》《武林旧事》《西湖游览志》《西湖游记》《神州古史考》《西湖纪述》《孤山志》《钱塘遗事》《西湖杂记》《西湖小史》等50余种方志史料，综合度和可信度均非常高。[2]随后又有《西湖风景图说》、《银色的西湖》、《西湖名胜快览》、《新杭州导游》、《西子湖》、《西湖百景》、《杭州》（俄文版）等问世。另外还有慎修书社出版的楼辛壶编著的珂罗版宣纸质《西湖十景》、西湖鑫记书局出版的由西湖闲闲居士编辑的彩印《名胜西湖》、上海友声旅行团出版的影集《西湖倩影》等。凌善清的《怎样游西湖》（1932年）、易家钱的《西子湖边》（1935年）、沈雨苍和张国雄合撰的《西湖胜迹全集》（1936年）和《游杭快览》（1936年）、赵君豪的《杭州导游》（1937年）等在20世纪30年代颇有影响。民国30年，日本学者木村重在杭州考察后撰著《杭州》（日文版）一书，在日本发行量较大。抗日战争后，宋经楼书局发行了守安的《游览杭州西湖新导》（附《杭州西湖明细全图》），随后又陆续发行了《西湖新指南》《杭州西湖导游》《杭州名胜导游》等书。民国37年，英国人乔治·伯德（George Bird）出版英文版《杭州游记》。影响最大的是民

[1]何王芳：《民国时期杭州城市社会生活研究》，浙江大学博士学位论文，2006年。

[2]柯里、张永等：《杭州概况：解放前夕杭州社会情况调查》，民国37年（1948年），第11页。

国18年中华书局出版的陆费执、舒新城合编的《杭州西湖游览指南》。该书除历史沿革外，尤其翔实介绍了沿湖区、孤山区、葛岭区、北山区、南山区、吴山区、江干区、西溪区和城区等9区，以及苏堤春晓等西湖十景、九里云松等钱塘八景、湖山春社等杭州二十四景等。最后一部分还详细介绍了行程、路线、旅店、商品等。当时的游客几乎人手一册。除旅游图书外，具有地方特色的旅游纪念商品也不断增多。除传统的茶叶、剪刀、绸缎外，新增丝织风景、西湖绸伞、西湖藕粉和昌化小核桃等。

由于服务业全面发展，杭州的旅游城市氛围日渐形成。有的区域构成旅游集聚区。如以新市场为中心的西湖东北岸湖滨地区和城站地区游客集聚规模非常大。新市场“贸易骈集，一般趁或儿风者（杭谚呼热闹为或儿风）纷至沓来，较昔年城隍山益形挤拥。此外如城站之迎轩楼、武林第一楼、模范剧院、益智社等处每到晌午，竟有人满之患，其热闹可以想见”[1]。延龄路开设了新新百货店、张小泉剪刀店、健华西药房、陈永泰西木器店等大型商店，迎紫路开设了国货陈列馆、圣亚美术馆、陈沅昌文具店、云飞自行车行、华胜镜店等大型商店，为众多游客所热衷。围绕新市场，当时杭州东有沪杭铁路终点站城站市场，南有位于钱塘江北岸集散木材柴炭的江干市场，北有运河终点以“三行一市”（米行、纸行、箔庄和鱼市场）闻名的拱墅市场，加上从鼓楼至官巷口的旧市区，形成了一个连接内外的商业网。“自民国纪元，西子湖亦从而革命。西湖何能革命？革旧有地位势力之命也。新市场成立，即为西湖之一大游览地。向之涌金门外，无势力存在之余地。”“游客均麇集于此，最堪骋怀游目者，为湖滨公园。每当夕阳西下，红男绿女，往来不绝。”[2]杭州还自20世纪30年代起即逐渐向国际性旅游城市发展。“近年来，不但居民日增，游人蚁集，即欧美各国人士，慕名而来的，每年达百万人以上。外人尝把它当作东方的日内瓦湖看待。因之，杭州的地位，更蒸蒸而日上。”[3]杭州市政府在市政报告中也称：“年来从事建设，宽拓道路，整理风景，游客纷沓，市面日益繁荣。”[4]

民国12年8月15日，上海商业储蓄银行旅行部成立。同年9月1日在杭州设立分社，后改名为中国旅行社杭州分社，这是杭州第一家股份制旅游企业。初创时社址在湖滨路69号，先后设立金华支社、莫干山夏令办事处等，主要业务是为游客洽购车票、代定游船、出租汽车、预订旅馆、雇佣导游，后扩大到承接中外旅游团整体接待服务。所安排的旅游线路从西湖向郊区邻县风景名胜逐步扩展，提供短长途相结合的旅游产品，并逐步形成品牌。按照步游、舆游、舟游和骑马游等分为1日游、3日游到10日游不等。首先推出的旅游线路有杭州至莫干山（避暑）、至桐庐富春江（舟游）、至海宁（观潮）、至超山（探梅）以及杭州至天目山、诸暨五泄、金华北山等。民国18年首届西湖博览会开幕前夕，该社联合其他旅游机构先后出版了《西湖指南》（英文版）、《西湖游览指南》、《杭州导

[1]《申报》1914年2月2日。

[2]范祖述撰、洪如嵩补辑：《杭俗遗风》，上海文艺出版社1989年版，第5页。

[3]唐应晨：《杭州市政的鸟瞰》，《市政评论》，民国25年（1936年）第4卷第8期。

[4]杭州市政府秘书处编：《杭州市政府十周年纪念特刊》，载杭州市档案馆编：《民国时期杭州市政府档案史料汇编》（1927—1949年），1990年。

游》、《英文杭州指南》等一批导游图书，并发行袖珍杭州西湖图、西湖风景图片等。博览会召开期间，会同上海商业储蓄银行在会场设立临时分社和银行办事处。并从香港、南京、北京、天津等大城市组织了数十个旅游团来杭参观游览。民国23年，美国芝加哥博览会期间，又编印英文中国旅游手册在会上分发。不久还出版《苏杭》等英文旅游指南分寄欧美各机关、团体、铁路、轮船公司等，这是中国旅游企业最早向国外发行的宣传品。抗日战争期间中国旅行社杭州分社被迫解散，直到民国34年10月5日才复业，同时还恢复了金华支社和莫干山办事处。次年，杭州又开办了一家专业旅行社太平洋旅行社，业务与中国旅行社杭州分社相同。另外，还开办了一些非专业性的旅行社，如上海友声旅行团杭州支部、杭州基督教青年会社服务部导游社、京沪杭甬铁路管理局车务处旅行服务所等。面对日益激烈的市场竞争，中国旅行社杭州分社加大了宣传促销力度。民国36年重新编辑发行了《杭州导游》，向游客详细介绍杭州的历史沿革、名胜古迹、风俗习惯、交通设施、地方特产及游程安排等。将杭州的风景区分为湖中区、孤山区、北山区、南山区、西溪区、江干区、吴山区7个区域加以全方位介绍。推出了1日游、3日游、7日游等。[1]另外还与铁路运营企业联合，开通旅游专列，团体购票一律优惠。通过采取一系列别出心裁的营销策略，中国旅行社杭州分社一度生意非常红火。其中沈慕达任经理时，有大小包车20余辆。[2]

[1]中国旅行社杭州分社编：《杭州导游》，民国36年（1947年），第47—48页。

[2]徐珂：《西湖游览指南》，商务印书馆1926年版，第1页。

中国在晚清民国时期先后参加了在世界各地举办的20余次国际性博览会，同时又在国内各地举办了数次地方性博览会，如宣统元年（1909年）在武汉举办的劝业奖进会、宣统二年在南京举办的南洋劝业会、民国17年（1928年）在上海举办的中华国货展览会和民国18年在杭州举办的首届西湖博览会等。博览会对传播科学技术、促进商业和旅游业发展和推进城市化具有重要作用。民国18年（1929年）6月6日，时任浙江省政府主席的张静江以“提倡国货，奖励实业，振兴文化”为宗旨，在杭州组织举办了首届西湖博览会。张静江在首届西湖博览会筹备委员会第一次全体会议上强调：“人们常说在商言商，西湖博览会当然具有商业性，要争取多赚钱、赚大钱。然而，真正的目的是通过博览会，鼓励发展实业，振兴教育，振兴文化，达到振兴中华之目的。因此，在馆所的设置上要充分考虑到我们的民族性和社会性。不但要有教育和文化的展地，而且在展示的产品和物品中要蕴含我们民族文化的精粹。”筹备委员会经过精心策划，并征得社会各界人士的意见，最后确定设立“八馆二所三个特别处”，即工业馆、农业馆、教育馆、艺术馆、卫生馆、丝绸馆、博物馆和革命纪念馆，特别陈列所、参考陈列所，铁路特别陈列处、航空特别陈列处、电信特别陈列处。其中工业馆规模特别大，除展示本省工业主要成果和优秀产品外，还引进世界上最先进的工业产品，如家用电器、电讯装置、初级自动化设备等。首届西湖博览会的展示线路沿西湖长达4km，总面积约5km^2，展馆、展厅、展室和商店上百个，参展展品14.76万件。会期历时137天，参观人数2000余万，海内外代表团1000多个，总收入约51.76万元，是民国时期规模最大、时间最长的国际性盛会。首届西湖博览会筹备委员会在安徽、湖北、上海等省市及浙江省内75个市、县各设分委员会，在苏州、无锡、常州、镇江诸城以及安南（今越南）南圻、爪哇（今印度尼西亚）万隆等地设立征集首届西湖博览会出口委员会，广泛征集展品，耗资337517元。又进行了展品评奖，评出特等奖248个，优等奖802个，一等奖240个，二等奖1600个。举办西湖博览会的内在目的是推动杭州的城市建设、塑造新的城市形象和更新市民观念。博览会举办期间，不仅向世界介绍了杭州，同时也将世界介绍给了杭州，打开了杭州人的眼界。首届西湖博览会不仅展品丰富，而且建筑宏伟，构思新颖。博览会闭幕后，经浙江省政府批准，利用其人员、财产、展品、商品、奖品等建立西湖博物馆（今浙江博物馆）、浙江经济图书馆、杭州电厂用户娱乐电影院3个机构。其中部分展品征得各出品者的同意，转赠给西湖博物馆和浙江经济图书馆。博览会的部分场馆如纪念塔、桥等建筑予以保留，成为旅游景点。

民国22年，在浙江省生产建设会议上，建设厅长曾养甫借用马寅初的说法，认为杭州西湖每年旅游收入已达2000万元，而浙江省有很多名胜古迹，发展旅游事业、增加交通收入是今后发展交通的可取办法。[1]为了增强政府发展旅游业的推动力，民国建立后即设立了杭州市游客局，另有外交部特派浙江交涉署负责外国人来杭事宜。民国13年（1924年），杭州游客局裁撤后相关事务归并市政府秘书处兼办。因外国游客日见增加，秘书处指派专人负责办理该项事务，后又成立“外人护照查验处”6个。同年10月1日，浙江省政府成立名胜导游局，由浙江省建设厅长曾养甫、杭州市长周象贤分任正副局长。名胜导游局在沪杭甬、浙赣铁路及汽车总站设立咨询处。民国18年外交部特派浙江交涉署裁撤后相关功能也归并市政府，根据事务性质分配于秘书处及各局科。民国21年1月，市政府又设立杭州市游客局，下设问讯、宣传两股，专门办理国外游人来杭事宜。并编印中英文游览小册分寄欧美各地，从事旅游宣传和接待工作。当时的游客局既是市政府的旅游管理机构，同时又是一个接待中外游客的经营服务单位，代办住宿、舟车、导游等业务。后又设立杭州市国际观光局和西湖名胜管理处。由于国内外游客来访日趋频繁，游客局仅在设立的前两年即接待旅客1.27多万人，其中民国25年境外游客达到10419人。[2]民国25年又设立杭州市旅游事业研究委员会，从事相关组织协调工作，并印行《新杭州导游》一书。

[1]浙江省交通厅公路交通史编审委员会编：《浙江公路史》第1册，人民交通出版社1988年版，第115页。

[2]杭州市政府秘书处编：《杭州市政府十周年纪念特刊》，载杭州市档案馆编：《民国时期杭州市政府档案史料汇编》（1927—1949年），1990年，第7页。

第二节　现代经济组织的兴起

一、现代企业制度的移植

晚清民国时期是中国现代企业制度引进和形成的时期，也是杭州商人由传统商人向现代企业家转型的时期。根据股东结构和股权比例关系的不同，企业组织经历了3种形态的演变，即单一业主制、多业主合伙制、多股东公司制。在16世纪西方工业化初期，有些家庭手工业者或自然人为扩大生产规模、明确契约责任或确定劳动关系等，以出资方式设立业主制企业。典型的业主所有制是指在经营单位内剩余索取权与最终决策者同为一个人的企业体制，业主既是企业的所有者又是企业的经营者，即所有者—经理（Owner-manager）制。业主的收益包括资本收益和经营收益等所有剩余。这一制度安排使所有者—经理具有强烈的动力去监督、管理和衡量其雇员的工作情况，而且管理成本较低，但也存在规模小、风险大等问题。合伙制企业由数人共同出资，其中部分人如职业经理的管理才能也折价入股。合伙人所得净收益仍然是企业的全部剩余，剩余控制权和剩余索取权也是统一的。18世纪初期，经济规模的扩大要求企业也扩大规模，不仅增加劳动力，而且增加掌握技术和市场的专业人员，由此促成合伙制企业产生。合伙制企业减小了业主所有制的财务约束，投资风险较业主制也有所降低，代理成本很低甚至为零，并在制度上延续了业主制两权合一的制度优点和“人合”特征，但其规模优势和制度优势会随共同所有权的增多而减少，而且与业主制企业一样出资人仍要承担无限责任。合伙制企业可分为一般合伙制企业和有限合伙制企业。一般合伙制企业的所有合伙人按一定的比例分享利润或分担亏损；有限合伙制企业允许某些合伙的责任仅限于每人在合伙制企业的出资额，其中至少有一人是一般合伙人，有限合伙人不参与企业管理。18世纪出现的公司制企业是由合伙制企业演化而来的新型企业组织。公司制企业淡化了传统的“人合”关系，通过资本要素的整合形成十分巨大的投资规模，并分散和降低股东的投资风险。股东是唯一的剩余索取者，并且有剩余控制权。公司制企业遵循二权分立的原则将股东所有权与经营者经营权相分离。从时间次序来讲，先出现的是无限责任公司，然后是由无限责任股东与有限责任股东共同组成的人合兼资合公司，最后是股份有限公司。在西方现代企业规模竞争优势的引导下，晚清民国时期的商人普遍有了创办单一业主制企业的意识，有不少以多业主合伙制方式快速创建了规模远远大于手工业作坊的经济实体，也有一些走到更前沿创办了多股东公司制的现代企业。合伙制经营模式曾经普遍存在于晋商、徽商等商帮的商业经营中，在中国社会已经有了一定的存在基础。由于西方式的多业主合伙制与之具有相似性，与手工业、传统商业、钱庄等经济形态较相适应，因此为中国或杭州商人选择经济组织之首选。晚清和民国前期杭州此类企业一直居于多数。据民国20年（1931年）统计，杭州最大的工商两业经济组织有1.6万余家，但全年销售额仅约1.07亿元，平均每家仅6000元左右。其发展水平与上海有较大差距。张静江认为，杭州“天然地位之优越，远胜上海，乃工商业之幼稚，不独不能与上海比，视广州、天津尤瞠乎其后，此盖人力有所未尽也”[1]。民国20年登记在案的缫丝厂共4家，其中仅杭州纬成股份有限公司为公司制企业，天章丝厂、庆成缫织厂为独资的单一业主制企业，杭州缫丝厂为官办独资企业。总资本87万元，工人2573人。登记在案的丝织厂54家，其中仅震旦丝织厂1家为公司制企业，永安丝织厂等30家为多业主合伙制企业，天章绸厂等23家为独资的单一业主制企业。商业类的蚕行、绸庄等则没有公司制企业。登记在案的棉纺织厂13家，其中10家为商办多业主合伙制企业，2家为官商合办多业主合伙制企业，1家为独资的单一业主制企业。登记在案的针织厂16家，其中8家为多业主合伙制企业，8家为独资的单一业主制企业。[2]丝绸业和棉纺织业是当时工业中规模最大、技术最成熟的产业，相应的企业组织水平也是较高的。社会转型主要不体现在传统的延续，而在于制度的创新及其发展，股份有限公司的引进及其发展是杭州经济现代化的重要量值。

[1]张静江：《〈杭州市经济调查〉序一》，载民国浙江史研究中心、杭州师范大学选编：《民国浙江史料辑刊》第1辑第6册，国家图书馆出版社2009年版，第5页。

[2]建设委员会调查浙江经济所编：《杭州市经济调查》上，载民国浙江史研究中心、杭州师范大学选编：《民国浙江史料辑刊》第1辑第6册，国家图书馆出版社2009年版，第334—400页。

艾尔弗雷德·杜邦·钱德勒（Alfred Dupont Chandler, Jr.）指出，家族公司与企业家公司在现代企业组织形态的发展史上属于同一阶段，具有相同的特征。“在这些公司里，企业创始者及其最亲密的合伙人（和家族）一直掌握有大部分股权。他们与经理人员维持紧密的私人关系，且保留高阶层管理的主要决策权，特别是在有关财务政策、资源分配和高阶层人员的选拔方面。”当创办人与合伙人掌握公司的控股权和经营权时，构成企业家公司；当创办人与其家族掌握公司的股权和经营权时，构成家族公司。可见，家族公司是企业家公司的一种，但企业家公司并不一定是家族公司。晚清民国杭州商人创办或经营的企业大部分为家族公司。钱德勒还指出，美国传统的企业是单一单位公司。这种单一单位公司的特征是：“一个或少数所有者是在一个办事处内经营其商店、工厂、银行或运输公司的。通常此种类型的公司只掌管一种经济职能，经营单一的产品系列，且仅在一个地区内经营。”单一单位公司是与企业家公司或家族公司相适应的一种企业形态。在美国企业发展史上，单一单位公司是一种过渡形态，随着技术提高以及管理创新，它们便向现代多单位大公司发展。晚清民国时期杭州的大部分公司一般只经营一两家工厂或至多数家工厂，生产同类产品，由投资人或家族掌管整个企业，实际上还只是一种单一单位公司。尽管它们中有许多曾试图向现代多单位公司发展，但实现这种目标的却不多。现代多单位大公司有两个基本特点：“它包含许多不同的营业单位，且由各层级支薪的行政人员所管理。”这些大公司“将许多单位置于其控制之下，通常进行不同类型的经济活动，处理不同类型的产品和服务。这些单位的活动和它们之间的交易因而被内部化，它们是由支薪雇员而非市场机制所控制并协调的”。煤、铁和机器等的应用导致了现代工厂的诞生，但现代多单位大公司的出现是在电气时代到来之时才开始的。正如钱德勒所指出的：“分配和生产过程的革命，主要是建立在新的运输和通信的基础设施上。现代大量生产和大量分配所依赖的是在铁路、电报、轮船出现后迅速、庞大且规则的货物和讯息的流动。”[1]多单位大公司正是对这种分配和生产的变革所做出的组织上的反应。多单位大公司主要兴起于19世纪末20世纪初。原来的单一单位公司主要通过两种途径转变成多单位大公司，一种是直接扩张而成，另一种是合并而成。第二次世界大战以前，多单位大公司主要表现为纵向一体化的组合，即从原料到生产到销售都内部化到一个大公司之中。第二次世界大战以后，自动化、计算机、新材料等的应用促进了多样化、多行业公司的成长。这些大公司都制造10种或10种以上不同种类的产品，而且几乎都采用了多分支公司结构。晚清民国时期杭州的企业总体发展水平不高，但也发展了一些多单位大公司，并且也有不少较完善的公司案例。朱光焘、许炳堃、朱维毅等在日本或欧美留学后不仅学到了先进的生产技术，而且直接了解了现代公司制的精髓，他们按照外国的企业制度创办公司，并进行相应的管理。都锦生先后在杭州和上海设厂，又在13个城市开设营业所。浙江全省铁路有限公司、浙江兴业银行、浙江实业银行等比较典型的股份公司则有如下一些现代企业的特点：一是公司章程完备。主持浙江全省铁路有限公司工作多年的汤寿潜曾指出，铁路“以一公司而包含农、工、商、矿各实业，虽拔山之力如海之才未易竟其蕴也。又有外交焉，度支焉，学堂焉，巡警焉，电务焉，分之即新政一大部分。今比而同之，天下至纷赜而不可以理者，莫铁路”[2]。浙江全省铁路有限公司依据日本铁路规章制度，参考欧美铁路公司章程，制定了《奏准商办全浙铁路有限公司章程》。章程规定公司经营管理部门划分为文书、建筑、营业、会计、庶务5局12科，保证“公司用人，无一及私，分局分科，各专责成”[3]。甚至“子弟、亲戚、门生，虽有佳者，经合例之股东荐保，亦必不用，曰宁乔情以防私弊”[4]。二是法人治理结构完备。现代企业制度区别于传统企业最主要的是所有权和经营权分离，因需要在所有者和经营者之间构建制衡机制。浙江全省铁路有限公司建立了比较完善的股东会、董事会、监事会，构成股东会、董事会、监事会、经理层相互分工、相互制衡的法人治理结构。名为查账员的监事会组织由5人组成，他们的投资都是5000元，既有一定身份又非特大股东。浙江兴业银行实行董事长负责制，内部形成管理层级和监督机制。上海大中华火柴公司设协理、总务、会计、营业、厂务、考工、技术7科为主的管理机构。这种以生产经营职能设立专业的管理部门，适应大型化、复杂化企业管理的需要。三是股东大会能充分行使股权。当时多数公司特别是“官督商办”公司的章程中没有召集股东会的规定，一般股东基本不能行使权力。但浙

[1]小艾尔弗雷德·杜邦·钱德勒：《看得见的手：美国企业的管理革命》，董武译，商务印书馆2001年版，第9、2、1—2、2—3、237页。

[2]汤寿潜：《〈奏准商办全浙铁路有限公司章程〉序言》，载政协浙江省萧山市委员会文史工作委员会编：《萧山文史资料选辑》（汤寿潜史料专辑）第4辑，1993年。

[3]鲁确生：《杭广路股集会答词》，《中华新报》1910年6月25日。

[4]佚名：《浙江铁路公司驳〈字林西报〉所登伦敦〈泰晤士报〉北京访事人述沪杭甬路事实函》，《申报》1909年4月3日。

江全省铁路有限公司却改变了这种状况。宣统元年（1909年）在浙江官立两级师范学堂召开的第四次股东年会，到会人数590余人，代表股份合计75730余股。会上报告上年账略，议决实施项目，催缴各府股款，选举董事和查账人，决定总理、副理任期。

一些企业在经营上更是有先进的理念和策略。刘鸿生在游历日本和欧美以后，形成多元化、集团化发展的战略思维，着手筹建其在各业的托拉斯势力。他采取分散投资、集中管理的策略，即所谓“不把所有的鸡蛋都放在一个筐子里”，20世纪20年代创办苏州鸿生火柴厂、上海水泥公司、上海章华毛绒纺织厂等企业，30年代又创办中华码头公司、中华煤球股份有限公司、华丰搪瓷公司、大华保险公司等企业。像荣德生被称为“棉纱大王”、“面粉大王”一样，刘鸿生被称为“火柴大王”、“煤炭大王”。有人评价说：“他不搞一般所争逐的棉纱和面粉。他认为别人所争逐的企业，容易出风险，不如新兴的企业部门，规模虽然小些，办起来比较有把握。”刘鸿生还认为，企业“合并后势力雄厚，对外竞争，自必较胜一筹”。“外来火柴充斥，营业竞争，危机潜伏，再三思维，唯有合并数厂为一，以厚集资力人才，借图竞存”。并提出合并优越性6条：“一、各厂合并后，可减少对内竞争，以免自相残杀之害。二、各厂合并后，可调剂生产数量，以期供求之适合。三、各厂合并后，各种经费均可通盘筹算，最合经济原则。四、各厂合并后，直接定购大宗原料，可省洋行佣金。五、各厂合并后，新公司规模宏大，即可聘请专门技师，改良产品，以与外资相竞。六、各厂合并后，新公司负担力较强，一切改良事宜，均可次第实进。前途光明，不可限量。”[1]在这种思想的指导下，刘鸿生分阶段实施了他的同业合并计划。民国19年（1930年）7月组成大中华火柴公司，此后不仅对兼并的3家公司进行资本合并，而且进行了集中管理，建立起了管理层级制，使3家公司的联合超越了同业联营形态的松散结构，成为一个多单位大公司或托拉斯，取得了行业垄断地位。民国24年成立华中地区火柴产销管理委员会，民国25年又成立中华全国火柴产销联营总社。“产销联营总社的成立，控制了全国火柴产销数量，阻止了走私漏税，在一定程度上把日资火柴势力稳住在东北和鲁豫地区，以维持国产火柴的销售市场。由于竞争减弱，销路稳定，售价上升，大中华火柴公司开始获得了大量的盈余。”[2]民国23年，大中华火柴公司资本达到365万元，年产火柴15万箱，占华中地区火柴总产量半数以上，成为全国规模最大的火柴托拉斯。刘氏企业的同业联合、合并以及火柴业托拉斯的建立，在中国现代经济史中具有典型意义。杭州其他一些企业则以联号经营的方式扩大规模。如五洲大药房在杭州的联号分店有14个，亨达利钟表店在全国有联号分店80多个，上海三友实业社股份有限公司分发行所遍及全国各大城市。有的企业则具有强烈的联合竞争意识和共同抵御风险的观念，如许多轮船公司采取联合经营的模式减少本地行业内耗，以与外地或外资企业竞争。

[1]上海社会科学院经济研究所编：《刘鸿生企业史料》中册，上海人民出版社1981年版，第29、282、104页。

[2]刘念智：《实业家刘鸿生传略》，文史资料出版社1982年版，第19页。

晚清民国时期杭州的企业家已经具有强烈的市场意识。如刘鸿生认为，办企业必须重视市场需求，研究市场变化，扬长避短。“嗅觉要灵，估计要准，一有机会就要紧紧抓住，不可放过。”[1]强调在做出投资决策之前，一定要“先做调查研究工作，‘谋定而后动’，决不掉以轻心”[2]。企业家也懂得广告是市场竞争的利器。陈栩一方面强调：“货真价实，物美而廉，在同类产品中，必须出乎其类，拔乎其萃，引起买主之欢迎与信用，则虽后起者以偷工减料廉价竞争，亦不受其影响。”另一方面又指出：“凡百工业，不难于制造成功，难在出品行销。必须供求相应，不致有搁煞之虞，方能立于不败之地，逐渐进展补充。”[3]所以他十分重视利用广告和广设货场来促销产品。利用广告借助新闻媒介，广设货场即开设销售店则是直接向顾客传递产品的基本信息。陈栩一边在上海的《申报》《新闻报》等著名报刊和各大街道的路牌上大做宣传广告，一边在南京、南昌、蚌埠、汉口、长沙、广州等商埠和甘肃、陕西、四川等边远省份发展众多的销售机构。[4]浙江兴业银行还十分重视市场调查，在全国各重要城市的分支行内都设立调研室，对当地的风土人情、政局时态、市场趋势、消费心理、工商实况等进行广泛调查。又以重金礼聘有造诣的专家兼任调研室顾问。为了投资建设使钱塘江大桥，该行做了大量调查，掌握了钱塘江每日渡江人数多达11万—17万人次、每年货运量至少百万吨的基本统计资料。

为了增强市场竞争力，许多企业非常重视人才。这些新式企业反对任人唯亲，有全面先进的人才观，注重用人所长，注重各个方面、各个层次的人才选拔和培养。叶景葵出任浙江兴业银行董事长后，广罗人才，使该行人才荟萃。像留学日本的徐寄庼、蒋抑卮，留学英国、法国的徐新六，后来成为著名经济学家的马寅初，以及早期著名银行家盛竹书，等等。徐新六民国9年（1920年）进入浙江兴业银行，民国12年即升任副总经理，民国14年又升任常务董事兼总经理，直至27年作为国民政府借款代表团成员赴美时座机为日军击落遇难。徐新六先后毕业于英国伯明翰大学、维多利亚大学和法国巴黎政治学院，回国后先在北京北洋政府财政部任职，并兼任北京大学教职，民国5年（1916年）被财政部指定为中国银行官股代表，后任中国银行金库监事、北京分行协理、副经理，民国8年被委任为巴黎和会赔款委员会中国代表和中国代表团专门委员。浙江兴业银行聘任徐新六，希望他能引进新的经营方式。一些企业还创办培训班、培训学校、职业学校，甚至建立了“先培训，后工作”的制度。浙江兴业银行常在其选定的相关学校中推行“浙江兴业银行助学金制度”，向学习优秀且有志于金融专业、毕业后打算首先接受浙江兴业银行选聘的学生颁发助学金。

虽然杭州或中国晚清民国时期股份有限公司的形态演变表现出与西方相似的趋势，即从单一单位的小型公司向多单位大公司发展，但动因却不相同。西方多单位公司的产生是对迅速发展的生产技术导致的大量生产和大量分配做出的组织上的反应，而在中国却存在更为复杂的动因。从制度

[1]徐矛：《中国十买办》，上海人民出版社1996年版，第238页。

[2]上海社会科学院经济研究所编：《刘鸿生企业史料》中册，上海人民出版社1981年版，第60页。

[3]陈栩：《畜马乘不察于鸡豚》，载陈栩：《机联集》第3册，上海机制国货工厂联合会，民国23年（1934年）。

[4]钟祥财：《陈蝶仙的经济思想》，《上海经济研究》1992年第6期。

需求的角度讲，主要有两方面的因素：一是对外竞争的需要。中国公司制企业的出现有构建规模经济壁垒的动机，“中国近代企业从一开始就参与了国际竞争。在规模经济效应较大的产业部门中，中国新兴办的企业要与外国原有企业开展竞争，就必须在兴办初期或兴办之后迅速实现大规模生产。如中国近代兴办的矿业、造船业、航运业等产业部门，都具有这种要求，但实际上这是很难做到的”[1]。梁启超、穆藕初、卢作孚等鉴于外国托拉斯的强大，呼吁中国同业企业联合起来组织成托拉斯。卢作孚还身体力行，将他创办的民生实业股份有限公司发展成一个多单位大公司。刘鸿生的大中华火柴公司则是在瑞典火柴托拉斯势力的摧毁性进攻之下联合江浙一带最有实力的杭州光华火柴厂等3家单一单位的火柴公司组建而成的。二是缺乏专门市场条件下生产组织的需要。大公司之所以组建原料生产和销售部门，原因在于大量生产和大量分配使得企业有形的管理之手比市场调节的无形之手更能节省资源配置上的交易费用。在生产要素采购方面，除正常交易费用机制的作用以外，更为重要的原因还在于国内相关行业比较落后甚至于缺乏，从国外市场上购买相关要素的费用又太高，而且在时局动荡之际购买也很难。因而迫使一些较有实力的公司自办相关产业以构建供应链，实现原材料自给自足。多单位大公司实际上将一部分市场内部化。晚清民国杭州商人所办的企业在这方面都做了努力，特别是有的丝绸企业形成了从缫丝、织造、印染直至销售的托拉斯。如杭州纬成股份有限公司、杭州虎林股份有限公司等。

[1]王处辉：《中国近代企业组织形态的变迁》，天津人民出版社2001年版，第193页。

晚清民国时期政府对于现代公司的建立和发展也提供了一系列制度安排。甲午战争后，清政府在促使公司从特许主义向准则主义发展方面发挥了积极的推动作用。中国人尝试创办股份公司制是在政府的倡导之下开始的，最早的案例是同治十二年（1873年）成立的中国轮船招商局。光绪三十年（1904年）清政府颁布《公司律》，从法律上正式确定了“股份有限公司”这种企业组织形式。民国3年（1914年）北洋政府颁布《公司条例》，正式承认公司的法人地位，并对股份有限公司的创立、股东的权利和义务、公司的清算和解散等作了明确的规定。在政府法律的推动及经济发展的促进之下，公司制企业逐渐成为居于主导地位的经济组织形式。民国18年国民政府颁布的《公司法》，是在北洋政府《公司条例》的基础上参酌德、法等国《公司法》形成的一部比较完整的现代中国公司法，对股份有限公司作了更加具体细致的规范，还增加了法人持股的规定。民国29年（1940年），国民政府又颁布《特种股份有限公司条例》，为特种股份有限公司提供了组建框架。民国35年颁布的《公司法》则对法人持股作了进一步规定，放宽了公司作为法人在其他股份有限公司持股的比例限制，并第一次赋予投资公司以法律地位。另外，晚清民国政府振兴工商业的政策对推动企业组织发展也发挥了政策导向作用。大公司之所以能顺利地开展业务、实行有效的管理以及更大的扩张，与这一时期交通的扩张、通信技术水平的提高以及市场的扩大有密切的关系。晚清政府、北京北洋政府、南京国民政府对交通和通信设施都有较大投入。铁路、公路的延伸带来了市场范围的扩展，电报、电话等的发展则为多单位大公司高层决策的快速反应和有效协调创造了条件。[1]这些方面可以见出张静江、汤寿潜等人的远见卓识。

[1]江满情：《中国近代股份有限公司形态的演变：刘鸿生企业组织发展史研究》，华中师范大学博士学位论文，2003年。

在推进晚清民国时期中国企业发展的经济性力量中，资本性力量构成了其中最为重要的推进力量，并且资本性力量在与政治性力量的博弈过程中影响着晚清民国时期中国企业发展的方向和速度。具体说来，这种资本性力量可以分为两种：一是非人力资本，它作为物质和制度力量在企业的发展过程中发挥着基础性作用，推动着企业的发展和演变；二是人力资本，它以商人分化中出现的企业家为代表，形成了对来自政府及其官僚政治力量的对抗力量，在企业制度的演进过程中发挥着能动的推进作用。在晚清民国时期中国企业的发展过程中，作为中国社会中一支最先进社会力量的商人的经营活动松动了传统社会的根基，推动了传统社会的缓慢转型。在资本原始积累不足的情况下，买办资本在工业形成初期发挥了重要作用。买办资本向民族资本的转化构成了早期民族资本形成的主要途径。[2]实际上，在洋行或外商企业中供职或与外商企业结成直接资本合作关系的买办和买办化商人用自己积累的资本率先主持创办了首批股份制企业，成为中国股份制经济的开创者。但是，晚清时期早期现代工业化的发动不是由企业家力量推动的，其时也没有明显的企业家阶层形成，更谈不上企业家精神等工业化意识形态的出现。当时的中国已经有了股份公司这样的工业化企业组织形式，却不能成功地进行运营，关键因素之一是没有形成可以使之成功运行的企业家阶层和企业家精神。晚清时中国人对多单位大公司或股份公司的认识深度还是非常有限的。在实际中其组织形式与运行机制常常被割裂开来，如重视办公司以筹资，轻视改革落后的管理体制，结果背离了公司制的本义。股份公司进入中国不是社会经济发展的自然产物，而是洋务派依靠权力运作的结果，因而经历了特殊历程，留下了种种后遗症。当中国存在办公司的制度障碍时，洋务派动用手中的政治资源和经济资源创建扶持股份公司。即使这些公司是官督商办型的，也是一种历史进步，但洋务派办公司的真实目的是强化政治权力和地位，他们构造的制度最终扼制了公司的生机；而他们压制民间社会自由创办企业更是站在了公司制度的对立面。买办商人也是一种具有双重属性的社会力量。他们对资本有非常充分的理解，掌握经营企业的知识，有创办股份公司的知识准备，然而他们是外国资本在中国不规范经营的产物，因而又是公司制的异在力量。救亡图存运动将一批“社会名流”推上创办公司的主角地位，如江苏的张謇和陆润庠、浙江的汤寿潜、上海的李平书等人，他们是社会转型时期的代表，具有亦绅亦商的双重身份。从绅的一面看，他们是经纶满腹的精英，有强烈的爱国情结和忧患意识；从商的一面看，他们明了经济是立国

[2]汪敬虞：《试论中国资产阶级的产生》，《中国社会科学》1981年第5期。

之本，敢于离经叛道办企业。但他们终究不能脱胎换骨地变成企业家，而只是把办企业作为救国的工具。进入北洋政府统治时期以后，中国企业家开始出现并发挥人力资本作用，显著地促进了企业的发展，并逐渐具备了与官方进行对抗的力量。玛丽·格莱尔·白吉尔（Marie Claire Bergere）和约瑟夫·傅士卓（Joseph Fewsmith）研究宣统三年至民国16年（1911—1927年）的政商关系后认为，中国的“资产阶级”在第一次世界大战期间趁势崛起，取得了一系列的经济奇迹，政治上也日益觉悟，并试图建立一个自己的政权。白吉尔为此在其著作中将这一时期视作“中国资产阶级”发展的“黄金时代”。[1]傅士卓从上海的商业组织入手探究了晚清至国民党上台之间商人与政治关系的演化，认为上海商人自晚清以后，由于观念的变化、组织的创建、自治运动的参与而日益在政治上有所发展。[2]政治力量和企业家力量之间的博弈过程决定了晚清民国时期中国企业的发展方向和演进路径。中国早期现代化的推进过程，是一个国家、地方、民众间极为独特的互动过程，并带有深刻的矛盾性。在张謇创办的企业集团中，其推进力量配置是：圣贤式的精英+无法避开的官僚国家+徒有“自治”之名的乡绅。这种力量的配置使张謇屡屡陷于尴尬局面，最终选择了“以道抗势”与“以道附势”交相为用的行为方式，以取得一种非正式权力，赢得或保持领导位势。张謇及其少数精英只是勉为其难扮演着早期现代化的主导力量。[3]但这少数企业家却是支撑早期中国企业发展的关键性力量。民国初期及北洋政府统治时期，国内的政治、经济环境使得政府与企业之间形成一种不同于晚清时期的新关系。来自企业家的主动性力量成为影响企业发展的关键性力量，企业家谋求重构与政府之间的关系，而不再仅仅是“永远仰政府鼻息”[4]。在这种意义上，引进西方先进企业制度的过程，实际上也是关于制度安排知识的积累过程。正如戴维·菲尼（David Feeny）所说：“正像现有科学知识的积累影响技术创新成本一样，有关制度安排的知识积累也影响制度变化的创新可能性。最近5个世纪以来所发生的、最近2个世纪以来所加速了的经济之间的相互影响的增长，不仅仅影响到了市场的规模，还促进了多种制度安排的知识的传播。此外，社会科学和法学的研究也促成了有关制度的知识的增加。”[5]

影响晚清民国现代企业制度推行的还有深沉的传统文化的作用。这方面可以陈栩的思想实践为代表。陈栩（1879—1940年），原名寿嵩，字昆叔，后改名栩，字栩园，号蝶仙，以号行，别署天虚我生，钱塘人。中国现代文学史上鸳鸳蝴蝶派的代表人物之一，著有诗词曲汇集《栩园丛稿》、长篇言情小说《泪珠缘》《玉田恨史》《井底鸳鸯》等，与人合译《福尔摩斯侦探案全集》等。光绪二十一年（1895年）任杭州《大观报》编辑。光绪二十七年在杭州开设销售图书文具纸张的萃利公司，翌年开设石印局。光绪三十二年底创立著作林社，光绪三十四年迁上海，年底该社并入《国闻日报》。创刊并主编《著作林》文艺杂志。民国2年（1913

[1]玛丽·格莱尔·白吉尔：《中国资产阶级的黄金时代》（1911—1937年），张富强、许世芬译，上海人民出版社1994年版，第91页。

[2]Joseph Fewsmith, Party, *State and Local Elites in Republican China: Merchant Organization and Politics in Shanghai, 1890-1930*, Honolulu: University of Hawaii Press, 1985.

[3]钱小明：《论近代上海的企业家》，载中国近代经济史丛书编委会编：《中国近代经济史研究资料》（8），上海社会科学院出版社1987年版。

[4]章开沅、罗福惠：《比较中的审视：中国早期现代化研究》，浙江人民出版社1993年版，第83页。

[5]戴维·菲尼：《制度安排的需求与供给》，载文森特·奥斯特罗姆（Vincent Ostron）、大卫·菲尼、哈特穆特·皮希特（Hartmut Picht）编：《制度分析与发展的反思：问题与抉择》，王诚译，商务印书馆2001年版。

年）在上海主编《游戏杂志》，翌年主编《女子世界》。民国5年任《申报》副刊《自由谈》主编。同年加入南社。民国7年在上海成立家庭工业社股份公司，在杭州、宁波、海宁、无锡、镇江、太仓、汉口、宜昌、重庆等地开设分厂，生产“无敌（蝴蝶）牌牙粉”，后又附设印刷、玻璃、制盒等辅助厂及蛤油、蚊香、薄荷油等日用化学品制造厂。民国19年创办上海机制国货工厂联合会，并主编《上海机制国货工厂联合会会刊》，出版《工商史料》等书，产生了较大的社会影响。抗日战争爆发后，将部分企业迁设于湖北宜昌和四川重庆，并在云南昆明等建牙粉厂。20世纪20年代后期，他曾将自己就经济方面撰写的文稿编成《工商尺牍》一书。作为文人出身的知名企业家，陈栩善于通过撰写文章来总结、保存和宣扬自己对于经济问题特别是企业经营管理的诸多看法和体会。民国22年至23年（1933—1934年），他有意识地把自己撰写的经济类文章编成《机联集》3集，表达自己在企业经营管理上的见解。他主张运用儒家的修齐治平之道和诚信为本、以义取利的价值观，对企业进行合乎人文关怀和道德本位的经营管理，以求得企业人际关系的和谐和社会声誉的良好。受此宗旨的影响，他不像普通企业家那样竭力追求企业利润和个人利益的最大化，而只是适度追求企业利润和个人利益。陈栩的经营管理论主要包括两方面的内容：一是企业家素质论和企业人事管理策略。陈栩认为，企业家必须具备坚忍不拔的意志、恒心和专门精深的知识经验这两项素质，否则就不可能办好企业。在《经理须知》一文中，陈栩将企业家称作“经理”，并认为经理应当根据修身、尊贤、亲亲、敬大臣、体群臣、子庶民、来百工、柔远人、怀诸侯等“九经”来对企业进行“合乎物理人情”的管理。他还强调说：“经理，就是天经地义的经，物理人情的理。做经理的人，对于工作方面，只要合乎物理人情，就可使得产量增加，成本减轻，消耗减少，正不必在枯竭上用着偷工减料的手段呢。”所谓“九经”，本是儒家经典《中庸》中要求古代君王奉行的9项以“修身”为起点的治国准则。而陈栩所说的“物理人情”则是指工商企业的人事管理。两者看似毫不相干，其实在内在逻辑上是相通的。他认为，修身就是要求经理“自己在正路上走，做一个表率给众人看”；尊贤就是要求经理充分信任手下“品行好”的人才，而“不要听信谗言去疑惑他，免得他不安于位”；亲亲就是要求经理对在其手下工作的亲属“把公私两字，分个明白”，绝不能因私废公；敬大臣就是要求经理敬重手下“重要的领袖主任”，“引起他的知己之感，使他肯负责任”，任劳任怨；柔远人就是要求经理对于企业的顾客“克己对待，以广招徕”。而体群臣、子庶民、来百工和怀诸侯，则都是要求经理从物质上和精神上善待企业的各级员工，以使他们“感觉到赏识有真，都肯替你出力做工”。从管理学角度看，儒家的修齐治平之道就是一种崇尚人文关怀和道德教化功能的管理学说，陈栩“九经”之说的主旨是要求企业家以儒家的人文关怀精神和道德规范来管理企业，在企业的人际关系和谐特别是劳资关系和谐的基础上确保企业的经济效益和长远发展。这些思想不但是陈栩经营家庭工业社所得到的启示，而且在晚清民国时期很多企业家如经元善、郑观应、荣宗敬、穆藕初、宋斐卿等人的经营管理实践中也有所体现。[1]二是企业生产要素论和企业产品营销策略。资本和劳动是企业最基本的生产要素，在其他生产要素如土地、技术和信息的供给保持不变的情况下，这两种要素的投入及其比例关系直接决定着企业的生产水平和经济效益。陈栩首先肯定前者的作用，认为"资本之大小，与营业之盛衰，成一正比例"[2]。企业成功需具备多种要素，但"第一要件，即在资本，资本大，则成功易；资本小，则失败易"[3]。从这种观念出发，他对工人的劳动及其报酬发表了这样的看法："吾以为凡在每月得支一元之薪工者，即不啻有一百元之股本，加入其间。不过投资者以金钱而代劳动力，工作者以劳动力而代金钱，至其所得之利，亦正相同，投资者之能力多寡，正与工作者之能力多寡，亦同一例……就我生平之实验，则觉收获量之多寡，正与种田无少异耳。"[4]但晚清民国时期的工商业最缺乏的发展"要件"偏偏就是资本，而可以用来替代资本的劳动力倒很丰富。因此，他又指出："现在世界各国工商实业，有的是资本，而我们有的是人力。我们为什么不利用手工业的丰富人力，使穷人个个有饭吃。而一定要跟在人家后头，用机器来逼迫自己呢？除了飞机、火车，无法用人力推挽。一切工厂里面的马达，我认为都可以用人力来代替。"他甚至宁可在企业中采用手工生产以吸纳更多的工人就业，也不愿在企业中推广机器生产以实现资方利润的最大化。他说："因为我们中国还没到工业极度发达，找不到人工的时候。节省人工，即使工人失业。我们既为社会服务而创办工业的，那应该工人第一。况且，家庭工业社的工人，比股东还重要，股东是为利而出钱的，工人是为生活而出力的，股东少分点利益，不会饿死的。工厂减少一份工人，便是国家多一份失业的人。我们不愿将机器来压迫我们的工人，使他们失业。尤其是我们家庭工业社，20年来每一个工人，大都成家生子，他们父母子女都在我家庭工业社里做工。我一旦造了机器，拿装（牙）粉部分来说罢，一只装粉机的效能，至少可抵七个人。我们对经常开支果然要省得多，但是我们的六个工人就失业了。这于国家是一利，还是一弊，从经济原理上讲，很难判断，不过，我以为是对的。"[5]"假如一机之能力，足抵十人之手工，是否因此一机只用一人，足使其他九人因而失业，此一问题，颇有研究之价值。若不购用（外国）机器及原料，即其利源决不外溢，断无失业之人；如其不然，则是太阿倒持，无异借刀自杀而已。"[6]陈栩偏好采用手工生产，等于是要在现代中国工业化的初始阶段实施劳动密集型的产业发展和企业经营策略。实际上，他也出于赢利的考虑而为其企业购置了一些机器生产设备，如生产牙粉的筛粉机、拌粉机，生产牙膏的制膏机，生产润肤霜的搅拌机，等等。不过，与当时中国很多企业家为追求利润最大化而推广机器生产的做法不

[1]陈栩：《经理须知》，载陈栩：《机联集》第2册，上海机制国货工厂联合会，民国23年（1934年）。

[2]陈栩：《贡献于同业公会》，载陈栩：《机联集》第3册，上海机制国货工厂联合会，民国23年（1934年）。

[3]陈栩：《畜马乘不察于鸡豚》，载陈栩：《机联集》第3册，上海机制国货工厂联合会，民国23年（1934年）。

[4]陈栩：《资本与劳动》，载陈栩：《机联集》第3册，上海机制国货工厂联合会，民国23年（1934年）。

[5]陈定山：《我的父亲天虚我生》，《大成》第130期，1984年。

[6]陈栩：《机制与手工》，载陈栩：《机联集》第2册，上海机制国货工厂联合会，民国23年（1934年）。

同，他为充分吸纳工人就业而尽量在企业中采用手工生产。这不仅使他的企业无法真正上规模上层次，也使他本人未能成为富可敌国的亿万富豪。陈栩的这种观点表达了中国经济发展中的一种内在矛盾性。

作为后来去上海发展的杭州商人，陈栩不仅代表了那个时代的杭州商人对现代经济的认识水平，也在某种程度上代表了上海乃至全国的认识水平。当时的政府和企业家尽管有许多采纳了比陈栩所用的更先进的企业制度，但在实际上还难免不陷于陈栩所要解决的传统中国的问题。以儒家思想治理企业是当时不得不采取的一种策略。出入于儒家或传统中国经济模式的新式企业及其制度的建构既代表着中国现代经济的开始，也说明萌芽时期的中国现代经济和企业存在着巨大的局限性。

二、江浙财团与金融变革

"江浙财团"是晚清民国时期中国最具实力的商人群体，是中国现代资产阶级最为成熟的典型形态或代表。目前学术界对"江浙财团"一词的界定尚不十分确定。有时用来指说以上海为基地、以江浙籍资本家为主体的大资本集团，不仅包括金融资本集团，还包括工商资本集团；不只是单纯的银行资本，而是银行资本、钱庄资本、商业资本、工业资本相互结合、相互渗透、相互融合的资本集团。由于"江浙财团"以上海为基地，支配着上海的金融业、工商业以及各种工商业团体和买办、经纪人等，成为影响上海经济、政治、社会生活的重要因素，所以也有人将"江浙财团"称作"上海财团"。"江浙财团"一词有时又用来专指江浙金融企业家群体或金融资产阶级，有的金融史著述将其与华北、华南、华西财团并称为旧中国四大财团。华北财团是指对华北金融有巨大影响和操纵力的以"北四行"（盐业、金城、中南、大陆）为主体的银行资本集团；华南财团主要指设立并活动于广州、香港的一批广东地方银行及侨商银行资本集团，其中侨商银行主要有工商银行、广东银行、东亚银行、华商银行、国民商业储蓄银行等；华西财团指活动于四川一带的银行资本集团，其代表聚兴诚银行有"川帮银行首脑"之誉。"江浙财团"又被称为"江浙财阀"。"财阀"一词是从日本借用来的，原指三井财阀、三菱财团等金融寡头。在一般意义上，"江浙财团"主要指江浙金融财团。"江浙财团"以上海为主要基地，但其实其资本也广泛分布于邻近上海的其他江浙地区，如杭州、宁波、南京、苏州、南通等。从成员的籍贯组成来看，"江浙财团"中不仅有江浙籍资本家，也包括以上海为主要活动基地的他籍资本家。当然，在财团内地位突出、起着决定性作用的是江浙籍资本家。"江浙财团"的整合度时高时低，民国时期逐渐形成代表江浙资产阶级利益的紧密型代表人物层。

辛亥革命之前，虽有一批江浙籍官僚、买办、旧式商人转化而来的资本家如叶澄衷、朱志尧、祝大椿、严信厚、张謇等参与工业企业或现代银行的创办和投资，但那时并未形成一个财团。“江浙财团”逐渐形成的时间是在北京北洋政府统治时期。其形成有三大标志，即因商业银行趋于集团化而有了实体依托、有了不受政府支配的独立发展的实力和性质、涌现出一批善于经营并有社会影响力的优秀人物。清朝覆灭后，中国出现了有利于私营银行发展的诸条件：第一，辛亥革命推翻了帝制，创立了资产阶级共和制度，为现代金融业的发展提供了某些政治制度方面的有利因素。如资产阶级革命派的代表人物刘揆一当上农林工商部总长后即主持制订《农林工商部之计划》，召开中国第一次全国工商会议，还聘请上海求新机器厂朱志尧、桓丰纺织新局聂云台等人担任农林工商部顾问，竭力在全国营造“务以剔除官习，融洽商情为主”的发展实业的氛围。张謇继任农林工商部总长后，进一步确立增强法律作用、发展金融、完善税则、奖励工商的“扶植之、防维之、涵濡而发育之”的方针。第二，北洋军阀干戈不断，使得中央集权政府难以形成，造成“政令不出都门”的局面，减弱了官权对经济运行和发展的窒碍，工商企业和银行较清末有了更为宽松的发展环境。第三，第一次世界大战缓和了西方国家对中国经济的冲击，尤其是外国银行失去了后盾，给中国经济带来了发展的“黄金时期”。第四，国内的官办银行经营不善，有的陷入窘境。一些军阀、官僚投资的“官僚银行”也逐步转化为较为典型的商办银行。仅民国元年（1912年）就有14家私营银行成立。宣统三年至民国14年（1911—1925年），全国银行家数由12家增加到141家，其中多数是商办银行。宣统三年至民国9年（1911—1920年）平均每年的增加率为13.6%，民国21年至25年（1932—1936年）每年的增加率为8.9%。[1]虽然因许多复杂因素导致一些商办银行倒闭关停，但是民国16年时仍有51家银行继续营业，比宣统三年实存的7家商业银行增加了7倍之多。从营业状况看，商办银行存贷款数额直线上升，资本实力猛增。一些银行通过相互代理、联合贷款、联合清算、互相开户、相互投资、人事渗透等加强彼此联系，形成渐有垄断色彩的银行集团。江浙的商业银行也以“南三行”为核心骨干联合起来。所谓“南三行”指上海商业储蓄银行、浙江实业银行和浙江兴业银行。三行的主要投资者是江浙籍资本家。其中浙江兴业银行光绪三十一年（1905年）创设于杭州，民国13年（1924年）总行迁至上海。民国17年至25年（1928—1936年），该行的存款业务居于全国银行第四位或第六位。浙江实业银行创设于宣统元年（1909年），原名浙江银行，官商合办。民国4年改名为浙江地方实业银行，民国12年官商股分离，官股部分改为浙江地方银行，总行在杭州；商股部分改设浙江实业银行，总行在上海。直到民国25年（1936年），浙江实业银行的存款数额一直稳居全国银行第七、八位。上海商业储蓄银行成立于民国4年，初创时只有资本8万元、工作人员七八个，民国10年资本总额增至250万元，民国19年至34年（1930—1945年）存款总额“一直居于全

[1]姚会元：《中国货币银行》（1840—1952年），武汉测绘科技大学出版社1993年版，第66页。

国银行一、二位宝座”[1]。除银行间日益频繁的相互代理、联合贷款、联合清算、互相开户之外，“南三行”及江浙金融资本的集中还表现在金融业内部相互投资上，甲银行或甲银行的董事长投资于乙银行，并在乙银行的董事会中占有席位，乙银行或乙银行的经理在甲银行投资，并在甲银行的董事会中占有席位，这甚至成为江浙地区商办银行的时风。浙江实业银行经理李铭既是上海商业储蓄银行董事，又兼中国垦业银行董事；[2]浙江商业储蓄银行、中国通商银行、信孚商业储蓄银行的董事会里有四明商业储蓄银行董事长兼经理孙衡甫，该行的董事长王芗泉又兼浙江典业银行董事长、经理；[3]上海女子商业储蓄银行副董事长是中国银行上海分行副经理张嘉璈，董事中还有上海商业储蓄银行经理陈光甫。民国20年（1931年），有6位上海银行家同时兼任5家以上银行董事，有15位同时在3家以上银行兼任重要职务。[4]上海商业储蓄银行成立之初，张嘉璈投入长期存款5000元，浙江实业银行经理李铭投资2万元，中国银行上海分行经理贝淞荪稍后也向投入5000元。“南三行”乃至江浙金融资本被连锁董事会及相互间的业务联合和资本挹注而牢牢地联结在一起。

[1]姚会元:《中国货币银行》(1840—1952年)，武汉测绘科技大学出版社1993年版，第67页。

[2]中国银行经济研究室编：《全国银行年鉴》（1934年），B第39、108页。

[3]中国银行经济研究室编：《全国银行年鉴》（1934年），B第87、217、196页。

[4]《中国评论周刊》，1933年6月8日，第566页。

随着实力的增加，“江浙财团”有了更强的现代经济自觉，步入独立发展的成熟阶段。辛亥革命后，中国银行、交通银行被迫大量为北京北洋政府垫资，并由此而滥事发行钞票，最终引发民国5年的挤兑风潮。北京政府通令全国两行停止兑现付现。“停兑令”发出后，两行的天津、济南、重庆、成都、广州、张家口等多处分支行遵令执行。唯上海分行进行了不妥协的坚决抵制。时任中国银行上海分行经理和副理的宋汉章、张嘉璈等人接到“停兑令”后立即紧急磋商，串联“南三行”主要头面人物浙江兴业银行常务董事蒋抑卮、浙江实业银行经理李铭、上海商业储蓄银行经理陈光甫等人，以中国银行上海分行股东、存户、持券人的身份向上海租界当局会审公廨提出起诉，以法律为武器与北京政府对簿公堂，以争取社会舆论的理解和支持。[5]又动员江浙两省中国银行上海分行股东，在“保护商股利益”的旗帜下组成中国银行股东联合会。该会由张謇任会长，浙江兴业银行董事长叶景葵任副会长，交通银行总行秘书钱永铭任秘书长。由此将中国银行上海分行抵制“停兑令”的行动变为更大规模、更有气势、更名正言顺的社会集团的抗争。抵制“停兑令”行动表明江浙金融资产阶级已经形成一个集团，具有明确的摆脱官权控制、谋求独立发展的意识。

[5]姚崧龄：《张公权先生年谱初稿》，传记文学出版社1982年版，第27页。

“江浙财团”形成的同时也有一批英才迅速崛起。诸如钱业改革派代表秦润卿（浙江宁波籍）、上海证券物品交易所创办人虞洽卿（浙江镇海籍）、同情并襄助过辛亥革命的银行家沈缦云（江苏无锡籍）、敢于与北京政府坚决抗争的宋汉章（浙江余姚籍）和张嘉璈（上海宝山籍）、海外学成归来的学者银行家陈光甫（江苏镇江籍）、李铭（浙江绍兴籍）、钱永铭（浙江吴兴籍）、徐新庆（浙江余姚籍）等。其中虽然少杭州籍，但他们中的许多都在杭州工作过，也是杭州商人中的一员。这批英才大多受过较高层次的专门教育，其中去国外深造留学的人占相当大比例，因而思想先进。

中国现代金融资本与“江浙财团”有天然的联系，前者是后者得以形成的经济、物质基础，后者的逐渐形成又极大地推动了前者的发展。中国现代金融资本的出现和形成大致有两种渠道，一是19世纪末旧式钱庄的资本主义化，二是稍后世纪之交现代银行的创办。在19世纪最后的二三十年里，钱庄资本逐渐向现代金融资本转化。鸦片战争以后，旧式钱庄染上了买办色彩，钱庄的信用工具和信用手段转入了为扩大销售洋货服务的轨道。但钱庄资本在19世纪后期对现代银行的依赖和联系越来越密切，并开始与工商业资本融合发展，由此产生了一批像秦润卿那样的优秀钱庄资本家。中国现代银行的发生由外国经济的进入而诱发，但当时中国现代工商业和清政府倡行“新政”都有内在需求。最早出现的中国通商银行、户部银行、交通银行等即带有资本主义性质，如机构的股份公司性质、某种程度上的现代化管理等，并且都吸收了商股参加。其中中国通商银行、户部银行开办时都是官、商各半，交通银行甚至达到商六官四的比例。中国通商银行号称商办，户部银行和交通银行均为官商合办，尽管它们实际上由官方控制。而中国真正意义上的现代金融资本是在浙江兴业银行、信成银行、四明商业储蓄银行等私营银行成立后逐渐形成的。这3家商办银行具有如下一些共同特点：第一，开办资本中少有或完全没有清朝各级政府投入的官股，主要创办人和主要投资者的身份不是官僚而是实业家、钱庄股东老板等；第二，主要资本来源或是商业和钱业的积累，或是社会资本，如四明商业储蓄银行的资本主要来自宁波籍商业资本家和钱业资本家的积累，浙江兴业银行的资本主要来自浙江全省铁路有限公司的筹款；第三，都注重对工商企业的贷款，支持和推动了民族经济的发展；第四，在相当长的时期内经营有成效，实力增长较快，具有明显的发展优越性和进步性；第五，支持社会改革和社会进步，并曾以一定数额的资金襄助过革命。以商业银行为主体并融入钱庄资本的现代金融资本，使得原来较为分散的或小额的商业资本和社会游资汇聚成相对集中的巨额资本，以适应现代工商业、交通运输业发展的需要。[1]

[1]姚会元、邹进文：《“江浙金融财团”形成的标志及其经济、社会基础》，《中国经济史研究》1997年第3期。

杭州现代金融市场的发育大约在20世纪初至40年代初。20世纪初至20年代初期，杭州先后设立浙江兴业银行（1908年）、大清银行浙江分行（1909年）、中国银行杭州分行（1913年）、交通银行杭州分行（1915年）、盐业银行杭州支行（1915年）、杭州华孚商业银行（1917年）、浙江储丰银行（1918年）、杭县农工银行（1918年）、杭州道一银行（1919年）、浙江商业储蓄银行（1921年）、杭州惠迪银行（1921年）、浙江典业银行（1922年）、浙江地方银行杭州分行（1923年）、中国农民银行杭州分行（1924年）等。银行不断兴起和发展以及钱业在整个金融业中地位相对衰落，标志着杭州传统金融市场日益向现代金融市场过渡。20世纪

20年代末至40年代是杭州现代金融市场的膨胀时期。首先，民国政府“四行二局”（中央银行、中国银行、交通银行、中国农民银行、中央信托局、邮政储金汇业局）分别在杭州设立分行、分局和分库，基本上垄断了杭州的金融市场。其次，商业银行继续发展，相继设立四明商业储蓄银行（1927年，“小四行”之一）、大陆银行杭州分行（1929年，“北四行”之一）、中南银行杭州分行（1931年，“北四行”之一）、中国实业银行杭州分行（1931年）等。再次，钱业经民国24年（1935年）钱业风潮后一落千丈。由此，以民国政府建立的“四行二局一库”为中心、以商业银行为主体、以其他金融机构（合作金融机构、储蓄机构、保险机构和信托证券交易所）为辅助的杭州现代金融体系正式确立。[1]

为应付金融动荡、巩固同业利益、矫正营业弊害，杭州银行业界于民国9年（1920年）成立杭州市银行业同业公会，会址设在中国银行杭州分行内。会员单位有中国银行杭州分行、交通银行杭州分行、浙江地方实业银行、浙江兴业银行、杭州华孚银行、浙江储丰银行、杭州道一银行7家，中国银行杭州分行经理蔡谷清被选为第一任会长。[2]当时上海银行公会鉴于同业联络之必要，认为“若合全国而联络之，势必各地之银行公会互相联络”[3]，遂发起召开全国银行公会联合会议，得到杭州、北京、天津、汉口、济南、蚌埠等地银行公会响应。第一届会议于民国9年在上海召开，第二届会议于民国10年在天津召开，第三届会议于民国11年在杭州召开，第四届会议于民国12年在汉口召开，第五届会议于民国13年在北京召开。历届联合会议所讨论的都是银行界关心的重大问题，差不多都是财政、币制、公债等方面不断出现的新问题。即使不在联合会议期间，各地银行公会也常互通声气，采取一些共同行动。民国13年（1924年），江浙一带发生齐（燮元）卢（永祥）之战，使杭州工商业萧条，而军阀还一再勒索，致使银行纷纷停业或倒闭。杭州市银行业同业公会以“会员不足法定人数，会费入不敷出”而公议解散。[4]民国16年南京国民政府成立后，即着手对商会、工商同业公会进行整理和改组，注重加强同业公会的组织建构和职责规范。杭州市银行业同业公会业务一度并入钱业会馆，成立杭州银钱业商民协会分会。但不久钱业退出，于民国19年另定章程，独立设为杭州市钱业同业公会。[5]该年中国农工银行杭州分行经理程振基、大陆银行杭州分行经理史久衡、浙江典业银行副理谢虎丞、浙江兴业银行杭州分行经理徐行恭、中国银行杭州分行副理孙吉源等人重组杭州市银行业同业公会，并且通过了《杭州市银行业同业公会章程》。参加公会的会员有中国银行杭州分行、交通银行杭州分行、浙江地方银行杭州分行、浙江兴业银行杭州分行、浙江实业银行杭州分行、大陆银行杭州分行、盐业银行杭州支行、中国农工银行杭州分行、浙江典业银行、浙江储丰银行、杭州惠迪银行、浙江商业储蓄银行、道一银行杭州分行13家。杭州市银行业同业公会的决策及其执行通过会员大会、委员会、常务委员会进行运作。会员大会

[1]徐木兴：《从杭州地区看市场的近代嬗变》，《贵州文史丛刊》2003年第1期。

[2]杭州市地方志编纂委员会编：《杭州市志》第5卷，中华书局1997年版，第176页。

[3]上海银行周报社编纂：《银行公会联合会议汇记》，载上海银行周报社编纂：《经济类钞》，民国12年（1923年）第2辑。

[4]《杭州市银行业同业公会会务宣告停止》，载《银行周报》第8卷第49号，民国13年（1924年）12月16日。

[5]杭州市地方志编纂委员会编：《杭州市志》第5卷，中华书局1997年版，第162页。

是最高决策机构，由会员单位推派代表1—3人组成。委员会由会员大会从会员代表中选出8人组成。常务委员会是常设执行机构，由委员会从委员中选出5人组成，行使日常管理和事务处理等权力。公会设主席1名，由常务委员会中选出。常务委员会任期4年，每届2年改选半数，应改选者不得连任。中国银行杭州分行经理金百顺、浙江兴业银行杭州分行经理徐行恭、浙江典业银行经理王芗泉、浙江典业银行副理谢虎丞、大陆银行杭州分行经理史久衡、浙江储丰银行经理张旭人、四明商业储蓄银行杭州分行经理何创夏、浙江地方银行杭州分行经理徐恩培8人任第一届委员，金百顺、徐行恭、王芗泉、史久衡、张旭人为常务委员会委员。中国银行杭州分行经理金百顺任第一、二届常务委员会主席，交通银行杭州分行经理黄启埙任第三、四届主席。公会下设总务股、会议股、会计股和编辑股，每股设主任1人，由委员推荐充任。民国26年（1937年），杭州市银行业同业公会召开第五次会员大会，除原有最高决策机构会员大会外，新设执行委员会取代委员会。民国21年（1932年），为救助丝蚕业，以银行公会出面联合钱业公会集款180万元组成浙江银钱业茧款押放联合委员会。民国23年，中南银行杭州分行、中国实业银行杭州分行、浙江建业商业储蓄银行、上海绸业银行杭州分行和上海通易信托股份有限公司杭州分公司等5家银行加入公会，其时杭州道一银行停业，故实有会员单位17家。杭州市银行业同业公会作为会员单位加入杭州市总商会。民国26年会员单位又增加到两浙商业银行、中国农民银行杭州分行、农商银行杭州分行、江海银行杭州分行、中国通商银行杭州分行等21家（1936年杭州惠迪银行、上海通易信托股份有限公司杭州分公司停业）。[1]

杭州市银行业同业公会有一套内部调控机制，以排除各种干扰而保证系统的营运。一是章程与业规。章程对同业公会的宗旨、任务、会员、组织、会议、经费等作出原则性的规定。民国19年（1930年），南京国民政府明确规定各同业组织制定的行业规程没有入会的同业也必须一律遵守，以支持同业间的自律监督。民国24年，浙江省建设厅公布了《浙江省强制商店加入同业公会办法》，但一些银行仍游离于银行公会之外。民国26年，杭州市银行业同业公会认为“本业业规尚未订定，实为一大缺憾”，“省会公安局、杭市党部、杭市市政府纷来索要，尤有从速商订之必要”[2]，因此制定《杭州市银行业同业公会业规章程》并决议实施。银行业业规属银行自律层面的规章制度，受法律支持。其主要内容包括银行营业时间、营业种类、各种利率及行市等银行业务各方面，要求全体会员均应遵守。公会允许会员在不违背该业规的前提下自订营业细则，但须送请公会备案。二是奖惩制度。杭州市银行业同业公会对于“违背公会章程者”，如“在通告限定期内不交纳应行担负之费用”者、“有不正当行为并妨害公会及同业名誉者”和“为银行业所不应为之业务及侵害他人营业者”，由常务委员会先予以口头或书面之警告，“如不服时经会员大会之决议即予除名”。[3]如果遇到会员不服惩罚

[1]胡建敏：《民国时期杭州银行公会研究》（1930—1937年），浙江大学硕士学位论文，2006年。

[2]浙江省档案馆馆藏档案：L082-1-27。

[3]《杭州市银行业同业公会业规章程》第16条，浙江省档案馆馆藏档案：L078-2-221。

时，同业公会向杭州市政府社会部报告由其协助执行。调控制度使杭州市银行业同业公会获得一定的权威性。

在杭州银行业兴起的初期，由于工商业仍继续与钱庄往来，银行业还没有形成票据交换制度，相互之间的款项往来均需通过现金结算。而钱庄则早已形成了一套汇划制度，银行要进行票据交换必须在钱庄存储现金，以备交换时调拨使用；与工商企业的票款往来也要通过钱庄汇划进行结算，导致流动资金的减少并造成时间和人力上的浪费。随着杭州银行数量的增加和银行间票据业务的增长，这种委托钱业汇划和代理交换的状况越来越不能满足实际需要。民国21年（1932年）“一·二八”事变后，上海金融界发生恐慌，上海银行业同业公会决定在公会内部设立上海银行业同业公会银行业联合准备委员会，将会员银行的部分资产集中起来按照协定在同业间进行拆放和调剂。杭州市银行业同业公会也设立杭州市银行业公库附设于中国银行杭州分行，集资200万元。设立杭州市银行业公库保管委员会，附设于杭州市银行业同业公会，推金百顺、徐曙岑、张忍甫、程铸新、徐澄志、谢虎丞、金博侯7人为委员。订立《杭州市银行业同业公会公库规约、办事细则》，规定“200万元资金由参加银行分担募集”，“参加银行遇有必要时得向保管委员会为协济之申请”。为了限制参加银行无限制的申请，又规定“申请银行每次申请协济之额度不得超过本公库资金总额2.5%，如须继续申请以一次为限”。并规定“凡参加公库之银行不得中途借词退出”。当时参加公库的银行有中央银行杭州分行、中国银行杭州分行、交通银行杭州分行等16家银行。[1]

[1]《杭州市银行业同业公会公库规约、办事细则》，浙江省档案馆馆藏档案：L082-1-13。

杭州市银行业公库制度对应付当时的严重时局、保证金融稳定、巩固同业信用发挥了巨大作用，但不久时局平复，公库也无形结束。随着银行业务的日益扩大，民国23年（1934年），杭州市银行业同业公会参照钱业汇划制度，又创设银行划账室。议定凡会员银行均加入划账体系，每日由各银行派划账员2人办理划账事宜。银行划账室成立后，各行称便，收效甚著。但划账数量与日俱增，各行之间的头寸轧差也相应扩大，因而划账室的形式又不能适应实际需要，于是同业公会决议根据两年前曾成立过的杭州银行业公库的原则筹设杭州银行业联合准备库，并在此基础上建立了票据交换所。联合准备库的功能是负责办理准备金保管和调剂事宜。准备金分“支付准备金”和“保证准备金”两种。支付准备金为现款，按市给息。保证准备金可用中央和奉省政府发行之公债，照市折实转交。金额规定为2万元、4万元、6万元、8万元、10万元5类。由各银行依照需要分别认定，并经委员会决议行之。在认定数中，支付准备金和保证准备金各半，均一次缴足。这个准备库除中央银行杭州分行外，所有会员银行全部参加计17家，共认缴两种准备金74万元，委托中国银行杭州分行、交通银行杭州分行、浙江兴业银行杭州分行3家银行保管。准备库设经理1人，由银行公会坐办兼任，负责指挥。另设出纳主任、会计主任各1人以及事务员若干人掌办日常事务。票据交换所附设在准备库下，办理票据交换及交换差额转账调剂事宜，是准备库之组成部分。加入准备库之银行均为参加交换银行。票据交换所除交换银行票据外，还代理交换非交换银行和钱庄的票据。所内交换票据包括本票、支票、汇票及各项汇款凭证，各交换银行当日之交换差额先在差额收付户内转账，差额收付户不足再在支付准备金户支付，如再不足可在保证准备金户总额70%的范围内支付。

杭州市银行业联合准备库及附属票据交换所开办后在便利业务方面收到良好效果，民国25年（1936年）杭州市钱业同业公会也仿效银行业办法建立杭州市钱业同业联合准备库。次年杭州市银行、钱业两联合准备库拟合建杭州市银钱业联合准备库，但因抗日战争爆发而终止了计划。“根据执行委员会议讨论，联合准备库发还现金，无论复业与否，各交换银行缴入联合准备库之现金得于本月十六日发还。”[1]杭州市银行业联合准备库遂告解散。

[1]《杭州市银钱业联合准备库第31次执行委员会议》，浙江省档案馆馆藏档案：L078-3-335。

三、新式商会的自治发展

晚清时期中国商人和商人团体开始大幅度增长。据施坚雅推算，道光二十二年（1843年）中国的城市人口约为2000万。如果仅计有1万以上居民的地方集市（大商人居住地）的人口，据吉尔伯特·罗兹曼（Gilbert Rozman）的估计，光绪二十六年（1900年）的城市人口约有1200万。其中约有3/5从事手工业和商业。以此推算，全国的雇工、流动小商贩和小商人、富裕的企业主可能有100万—150万人，即占0.2%—0.3%。虽然这个数字很小，但与其他社会成分特别是统治集团相比却能形成平衡。例如，太平天国运动爆发前科举出身、有官方文凭的士绅估计有100万人。[2]民国以后工商业者群体又有较大幅度增长。他们结成了各种社会组织。

[2]玛丽·格莱尔·白吉尔：《中国资产阶级的黄金时代》（1911—1937年），张富强、许世芬译，上海人民出版社1994年版，第22页。

明代中叶以后，随着官营手工业的衰落，特别是实行班匠以银代役，清初又废除匠籍制度，私营手工业进一步从对政府的依附关系中摆脱出来。在此基础上，行会也更加迅速地发展起来。明清时期的行会与唐宋时期已有质的不同，它们已是较为纯粹的民间商业团体，尽管没有完全摆脱政府的控制。明末清初以后城镇中由商人和手工业者自发组织的会馆和公所如雨后春笋般涌现，它们又将行会分解为地域性团体。如“京师瓦木工人多京东之深、蓟州人，其规约颇严，凡属工徒皆有会馆”[3]这些会馆基本上都是商办的。当然，在城市体系全国的一体化水平较低的情况下，它们主要只能在各城市不同区域协调经济活动。如晋商、徽商、闽商、粤商、浙商等客帮在他们寄居的城市里较为普遍地建设会馆。乾隆年间，杭州丝绸商人在苏州创建“钱江会馆”，杭世骏在所撰碑文中称：“会馆之设，肇于京师，遍及都会，而吴阊为盛。”[4]肇于京师应是指会馆肇始于北京的试馆，为在京官吏和同乡赴京应试的士子所用，其中也有少数为商人集

[3]史玄：《旧京遗事》、夏仁虎：《旧京琐记》、佚名：《燕京杂记》，北京古籍出版社1986年版。

[4]杭世骏：《吴阊钱江会馆碑记》，载江苏省博物馆编：《江苏省明清以来碑刻资料选集》，生活·读书·新知三联书店1959年版。

资兴建（如创办于明嘉靖年间的歙县会馆即为商人集资所建）。随后由于商业发展的需要，商人也仿试馆的办法自己建馆，这就是商人会馆。这说明会馆与行会在发展渊源上有所不同。商人会馆遍及江南各商业城市，而尤以当时最大的商业中心苏州为最多。苏州无试馆，会馆一开始就为商人所设。从全国来看，会馆涵盖面大小不一，地域层次相当多。范围最大的是联省会馆，有两省乃至三省、五省者。其中两省会馆不少，如两湖商人在重庆和归德所设的湖广会馆、在开封和芜湖所设的两湖会馆，天津的闽粤会馆，苏州的两广会馆、云贵会馆、奉直会馆。山陕商人在各地合建会馆的更多，连西北的兰州也有山陕会馆。三省会馆如江苏、安徽、江西商人所设辽东盖平的三江会馆，五省合建的会馆如山西、山东、河南、陕西、甘肃五省在湘潭所设会馆。一省会馆如光绪年间在苏州有山西商人所设全晋会馆、陕西商人所设全秦会馆、浙江商人所设全浙会馆。会馆为外地商帮即客帮所建，其成员是来自同一地域（县、府、省以至联省）的各籍商人，极少数不是同一地域的混合成分。会馆在明代以贩运贸易而起，入清贩运贸易更盛，故建馆比前代更迫切。为保护客籍商帮在经商地的利益而建立的会馆，除了“联乡情于异地”“叙桑梓之乐”、用乡土宗亲这一层关系把同籍商人联合起来以外，还借奉祀神灵的方法来团结纳入会馆的帮内成员（过去团行时代则无特殊的神祀供奉），如徽商在杭州吴山建汪王庙以供祖神。吴山汪王庙始建于唐朝，在杭州七宝山大观台之麓。根据《吴山汪王庙志略·公牍》所记：“自唐时歙杭立庙。春秋致祭，载在祀典。”[1]吴山汪王庙供奉的汪华（586—649年）为隋唐之际徽州人，他于隋末天下大乱之际起兵割据歙、宣、杭、睦、婺、饶6州，自称吴王。唐武德四年（621年）归顺唐朝，授歙州刺史，总管6州军事，位上柱国，封越国公，谥忠烈王。杭州汪王庙初建时仅为一座宦祠，唐朝以后逐渐演化为神庙。汪华则因此有了双重神格，既是徽州乃至江南6州的地域神，又是徽州汪氏的祖宗神。清末重修汪王庙，民国24年（1935年）又建杭州市吴山汪王庙管理委员会。杭州市吴山汪王庙管理委员会是徽州宗人组织，但设立这一组织的主要目的是在抗日战争时局下应对徽商所面临的经商困局。据戴振声、汪濂于民国25年（1936年）编的《吴山汪王庙志略续编》所记，在当时的组织中，各类从商者107人，占52.2%，而政界占16.1%、法律界占4.9%、教育界和职员分别占3.9%、学生占10.2%、军界和报业界分别占1.0%、会计占0.5%、不明行业者占1.5%。[2]移居杭州的徽商重视尊祖敬宗的仪式，以求实现“收族”的目的。一是祈求、答谢神灵保佑，以安居廛市、不遭回禄（火灾）、水陆平安、生意不息；二是通过祭祀燕会，联络感情，团结同乡商人；三是以神灵精神塑造商人道德，使家家通达义理、忠信相孚、公平处事，节制“愧心乱规”的行为。会馆还办理殡舍、义冢、善堂、义塾、留医所等善举，即所谓“疾痛疴恙，相顾而相恤”，增强会馆的凝聚力。会馆作为“迓神庥、联嘉会、襄义举、笃乡情、崇信

[1]汪文炳辑：《吴山汪王庙志略》，清光绪三十一年（1905年）刊本。

[2]戴振声、汪濂辑：《吴山汪王庙志略续编》，民国25年（1936年）刊本。

行”的地域性商帮组织，发挥着巩固、发展商帮的功能。尽管会馆有很强的地域性，但也不能单纯以地域性来概括会馆的性质。商人会馆不同于试馆，不是单纯的同乡会所，设立会馆的主要目的还是为经商服务。“通商易贿，计有无，权损益，征贵征贱，讲求三之五之之术，无一区托足，则其群涣矣。”[1]即使同乡商人群而不涣的会馆便于商人通行情、计盈亏、评价格、讲求商术、合议商务。商人经营不同的商品，属于不同的行业，其会馆就自然带有行业性。除了少数纯地域性会馆外，绝大多数是地域性与行业性二重性相统一的会馆。[2]会馆供奉保护神，推崇博爱和开展互助活动，开设学校，购置墓地，试图摆脱垄断主义和地方主义的偏见，鼓励创业性的跨区域迁徙。会馆制定规章制度并进行推广实施，控制成员的职业活动，对内部冲突进行仲裁。会馆还将原本为自身服务而建的机构如消防队、医院、学校等面向社会服务，承担或组织消防、治安、慈善、宗教等活动。为了有效发挥这些机构的作用，会馆还时常结成更大的同盟，其下属机构的社会功能超越于社区范围，并逐渐有了社会管理的职能。会馆由此而事实上成为城市政府的助手。但尽管会馆控制着相当部分的经济和准行政系统，对地方政府的影响还是非常有限的，无以危及国家的权威。事实上，“正式联合会只有在一些特殊情况下，当它是为衙门利益服务并为官吏所特别鼓励时才会出现”[3]。“于是，为数寥寥的官僚阶层，通过限制城市精英的社会影响，通过阻碍西方资产阶级在中国的产生，成功地驾驭着地方行政系统。”“朝廷为何能对相当强大的社会力量实行牢固的行政控制？这首先可以通过它垄断着官衔授予权的情况来说明……不管商人是如何豪富，其地位总是逊于士人（无论任职官衔，或是隐归乡里）。他们只能设法维护自己的利益，管理商界事务，而不能僭越分外之事。与商人身份紧密相联系的是低下的社会地位，在某种程度上促使了一种社会的人才流动。正是这种流动，使商界失去了其较为优秀的成员，使独立的资产阶级的形成更加困难。然而，人们没有必要过分地强调商人遭受蔑视的传统。在18、19世纪，商人作为一个特定的社会阶层，已成为社会精英集团的一个组成部分。社会的流动性促使商人的儿子通过科举或捐纳进入仕途，但这并不意味着商人让其所有的儿子都去做官。”“社会的这种流动性，即统治集团内部不同阶层成员间的作用互相转化的状况，并没有像15—16世纪欧洲出现资产阶级文化或像日本德川时期形成市民阶级文化那样，导致一种独特的商人文化的诞生。商人继续融合于自18世纪以来日趋城市化的精英阶层……因此，自18世纪开始出现的进步趋势，并没有促使资产阶级的形成，而是导致一个超越于商人和士人阶层之上的新兴城市精英阶层的形成和巩固。”[4]在明清时期，会馆数量的多少反映了城市的经济发达程度。

清代中叶快速发展的会馆至道光年间以降趋于停滞，而另一种商人组织公所的发展却赶上以至超过了会馆，许多新设或原有的会馆不再称会馆

[1]杭世骏：《吴阊钱江会馆碑记》，载江苏省博物馆编：《江苏省明清以来碑刻资料选集》，生活·读书·新知三联书店1959年版。

[2]吴慧：《会馆、公所、行会：清代商人组织演变述要》，《中国经济史研究》1999年第3期。

[3]施坚雅主编：《中华帝国晚期的城市》，中华书局2002年版，第654页。

[4]玛丽·格莱尔·白吉尔：《中国资产阶级的黄金时代》（1911—1937年），张富强、许世芬译，上海人民出版社1994年版，第24、24—25、25页。

而称公所。除上海、佛山会馆尚有发展外，其他地区主要已让位给公所。光绪三十二年（1906年）勒石镌碑的上海《重建南市钱业公所碑记》指出："中西互市以来，时局日新，商业日富，奇货瑰宝，溢郭填濡，而握其枢者，实赖资本家斥母财以孳息，俾群商得资其挹注，于以居积而承时。顾商战之要，业欲其分，志欲其合。盖分则竞争生，而商智愈开；合则交谊深，而商情自固，公所之设，所以浚商智联商情也。"以为"旧进无疆，以与外人相争衡"，充溢着要求同业适应商战形势的时代气息。[1]公所即同业商人办公场所之意，而会馆则是同乡商人的办公场所。由于都有办公场所的意义，因此这两个概念往往被等而视之，其实它们是两种不同类型的商人组织。其区别主要体现在以下4个方面：（1）公所打破了狭隘的地域概念，不分籍贯、外地本地，从事同一行业的商人都可以加入同一公所，而不再排斥本地商人，不再只代表外来商帮的利益。（2）公所原则上以行业命名，或以本行业的字义命名，如剞劂（刻镂用的刀凿）、云锦（纱缎）、七襄（丝绸，七襄与织女星有关）、五丰（粮食）、梓义（木业）、坤震（煤炭）、醴源（酒）等。随着行业分细，公所也趋于划细。少数以地区命名的公所其实亦有行业的内容。（3）加入公所的除商人外，还包括当地的手工业者。由于手工业行业不断细分，所以公所数量也越来越多。（4）公所中的商业组织除批发业、零售业的行、铺外，还有从事居间的牙行。客帮牙行与当地牙行的矛盾因此而基本趋于化解。合乎这4项标准的公所就是严格意义上的公所，即使名称上不叫公所（或叫会馆），实际上也是公所。公所有较为广泛的代表性，非范围狭隘的会馆所及。公所虽也供奉神祇，但却不是乡土神祇，而是本行本业的祖师爷神。例如丝业公所供奉的传说中的黄帝元妃先蚕母西陵氏（嫘祖）、瓦木业梓义公所供奉的鲁班。公所也大办义举善事，但服务的对象是同业成员。公所的职责和功能也包括宗教方面的祭祖、祭神，经济方面的确定同业者雇工人数、产品价格、员工工资等，联谊方面的联络同乡同业者感情、调和同业之间关系，福利方面的对同乡同业者进行贫困救济、帮助丧葬，等等，具有强烈的传统色彩。随着市场的发展和竞争的日益激化，以及外国势力和外来文化影响的增强，公所又向同业公会转化。在公所制下，虽然同业可以自愿加入，但因不同地域而形成的行帮往往相互排斥，实际上入会限制较严。重大事务由会员推举各自的"议董"集体商议，负责人则采用"议董"轮流的轮值制。公会则在法律框架内基本放开入会限制，成为真正意义上的大多数同业者利益的代表，有更多的现代商业特质。民国7年（1918年）北京北洋政府农商部颁布《工商同业公会规则》和《工商同业公会规则施行办法》，限定在重要行业建立同业公会，由当地商会认定，报地方政府核准、农商部备案。这使同业公会成为法定团体。该规则还将维持同业公共利益、矫正营业弊害为同业公会的宗旨。民国18年（1929年）8月和民国20年1月南京国民政府先后颁布《工商同业公会法》和《工商同业

[1]《重建南市钱业公所碑记》，载上海博物馆图书资料室编：《上海碑刻资料选辑》，上海人民出版社1980年版。

公会法施行细则》，规定由7家同业公司、商号发起即可成立同业公会。废除会董制，实行委员制，推选1位主席为商会负责人，分设执行委员和监察委员。与公所相比，同业公会具有更强的独立性，行业管理权威性更强，业务活动的专业性也较强。在规范市场秩序、建立平等竞争机制、保护民族工商业的发展方面有所作为，与社会变迁相适应。尤其是活动范围具有超地域性，一些较有生气或影响较大的同业公会将辐射范围扩展到周边地区，甚至面向全国开展活动。

晚清民国时期杭州出现了许多会馆、公所、公会。如茶业会馆有四：一为四省茶商会馆，为浙、赣、皖、闽山客组织，又称山客会馆，在候潮门外，创立于光绪年间。建会的初衷是为各省茶商贮货和防潮烘焙，同时也为对抗商行和水客过秤垄断。经费抽取为货源的1‰，称为堆金。二为茶漆业会馆，为本市茶叶店组织，在枝头巷19号，创立于光绪十二年（1886年）。专以排解同行纠纷以及评定茶叶市价为务。因徽州帮店均带卖生漆，故称茶漆业会馆。经费由各店分甲乙丙三等按月捐助。三为茶叶会馆，为本市茶行及各处水客组织，故又名水客会馆，在候潮门外，创立于宣统二年（1910年）。以调解纠纷、联络感情为宗旨。经费由坐行两方商人捐助。四为茶漆业公会，系民国17年（1928年）结成茶行、漆店联合组织，相互联络较少。[1]杭州最早的绸业商人组织是出现于明嘉靖二十二年（1543年）的观成堂。后又有大经堂、云锦堂。观成堂由绸厂业主组成，大经堂由下城机户组成，云锦堂由郊区机坊主组成，并下分新塘处、尧典桥处和闸弄口处。观成堂始设忠清巷，清光绪三十年（1904年）于丁丙头发巷旧宅建观成堂绸业会馆，是南北丝绸业商贾商议业务、集散丝绸、交流信息、切磋技艺之所在。明代中叶，涌金门设立杭州染织局，上城机坊为了接货、买卖方便，在附近的三桥址建造机神庙。后来艮山门外的机坊主因进城交通不便，又在艮山门闸弄口建立机神庙。为了区别起见，三桥址机神庙称为上机神庙，东园巷机神庙称为中机神庙，闸弄口机神庙称为下机神庙。清光绪五年（1879年），机神庙成为同行议事之所。当时上城的机户在三桥址机神庙集议，下城的机户则在东园巷机神庙创设长机公所，题议事处曰“大经堂”。同业间常在庙内祭神、集会、交流技术经验，以后料房、染炼房、经绒、拈丝打线、生货熟货机坊等劳资双方均在机神庙内祭祀、集会、演戏、聚餐。上述3个组织具有公所性质，是丝织业同业公会的前身。晚清民国时期杭州成立的涉及丝织业的同业公会有丝织工业同业公会、电机丝织厂工业同业公会、绸业同业公会、绸缎号业同业公会、绸商业同业公会和丝商业同业公会等。五口通商以后，因丝及丝织品外销的急增，杭州的丝织业获得进一步发展。民国16年（1927年）后，观成堂绸业会馆与杭州改良织物公会、杭州绸业协会等合并，成立杭州丝织业商民协会，民国20年改名为杭州绸业同业公会，内设丝织、生货、熟货、门市4部。杭州绸业同业公会成立时共有会员109家，以后又增至120余

[1]建设委员会调查浙江经济所编：《杭州市经济调查》下，载民国浙江史研究中心、杭州师范大学选编：《民国浙江史料辑刊》第1辑第6册，国家图书馆出版社2009年版，第625—626页。

家。后来丝织业中规模较大的厂商组织以姚顺甫为首的杭州电机厂同业公会，改名为杭州市电机丝织工业同业公会，民国37年（1948年）又改组为浙江区丝织工业同业公会杭州第一分会，会址设于观成堂内。民国17年，数千机户集议成立了杭州丝织织造公会，公推孟炳贵、王五权为正副主任，赵荣许、袁永福等为筹备员，在东清巷购地建造公会会所，仍题议事处曰大经堂。抗日战争时期，杭州丝织织造公会成了日伪控制杭州丝织业及其商人活动的工具。抗日战争后，杭州组织丝织业整理委员会对该业在战争中的损失进行调查，并于民国34年（1945年）成立杭州市丝织工业同业公会，以孟炳贵为理事长。后又改为浙江区丝织工业同业公会杭州第二分会，设于大经堂。

杭州市丝织业同业公会的产生主要有以下原因：第一，公会的成立是同业者为加强团结、抵制不良制度以谋共同发展的需要。当时一些绸庄老板为盘剥工人实行两项不合理的制度：其一，其时角子、银洋的法定比值为10角等于1元，实际贬值至每元为12.5角，而绸庄按旧规每元只肯以9.95折付款，1元以下以角子计算，往往估成八九角零数，使机户深受其害。其二，其时收货人尺码长短漫无标准，放长缩短，每与量者意气有关，在成交中发生纠纷甚多。孟炳贵便联络机户倡言推翻这两项制度，得到绝大多数机户拥护，迫使绸庄废除“九九五制”，并与绸庄订立议约，设立估尺部，在丝织品成交时由大经堂派人参主其事。第二，行业内部运行机制发生变化，尤其是手工业雇主与雇工之间的分歧和对立加深。到20世纪20年代，杭州丝织业中雇主与雇工的对立日渐明显，雇工成立了维护劳动者权益的职工工会，与之相应雇主则设法成立一个与之抗衡的同业团体。第三，传统会馆、公所设立的目的是维护小集团利益，主要业务是限制竞争，董事往往是世袭制，领导方式则是集权制，与现代经济组织要求越来越不相适应。随着社会的进步、工商业本身的发展，会馆、公所被以“纠正行业经营弊端、促进行业进步”为宗旨、引入现代社会团体理念和制度、追求决策民主化和办事高效公正的同业公会所代替成为必然趋势。抗日战争后，杭州市丝织工业同业公会成立时，“登记入会的会员在城外的是869个，城里的1012个，共计1881个”[1]。

[1]《杭州市丝织工业同业公会成立会记录》，杭州市档案馆馆藏档案：旧10-1-46-0112。

旧式丝织业会馆、公所的组织系统较为松散，内部机构比较简单，分工也不精细。相对而言，杭州市丝织业同业公会的内部组织系统、运营机制、调控体系均大为进步。传统会馆的会员权利没有明确的文字规定和保证，同业公会则明确了会员的权利与义务。会员除得到公会的保护外，还享有发言权、表决权、选举权和被选举权等。由全体会员组成的会员大会是公会的最高权力机构，分定期会议和临时会议两种，公会重要事项都须经会员大会决定。如理事和监事之产生、公会章程的变革、会员的处分、职员的辞职、经费的预算决算等，必须有超过2/3的会员到会时才能做出决议。会员在享受权利的同时，也要履行相应的义务。公会规定会员需遵守章程，服从决议，按时缴纳会费，不得危害同业之营业。对不缴纳会费、违反公会章程及决议者，经理事会之决议予以警告，警告无效时按情节轻重处以100万元以下之违约金，或一定期间停业或永久停业之处分。这种通过惩戒条例来强化公会内部的自律性、保护行业信誉和维持专业代表性的做法，不仅提高了公会的社会地位，而且充分说明公会在组织形态方面已十分成熟，具备了专业行会的一般特征。在组织机构的设置上，杭州市丝织业同业公会摒弃了会馆、公所普遍采用的会董制，代之以“理监事制”。如丝织工业同业公会设理事9人、监事3人、候补理事5人、候补监事6人，由会员大会用记名连记法选任，理事和监事均为名誉职务。理事、监事分别组成理事会和监事会。理事会是执行机构，具体执行会员大会的决议；监事会则专司监督。与传统会馆实行会董制、由董事轮流负责制、董事大多是终身制不同，杭州市丝织业同业公会对负责人的任期、权限、罢免以及病故或辞职后继任者的递补办法都有明确规定。如《杭州市丝织工业同业公会章程》第14条规定：“理事监事等任期均为4年，每2年改选半数，得连任1次。第一次应改选之理监事于选举时，以抽签定之。但理监事人数为奇数时，留任者之数得较改选多1人。”[1]《杭州市电机丝织厂工业同业公会章程》第17条也规定：“选举理事监事时，应另选候补理事5人，候补监事2人，遇有缺额依次递补，以补足前任任期为限，未递补前不得出席会议。”公会负责人如在处理事务时有违背法令、营私舞弊或有其他重大不正当之行为者，经会员大会决议辞职或罢黜。传统的会馆、公所确定负责人大都采用推举制，被推举的往往是社会交往广、捐资多或实力雄厚的殷商，一些势单力薄者往往因为内在或外在的压力而违背个人意愿参与推举。由此导致两个后果：一是会员不能充分利用该组织发表个人意见，二是少数人长期把持重要位置发号施令，甚至会馆也会因为其所经营企业的衰落而消亡。同业公会采用民主选举制。《杭州市电机丝织厂工业同业公会章程》规定：“本会理事、监事均由会员大会就代表中由记名连记法选任之。当选理事及监事之名次依得票多寡为序，票数相同时以抽签定之。”对理事长的选举则有严格限制，即得票满半数以上者方可当选。[2]会员选举权的取得是同业公会现代化的重要标志。国民党杭州市党部秘书杨舒青在杭州市丝织工业同业公会成立大会上曾致辞说：“选举要认清能否为我们尽职，不要拿选举当作无所谓的事，各位代表绝对不能放弃选举权。”[3]传统会馆很少设立专门的办事机构以各司其职，不同的职能都要由轮值董事或司月操办，往往董事轮值交接时，一些事务就很难处理。同业公会实行分科办事制度，一般在理事会下按不同职能分别设有调解、调查、教育、福利、宣传、娱乐、救济等科或股，并为每个部门制定章程，对其职能、办事程序或与理事会的关系等都作明确规定。杭州市丝织工业同业公会理事会下分设5科2部，每个科或部下又分设不同的股，如总务科设文牍、会计、庶务、出纳等股，经济科设研究、设计等股，统计科设调

[1]《杭州市丝织工业同业公会章程》（草案），杭州市档案馆馆藏档案：旧10-1-46-0105。

[2]杭州市档案馆编：《杭州市丝绸业同业公会档案史料选编》，1996年，第72页。

[3]《杭州市丝织工业同业公会成立会记录》，杭州市档案馆馆藏档案：旧10-1-46-0114。

查、统计等股，福利科设仓储、运输、救济、合作等股。为提升同业发展水平、纠正行业弊端，还设有相应的专门机构。如为提高绸货品质、增加信誉，杭州市丝织厂3公会特设置检验机构——杭州市丝织品检验所。为组织同业就货价进行协商、平衡供求，又特设评价处等。分科办事制度的确立，有利于避免因权职不分而使内部组织管理系统出现混乱。公会经费来源与支配经费是同业团体维持正常运转所必需的物质保证。同业公会的经费来源大致有以下几个方面：一为会费。这是主要的经费来源，标准由各团体自行制定，大致以平均合理负担为原则。会费分入会费和月费两种，如电机丝织厂工业同业公会入会需一次性缴纳入会费国币100万元。月费缴纳各有标准，丝织工业同业公会会费征收按会员产量匹数征收，而电机丝织厂工业同业公会会费除按月缴纳基本费2万元外，再按其开机数加纳经常会费，标准为织机每台国币2万元，拈丝机每台国币2万元。二为事业费。如电机丝织厂工业同业公会规定："事业费为本会兴办本章程所规定之事业、召集会员大会筹措，以每一会员为单位，至少一股至多不得超过五十股，必要时经会员大会之决议，按其性质酌量变更其标准。"[1]三为公会置有的房产出租等收入。如《杭州市丝织工业同业公会整理员办事处接收财产清册》中记录："屋基房产：东清巷第五十九号及王马巷十号、水陆寺巷七号、昆连地基共计十一亩七分五厘六。"[2]四为在特殊情况下另行收取的费用。如慰劳费、义务警察捐、学校费、度变费等。《杭州市绸业市场预收生绸场费办法》规定：绸庄在生绸接洽时所预付生绸，机户应预缴本场场费。[3]五为接受的捐款。各公会都制定有严密的会计制度和经费审查制度。各会会费都要求制定预算和决算，于每年度终了1个月以内编制报告书提请会员大会通过，并报实业部备案后刊布。公会开列的会费支出预算非常详细，如杭州市丝织工业同业公会整理费支出预算包括整理设备费、办公费、特别办公费、工资薪金、大会用费、旅差费等。关于经费支出审核方面，"除较大支出应随时由理事长审核外，零星支出由书记代行核支"。[4]从杭州市丝织业同业公会的内部组织架构、民主化的管理原则和管理体系、监察机制、严格的会计制度和经费审核制度看，传统行会的封建性已大为淡化，而现代资本主义同业组织的色彩不断加强。

作为行业性团体，同业公会的一项基本职能是协调同业之间的关系，保护同业的利益，统一同业的业务标准，调适市场竞争的环境，营造公平、有序的经济发展环境。《杭州市丝织工业同业公会章程》明确"以维持增进同业之公共利益及矫正同业之弊害为宗旨"[5]，《杭州市电机丝织厂工业同业公会章程》明确以"谋划丝织工业之改良发展、增进同业之公共利益为宗旨"[6]。在全面推进本行业近代化、维护行业利益和协调社会关系方面，杭州市丝织业同业公会在以下几个方面发挥了有效领导、规范、监督和服务性管理的职能：一是促进会员事业的发展。对丝织业的原料、生产、销售等各个环节加以监督管理。章程规定公会的职能包括："关于会

[1]杭州市档案馆编：《杭州市丝绸业同业公会档案史料选编》，1996年，第75页。

[2]《杭州市丝织工业同业公会整理员办事处接收财产清册》，杭州市档案馆馆藏档案：旧10-1-45-00024。

[3]《杭州市绸业市场预收生绸场费办法》，杭州市档案馆馆藏档案：旧10-3-179-0216。

[4]《杭州市丝织工业同业公会第四次理监事会议记录》，杭州市档案馆馆藏档案：旧1-1-46-0072。

[5]《杭州市丝织工业同业公会章程》（草案），杭州市档案馆馆藏档案：旧10-1-46-0072。

[6]杭州市档案馆编：《杭州市丝绸业同业公会档案史料选编》，1996年，第70页。

员制品之共同加工或发售，原材料之共同购入或处理，运输设备及其他与会员事业有关之共同设施之管理；关于会员之设备制造及原料材料之检查取缔并事业经营上必要之统制”等[1]，以促进丝织业同业生产与经营之发展。协助解决同业原料供给是丝织业同业公会促进会员事业发展的重要方面。杭州附近各县原为产丝区，但抗日战争以后蚕丝业一蹶不振，致各丝织厂原料异常紧张。民国35年（1946年）6月，杭州市电机丝织厂工业同业公会争取到人造丝400包，按各厂开机数平均分配，但只是杯水车薪。杭州市电机丝织厂工业同业公会即派姚顺甫、谢启沅等到中央信托局请愿，要求配售所存的4000余箱人造丝。经不懈努力，终于配得人造丝481箱12包，但仍与各厂需要用量不敷甚巨，于是公会又向意大利订购人造丝。为从根本上解除原料短缺问题，上述杭州绸织两业同业公会联合成立了以自收、自缫、自用为原则的原料生产合作社，使原料与制品之供求保持平衡。杭州丝织品向为绸货中的上品，远销海内外，但20世纪20年代后质量下降，外销渐滞。为提高同业技术水平，提高产品质量，杭州市丝织工业同业公会、电机丝织厂工业同业公会、绸业公会成立了以推行产品检验、增加产品信誉、促进生产销售为功能目标的丝织品检验所，制定了《杭州市丝织品检验所实施检验暂行规程》，规定检验项目包括原料、幅度、长度、经密度、纬密度、制作技术等8项，将产品按质量分成9等。无论本埠外埠丝织品均须检验，合格后方得行销或出运。为防止逃避检验，丝织业3公会还派出督导员分区巡回督导。[2]核定商品价格、维护合理的合同价格是丝织业公会维护经营的又一重要工作。杭州市绸商业同业公会规定：“同业各货划定售价，必须一律每月规定14日及月终召集本组委员会评议两次，按照市价涨落以定增减，不得私自扰乱其评议结果。”这种按照商品经济的市场运行规律和民主化程序来订立售价的做法，对消除同行之间恶性竞争和相互倾轧，在日趋激烈的商战中以团体力量来维持行业对外竞争力具有重要作用。该公会同时规定“会员承接顾客定货如遇货价涨落，双方均须遵照定单履行，不得违约”[3]。二是制定同业规则，规范同业行为。同业公会制定了不少行业管理的规章制度，包括章程、规约等，对入会、出会、开业、停业等都作了详细规定，凡违反业规者按照惩罚条例进行处罚。杭州市绸业同业公会制定的《杭州市绸业办事处生货成交暂行规则》规定：凡机户及绸庄收货均应佩戴证章，依照规定时间循序入场，不得争先恐后；交易时严守秩序，不得无理争执。不准在场外成交绸匹以乱市场秩序而损同业利益，并派员检查市场秩序。[4]这些都充分显示了通过行业公会维护市场秩序、保障同业利益、促进工商事业健康发展的积极作用。同业公会还采取有力措施倡导商业道德，矫正各种违规行为。如《杭州市电机丝织厂工业同业公会同业规约》规定：“各会员出国货品，本会得检验其素质成份，倘有偷工减料，有损同业信誉者，本会得取缔之。”[5]杭州市绸商业公会也规定：主顾不得长期拖欠贷款，如有违者，公会刊布该主顾姓名，并

[1]《杭州市丝织工业同业公会章程》（草案），杭州市档案馆馆藏档案：旧10-1-46-0104。

[2]杭州市档案馆编：《杭州市丝绸业同业公会档案史料选编》，1996年，第52—53页。

[3]《杭州市绸商业同业公会规约》，杭州市档案馆馆藏档案：旧10-1-35-00003。

[4]《杭州市绸业市场办事处生货成交暂行规则》，杭州市档案馆馆藏档案：旧10-3-179-0215。

[5]《杭州市电机丝织厂工业同业公会同业规约》，杭州市档案馆馆藏档案：旧10-3-2-0013。

要求同行不得与之再交易。公会惩办违规行为的目的是为了培养和强化同业法制观念和守法经营的习惯，树立良好的商业道德，为同业长远发展打下坚实的职业素质基础。当同业发生纠葛时，公会尽量在其权限范围内消除争端，避免因同室操戈而致扩大事态，影响同业经营和公会团结。《杭州市电机丝织厂工业同业公会章程》中把“关于同业纠纷之调处公断”列为公会基本职责之一，规定“为减少同业间相互隔膜并增进同业友谊起见，凡同业间倘有争议事件须先申请本会调解。调解不成立，方可自由申诉”。[1]三是同业调查。开展商情和行业调查对于会员了解本行业经营状况和采取应对措施有着重要的参考价值。杭州市丝织业同业公会把会员业务之指导、研究、调查、统计以及工业产品之调查统计作为基本任务之一。如杭州市丝织业3同业公会为调查1059户会员的战时物资损失情况，特别成立了整理会，对各会员的损失情况逐一统计。最主要的调查内容是对本行业规则的执行情况、会员的经营状况、市场价格变动情况、商品供求状况等的调查，以便为公会的决策提供现实依据，为同业发展提供市场信息。如因战后原料价格飞涨、成本增加，公会采取了对同业产品进行适当提价的措施。对行业在经营困难时期状况的调查，为向政府和商会呼吁给予救济提供了依据。不仅如此，为开拓国际贸易，公会还派人赴国外对国际市场进行调查。同业调查不仅为本行业发展提供信息，也为政府制定有效的经济政策、措施提供了重要依据。四是集中同业力量组织产销联营，开拓国际市场。丝织品为中国重要输出特产，抗日战争前年均输出超过1600公担，常居出口量第三位。但战后受国内经济、军事形势影响，内销受阻，外销也滞阻。为此，杭州市丝织工业同业公会联合全省丝织工厂通力合作，组织成立了浙江丝织产销联营股份有限公司，以“振兴丝织工业、推广国际贸易”为宗旨，“对外贸易以恢复战前市场并取代日本原有国际市场”为目标，经营方式采取分工产制、统一管理、联合运销为原则，拓展南洋、印度、巴西、智利、英国、美国、法国、加拿大、澳大利亚等市场。[2]电机丝织业产品以外销为主，国际市场对行业的发展关系尤重。民国35年（1946年）2月，杭州市电机丝织厂工业同业公会为促进国际贸易特组织了杭州市丝织品出口联营社，推举姚润青任董事长、姚顺甫任经理，试图以“共同经营与共同交换方式经营国外贸易，争取国际市场，实施工业建设纲领”。其主要任务是：丝织品之划一设法改进，丝织原料之共同购入或检查取缔，生产技术之指导及制造工具之改良，丝织品之共同加工、检验，海外市场之开拓、调查和宣传，海外贸易之承揽配给，等等。[3]为展示杭州丝织工艺之精湛、丝绸制品之精美以开拓国际贸易，杭州市丝织工业同业公会还组织筹备参加在越南西贡举行的物品展销会。

同业公会作为一种行业组织形式，其存在和发展必然受到社会各方面的影响制约，同业公会的诸多“内治”功能实现都需要有良好的外部环境，有赖于“外联”效能的发挥。为了更好地促进同业发展，维护会员权

[1]《杭州市电机丝织厂工业同业公会同业规约》，杭州市档案馆馆藏档案：旧10-3-2-0013。

[2]《浙江丝织产销联营公司请求上海丝织品输出协导会委员会办理借料贷工要点》，杭州市档案馆馆藏档案：旧10-3-7-0050。

[3]《杭州市丝织品出口联营社章程》，杭州市档案馆馆藏档案：旧10-3-2。

益，杭州市丝织业同业公会与其他同业公会、商会以及政府建立联系、协调网络。第一，建立与其他商人团体的网络联系。从行业上看，包括丝织业内部各同业公会间的联系，也包括丝织业同业公会与其他同业公会、商会的联系；从地区上看，不仅包括与本市及本省各同业公会、商会间的联系，也包括与省外乃至国际工商公会、商会间的联系。杭州丝织业各同业公会成立后，逐渐建立了省内外工商团体的联系网络。包括一般性的互动联系，如行业组织间对有关组织改选变动、商务商情信息等情况的相互通报。也有特殊性的互动联系，主要是涉及与贸易活动、商人权益、民族利益有关的一切需要其他行业组织协助或共同联合完成的活动。其联络的基础主要是共同利益的驱动、应付外界环境的压力、政府政策的推动、共同竞争意识的增强、调解行业纠纷的需要等。联络的途径主要有以下几种：一是直接通过大量书信、电函等及时传递信息；二是通过举办会议等方式共同探讨问题、商讨对策；三是通过互访的形式进行直接交流；四是联合成立共同的组织，如绸业、织造业、丝厂业、丝业4个同业公会联合组成“浙江省会中华丝织业产销互助会”，杭州市丝织业同业公会与上海、南京、吴兴、吴县、镇江等地的丝织业同业公会联合组织成立“江浙丝绸产销联合会”。浙江省会中华丝绸业产销互助会章程的办会宗旨是：“为了增进会员同业之共同利益，并得与中华蚕丝股份有限公司相连业务以便供给会员需要之原料，并设法其制成品之贩卖及搬出。”[1]第二，协调劳资争议。《杭州市电机丝织厂工业同业公会同业规约》规定：“各会员倘有劳资争议事件有关全体一致规定或是牵涉全体同业者，均须经本会理事会之许可，不得单独成立协议。”[2]在社会经济动荡不安的环境下，劳资双方的矛盾非常激烈。例如，绸布业职员向公会提出取消人事进退三节制、统一营业时间、增加工资等要求。绸织业机户也联名上书就增加工资向公会提出要求。[3]因劳资双方各持己见，遂有罢工之事出现，“丝织产业工人要求增加工资不遂，于28日上午9时相率罢工，至本日午刻已逐渐蔓延”[4]。杭州市丝织工业同业公会在请得政府调停下，与劳方杭州市丝织业产业工会订立《杭州市丝织业劳资协议底薪清单》，规定“工资按照本市生活指数发给”[5]。第三，处理与政府的关系。担负消除官商隔阂、沟通官商联系的职责。对于双方的关系，虞和平认为是“超法的控制与反控制”[6]，陈忠平则指出同业公会是“具有自身社会经济利益与政府策略，并为此与不同政权进行合作或抗争的地方商人精英组织”[7]。政府对同业公会的控制主要表现在以下几个方面：一是思想控制。民国时期，政府对同业公会的思想控制集中体现在要求以三民主义作为公会的指导思想。例如，在杭州市丝织工业同业公会成立大会上，市政府代表在讲话中强调必须了解、认识三民主义[8]；公会理监事任职誓词中也提到：“余谨以至诚，实行三民主义，遵守国家法令。”[9]政府还要求会员一切以国家为重。二是组织控制。南京国民政府颁布了近40部法令，对同业公会的宗旨、机构、职员、会议等作了

[1]《浙江省会中华丝绸产销互助会章程》，杭州市档案馆馆藏档案：旧10-3-179-0145。

[2]《杭州市电机丝织厂工业同业公会同业规约》，杭州市档案馆馆藏档案：旧10-3-2-0012。

[3]《杭州市绸织业各机户呈请解决劳资纠纷》，杭州市档案馆馆藏档案：旧10-1-45-00006。

[4]《杭州市丝织工业同业公会电函》，杭州市档案馆馆藏档案：旧10-1-45-00180。

[5]《杭州市丝织业劳资协议底薪清单》，杭州市档案馆馆藏档案：旧10-3-195-0065。

[6]虞和平：《商会与中国早期现代化》，上海人民出版社1993年版，第84页。

[7]陈忠平：《长江下游商会与辛亥革命关系初探》，第三届中国商业史会议论文，2000年。

[8]《杭州市丝织工业同业公会成立会记录》，杭州市档案馆馆藏档案：旧10-1-46-0114。

[9]《理监事任职誓词》，杭州市档案馆馆藏档案：旧10-1-45-00154。

明确的规定，以加强对公会内部组织的控制。公会成立须请国民党市党部派员莅临监督指导，会议选举产生的理监事名单、历次理监事会议及其通过的决议等均须抄录一份呈交市政府以鉴核备查，公会章程需呈准市政府备案，公会的图章也由政府颁给。如杭州市绸业同业公会一份呈交市政府的会议记录中有“钧府颁给正式图记以前，用‘杭州市绸业同业公会整理员办事处’旧章”的记载[1]。三是经济控制。主要形式是税收和评议物价。如杭州市国税局要求公会依法造送会员清册以凭估税，公会须定期呈送价目表，并由市政府主持召开货价评议委员会，规定各评议之物价须依照各业提出之确实证据为标准，已经本会评定的各业货价应通知各零售商，务须于各种货品上按照评议标示价格。如在第三次货价评议委员会上，杭州市绸业同业公会代表以生丝价涨不敷成本，要求加价，提请核议，评议结果“仍以大绸为标准，每两售价新法币六元五角，其余花色繁多悉按大绸比例类推”[2]。对于违反评价者由省经济局查处。政府还通过核定同业公会经费收支预算和决算等形式对公会加以经济控制。同业公会则接受政府的指导和监督，《杭州市丝织工业同业公会章程》第5条即规定“本会受实业部指导及地方行政主管官署之监督”[3]，这是因为同业公会的存在和发展离不开政府的支持帮助。如丝织工业因受战事影响，国内国际销售低落。为此，杭州市丝织工业同业公会申请政府予以救济，要求实行原料配给或赊借，设立丝织品出口奖励金，豁免丝织工业一切捐税，等等。公会还需要政府的保护，当出现劳资纠纷而导致工人罢工时，同业公会希望“钧府迅赐饬令制止，应查办发动罢工之不良分子，以安地方而维工业”[4]。政府对同业公会也明令保护，这种保护的前提是同业公会有其存在的价值。由于政府与同业公会存在着共同的政治、经济利益，所以双方能互进互通协同合作。但当双方出现利益冲突时，同业公会则必须履行其职责，向政府反馈同业对不合理政策措施的意见，并据理力争以维护同业的利益。如由于战后经济不景气、物价飞涨、丝织业生产萧条，而当时政府财政窘迫，对工商业实行竭泽而渔的搜刮政策，摊派各种苛捐杂税，而且税率日高，为此同业公会数次向政府提出抗议，要求减低营业税，减免绸业改进基金，免征海关出口及转口税等。但由于决定权操诸政府，同业公会的请愿未必能达到预期目标，而费时耗力的长期拉锯战使同业公会难以有更多的精力来从事改进组织、推动同业公会全面现代化的革新事业。[5]“政府的苛税政策和对工商业的过分干预，不仅使工商业者受害无穷，而且间接也使工商行业团体的进步发展遭到了严重的阻碍和打击，它是造成中国工商业团体难以实现推进行业近代化的根本原因之一。”[6]

从会馆、公所向同业公会的转变，不仅仅是名称上的简单更易，而且是现代商会发展的一个必然过程。民国改元之际，同业公所广泛地向同业公会过渡，同一城市各个同业公会则联合成立商会。商会在西方国家出现较早。1599年法国马赛商人自发组建了世界上第一个商会，1665年德国

[1]《呈第一次理监事会议记录》，杭州市档案馆馆藏档案：旧10-1-35-00130。

[2]《杭州市政府召开第三次货价评议委员会议记录》，杭州市档案馆馆藏档案：旧10-3-188-00009。

[3]《杭州市丝织工业同业公会章程》（草案），杭州市档案馆馆藏档案：旧10-3-188-00009。

[4]《浙江区丝织工业同业公会代电政府函》，杭州市档案馆馆藏档案：旧10-1-45-00048。

[5]陶水木、林素萍：《民国时期杭州丝绸业同业公会的近代化》，《民国档案》2007年第4期。

[6]朱榕：《上海木业同业公会的近化化》，《档案与史学》2001年第3期。

汉堡商会诞生，18世纪中叶英国、美国、加拿大的商会相继出现，1878年日本的东京、大阪、神户同时成立商会。18—19世纪是世界各国商会的大发展时期，今天世界各国的商会就是那个时期商会的延续和发展。早在道光十四年（1834年），广州的英国商人就成立了英商商会，道光十六年又进一步组建了包括广州的全部外商在内的洋商总商会。在上海的各国外商于道光二十七年（1847年）成立了上海洋商总商会。在香港的60家洋商行号于咸丰十一年（1861年）成立了香港洋商总商会。天津的各国外商也在光绪十三年（1887年）组建了天津洋商总商会。光绪二十一年（1895年）甲午战争和光绪二十六年（1900年）八国联军侵华战争以后，列强对华的军事和政治侵略目的已基本达到，各国商人更加重视在华发展商会，以集体的力量对中国进行经济扩张。中国的一些商人和有识之士也逐渐认识到，外商所以能在商战中取胜，很重要的原因即得力于商会。华商欲战胜外商，必须联结众商、沟通官商，必须设立中国的商会。从光绪二十一年（1895年）起，郑观应等人开始向国人介绍外国商会在经济发展和对外经济扩张中的作用。郑观应指出：西方各国每个商业都市都设有商会，日本于明治维新后，各处设立商务局（即商会），集思广益，精益求精。如有洋商买卖不公，即告知商务局，集众联盟，不与交易，因而商业大振。康有为在《公车上书》中评论西方各国商会的作用时说：明朝时葡萄牙之通澳门、荷兰之占南洋，英人乾隆时之取印度、道光时之犯广州，都依靠商会之力。他还在光绪二十四年（1898年）的《条陈商务折》中指出：英国人所以能占领美洲、澳洲，都依靠了商会的力量。外国洋货能畅销中国的重要原因之一，是因为有商会联结其间，使他们官商相通，上下一体，制造出精美产品，广泛占领中国市场。张謇于光绪二十二年（1896年）专门写了一篇名为《商会论》的文章，详细论述设立商会的必要性及其组建方式和职能。他指出，不设商会，商人就没有用武之地。清政府总办洋务和外交事务的中央行政机构总理各国事务衙门也有类同的认识。其在该年提交的《奏复请讲求商务折》中，明确表示赞同在沿海各省会和通商大埠设立商务局。到戊戌变法高潮之时，还有人为尚未出世的中国商会拟定了较为详细的章程，名为《拟中国建立商业总会章程》。其中声称：以“讲求中外商学商务，以振兴中国全国商务”为宗旨。全章程分为2章13条，规定主要的活动内容是促进铁道、轮船、军舰、兵器、机器、钢铁、采矿、农牧、纺织、商贸等业的发展。[1]其内容虽然比较简略，也不很完善，但是它所规定的宗旨和职能已与西方商会无甚差异。这大概是中国人制定的第一个商会章程。在绅商和有关大臣的建议下，力行新政的光绪皇帝载湉于光绪二十四年发出了第一道筹办商务局的谕旨，并两次传旨刘坤一、张之洞等各省大吏抓紧建设商务局。从此各省的商务局陆续建立起来，但是其组织性质和功能与绅商们所设计的商会相去甚远，它们不过只是各省政府所属的一个商务行政机构。光绪二十八年（1902年），上海各业商帮和某

[1]《湘学报》第26册，光绪二十四年正月十一日（1898年2月1日）。

些大企业仿照日本商业会议所（即日本的商会）模式成立上海商业会议公所。此后，也有少数省份仿照上海成立了商业会议公所。对于上海等商业会议公所的组织性质，学术界的说法不一，有的认为是中国商会的早期形态；有的认为不是正规的商会组织，只是一种带有官助性质的商人团体。但它至少是商会的雏形。上海商业会议公所成立之后，组织上处于比较松散的状态，也带有较浓的官方机构色彩。除在商约谈判提供咨询和出谋划策方面起到了一些沟通官商的作用之外，并无多少实质性的建树。光绪二十九年，清政府设立农工商部，在推行振兴工商政策中遇到了不少来自地方官吏的阻碍。这不仅使农工商部的振兴实业政策难以贯彻，而且办事多受掣肘，从而使其试图越过地方政府直接与各地工商界联系。光绪三十年（1904年），农工商部奏准朝廷颁布《奏定商会简明章程二十六条》，正式向全国商人发出了建立商会的号召。该年上海商业会议公所改组为上海商务总会。这是中国第一个正式设立的商会，后人常称为“中国第一商会”，既指其设立时间为全国第一，也指其势力和影响为全国之最。上海商务总会成立后，各地商人在政府的动员下，很快兴起了建设商会的高潮。天津、山东、河南、山西、福建、湖南6地的原有商业会议公所都于该年改组为商会，另还有22个新商会产生。此后历年势头更旺，如光绪三十一年41个，光绪三十二年109个，光绪三十三年64个，光绪三十四年86个，宣统元年（1909年）141个，宣统二年180个，宣统三年111个，民国元年（1912年）164个，尚有73个成立年份不明，总计已达998个，遍及除蒙古和西藏之外的全国各省区。经济较发达的东南沿海地区几乎遍及每个县。如浙江84个，江苏67个，直隶（河北）66个，江西65个，广东63个，奉天（辽宁）59个，山西58个，河南55个，安徽54个，福建53个，山东和湖北各50个，四川则因其地域的广大而有96个。与此同时，海外华侨集聚之地，也由华侨商人陆续建立了中华商会。民国元年时已达39个，主要分布于日本的长崎、大坂、神户、横滨，美国的纽约、旧金山，加拿大的渥太华、温哥华，俄罗斯的海参崴、伯利、双城子，以及墨西哥、巴拿马、新加坡、马来亚、印度尼西亚、缅甸、泰国、越南、菲律宾的一些城市。辛亥革命爆发后，朱葆三等不承认清政府确认的上海商务总会，于宣统三年（1911年）另组上海商务公所。后经双方议董协商，于民国元年2月改组为上海总商会。民国成立以后，商会组织进一步普及，到民国7年（1918年）全国商会总数已增至近1500个。不仅原有商会较多的省份继续增加，尤其是那些原有商会较少的省份迅速增加起来。如湖南从15个增加到57个，陕西从4个增至42个，甘肃从7个增至43个。海外中华商会也增加到了58个。这种势头是世界上任何一个国家所没有的。在光绪三十年至民国38年（1904—1949年）45年中，中国的商会不仅在组织上迅速发展和完善起来，而且在经济建设、民主革命和民族独立运动中发挥了重要作用。

民国3年（1914年）9月北京北洋政府农商部颁布《商会法》60条，因商界反映限制过多，次年12月农商部修订为46条。该法规定以工商企业经理人为会员，沿用会董制。民国18年（1929年）8月南京国民政府颁布《商会法》9章47条。规定设立商会必须有5家以上的工商同业公会发起。若无工商同业公会，则必须有50家以上的商业法人或商家发起。会员分为两种，一为工商同业公会会员，二为独立的商号会员。独立商号会员只能是别无同业或虽有同业但还没有同业公会者。因而，商会事实上是同业公会的上层组织。商会为“各业之团体”，公会则为一业之团体，两者是众业与一业的关系、发展与进一步发展的关系。商会是其所在地全体工商业者的全员性组织。它是开放性的，对入会的资格没有什么限制，凡是在本地经商办厂的各业商家，只要照章履行手续、缴纳会费、承担义务，都可以入会。与传统的行帮组织和其他任何工商团体相比，商会的组织体系是最为完整的。商会的组织体系由内部组织系统和外部组织系统两个部分构成。商会内部的最高权力机构是会员大会，按规定日期召开的会员大会称为“常会”或“年会”，一般每年举行1—2次。因特殊需要举行的会员大会称为“特会”，临时召集。一切重大事务都须经会员大会讨论决定，如会费数额之增减、公款之动用、财产之买卖和抵押、会员之开除或辞退、会章之修订、会董之选举，以及其他会长和会董难以决定之事。会董会议是商会的最高日常领导机构，它由会董组成，由总理、协理（民国以后改称会长、副会长）领导，一般情况下每周议事一次，遇有重要事情随时开会讨论。会董会议有推举总理和协理、监察会务、筹议经费、讨论会章等的权限。凡较为重大的事务均须由会董会议讨论决定，如对犯错误会董的处罚、对振兴实业计划的研定、对商务纠纷的裁定等。总理和协理（或会长和副会长）是商会的最高行政领导者，他们由会董会议在会董中选举产生，职责是主持会务、筹集经费、稽核开支、裁定会章、秘密裁定各事、联络政府等。但他们只能按照章程的有关规定以及会董会议和会员大会的决议行使职权，不能私自决定重大事务。商会的外部组织系统可以分为两种。第一种是同一省区内各商会之间的联络关系。当时商会的组织形式分为商务总会、商务分会、商务分所（民国以后改称总商会、分会、分所）3级。总会设在各省省城和其他工商业大城市；分会设在各县县城和其他商务较为发达的城镇；分所设在总会或分会所在地区的其他商业小镇。分所往往依附于总会或分会，分会除了由部颁章程明文规定为按省分别隶属于商务总会外，一般主动把自己所属地区的商务总会作为上级机关。分会和分所的印信要通过总会领取，遇有艰难之事往往请求总会帮助解决。总会处于全省商会联盟的领袖地位，全省性的商会活动常常由它组织领导，各级商会向省政府或中央政府提出的要求经常由它传递，省政府和中央政府的有关商界的政策法令通常由它传达，省与省之间的商会活动更由它联系。因此，在总会—分会—分所3者之间形成了一种逐级控制体系和信息互传体系，使一个省区内的商会能够有事则合无事则分，灵活地开展各种活动以应付各种局面。这种组织状况也说明，一个省区内商会的组织系统只是一种总会、分会、分所3级之间的纵向联络系统。同级商会之间，即总会与总会、分会与分会、分所与分所的横向联系虽偶有发生，但没有经常的沟通渠道。尤其是总会，由于它是一个省区内的最高一级组织，既没有与别的总会发生经常联系的横向渠道，也没有再向上沟通的纵向渠道。因而实质上构成了一种以各总会为首的以省区为单位的半封闭组织系统。这种状态在全国商会联合会成立以后才有所改变。第二种是商会与它的从属团体之间的联系。所谓从属团体，就是由商会发起创办或由商会成员兼任领导以及由商会资助经费的团体，主要有商团和商学公会（或商学研究会）等。商团是由商会组织和领导的武装治安组织，以青年商人或商家子弟为主要成员，由商会选派有名望的会董担任直接领导，由商会提供主要经费。在时局动荡的年代，商会组建商团自卫。杭州市商务总会在光绪三十四年（1908年）就组建了商团，以应对辛亥革命前夕飘摇的政局。商团经费由商人支付，武器向军械局领取。辛亥革命后商团解散。民国36年（1947年），因政局动荡，商会推定金润泉、周仰松向当局请求组织商团以保护商人财产，省、市当局鉴于市内警力薄弱，批准组建杭州市义勇警察总队，协助军警维持地方治安。同年9月成立杭州市义勇警察总队，总队长由市警察局长兼任，副总队长由市总商会推选人担任，企业经理是主要成员。所需开办费及经常费用从商会会费中抽取三成筹措。杭州市义勇警察总队先搞冬防，次年开始通宵值班巡逻。曾与国民党溃军发生过几次冲突，维护了地方秩序。商学公会或研究会与商会的关系虽然不如商团那样密切，也与商会有着相共关系、业务联络关系和人员渗透关系。如杭州商学公会声称，自己与商会宗旨相同，凡是本省和外省各城市的商会都应当联络。商会的这种广泛的外部组织关系，是由作为商会成员的绅商的多重社会属性所决定的。他们往往集绅、学、工、商于一身，能以多种身份参加各种社会活动和社会团体，从而也造成作为绅商大本营的商会与其他各种团体之间的互相联系和影响，使它们能够在一些大的社会活动中互相配合，形成声势浩大的社会运动。

商会的职责和功能比较专一，不像会馆、公所、公会那样广泛。商会的职责和功能主要集中在保护商人权益、促进经济发展方面，即所谓“联商人、保商利、振商业”，由政府颁布的有关法规和商会自订的章程给予明确的界定。清政府农工商部颁布的《奏定商会简明章程》规定商会有下列4个方面的职责：（1）代商申诉。章程第7条规定，商会总理、协理有保商振商之责。凡是商人难以申诉的各项不平之事，总理和协理应当调查属实，向当地政府代为秉公申诉，如不能得到公平解决，或为权力所限而不能解决，应立即报告农工商部核办。（2）调查和汇报商情。第8条规定，凡是有关商务盛衰的原因，进出口多少的缘由，以及有无新出的农产品和工业品，总会应按年由总理列表汇报本部，以备考核。其中对工商业有重要关系的事宜，则随时禀陈，如有特别重要之事，即当电禀。（3）调解中外商务纠纷。第15条规定，凡商人遇有商务纠葛之事，可以到商会汇报，商会总理应定期召集各会董秉公论理，从众公断。第16条又规定，如中外商人之间遇有商务纠葛，商会应与双方所推举的公证人一起秉公处理；如已由地方官或领事处理不公之事，当事者仍可要求商会代为伸理；案情较重者，由商会总理呈报农工商部会同外务部办理。（4）管理和提倡工商各业。第18条规定，商会可按照农工商部颁布的《公司条例》代办商家注册之事，然后总理、协理和各会董应随时按册稽考，酌情实施切实保护之方，力行整顿提倡之法。第19条又规定，凡是商家定货的合同、房地产买卖的文契，以及抵押贷款的券据，一切可执以为凭者，均应赴商会注册，以避免欺诈行为。第26条还规定，凡商人有创造发明和改进产品者，都要报明商会考核，并由总理报告农工商部，酌情给予专利，鼓励创造发明，并杜绝伪造行为。北京北洋政府颁布的《商会法》对商会的职责更详细规定为9个方面：（1）筹议工商业改良事项。（2）关于工商业法规之制定、修改、废止，以及与工商业有利害关系事项，可以向中央行政长官或地方行政长官陈述其意见。（3）关于工商业事项答复中央行政长官或地方行政长官之调查或咨询。（4）调查工商业之状况及统计。（5）受工商业者之委托，调查工商业事项，或证明其商品之产地及价格。（6）因举办赛会（即展览会）的需要，可以征集（参展）商品。（7）因关系人之请求，调处工商业者之争议。（8）关于市面恐慌等事，有维持及请求地方行政长官维持之责任。（9）可以设立商品陈列所、工商学校或其他关于工商事务的公共事业。南京国民政府颁布的《商会法》又调整为如下方面：筹议工商业的改良以及发展，关于工商业的征询以及通报事项，关于国际贸易的介绍和指导，关于工商业的调处及公断，关于工商业的证明和鉴定，关于工商业统计的调查、编纂，关于设立商品陈列所、商业学校等工商业公共事业，遇市面恐慌时负维持市面之责任，等等。此外，总商会还有两项职责，一是因各商会之请求，可以调处商会间之争议；二是对中央或地方行政长官委托的事情，视情况召集各商会商议处理。这些法规所赋予商会的职责和权利，归纳起来约为5个方面，即参与政府的工商业政策制定和实施、调查商情、协调和仲裁商事纠纷、管理和倡导工商业、举办工商教育事业。各商会依据这些基本要求，在各自的章程中具体地规定了自己的职责和活动范围。这些职责权利体现了商会的保商和振商功能。后来各届政府所修订颁布的商会法规，虽然对商会职责的界定在具体条文上有所增减，但在总体原则上仍然依旧。

商会为现代经济在早期的发展做出了巨大贡献。一是参与经济法制建设。商会参与经济法制建设的活动以光绪三十三年（1907年）和宣统元年（1909年）的两次商法讨论会为开端，不过在当时尚未产生实际效果。民国成立以后，随着共和制度的建立、振兴实业高潮的兴起和商会组织的进一步发展，商会参与经济法规制定的活动益发活跃。民国元年（1912年），民国政府农林工商部召开临时工商会议，邀请全国各总商会，以及其他重要工商团体和企业的代表出席，重点讨论编订法律问题。这是商会在政府邀请下第一次正式参与国家的经济法制建设活动，因此各商会都认真对待，不仅派出代表参加会议，而且带来了不少议案和建议。其中有不少被政府有关部门在制定经济法规时所采纳。商会的积极参与和民国政府农林工商部的广采众议，使民国初年经济法制建设得以较快而顺利地展开，各项经济法规相继出台，形成了一个涵盖工商、路矿、金融、权度、农林、经济社团、引进外资等方面的比较完整的经济法制体系，为新的经济法制体系的建立打下了基础。二是兴办实业教育。提出了比较系统的兴商学、开商智的理念。在办学道路上提出官办与商办相结合、国内培养与出国深造相结合的途径。建议官办、官款商办者以初等、中等和高等工商专业学校为主，商办者以商业补习学校、商务传习所、工商函授学校、商业夜校为主。对出国深造，建议官派、商派和官资商派多途进行。在教育对象上注重于工商界人士及其子弟。设于商业大城市的商业补习学校，除招收本地的商人分班入校补习外，还由各县商会选派灵敏的商人前来学习。商务传习所分设于各基层商会，面向在职商人，向一般商民传授商事商法的普通知识。函授学校的学员资格是：凡从事某种产业活动，不论店东、帮伙、经理、学徒及年龄，只要能识别文义均可入学，多多益善。商业夜校之设则旨在使商界青年利用晚上的业余时间学习商业知识。对出国留学生的选派根据国内的需要选择学生和学科；学成归来之后合理使用，不能用徒有虚名的荣誉进行奖励，而各就其所学专业，帮助其集资合股创办公司，或让其担任实业学校教员。国内各工商专门学校根据工商业发展的需要设置和调整课程，以便培养出来的学生能跟上和适应时代的需要，能服务于工商实业。至于各种工商补习、传习、函授、夜校等学校，则以训练商界实用人才为宗旨，普及必要之商业知识。这些要求、建议和主张，不仅为实业教育设计了发展模式，而且在当时政府、工商界以及各商会兴办实业教育的活动中得到较多的体现。商人的实业教育活动和政府及社会各界的实业教育活动一起共同造就了一批新式实业人才，使中国第二代实业家文化素质大为提高，为民国以来现代经济的发展准备了人才。三是宣传实业救国思想。主要内容有：第一，实业是立国之本。认为当时的世界形势已经改变，已从以兵战为主的时代进入以商战为主的时代，不但私人之自立要依靠实业，就是国家的富强也要依靠实业。中国想要医治自己贫弱的根源，就应当向美国学习，以工商立国。第二，实业是救国之方。认为列强的经济侵略是致使中国贫弱、濒于亡国的根本原因。要使中国转弱为强、免于灭亡，就必须抵制外国的经济侵略；要抵制外国的经济侵略，就必须发展本国的经济。第三，振兴实业当农、工、商并重。认为说农为本工商为末不对，本则俱本；说工商为重而农为轻也不对，重则俱重。应当合农工商界，调和而融洽之。第四，振兴实业当以兴商学、开商智为先河。认为振兴实业，要先办商业学校培养实业人才，办商学报刊传播商业知识。四是提倡国货。在20世纪初年之前，主要采取号召民众抵制洋货的方法为民族工业争夺市场，但单靠抵制洋货并不能使民族工业发展起来，因而应当从直接抵制洋货转向以推销产品、改良产品和开发产品为主提倡国货。[1]

杭州商务总会成立于光绪二十九年（1903年），入会商号280家。奉农工商部批准立案，以樊介轩为总理、顾少岚为协理，又设议董16人、业董若干人。并给发关防。[2]此后商务分会纷纷设立。光绪三十年，拱宸桥商务分会设立，入会商号200家。光绪三十年，余杭商务分会设立，入会商号125家。光绪三十四年，瓶窑商务分会设立，入会商号168家。又萧山商务分会设立，入会商号210家。宣统二年（1910年），义桥商务分会设立，入会商号264家。又临浦商务分会设立，入会商号250家。民国元年（1912年），杭州商务总会改称杭州市总商会。实行会长制，首任会长为顾松庆，其后为王芗泉、金百顺、王竹斋等人。民国16年（1927年）前杭州市总商会会员主要以行帮为会员单位，似乎只吸收“大中业”，不吸收“小业”。[3]由于总商会的会董一般由各业代表组成，所以通过其职员名单可看出当时的组织结构特点。民国13年（1924年）杭州市总商会改选职员名单显示，该会有32位重要职员：钱业9人，占总数的28%；绸缎业6人，占19%；典业4人，占13%；银行业3人，占9%。可以看出，除绸缎业属杭州“基本工商业”外，金融业在杭州市总商会中优势很明显，合计共占去半数。其中人数上又以钱业最多，典业、银行业居其次。但以资本来衡量，银行业可能居首位。其他米业、布业、广货业及缫丝业、木业等行业所占地位反映出当时杭州工商业以传统行业为主，新兴工业力量甚为薄弱。重要职员的平均年龄为52.5岁，已逾“知天命”的时段。如果说一个组织有所谓集体性格的话，那么其成员的职业和年龄决定杭州市总商会应属“老成”的一例。类似地，傅士卓也认为上海总商会的成员以保守派为主流[4]，不过其会员中新兴工商业的势力显然大大高于杭州。杭州市总商会重要职员中杭州籍17人，占总数的53%强；绍兴籍6人，占19%；安徽籍3人，占6%。其余为宁波、海宁及江苏等籍。这个比例分布符合一般地方商会中本帮人数多于客帮的惯例。杭州商界势力中来自宁绍的力量似较强。[5]杭州市总商会会长以江苏太仓人王竹斋担任时间最长，副会长则长期为宁波钱商宓廷芳担任。

日本学者长野朗对中国20世纪20年代地方商会曾有如下评价：“地方政府底实权是操于商会底手中……对于土匪盗贼底警备，奖励产业的设备，有时还握着包办及征收租税，商事裁判以及关于其他一切底实权。自军队至土匪，把一切的交涉，都以商会为对手，以他们作为实权底把握者。商会之所以有势力，其一，是官宪无权威和无能；其二，商会是网罗商界底有力者，而且他们又是地方上唯一的知识阶级。”[6]这种观察与当时

[1]虞和平：《近代商会》，http: // jds. cass. cn / Article / 2005 1030150645. asp。

[2]苏州市档案馆馆藏档案：乙2-1-11-24-25。

[3]程心锦：《旧时代的杭州商会》，载浙江省政协文史资料委员会编：《浙江文史集粹》（经济卷下），浙江人民出版社1998年版。在当时的杭州，所谓“大中业”主要指一些资本额较大并有相应同业组织的行业，如银钱业、典当业、丝业、绸缎业、米业、木业、广货业、药材业等。而“小业”一般规模不大，如普通的街头摊贩以及旅店、理发等服务性行业。

[4]Joseph Fewsmith, *Party, State, and Local Elites in Republican: Merchant Organi-zations and Politics in Shanghai, 1890-1930*, Honolulu: University of Hawaii Press, 1985, p. 67.

[5]实业部国际贸易局编：《中国实业志·浙江省》甲编，宗青图书公司民国22年（1933年）版，第23页。

[6]长野朗：《中国社会的组织》，朱家清译，上海光明书局民国20年（1931年）版，第144页。

民国13年（1924年）杭州市总商会改选职员名单

职务	姓名	年龄	籍贯	职业
会长	王祖耀	54	江苏太仓	杭州电话公司经理、杭州惠迪银行董事长
副会长	宓福衡	63	浙江慈溪	唯康钱庄经理
会董	金百顺	47	浙江萧山	中国银行杭州分行经理
会董	倪文浩	58	浙江绍兴	开泰钱庄经理
会董	王锡荣	53	浙江杭县	永济典经理、浙江储蓄银行暨浙江典业银行董事、杭州光华火柴厂董事
会董	倪寿枬	59	浙江绍兴	元泰钱庄经理
会董	李象开	51	浙江鄞县	寅源钱庄经理
会董	宋锡范	49	浙江杭县	宋春源馥记绸庄
会董	吴元黼	51	浙江杭县	晋康钱庄经理
会董	严廷槐	65	浙江海宁	元利布庄经理
会董	于　燮	51	浙江杭县	于天顺广货店
会董	金溶熙	59	浙江杭县	观成堂董事、日新暨振新绸厂经理、浙江丝绸银行董事
会董	陈辛伯	57	浙江绍兴	介康钱庄经理
会董	顾松庆	56	浙江杭县	广货业董、同义公煤油公司经理兼理萃隆袜厂等业
会董	张善裕	50	浙江吴兴	浙江兴业银行经理
会董	周廷源	33	浙江杭县	周泰兴丝行
会董	徐益庆	61	浙江绍兴	庆成绸庄
会董	韩澍霖	38	浙江杭县	元昌米行经理
会董	汪　灿	47	浙江杭县	慎记木行经理
会董	周锡炎	51	安徽黟县	裕兴典经理
会董	李汝佳	60	安徽婺源	开泰布庄经理
会董	李聚能	68	浙江萧山	大有元米行经理
会董	李品圭	52	浙江杭县	恒盛钱庄经理
会董	沈方中	70	浙江杭县	干源金铺经理
会董	陆镜泩	52	浙江绍兴	豫丰泰绸庄经理
会董	严葆森	58	浙江杭县	协和提庄经理
会董	朱光焘	43	浙江杭县	杭州纬成股份有限公司经理
会董	吴敦锜	44	浙江绍兴	泰生钱庄经理
会董	居益墉	43	浙江海宁	悦昌文记绸庄经理
会董	谢永康	43	浙江杭县	同兴典经理
会董	程家汝	54	安徽休宁	聚和典经理
会董	徐臣燮	40	浙江萧山	同孚钱庄经理

资料来源：苏州市档案馆馆藏档案：乙2-1-446-3-4。

县级地方的实态较接近，省城未必如此，但省城商会也有一定权力。最初成立的杭州商务总会主要协助政府办理3项事务：商事调解、做保代各业捐税、代领牙帖。[1]这些事务都与商务直接相关。宣统三年（1911年）浙江省政治鼎革之后，各地商会更多地卷入地方的隐性或显性的权力斗争。由于时局动荡与商人利益密切相连，作为商人合法组合的商会在民国初年的政治变迁中有时扮演重要角色，承担着许多“外部的任务”，杭州市总商会也不例外。但是在当时杭州几个重要的法团如总商会、教育会、农会、

[1]程心锦：《旧时代的杭州商会》，载浙江省政协文史资料委员会编：《浙江文史集粹》经济卷下，浙江人民出版社1998年版。

律师公会等法团中，总商会在表面上并不算活跃。对于一般的政治运动总商会多保持沉默，很少露面表态。但民国初年浙江省各届地方当局对杭州市总商会均较重视。这其中既与商会的“老成稳重”的性格有关，更缘于官方的经济需要。中央政府既处于分崩离析之中，解决财政困难便亟须地方商人配合，所以军政长官考虑问题常不得不顾及商人的感受。杭州市总商会因此而地位日显。20世纪20年代初一些地方商会都办有商团武装，广东、江苏两省的商团武装力量尤为强大。浙江省的商人武装团体却不多，力量也无法与前面两省相比较。杭州市总商会更无此类组织，即使是在战时。可能这与它所处环境相对较为平和有关，也反映出该商会的力量不能与广州、汉口、上海等通商大埠的总商会相比。后者的活动表现常较一般商会为激烈。如民国12年（1923年）汉口总商会能发起5万人的大游行否认“廿一条”，要求收回旅顺和大连。[1]而五卅运动中上海总商会能支持罢市20余日。学术界对晚清民国时期商人的“政治化”讨论得较多，有人认为民国8年（1919年）五四运动以后商人政治意识大为提升，甚至开始积极干预政治。也有学者就此提出反省和批评。以近世中国商会的历史来看，维持稳定的商业制度、保护商业经营秩序、充当官商交通的媒介等应是商会所从事的主要事业，可以称为“常态”。而短暂的政治参与、为避免战事而发起的和平运动以及对战争的应付举措等均属于“变态”。杭州市总商会所做的以“常态”事项为主。如民国14年（1925年）共发函147通，其中属于“常态”范围内的93件，占总数的63%。如下表所示。

[1]中国社会科学院近代史研究所中华民国史研究室编：《中华民国史资料丛稿：大事记》第9辑，中华书局1986年版，第68页。

民国14年（1925年）杭州市总商会“常态”事项函稿

事项类别	件　数	比例（%）	事项类别	件　数	比例（%）
请领护照	26	28	米粮疏运	2	2
禁止劣币	13	14	商业推销	2	2
商业纠纷	1	11	商务调查	2	2
官商交际	9	10	公司章程	2	2
代商申诉	9	10	经办税捐	2	2
联合祝寿	5	6	企业发起	1	1
公团交际	3	3	一般会务	3	3
各界赠品	2	2			
通告商家	2	2	合　　计	93	100

资料来源：据杭州市档案馆馆藏档案10-2-25统计。

其中“请领护照”、“经办税捐”等表现出杭州市总商会“半官方”的地位，“禁止劣币”、“米粮疏运”等与市面秩序维护有关，处理“商事纠纷”、“代商申诉”等涉及商会的商事裁判以及对自我权利的维护，“联合祝寿”等则是商人的集体公共关系活动。其要者有如下方面：一是官商交通。商会既以政府代理人的身份管束和规范商人，甚至代行一些政府的职能，也作为商人的代表与政府交际。前者如经办税捐、接受商人领取护照的申请，后者如为商人向政府申诉冤抑，或表达对当局政策的态度，以及一些为改善官商关系而进行的公共关系活动。杭州市总商会的这些活动主要有以下几个方面：（1）代办护照和税捐。代商家请领相关护照与当初杭州商务总会所经办之"代领牙帖"相仿。由于杭州粮食多赖外购接济，当时浙江省地方当局规定，米商采购米粮"须由就地米行同业3家以上连环，由商会证明方能核填（申请护照单）"，周围县镇米商也须照此办理。[1]除米粮外，临时限制物品如铜元、现洋等运输也需总商会出具证明，向省警务处申请准运护照。上表中所列请领护照一项多数属此类。办理各业税捐即由杭州市总商会自印花税处领得印花税票，再售与省内各商号。总商会每3月报解税款一次，并从中支取20%的经售费。政府因此可以减少调查征收的开支，又可以此为抵押向总商会暂借钱款。除印花税外，当时浙江省营运货物捐也由各地商人认办，卢永祥督浙时期杭州各商家每年认捐共16万元，杭州市总商会在其中可能也起着交通的作用。[2]（2）代商家申诉。在为商家出具护照、证明之后，总商会便有义务在其遇到政府不准允时出面疏通。而当局预备加征税额时，总商会也会应商家所请表示反对。如民国14年（1925年）浙江省教育行政会议提议增加货物附加税一成作为义务教育基金，遭到总商会及工商各业的反对，该案因此最终取消。同样，该年浙江省警务处加征商号"广告捐"之计划也因总商会反对而受阻。当中央政府有加税政策出台，杭州市总商会之反对尤烈。民国11年（1922年）交通部曾有邮电加价之举，杭州市总商会率先通电否定。民国14年又旧案重提，总商会又通电各地商会争取共同反对。（3）与官方酬酢。杭州市总商会与地方政府保持良好的互动关系，会长频繁来往于各官署与商会之间。遇到主要长官的寿辰，商会可能会送上一份贺礼。其他迎来送往、宴请酬酢则是商会会董的例行公事。此类应酬并不因人事的更改而有所变易。良好的官商关系保护了商人或企业的利益。孙传芳在政时以总商会为各法团之领袖，重要消息往往先通知总商会。商会会长也常作为各法团代表与孙传芳等人交际。杭州市总商会因此而在全省有较高的地位。二是维持市面稳定。这是总商会最关键的功能。与市面攸关者主要为金融、币制、粮食及公债等。从民国14年（1925年）前后杭州市总商会所关注的焦点来看，主要集中在币制和粮食等方面。民国初年，由于没有统一币制，各省纷纷自铸银元和辅币。一些铸币成色不足，商人往往承受无故损失。民国13年（1924年），孙传芳军队携带大量烂板银元入浙，商家出于自我保护而拒收，导致冲突四起。军方商请杭州市总商会通告各商号一律收用，并允将来由公家照制币收回。[3]此种银币先后经中国银行杭州分行、浙江地方银行收兑10余万元，余币民国14年由杭州市总商会办理收兑，皆送造币厂熔铸成新币。杭州米粮依赖进口，市场往往不稳定，杭州市总商会也加以干预。三是维护社会稳定。民国37年（1948年）4月27日，杭州市参议会邀请社会各界人士组建杭州市应变委员会，推举吕公望、竺可桢、金百顺、张衡、程心锦、张忍甫、汪廷镜为常务委员。又内设杭州市临时救济委员会，推举吕公望为主任委员，金百顺、竺可桢、余绍宋、张衡等为常务委员。应变委员会的主要工作有如下方面：（1）协助粮商向

[1]杭州市档案馆藏：《杭州商会档案》，第74、44—45页；《训令》，《浙江公报》第4425号，第1页。

[2]杭州市档案馆藏：《杭州商会档案》，第104—105页。

[3]《观潮人临杭前后省垣军政绅商之潮汛》，《越铎日报》，民国13年（1924年）9月27日。

外地采购大米，以解决本市粮食短缺问题。（2）在南星桥、湖墅、城站设立粥食供应站，以救助贫困人口。（3）维护社会治安，民众纠察队、工人纠察队与警察大队联合组成巡逻队，通宵巡逻。（4）保护文化古迹及水、电、交通等重要设施。四是商界自律。主要是在行业内外、行业之间、地域内外维护商业秩序。民国14年，裕康钱庄欠交泰等7家钱庄3万余元，被诉至绍兴法院，裕康钱庄业主拒不到庭，总商会便函请省警务处饬绍兴警察局追查。江苏震泽福大祥、范同泰、管恒兴等商号向杭州大中国保险公司投保火险，被灾索赔时该公司置之不理，只得向杭州市总商会投诉。杭州市总商会在调查后给予明确答复。为解决此类跨地区的商业纠纷，杭州市总商会经常需要得到各地商会的合作。杭州市总商会甚至还有查封欠债方在银行、钱庄所存款项的权力。杭州市总商会设有商事公断处，由各业公会推选21名评议员，以仲裁商事争议。办公经费列入商会预算。受理范围不限于商会会员，商人与非商人之间的商事纠纷也可受理。

除“常态”事项外，杭州市总商会在非常时期也办理了许多非常态即“变态”事项。按上述方法统计，民国14年杭州市总商会有“变态”事项函稿54通，占总函数的37%，绝大部分是涉及商界以外的事务。如最关注之“和平与战争”实由当时剑拔弩张的紧张时局而来；所谓“政府借垫”则多起因于地方政府财政困难或军需勒迫；其他除“省际救济”6件均系毛绅甫委托总商会捐赠棉衣给上年江苏战区之灾民外，筹募捐款及调查货物、公团联合会、参与运动等均与民国14年发生的五卅运动有关，共占48%强。

民国14年（1925年）杭州市总商会“变态”事项函稿

事项类别	和平与战事	筹募捐款	政府借垫	省际救济	调查货物	公团联合会	参与运动	合计
件　数	15	14	7	6	5	5	2	54
比例(%)	28	26	13	11	9	9	4	100

资料来源：据杭州市档案馆馆藏档案10-2-25统计。

杭州市总商会处理“变态”事项要者包括如下几项：一是军事调停。民国13年江浙战争前，杭州市总商会曾会同上海总商会及南京、苏州等地的总商会发起数次规模较大的和平请愿运动，民国12年签订的《江浙和平公约》《赣浙和平公约》《皖浙和平公约》即是此种运动的成果。江浙战争中，两省商人遭受惨重损失，对和平的盼望尤切。民国13年底卢永祥随奉军南下，浙江省督办孙传芳积极布防，年关商市又告危殆。浙江省各公团即推派省议会议长沈钧业及杭州市总商会会董、浙江典业公会会长王锡荣北上，预备会与旅京浙绅向执政段祺瑞进行和平请愿。又分途劝说卢、孙二方维护和平。杭州市总商会并不喜欢发动大规模的商会联合运动来阻止战事，而更倾向于依靠各商会自行分头进行；也不像江苏各地方商会热衷于举办商团以自卫。小范围、短暂的和平调停活动似乎符合杭州市总商会的“老成”性格，也暗示它的活动与严格的政治运动的区别。实际上，自江浙战争后，江浙两省间战事便时起时落，杭州市总商会在断断续续地进行和平运动，其调停并不能完全阻挡军人的战争欲望。不过，经杭州市总商会及其他公团的努力，民国16年前杭州并未直接遭受战火的破坏，也算是一种局部的成功。二是向政府垫借款项。混战时期的军费开支急剧增加，地方财政往往因此而陷于危境。筹款无着之际，商会便为各方所包围，既成为地方财政的支柱，又是军人勒索最方便的对象。浙江省的财政自民国5年（1916年）后因军备扩张日益局促，到民国14年财政赤字已达900余万元。[1]为应付财政困难，当局依赖发行公债以暂时维持。民国14年初，即有第四期省公债和善后公债共500万元要求商界认购。政府向银行、钱庄等临时借贷须通过商会接洽。若届期未还，商会则向政府催讨，并负责将归还债款本息拨给债权人。商会的筹款能力还与地方秩序的稳定相关。民国初年，各省兵变迭起，但浙江省却鲜见兵变发生，这与商会从中斡旋和筹资维持及应付军人的勒索不无关系。三是参与民族主义运动。自20世纪初起，由于国人的民族主义运动往往以抵制洋货运动的形式展开，因此商人在其中的表现便被视为爱国与否的标尺。五卅事件在上海爆发后，消息迅速传至杭州，总商会的反映却较为谨慎。一方面表示支持，如在救济上海罢工工人方面表现得颇为主动；另一方面则尽力降低商人的损失，维护正常的商业秩序，如不主张焚毁查获之货，疏运糖、纱等必需品。四是介入地方政治。在当时的政治情势中，往往军事首脑的更动便意味着秩序的动摇，商人利益遭受损失。因此，杭州市总商会对省政多主张“维持现状”，倾向于支持既有的军政长官。如民国9年反对新任省长沈金鉴上任，民国14年拒绝屈映光掌浙。杭州市总商会在省宪运动中为维护商人利益也做了不少事。[2]

[1]《浙江省议会民国十四年度第一、二次临时会质问书》，第13—14页。

[2]冯筱才：《近世中国商会的常态与变态：以1920年代的杭州总商会为例》，《浙江社会科学》2003年第5期。

第三节　经济主体的现代转换

一、绅商主导的多元集合主体的形成

明清新兴商人群体的地缘崛起既与历史传统相关，也与现代交通和地缘的重组、现代思想和信息的作用有莫大关系。自南宋以来，杭州形成了综合南北尤其是北宋开封多种传统的商业文化。这种文化经长期的融会已经内化为地缘精神，事实上成为具有稳定性的本土文化。南宋以后杭州没有再成为政治中心，因而广域文化的再综合便失去了可能性。明清两代杭州在经济上较多受徽商和徽州文化的影响，晚清时还较多受较早兴起的湖州商人及其商业文化的影响。而杭州作为浙江省治当然也有大量省内外商人进入，其中以宁波、绍兴、金华以及江苏等地的商人为最多。因此，晚清新兴商人群体的主体主要就有徽商、湖商、其他省内外商人和本地商人4

种构成成分。

杭、徽为毗邻州府，仅相隔一天目山，可由钱塘江水系直接贯通。钱塘江滨的湖州市为多数徽商登岸之所，因此而有“徽州塘”的称号。[1]早在南宋时期徽商即向杭州渗透，徽州木商、茶商在临安已相当活跃。从明代成化年间（1465—1487年）起，特别是弘治、正德年间（1488—1521年），徽商在杭州成人多势众局面。《万历杭州府志》卷一九《风俗》载：“杭州南北二山，风气盘结，实城廓之护龙，百万居民坟墓之所在也。往时徽商无在此图葬者，迩来冒籍占产，巧生盗心。或毁人之护沙，或断人之来脉。致于涉讼，群起助金，恃富凌人，必胜斯已……此患在成化时未炽，故志不载。今不为之所，则杭无卜吉之地矣。”[2]据《杭州汪氏振绮堂宗谱》卷三《志乘》记载，万历年间的“文宇公（元台）以业鹾故，自黟县宏村迁居杭州，先后四世皆葬于灵隐，并于山麓建筑宗祠”。汪元台赋质聪颖，但屡试未中举，改事盐筴。因业鹾于浙，便举家迁居杭州，居钱塘县普宁里，成为宏村汪氏迁杭始祖。汪元台之孙汪时英与其兄同入钱塘县学，遂移籍杭州。汪时英后承袭先业，但有感于经理盐业日用费繁，唯恐子孙渐习奢侈之气，便“以盐务习气重，遂弃盐而以当业资生”。至汪元台六世孙汪光豫时，由于“历代勤俭积累，颇以富着，有关、汪、孙、赵之称”，已然跻身杭州商界四大富室之列。[3]汪氏家族入籍杭州后，便修筑起汪氏振绮堂宗祠。宏村汪氏移居杭州的这一支脉，在康熙二十九年至三十六年间（1690—1697年）曾对3代先人进行3次营葬。第一次将曾祖考妣的遗体送回徽州安葬，第二次则将考妣葬于移居地，第三次将已经葬于徽州的祖考妣迁葬于杭州。这3种营葬方式反映了汪氏在杭州由寄居到占籍的变化。[4]高念华等据以证明胡光墉为杭州人的胡光墉祖父胡国梁墓实际即为迁葬墓。血缘组织是徽商在杭州“必胜斯已”的可靠保障。移居杭州的徽商借助宗族势力，建立徽商会馆，强化从商族人间的合作和诚信，建立商业垄断组织。在这种内在机制作用下，徽商群体中出现了胡光墉这样的大商人。

徽州文化主要指宋以来根植于徽州本土，并经由徽州商帮和徽州士人向外传播和辐射，进而影响其他地域文化进程的一种区域文化。徽州文化主要形成于北宋宣和三年（1121年）徽州的设立，终结于民国元年（1912年）徽州府的废除，但向前可以追溯到徽州设立之前的歙州、新安、山越等时代，向后可以延续至民国时期乃至现今。唐代设歙州，辖歙、黟、休宁、婺源、绩溪、祁门6县。北宋时改歙州为徽州，辖县不变。其空间范围主要是现今安徽省黄山市域（歙县、黟县、休宁县、祁门县、屯溪区和黄山风景区），绩溪县和江西省婺源县等。徽州文化在明清之际特别是徽商兴起以后影响甚广。在杭州、扬州、苏州、景德镇、南昌、汉口等徽商聚居地，徽州文化有着广泛的传播市场。徽州文化内涵十分丰富，有人将其简单概括为“商成帮，学成派”。就其内容而言，徽州文化不仅包括独具

[1]龚嘉儁修、李榕等纂：《光绪杭州府志》卷六《市镇》，成文出版社有限公司1974年版。

[2]刘伯缙等修、陈善纂：《万历杭州府志》，成文出版社有限公司1983年版。

[3]汪诒年：《汪穰卿先生传记》，中华书局2007年版，第13页。

[4]唐力行：《从杭州的徽商看商人组织向血缘化的回归：以抗战前夕杭州汪王庙为例论国家、民间社团、商人的互动与社会变迁》，《学术月刊》2004年第5期。

特色的徽商文化、徽州宗族文化、新安理学、徽派朴学、徽州文书契约、新安画派、徽派版画、徽派篆刻、徽州雕刻、徽州戏曲、徽州教育、徽州刻书、徽州科技、新安医学、徽派建筑、徽州村落和徽州历史人物，而且还包括极有地域色彩的徽州民俗、徽州方言、徽州民间工艺和全国八大菜系之一的徽菜等。就其载体而言，既有书本、文书契约和口头语言等，也有被誉为徽州古建筑“三绝”的民居、祠堂和牌坊等物质载体。行商则是徽州文化发展的原动力和“催化剂”。徽商号称“徽骆驼”，他们吃苦耐劳，又善于经营各种社会关系特别是官场关系，“借怀轻资，遍游都会。因地有无以通贸易，视时丰歉以计屈伸。诡而海岛，罕而沙漠，足迹几半禹内”[1]。过去有所谓“无徽不成市”、“无徽不成镇”之誉。徽商的出现，不仅繁荣了徽州经济和徽州文化，而且给整个中国的城市经济发展以巨大的推动。

徽州文化的母体可能是越文化，与处于吴越文化交会地的杭州文化具有天然的可交融性，甚至有直接的亲缘关系。广义的徽州文化圈就包括今杭州市域原严州府淳安、遂安、建德、寿昌4县部分。由于崇山峻岭的阻隔，在20世纪30年代以前的漫长岁月里，原严州府及其属县内部及与外部的交通最主要依靠钱塘江上游的新安江、兰江、富春江及其支流。新安江上达徽州，下经富春江直通杭州，是皖南、浙西地区唯一的黄金通道。兰江连接建德与兰溪、金华等地，是古代浙南、闽赣一带通杭州的必经之路。新安江流经淳安、建德两县县城，遂安、寿昌两县县城则分别通过武强溪和寿昌溪与新安江贯通，各县之间可通过船只或排筏互相往来。而原严州府治梅城则是重要的交通枢纽，很早便发展为经济、政治和文化中心。严州府一带历史上社会相对比较安定，自唐宋之际经济逐渐繁荣，明清徽商崛起以后更是发展为重要的商埠。每逢战乱灾荒就有大量外地人流入。清末民初，浙南、福建、江西、安徽等地的难民、灾民纷纷迁入严州山区。其中即有许多徽州商人。徽州文化圈由此向这一地区更为广泛地延伸。徽商在严州以经营茶、木、盐、典四大行业为主，另外尚有桑蚕、茶叶、图书、食品、服装、油漆、国药等行业。“徽处万山中，每年木商于冬时砍倒，候至五六月，梅水泛涨，出浙江者，由严州；出江南者，由绩溪顺流而下，为力甚易。”[2]严州早在宋代就有“漆、杉材之饶，富商巨贾多往来”[3]。明代隆庆、万历年间（1567—1620年）已有相当多的徽州人在严州经商。种植杉木是严州人重要的谋生手段，但其经营较大程度受徽商控制。“植杉者，募贫民先种杂粮，例不取租三年，后以牲酒劳之，承种者始为植苗，次年补苗，再次修枝。看山防火必三十年始得成林……此虽富人之利，贫民往往借以佣给焉。”[4]以至到明清时期，“当杉利盛时，岁不下十万，以故户鲜通赋”[5]。据《乾隆严州府志》卷一二《遗爱》记载，明嘉靖年间（1522—1566年），严州府推官宋磷“时委采木，徽大贾胡某持金为献”，被其拒绝，“贾人倍其金，公峻拒”。[6]《淳熙严州图经》

[1]李乔岱纂修：《万历休宁县志》卷一《舆地志·风俗》，明万历三十五年（1607年）刊本。

[2]赵吉士：《寄园寄所寄》卷一二，黄山书社2008年版。

[3]吴士进修、严可均纂：《光绪严州府志》卷二二《佚事》，清光绪九年（1883年）增修重刊本。

[4]王宾修、应德广纂：《乾隆建德县志》卷二《食货》，清乾隆十九年（1754年）刊本。

[5]李诗等纂修：《光绪淳安县志》卷五《食货志》，清光绪十年（1884年）刊本。

[6]吴士进修、胡书源纂：《乾隆严州府志》，清乾隆二十一年（1756年）刊本。

卷一《历代沿革·风俗》记载，当时全县年产松柴可达2万担，炭则达10.5万担。桑蚕、茶叶等是徽商看重的另一些重要商品，严州“唯桑蚕是务，更蒸茶割漆以要商贾矜懋迁之利”[1]。徽商也将盐等商品贩入严州，设肆坐贾取利。徽商经营的典当行很多。分水（今属桐庐县）“地僻民贫，百货鲜至。商之大者为盐肆一，为典商一，皆非土著”[2]，实为徽商所设。汪道昆《太函集》卷四七《明故处士吴公孺人陈氏合葬墓志铭》曾记载歙西溪南人吴荣让，由于“里俗奢溢相高，非所以示子孙也”，于是带领全家迁居到桐庐县的焦山，以买卖茶叶、漆、栌、栗谋什一之利，“居二十年，处士自致巨万，远近繈至，庶几埒都君”。[3]还有开矿的，如位于梅城西80里的铜官山有煤灰矿一处，计山34亩，清光绪五年（1879年）由徽商叶仲俊开办，窑名大立生。[4]严州为东面孔道，“由富春骤前登岸……出南门外沿城而下，则为下黄埔，沿城而上则为上黄埔，有前后二街，唯是徽人杂处。舟车往来，生意凑集，亦称闹市”[5]。遂安县经商者也以徽州籍居多。寿昌县地处偏僻，咸丰壬子、癸丑间（1852—1853年），苏、杭、徽、池之巨商豪族为避乱多侨寓于其县城。“徽商之设肆寿城者，日使人探信，往来不绝。徽郡难民扶老携幼相望于道，而徽人之肩贩者米盐食物皆取给于寿城，提囊载橐日百十人。”[6]分水“自洪杨后，土著衰耗，客民麇集……商者全属宁、绍、安徽”[7]。严州各县几乎都设有徽州会馆。明天启年间（1621—1627年）遂安县关帝庙设新安会馆。[8]梅城福运门内有徽国文公庙，祀奉朱熹，乾隆五十年（1785年）徽商共同建为新安公所，俗称“徽州会馆”。[9]寿昌新安会馆设在县城东门。[10]徽商在严州所办义施也很多。歙县人汪成裕居寿昌北门，清光绪二十一年（1895年）造南溪桥，子孙继续修理如故。徽商筑路、铺桥、办学等义举改善了客居地人民的生活，同时也为其更好融入当地社会创造了条件。在严州经商的除徽州商人外，主要还有江右商人、宁波、绍兴、金华商人和福建商人，但势力远不能与徽商相比。清季各省商埠繁盛之地成立商务总会，州县设立分会，会址一般都设在徽州会馆，会长也往往由徽商担任。[11]严州徽商较有名望的有朱仰懋、章宝权、胡业新、吴文彬、程率先、余庭长等。朱仰懋于清同治六年（1862年）与人合办严东关致中和五加皮酒坊。此前五加皮酒在严州已有百年历史，朱仰懋大大提升了其质量，形成致中和品牌，光绪二年（1876年）获新加坡南洋商品赛会金质奖章，民国4年（1915年）获巴拿马太平洋世界博览会银质奖章，民国18年（1929年）获首届西湖博览会优等奖。章宝权经营的秀峰茶庄所制老鹰岩茶获巴拿马太平洋世界博览会金质奖章。

徽州文化通过严州府进一步向杭州市区发展，使杭州形成徽商集聚中心。同治元年（1860年），绩溪人胡光墉在杭州开设阜康银号，并随后在全国许多城市开设分号。同治十三年（1874年），胡光墉又集巨资在杭州筹设胡庆余堂雪记国药号，同治十七年大井巷胡庆余堂雪记国药号店屋落

[1]陈公亮修、刘文富纂：《淳熙严州图经》，载中华书局编辑部编：《宋元方志丛刊》第5册，中华书局1990年版。

[2]王承楷、王椿煜纂：《道光分水县志》卷一《疆域·风俗》，浙江图书馆影印本，1988年。

[3]汪道昆：《太函集》，黄山书社2004年版。

[4]陈焕、潘绍隽修：《民国建德县志》卷二《地理·矿区》，上海书店出版社1993年版。

[5]吕昌期修、俞炳然纂：《万历续修严州府志》卷三《经略志·城郭》，《四库全书存目丛书》第209册，齐鲁书社1997年版。

[6]陈焕等修、李任等纂：《民国寿昌县志》卷一〇《拾遗志》，民国19年（1930年）刊本，成文出版社有限公司2001年版。

[7]钟诗杰修、臧承宣纂：《民国续修分水县志》卷一四《杂志·佚事》，民国23年（1934年）刊本，中国书店1993年版。

[8]邹锡畴修、方引彦等纂：《乾隆遂安县志》卷二《营建·坛庙》，清光绪十六年（1890年）刊本。

[9]周兴峄等修、严可均等纂：《道光建德县志》卷八《秩记》，清道光八年（1828年）刊本。

[10]陈焕等修、李任等纂：《民国寿昌县志》卷八《建置志·馆》，民国19年（1930年）刊本，成文出版社有限公司2001年版。

[11]罗柏麓、周树美修，姚桓、洪梦云等纂：《民国遂安县志》卷五《文治志·实业》，民国19年（1930年）刊本，成文出版社有限公司2001年版。

成营业，迅速发展为“南国药王”和“江南药府”。胡光墉还于同治十五年在涌金门设胶厂。光绪八年（1882年），安徽人、浙江巡抚刘秉璋费银10万两在杭州开设杭州机器局。光绪三十一年（1905年），徽商沈某“来杭就武林门设厂，集股万金以‘双狮’为商标，取名祥华公司，并拟兼制洋烛”[1]。清代徽商在杭州候潮门设徽州木业公所，并在江干购地3690亩作为木材堆场，有木商五六百人。其中婺源毕兴“业木业楚尾吴头”，汪任祖“业木吴楚间”。[2]典当业经营者除浙江本地人外徽商最多，“杭州、苏州、南京等大都市是徽州典商最为集中之地”[3]，“在江浙一带财富之区，典当业几为徽人所垄断”[4]。典当业是徽商在杭州经营的大业，以休宁人最为擅长。“典商大多休宁人，歙则杂商五，鹾商三，典仅二焉。治典者亦唯休称能。凡典肆无不有休人者，以专业易精也。”[5]徽州人程氏、叶氏、曹氏于民国年间创办了多家钱庄、银行。徽商在杭州经营规模最大的产业是茶叶产销，明清以来杭州90%以上的茶叶商号均为徽商所设。徽商所办食品、餐饮、绸布、油漆、钟表、南北货等商行差不多涉及杭州人的所有日常生活。徽商中也出过许多手工业大家。明末出现著名的张小泉，其影响持续几百年至今。清代先后崛起曹素功（歙县人）、汪近圣（绩溪人）、汪节庵（歙县人）和胡开文（绩溪人）等徽墨四大家。胡开文将徽墨品牌推向历史顶峰，更是其中的代表。胡开文在今建国中路212号开厂设店。其他墨庄尚有石爱文笔墨庄、石佑文笔墨庄、曹继文墨庄、詹公伍笔墨庄等。歙县人程君瑞还开设杭徽汽车公司。除前述汪王庙外，徽商清末还在十五奎巷设徽州会馆、在清泰街柴木巷设安徽馆（同乡会馆）。

晚清同治、光绪年间至民国初年，浙江湖州出现了中国历史上著名的丝商群体“湖州商帮”或“湖商”，分布范围主要是湖州府所属7县（乌程、归安、长兴、德清、武康、安吉、孝丰）。而其主体在乌程县南浔镇（今湖州市南浔区），故也称为“浔商”。当时南浔民间以资产排序，用“四象八牛七十二条狗”来称呼其中的大家族。家产在白银100万两以上者称“象”，其后50万两以上者称“牛”，再其后10万两以上者称“狗”。“四象”为首者刘家家产超过白银2000万两，张家资产超过1200万两。粗略估算，整个浔商的总资产超过6000万两，相当于清末政府全年的总收入。浔商对杭州的影响有两种途径，一是直接到杭州办企业或从事其他活动，二是由上海间接影响杭州。浔商主要的活动舞台在上海，他们对上海的经济、政治、社会、文化均产生重大影响，并从上海辐射至整个东南地区。辛亥上海光复过程中，浔商所显示的革命热情和重大作用是同时期其他商帮所无法比拟的。南浔于南宋淳祐年间（1241—1252年）建镇，自明代中期开始成为江南地区著名的蚕丝生产和贸易中心，以辑里村为中心所生产的“辑里湖丝”声誉鹊起、名闻中外。清道光五年（1825年）以后，“辑里湖丝”通过广州远销欧美，甚至于“岁销五六万包”（每包40kg）[6]，浔商获利甚丰。上海通商后，浔商借助上海扩大经营量，并大

[1]汪敬虞主编：《中国近代工业史资料》第2辑下册，科学出版社1957年版，第818页。

[2]吴鹗总纂、汪正元等纂修：《光绪婺源县志》卷三〇、卷三四，清光绪九年（1883年）刊本。

[3]范金民、夏维中：《明清徽州典商述略》，《徽学》第2辑，安徽大学出版社2002年版。

[4]王廷元：《徽州典商述论》，《安徽史学》1986年第1期。

[5]许承尧：《歙事闲谭》第18册《歙风俗礼教考》引，黄山书社2001年版。

[6]刘锦藻：《清续文献通考》卷三七九，商务印书馆民国25年（1936年）版。

幅度降低生产成本，从而迅速崛起为财力甚巨的地域商帮。此后，除了继续经营丝业外，还广泛涉足于其他轻工业以及房地产、交通、电力、机械、金融、盐业等领域。先后在上海、杭州、嘉兴、苏州、无锡等地创办了一批较著名的早期现代民族企业。光绪十五年（1889年），浔商的代表人物庞元济联合杭州士绅丁丙在拱宸桥筹建杭州通益公纱厂，光绪二十三年（1897年）投产。庞元济在筹建通益公纱厂的同时，还于光绪二十一年（1895年）与丁丙在拱宸桥创办世经缫丝厂。次年又与丁丙在塘栖镇创办大纶缫丝厂。光绪三十一年（1905年），浙江绅商为维护路权自办铁路，发起成立浙江全省铁路有限公司，许多浔商参与其中。刘锦藻担任该公司副理，周庆云任监察，张宝善、张增熙、邢壿、蒋汝藻、顾企翰等浔商为董事。刘锦藻联合汤寿潜、蒋廷桂及同邑庞元济、周庆云、张澹如等于光绪三十三年（1907年）在杭州创办浙江兴业银行，这是浙江最早的现代银行。周庆云和蒋汝藻还经营盐业，分别为嘉兴所和杭州所甲商（清末至抗日战争前专商引岸制度下权力最大、声势最盛的盐商），成为浙江盐业界的权威人物。

“宁波帮”形成于明朝，崛起于五口通商后的上海，至辛亥革命前后达到鼎盛。清代和民国早期，先后设宁绍台道和会稽道，治所驻宁波，当时所说的“宁波帮”或宁波商人包括绍兴商人，也合称“宁绍帮”或宁绍商人。现舟山市当时为定海县（民国38年〔1949年〕分设定海、翁州两县），也属于上述范围。早在杭州开埠前，已有不少宁绍商人在杭州经商。宁绍商人较早在杭州开设钱庄和银行。嘉庆年间（1796—1820年），绍兴商人孙汝坚在杭州开设“官账房”，主要业务是代理当时粮道衙门的库款收付。又利用库款借给从事漕运的运丁，将南方土产运到河北通县出售贸利。孙汝坚等还在通县设立堆房供客堆货。货物出售后即扣回借款本息，利率甚高，而且利上加利，再加堆房租费等，年利率高达80%以上。当时浙江从事漕运的共有21帮，借款总额竟高达五六十万两。晚清时杭州的票号有日升昌、大德恒2家，为山西帮或称北邦；另外还有甬皖帮票号，称南帮，有源丰润、义善源2家（一说尚有大庆元、合盛元2家）。它们与当地的工商业关系很少，主要依靠官款汇拨过日子。同治、光绪年间宁波商人开设的钱庄有慎裕、豫和、庚和、阜生、阜源、和庆、元大、唯康、介康、寅源、崇源、仑源、坤源、聚源、同源、益源等近20家。其中慈溪的董棣林家族开设阜生、阜源等钱庄，镇海的方介堂家族开设慎裕、豫和、庚和3家钱庄，叶氏家族开设和庆、元大2家钱庄，鄞县的赵占缓家族开设寅源、崇源、益源等钱庄。慈溪人宓廷芳曾任杭州唯康钱庄经理，后又在杭州开设瑞康、同康等钱庄，为杭州钱业公会首任会长。杭州钱业公会由宁波商人发起设立。晚清时杭州钱业客帮势力强大，太平天国战争后本地钱庄地位也开始上升。清末银行业兴起后，在本地和外地银行家的共同努力下，杭州成为全省的金融中心。当时上海是全国的金融中心，杭州成为二级金融中心，在全省金融业中的地位逐步居于宁波之上。定海人朱葆三是宣统元年（1909年）创办的浙江银行的驻行董事。辛亥革命后，该行改为中华民国浙江银行，朱葆三一度任经理。宁波人秦润卿、慈溪人王伯元创办的中国天一保险公司在杭州也设分公司。四明商业储蓄银行在杭州设有支行。除钱业或金融业外，宁绍商人在杭州还较多地涉足商业和工业。乾隆年间，绍兴人孙仲舒在杭州创办张允升线帽百货庄。嘉庆十年（1805年），慈溪人张梅在杭州新宫桥河下开设茂昌药行，后盘进沈同泰药号，迁到孩儿港口，改名为张同泰药号。嘉庆十三年（1808年），慈溪人叶谱山在望仙桥直街创办叶种德堂国药号，为杭州开设最早、规模最大并自制丸散膏丹的经营道地药材的中药店，与胡庆余堂、万承志堂、张同泰、泰山堂、方回春堂一同称为杭州药号“六大家”。道光二十五年（1845年），诸暨人边春豪在长庆街五老巷口设鞋摊，取名福茂店。咸丰八年（1858年），绍兴人蒋廷梁、蒋廷桂在杭州创办蒋广昌绸庄。同治元年（1862年），绍兴人毛四发在杭州开设毛源昌号，主营玉器，兼营眼镜。是年，慈溪人邵芝岩在杭州开笔庄，取名餐花室，专门生产经营毛笔，产品被列为贡品。咸丰年间（1851—1861年），宁波人孔传鸿到杭州清河坊设摊经营香脂水粉一类的日用小商品，同治元年（1862年）创办孔凤春香粉店，专营化妆品。同治三年（1864年），两位宁波商人在杭州合股开设万隆火腿栈、万隆腌腊商店。同治八年（1869年），慈溪人宓彰孝在清河坊开设宓世昌烟庄（后改名宓大昌烟店）。同治九年，宁波人王尚荣在杭州盐桥边开设状元楼面馆，宣统三年（1911年）迁到望仙桥直街板儿巷口，改名状元馆。该店历经王尚荣、王凤春、王金奎3代经营，成为杭州著名的百年老店。同治十年，绍兴人袁南安在知足亭创办袁震和丝织厂，民国2年（1913年）改用铁机，并最早生产出“西湖十景”等丝绸织锦。光绪七年（1881年），镇海人方仰峰在清河坊开设方裕和南北杂货号。在第二任经理陆伯笙、副理王宝联在经营下，发展为杭州南北货业的魁首。民国前期中国制药业的先驱鄞县人项松茂主持的上海五洲大药房股份有限公司在杭州设分号，并对杭州同春药房投资附股合作经营。光绪十六七年（1890—1891年），绍兴人王达夫在杭州创办悦昌文绸庄。光绪二十三年（1897年），陆肖眉创办浙江省电灯公司未成，由绍兴人裘吉生接收并改名为杭州电灯公司。光绪年间（1875—1908年），绍兴人创办太昶鞋店。民国初年，宁波人柴宝怀、丁丕山在上海创办的绸布业三大商号协大祥绸布店、宝大祥绸布店、信大祥绸布店均在杭州设门市部。慈溪人孙衡甫也在杭州投资创办绸庄。宁波人李仙林在杭州接盘开设奎元馆。定海人刘鸿生的上海章华毛绒纺织公司在杭州有门市部销售呢绒、绸缎。光绪三十一年（1905年），宁波人张正安在杭州创办张顺兴洋服店，为杭州最早的西服店之一。光绪年间（1875—1908年），鄞县人应启霖等在杭州清河坊高银巷口开设宁波亨得利钟表店杭州分店。光绪三十三年（1907

年），杭州人金敬秋、南京人杨长清等发起在杭州筹建电厂，次年嵊县人俞炜等创办浙江省杭江大有利电灯股份有限公司（后来更名为浙江省官商合股商办大有利电灯股份有限公司）。光绪二十六年（1900年），绍兴人徐吉生在杭州创办吉祥恒绸庄，民国元年（1912年）又创办庆成绸庄（后发展为庆成缫织厂）。宣统元年（1909年），镇海人金润庠在杭州开办上海英商开设的华通保险公司杭州分公司。

除湖州、宁绍商人外，明清时期金华等浙江省其他地区以及以江苏为主的外省商人在杭州创业的也颇多。光绪元年（1875年），苏州人葛锦山在清泰街创建颐香斋，集苏、宁、徽三式糕点之精华。

杭州本地人在明清时期所创实业也不少。光绪元年（1875年），王星斋夫妇在周叶闻弄创办杭州王星斋扇庄。光绪年间杭州人丁丙与湖州人庞元济先后创办杭州通益公纱厂、杭州世经缫丝厂和大纶缫丝厂。光绪二十一年，余杭人叶涛、方锡炜于盘竹弄开设经华缫丝厂，引进50台机械缫丝机，在杭州最早使用机械缫丝机。据光绪二十三年二月十五日（1897年3月17日）《申报》记载，杭州开埠通商后，"踵行西法，日盛一日……某商在大关外石灰坝地方设立机器制造砖瓦厂，择于本月间开工，其货物较之本地窑户所见，既见精洁，价值又廉"。光绪二十六年（1900年），候补知府、信义洋行买办庄诵先在拱宸桥丁公洪官房开办利用面粉厂。光绪三十一年（1905年），杭州人高子韶在天水桥西开办高义泰布庄（后改名高义泰棉布商店）。光绪三十二年（1906年），杭州人吴恩元在甘露茶亭创办扬华织绸公司。光绪三十四年（1908年），大清银行以江苏武进人刘如辉为总办、萧山人金百顺为经理在杭州筹建大清银行浙江分行，次年开业。宣统三年（1911年），萧山人赵志诚、杭州人冯畅亭等集股在江干海月桥里街建杭州光华火柴厂（杭州火柴厂前身），为杭州或浙江的首家火柴厂。同年，杭州人张霞松、金翰卿、于少炎、王颂坚等创办杭州最早的针织企业杭州萃隆袜厂，萧山人金溶仲开设振新绸厂。

明清杭州新兴商人群体的主体是绅商。晚清时政府积贫甚重，在许多方面必须仰赖商人，从而使绅商有机会登上历史舞台。当时实施的地方自治使绅商极大地提高了经商办实业的积极性，各种商务总会、商务分会则是地方自治的重要成果。地方自治强调排除或减少政府的干涉，注重绅商的自由联合和自主行动。"同业组合之事业，在整理各组之自治，国家既以此权委之，故绝不再行干涉"，商人"合小以致大，联散而成聚，舍个人商业而营社会商业，舍家庭工业而营工场工业"。[1]清政府还在各省设置劝业道，并开设劝业公所，引导经济发展。晚清的地方政治在很大程度上甚至主要都为新兴的财团所控制。新兴商人群体按其在政治、文化中的地位可分为政治型、文化型和纯商型3种。

政治型商人群体有许多对整个中国政治产生巨大影响，如胡光墉、张静江、汤寿潜等，他们对杭州经济政治发展所发挥的作用也就特别巨大。

[1]《论组合》，《东方杂志》第4卷第1期，商务印书馆光绪三十二年（1906年）版。

此外袭吉生、俞炜等也有一定影响。

胡光墉（1823—1885年），幼名顺官，多以字雪岩行。安徽省绩溪县人，寄居杭州。胡光墉出身贫寒，却在短短十几年时间里迅速发迹，成为富可敌国的巨商富贾，是中国晚清时期的传奇人物。胡光墉原是钱庄伙计，因资助困境中的王有龄而与其结成生死之交。后来王有龄官场发达，胡光墉利用王有龄的关系经商致富，并通过捐纳取得了候补道员的资格。咸丰十年（1860年）四月王有龄由江苏布政使署理浙江巡抚，十二月太平军攻占杭州时自缢身亡。左宗棠接任浙江巡抚，胡光墉助其组织“常捷军”，从宁波进攻太平军。收复杭州后，又出面办理善后事务，得到左宗棠高度评价，并由此而受器重。同治二年（1863年）左宗棠升任闽浙总督，同治五年获准在福州筹办马尾造船厂，但同年九月又调任陕甘总督平定西北回民起义。赴任前，他选择沈葆桢总理船政局事务，同时还奏请朝廷任命胡光墉为船政委员，负责“一切工料及延洋匠、雇华工、开义局”等事务，以辅佐沈葆桢。[1]左宗棠西征时，胡光墉又出任上海采办转运局委员，替清政府从外国银行贷款，帮助筹备军饷。左宗棠收复新疆后，慈禧太后赐胡光墉黄袍马褂。胡光墉官封极品，被人们称为“红顶商人”。作为官场中的商人，他拥有其他商人所不具备的官方背景，从而有更多的商业机会，成就迅速致富的神话。他操纵江浙商业，专营丝、茶出口。还垄断金融，不仅为自己的钱庄、票号吸纳了官方存款、汇兑等业务，其名下的阜康票号等还一度经理浙江、福建、上海等地海关的官银号。至同治十一年（1872年）阜康钱庄分号达20多处，布及大江南北。有资本白银2000余万两、田地上万亩。胡光墉在杭州元宝街建芝园和十三楼（胡雪岩故居），在河坊街建胡庆余堂雪记药号。胡庆余堂雪记药号以宋代皇家药典《太平惠民和济药局方》为基础，重金聘请浙江名医，收集各种古方、验方和秘方，并结合临床实践经验，精心调制庆余丸、散、膏、丹、胶、露、油、药酒方400多种，精制成各种使用方便的中成药，如“胡氏辟瘟丹”、“诸葛行军散”、“八宝红灵丹”等，备受市场欢迎。还著有专书《胡庆余堂雪记丸散全集》传世。瘟疫流行时，胡光墉通过胡庆余堂向百姓施药施粥，被称为胡大善人。光绪五年（1879年）胡庆余堂资本发展到白银280万两，与北京的百年老字号同仁堂南北相辉映，时有“北有同仁堂，南有庆余堂”之称。胡庆余堂以“戒欺”和“真不二价”为训。清乾隆年间，江苏省句曲县（今江苏省句容县）人王秉元著《生意世事初阶》，总结了乾隆盛世江南商贾的经营智慧，是当时最为畅销的图书。胡光墉在做学徒时就读到了此书，此后几十年一直潜心研究。他将书中的理论应用于实际经营，并作为培训人才的核心教材。胡光墉的商业智慧主要体现在3个方面，即讲人脉、懂经营、会处世。光绪八年（1882年），胡光墉在上海开办缫丝厂，耗白银2000万两。但当时生丝价格日跌，主要原因是华商各自为战，被外商控制了价格权。胡光墉高调坐庄，高价尽收国内

[1]左宗棠：《请简派重臣接管轮船局务折》，载左宗棠：《左宗棠全集·奏稿三》，岳麓书社2009年版。

新丝数百万担，企图垄断生丝贸易。遭到外商联合抵制，而当时意大利蚕茧丰收，又值中法战争爆发，胡光墉于次年夏天被迫贱卖所收之货，亏耗白银1000万两，家资去半，而其银号又遭挤兑而破产倒闭。胡光墉变卖家产，遣散姬妾仆从。慈禧太后下令革职查抄，严查治罪。胡光墉破产的深层原因实为政治敌人的打击，是左宗棠与李鸿章政治斗争的牺牲品。李鸿章在当时实施“排左先排胡，倒左先倒胡”的策略排斥异己。

张静江（1877—1950年），原名增澄，又名人杰，字静江，号饮光，别号卧禅，以字行，浙江省乌程县南浔镇（今湖州市南浔区）人。其先辈靠丝、盐二业积资千万，遂得享南浔近代“四象”级巨富之名。而他本人则在中国国民党党史上享有特殊地位，被尊为“党国元老”、“革命导师”和“民国长城”。张静江早年捐有清政府江苏候补道员衔，后随孙宝琦赴法国巴黎任驻法商务参赞，但却独资经营通运公司，主要贩卖中国古玩，兼售茶叶、丝绸。他还在巴黎开设了开元茶店，陈设非常豪华，对游客非常有吸引力，后成为巴黎知识界聚会的高级沙龙。除法国巴黎外，张静江还在英国伦敦、美国纽约设分公司，总公司则设在上海。但其绝非寻常生意人，而视道义、文明、民生等为最高价值。在巴黎受到巴枯宁无政府主义思潮影响，倡导反清革命，经常在公开场合发表激进言论，在留学生中影响很大。光绪三十一年（1905年），与吴稚晖、李石曾结成莫逆之交，被旅法华人称为“三剑客”。他们联合陈璧君、蔡元培等人在巴黎成立世界社，刊行《新世纪》周报、《世界》美术画报，出版《新世纪丛书》，宣传自己的政治主张。这一年，张静江在船上主动结识了孙中山，并对他说：“君非实行革命之孙君乎？闻名久矣，余亦深信非革命不能救中国。近数年在法国经商，获资数万，甚欲为君之助，君如有需，请随时电知。余当悉力以应。”张静江给孙中山留下地址，相约通电暗号，电文以ABCDE代表不同的数码：A为1万元，B为2万元，C为3万元，D为4万元，E为5万元。两年后，东京同盟会本部经费枯竭，筹款无着。孙中山万般无奈之际想起与张静江邂逅之事，便对黄兴谈起，于是就往巴黎发了一份写有“C”字的电文（据说当时孙中山的生活费一天仅为0.15元），数日后果真有3万法郎从巴黎汇到。后来孙中山为筹集广东及云南革命起义所需款项，又先后以A字和E字致电张静江，都如约收到汇款。为此，孙中山让胡汉民代笔函谢张静江，并详述军事行动及款项开支情况。张静江复信说：“余深信君必能实行革命，故愿尽力助君成此大业。君我既成同志，彼此默契，实无报告事实之必要；若因报告事实而为敌人所知，殊于事实进行有所不利。君能努力猛进，即胜于作长信多多。”以后孙中山有急事求援，张静江总是想办法如期按数汇款。孙中山曾说：“自同盟会成立之后，始有向外筹资之举，当时出资最勇而名者，张静江也，倾其巴黎之店所得六七万元，尽以助饷。”[1]古有为国毁家纾难之说，张静江的行为正是这样。孙中山与张静江初识时即称他为“奇人”，后称他为“中

[1]杨恺龄：《民国张静江先生人杰年谱》，商务印书馆1981年版，第7页。

华第一奇人”，以后又称“革命圣人”，并题“丹心侠骨”相赠。有人曾说，没有张静江就没有辛亥革命的成功。实际上，张静江的侠义不仅表现在对革命事业上，在生活中他也是一个拿得起放得下、有勇气有毅力的人物。他本名增澄，由于年少即好交友，喜欢李清照“生当为人杰”之语，而改名人杰。他很小时即富有远见，建议家里购置灭火器材（时人称为“洋龙”），以取代中国老式的救火工具。光绪十三年（1887年）腊月，10岁的张静江放学回家，恰逢宝善街发生大火，彼时一个2岁的小女孩被困在街边民房二楼，年幼的张静江便用水浇湿身上棉衣，冒着烟火冲上楼去，抱着小女孩以棉被裹身纵身跳下。小女孩得救了，但他的左腿粉碎性骨折，从此落下残疾。但他有毅力让自己成为骑马和骑自行车的高手。18岁时乘轮船去上海，轮船被撞下沉，得船主之助脱险后马上想办法救其他人。他请众人帮忙：“谁能救出一人，愿赏大洋一百元。”船上人都知道张家公子说话算数，纷纷下水救人，他当场写了14张纸条给救人的乡民。后来回家查账时，发现凭条领取谢银的只有8人，还有6人没来拿钱，就让账房去查明姓名，马上送银上门。光绪三十二年（1906年），张静江在新加坡正式加入同盟会，从一个无政府主义者走向拥护孙中山的革命党人。随后他又推荐大哥张弁群、舅舅庞青城等人加入同盟会。在张静江的鼓动下，南浔的张石铭、张弁群、张乃骅等人都曾多次向孙中山领导的革命事业大笔捐款。宣统三年（1911年）武昌起义爆发后，协助陈其美等光复上海。民国2年（1913年）追随孙中山从事反袁世凯的“二次革命”，次年加入中华革命党，被委任为财政部长（未到任，职权由廖仲恺代理）。民国13年，当选为国民党第一次全国代表大会中央执行委员，排名第三。次年孙中山逝世，被推为总理丧事筹备委员会委员和广州国民政府委员。民国15年至16年，先后当选为国民党中央监察委员、中央执行委员会常务委员会主席、浙江政治分会主席、中央特别委员会委员。张静江虽然是商人出身，却在大变革的年代里弄潮，以政闻名，以至于有人称他是“现代吕不韦”。他是20世纪初江浙财团的四大亨之一，也是国民党的四大元老之一。毛泽东认为他是有“经济眼光的人”，陈果夫则称他为“党国理财”第一人，蒋介石更称他为“革命导师”。孙中山去世后，正是张静江的远见和鼎力相助，他的盟弟蒋介石才得以在巨头林立、一盘散沙的国民党内脱颖而出，入主国民政府。南京国民政府成立后，张静江呼吁全国转入建设，他对人说：“总理提过的，革命就要建设，不建设，革命就要失败。因此，我党政军都可不管，唯有建设，我是一定要干的。”他的呼吁得到了吴稚晖、李石曾、蔡元培、于右任等元老的支持。民国17年任建设委员会委员长和浙江省主席，负责主持全国经济建设和浙江省政，次年就组织举办了首届西湖博览会，开中国商贸博览会之先。他还从基础设施建设入手，确立铁路、电气、通信、水利为国家第一先上项目。[1]民国19年辞去浙江省主席之职，专任建设委员会委员长至民国27年。先后在杭州或浙江所

[1]余世存：《中国男》奇人第十三《张静江》，九州出版社2010年版。

办项目有：杭江（山）铁路，由杭长（兴）、杭徽（州）、鄞奉海（宁波至宁海）、杭平（湖）四大干线构成的浙江公路网，杭州沥青马路改造，以27家国营电台为主的全国无线电台网之浙江网，以杭州为中心的由8条线路构成的浙江电话网，杭州电厂，等等。民国27年后赴瑞士，又转赴美国寄居于纽约，直到民国39年去世。从履历看，张静江主要是一个政治人物，但他出生于富商家庭，具有丰富的经商经验。其家族原籍安徽省徽州府休宁县，明末为避战乱迁居到浙江，清康熙年间定居在南浔镇。张静江的祖父张颂贤是江南巨富，往返于南浔、上海和杭州三地，经营辑里湖丝和两浙盐业，聚敛的资财超过白银1000万两。张静江的父亲张宝善接续张颂贤经营庞大的家族生意。其外祖父庞云镨家族也是南浔“四象”之一，经营生丝和军火。庞元济和庞元澂是张静江的舅舅。张静江的6个兄弟张弁群、张澹如、张墨耕、张让之、张久香、张镜芙也都是实业家。张静江始终遵循孙中山“实业救国”的遗训，以极大的热情和精力投入到国家的建设事业中。早在辛亥革命胜利之时，他就决定退出政界，去欧洲经营商业。后来革命起起落落，他与政治也分分合合。到蒋介石第一次下野又上台之后，他就下定决心不在国民党中央任职而以从事地方实业为务。他与蒋介石政见上的不合也与是否重视实业有关。

汤寿潜（1856—1917年），原名震，字蛰先（或蛰仙），浙江省山阴县天乐乡（今杭州市萧山区进化镇）大汤坞村人，光绪十八年（1892年）进士。汤寿潜以主张立宪和组织保卫铁路路权运动而著名。光绪二十四年（1898年），英国向清政府提出修建苏杭甬等5条铁路，后由英国怡和洋行与清朝铁路总办大臣盛宣怀订立了《苏杭甬铁路草约》，以中方向英方借款的方式修筑苏杭甬铁路。然而当时全国各界强烈反对，英国又忙于南非战争，所以一直没有签署正约。光绪三十一年（1905年），美国商人拟抢占这一商机，向清政府提出建造浙赣铁路的申请，引发了保卫铁路路权运动。一些有识之士认为，“欲兴财政，非开铁路不可；欲开铁路，非自握路权不可”[1]，“铁路，地方命脉也；地方自办，公利莫大矣”[2]。光绪三十一年六月二十二日（1905年7月24日），为拒借外债，浙江各地绅商代表160余人在上海集会，商讨自办铁路方案，并成立浙江全省铁路有限公司，推举汤寿潜为总理、刘锦藻为副理，报经清政府批准。翌年，江苏全省铁路有限公司成立，推举王穆清为总理、张謇为副理。浙、苏两省拒不承认与英国的合约，也坚持不用英款。该年九月，汤寿潜、刘锦藻召集浙江全省铁路有限公司股东大会，成立“国民拒款会”，上书痛陈借款筑路的危害，通电各省请求声援，公开向民间招股。至光绪三十三年底，认集铁路股款达2300万元，为英商允借款数的两倍多，震惊朝野，迫使清政府最后还路权于民。为保证浙江铁路建成，刘锦藻联络部分绅商成立浙江兴业银行，集资100万股。保卫铁路路权运动取得胜利后，汤寿潜总理浙江全省铁路有限公司4年有余，终日为之奔波，但从来不领薪金。沪杭铁路于光

[1]《申报》1905年5月31日。

[2]《申报》1905年10月3日。

绪三十二年（1906年）动工修筑，宣统元年（1909年）杭州至枫泾段建成通车。拒款保路运动是辛亥革命的前奏和导火线。光绪三十一年，汤寿潜曾与张謇、许鼎霖等创办上海大达轮步股份有限公司。19世纪末，有两部关于时局论述的奇书《危言》和《盛世危言》风靡一时，《危言》的作者就是汤寿潜。早在光绪十六年（1890年）汤寿潜就写出了《危言》，比郑观应的《盛世危言》早4年，提出许多令人耳目一新的维新变法思想，包括改革考试、刷新吏治、建设学校、开发矿藏、修建铁路、兴修水利、迁都长安、设立武备院、强大海军等，更值得重视的是广造铁路、兴修水利、改革税制、开发矿藏、整治道路、改善环境卫生、实行晚婚等主张。其中《议院》部分还倡议设立议院，认为对西方议院可以仿效或变通设立：第一步先以王公大臣四品以上翰林组成上院，由军机处主持；其他官员组成下院，由都察院主持。地方则由士绅、贡生、监生、农工商代表人物组成议院，每有大事进行集议。还提出以兴新学、植人才为建立议院之本的论断。《危言》的出版使年轻的汤寿潜赢得了维新思想家之名，当时人们将他与唐甄、冯桂芬等相提并论。他后来办铁路、兴实业、推动立宪运动，都可以从这里找到思想根源。汤寿潜光绪十八年（1892年）中进士后在翰林院任职3年，光绪二十一年（1895年）任安徽省青阳县知县。光绪二十四年（1898年）百日维新期间，光绪皇帝两次通过浙江巡抚廖寿丰召他进京，以备任用。他因母亲有病请求缓行，躲过了戊戌一劫。光绪二十六年（1900年）八国联军进京，他与张謇等游说湖广总督张之洞、两江总督刘坤一发起“东南互保”运动，确保了江南的稳定和繁荣。次年，他写出了《宪法古义》一书，对元首的权力、议院的权力、行政大臣及法院的权力做了区分，对大臣任责、法院独立、法官选任、刑官终身、陪审制度等都有论述。其中第3卷“国民之权利”一节列举了言论自由、出版自由、集会自由、迁徙自由、尊信自由、产业自由、家宅自由、本身自由、书函秘密权、赴诉权、鸣愿权等十几种自由权。光绪二十九年（1903年），被任命为两淮盐运使，他托词辞谢。这之前，他先后出任金华丽正书院、上海龙门书院（龙门师范学堂）山长，期望以教育事业来启迪民智，作为立宪的先导。他在光绪二十九年《浙江潮》第7期发表的《四政客论》一文首次出现“立宪派”这个新名词，从此逐渐取代了“维新派”一词，立宪运动的呼声日渐高涨。当时声势最大、最用力的无疑是江浙的立宪派。汤寿潜先后上书《为宪政维新沥陈管见事》和《为国势危迫敬陈存亡大计》等奏折，请求清廷革新、立宪、设立议院、召开国会等。光绪三十二年（1906年），预备立宪公会在上海成立，投票选出了15名董事，郑孝胥为会长，张謇、汤寿潜为副会长。成员以江、浙、闽为主，逐渐拓展到国内10多个省及港、澳、海参崴、南洋各地，江西、安徽、山西、四川、吉林等省的咨议局议长或副议长后来也都加入进来。特别是囊括了上海工商界、新闻界、教育界的精英。宣统元年（1909年），汤寿潜任浙江咨议局议长，曾与张謇、汤化龙、谭延闿等发起和组织联合会请愿，要求清政府实行宪政。宣统二年（1910年），清政府革除其浙江全省铁路有限公司总理职，不准他干预路政。次年爆发辛亥革命，杭州新军起义，汤寿潜被推举为浙江军政府都督。以汤寿潜对待革命和立宪的态度以及对官禄淡泊态度而论，他不会担任此职。但杭州旗防营协领贵林在投降谈判时提出只与汤寿潜接洽，放言若汤寿潜不出面担保便绝不缴械，并威胁与杭州城玉石俱焚。汤寿潜立即赶赴旗防营，立字据担保不杀一个旗人，贵林才命令部队投降，浙江全境基本以和平方式光复。在任期间，他联合陈其美、程德全等通电各省起义，商议成立联合政府。汤寿潜有一句名言："不恤一身，为拯民，不取其位。"他一生淡泊名利，多次辞官或不就职，人称近代辞官最多的人。光绪二十九年（1903年）清廷聘其应京师大学堂总教习、经济特科，不应命。是年，抨击清廷盐政之弊，清廷授其两淮盐运使肥缺，仍辞不就。在担任浙江全省铁路有限公司总理4年间，清廷先后授云南按察使、江西提学使、东三省殖民开垦大臣等，未动心，唯以护路为己任。宣统二年（1910年），清廷任命盛宣怀为邮传部右侍郎，掌路权，浙路建设面临危局。汤寿潜誓死以争，向军机处发文弹劾盛宣怀，并晋京以争，被清廷革去四品京卿，不准干预路事，但也最终迫使中英废约。民国元年（1912年）1月中华民国临时政府成立，孙中山任命汤寿潜为交通部长，未到任。后改任赴南洋劝募公债总理，向南洋各地华侨募款。同年又改任浙江全省铁路有限公司理事长。浙江全省铁路有限公司收归国有两年后，袁世凯通过该公司拨发20万银元，作为其总理浙江全省铁路有限公司4年多不支薪金的补偿，但他分文不受，将款项悉数用于建造浙江图书馆。民国4年（1915年）曾致电反对袁世凯称帝。汤寿潜还著有《尔雅小辨》《说文贯》《理财百策》《三通考辑要》《文集》等。

裘吉生（1873—1947年），名庆元。浙江省嵊县（今浙江省嵊州市）人，生于绍兴。裘吉生走上行医之路与其特殊的医学天分有关。18岁时，他得了肺结核，而且已是第三期，医生认为不可治。他却买来《本草纲目》，按照处方自己进行调治。1年后竟完全治愈。随即开起了诊所。又化名"激声"参加光复会。徐锡麟、秋瑾就义后，离开绍兴到上海加入同盟会，并以行医为掩护继续从事革命活动。曾前往奉天（沈阳）联络，有机会结识日本医学界人士，从而留心收集珍贵医籍，搜购海外汉医图书、东瀛版中医书及先贤遗著稿本。其中得到不少孤本、精抄本。辛亥革命后，返归绍兴行医，并以医德在医学界取得声誉。民国4年（1915年）组建神州医药会绍兴分会，并任会长，还担任《绍兴医药学报》主编。民国10年（1921年）移居杭州，设立三三医社，出版医书，继续办刊物（改名《三三医报》），后又开办三三医院。孙中山题词"救民疾苦"予以表彰。民国13年（1924年），精选并校勘99种医书由三三医社分3集出版。该丛书中有不少实用图书，在中医医籍出版史上有一定影响。民国24年

（1935年），又于所藏3000余种医书中选出弧本、抄本、精制本及批校本，包括未刊稿共90种，分类编辑为《珍本医书集成》由上海世界书局出版。光绪二十三年（1897年），陆肖眉在杭州试办浙江省电灯公司，遭到政府干涉，却同意裘吉生接收电厂，改名为杭州电灯公司。裘吉生登报招股集资，并委托上海信义洋行购买德国西门子设备。次年在杭州葵巷建起厂房，向城区供电。但街灯竖起来，市民却担心“天火烧”，不愿意接灯。电灯公司陷入了没有市场的困境。1年后电厂无法维持而倒闭。

俞炜（1872—1942年），字丹屏，号载熙，浙江省嵊县卮山乡（今浙江省嵊州市下王镇）前冈村人。清光绪三十二年（1906年）肄业于浙江武备学堂，任浙江弁目学堂区队长。他在这所学堂里受到了一系列进步思想影响，于第二年冬加入光复会，一边在杭州军界发展光复会员，一边协助绍兴大通学堂训练会党骨干。秋瑾就义后，教员、学生处境危险，俞炜将家中所有衣服、器具、细软全部典当用来资助革命党人。宣统三年（1911年）武昌起义后，俞炜作为浙江新军八十一标代表参与策划沪杭起义。光复杭州时会同王金发带领的敢死队攻克军械局，又赴援张伯岐、尹维峻率领的敢死队攻下抚署、藩署。杭州光复后，俞炜任浙江攻宁支队副官处长，并参加光复南京之役。民国元年起，先后任浙江省稽勋局局长、八十九团团长、混成旅旅长，由孙中山授予陆军少将衔，并被选为国会众议院议员。历经革命的几番波折，又看着百姓们流离失所，俞炜感到实业救国尤为迫切，于是逐渐脱离军政界，开始致力于民族实业。民国7年（1918年），与刘思训等创办浙江省杭江大有利电灯股份有限公司，并任董事长。此后又在海宁、余杭、长兴、诸暨等地创设电厂。民国8年在杭州发起创办杭州道一银行。在经营电灯公司期间曾赴日本考察，了解到一些新技术，于民国13年在和睦桥创办武林造纸厂。武林造纸厂是浙江省第一家纸板厂，资本40万元，机器全从美国进口。民国18年改名为竞成第五造纸厂，民国20年（1931年）卖于民丰造纸厂。民国14年，俞炜先后任浙江省交通局帮办、副局长、局长等职。其间，适值浙东发生大水灾，用以工代赈的办法招募灾民，同时抽派部分士兵，修筑了浙江省第一条省办公路——萧绍公路。另外，又用同样的办法招募新昌灾民修筑了嵊（县）新（昌）公路。为了振兴丝绸业，于民国18年出资在杭州创办西湖蚕种制造场及蚕业讲习所，聘请国内专家和日本技术员培育了新蚕种，在临安、余杭、萧山、嵊县、新昌分设5个分场生产原蚕种和改良蚕种。民国22年，租赁萧山义和丝厂，将设备拆迁至嵊县苍岩镇安装建厂。俞炜还资助银币1万多元在家乡创办了启祥小学，占地6亩，工程浩大，先后费时9年。课堂桌椅、教学用具、体育卫生设施等在当时山乡学校中堪称完备，远近四五十里的儿童竞相前来入学。此后又在修桥铺路以及改善民风等方面做了不少善事。在抗日战争期间，他不畏时局艰难，自告奋勇担任了乡长，积极组织农民生产自救，开展山区多种经营。

晚清民国时期杭州新兴商人群体中文化型商人的比重很高，他们所办实业是这一时期数量最多、质量最高的，成为最有代表性的经济主体。这些文化型商人都有很深的家学渊源，他们以厚实的家资以及由文化凝练的远见卓识走向世界经济的前沿，利用当时最先进的科学技术和生产设备发展机器大工业，并非常有灵感地大力发展金融业等现代服务业。主要代表有丁丙、刘锦藻、庞元济、周庆云、张澹如、朱光焘、许炳堃等。

丁丙（1832—1899年），字嘉鱼，别字松生，晚号松存，别署钱塘流民、八千卷楼主人、书库抱残生等，钱塘县（今浙江省杭州市）人。清咸丰、同治年间（1851—1874年）诸生。中国著名的藏书家、出版家，也是中国现代丝织业、棉纺业的先驱。同治三年（1864年），因保护文澜阁《四库全书》有功，闽浙总督兼浙江巡抚左宗棠相荐任以江苏候补知县，丁丙淡于荣利而不赴。后一直经营实业，从事文化和慈善事业。丁丙开设有丁日升绸庄，被杭州丝绸界同仁推选为观成堂（丝织业会馆）正董事。在他主持下，观成堂成为杭州著名的行会组织。他曾在宝善桥仓河下购进高广裕锡箔坊及东河边凉亭，辟为观成堂会员绸货运输专用码头。光绪年间先后与与庞元济、王震元等创办杭州通益公纱厂、杭州世经缫丝厂、大纶缫丝厂等当时浙江省规模最大、最具影响力的现代工厂，是杭州或中国最早的实业家，也是晚清民国时期中国最具代表性的绅商。丁氏八千卷楼与常熟瞿绍基铁琴铜剑楼、湖州陆心源皕宋楼、聊城杨以增海源阁并称清末四大私人藏书楼。太平天国战争中丁申、丁丙兄弟及时抢救和补抄文澜阁《四库全书》见功卓著，并最为系统地出版杭州地方文献，如《武林掌故丛编》《武林往哲遗著》《西泠五布衣遗著》《西泠词萃》《当归草堂丛书》《当归草堂医学丛书》等大型丛书。另编辑出版《国朝杭郡诗三辑》《于忠肃祠墓录》《钱塘先贤传赞》《武林高僧事略》《宋学士院题名》等书。现今研究所用的杭州文献主要赖有丁氏丛书。丁丙自己一生也著述不断。早年写过《读礼私记》《礼经集解》《松梦寮诗稿》《松梦寮文集》等，后又陆续写成《九思居经说》《说文部目详考》《说文篆韵谱集注》《廿四史刻本同异考》《武林金石志》《宜堂小记》《于公祠墓录》《北郭诗帐》《北隅缀录》《庚辛泣杭录》《乐善录》等多种著作。晚年最具学术价值的著作是《武林坊巷志》。该书对杭州800余条街、坊、巷、弄，都“稽之图籍、证之史传、下至稗官小说，古今文集，靡不罗载”[1]，所征引的文献资料达1600余种，是中国最大的一部都市志。俞樾在《武林坊巷志》序中称其：“博采群书，参稽志乘，无一事不登，无一文一诗不录，城郭、官府、宫室、寺观、坊市曲折及士大夫第宅所在无不备载。”[2]丁丙更是中国乃至世界最大、最有作为的慈善家之一。在没有人愿为的情况下，他担任“杭州善举联合体”总董15年，并在此后实际主持10多年，直至去世，将实业收入全部用于慈善事业，以致去世后家业破产，其子将全部图书低价售于南京图书馆的前身江南图书馆。丁丙倾尽毕生精

[1]丁丙：《武林坊巷志》丁序，浙江人民出版社1990年版。

[2]俞樾：《武林坊巷志》俞序，丁丙：《武林坊巷志》，浙江人民出版社1990年版。

力和家财改善民生，成为堪与西方教会慈善家相比乃至有所超越的一代大慈善家，其伟大人格和道德情志构成了今天都难以超越的历史丰碑。

刘锦藻（1862—1934年），原名安江，字澄如，乌程县南浔镇（今湖州市南浔区）人。南浔首富刘镛次子，承继于从父刘锵。光绪十四年（1888年）举人，光绪二十年（1894年）与张謇同榜进士及第，授工部都水司行走。与张謇一起参加殿试，张謇中状元，而两人成为挚友。经张謇介绍，与汤寿潜也交上朋友。光绪二十四年（1898年）戊戌变法失败，慈禧太后临朝专政，清查强学会，强学会成员汤寿潜从北京潜回杭州，刘锦藻推荐汤寿潜出任浔溪书院山长，宣讲新学。光绪二十七年（1901年）出资助赈陕西灾民，依例授四品京堂候补衔。同年写成《清续文献通考》进呈，赏内阁侍读学士衔。刘锦藻继承父业经营淮盐，又在通州开设垦牧公司，在上海与汤寿潜等经营上海大达轮船股份有限公司以及码头、房地产等，在扬州设有经租账房，在南浔创办浔震电灯公司和刘振茂绸缎局，并在各地广开当铺。在南浔、上海、青浦及上虞等地购有大量庄田，仅义庄登记在册的就有1万余亩。以庄田收租所得办私塾、创义举、济族人。光绪三十一年（1905年），与汤寿潜等发起拒款保路运动，并担任浙江全省铁路有限公司副理，又联络部分绅商成立浙江兴业银行。光绪十一年（1885年），为纪念其亡兄刘安澜在南浔建造花园，以赵孟頫莲花庄之意取名小莲庄。又奏请光绪皇帝恩赐，于小莲庄侧建造规模宏大的刘氏家庙。还于杭州西湖建坚匏别墅。其所著《清续文献通考》记述晚清100多年间的典章制度及演变，乃传世“十通”之一。另著有《新政附考》《南浔备志》《坚匏庵诗文钞》《杂著》《律赋》《楹联》等。

庞元济（1864—1949年），字莱臣，号虚斋，南浔“四象”之一庞云鏳次子，是20世纪上半叶中国著名的实业家、书画鉴赏家和收藏家。光绪六年（1880年）秀才，其父以其名向清廷献白银10万两作为赈捐豫直灾害报效，由李鸿章奏奖，受慈禧太后恩赏举人，补博士弟子，例授刑部江西司郎中，特赏四品京堂。庞元济承父业在南浔经营庞滋德国药店和庞怡泰酱园。光绪年间去日本考察实业，获悉里昂丝绸市场畅销日本匀细生丝，价格也高。而辑里湖丝虽色白质韧，但粗细不匀，已降为杂用丝，如设厂改缫为细丝可胜过日本丝。回国后与丁丙等创办世经缫丝厂、大纶缫丝厂。后者民国17年（1928年）扩资改为崇裕丝厂。又与丁丙、王震元创办杭州通益公纱厂。光绪三十一年（1905年），创办上海合众水火保险公司。光绪三十二年在上海龙华镇创办龙章造纸厂，为规模较大的机器造纸厂。抗日战争初期该厂内迁四川重庆，后出售给国民政府建设委员会，改名为中央造纸厂。民国15年（1926年），与庄骥千、周庆云等筹款白银12万两创办南浔汽机改良丝厂，有意大利坐式缫丝机208台，日式缫丝机65台。此外在苏州投资纱厂和印染厂，在上海还收买洋商正广和汽水公司大量股票，投资商办中国银行和浙江兴业银行。在苏州和上海有大量房地产，原上海牛庄路的“三星舞台”（后改名中国大戏院）和成都北路的整条世述里都是他的产业。庞元济善书画，精于鉴赏，是中国历史上最大的书画收藏家之一。郑孝胥誉之“收藏甲于东南”。在国内外市场上，盖有“庞虚斋”鉴定印信的书画藏品有极高的信誉。他收藏的历代古画，自唐宋以迄明清，出自名家手者为数极多。宣统三年至民国3年（1911—1914年），先后刊印了《虚斋名画录》《虚斋名画续录》《历朝名画共赏集》《中华历代名画记》4部藏品目录（图录），民国29年（1940年）其后人庞冰履等又刊印《名笔集胜》，总计著录精品900余幅，令人叹为观止。民国4年（1915年），巴拿马太平洋世界博览会在美国举行，庞元济将所藏名画选出一部分运往展出，特撰写并刊印了铅字洋装本《中华历代名画志》1册。光绪二十五年（1899年）在南浔东栅建“宜园”，俗名庞家花园，书画收藏处名“虚斋”。抗日战争南浔沦陷之初，日本即派专人到南浔搜觅其所藏书画，但庞元济早已将它们运往上海成都路世述里寓所。新中国成立后这些书画捐予国家。庞元济一生热心慈善事业。南浔的育婴堂经费一直由他筹措。他还与杭州丁丙、张静江之父张宝善捐资在西湖昭庆寺重建戒坛和法寿堂，赎还放生池。民国12年至17年（1923—1928年）重修南浔至湖州的荻塘。为提倡国学，于民国24年（1935年）在他的住宅内创办国学讲习社。

周庆云（1864—1933年），字湘舲，号梦坡，出身南浔“八牛”之一的周氏家族，又是“四象”之一张氏家族的姻亲，为晚清至民国早期著名学者和商人。他于光绪七年（1881年）中秀才，后以附贡授永康县教谕、例授直隶知州，均未就任。借助周家东南盐业甲商的有利条件，改造祖业，于经营丝业、盐业上获得巨大成功。光绪三十一年（1905年）被举为权势最大的嘉兴所甲商，成为浙江盐业界的权威人物，在全国也有重要地位。民国元年（1912年）浙江都督汤寿潜议署总浙鹾，力辞未就，仅担任两浙盐业协会会长。民国3年在杭州独资创办了天章绸厂（后又建天章丝厂），与蔡谅友合作创办杭州虎林股份有限公司。民国9年，在湖州创办湖州辑里第一模范丝厂。民国15年与庞元济、庄骥千等合作创办南浔汽机改良丝厂。参与创办由汤寿潜、刘锦藻发起的拒款保路运动，担任浙江全省铁路有限公司监察。参与浙江兴业银行、长兴矿业公司等的创办，参与开发莫干山旅游业。辛亥革命前后名噪一时，时有“南通张季直，浙西周梦坡”之称。光绪十七年（1891年），将盐务生意从上海移至杭州，直到宣统三年（1911年）武昌起义爆发才迁回上海，在杭州留居20年。周庆云重视兴学，如为浔溪书院延师，改革科举旧学，为盐业子弟办浙西鹾务学校，在杭州珠宝巷改设盐务小学，后在梅东高桥发展为盐务中学，在家乡资助南浔中学并任校董。他还涉猎文史、雅好吟咏，致力于地方文献保护和编纂，并对书、画、琴等有研究，收藏甚丰。与张元济、徐冠南等一同捐资2万余元资助《四库全书》补抄。其间多次游历西溪湿地。民国7年从释圆明手中购得秋雪庵地基，并于民国10年开始重建秋雪庵。仿照吴本泰《西溪梵隐志》体例编撰《西溪秋雪庵志》，分形胜、建置、人物、艺文4卷，记载辑录清末民初西溪湿地的名胜风物。还著有《杭州西溪奉祀历代两浙词人姓氏录》《历代两浙词人小传》。另有《梦坡诗文》《南浔志》《莫干山志》《盐法通志》《浔溪诗征》《浔溪词征》《浔溪文征》《浔雅》《梦坡室金玉印痕》《梦坡室获古丛编》《琴书存目》《节本泰西新史揽要》《梦坡诗存》《梦坡词存》《梦坡方存》等多种撰述。后集成《梦坡室丛书》，凡45种469卷。章炳麟《吴兴周君湘舲墓志铭》称："家既给足，藏书至十余万卷，性善别铜器，获古彝亦至多，以是工篆隶。"并说："清世膏腴之家，亦颇有秀出者，往往喜宾客，储图史，置酒作赋，积为别集，以异流俗。行文之士犹蔑之，谓其以多财，著书大抵假手请字，无心得之效也。吾世有吴兴周子者，独异是。"[1]

[1]章太炎：《吴兴周君湘舲墓志铭》，载《吴兴周梦坡先生讣告》，大东书局民国23年（1934年）版。

张澹如，名鉴，字澹如，以字行，张静江之弟。著名实业家和围棋大家。光绪三十三年（1907年）与刘锦藻等创办浙江兴业银行。民国6年（1917年），在上海创办锦云丝织厂。民国9年，与周佩箴、张静江、虞洽卿等创办上海证券交易所。民国20年与杜月笙、朱如山、张啸林、朱德辉等发起在上海创办通汇信托公司。光绪三十二年，参加预备立宪公会。张澹如热衷于围棋。民国17年5月日本近代著名围棋大家濑越宪作在日本《棋道》杂志发表《支那棋界之现状》一文，将中国知名棋手按水平高下分为九等。其中吴清源列榜首为"九"，王子晏、刘棣怀2人列为"八"，顾水如、汪云峰、雷溥华等5人列为"七"，另有陈藻藩、王幼宸等3人列为"六"，张澹如、林贻书等4人列为"四"，其余还有"一"、"三"、"五"若干，合计34名。民国31年（1942年）10月，濑越宪作、吴清源、桥本宇太郎等来中国交流，赠予17名中国棋手段位。其中顾水如、刘棣怀、王子晏、雷溥华、张澹如、魏海鸿被认可为四段，在当时的中国属最高段位。张澹如对中国围棋事业的发展做出巨大贡献。自民国以来，张澹如屡次独力聘请日本棋家来访，又在上海今威海卫路私宅创办上海围棋研究会。为招徕四方名手，不惜每月支付大笔津贴，全盛之时每月不下数千元，有时甚至高达万元。国内棋客来沪之熟稔者，常按月致送津贴，资助生活，使之能够潜心研究棋艺。例如嘉兴名手王子晏初到上海，张澹如聘请为上海证券交易所会计，但只是挂名支薪，从而使其有一个专业发展。出入张门的"职业"高手，还有魏海鸿、潘朗东、吴祥麟、陈藻藩等人。他还邀请新老棋手会弈，并设对局彩金，胜负略有差别，由账房逐日登记按月分发，使棋客既有一定收益，又有高手指导，技艺水平得以迅速提高。张澹如还有意识地广收日本棋谱，提倡中国棋手研究日本新法。民国18年出资为陶审安刊印遗作《东瀛围棋精华》。

朱光焘（1881—1963年），字谋先，祖籍安徽省宿县，后迁浙江省绍兴县安昌镇，世居钱塘县（今浙江省杭州市）。光绪二十九年（1903

年），清政府颁布《奖励游学毕业生章程》，实行对中国留学日本的毕业生按学堂毕业等级分别授予贡生、举人、进士等名衔。宣统元年（1909年），朱光焘在东京高等工业学校染织染色科肄业，授工科进士。又殿试第一，授翰林院检讨，派任南洋劝业会染织审查官。朱光焘之兄朱光煦承祖业在杭州经营聚源昌颜料店，因为自己早年失学，所以特别重视和培养青年学生，先后送三弟和五弟朱光焘去日本留学。并且还在经济上资助蔡元培、周作人、周树人、许炳堃、钱均夫（钱学森之父）等10余人留学，被当时传为佳话。但其英年早逝，聚源昌颜料店由朱光焘接办。宣统三年（1911年），朱光焘与同学许炳堃在杭州创办浙江中等工业学堂（浙江省立甲种工业学校前身），任染织科主任及教授。民国元年（1912年），为解决本学校染织专业毕业生就业问题，与许炳堃、陆仲芳等集资2万元在杭州创办纬成丝呢公司。次年增资4万元，成立杭州纬成股份有限公司。开创时有法国产提花机12台，从业人员60余人。民国15年（1926年）织机增加到373台。民国6年（1917年）设立缫丝部，民国9年在嘉兴建裕嘉分厂设丝织、缫丝二部，民国13年在上海建裕通织绸厂、大昌精炼分厂和发行所，民国14年在裕嘉分厂内建绢丝厂，为中国第一家绢纺织厂。至民国16年，共有“四厂一所”，有资本40万元，职员784人，工人3900人，成为浙江省的大型丝绸企业之一。产品远销世界各地。到民国10年，资本达到200万元，短短10年间扩充为创办时的100倍。之所以发展如此之快，主要原因在于企业经营业绩极佳。“在时局平靖之际，营业极旺，每次招股，认股者争先恐后，故不旋踵即行足额。又得金融界极力赞助，放款毫无难色。”[1]公司产品多次获得政府和国际展会奖。民国4年（1915年），“纬成缎”获巴拿马太平洋世界博览会金质奖。民国15年又在美国费城世界博览会上获特等奖。朱光焘先后担任杭州改良织物公会会长、浙江丝绸联合会董事、杭州市总商会董事、观成堂董事、杭州绸业会馆委员长、杭县商民协会委员、杭县商民协会绸业分会委员、首届西湖博览会常务委员兼丝绸馆馆长，还任杭州蕙兰中学董事、上海沪光中学董事、上海爱国女校董事、上海道德学社理事长、北京道德学社理事。民国11年（1922年），以中国丝绸总代表的身份出席美国纽约第二次丝绸博览会，并顺道赴欧洲考察丝绸业状况。民国18年任首届西湖博览会常务委员兼丝绸馆馆长。朱光焘曾资助严济慈等人出国留学。其子朱维衡民国31年（1942年）年毕业于上海大同大学电机系，1946年毕业于美国麻省理工学院，新中国成立后任中国科学院电工研究所高级工程师，长期从事特种电机的研究工作。曾研制成功10000g·cm、20000g·cm和500g·cm的力矩电机，参与领导了60m/s平面电机及自动绘图系统的研制工作，著有《交流电机统一理论》《国外直线电机应用》等，有“中国磁浮列车教父”之称。

[1]杭州纬成股份有限公司编：《纬成股份有限公司纪实》，民国17年（1928年），浙江省图书馆藏。

许炳堃（1878—1965年），字善培、挺甫，号缄甫、潜夫，浙江省德清县人。早年就读于求是书院。光绪三十三年（1907年），东京高等工业学校机织科肄业，翌年回国，授工科举人。曾创办德清务本学塾。宣统元年（1909年）殿试一等，留用内阁中书。时浙江机械工业尚未萌芽，丝绸工业不景气，浙江巡抚增韫奏请许炳堃回浙江办实业和教育，授浙江省劝业公所科长兼省立第一手艺传习所所长。翌年又兼任提学司浙江学务公所科长。清宣统二年，与浙江代理提学使郭则沄商议创办浙江中等工业学堂，并为清政府批准。增韫聘许炳堃为浙江中等工业学堂监督（校长），并负责筹建。宣统三年正式开学。这是浙江最早创办的官办工业学校。两年后，学校改名为浙江省立甲种工业学校，民国9年又改名为浙江公立工业专门学校。民国16年改为国立第三中山大学工学院，不久改组为浙江大学工学院。现在的浙江工业大学和浙江理工大学与其也有学脉关系。许炳堃办学的理念是实现"教育救国"、"实业救国"的理想。他根据当时浙江工商经济的实际需要，先设机械、染织专业，后又增设应用化学、电机专业，使学校逐渐发展成为一所机、织、染、化、电兼容的多科性工业学校，并从中等工业学堂发展成为工业专门学校。学校还附设艺徒班、机织传习所、工业教员养成所、夜校（当时称夜班），多渠道地为地方经济建设培养人才。专业课程聘请日本专家或归国留学人员任教。为使理论与实践更好地结合，在校内设置了工场。至民国10年，全校有工场（包括实验室）24个，其中机械4个、应用化学6个、染织9个、电机1个、原动力4个。由于许炳堃的多方面努力，使得学校的办学质量非常高，培养了诸如都锦生、阮季侯等著名企业家，以及著名电影戏剧作家夏衍，"敦煌守护神"常书鸿，著名有机化学家、中国科学院院士汪猷，等等。当时的学生沈乃熙（夏衍）、汪馥泉、孙敬文、蔡经铭、杨志祥、倪维熊、褚保时等与省立第一师范等校学生一起创办《浙江新潮》。民国4年，民国政府奖励浙江办学出力人员，许炳堃榜上有名。民国7年，教育部奖给学校"琢磨道德"匾额一方，授予许炳堃个人三等嘉禾勋章。民国元年，许炳堃与朱光焘创建纬成丝呢公司。新中国成立之后，许炳堃历任浙江省第一届各界人民代表大会特邀代表、浙江省文史馆馆员、浙江省政协委员、上海市政协委员。

晚清民国时期也有许多较为纯粹的杭州商人，他们在各自从事的领域内精心创业，成就卓著。主要代表有：手工业界的张梅（张同泰药号店主）、叶谱山（叶种德堂国药号店主）、蒋廷柱和蒋廷梁（杭州蒋广昌绸庄、上海广昌隆绸庄创办人）、王星斋（王星记扇庄店主）、都锦生（都锦生丝织厂创办人）、孔传鸿（孔凤春香粉号店主）、边启昌（边福茂鞋庄店主）、邵芝岩（邵芝岩笔庄店主）、宓彰孝（宓大昌烟号店主）、陈立勋（陈元昌蜜饯厂经理），商业界的高子韶（高义泰布庄店主）、张正安（张顺兴洋服店店主）、孙仲舒（张允升线帽百货庄店主）、应启霖（亨得利钟表店创办人）、毛四发（毛源昌眼镜店店主）、方仰峰（方裕和南北杂货号店主）、王尚荣（状元馆餐馆店主），金融界的叶景葵（汉冶萍煤铁厂矿有限公司经理、浙江兴业银行董事长）、蒋抑卮（大清银行监督、浙江兴业银行董事、浙江兴业银行汉口分行经理）、徐青甫（中国银行杭州支行副经理、浙江地方银行董事长兼杭州分行经理、浙江省财政厅厅长、上海市财政局局长、浙江省民政厅厅长代理浙江省主席、浙江省临时参议会议长、浙江省公债募集委员会主席）、徐新六（浙江兴业银行董事长兼经理、上海市公债基金保管委员会主任委员、复旦大学校长）、金百顺（大清银行浙江分行经理、中国银行浙江分行经理），等等。其中最有名的是王星斋、都锦生、金百顺等。

王星斋，祖籍绍兴，世居杭州。王星斋出身扇子世家，他的祖父及父亲都是扇业工匠。王星斋自小随父学做扇子，在继承父辈手艺的同时，苦心钻研，20多岁时已经成为杭州制扇业的砂磨名匠。在三圣桥钱部记扇子作坊做砂磨工时，开设贴花制扇作坊的陈益斋招他为女婿，将长女陈英许配于他。陈英擅长制作真金回泥花色黑扇。光绪元年（1875年）在杭州开设王星斋扇庄，夫妻自设作坊制扇，以选料优、制作精赢得顾客。光绪十九年（1893年）在上海城隍庙开设季节性的小扇庄，所制高级花扇不仅远销各地，而且成为朝廷用品和回赠外国使节的珍贵礼品，被称为贡扇。光绪二十七年（1901年）又在北京杨梅竹斜桥开设王星斋扇庄，尔后在天津、济南、成都等地相继开设分庄。杭州的作坊搬到祖庙巷，由陈英掌管，雇工逐渐增至60余人。当时杭州有张子元、舒莲记和王星斋三大扇业名庄，竞争激烈。舒莲记老板舒青莲于清光绪三十年捐银千两买了一个道台官衔，出入政府，结交显要，几乎垄断政府所需之扇。王星斋改变经营方针，撇开高级花扇，面向市民，生产经久耐用、浸水而不走样的黑纸扇，打开了销路。这种黑纸扇后来成了王星记传统名扇中的著名品种之一。宣统元年（1909年），王星斋病故于北京。其子王子清继承父业，于民国18年（1929年）在杭州太平坊开设王星记扇庄。

都锦生（1898—1943年），号鲁滨，杭州人。世居杭州西湖边的茅家埠，自小对西湖风景有深入而独特的观察，萌生了“以土产而制就地风景，不亦宜乎”[1]的想法。民国8年浙江省甲种工业学校机织专业毕业后，摒弃了传统的绸缎意匠画法，尝试用33种不同的组织画法以不同类型的点子来表现风景。织锦常用的组织结构有1经1纬、1经2纬、1经3纬和2经1纬、2经2纬、2经3纬及2经多纬的织物结构，都锦生织锦的织物结构采用2经多纬的织物结构，纬数多时可达15种以上。一般织锦多利用织物组织生成的块面来表现物体，而都锦生发明的影光组织法则采用缎纹组织由经面缎纹逐步过渡到纬面缎纹所产生的阴影，立体表现景物的层次、远近、阴阳关系。一般织物的花版只需要几十张，都锦生织锦则精确到几百张。都锦生于民国10年（1921年）3月在学校实习工场成功织出了一幅长7英寸、宽5英寸的丝绸风景《九溪十八涧》[2]，这件作品描述的景物虽多，但细腻逼真，极富立体感，形象生动，开辟了中国丝织像景织物发展的新方向。都锦生由此产生“以生产丝织风景来兴办实业、振兴国家的想法”[3]，于

[1]李超杰编著：《都锦生织锦》，东华大学出版社2008年版，第5页。

[2]杭州丝绸控股（集团）公司编《杭州丝绸志》提及，当时杭州著名的绸厂袁震和丝织厂曾在民国6年（1917年）织过以“平湖秋月”为题材的西湖风景像景，并有传世品为证。但其无织造时间标志，实际时间很难断定，故一般都以都锦生试织成功的首件作品作为丝织像景织物产生的标志。对此袁宣萍《西湖织锦》有详细讨论，虽然未能有明确结论，但肯定两者不存在承袭关系。

[3]果鸿孝：《中国著名爱国实业家》，人民出版社1988年版，第282页。

是辞去教习自己办厂。他向叔岳宋源春绸庄老板宋锡九借钱购置了1台手拉机，请手拉机师傅林传莲、工人章子龙又生产了5幅“西湖十景”《雷峰夕照》《南屏晚钟》《三潭印月》《平湖秋月》《苏堤春晓》，并于次年5月在茅家埠创办了都锦生丝织厂，生产“TCS”牌织锦。民国15年彩色古画织锦《宫妃夜游图》在美国费城世界博览会获金质奖章。在民国18年举办的首届西湖博览会上，五彩锦绣织锦获特等奖，织锦领带获优等奖。都锦生东渡日本考察时看到许多妇女使用精致的阳伞，又组织开发了西湖绸伞，并在民国21年获得成功。都锦生丝织厂效益一直较好，但在日本侵华后遇到严重挫折。民国26年12月杭州沦陷后，日寇进城寻找都锦生，希望他任伪杭州市政府科长和杭州商会会长。都锦生避入天竺寺内。民国27年在上海租地建厂，将杭州的20台手拉机及大部分花版运至上海，并把法租界的12台织机织机并入，勉强维持生产。民国28年，因日本相关产品在国际市场上无法与都锦生织锦竞争，日寇将其在艮山门的厂房和设备烧毁。他决定关闭工厂，但却遭到工人的坚决反对。都锦生决定不惜一切代价坚持办厂，但不幸于民国32年去世。由于子女均年幼，夫人宋剑虹让其弟宋永基接管工厂，靠生产织锦缎衣料和领带缎勉强度日。民国37年上海厂全部迁回杭州。新中国成立后，都锦生丝织厂发展为全国著名的丝绸企业。都锦生创办实业敢于创新，融会中国传统锦缎工艺和西方科学艺术，以强烈的市场观念进行现代化生产。他在民国20年写的《创业经过》中指出：“本厂创办于民国十一年，当时鄙人任工校及女织机织科教授。世居西湖之茅家埠，性喜风景，湖光山色，徘徊不倦，乃本心之所好。从事研究锦绣湖山之胜，进求乃夺天工之术，吾浙天产蚕丝，远胜他省，以土产而制就地风景，不亦宜乎？初试于杭州工校，成绩斐然，乃设厂于杭之艮山门，拓地数十亩，运输极便利，并聘请学识丰富之技师，以资相助。迄今九载，计发明大小风景二三百种，均本科学化艺术思想而作，非其它织品所可比拟。其质地细密，光泽不变，与影片无分轩轾。行销以来，全国风行，信誉卓著，有口皆碑。运及东西各国，南阳各埠，莫不视为作高尚之礼品。乃先后设发行所于杭州、上海、广州、汉口各埠，以广招徕，营业蒸蒸日上。但本厂为提倡国货，挽回利权起见，精益求精，因感于顾客之需求五彩丝织风景，两次赴日本考察，以所心得，勤加研究，始克成功。云霞灿烂，龙飞凤舞，五光十色，鲜丽夺目，几不类其为丝织品矣！他若古今名人之花鸟虫鱼，以及风景人物，均能一一显于锦缎之上，神态逼真；而湖南之湘绣、苏州之顾绣，不能专美于前矣，故定名为五彩锦绣。犹有胜者，价廉物美，所费唔多，可得古今名人真迹。年来又增置法国最新式之织机，添制西装丝绸衬衫、美术领带，以及翻领运动内衣，均为实用必需品，其品质精良，与舶来品无稍差异，倘蒙热心提倡国货诸君进而教之，曷胜荣幸。”[1]

金百顺（1878—1954年），字润泉，萧山人。幼年时家境清贫，读书

[1]杭州都锦生丝织厂：《杭州都锦生丝织厂美术样本》前言，民国19年（1930年），浙江图书馆藏。

不多。清光绪十八年（1892年）进杭州盐桥乾泰钱庄当学徒，后转至同兴钱庄和裕源大钱庄做工。光绪二十四年被宝泰钱庄聘为副经理。任职期间结交浙江全省铁路有限公司总理汤寿潜和北京日商正金银行买办陈静斋等人，经汤寿潜荐举出任大清银行浙江分行经理。辛亥革命后调任南京中国银行总行营业部经理，民国元年（1912年）又随中国银行总行迁北京继任原职。次年回杭州筹设中国银行浙江分行，任副经理。民国10年升任分行经理，次年又兼任浙江造币厂会办。民国5年袁世凯下令中国、交通两家银行钞票停止兑换银元，中国银行上海分行首先抵制，金百顺与之联合行动，将库存银元分存杭州各银行、钱庄，并挂牌无限制收兑印有上海、浙江地名的钞票，平息挤兑风潮，提高了中国银行的信誉。自民国5年袁世凯倒台至民国15年革命军北伐的10余年间，皖、直、奉系军阀交相构乱，浙江政局一直动荡不定。浙江经济本较富庶，财源原属宽裕，但在历任军政当局的搜刮下，财政渐见短绌。执政当局不能不依仗银钱业的垫借支应，少不得金百顺的支持。金百顺尽力调剂，声望和势力日盛。民国13年江浙地区发生齐卢之战，上海绅商倡议“和平活动”，金百顺以浙江代表参与其间。卢永祥军败，金百顺出面筹垫50万元劝退杭州。民国15年国民革命军进入浙江，驻兰溪、衢州一带，命中国银行兰溪支行临时印发“军用票”50万元为北伐助饷。此后不断扩展银行业务，扩大贷款规模，支持浙赣铁路、钱塘江大桥、杭州电厂等工程建设以及丝绸纺织业、造纸业等的发展。又支持慈善事业。民国17年筹资在南星桥三郎庙渡口附近建码头，民国20年又在钱塘江南岸建码头和栈桥，开通汽车轮渡。杭州南大门南星桥码头由此成为全省最大的内河码头，鼎盛时期年输送旅客4000多万人，年货物运量达40万吨，号称“浙江第一码头”。民国23年浙江大旱，次年又患水灾。金百顺发起成立了“水灾筹赈会”，邀请梅兰芳来杭州义演，以筹集赈灾资金。梅兰芳在杭州连演6天，前3天的收入作为赈灾之用，后3天的收入作为乞丐教养所经费。民国26年，金百顺拒绝敌伪引诱，随政府撤迁至永康、龙泉、赣州，继续经营银行业务。其中承解了大量军政汇款，叙做后方生产、运销、采购贷款，稳定战时金融。他还担任救国公债劝募委员会浙江省分会副主任委员、第三战区经济委员会副主任委员。抗日战争胜利后，奉令接收汪伪政府中国银行杭州、嘉兴两支行和日本横滨正金银行杭州出张支行。民国35年，被选为中华民国国民大会代表。新中国成立前夕，任杭州市临时救济委员会常委，曾代表地方数次向当局建议勿使军队糜烂地方，勿破坏电厂、水厂、大桥。后又任中国银行商股董事，杭州银行公会主席，杭州市商会常委、理事长、代主席，浙江省工商业联合会理事长等职。新中国成立后，任中国银行董事和杭州分行经理。1951年中国银行杭州分行撤销，任总行赴外稽核。有人将金百顺与胡光墉作比，认为他曾因任大清银行浙江分行经理封有三品官衔，非常善于在政界周旋，在杭州银行界几十年屹立不倒，故称其为“第二个红顶商人”。

虽然他也非常善于经营自己的生意，但总体而言是个出色的现代经理人。

二、现代经济观的培育与普及

从晚清到民国时期，是现代性在中国城市逐渐孕育的过程。进化论分别以宇宙观和工具论的方式进入城市文化系统，并逐步转为城市的实用工具理性。城市高大的建筑、西式马路、咖啡馆、影剧院、舞厅、公园等一方面展现了异国风情，另一方面也呈现了中国人的最新想象。这种境况造就了一群有着高度文化素养的商人和文人的生活空间，也通过众多的新闻媒体、文学作品向公民社会延展开来。中国思想史上比较引人注目的所谓百家争鸣时代有3段：一段是2000多年前的先秦时期，另一段是魏晋南北朝时期，再一段即晚清民国时期。它们产生的共同社会背景都是动荡、分裂、战乱的社会转型期。由于缺乏大一统的国家权力，各种学术思想得以在竞争的生态中异彩纷呈。不同之处是后者有一个东西方文明对撞和交会的历史机遇，因而具备广阔的全球视野。20世纪上半叶思想大师辈出，至今令人难以企及；而当时的绅商也极盛一时，他们不仅仅是企业家，而且同时也都是开一时风气的现代精神的传播者和构建者。这些趋新社群的佼佼者给窒息的中国思想界注入了新鲜血液。中国古代的城市化具有经济活动的非集聚性、社会活动的内聚性和城乡关系的非对称性等特征，晚清民国时期的城市化已经与之全然不同。当时的新式商人群体是以买办、官僚、绅商、工商庶民等投资办企业的形式而陆续出现的，是一种未经官方规定的自然形成的新的社会阶层。其中买办“对于晚清民国时期中国的经济发展、社会变革和全面的文化移植起了战略性的重要作用”[1]。买办普遍接受了良好的西式教育，精通外语，对西方世界有较深的理解。“通过对中西不同教育的选择与实际所接受教育的熏陶，一代代买办的价值观由此发生嬗变。随着一些买办对西方文明认识的深入，西化程度在加深。中西间文化的交流从形式到内容都逐渐扩展深化。买办是近代上海的一种‘新的社会力量’，在中国他们最早与西方的近代经济发生关系。作为一种新的社会力量，买办所接受的教育对他们产生着深远的影响。”[2]这些买办虽然没有像后来的商会那样的联合组织，但因为他们自身所具备的特殊素质，而往往得风气之先，并形成了无形的思想共同体，在社会上产生巨大影响。绅商及其家族是先进思想文化的倡导者。从绅商的来源看，士绅阶层也好，士民阶层也好，都是正统儒家文化的负载者，或是封建社会的卫道士和监护者，他们所追求的最高道德目标是“内圣外王”、“始乎为士，终乎为圣人”，期望通过走“学而优则仕”的道路实现儒家理想的同时也实现自身的人生价值。所以，在进入新的时代之后，尽管他们的地位和身份有了变化，但思想信念往往未变。他们依然本着“治国平天下”的观念去从事新事业，因而一旦积累了财富便热衷于兴办地方教育和改良风

[1]郝延平：《十九世纪的中国买办：东西间的桥梁》，上海社会科学院出版社1988年版，第258页。

[2]马学强：《论近代上海买办的教育背景》，《史林》2004年第4期。

气。即在新的时局之下便特别重视兴办新式学校，寻找新的治学方法，实现教育救国的目标。凡此种种，极大地改善了现代意义上的城市风气。

鸦片战争打乱了中国社会自然发展的进程，强制性地开启了中国现代化的历史，迫使中国改变经济发展方式。魏源修正了传统的“重本抑末”论，提出了“缓本急标”论，从理论上为发展工商业寻找依据。他认为，“语金生粟死之训，重本抑末之谊，则食先于货；语今日缓本急标之法，则货又先于食。”[1]就是说，从一般意义而言，“本”业仍然比“末”业重要，但从当前实际情势和需要出发，“末”（“标”）业比“本”业更重要，因此主张把发展“标”（工商业）放在第一位，而“本”（农业）则可置于次要位置。中国经济现代化或社会现代化的过程，就是对“重本抑末”思想不断否定和最终推翻的过程。而这在晚清民国时期才进入完成阶段。

[1]魏源：《军储篇一》，载魏源：《魏源集》，中华书局1976年版。

从经济、社会和政治地位上看，传统社会中“商”处在以小农经济为主体的传统社会的边缘。“商”的这种边缘地位最初是适应封建社会经济基础而设定的，但这种“经验性”设定一旦上升为“先验性”的观念，随着经济基础逐步发生变化，就成为社会发展中的极大窒碍。而处于社会结构边缘的“商”往往又是最具开创性、变革性的阶层。在一个传统农业社会需要通过“创造性转换”而脱胎换骨地向现代社会转型的时期，“商”是其中最具活力的推动因素之一。“商”的历史性作用在晚清时期得以全面展示。鸦片战争后不久，在五口通商口岸首先出现了一批经营进口洋货的商业企业。对于包括中国在内的每个被卷入的国家和地区而言，资本主义通过这些商业企业所带来的不仅是借以“通商”而输送的工业品。现代经济的复杂分工和专业技术已使“通商”附带地引入了诸多传统经济中所没有的行业，如银行业、保险业、现代交通业、邮电业等。而在微观层面，以股份公司形式出现的现代企业组织及其所独有的经营管理模式也逐渐渗透并影响着传统商业的运作。在传统观念中，“商”所从事的是商品交易，处于整个经济活动的流通领域。但在晚清民国时期，“商”的经营对象却在不断地扩展。郑观应在他的著作中就更多地使用“商务”一词来泛指“商”的业务范围。在郑观应看来，“商务极博”，除传统的“交易之谓”以外，保险、运输、电报、邮政、银行、技艺、赛会等行业都属于“商务”之范围，分工的专业化和现代技术的引入已使“商务”远远超出“贸迁有无，平物价，济急需”[2]的范围。然而更为根本的是，在中外通商的背后，现代工业品制造所依靠的是传统农业社会所没有的社会化大生产。它所聚集的不仅是众多分散的小生产者和失地农民这样的雇佣工人，更是现代技术、机械化的生产手段和管理严密的专业分工生产模式。面对这样一个复杂的生产组织系统，传统“工”的概念已远远无法容纳。于是，在现代经济学理论未介绍到中国前，人们以传统的话语系统将这些以“通商”为目的的现代工业因素更多地纳入到“商”的语义之中。当时的

[2]郑观应：《盛世危言》卷三《富国·商务二》，上海古籍出版社2008年版。

中国人尽可能在自身保持不变的前提下对现代经济观念进行吸收。这种面对异质于传统类似“格义”的理解，虽未达到准确把握现代经济的程度，但在传统语义中“商”所包含的“利”这一内涵与现代经济追求剩余价值这一本质已相去不远。企图以固有的范畴去认识和理解异质性事物，说明晚清民国社会正处于一个传统与现代的接驳时期。一方面，人们不断以传统的“商”去概括大量涌入的新经济因素；另一方面，随着这些因素的持续渗入，新的观念又不断创生和发展。晚清民国时期的“商”具有多重维度。在一个由传统农业社会向现代工业社会过渡的初始阶段，或以“商”格义新事物，或对“商”偷梁换柱，“商”作为一个具有包容性的名词业已成为此一过渡的“承载平台”和“中转站”。

以尊卑贵贱等级为基本内容形成的“士农工商”这一有序社会结构，是整个封建社会制度的一个重要基础。封建社会秩序的有序性，很大程度上取决于这一结构的有序性。一旦社会进步走向更广阔的境域，自给自足的农本经济与开放的国际市场对撞时，这种封闭的“士农工商”结构就无法继续均衡地维持下去。“士农工商”社会结构的错动，首先表现为“末商”和“农本”的地位变动。晚清民国时期，整个世界处于列强竞争、瓜分殖民的局面。在这个以物质力量为主而不是以礼仪文明赢得国际地位的时代，若不打破“士农工商”的社会结构模式，中国将无以立国。晚清时期对“商”的传统定位进行再评价，就必然要引发“士农工商”结构的错动。此一变化首先表现在“商”、“农”关系及其地位的变动，但是在这一传统结构中，商的“末”位同时也是“士”的首位决定的。封建社会有序的机构体系，是通过严密的等级身份来强化巩固的。在身份制度上，士与商、官与商之间被等级所阻隔，而不容僭越。这一制度的根本就是要剥夺“商”的社会地位。但是，在“士农工商”结构的错动中，“商”地位的上升已不可逆转。晚清时期随着科举制度的变更和废除，旧式士人安身立命的根基发生了根本性动摇，加之工商业地位的不断提升，士绅投身工商较之以前已成为风气。引领此风气之先的是封建最高功名获得者——长江南北两位状元陆润庠和张謇。在两人兴办实业的影响下，状元以下各级别的士绅们纷纷效尤，由仕途相继转入工商界。“绅”与“商”的合流构建了一个特殊的“绅商”集团，“绅商”业已成为清末流行于各种公私文献的一个关键词。这是一个包括了“士”与“商”的混合体，更是“士农工商”社会结构错动的历史产物和时代的缩影。随着科举制度的废除和清王朝的覆亡，传统“士农工商”结构中的“士”最终失去了自身的依托和凭借，使得这一结构在晚清发生了重大变动。作为一个有远见卓识的士人代表，薛福成曾说“商为四民之殿”[1]，预示着一个新型社会结构的形成，也刻画出晚清社会“商”由末而本的变动趋向。“农”、“商”地位的变动，“士”、“商”的融合，促使社会各阶层向“商”流动。商人力量的增强有利于其社会地位的提升，但要摆脱“四民之末”的地位，还要依赖

[1]薛福成：《出使英法义比四国日记》，岳麓书社1985年版，第82页。

于“商”主体意识的萌醒。随着中外通商规模的不断扩大和资本主义经济对传统社会的渗透，“商务”在晚清时期日益发展，“商”意识到自身重要的社会价值，并自觉地将自己定位于一个承担社会责任和推进社会进步的社会力量。“士”与“商”的等级界限由此愈加变得不甚分明清晰了。晚清社会这种等级界限的日益模糊，意味着开始了一个社会地位重构的过程。晚清时期人们社会地位的变动是一场深刻的变革，它不是个人身份和地位的简单调整，而是从根本上分解整个以等级制为核心的传统社会结构。从19世纪末的“商本”，到“视商如士”，再到20世纪初的所谓“士农工商，四大营业者，皆平等也”[1]即构成此一过程的因果关联。晚清民国社会演变和发展由此表现出一种基本趋向：社会平等将取代社会等级。因此，早期“士商平等”论不仅是为“商末”地位的变动而酝酿的时代精神，而且也是后来“民主”、“平等”的端倪。“民权平等”观念正是由“视商如士”到“四民平等”思想发展的必然结果。[2]

[1]《贵业贱业说》，《大公报》1902年11月20日。

[2]王先明：《近代绅士：一个封建阶层的历史命运》，天津人民出版社1997年版，第191—193页。

“平等”意味着君权开始跌落，意味着新的政治变革的到来。由“商”所撬动的社会结构的变动，造成了“商”地位的提升，而“商”地位的提升又从整体上瓦解了传统社会的等级制度，并进一步催生了“民权”思想。从这一深层意义上看，晚清社会中“商”不仅仅包含着经济内涵和社会内涵的转变，更意味着其中具有颠覆传统封建社会的政治因素。这又进一步导致了“商”的政治意识的觉醒。随着“商”社会地位的提升，思想观念的转变，晚清社会绅、商的对流、融合已非常普遍，形成了一个人数颇多且在社会上有很大影响的绅商集团。一方面，绅商是商人的绅化，“当时的一般情形是‘商’的地位固然在上升，但总觉上升还不够，总想马上摇身一变而成为地位显赫之‘绅’”；另一方面，绅商又是士绅的商化，“‘绅’固然处处想与‘商’分润，求得富足而舒适，但还不愿一下子就抛弃‘绅’这块金字招牌。绅的牌子还有价值，说明彼时的社会基本上还是一个以官为本位、绅为中心的社会，价值认同基本还在绅一边”[3]。这说明，尽管“商”在当时握有雄厚的经济资源，但并不具备士绅所具有的特殊政治资源。这一政治资源就是能够上通政府、下达百姓的社会影响力。一方面，士绅通过兴办地方学务、领导或管理地方公共事务和地方公产对地方百姓施加无形的影响；另一方面，士绅还要履行救灾捐赈、修撰地方志的义务，或被礼聘入幕，参与地方政务，或宣讲圣誉、嘉奖善行、对乡民进行道德教化，甚至干预讼词、曲断乡里。士绅由这种封建政府所给予的特殊权利而获得了涉足地方政治、影响地方政治的社会地位。而绅、商对流和融合无疑弥补了“商”在传统社会中的先天缺憾，增添了“商”的政治含量。

[3]马敏：《“绅商”词义及其内涵的几点讨论》，《历史研究》2001年第2期。

西方的重商主义学派由货币是财富的唯一形态出发，从流通领域分析了财富的增长，认为对外贸易是财富积累的唯一途径。为了增加一国的财富，必须在对外贸易中保持顺差，使更多的金银流入国内。一国从农业社会向工业社会过渡的过程中之所以要经过一个重商的阶段，是因为在农业经济和工业经济之间要有一个商业资本发达的过渡阶段。商业的发展推动了经济的一体化、市场化，原先处于不同分工条件下的各个行业为追求更高的商品化率和利润率开始愈加注重提高生产效率。而生产效率显著提高的一个直接后果就是社会分工的不断深化。社会分工的发展又进一步催生了现代科学技术发展，这又为工业化、工业革命奠定了基础。但工业化需要巨额的资本投入，最具有资本积累优势的商业确保了工业化的资本来源。晚清民国时期的重商思想并非仅仅提出了有利于商业发展的主张，而且在对外通商中引入西方贸易业以外还“叠加”了历经数百年发展起来的“成套的”生产方式、生产关系和制度安排，它不仅把所有其他的经济部门都带动了起来，更成为中国经济整体性转型的“酵母”。晚清民国时期的重商思想孕育了制度的鼎革和观念的转变，还包含着中国整体走向现代化的面向，其意义已远超越于经济范畴。晚清民国时期的重商论者并非简单地就商论商，而是将目光投向更为广阔的领域。这是因为，中国经济社会转型所面临的问题从根本上讲是农业宗法社会的“结构性制约”。晚清民国时期重商思想的主要特征在于企望以一种理性化的思维改造中国社会。需要指出的是，这种理性精神并非都是舶来品。中国传统的事功之学、经世之学虽久被抑制，但一遇变局，即能迅速彰显。其中道光年间经世派实施的漕运和盐政改革已显示出相当的经济理性。这一历史“基因”在新的社会背景下与西学汇合推动了重商思想的兴起和演进。[1]

[1]线文：《晚清重商思想研究》，西北大学博士学位论文，2008年。

在晚清民国时期的社会制度变迁中，杭州商人顺时而为，成功实现了由旧式钱业向现代金融业的转变、传统商业资本向现代产业资本的转变、旧式商帮到现代企业家群体的转变。在这种转变中，杭州商人实现了自我超越和突破性发展，审时度势大胆进军新兴产业。尤其是在旧的钱业制度遭到银行业等的挑战时及时抓住机会，推动钱业改革，积极投资银行、保险、信托、证券等新式金融业，使得金融资本与工业资本良性互动。杭州商人的观念更新对社会风气产生了积极影响。

晚清民国重商思想是在救亡和启蒙双重任务的强迫之下兴起的，因此从寻求工具理性和价值理性两个向度展开，或是两者的一种交织。但从总体上看，重商思想的救亡意义大于启蒙意义。重商思想的代表性思想对构建新型价值观、经济伦理观往往缺乏深入系统的论述，关注的焦点大都放在工具层面即如何尽快地实现富强。因此商人的文化启蒙作为也就主要集中在这一层面，表现在对实业教育的特别重视。中国实业教育从清末开始起步。光绪十一年（1885年）英国圣公会医师梅藤更及其夫人佛罗伦斯·南丁格尔·斯密斯（Florence Nightingale Smith）在创办广济医院的基础上又创办广济医校，光绪二十三年（1897年）林启先后创办求是书院、杭州蚕学馆。兴办实业教育作为向西方学习的重要内容，被列为清末“新政”的重要内容。在洋务派、维新派的倡导下，清政府颁布了详细的实业教育政策，确立了鼓励发展实业教育的方针，设立了实业教育的专职管理机构，大大推动了实业教育发展。清末10年，尤其是《奏定学堂章程》即“癸卯学制”颁布后的几年里，实业学堂的数量从原来的几十所增长到几百所，办学质量也有不同程度的提高。晚清时期的职业技术教育统称实业教育，办学机构也就称为实业学堂。光绪二十九年（1903年）颁布的《奏定学堂章程》对实业学堂的办学宗旨、办学体制、专业设置、学制课程等均有明确规定。自此以后，杭州陆续创设的官立、公立、私立中级和初级实业学堂均依该章程规定办理。光绪三十一年（1905年），浙江巡抚张曾扬上书奏办工艺传习所：“商务以工艺为本，工艺又传习而精……于浙省城择地试办工艺传习所……招集年在十五以上二十五以下合格生徒一百六十人来所学习。”[1]光绪三十三年改为实业学堂。宣统二年（1910年），浙江劝业道将原农工商矿局停办的工艺传习所改办为手工艺传习所，“专收贫民子弟，雇用工头，分授木器、竹器、油漆、缝衣、手巾、皮鞋、洋袜、肥皂、洋烛等项，并兼习粗浅图文、算术、理化诸科，务使毕业之后各能自谋生计”[2]。日本医士渡边熙君“前在省垣城头巷创立医

[1]《申报》1905年6月3日。

[2]《申报》1910年3月6日。

光绪二十四年至宣统三年（1898—1911年）杭州主要实业学堂

名　称	学　科	简　况	地　址	备注
广济医校	医　学	光绪十一年（1885年）英国圣公会医师梅藤更（David Duncan Main）及其夫人佛罗伦斯·南丁格尔·斯密斯（Florence Nightingale Smith）创办。光绪三十二年（1906年）更名广济学堂，内分医学堂、药学堂和产科学堂。辛亥革命后分别改建为广济医学专门学校、广济药学专门学校和广济产科专门学校	直大方伯	私立
杭州蚕学馆	育蚕、缫丝	光绪二十三年（1897年）创办，次年开学，光绪三十四年（1908年）改名浙江官立中等蚕桑学堂	金沙港	官立
同文医学堂	医　学	日本人渡边熙创办	城头巷	私立
浙江省工艺传习所	丝绸等5科	光绪三十一年（1905年）创办	龙兴寺	私立
仁和县工艺女学堂	工　艺	光绪三十一年（1905年）张章夔、高孙嶷创办。	林司后	官立
浙江高等工业学堂	建筑、机械、铁路管理	光绪三十二年（1906年）创办浙江铁路学堂，汤寿潜任监督，次年改为浙江铁路学校，光绪三十四年改设浙江高等工业学堂	初设九曲巷，后迁麻子巷、丰乐桥直街	私立
浙西盐务学校	盐　务	光绪三十二年（1906年）创办	梅东高桥西	私立
富华工艺学堂	织绸、织布	光绪三十二年（1906年）胡佩珍捐款创办	三角荡	私立
速成产科女学堂	医　学	光绪三十二年（1906年)梅福禄捐款创办		私立
蚕桑女学堂	蚕　桑	光绪三十三年（1907年）楼文镳创办	上板儿巷	官立
杭州私立农业学堂	蚕科和农林水产等	光绪三十二年（1906年）创办		私立
钱塘县蚕桑学堂	蚕　桑	光绪三十四年（1908年）前创办		私立
浙江农业教员养成所（浙江官立中等农业学堂）	农　学	宣统二年（1910年）创办，次年改名浙江官立中等农业学堂	初设马坡巷，后迁横河桥	官立
浙江官立中等工业学堂	机械、染织	宣统三年（1911年）创办	场官弄报国寺	官立
浙江中等商业学堂	商　业	宣统三年（1911年）郑在常等创办	马市街黄醋园	官立

资料来源：杭州市教育委员会编纂：《杭州教育志》（1028—1949年），浙江教育出版社1994年版，第148页。本书做了修订。

院，颇著神效，迩以杭人愿习医者甚多，渡君因设一医学堂，不取学金，仅按月收取膳宿费三元，赴考者计七十余人”[1]。该年为光绪三十一年。同年，张章夔、高孙嶷创办了公立杭州工艺女学堂，拟招收学生50名，为小学程度。光绪三十二年，广济医校更名广济学堂，内分医学堂、药学堂和产科学堂。同年，浙江全省铁路有限公司派魏申吾等到日本学习铁路学校办学经验，在九曲巷创办浙江铁路学堂，汤寿潜任监督。次年在传习所的基础上正式成立浙江铁路学校。初办时分正科、传习科两个班，正科3年制约80人，传习科1年制约40人。第二年传习科办为速成科，分业务、测绘两个班，招80人。第三年又办建筑、机械、业务3个班，每班80人。建筑、机械招收中学毕业生，修学3年、实习1年；业务科招收小学毕业生，修学2年、实习1年。光绪三十四年迁谢麻子巷，改设浙江高等工业学堂，分建筑、机械、营业3科，招3年制正科生240人，专门培养车务管理人才，成为浙江最早的高等工科学校。光绪三十二年，盐商出资在梅东高桥西创办浙西盐务学校，由盐运使兼任董事长，聘请钟寅宾任校长。初为4年制中学，民国12年（1923年）后改为3年制初中。课程中西并重，设有盐务专业知识课程，周日上午还开设打字、机械修理、簿记、图书馆学、标本采制、木工、竹工、绘图、图案画、畜牧学等选修课。生源主要为盐业子弟，非盐业子弟亦可入校。同年，胡佩珍在三角荡创办富华工艺学堂，设织绸和织布两科，招收学生40名。截至清末，杭州先后创办初级和中级的农、工、商、医4类实业学堂共13所。专业涉及育蚕、缫丝、织布、织绸、机械、染织、农学、商学、助产等。宣统二年，许炳堃、朱光焘等在杭州创办浙江中等工业学堂，民国2年（1913年）升格为浙江省立甲种工业学校。宣统二年，浙江巡抚增韫曾奏请设立浙江高等农业学堂及浙江农业教员讲习所。因高等农业学堂需款较多，故只办了后者。

[1]《申报》,1905年3月25日。

民国元年，根据南京临时政府教育部《普通教育暂行办法》，原官立中等实业学堂一律改称公立中等实业学校。同年又颁布《学校系统》，将实业学校分为甲、乙两种。民国2年（1913年）颁布《实业教育令》和《实业学校规程》。《实业教育令》主要包括实业教育的宗旨、种类、经费等，《实业学校规程》则详细介绍了各类实业学校的课程设置、修业年限、授课时数等。实业学校分为甲、乙两种，甲种相当于中等实业学堂，由各省设立；乙种相当于初等实业学堂，由各县及城镇乡或农工商会设立。学堂分为农业、工业、商业、商船学校和实业补习学校等，其学科种类、课程设置、学习年限基本照搬清末定章。如甲种工业学堂分10科，为金工科、木工科、土木工科、电气科、染织科、应用化学科、窑业科、矿业科、漆工科、图案绘画科。除应用化学科之外，其余9项与清末的中等工业学堂科目完全相同。民国初期杭州较著名的中等实业学校有朱显邦在金沙港创办的浙江省立甲种蚕业学校，许炳堃等在报国寺创办的浙江省立甲种工业学校，陈嵘在笕桥创办的浙江省立甲种农业学校，周锡经在马市街黄醋园创办的浙江省立商业学校，开设于普安街的浙江省立外国语学校，谢雪在奎垣巷创办的杭州私立女子学校，等等。广济学堂内设的医学堂、药学堂和产科学堂辛亥革命后分别改建为广济医学专门学校、广济药学专门学校和广济产科专门学校。民国元年（1912年），韩清泉创办浙江医学专门学校，次年改名为浙江公立医学专门学校，是为原浙江医科大学、今浙江大学医学院的前身。同年，创办杭州簿记学校，这是杭州第一所会计学校。由范傲人主持，顾竹溪、王芗泉筹款维持。民国6年创办浙江省立女子蚕业讲习所开学，民国九年浙江省立甲种工业学校改为浙江公立工业专门学校，仍附设工业学校。民国11年，北京政府教育部颁布《学校系统改革令》，实业学校一律改称职业学校。民国12年创办浙江测绘学校。该年浙江省教育厅颁发《施行新学制省立各校改组办法》，规定旧制省立甲种农业、蚕桑、商业各校一律改为省立职业学校，公立工业专门学校附设甲种工业学校改为公立工业专门学校（附设职业学校）。民国13年，浙江省立甲种农业学校改为浙江公立农业专门学校。

杭州最早的中等职业技术教育机构是光绪二十三年（1897年）由杭州府知府林启创办的杭州蚕学馆，它也是中国最早的培养蚕丝技术人才的专业学校之一。当时，清政府并没有关于实业教育的规章制度，蚕学馆的招生、教学、管理等都自定办法。课程设有数学、物理、化学、植物、动物、气象、土壤、桑树栽培、桑树病虫害、蚕体生理、蚕体病理、蚕体解剖、养蚕法、缫丝法、显微镜使用法、蚕茧和生丝检验、器械法、肥料论、毒菌论等（包括实验、实习）。第一期毕业18人，除了成绩特优的丁祖训和傅调梅二人留馆任帮教习外，其余分别派赴杭州、嘉兴、湖州、宁波、绍兴五府劝设养蚕公会，并充任帮习，推广养蚕和制丝新法。光绪二十七年（1901年）起，该馆还在嘉兴等县创办分馆及养蚕社，为农民检查土种病毒，消除蚕病，借以弥补新种的不足。光绪三十四年（1908年）改名为浙江官立中等蚕桑学堂。截至清末，该学堂共毕业学生11期，计163人，籍贯遍布18个行省。杭州蚕学馆在研制优良品种、推广科学养蚕技术、传授新法缘丝、编译出版蚕业科技图书等方面做了大量工作，极大地促进了浙江省乃至全国蚕丝业和蚕业教育的发展。民国元年（1912年）改名为浙江中等蚕桑学校，并增设制丝科。民国2年改称浙江公立甲种蚕业学校、浙江省立甲种蚕业学校，并为普及养蚕缫丝新法增设1年制别科。民国15年改称浙江省立蚕桑科职业学校。民国16年从正科三年级起分养蚕、制丝两专业，开始招收女生，实行男女同校。民国17年改称浙江省立高级蚕桑科中学，民国22年改称浙江省立杭州蚕桑科职业学校，民国24年改称浙江省立高级蚕丝科职业学校，民国28年改称浙江省立杭州蚕丝职业学校。自民国元年至民国38年（1949年），该校毕业69批共1238名学生。1952年，与湖州高级蚕桑职业学校专业相互调整归并，分别改办为浙江省制丝技术学校和浙江省蚕桑技术学校。后发展为浙江丝绸工学院、浙江理工大学。

杭州中等商业学堂于宣统三年（1911年）在马市街黄醋园创办，民国元年改名浙江公立中等商业学校。民国2年改称浙江省立甲种商业学校、浙江省立商业学校，学制5年（预科1年、本科4年），招收小学毕业生。民国15年改称浙江省立商科职业学校。民国16年迁至直大方伯里，开始招收女生。民国17年改称浙江省立高级商科中学，学制改为3年，招收初中毕业生。民国18年并入浙江省立高级中学，成为该校的商科。新中国成立后发展为杭州商业学校、浙江商业学校、浙江商业职业技术学院。

浙江官立中等工业学堂创办于宣统二年（1910年），宣统三年在报国寺浙江省铜元总局旧址正式开课。设金工、木工、机织、染色4班，学生200人。民国元年改称浙江公立中等工业学校，次年改称浙江省立甲种工业学校，学制4年（预科1年，本科3年）。民国7年增设应用化学科，民国8年添设电机科。同年附设夜班开课，分铁工、木工、纹工、织工、染工5科，每种授课6门。入学者不限年龄、资格。民国9年改制为浙江公立工业专门学校（附设甲种工业学校），新招甲种工科职业学生称甲种讲习生，艺徒班学生改称乙种讲习生。甲种仍分机械、染织、应用化学、电机4科，乙种分金工、木工、锻工、铸工、力织、染色、制丝、纹工、原动、制纸、制革、油脂等12科。民国16年（1927年）改为国立第三中山大学工学院后，原附设甲种工业学校改称工学院（附设高级工科职业学校），民国17年改称浙江省高级工科中学，民国19年改名国立浙江大学代办省立高级工科中学，民国22年改称国立浙江大学代办浙江省立高级工业职业学校。都锦生、常书鸿、陈之佛、夏衍等毕业于该校。

浙江农业教员养成所创办于宣统二年（1910年），次年改名浙江官立中等农业学堂，设农学科，学制3年。民国元年改名浙江省立中等农业学校，学制3年。次年添设森林科。同年改称浙江省立甲种农业学校。民国4年改学制为4年，其中预科1年，本科3年。特设研究科1班，为原有农学、森林科学生延长1年。民国7年（1918年）添设兽医科。民国13年浙江省议会决议改组为浙江公立农业专门学校。民国14年附设高中农科，学制5年。民国16年改组为国立第三中山大学劳农学院，原有高中农科改称劳农中等科。次年因国立第三中山大学改称国立浙江大学，故改名国立浙江大学劳农学院。民国8年改称国立浙江大学农学院。新中国成立后发展为浙江农业大学、浙江大学农业与生物技术学院。

浙江测量讲习所创办于民国17年（1928年），民国23年改名为杭州市私立大陆高级测量科职业学校。1950年与浙江省立杭州高级工业职业学校、浙江省立宁波高级工业职业学校合并成立浙江工业干部学校，后并入浙江工业大学。

除全日制学校外，民国时期还创办了许多业余学校。较著名的如民国24年（1935年）杭州市总商会创办的商业补习学校，设普通课和专修课，学制1年，招收商店店员。抗日战争后成立以金百顺为首的董事会，聘请专家担任教师，由各商号保送学员，每晚授课。前后共毕业500多人。

为了提高商人子弟或全民教育水平，晚清民国时期的杭州商人还创办了许多普通中小学，其中有的增设部分专业课程。清嘉庆十一年（1806年），嘉兴人周士涟在三桥址定安巷租屋创办宗文义塾。嘉庆二十三年，徐氏兄弟捐赠保安坊包衙前的祖产充校址。咸丰十一年（1861年）为太平军所毁，经丁丙等人倡议，得到胡光墉等人赞助，同治六年（1867年）在皮市巷重建。光绪三十三年（1907年）改称私立宗文中学堂，民国元年（1912年）改称私立宗文中学。宣统三年（1911年），米商在湖墅贾家弄慧华庵创办思文米业初等小学堂。民国38年（1949年）易名为私立粮食业小学。民国21年（1932年），邵力子、许绍康、邵裴子、王竹斋、马寅初、傅学文、寿毅成、胡健中、黄奠华、徐文台等创办树范中学，经费大多由商人资助。光绪三十二年（1906年），徐家源等在忠清巷扬清祠创办杭州绸业初等小学堂，设高等班1个、初等班3个，招生70余名。因入学子弟较多，丁立中等又在观成堂设杭州绸业第二初等小学堂，招生41名。该校后更名为杭州绸商第二小学、杭州私立丝织第二小学、杭县私立乙种商业学校、杭县二等绸业小学、杭州私立绸业观成小学等。宣统元年（1909年）又另设简易小学堂两所，一所在下城东园巷机神庙，招生80余名，名为观成第一简易小学堂；一所在饮马井巷机神庙内，招生50余名，名为观成第二简易小学堂。光绪三十四年（1908年），丁立中等分别在艮山门外杨墅庙、三条枪、郑家坝和彭埠创办3所学校，即杭州机业第一初等小学堂、杭州机业第二初等小学堂、杭州机业第三初等小学堂。宣统二年（1910年），在白莲花寺设立公立观成堂正蒙中学。光绪三十四年（1908年），木业商人创办浙西木业两等小学堂，招生65名。辛亥革命后更名为杭县私立木业两等小学校。民国20年（1931年），杭州设13个学区，其中以私立小学为多，主要有：第一学区明敏小学、木业小学、绍兴同乡会小学、辅德第二小学、民智小学、光明小学、震旦小学、普成小学、养成小学、自强小学、广业小学、中山小学、务本小学、基础小学、启蒙小学、宁波同乡会小学，第二学区穆兴小学、端本小学、时敏小学、武氏小学、日知第一小学、日知第二小学、进化小学、盐务第二小学、诚化小学、英才小学、涌金小学、郁义小学，第三学区行素小学、培英小学、长庆小学、紫阳小学、蕙兰小学、盐务小学、正则小学、慈幼小学、信一小学、裕成小学、崇一小学、冯氏小学、兴忠小学、竞志小学、辅德小学、崇文小学、乐英小学、肥业小学、同轨小学、曙光小学，第四学区辅仁小学、惠兴小学、弘道小学、宏文小学、日新小学、仁社竹安小学、青年会附设小学、复新小学，第五学区育德小学、大经小学、观成第二小学、庆春小学、鸣川小学，第六学区观成小学、民志小学、群英小学、书农小学、三育小学、求实小学、同仁小学、青年小学、众安小学、树人小学、长寿小学，第七学区精忠小学、灵隐小学、南屏第一小学、南屏第二小学、澜平小学，第八学区崇德小学、扶轮小学、柴业小学、柴业第二小学、木业第二小学、之江文理学院附属小学，第十学区机业第二小学、机业第三小学、明道小学、七襄小学，第十二学区城北义务小学、新民小学、城北工商小学，第十三学区崇实义务小学、培元小学、思文小学、育英小学。著名的私立中学有：杭州私立之江文理学院附属中学、杭州蕙兰中学、杭州私立弘道女子中学、杭州两浙盐务中学、杭州安定初级中学、杭州宗文初级中学、杭州私立正则中学、杭州私立明敏女子中学、杭州私立清波初级中学、杭州私立惠兴女子初级中学、杭州私立行素女子初级中学、杭州私立穆兴初级中学、杭州私立冯氏女子初级中学。[1]

[1]胡国枢、张彬：《兴新学成风 办学校齐全：民国时期杭州教育》，载周峰主编：《民国时期杭州》，浙江人民出版社1997年版。

三、公民社会的萌芽

朱英在《转型时期的社会与国家：以近代中国商会为主体的历史透视》《关于晚清公民社会研究的思考》等论著中提出从“社会—国家”这一视角多层次地观照中国近代史的观点。过去的研究大多只是从底层民众反抗国家统治的角度，对农民起义或是抗捐抗税等有关民众斗争问题比较重视，而且将社会视为政府的对立面，而并未从不同的层面对整个社会在晚清发展演变作全面的考察，忽略了政府与社会的互动关系中还有其他更为丰富的内容。王笛《晚清长江上游地区公共领域的发展》一文借用公共领域概念，采取区域研究的方法，剖解晚清长江上游地区社会的发展演变。指出清代前期长江上游地区曾出现社会重建的过程，并已初步产生了公共领域。特别是20世纪初期，这一地区的公共领域又获得重要发展。该文还着力论述了公共领域中旧功能的转化和新功能的创造这一值得深入探讨的过渡性变迁问题，说明即使是在专制主义中央集权体制之下社会也可以获得新发展。而20世纪初期各地商会的诞生，是当时社会获得新发展的重要标志。[2]马敏《商事裁判与商会：论晚清苏州商事纠纷的调处》一文，通过考察商会这一中国新型民间商人社团受理商事纠纷的史实，从一个新侧面探讨了晚清时期社会的变化及其发展。商事纠纷的审理权在传统中国一直操之于地方政府之手，但在商会成立后这一陈规发生了前所未有的变化。商事纠纷的审理权从地方政府之手普遍移诸各地商会。这一显著的变化是晚清时期政府将一部分管理控制权限下移民间的典型事例，也是社会获得发展的具体表现。[3]王先明《晚清士绅基层社会地位的历史变动》一文则选取在中国传统民间社会中起主导作用的士绅群体作为考察对象，通过论述晚清士绅从过去受政府的制约逐渐转变成为基层社会控制系统中真正的主体力量，即由控制对象演变为控制主体，借以观照晚清时期中国社会内部自身的一个重大历史性变动。[4]从上述3篇论文的论述可以看出，晚清时期的社会比以往有了较大变动。它不仅仅局限于传统社会旧有功能的扩充，而是孕育出了新的社会组成部分，十分显著地拓展了新的社会功能。

[2]王笛：《晚清长江上游地区公共领域的发展》，《历史研究》1996年第1期。

[3]马敏《商事裁判与商会：论晚清苏州商事纠纷的调处》，《历史研究》1996年第1期。

[4]王先明：《晚清士绅基层社会地位的历史变动》，《历史研究》1996年第1期。

到20世纪初期，随着社会的发展演变，一个不同于过去的新的社会雏形已初显端倪，这就是有了公民社会性质的新型社会存在。有关晚清民国中国的公民社会（公共领域）问题是20世纪90年代以来西方汉学界尤其是美国研究中国近代史的学者探讨的热点之一。以萧邦齐（R.Keith Schoppa）、罗威廉、玛丽·巴克斯·兰金（Mary Backus Rankin）等人为代表的部分学者认为，中国在晚清民国时期已出现了类似欧洲公民社会或公共领域特征的情况。但相当一部分学者如魏斐德（Frederic Wakeman）、孔斐力（Philip Kuhn）、黄宗智等认为，近代中国的发展有其完全不同于西方的特点，用源于欧洲的公民社会和公共领域来分析近代中国的历史是不恰当的。朱英、马敏、王笛等人的研究是对这一讨论做出的积极回应。朱英特别以商会为主体透视探讨中国社会在转型时期的发展变化，以及社会与政府的互动关系。

虽然公民社会并不能简单地理解为独立自治的民间社团，但综观目前众说纷纭的各种公民社会概念，一般认为脱离政府直接控制、拥有独立自主权和民主契约规则的民间社团组织是公民社会的基本内涵。有的学者甚至直接将独立的经济社团作为公民社会的主要特征。例如较早的亚当·佛格森（Adam Fergson）撰写的《公民社会的历史》一书，即将以商业为目的的社团（Association）视为公民社会的特征。当代学者阿尔弗雷德·斯特潘（Alfred Stepan）也指出：公民社会除指各种各样的社会运动外，主要是来自各阶层（如律师、记者、工会和企业家）的市民组织，他们试图在各种社会安排的整体框架中建构自身，从而得以表达自己的思想并促进自身的利益。所以，将商会和其他民间工商社团作为考察对象，尽管只是从一个主要的侧面进行剖析，却可以在很大程度上对晚清民国时期中国的公民社会问题做出回答。从前文对晚清民国时期杭州的同业公会、商会的分析可以看出，商会和其他许多新型工商社团已初具公民社会的一些特征：第一，公民社会是脱离政府直接控制和干预的社会自治领域，拥有相当程度的独立性和自主性，而晚清民国杭州的商会及大多数新型工商社团已初步具备了这一性质。它们均为民间性质的独立自治组织，政府并未加以直接干预，也没有委派官员在其内部进行控制。各工商社团的领导人均采取不记名投票的方式由工商业者自行选举产生，得票数多者担任。并且严格规定当选者必须确系创办工商实业卓具成效的商董，因而所选领导人都是当地工商界的头面人物，在职官僚和军人等非工商业者均不可能当选。此外，新型民间工商社团的活动经费也自行筹措解决，一般都是依靠会员缴纳的会费，政府并不给予资助。对于某些工商社团的活动范围、职责权限乃至组织体制，政府也曾一度意欲进行行政干预和限制，但因工商社团据理抗争而未能达到目的。一些地方政府曾对商会掌握商事裁判权颇为不满，试图限制商会“不得受理诉讼”，结果引起许多商会和商人的群起反对而不得不作罢。民国3年（1914年）北京北洋政府农工商部相继颁布《商会法》及《商会法施行细则》，试图取消全国商会联合会，并限令各地商会在6个月内一律进行改组，拟借此撤销各省的商务总会，限制各县只能设立一个商会。强令商会对各级官厅的行文均须用“呈”，官厅则对商会用“批”，使商会的地位较之清末大为降低，变相成为官厅的附属机构。为避免遭致“呼应不灵，唯有任人摧抑，俯首听命”[1]而丧失原有的独立自主性，各地的商会联合起来坚决予以抵制。经过1年多的抗争，北洋政府不得不按照商会的要求重新对《商会法》中的上述条文进行了修订。这些事实表明，晚清民国时期的新型工商团体不仅在初创时已具备了相当的独立性和自主性，而且后来又为维护这一组织特点进行了有效的抗争。第二，公民社会内部主要靠契约规则，而不是靠传统的血缘、乡缘等亲情关系维持，晚清民国时期杭州的新型工商社团这种特征已很突出。晚清民国时期杭州的新型工商社团都不是通过血缘或乡缘等亲情关系建立起来的，而是以契约性规章维系的。每个工商社团及其他地方社团都制定有详细的规章，成员的个人权利在这些契约规章中得到充分肯定，应尽的义务也十分明确，由此形成对每个成员的外在约束，同时也确定了拥有这种契约性关系的成员所应有的独立性和自主性。第三，公民社会遵循自愿和民主的原则，晚清民国时期杭州的新型工商社团在很大程度上具备了这一特点。当时的工商业者都是根据自己的意愿和自身利益需求加入各种新型工商社团的。同时，它们也是具有开放特征的团体，打破了会馆、公所等旧式行会组织的封闭性，无籍贯和行业限制，凡工商业者自愿遵守契约规章、缴纳一定会费均可加入。社团的领导人通过民主选举的方式产生，有的还有类似弹劾制的规定，使一般成员有权监督上层领导人。除此之外，晚清民国时期的商会还独立地开展了一系列颇具影响的活动，包括经济方面的联络工商、调查商情、兴办商学、维持市面，政治方面的抵制洋货和维护利权、参加立宪运动和辛亥革命、调和各派政争、创办报刊、建立独立的舆论机关、发起自订商法，等等。

[1]天津市档案馆等编：《天津商会档案汇编》（1912—1928年）第1册，天津人民出版社1992年版，第676页。

以商会为基本据点，晚清民国时期的绅商也开始推动城市商人的“自组织”，这种“自组织”主要通过商会与其他城市新兴社团的互动来实现。可以从两个方面来考察商会与各类新式社团的互动：第一，商会通过代为呈报、经费资助、人事渗入和业务联系将其吸附为自己的外围或基层组织。这类社团大多与工商业有关或主要由工商业者组成，如商学公会、商学研究会等。第二，商会通过人事渗透和业务往来与其建立协作型关系。这类社团不仅自成系统，而且名义上与商会是平行团体，它们一般不直接介入工商活动。如教育会、农会、公益会等。尽管从表面看商会与这些团体只是平等地发生业务往来和信息交换，但实际上商会又通过左右这些团体的上层人选，对之实行隐蔽的操纵控制。商会之所以能将众多的新式社团联结成一个关系紧密、功能互补的社团组织网络，关键在于构成商会主体的媒介性社会力量绅商。绅商阶层亦官亦商、亦学亦农复杂多维的社会属性和气质，赋予它某种独特、奇妙的社会功能，即能够成为商会和其他新式社团组织之间的黏合剂。许多有影响的绅商通常同时供职于若干不同社团或机构，形成一张既相互渗透又相对集中的人事控制网。以商会为中心的新式社团网络通过自身的功能联结，已拥有不完全的市政建设权、商事裁判权、地方治安权以及工商、文教、卫生和其他公益事业管理权。在宣统元年（1909年）全面铺开的地方自治运动中，新式社团网络通过与众多市政自治机构的并网联络，进一步集中、加强了控制市政建设和管理的权力。商会的势力和影响由此渗透到城市生活的更多领域。虽然因各地情况的千差万别很难归纳出一个共同模式，但有一点可以肯定，即通过新式社团网络和若干自治组织机构的不同形式的联结，一种潜在的地方性“自治政府”正在悄然无息地形成，它不仅填补了封建政府所留下的权力空间，并且还在不懈地开拓更大的活动空间。而这正是晚清民国社会自组织运动的基本趋势和实质，也是新式社团群落集体建构运动的基本目标和方向。质言之，潜在和形成中的地方“自治政府”，即是早期资产阶级指望建成的所谓“独立社会”的一种过渡形式。所谓“独立社会”，实质上就是公民社会的雏形。在经济起源上，晚清公民社会的形成直接受惠于19世纪以来在沿海通商口岸所掀起的商业革命。新的经营和管理方式（如股份制）极大地刺激了经济增长，并使市场趋于活跃。新的产权和契约关系为经济活动和财富增值提供了一个自由度足够大的空间，并由此奠定了公民社会的经济基础。在社会等级意义上，新兴资产阶级化绅商阶层占据了社会经济和政治的中心地位，成为公民社会的直接缔造者和操纵者。在上述社会政治背景下所形成的中国式公民社会，自然不愿意与国家权力处于抗衡状态，而总是小心翼翼地寻求政治平衡，以期得到官方的认可和保护。[1]

虞和平在《商会与中国早期现代化》一书中将晚清民国时期的商会归结为“中国早期现代化的一个失败的承担者”。章开沅在该书序言中却指出：“世人每每诟病各地商会常多对革命持保留态度，殊不知商会自有其潜在的不易被察觉的潜在功能。商会最关心的乃是市场的稳定与不断扩大，因此最害怕社会的动荡与分解，不至最后关头决不轻易与现存政府决裂。但是对于旧社会而言，商会所依附并推进的商品经济，则是具有很大瓦解力的革命因素，可以毫不夸张地说，商品经济是在不声不响地、每日每时地进行着改组旧社会的革命。而商会为推进商品经济所曾付出的各种努力，也都对近代中国社会的变革，做出过贡献。”“中国商会稍能奋发有为并体现独立品格的岁月，多半是在中央政府衰微或统一的政治中心已不复存在的时期，及至相对稳定与统一的中央政府建立以后，它反而堕为附庸，湮没独立品格，很难有大的作为。前者如清末立宪运动时期、北洋军阀混战时期，商会在经济、政治、文化生活中，均曾扮演过相当积极的角色；后者如南京国民政府成立以后，曾经对辛亥革命、肇建民国乃至所

[1]马敏：《试论晚清绅商与商会的关系》，《天津社会科学》1999年第5期。

谓国民革命有所贡献的商会，反而只能仰承政府的鼻息，甚至连仅仅具有象征意义的商团武装也被解除了。这是由于中央集权乃是中国的传统政治体制，统治者着意加强归于一统的各级政府，却无意（甚至害怕）扶植各种社会团体的独立、健康发展。也正因为如此，从历史总体来说，商会很难左右政局，更谈不上校正社会前进的方向。就某种意义而言，商会的地位是每况愈下，日趋卑微，始终摆脱不了‘通官商之邮’的旧格局。这是商会的悲哀，也是近代中国的悲哀。”“当然不能完全归咎于客观，商会也有自己的严重局限与弱点，概括言之就是‘先天不足，后天失调’。中国资产阶级，特别是早期资产阶级的弱点，都集中地缩影在商会身上。加以它具有社团法人身份，与政府关系密切，这些弱点暴露得更为严重。就连他们自己所发起或积极参与的抵制美货运动、立宪运动、自治政府运动乃至其后历次反帝爱国运动，也都表现出较多的动摇与妥协，因此也就容易为社会进步舆论所诟病。”[1]王先明的文章则论述了清代中期士绅何以摆脱政府的控驭，在基层社会控制组织中由原来的控制对象演变成为控制主体。这一时期，可以说清政府在很大程度上仍然试图仿效以往的成例对社会进行直接干预和控制，但已无法取得过去那样的成效。而王笛文中的论述则表明，到清末之际国家对待社会发展的态度已由限制转变为倡导和支持。如其所说，当时的“公共领域如果没有国家的倡导和支持，其发展是困难的”。马敏的文章同样说明，商会之所以能够从政府手中争取到受理商事纠纷的权力，一方面是商人努力的结果，另一方面也与农工商部的支持有着一定联系。由农工商部奏准颁行的《奏定商会简明章程》即明确规定：“凡华商遇有纠葛，可赴商会告知总理，定期邀集各董秉公理论，以众公断。”[2]这在很大程度上可以说是清政府主动将商事纠纷的受理权让渡给了商会。于是，很自然地又引出了另一个重要问题，即这一时期政府对待社会发展的态度为什么会发生如此之大的改变？其原因虽然错综复杂，但不可否认晚清政府自身不断发展演变所产生的显著影响。甲午战争以后，清政府的经济政策就开始发生了变化，曾表示“以恤商惠工为本源”[3]，对待商办企业由以前的限制和压抑变为一定程度的允许和鼓励。不过，甲午战争后的清政府并未鼓励商人成立独立的民间社团组织。由此说明，这一时期清政府的变革仍比较有限，尤其是对促进公共领域的发展和公民社会的孕育所起的作用不能估计过高。紧接其后的戊戌变法是一次涉及政治、经济、文化教育等多方面内容的改革，它在某种程度上也可以看作是清政府政治理念不断发展演变的又一具体表现。在改革过程中，出现了许多学会和其他性质的民间社团组织，作为民间舆论的维新派创办的非官方报刊在当时也为数不少，清廷的上谕还曾饬令设立商会这一新型商人组织。这对公民社会的发育不无裨益。但是，戊戌变法很快即告流产，大多数改革措施只是停留于纸上谈兵，实际影响仍较为有限。20世纪初的“新政”则是清政府自上而下从整体上推行的一次改革。这一时期的清朝

[1]章开沅：《〈商会与中国早期现代化〉序》，虞和平：《商会与中国早期现代化》，上海人民出版社1993年版，第3—4页。

[2]《商部奏劝办商会酌拟简明章程折》之《奏定商会简明章程》，《东方杂志》第1年第1期，商务印书馆清光绪30年（1904年）版。

[3]《德宗景皇帝实录》卷三六六光绪二十一年（1895年）闰五月二十七日光绪谕，中华书局1987年版，第780—781页。

统治集团内部出现了一批资产阶级化的新官僚，他们大多是在地方上握有实权的汉族督抚大员，清政府中央也不乏此类人物，满族官员中有少数人也发生了类似的变化。他们的地位和影响非同一般，清政府在“新政”期间的绝大部分改革措施都是接受这些新官僚所提建议而出台的。尽管当时清王朝在日益高涨的革命浪潮冲击之下统治地位已极不稳固，但它在垂危之际推行的“新政”措施却称得上是有清一代最具深度和广度、产生较大社会影响的一次重要改革。

甲午战争以前，中国商办实业得不到充分发展，工商业者的力量比较有限，公民社会没有发育的迹象，这在很大程度上是由于国家对经济活动仍实行超常的控制和干预。甲午战争之后，特别是20世纪初的“新政”时期，清政府认识到振兴实业对于致富图强有着不容忽视的重要意义，力图采取新措施促进实业的发展，其经济政策发生了明显的变化。首先是从限制和阻挠民间商人独自创办私营企业变为鼓励和保护，对经济活动的直接控制和干预也大为削弱，由此出现了不受政府直接控御的经济活动领域。独立经济活动领域的形成，是孕育公民社会所不可缺少的土壤。这一时期清政府还通过颁行商法和各种经济法规，较大程度地为这种独立的经济活动领域提供制度性的法律保障。清末政府的经济法规与近代西方资本主义国家的有关法规相比较，虽然在许多方面仍具有较大的局限性，如种类不够全面、内容不够详尽，但它的颁行却标志着清政府对待经济生活已从以往的直接干预和控制变为宏观上的间接调控管理。其具体作用主要体现于使商人获得了应有的各项权利，社会地位显著提高，并进一步推动了商办企业的发展。有了法律依据，具有独立性的经济活动领域也取得了应有的相对合法性和稳定性。另外，合法的独立社会活动空间在清末明显得以拓展，在很大程度上也取决于清政府自上而下推行地方自治。光绪三十二年（1906年），清政府正式宣布仿行宪政，随后拟定9年“预备立宪”期间应办事项，将地方自治列为其中的一项主要内容。宣统元年（1909年）颁行《城镇乡地方自治章程》，规定城镇设议事会、董事会，乡设议事会，负责办理自治事宜。议事会的职责和权限类似于立法机构，拥有制定自治法规的权力，董事会则是具体办事机构。议事会和董事会还要互相监督。该章程对地方自治的内容也作了规定，其中虽无行政立法权和监督行政权，但涉及范围比较广泛，包括地方文教、卫生管理权、农工商务管理权、民政管理权、市政管理权和公益事业管理权等。其趋势显然不是将基层社会的管理更加集权于政府，而是让权于社会。罗威廉在其撰写的《汉口：一个中国城市的冲突与社团》（1796—1895年）一书中，曾对18—19世纪末汉口公共领域的发展作过相当深入的研究。他认为这一时期汉口公共领域的发展主要是基于传统社会内部的发展动力，国家并未起多大的明显作用。兰金在《中国公共领域的起源：近代的本地精英与社区事务》一书中指出，长江下游地区的情况也不例外，即在“新政”之前，士绅“在公共领域比国家有更主动的因素”[1]。至于在“新政”期间，由于清政府各方面的政策都出现了较大的变化，尤其是在全国范围实施了倡导扶植民间工商社团以及推行地方自治的政策，所以客观上对公共领域的发展和公民社会雏形的诞生起到了明显的促进作用。

[1]Mary Backus Rankin, *The Origins of a Chinese Public Sph・re: Local Elites and Community Affairs in the Late Impérial Period*, ETUDES CHINOISES , 9(2) 1990.

自20世纪70年代以来，日本明清史学界盛行乡绅研究，以重田德为代表的“乡绅支配论”风靡一时。这种论断认为，明清时期的地方基层社会是由在朝中有奥援、在地方有声望的乡绅所支配的，地方政府的施政也深受乡绅势力的干预和影响。乡绅们总是利用自己课税优免的特权，欲将一般人民置于其支配（统治）之下。80年代中期以后，兰金和罗威廉等人又持尤尔根・哈贝马斯（Jürgen Habermas）的“公共领域”说立论，他们以看待欧洲历史的眼光看待中国历史，以浙江和汉口为例，认为在晚清民国时期中国存在着一个既非官又非私的“公共领域”。曾经深受“乡绅支配论”影响的夫马进，在深入研究善会善堂的过程中，敏锐地意识到“乡绅支配论”的缺陷，并认为“公共领域”说不符合中国历史实际。他以苏州普济堂和杭州善举联合体为例，考察善堂的官营化和善举的徭役化，由苏州普济堂和杭州善举联合体的经营探讨“国家”与“社会”的关系。一方面探寻普济堂在国家的影响下变为官营的原因，另一方面分析原来由国家经营的养济院所受善会善堂的影响，认为雍正皇帝虽然于雍正二年（1724年）颁发了在全国推广普济堂的上谕，但并不主张普济堂应由官方推广，更没有将普济堂变为官营的意图，而不少官僚并不了解雍正皇帝的真意，却积极在各地强制推广普济堂。普济堂最终变成了和养济院一样的机构。苏州的普济堂由于经费不足，一方面不得不接受政府的资金援助，另一方面管理者要负责弥补经营赤字，因此出现了徭役编审那样的强制富户轮流担当的情形。充当善堂的董事，无异于承担徭役。夫马进通过探讨部分善堂如何走向官营化和善堂经营的徭役化，考量了政府介入善堂经营的构造问题和“国家”如何让“社会”变形的问题，从而揭示了有异于欧洲历史的中国历史的独特性。但夫马进走向了另一种极端，即刻意追求完全分离于政府的“公共领域”。事实上完全与政府无关的公民社会是不存在的，反过来完全独立于公民社会之上的政府同样也是不存在的。他所举的例证恰恰证明绅商在晚清乃至民国弱政府的条件下不可替代的历史地位和作用。

清代中后期，即从嘉庆十七年（1812年）到清末，一批以丁丙为代表的热衷于社会慈善救济事业的士绅经过近百年的努力和惨淡经营，创办了被夫马进称为中国最大的善举联合体之一的“杭州善举联合体”。这个联合体实际上主持了普济堂、同善堂和育婴堂这3个当时杭州的慈善事业核心组织，并且还包括迁善所、洗心所、粥厂、丐厂、钱江义渡局以及杭州粮仓（大仓、义仓、富义仓）、浚湖局、消防救火团体救火义集、宗文义塾等慈善机构，总计有25个机构。咸丰十年（1860年）新任浙江巡抚左宗棠来到杭州，看到普济堂满目疮痍，下令由丁丙拓地20亩建造了100多间房屋。同治三年（1864年），左宗棠租赁芝松坊右圣观巷张氏房屋为善后局。次年又购买普济堂右边的孙氏屋舍新设栖流所，扩充清节堂，又设义塾、医药局、接婴局、恤灾所。同治五年又捐廉白银4000两购买张宅，取名同善堂，并专门题写了《同善堂碑记》，聘请丁丙管理。同善堂下辖10个机构，分别是制作并对贫穷之丧家者施舍棺木的施材局、负责对倒毙街头的无名尸体进行掩埋的掩埋局、为普通民众提供免费诊疗的施医局、接种牛痘预防天花的牛痘局、申请验尸的报验局、对守寡但有公婆子女需要抚养的妇女进行援助的穗遗集、负责对溺水遇难者进行施救的救生船、负责对贫穷者提供无息贷款的借钱局、负责收集写过字的纸张的惜字会，以及对贫穷无依少年施行免费教育和培养的正蒙义塾。[1]从这10种设施所承担的职能可以看出，它们的功能已经从比较单纯的传统慈善救济逐渐向社会公共管理和公益服务转型。当时施医局每天有1000多人前来就诊，牛痘局每年为1000多人种痘，掩埋局每年埋葬尸体3000多具。杭州的育婴堂时建时废，同治四年浙江布政使蒋毓英重建，翌年开堂收婴。又次年浙江巡抚马端敏下令扩建，扩容至可受纳婴幼儿400人。同善堂还广泛涉及城防、城乡水利路桥建设等方面。杭州同善堂辖管保甲局，管理更栅巡防事务，由政府和绅商共同负责管理城防，其资金也来自官民二途。光绪五年经一些绅商的要求设立了迁善所（又名迁善公所、迁善局），收治地方无赖恶棍。迁善所采取官商合办的方式，经费由杭州同善堂筹措，地方绅商担任董事，负责发放钱米等事宜，官方委派专员驻所管理，“凡无业游民、讹赖匪徒及掏摸小窃各犯，由府县暨保甲局审明，并无重情者即送该所收管”。至光绪九年，因杭州迁善所“办理著有成效，于地方实有裨益”，浙江巡抚刘秉璋向朝廷奏报其创建情况和章程，要求“咨部立案”。他在奏折中写道：“浙江省城五方杂处，良莠不齐，兵燹以后元气未复，民多失业，无赖之徒日则沿街讹诈，夜则鼠窃狗偷，良懦小民咸受其扰，官为拿办，亦不免朝释暮犯”，而且，此类无赖“既无衣食之资，又乏父兄之教，一日不讹索偷盗，即一日不能得其生，邪僻之为，由无恒业所致，其人虽甚可恨，亦殊堪悯”。[2]钱塘江为吴越要津，风急浪高，不便行旅，又有舟子在江中敲诈勒索，谋财害命，宋代在此设监渡官加以管理。清初政府设立了钱江义渡局，知府嵇宗孟捐廉创立靖浪亭，方便行人。同治年间胡光墉捐钱1万缗，绅商捐钱2万缗，另加厘局拨款，设立钱江义渡南局和北局。为打捞江中浮尸及从事救生，雍正年间绅商又在此成立了同仁堂。咸丰末年堂毁后又重建，并更名为钱江救生局，附设于同善堂。晚清杭州的慈善机构还自州府向县城、镇乡乃至村延伸，同时其事务也自内而外延展。自上而下的分布使慈善事业社区化，其受益对象以地域群体为主。外延表现在两个方面：一是收留外地服务对象，如杭州育婴堂也曾收留桐乡青镇留婴堂、海宁硖石接婴公所送来的弃婴。还到建德、淳安、遂安等县收养难民。二是赈灾捐款。光绪四年河南、山西发生严重旱灾，在杭绅

[1]丁丙：《乐善录》卷一《建置》，清光绪二十七年（1901年）刊本。

[2]朱寿朋：《光绪朝东华录》第2册《光绪九年八月》，中华书局1958年版。

商协助政府展开赈济，在同善堂设立协济豫赈局，在学宫设立协济晋赈局，筹款白银数十万两。光绪五年黄河决口，泛滥畿辅，被灾人口不下数千万，丁丙会同绅商于同善堂设善局，捐白银3000两为倡，并广为劝募，计解直隶白银十余万两、棉衣5000余件。[1]《光绪七年五月十二日大学士、直隶总督李鸿章片奏》谓："再候选主事丁申、江苏补用知县丁丙，浙江杭州人。其故父道衔丁英、故母四品命妇姚氏，生平好善，乡里咸知。该员等恪守遗言，诚心济世，凡有义举，无不乐从。前因晋豫旱荒，迭次捐赈，坚辞议叙。上年直境水灾。又倡捐银三千两，并会商官绅劝集巨款，源源解济，全活穷黎甚多。实能善承先志，力救灾区，深堪嘉尚。"[2]

夫马进以太平天国后的杭州善举联合体为例说明中国当时"强国家弱社会"给慈善组织带来的深重负担："杭州善举联合体与当今的都市行政其实没有什么两样，它们的活动几乎涵盖了居住在这一城市的居民的各个方面。""杭州善举联合体是处理都市行政相关的各种问题的庞大的组织机构，作为非官僚的城市居民所承担的事业，在中国历史上恐怕是规模最大的了。"其工作人员达1000人左右，其中董事、副董以上高级职员30余人，司事以上专职人员60余人。到19世纪末，每年的总支出约10万千文，换算成白银约6万两。[3]领导这个机构或这项事业的是被称为善举总董的群体。善举总董也称善举士绅，他们都是有钱的地方士绅，即绅商。善举总董中除丁丙外，著名的还有胡光墉、庞云镨、庞元济等。杭州善举联合体的管理由善举总董—各堂（局、集、仓等）董事—司事3个层面组成。善举总董完全是志愿性、义务性的，不取分文报酬，与现在时行于中国港、台地区以及世界各国之"志工"、"义工"相近似。联合体对下辖各机构的董事及众多的职员、雇员等则付给薪酬。夫马进认为，善举总董的功能相当于市长，但非但这个"市长"不领薪，而且他领导的"市政府"完全依靠民力运作。[4]巨大的资金缺口由"市长"赔补。长期担任善举总董的丁丙不仅心力交瘁，而且经济损失巨大。当时没有人愿意接替他担任善举总董，致使其担任了15年后，在别人轮值时事实上仍主持着工作，总计30多年。

杭州善举联合体的运作是在同业行会（商会）的支持或援助下展开的。杭州善会善堂之所以能够在当时形成联合体，与同业行会（商会）的支助模式有关。据丁丙《乐善录》卷五《捐输》的统计数字，夫马进编列了杭州善举联合体同治六年至光绪二十四年（1867—1898年）6个年份收入情况表。从表中可以看出，收入最多的是所谓"靠捐"，即通过征收厘金（清代咸丰年间为筹集军饷而新辟开征的商品贸易税）时加征专门用于慈善救济事业的10%附加捐税。开征的时间从同治七年（1868年）起，最初为每年白银1万两，光绪四年（1878年）后为1.2万两。通过政府向各同业行会劝募收取之诸多名目的捐款，如盐捐、米捐、木捐、箔捐、锡捐、绸捐、典捐、丝捐、钱捐、土捐、煤铁捐、药捐、纸捐、洋油捐，共计14种（后3种为丁丙死后增设），即所谓"业捐"。当时具有一定规模之工商行业基本上都被纳入其中。"业捐"收入

[1]方福祥：《明清杭嘉湖慈善组织的特征分析：兼论公共领域与市民社会》，《浙江社会科学》2007年第6期。

[2]李鸿章：《光绪七年五月十二日大学士、直隶总督李鸿章片奏》，载丁英、丁庄、丁士元纂，丁申、丁丙、丁午修，丁立诚、丁立中续修：《丁氏宗谱》，上海图书馆藏清抄本。

[3]夫马进：《中国善会善堂史研究》，伍跃、杨文信、张学锋译，商务印书馆2005年版，第480页。

[4]夫马进：《中国善会善堂史研究》，伍跃、杨文信、张学锋译，商务印书馆2005年版，第480页。

占杭州善举联合体总收入的比例在不同年份有所不同，最少的光绪三年（1877年）为20%，最多的光绪二十四年（1898年）为45%，一般为36%—38%。这种捐税自官办及民办慈善事业兴起时即已开征。所有这些捐税，包括“业捐”和“靠捐”，全部出自商人。另外，政府直接资助、慈善机构资产所产生的“典息”、“产息”等以及直接取自于民间带有集资性质的“更捐”等也构成收入的一部分。但这部分收入所占的比例微不足道。

清同治六年至光绪二十四年（1867—1898年）杭州善举联合体收入情况表（单位：元）

业捐名称	同治六年（1867年）	光绪三年（1877年）	光绪十三年（1887年）	光绪二十三年（1897年）	光绪二十四年（1898年）
靠捐	4 104 000	16 532 470	18 597 293	17 050 020	17 337 390
盐捐			8 657 384	10 525 844	10 123 987
米捐	1 247 705	2 291 731	4 240 826	3 677 783	5 257 684
木捐	574 230	1 785 414	1 435 108	2 497 697	2 096 602
箔捐	1 711 599	1 593 775	1 018 390	1 610 720	1 818 705
锡捐		463 050	436 641	219 195	176 000
绸捐			2 939 210	2 815 020	2 897 490
典捐			2 550 000	1 700 000	1 500 000
丝捐			1 462 600	1 410 643	1 183 237
典息	1 756 797	3 624 000	4 111 640	3 795 360	4 111 640
产息		1 922 669	2 157 398	4 711 662	5 325 725
湖局收款		2 660 908	3 354 718	3 654 972	
迁善领款			3 600 000	3 600 000	3 600 000
栅款			1 000 000	5 671 075	1 190 000
更捐			8 242 727	8 761 427	2 230 964
钱捐			1 395 695	1 505 451	1 590 154
土捐			1 184 388	929 211	1 422 452
煤铁捐			240 000	240 000	60 000
合计	9 394 340	30 874 017	66 624 027	74 385 080	61 922 070

资料来源：夫马进：《中国善会善堂史研究》，商务印书馆2005年版，第483—484页。

业捐中与杭州善举事业关系最为密切的是盐捐，占了绝大部分。可以说，如果没有盐业行会的积极捐赠支持，杭州善举事业的规模绝不可能做得那么大、那么轰轰烈烈。正因为如此，杭州善举联合体的上级监督部门，既非地方政府杭州府，也不是浙江布政司，而一直是两浙盐运司。盐在中国历来实行专卖政策，在过去利润率极高。由于“盐引”控制在政府手中，故该行业对政府的依赖性也极大。不管是自觉自愿还是被劝募，盐商头上悬着“官控”这把剑，不得不捐出一部分利益。但太平天国战争后，杭州善举联合体于同治四年（1865年）重建，百废待兴，盐业行会的捐助却没有随同恢复。一直到光绪四年（1878年），即11年之后，经过丁丙等多番交涉和努力才得以恢复，而且所获得的捐助数额远远低于以前。这就是发生于当时的“善举盐捐案”。虽然其他行业如米业、木业、箔业、锡业等早已经恢复了形成惯例的慈善捐助，唯主要依赖的盐业未能完全恢复。经多年努力未果，光绪二年丁丙和徐恩绶联名向浙江巡抚和两浙盐运司提出申请，要求完全恢复盐捐。经过将近10个月的辗转周折、反复恳请，盐商们终于答应以每引盐1分银的比例出捐。而在此之前，每引盐的捐助数为5分银，整整减少了80%。丁丙等人对此结果非常失望，便又再次向两浙盐运司等泣血陈情。最后，在政府的再次敦促下，盐商们答应将每引盐的捐助银增加到2分银，但包括其他善堂提请的西湖养鱼费每引五六厘银在内，故丁丙等人最终争取到的只有每引1.45分银，还不到原来的1/3。盐商们之所以减少捐助，并非其对善举事业的热心减退，而是因为战后经营确实非常困难。在当时，盐业并不是唯一在政府已日益加重了各种捐税的情况下再行要求增加捐赠的行业。米商自嘉庆十八年（1813年）开始一直以每石米1厘银行“米捐”，但同治五年（1866年）后改为每石米2文。后逐年增加，到光绪三十年（1904年）最终增加到每石米7文。据成书于光绪三十年（1904年）的《杭州善堂文稿》记载，丁丙退任总董后20多年，直到其去世前的光绪二十四年（1898年），杭州善举事业的运营亏欠赤字绝大部分仍由丁丙填补，而且数额远比他担任总董时垫补的3万千文为多。仅仅从光绪十三年（1887年）以后至其去世时，他垫补的资金竟又逾10万千文。总计丁丙从事杭州善举事业所付出的资金，还不算他从17岁时开始之诸多自觉捐献，仅有文献记载可查者，折合白银超过10万两。可以说，他将毕生的精力、心血和财力都奉献给了杭州的慈善事业，以至于家族数代经营之生意因无暇顾及而逐渐萧条。[1]

[1]万方：《慈善之痛：国家权力下的清代民间慈善事业》，《书屋》2007年第1期。

在晚清政府相对缺位的历史条件下，尽管也得到政府的支持，或是与政府合作，杭州善举联合体以一种社会自治的方式实现了社会管理，事实上是非常充分的公民社会式的治理模式。尽管经费方面还要较大程度地依赖税捐，但董事们可以最大限度地按照社会的意愿办事和支出税捐，避免“坏政府”的不作为和对税捐的挪用、贪污。公民社会的一个重要特征是具有公意。中国传统社会本质上是一种私意或私利社会，这是其不能原生性地发育公民社会的根本原因，也是其至今不能完全建构公民社会的原因所在。在让—雅克·卢梭（Jean-Jacques Rousseau）的立法思想中，公意是立法的实体标准、最高标准，也是正义标准。公意是维护合理的私利的公共意志，是正义的标准。卢梭认为，唯有公意才能够按照国家创制的目的即公共幸福来指导国家的各种力量。[2]具备公意能力需要两个主观条件：一为“理性”，一为“超然”。所谓理性，即将个人利益与整体利益联系起来的逻辑和道德的链接能力；所谓超然，即超然于个人私利的道德能力，亦即在发现和判断公意时不受自身私利影响的能力。公意永远是公正的，而且永远以公共利益为依归；但并不能由此推论说，人民的考虑也永远有着同样的正确性，人们总是愿意自己幸福，但人们并不总是能看清楚幸福。[3]中国社会不存在较为普遍的公意，人们对私利没有理性和超然的认识，对幸福的理解相当肤浅，但并不能否认晚清民国时期以丁丙为代表的一大批绅商具备公意表达的主观能力和自由意志。

[2]让—雅克·卢梭：《社会契约论》，何兆武译，商务印书馆1980年版，第35页。

[3]让—雅克·卢梭：《社会契约论》，何兆武译，商务印书馆1980年版，第39页。

传播是公民社会或公共领域意识得以自觉和形成的强大工具。传播行为的实现却要依赖于媒介（Media）的运作，因而可以说媒介网络着社会、影响着社会的变迁和发展。“媒介”这个曾经主要是艺术家、细菌学家和大众传播学家才使用的词语在晚清民国时期社会风靡一时。但东西方史学界将媒介学移入晚清民国历史研究至今还处于探索阶段。在西方社会科学领域，诸如安东尼奥·葛兰西（Antonio Gramsci）、哈贝马斯等人在探求西方近现代公民社会—公共领域课题时，就已经关注到欧洲的商会、俱乐部、咖啡馆、出版社、报纸、杂志、党派、沙龙等公共舆论媒介，这一尝试最起码有这样的暗示：公共舆论媒介是观察文化和意识形态系统的重要窗口。根据丹尼斯·麦奎尔（Denis Mcquail）和斯文·温德尔（Sven Windahl）的看法，“大众传媒由一些机构和技术所构成，专业化群体凭借这些机构和技术，通过技术手段（如报刊、广播、电影等）向为数众多、各不相同而又分布广泛的受众传播符号的内容”[1]。晚清媒介的总体形态基本上呈现出类型较多而又相互粘连的特征，大众媒介与辅助媒介交相网织、互为渗透的格局已渐次形成。晚清以降，封建皇权控制社会的力度逐渐松弛下来，西方政治、文化和资本的强劲侵入，更使得诸如市场、民族资本、文化民族主义等封建国家的异己力量走到历史的前台，形成了针对千年不衰的封建国家的强大腐蚀性因素。大众媒介中的报章杂志则在清末“新政”推行之后才逐步演成“黑血革命”的“舆论之母”，其运作、增长的势头为史学界所瞩目。辅助媒介（或称边缘媒介）主要是指清末兴起的学堂生群体和职能性社团等信息传导中介组织。从晚清民国时期公共领域的生成机制上看，它们又基本上相当于哈贝马斯关注的“咖啡馆、沙龙、党派”等文化观念和公共舆论媒介。作为公共文化系统的基本载体，它们实际上是一个个趋新性的舆论圈，由其内部向外围世界传承域内信息，增强界内人士对社会的渗透和影响力度，由此形成晚清民国时期公共领域重要的内驱因素。作为“舆论之母”和文化载体的民间传媒，在型塑公共舆论方面理所当然地承担起传承导控的职责。公共领域的形成和发展，首先要求营造一种游离于皇权国家之外的“舆论环境”和“对话场所”。按照信息传递的标准来看，晚清社会基本上属于一种“前信息社会”，语义信息流转的速度较慢，信息识别的能力较低，受众文化层次不一。而大众媒介数量上的规模化和结构上的适当化是公共舆论与“对话场所”形成的先决条件。[2]晚清民国时期国人对中国战败原因的反省之一是意识到“开民智”的重要性。“苟能使民智日开，民力日厚，民德日明，则为治本之法，富强之效即在其中……开民智为最急之务。”[3]这也是五四新文化运动的题旨。而开发新闻出版业以“开民智”也成为当时政府和民间的共识。“盖人之智愚由于见闻之广狭，阅历之深浅……如欲不出门而能知天下事者，唯多阅日报乎。”[4]在《公车上书》中，康有为等就有“开设报馆”的条陈。维新派还通过创办白话报刊来宣传改良主义。第二次鸦片战争以后，国内报刊数量已形成较大规模，同治四年至光绪二十一年（1865—1895

[1]丹尼斯·麦奎尔、斯文·温德尔：《大众传播模式论》，祝建华、吴伟译，上海译文出版社1987年版，第7页。

[2]刘增合：《媒介形态与晚清公共领域研究的拓展》，《近代史研究》2000年第2期。

[3]《申报》1895年7月27日。

[4]《申报》1895年6月12日。

年），全国共新办中文报刊86种、外文报刊91种[1]。光绪二十一年是一个重要的年份，它不但是封建国家日趋衰败的一个时间界碑，而且也是晚清民国时期民间媒介兴起的时刻。自此至民国元年，短短十几年间，中文报刊曾产生过七八百种之多，分别有商办、官办和外资办。其中光绪三十一年（1905年）至民国初年，全国先后发行报刊计600余种，而为清廷所控制者不足10%。从地域分布看，趋新的大众传媒主要分布于中国南部地区，上海处于龙头地位。其中商办相对数量更是呈现逐年攀升的态势。晚清图书的编撰、出版和发行权也主要操之于民间。光绪二十七年至三十年（1901—1904年），中译西文书533种，其中人文社会科学类401种；[2]从光绪二十二年至宣统三年（1896—1911年），中译日书（含转译西文书）958种，其中总论类8种、哲学类32种、宗教类6种、政法类194种、军事类45种、经济类44种、社会类7种、教育类76种、史地类238种、语文类133种、艺术类3种、科学类249种、技术类243种。[3]据陈永年核对，这一时期实际所译“当达一千种以上”[4]。

清末杭州创办了30多种报刊，民国时期更多，其中民国元年至26年（1912—1937年）出版过90多种报刊，综合性的日报就有30多种。晚清民国时期也是一个新闻逐渐进入自由发展的时期，杭州当时除了大量学人和政府所办新闻媒体外，出现了特别多的民办或商办媒体。光绪二十一年（1895年）陈栩与何公旦、华痴石创办《大观报》，鼓吹维新学说，抨击政治，未及半年便被封禁。光绪二十三年（1897年），胡道南、童学琦创办《经世报》，以记述国内外大事和介绍新学术、新知识为主，并译载英、法、日等外国报刊文章。章炳麟、宋恕等把这张报纸命名为《经世报》，含有以春秋大义治理世事之意。《经世报》分皇言、庶政、学政、农政、工政、商政、兵政、交涉、中外近事、格致、通人著述、本馆论说12个栏目，内容涉及政治、经济、文化、军事、外交、学术等诸多方面。此外还有《兴浙文编》和《附录》两个不固定的栏目。《兴浙文编》刊登结合浙江实际的研究文章，如《兴浙会序》《求是书院章程》《杭州府林

[1]李倬宇、钱培荣：《晚清报刊的发展历程》，《杭州大学学报》1996年第4期。

[2]顾燮光：《译书经眼录》，载张静庐辑注：《中国近代出版史料》二编，中华书局1957年版，第100页。

[3]谭汝谦：《中国译日本书综合目录》，香港中文大学出版社1980年版，第41页。

[4]北京市中日文化交流史研究室编：《中日文化交流史论文集》，人民出版社1982年版，第268—269页。

清光绪二十一年至二十七（1895—1901年）商办报刊数量增长情况

年份	数量	比例(%)	年份	数量	比例(%)
1895	1	33	1902	22	76
1896	1	11	1903	22	73
1897	3	30	1904	37	64
1898	26	76	1905	20	56
1899	4	40	1906	40	90
1900	7	67	1907	31	74
1901	11	50	1908	41	85

资料来源：据《大公报》1905年5月11—25日《报界最近调查表》、《东方杂志》1904—1908年各期《各省报界汇志》、《清议报》1901年第100册《中国各报存佚表》等资料统计测算。

启请筹款创设养蚕学堂禀》《拟修绍兴三闸议》《论浙矿》《浙江各府厘局总略》《浙江减定粮价表》等。同年，马绩甫等以日本商人加藤能言的名义在日本驻杭领事馆登记注册，创办杭州第一份综合性新闻日报《杭报》。光绪二十七年（1901年）项藻馨等创办杭州第一份白话报《杭州白话报》，积极宣传新政，提倡社会变革，主张男女平等，反对吸食鸦片和妇女缠脚等陋习，对变易浙江当时的社会风气具有积极影响。杭州因此而成立了全国第一个“女子放足会”。光绪三十四年（1908年），贵林在杭州创办《浙江日报》，鼓吹君主立宪，主要栏目有交旨、上谕、宫门抄、论说、本地琐闻、各地琐闻、各国新闻、专件、官场纪事、商市行情等。宣统元年（1909年），叶景莱在杭州创办《全浙公报》，以开民气、启民智为主导，大力鼓吹创办新式学堂，有关教育的消息和言论较多。光绪年间，杭州还办有《译林》《商务报》《工艺报》《蒙学报》《算学报》《游戏世界》《艺林新报》《浙江五日报》等报刊。宣统元年（1909年），周庆云在杭州创办《杭州商业杂志》，体例仿照日本东京商业杂志，栏目有社说、杂录、杂报、调查、谭丛、报告等。民国2年（1913年），张树屏等在杭州创办《之江日报》，以“立言得体，持论唯公”为立言原则。同年，李开福等在杭州创办《浙江民报》。民国21年（1932年）钟韵玉创办《申报新闻报杭州附刊》。此后又有胡耀章创办的《浙江实业丛报》、徐则恂创办的《嘉言报》、陆佑之创办的的《浙江商报》、顾伟创办的《大华日报》、陆靖创办的《西湖夜报》、方青儒和阮毅成创办的《正报》等。新闻事业的发展对于当时的城市社会生活产生了巨大的影响。城市人除了在城市场所的交往以外，通过间接的文化媒介将日常生活更加紧密地联系在一起。

杭州晚清民国时期的报刊大多为商人创办和经营。它们既是一种产业，同时又是商人争取社会地位、表达社会欲求的途径。杭州总商会对舆论宣传十分重视，民国10年（1921年）10月创办了自己的机关报《商报》，地址设在保佑坊。发起人为王竹斋、金百顺，陆启任经理兼主笔，叶杏南任总编辑。抗日战争结束后，更名为《浙江商报》，仍为杭州总商会机关报。金百顺一直给予支持，不仅解决资金、场地等问题，还聘请了老报人许廑父主持工作。民国36年（1947年）与《浙江日报》合并，改名为《工商报》。《浙江商报》对杭州的经济发展具有较长时间的影响。

报刊初创时期，发行主渠道是通过报贩业收订和零售。杭州的报贩巨头先有王槐卿，后有徐竹斋。民国6年（1917年）6月，徐竹斋等发起成立杭州报业公会，报刊发行开始有组织进行。北伐战争后，上海报刊倾销杭州，数量几与本地报刊相当。为联络感情、推广新闻事业，杭州各报馆在浙江民报馆集议成立杭州报界联合会。民国8年4月又将杭州报业公会改名为杭州市派送沪杭各报同业公会。民国37年（1948年）成立杭州市报社商业同业公会。它是由在杭州市区经营报业、经政府核准领有正式登记证、

清光绪二十二年至宣统三年（1896—1911年）杭州出版的主要报纸

报刊名	创刊时间	负责人	社　址	刊期
经世报	光绪二十三年（1897年）	胡道南、童学琦	上扇子巷	旬
日商杭报	光绪二十三年	马绩甫、秦瑾生	三元坊	日
笑林报	约光绪二十四年（1898年）	秦瑾生	拱宸桥	
觉民报	约光绪二十六年（1900年）			
杭州白话报	光绪二十七年（1901年）	项藻馨	祖庙巷、城头巷、万安桥、保佑坊大街	旬、周、3日、日
浙江五日报	约光绪二十八年（1902年）			5日
西湖报	约光绪三十年（1904年）	许祖谦	拱宸桥	日
课余学报	约光绪三十三年（1907年）		杭州高等小学堂	日
浙江日报	光绪三十四年（1908年）	贵　林	荐桥街丰和巷、保佑坊大街	日
白话新报	约光绪三十四年	杭辛斋、穆诗樵	佑圣观巷	日
浙江白话报	光绪三十四年前			日
全浙公报	宣统元年（1909年）	叶景莱	保佑坊大街	日
浙江官报	宣统元年	杭州官报局		周
醒钟报	宣统元年			
潮　声	宣统元年		拱宸桥	日
危言报	宣统元年	何志鳌	三元坊巷	日
全浙新报	约宣统二年（1910年）			
天目报	约宣统二年	王朗月		
醒狮潮	约宣统三年（1911年）			日
汉民日报	宣统三年	杭辛斋、邵振青	焦旗杆	日
昌言报	宣统三年	费有容	三元坊	日

资料来源：杭州市地方志编纂委员会编：《杭州市志》第6卷，中华书局1997年版，第413、426页。

连续出版在6个月以上的报社参加的同业组织，会员有《东南日报》《工商报》《正报》《民报》《当代日报》《大同日报》《天行报》《民声报》《西湖夜报》等，随后又有《中国儿童时报》《大华日报》《金融论坛报》《浙江新闻报》等。该会的主要任务是配给白报纸、协商调整报价和广告费、协调劳资关系、平息工潮、协助政府推行救济特捐等。

报刊之外，民国时期杭州又出现许多通讯社。主要有公正通讯社、杭州通讯社、中央通讯社杭州分社、中兴通讯社、民本通讯社杭州分社、西湖通讯社、国光通讯社、越声通讯社、新流通讯社、钱塘通讯社、环球通讯社、曙光通讯社、新时代通讯社、现代通讯社。其中有不少是商办的。

晚清民国的杭州商人还十分重视文化宣传。杭州很早就有藏书传统，形成了独特的藏书文化。由于社会经济关系的变动，从前藏书丰富的一些官僚地主或家道中落，或宦途失意，因而多有出售藏书之举，而有经济实力的商人起而代之。较著名的如丁丙之八千卷楼、王绶珊之九峰旧庐、叶

民国元年至38年（1912—1949年）杭州出版的主要报纸

报纸名称	创刊时间	负责人	社址	刊期
汉民日报	宣统三年（1911年）	杭辛斋、邵振青	焦旗杆	日
昌言报	宣统三年	费有容	三元坊	日
浙江军政府公报	民国元年（1912年）	马叙伦、杭辛斋	省长公署	日
浙江潮	民国元年	王　萃	三元坊	日
新浙江潮	民国元年	王庐球	谢麻子巷	日
自由日报	民国元年	许畏三	十五奎巷	日
罗　报	民国元年	罗　传	十五奎巷	日
平民日报	民国元年	阙麟书、张　恭	金刚寺巷	日
南强报	民国元年	李云卿	十五奎巷	日
民铎报	民国元年			
大公日报	民国元年	苏景由	金刚寺巷	日
天职报	民国元年		金刚寺巷	
警务日报	民国元年			日
彗星报	民国元年	马叙伦、胡醒囚	上华光巷、焦旗杆	日
公民日报	民国元年	公民急进党浙江支部	上珠宝巷	日
之江日报	民国2年（1913年）	张树屏、项士元	迎紫路35号、青年路鉴平里	日
浙江民报	民国2年	李开福、许菩孙	保佑坊、迁羊坝头	日
寅　报	民国3年（1914年）	赵鼎华		日
新浙江报	民国5年（1916年）	王文庆	羊坝头	日
良言报	民国6年（1917年）	许祖谦、任凤岗	保佑桥弄	日
两浙日报	民国8年（1919年）	周继潆	保佑坊	日
嘉言报	民国10年（1921年）	徐则恂	保佑坊	日
浙江商报	民国10年	陆启、寿景伟、许廑父	保佑坊27号、太平坊、积善坊巷6号	日
杭州报	民国10年	许祖谦	太平坊大街	日
新浙江	民国11年（1922年）	查人伟、朱采真	三元坊大街	日
西湖大世界报	约民国11年	樊迪民	大世界游艺场	
浙民日报	民国11年	胡义芳	保佑桥弄	日
杭州晚报	民国13年（1924年）	罗霞天	太平坊巷	日
浙江日报	民国13年	楼兆鑫、罗霞天	太平坊巷	日
浙　报	民国14年（1925年）	许国桢	羊血弄	日
大浙江报	民国14年	周起予	羊坝头	日
杭州晨报	民国14年	俞　定	太平坊巷	日
大浙江报	民国14年	周起予	羊坝头	日
虎林报	民国15年（1926年）	俞篆香	保佑坊	日
浙江晨报	民国15年	张楚英、朱采真	青年路	日
星　报	民国15年	孙孙山、沈薇青	华藏寺巷14号	周
鑫　报	民国15年		小营巷12号	3日
杭州民国日报	民国16年（1927年）	杨贤江	开元路幽冀会馆	日
杭州国民新闻	民国16年	郑炳庚	青年路7号	日
工人通讯	民国16年	童志沂、李省吾		日
民治日报	民国16年	丁克治	萧山大弄口	日

续 表

花丛日报	民国16年	冯冷公	拱宸桥	日
杭州晚报	民国16年	杜师业	慈幼路	日
省委通讯	民国16年	赵济猛、江少怀		
钱江怒潮	民国16年			
晨　钟	民国16年		富阳县城	
萧山公报	民国16年	韩天啸	萧山县城西河路郁家弄	日
富阳日报	民国16年	孙一峰	富阳县城满州弄	日
严州报	民国16年			日
余杭报	民国16年		余杭镇	
杭州市报	民国17年（1928年）	赵邦华	青年年路尚农里	日
浙江民声报	民国17年	张仲孝		日
每周通讯	民国17年			周
杭　报	民国17年	沈保廉	泗水坊桥	日
萧声报	民国17年	蔡燕飞、汤冷秋	萧山县城	3日
钱塘潮日报	民国17年		中央陆军军官学校预科大队	日
三五日报	约民国17年	赵伯苏	青年路口	日
指南针	民国18年（1929年）			日
新余杭报	民国18年	周鉴为	余杭镇小珠桥18号国民党余杭县党部	日
萧山日报	民国18年	高　明	萧山县城仓桥国民党县党部	日
大杭报	民国18年	任壮飞	保佑坊	日
萧山民国日报	民国18年	王德川、许　焘	萧山县城仓桥国民党县党部	日
中国儿童时报	民国19年（1930年）	田锡安、盛澄世	西浣沙路紫竹里	周、3日
青年导报	民国19年	余　烈、毛昌洪	国民党於潜县党部	旬、周
於潜导报	民国19年	俞葆成	於潜县城镇郭头	旬、周
国难报	民国20年（1931年）	陈希豪	杭州各界抗日救国联合会	
新　报		顾君默	奎垣巷3号	3日
杭州日报		茅仲复	东街路所巷5号	日
浙江晚报		陈　锴	清泰街154号	日
浙江时报		徐介仙	清泰街154号	日
大浙公报		樊芾棠	白马庙巷37号	日
西湖日报		郑展年	青年路见仁里5号	日
号外报		韩一鸣	金波桥弄1号	日
大中报		周金波	仁和路南5弄2号	日
东南晚报		邵蕉影	龙翔里1弄1号	日
杭州时事晚报		孙介苹	保佑坊22号	日
商务日报	民国21年（1932年）	郑石桥	柳翠井巷	日
余杭民报	民国21年	王幼成	余杭镇大夫第8号	5日
塘栖日报	民国21年	陆漱石	塘栖镇	日
杭县日报	民国21年	郑树政、钟维石	惠兴路平安坊	日
杭州报	民国21年	叶伯周、邵力更	下后市街59号	日
杭州人报	民国21年	樊迪民	保佑桥弄	日、3日

续 表

桐庐民报	民国21年	王惠熏、申屠播	桐庐南门外3号	5日
杭州风雷		王嘉政	青年路鉴平里2号	3日
新闻周报	民国22年（1933年）	俞新民	兵司马巷17号	周
萧山民报	民国22年	余新民	萧山东里王14号	日
浙江新闻	民国22年	王平书	官巷口42号	日
建德旬刊	民国22年	邵藕千	梅城镇国民党建德县党部	旬
昌化民力报	民国22年	沈克勋	昌化县城西大街108号	周
萧山新闻报	民国22年	翟伟民	萧山县城东里王14号	日
浙东公报	民国22年	徐介仙	萧山县城东阳桥下街	3日、日
浙江公报	约民国22年	徐介仙		
杭州商务日报	民国22年	秦家声		日
严州民报	民国22年	成光裕	梅城镇国民党建德县党部	周、日
武肃报	民国22年	戚丹雯、李　钰	临安县城西门外直街40号	周五
萧山商报	民国22年	章达庵	萧山县商会	日
中华医学日报	民国22年	冯元芝、何筱香	郭东园巷下羊线弄	日
新淳安报	民国22年	洪维业	淳安县城国民党淳安县党部	旬
於潜公报	民国23年（1934年）	邵展成	於潜县城上濠	旬
浙江商业日报	民国23年	徐　衡	延龄路	日
东南日报	民国23年	胡健中、许绍棣	众安桥	日
浙江潮日报	民国23年	凌鹤留	柳翠井巷原茂里21号	日
中　报	民国23年	郑明瀓	杭州水亭址	
余杭商报	民国24年（1935年）		余杭镇余杭县商会	5日
淳安民报	民国24年	王治隆	淳安冯公街1号	3日
浙江大学日刊	民国25年（1936年）		大学路浙江大学	日
桐江新报	民国25年	童鑫森、童晓岚	桐庐县城	3日
萧山时报	民国25年	来祖余	萧山县城市心桥上街26号	日
正　报	民国25年	陈　文、吴望伋	清泰街378号	日
浙江新民报	约民国25年	吴志公		日
工商导报	民国25年	冯冷公	白马庙巷4号	
桐庐民报	民国25年	赵明诚、王惠薰	桐庐南门外3号	3日
寿昌民报	民国25年		寿昌县城	
余杭新报	民国25年		余杭镇小珠桥18号国民党余杭县党部	
萧山商报	民国26年（1937年）	陈润生	萧山县城米市街17号	日
新寿昌报	民国26年	翁士杰		3日
艾潮周报	民国26年	陶　涛	寿昌县城国民党寿昌县党部	周
新遂安	民国27年（1938年）		遂安县民众教育馆	日
新浙江日报	民国27年	潘起凤、任壮飞	三元坊39号	日

续 表

杭州新报	民国27年	程季英、何治平	三元坊39号	日
萧山日报	民国27年	沈信真、程子香	萧山县城河上店	日
浙西日报	民国28年（1939年）	余 烈	於潜县城潜阳街24号	日
民族日报	民国28年	王闻识、曹天风、郑小杰	於潜县城鹤村	日
桐庐报	民国28年		桐庐县城	5日
之江晚报	民国28年	郭清泉、潘国政	三元坊39号	日
严州日报	民国28年	方镇华、许企由	建德县梅城镇	日
新淳安报	民国28年	詹天觉、张璇铭	淳安县城东湖上12号	3日
浙江日报	民国29年（1940年）	章建元、程季英	三元坊39号	日
天行报	民国29年	华 封	金华、福建南平、杭州	周、日
扫荡简报	民国29年	张煦本	於潜县城	3日
遂安公报	民国30年（1941年）		遂安县政府	5日
浙江日报	民国30年	严北溟、朱祖舜	永康、丽水龙泉、杭州	日
余杭新报	民国30年		余杭县政府	周二
桐庐日报	民国30年		桐庐县政府	日
天目人报	民国30年	刘文惠	於潜县城浙西行署	周
萧山公报	民国33年（1944年）		萧山县政府	日
华 报	民国33年	郦时言、俞葆成	於潜县城	周
儿童报	民国33年	乐培文、邵展成	於潜县城	周
青年日报	民国33年	陈苍正、陈务去	天台、杭州	日
淳 报	民国33年	徐荫桎	淳县城安	3日、日
杭州导报	民国33年	郑经生	临安县横畈镇	
新生报	民国34年（1945年）	余莲清、王治隆	淳安县前街	3日、日
富新日报	民国34年	谭计全、王 陶	淳安、杭州	日
禹杭报	民国34年		余杭镇小珠桥18号国民党余杭县党部	日
杭州晚报	民国34年	罗越崖	里仁坊百福里1号	日
民 报	民国34年	娄子匡	开元路52号	日
遂安简报	民国34年	吴方钧	淳安县政府	周
正义报	民国35年（1946年）	傅剑雄	萧山县城东门外车家棣	5日
新生日报	民国35年	王响泠	水亭址12号	双日
大同日报	民国35年	余 烈	三元坊13号	日
中国邮报	民国35年		青年路青年里3号	日
西湖日报	民国35年	陆 靖	石贯子巷	日
西子湖五日刊	民国35年	吴小凤	孩儿巷33号	5日
萧山日报	民国36年（1947年）	庞裕光、韩耀邦	萧山县城米市街	日
民声报	民国36年	吴崇华、楼浩白	教仁里街福音里2号	3日
综合日报	民国36年	王文熊、沈德棻	竹竿巷71号	日
少年时报	民国36年	萧 凌	东街路943号	周
当代报	民国36年	郑邦琨	谢麻子巷6号	日
群 报	民国36年	朱润祖、景诚之	大学路浙江大学	日

续 表

求是周报	民国36年	王良弗、陈业荣	大学路浙江大学	周
工商报	民国36年	朱祖舜、许廑父	积善坊巷6号	日
寿昌报	民国36年	杜　蘅	寿昌县城中心路22号	周
北斗报	民国36年	陈天风、王知民	余杭塘河上25号	5日
浙赣路讯	民国36年	侯家源、舒国华	静江路28号	日
众　报	民国36年	钱绍起、郭　灏	吴牙巷5号	3日
萧山新闻	民国36年	韩蔚林、曹　舜	萧山东阳桥下街	日
商友报	民国37年（1948年）	郑晓生、龙　涛	上珠宝巷28号	周
严　报	民国37年	叶　苇	梅城镇东门街38号	双日
民言报	民国37年	俞雪尘	学士路28号	
华东晚报	民国37年	张路人、赵见贤	清波门四条街巷7号	日
经济晚报	民国37年	陈　扬、徐　默	青年路1号	
遂安新报	民国37年			
杭州市报	民国37年	徐雄飞、曹云鹏	中正街西大楼	日
新生报	民国37年	周洁人	南班巷11号	日
锋报（晚刊）	民国37年	谢晋堃	中正街117号	日
太炎报	民国37年	宋士杰	余杭镇木香弄24号	5日
金融论坛报	民国37年	安秉针	丰家兜30号	日
大华日报	民国37年	顾　伟	蔡官巷27号	日
大杭报	民国38年（1949年）	许　焘、徐彭年	英士街25号	日

资料来源：杭州市地方志编纂委员会编：《杭州市志》第6卷，中华书局1997年版，第426—437页。

清光绪二十二年至宣统三年（1896—1911年）杭州出版的主要期刊

刊　　名	刊期	负责人	社　　址	创刊时间
著林作	月	陈　栩		光绪三十二年（1906年）
浙江教育官报	月、5日	浙江学务公所	浙江学务公所	光绪三十四年（1908年）
农工杂志	月	浙江农工研究会	浙江农工研究会	宣统元年（1909年）
商业杂志	月	史久衡、周锡经	平安桥、浙江省立甲种商业学校	宣统元年
杭州商业杂志	月	周庆云	杭州商业公会	宣统元年

资料来源：徐运嘉、杨萍萍编著：《杭州市报刊史概述》，浙江大学出版社1989年版，第8—9页。

景葵之卷庵、蒋汝藻之密韵楼、蒋抑卮之凡将堂等。这时的藏书家与从前大不相同，他们大多都有强烈的公共意识。如丁丙就不像古代私人藏书家那样将图书深藏不示，而最早以现代公共图书观将所藏巨量藏书毫无保留地为社会服务，以学术支持思想启蒙。杭州府学尊经阁因战乱藏书损失殆尽，丁丙拿出家藏复本来充实。浙江巡抚马新贻提议在杭州设局印书，同治六年（1867年）委托丁丙筹建浙江官书局。经丁丙积极筹划，浙江官书局很快办了起来。浙江官书局后来改为官书印售所，宣统元年（1909

年）并于浙江图书馆。浙江官书局所刻古籍大都赖八千卷楼所藏为底本，所刻之书精品辈出，如《续资治通鉴长编》等。丁丙还为修纂《光绪杭州府志》做了不少工作。早在光绪五年（1879年），他就向知府龚嘉儁建议重修府志。在编纂过程中以家藏书供编纂人员参阅，而且经常与他们讨论有关史实考订问题。晚清民国杭州的藏书家还利用藏书大量刻印以传播文化知识。由于有较高的价值取向、文化品位和人生境界，决定了他们所刻书质量多居上乘。除前文介绍的丁丙刻书外，其他藏书家也出版了不少较为系统的丛书。咸丰六年（1856年）蒋光照刻《别下斋丛书》，收书27种，多为稀见者，为治词学史者所重。其续编《涉闻旧梓》所收之书上及宋元，而以清人著作为主，也为学界所重。丁丙与其兄丁申抢救和补抄了杭州文澜阁《四库全书》。文澜阁是清乾隆时期设立的官家藏书楼。由于太平军入侵损毁严重，藏书散佚殆尽。咸丰十一年（1861年）冬太平军第二次攻入杭州，丁氏兄弟出城暂避。同治元年（1862年）正月在留下购物时发现包物纸皆阁书，便决心抢救。他们不仅收集市肆之书，还集胆壮者数人，将文澜阁所剩之书全部运抵位于法华山西穆坞的家祠风木庵。后又将其移至上海，并托书贾周汇西假惜字名搜求阁书（“惜字”乃旧时国人爱惜有字之纸之风俗）。同治三年（1864年）太平军撤出后，丁氏兄弟将抢救所得总计8689册约占原藏1/4的阁书（另有《古今图书集成》残本673册）运回城内，藏于杭州府学经阁。自同治五年至十年（1866—1871年）又搜求得300余册。同治六年浙江巡抚谭钟麟与丁丙共商重建文澜阁，指定丁丙、应宝时主持其事。自该年十月至次年九月即全部工程告竣。光绪八年（1882年），丁丙倡议并主持，前后历时7年的文澜阁《四库全书》补抄缺卷、缺书工程启动。其初期的底本主要是八千卷楼藏本，后来丁丙又出面向各地藏书家借用底本。“更复广为采求，尽瘁以赴，中经阻难，矢志不渝。用使琳琅巨籍，克复旧观。有于天一阁、抱经楼、振绮堂、寿松堂诸藏书家，按籍征求，求而未得者仅九十余种。”[1]据《文澜阁志》卷下王同《文澜阁补书记》所记，至光绪十四年，除收藏的原书331种外，共编配残篇891种，补抄2174种，合订34769册。[2]后又补38种（含《古今图书集成》《钦定全唐文》等文澜阁其他藏书）。丁丙主持补抄后，大体成就了文澜阁《四库全书》的原有规模。后经钱恂、张宗祥主持，至民国12年（1923年）全部抄成。在补抄期间，丁丙还做了其他许多事。如配全《古今图书集成》，所缺《全唐文》260册则由八千卷楼捐藏阁中。民国时期杭州先后有书店141家，其中经营古书的56家，新旧书兼营的7家，经营新版书的78家。这些书店多数为民办。官办的有正中书局、独立出版社、国民出版社，此外还有苏联塔斯社的时代出版社杭州分社和日商办的三通书局。民国5年（1916年）以后，北京、上海等地的藏书家，都到杭州收买宋、元版古书，促使杭州的古旧书业特别兴旺。当时一般旧书以银元定价，宋版书以黄金定价，不少旧书业主到外地收购旧书，转手之间便成巨

[1]陈训慈：《丁松生先生与浙江文献》，《浙江省立图书馆月刊》第1卷第7、8期合刊，民国11年（1932年）。

[2]孙树礼、孙峻：《文澜阁志》，载丁申、丁丙编：《武林掌故丛编》第26集，嘉惠堂丁氏清光绪九年（1883年）刊本。

富。如抱经堂书局民国22年卖给杭州盐商王绶珊8部铁琴铜剑楼藏的宋版书，一次就获利15万银元。经营旧书的书店以文元堂、古欢堂、抱经堂最有名。民国4年成立的抱经堂，在不到10年里出售了宋、元、明善本书和名人手稿、抄本几百万卷，成了旧书业的首富。抗日战争时期，盐桥一带的地摊上到处都有图书馆的旧书出售，但旧书价格惨跌。汇古斋书店只用100银元就买回两房间的旧书，雇了50辆黄包车才拉走。藏书家王绶珊的殿版书《古今图书集成》被当作废纸出售。民国35年（1946年），美国的一些大学在上海大量收购中国的古旧书。上海的旧书业商人赶来杭州收购，使杭州的旧书店发展到16家。又文元堂刻印《红楼梦图咏》等书，浙江图书馆印行所印行木刻古籍书400多种，西泠印社用聚珍板、手工拓印和石印术印行了一批金石书法的碑帖，六艺书局出版《湖山胜概汇编》，玛瑙经房和慧空经房印行佛经29种。

除重视古籍外，在西方新技术的影响下，晚清民国杭州商人还介入新式出版业。民国2年（1913年），上海商务印书馆杭州分馆在清河坊开设（后迁保佑坊），专门发行中小学教科书和中小学、幼儿文库等参考书，另外发行了《四部丛刊》《辞源》《万有文库》《百纳本廿四史》《丛书集成》《大学丛书》等书籍。民国3年，上海中华书局杭州分局在保佑坊开设，专门发行中小学教科书和参考书，以及《辞海》《中华文库》《四部备要》《中华大辞典》《古今图书集成》等。民国10年，世界书局杭州分局在三元坊开设，主要发行文艺类图书和中小学课本，如《大时代文艺丛书》《莎士比亚戏剧集》《红楼梦》等；另外还有一些专业图书如《珍本医书集成》等。民国15年，开明书店杭州分店在三元坊巷开设，主要发行茅盾、巴金、丁玲等人的文学作品，以及《二十五史》《二十五史补编》等。民国19年，大东书局杭州书局在太平坊巷开设，主要发行中医、文艺、社会科学和中小学课本等书籍。民国时期杭州还先后办过中国邮报出版社、独立出版社、国民出版社、当代出版社、工商出版社、正中书局、东南图书公司、中华新闻摄影社等出版社。

以上情况表明，晚清时期特别是20世纪初的中国，与传统的强政府、弱社会的状况相比较，社会与政府两方面均已出现了明显的变化，并开始建构一种新型的互动关系。从政府的面向看，晚清民国时期的政府已一定程度地依赖社会进行新的动员和整合，因而对社会给予了某些扶植，由此成为独立的公民社会雏形能够孕育萌生的一个重要因素。另外，由于始终未能实现政治制度和经济制度的根本变革，无法对社会的发展提供真正的制度性保障，加之统治者出于维护自身统治地位的考量，担心社会获得充分发展、权利进一步扩充会危及其统治地位，因而政府在对社会予以扶植的同时又加以各种限制，甚至在自身力量比较强大时即对社会予以扼杀。从社会的面向分析，公民社会的雏形在清末萌生之后，已取得了一部分自治权利，对政府既做出了正面的回应，也发挥了制衡的功能和作用。但是，公民社会始终发展不充分，可以说一直未真正脱离雏形状态，没有形成完善的公民社会。同时，公民社会自始至终都在很大程度上存在着对政府的特殊依赖，相对于近代欧洲的公民社会而言自身的实力依然比较有限，因此难以与政府持久抗衡，也无力抵御政府的侵蚀，最终也就难以摆脱被政府强制扼杀的命运。

在公共领域获得比较迅速的发展以至公民社会的雏形诞生之后，政府之所以继续对社会予以一定的保护，是因为独立自治的公民社会雏形产生之初并未对其统治构成直接威胁。虽然从长远后果看，公民社会的形成及其发展将日益削弱国家的统治权力，并使国家在许多方面受到过去所没有的制衡和限制，但从短时期的影响看，公民社会在某些方面的自治活动却有利于维持处在风雨飘摇之中的政权统治，成为政府弥补、整合社会的权威急剧丧失状态的一种新的重要方式。换言之，政府此时在维持其统治地位、推行许多改革措施的过程中都对民间社会存在依赖性。首先，晚清的“新政”和民国政府推行的改革与封建社会的旧式改革迥然不同，它的实施需要民间社会参与。统治者对此虽无全面认识，但多少也从直观上有所感受。所以，许多方面的改革，尤其是经济改革，十分强调官商合作，希望借民间商人的力量振兴实业。除此之外，政府在其他方面，包括维持税收、稳定市面、拓展贸易等，也不同程度地依赖于公民社会的运作。其次，随着各地商办地方自治团体和其他民间组织的诞生，公民社会已在许多方面代行国家对地方的管理职能。特别是在工商业较为发达、公民社会力量较为雄厚的通商大埠这方面的情况更为突出。可以说，在这些城市中，无论是市政建设和管理，还是卫生和消防以及民办教育的发展，都在很大程度上得力于公民社会积极开展的一系列自治活动。从另一方面看，这也正是政府一定程度依靠公民社会实现社会新整合的具体表现。由此可以说明，在清王朝日趋衰败之际，地方公益事业及有关的各项事务却会以前所未有的新趋向获得发展。同时，这一事实还可证明，当政府处于衰败状态而无力行使其管理社会的职能时，由公民社会在某些方面取代政府行使管理地方的职权，不仅能够使地方在一段时间内继续保持一种相对稳定而有序的态势，甚或还可以使地方事务的发展显示出更为蓬勃的生机，取得过去所没有的成效。这对当时资源控制和权威效能都已出现严重危机的政府来说，至少在短时期内是有利无害的。不难设想，如果在清朝中央政府统治危机日趋深重，而且面临西方各国列强蚕食鲸吞危急状况的同时，地方如果愈益动荡不安，无疑会加剧清王朝以至整个国家的分崩离析。公民社会通过地方自治而实现的新整合，帮助处于内忧外患困境的政府找到了社会动员的一个新的支撑点。在税收方面，清朝地方政府也常常依靠商会加以维持。清末时政府从中央到地方都出现了极为严重的财政困难，因而加征了各种名目的捐税。加征捐税势必损害商人的切身经济利益。所以，各地都不断出现商人抗捐抗税斗争，官与商的关系趋于紧张。在商人抗捐抗税以及政府施加高压的过程中，商会一方面注意维护商人的利益，另一方面又从中斡旋调停，疏通和缓解官商之间的紧张关系。不过，也要看到当时的清政府虽然鼓励商人成立商会以及其他各种民间团体，并予以一定的保护，但始终对商会及其他商办团体怀有疑虑和戒备心理。具体说来，清朝统治者担忧商办民间团体的活动和权限越出其预定的范围对其统治造成的干扰和威胁，因此在实施鼓励和保护的同时，又从许多方面予以各种限制，试图控制商人社团的活动范围与权限。在民国初期，袁世凯组建北京北洋政府之后，逐步采取种种手段削弱革命派的力量，从各方面扩大自己的实力。在鼓励和保护民间社团发展方面，总体看来袁世凯政府明显不及推行“新政”改革时期的清政府。但是，袁世凯为了笼络人心，巩固自己的统治地位，也未有意识地大力限制已有民间社团的扩展。同时，袁世凯政府在初期继续推行发展实业的政策，必须依赖广大工商业者的支持和协助，所以不仅全国性的商会组织——中华全国商会联合会得以在民国初年成立，而且还出现了为数众多的民间实业团体，使公民社会的雏形在民国初期获得了进一步发展。然而，一旦袁世凯的统治地位巩固之后，民间社团的发展及其活动对政府的统治构成某些威胁时，马上就受到压制。民国2年（1913年）的“二次革命”期间，上海商团没有支持革命党人，而是持观望甚或是反对态度，但袁世凯在绞杀革命力量之后，仍以上海南市商团公会的李平书、叶惠钧等领导人曾与革命派合作而发出通缉令，迫使他们逃亡大连和日本。不久，上海南市商团公会被政府勒令解散。随后，袁世凯政府又试图对商会的发展及其社会地位予以限制。

晚清民国时期中国的公民社会对政府的制衡作用之所以较为有限，有客观和主观两方面的原因。从客观条件看，是由于始终没有建立类似西方那样真正能够制约政府的国会制度，因而公民社会根本无法全面限制政府的独断专行。在清朝末年，连形式上的国会也不曾建立，清朝最高统治者实行专制统治。后虽设立资政院和谘议局，但无立法和监督行政的实际权力，更无弹劾政府之权。民国初年尽管设立了国会，但未能真正发挥应有的功能和作用。同时，公民社会团体在国会中所占有的议席少得可怜，根本谈不上拥有发言权和影响力。从主观方面看，晚清民国时期的公民社会在制衡政府的过程中所采取的手段和方法也存在着较大的局限性，不能真正达到有效制约统治者的目的。公民社会制衡政府的主要方式，除在对外的反帝爱国运动中采取抵制洋货和罢市的斗争手段外，在对内的政治和经济问题上却极少采用拒纳捐税和罢市的方式，而一般都不外乎采取上书请愿和集会抗议，或者是通过自己创办的报刊向政府施加一定的舆论压力。但这些方式都不足以对政府形成不可抵御的约束力，更不能从根本上危及其统治地位，因而也无法迫使政府接受公民社会的要求。因此，公民社会虽然发挥了一定的制衡政府的积极作用，但由于客观条件的限制和主观努力的不足，作用仍比较有限。[1]与西方政府制衡与对抗的关系不同，中国公

[1]朱英：《关于晚清市民社会研究的思考》，《历史研究》1996年第4期。

民社会与政府之间在一定程度上存在着合作、互补、互利及互相制约的关系，但更多的则是依赖政府、受制于政府以致最终被政府扼杀。因此，中国晚清民国时期公民社会的发展在很大程度上取决于政府对社会采取何种政策，而不仅仅取决于社会自身。像中国这样的外生型现代化政府，社会与政府之间建立互补、互利的良性互动关系才有助于加快现代化的进程。虽然公民社会对中国早期现代化进程曾产生过比较明显的积极影响，但公民社会的软弱及发展不充分，也是中国现代化未能取得成功的重要因素。[1]

[1]刘家峰：《朱英著〈转型时期的社会与国家：以近代中国商会为主体的历史透视〉》，《历史研究》1998年第5期。

主要参考文献

一、外文专著、论文

Douglas Cecil North, *Structure and Change in Economic History*, New York: W. W. Norton & Company, 1981.

Franklin F. Mendels, *Proto-industrialization: Theory and Reality*, in General Report, *"A" Themes: Eighth International Economic History Congress*, Budapest: Akadémiai Kiadó, 1982.

Gilbert Rozman, *Urban Networks in Ch'ing China and Tokugawa Janpan*, Princeton, New Jersey: Princeton University Press, 1973.

Joseph Fewsmith, *Party, State and Local Elites in Republican China: Merchant Organization and Politics in Shanghai, 1890-1930*, Honolulu: University of Hawaii Press, 1985.

Roger S. Schofield and E. Edward Anthony Wrigley, *Urban Growth and Agricultural Change: England and the Continent in the Early Modern Period*, in Robert I. Rotberg and Theodore K. Rabb (ed.), *Population and Economy: Population and History from the Traditional to the Modern World*, Cambridge: Cambridge University Press, 1986.

Michael Pacione, *Rural Geography*, London: Longman Higher Education, 1984.

William T. Rowe, *Hankow: Commerce and Society in a Chinese City, 1796-1889*, Stanford: Stanford University Press, 1984.

William T. Rowe, *Hankow: Conflict and Community in a Chinese City, 1796-1895*, Stanford: Stanford University Press, 1989.

Albert Feuerwerker, *Presidential Address: Questions about China's Early Modern Economic History that I Wish I Could*

Answer, *JOURNAL OF ASIANSTUDIES*, 51(4), 1992.

D. C. Coleman, *Proto-industrialization: A Concept Too Many*, *THE ECONOMIC HISTORY REVIEW*, 36(3), 1983.

Franklin F. Mendels, *Proto-industrialization, the First Phase of the Industrialization Process*, *THE JOURNAL OF ECONOMIC HISTORY*, 32(1), 1972.

Mary Backus Rankin, *The Origins of a Chinese Public Sphčre: Local Elites and Community Affairs in the Late Impérial Period*, *ETUDES CHINOISES*, 9(2),1990 .

Theodor E. Mommsen, *Petrarch's Conception of the "Dark Ages"*, *SPECULUM*, 17(2), 1942.

William A. Green, *Periodization in European and World History*, *JOURNAL OF WORLD HISTORY*, 3, 1992.

玉井是博：《支那社会经济史研究》，岩波书店昭和十七年（1942年）版。

斯波义信：《宋代商业史研究》，风间书房昭和43年（1968年）版。

《广辞苑》补订版，岩波书店1979年版。

高井康雄主编：《世界百科事典》，平凡社1966年版。

金富轼：《三国史记》，李丙焘译注，乙酉文化社1993年版。

郑麟趾：《高丽史》，亚细亚文化社1983年版。

二、中文专著、杂著

恩格斯：《资本论第3卷增补》，载中共中央马克思恩格斯列宁斯大林著作编译局编：《马克思恩格斯全集》第25卷，人民出版社1979年版。

马可·波罗：《马可·波罗行纪》，沙海昂注，冯承钧译，中华书局2004年版。

伊本·白图泰：《伊本·白图泰游记》，马金鹏译，宁夏人民出版社1985年版。

拉施特·阿丁·法兹勒·阿拉赫主编：《史集》，余大钧、周建尔译，商务印书馆1983年版。

乞拉可思·刚扎克赛：《海屯行纪》、鄂多立克：《鄂多立克东游录》、火者·盖耶速丁：《沙哈鲁遣使中国记》，何高济译，中华书局1981年版。

利玛窦、金尼阁：《利玛窦中国札记》，何高济译，中华书局1993年版。

让—雅克·卢梭：《社会契约论》，何兆武译，商务印书馆1980年版。

费尔南·布罗代尔：《菲利普二世时代的地中海和地中海世界》，吴模信译，商务印书馆1996年版。

费尔南·布罗代尔：《15至18世纪的物质文明、经济和资本主义》，顾良译，生活·读书·新知三联书店1993年版。

施坚雅主编：《中华帝国晚期的城市》，叶光庭等译，中华书局2000年版。

施坚雅：《中国农村的市场和社会结构》，史建云、徐秀丽译，中国社会科学出版社1998年版。

施坚雅：《中国封建社会晚期城市研究：施坚雅模式》，王旭等译，吉林教育出版社1991年版。

林达·库克·约翰逊主编：《帝国晚期的江南城市》，成一农译，上海人民出版社2005年版。

谢和耐：《中国社会史》，耿昇译，江苏人民出版社1995年版。

谢和耐：《蒙元入侵前夜的中国日常生活》，刘东译，江苏人民出版社1998年版。

道格拉斯·赛西尔·诺思：《经济史中的结构与变迁》，陈郁等译，上海三联书店、上海人民出版社1994年版。

费正清主编：《剑桥中华民国史》（1912—1949年），杨品泉等译，中国社会科学出版社1994年版。

荷西·巴罗·马士：《东印度公司对华贸易编年史》（1635—1834年），区宗华译，中山大学出版社1991年版。

安德烈·贡德·弗兰克：《白银资本：重视经济全球化中的东方》，刘北成译，中央编译出版社2000年版。

彭慕兰：《大分流：欧洲、中国及现代世界经济的发展》，史建云译，江苏人民出版社2003年版。

卡洛·M. 奇波拉主编：《欧洲经济史》，徐璇等译，商务印书馆1988年版。

德怀特·希·珀金斯：《中国农业的发展》（1368—1968年），宋海文等译，上海译文出版社1984年版。

玛丽·格莱尔·白吉尔：《中国资产阶级的黄金时代》（1911—1937年），张富强、许世芬译，上海人民出版社1994年版。

小艾尔弗雷德·杜邦·钱德勒：《看得见的手：美国企业的管理革命》，董武译，商务印书馆2001年版。

文森特·奥斯特罗姆、大卫·菲尼、哈特穆特·皮希特编：《制度分析与发展的反思：问题与抉择》，王诚译，商务印书馆2001年版。

丹尼斯·麦奎尔、斯文·温德尔：《大众传播模式论》，祝建华、吴伟译，上海译文出版社1987年版。

马润潮：《宋代的商业与城市》，马德程译，台湾中国文化大学出版部1985年版。

李明珠：《近代中国蚕丝业及外销》（1842—1937年），徐秀丽译，上海社会科学院出版社1996年版。

斯波义信：《宋代江南经济史研究》，方健、何忠礼译，江苏人民出版社2000年版。

内藤湖南：《中国史通论》，夏应元选编并监译，社会科学文献出版社2004年版。

内藤湖南研究会编：《内藤湖南的世界》，马彪等译，三秦出版社2005年版。

木宫泰彦：《中日交通史》，陈捷译，上海商务印书馆民国20年（1931年）版。

木宫泰彦：《日中文化交流史》，胡锡年译，商务印书馆1980年版。

西岛定生：《中国经济史研究》，冯佐哲等译，农业出版社1984年版。

长野朗：《中国社会的组织》，朱家清译，上海光明书局民国20年（1931年）版。

夫马进：《中国善会善堂史研究》，伍跃、杨文信、张学锋译，商务印书馆2005年版。

钱婉约：《内藤湖南研究》，中华书局2004年版。

谭汝谦：《中国译日本书综合目录》，香港中文大学出版社1980年版。

北京市中日文化交流史研究室编：《中日文化交流史论文集》，人民出版社1982年版。

司马迁：《史记》，裴骃集解、司马贞索引、张守节正义，中华书局1959年版。

班固：《汉书》，颜师古注，中华书局1962年版。

范晔：《后汉书》，李华等注，中华书局1965年版。

陈寿：《三国志》，裴松之注，中华书局1959年版。

房玄龄等：《晋书》，中华书局1974年版。

魏收等：《魏书》，中华书局1974年版。

魏徵等：《隋书》，中华书局1973年版。

刘昫等：《旧唐书》，中华书局1975年版。

欧阳修、宋祁：《新唐书》，中华书局1975年版。

李延寿等：《南史》，中华书局1975年版。

薛居正等：《旧五代史》，中华书局1976年版。

欧阳修等：《新五代史》，徐无党注，中华书局1974年版。

沈约等：《宋书》，中华书局1974年版。

萧子显等：《南齐书》，中华书局1983年版。

脱脱等：《宋史》，中华书局1977年版。

宋濂等：《元史》，中华书局1976年版。

张廷玉等：《明史》，中华书局1974年版。

赵尔巽等：《清史稿》，中华书局1974年版。

萧统编、李善注：《文选》，中华书局1977年版。

徐陵编、吴兆宜等注：《玉台新咏笺注》，中华书局1985年版。

李昉等编：《文苑英华》，中华书局1966年版。

郦道元：《水经注》，陈桥驿译注，王东补注，中华书局2009年版。

陆云：《陆云集》，黄葵点校，中华书局1988年版。

葛洪撰、杨照明校笺：《抱朴子外篇校笺》，中华书局2007年版。

袁康、吴平辑录：《越绝书》，上海古籍出版社1985年版。

李吉甫：《元和郡县图志》，贺次君点校，中华书局1983年版。

李昉：《太平御览》，中华书局1960年版。

杜佑：《通典》，王文锦、王永兴、刘俊文、徐庭云、谢方点校，中华书局1984年版。

李林甫：《唐六典》，陈仲夫点校，中华书局1992年版。

长孙无忌等：《唐律疏议》，刘俊文点校，中华书局1983年版。

白居易：《白居易集》，顾学颉点校，中华书局1979年版。

杜牧：《樊川文集》，上海古籍出版社2007年版。

李肇：《唐国史补》，上海古籍出版社1983年版。

陆羽：《茶经》，中华书局2010年版。

黄滔：《唐黄御史公集》，《四部丛刊》初编，商务印书馆民国25年（1936年）版。

封演撰、赵贞信校注：《封氏闻见录校注》，中华书局1958年版。

陶谷：《清异录》，文渊阁《四库全书》本。

钱俨：《吴越备史》，载丁申、丁丙编：《武林掌故丛编》第19集，嘉惠堂丁氏清光绪九年（1883年）刊本。

范坰、林禹：《吴越书》，宏文艺苑出版社2000年版。

吴任臣：《十国春秋》，徐敏霞、周莹点校，中华书局1983年版。

张唐英撰，王文才、王炎校笺：《蜀梼杌校笺》，巴蜀书社1999年版。

司马光：《资治通鉴》，胡三省音注，中华书局1956年版。

毕沅：《续资治通鉴》，中华书局1999年版。

李焘：《续资治通鉴长编》，上海师范大学古籍研究所、华东师范大学古籍研究所点校，中华书局2004年版。

黄以周等辑注：《续资治通鉴长编拾补》，中华书局2004年版。

李心传：《建炎以来系年要录》，中华书局1956年版。

李心传：《建炎以来朝野杂记》，徐规点校，中华书局2000年版。

佚名：《宋史全文》，李之亮点校，黑龙江人民出版社2005年版。

马端临：《文献通考》，中华书局1986年版。

徐松辑：《宋会要辑稿》，中华书局1957年版。

范成大修：《吴郡志》，陆振岳点校，江苏古籍出版社1999年版。

范成大：《范成大笔记六种》，孔凡礼点校，中华书局2002年版。

范成大：《石湖诗集》，文渊阁《四库全书》本。

程珌：《洺水集》，文渊阁《四库全书》本。

吕祖谦：《东莱集》，文渊阁《四库全书》本。

方逢辰：《蛟峰集》，文渊阁《四库全书》本。

程俱：《北山集》，文渊阁《四库全书》本。

王象之：《舆地纪胜》，中华书局1992年版。

王存：《元丰九域志》，中华书局1984年版。

乐史：《太平寰宇记》，中华书局1999年版。

王廷珪：《卢溪集》，文渊阁《四库全书》本。

许景衡：《横塘集》，文渊阁《四库全书》本。

陈瓘：《宋忠肃陈了斋四明尊尧集》，《四库全书存目丛书》史部第279册，齐鲁书社1997年版。

王安石：《临川先生文集》，中华书局1959年版。

司马光：《温国文正司马公文集》，《四部丛刊》初编，商务印书馆民国25年（1936年）版。

程颢、程颐：《二程集》，中华书局1981年版。

杨时：《龟山集》，文渊阁《四库全书》本。

苏轼：《苏轼文集》，孔凡礼点校，中华书局1986年版。

苏轼：《东坡志林》，文渊阁《四库全书》本。

欧阳修：《欧阳文忠公文集》，《四部丛刊》初编，商务印书馆民国25年（1936年）版。

范仲淹：《范文正公集》，中华书局1984年版。

沈括撰、胡道静校证：《梦溪笔谈校证》，上海古籍出版社1987年版。

蔡襄：《蔡襄集》，吴以宁点校，上海古籍出版社1996年版。

苏辙：《栾城集》，上海古籍出版社1987年版。

范祖述撰、洪如篙补辑：《杭俗遗风》，上海文艺出版社1989年版。

苏著：《闲谈录》，载陶宗仪辑：《说郛》，上海古籍出版社1990年版。

郑獬：《郧溪集》，文渊阁《四库全书》本。

李觏：《直讲李先生文集》，《四部丛刊》初编，商务印书馆民国25年（1936年）版。

朱熹：《朱子全书》，朱人杰、严佐之、刘永翔主编，上海古籍出版社、安徽教育出版社2002年版。

陆九渊：《陆九渊集》，中华书局1980年版。

陈傅良：《止斋文集》，商务印书馆1986年版。

陈襄：《古灵集》，文渊阁《四库全书》本。

刘宰：《漫塘集》，文渊阁《四库全书》本。

度正：《性善堂稿》，文渊阁《四库全书》本。

秦观撰、徐培均笺注：《淮海集笺注》，上海古籍出版社1994年版。

秦观撰、周义敢等编注：《秦观集编年校注》，人民文学出版社2001年版。

孔延之辑：《会稽掇英总集》，文渊阁《四库全书》本。

晁补之：《鸡肋集》，商务印书馆1986年版。

洪迈撰、何卓点校：《夷坚志》，中华书局1981年版。

叶适：《叶适集》，中华书局1961年版。

叶适：《习学记言序目》，中华书局1967年版。

陈亮：《陈亮集》（增订本），中华书局1987年版。

辛弃疾撰、邓广铭编年笺注：《稼轩词编年笺注》，上海古籍出版社1993年版。

陆游：《陆游集》，中华书局1976年版。

陆游：《老学庵笔记》，中华书局1979年版。

杨万里：《诚斋集》，文渊阁《四库全书》本。

周必大：《文忠集》，文渊阁《四库全书》本。

刘克庄：《后村先生大全集》，《四部丛刊》初编，商务印书馆民国25年（1936年）版。

吴自牧：《梦粱录》，浙江人民出版社1984年版。

周密：《武林旧事》，李小龙、赵锐评注，中华书局2007年版。

耐得翁：《都城纪胜》，文化艺术出版社1998年版。

西湖老人：《西湖老人繁胜录》，浙江人民出版社1983年版。

李东有：《古杭杂记》，《丛书集成初编》第3221册，中华书局1985年版。

周密：《癸辛杂识》，中华书局1988年版。

叶梦得：《石林燕语》，中华书局1984年版。

胡宏：《五峰集》，中华书局1987年版。

陈傅良：《止斋集》，文渊阁《四库全书》本。

姚宽：《西溪丛语》、陆游：《家世旧闻》，孔凡礼点校，中华书局1993年版。

陈著：《本堂集》，文渊阁《四库全书》本。

庄绰：《鸡肋编》，萧鲁阳校，中华书局1983年版。

陈允平：《西麓诗稿》，文渊阁《四库全书》本。

赵汝砺：《北苑别录》，《丛书集成初编》第1604册，中华书局1985年版。

吴潜：《许国公奏议》，《丛书集成初编》第906册，中华书局1985年版。

高斯得：《耻堂存稿》，文渊阁《四库全书》本。

陈振孙：《直斋书录解题》，上海古籍出版社1987年版。

王柏：《鲁斋集》，中华书局1985年版。

戴栩：《浣川集》，文渊阁《四库全书》本。

倪涛：《六艺之一录》，文渊阁《四库全书》本。

胡仔纂辑：《苕溪渔隐丛话》，人民文学出版社1962年版。

方勺：《泊宅编》，许沛藻、杨立扬点校，中华书局1983年版。

王樵：《方麓集》，文渊阁《四库全书》本。

黄溍：《金华黄先生文集》，《四部丛刊》初编，商务印书馆民国25年（1936年）版。

罗大经：《鹤林玉露》，中华书局1983年版。

周去非：《岭外代答》，中华书局1999年版。

楼钥：《攻愧集》，文渊阁《四库全书》本。

王应麟：《玉海》，江苏古籍出版社、上海书店出版社1987年版。

袁褧：《枫窗小牍》，载上海古籍出版社编：《宋元笔记小说大观》第5册，上海古籍出版社2001年版。

陈师道：《后山丛谈》，李伟国点校，中华书局2007年版。

赵彦卫：《云麓漫钞》，傅根清校点，中华书局1996年版。

周紫芝：《太仓稊米集》，文渊阁《四库全书》本。

张九成：《横浦先生文集》，文渊阁《四库全书》本。

张端义：《贵耳集》，中华书局1958年版。

方回：《桐江续集》，文渊阁《四库全书》本。

袁采：《袁氏世范》，《丛书集成初编》第974册，中华书局1985年版。

陈景沂：《全芳备祖》，农业出版社1982年版。

王明清：《玉照新志》，中华书局1958年版。

王明清：《挥麈后录》，上海书店出版社2009年版。

黄震：《慈溪黄氏日抄》，国家图书馆出版社2009年版。

王钦若等：《册府元龟》，中华书局1988年版。

佚名编：《名公书判清明集》，中华书局1987年版。

徐兢：《宣和奉使高丽图经》，商务印书馆1971年版。

虞集：《道园学古录》，《四部丛刊》初编，商务印书馆民国25年（1936年）版。

虞集：《道园遗稿》，商务印书馆1974年版。

谢深甫：《庆元条法事类》，黑龙江人民出版社2002年版。

王谠：《唐语林》，中华书局1958年版。

钱易：《南部新书》，黄寿成点校，中华书局2002年版。

陈旉：《农书》，中华书局1956年版。

黄纯艳、战秀梅编选点校：《宋代经济谱录》，甘肃人民出版社2008年版。

释赞宁：《笋谱》，文渊阁《四库全书》本。

杨潜：《绍熙云间志》，成文出版社有限公司1983年版。

倪瓒：《清閟阁全集》，上海书店出版社1994年版。

王恽：《秋涧集》，《四部丛刊》初编，商务印书馆民国25年（1936年）版。

吴师道：《吴礼部集》，《北京图书馆古籍珍本丛刊》第93册，北京图书馆出版社1998年版。

萨都剌：《雁门集》，上海古籍出版社1982年版。

陈基：《夷白斋稿》，《四部丛刊》三编，商务印书馆民国25年（1936年）版。

柳贯：《柳待制文集》，《四部丛刊》初编，商务印书馆民国25年（1936年）版。

宋伯仁：《酒小史》，载陶宗仪辑：《说郛》卷九四，上海古籍出版社1990年版。

贾铭：《饮食须知》，张如青、丁媛评注，中华书局2011年版。

关汉卿撰、蓝立蓂校注：《汇校详注关汉卿集》，中华书局2006年版。

杨维桢：《东维子文集》，文渊阁《四库全书》本。

《大元圣政国朝典章》，中国广播电视出版社1998年版。

完颜纳丹编：《通制条格》，方龄贵校注，中华书局2001年版。

王逢：《梧溪集》，文渊阁《四库全书》本。

宋濂：《宋濂全集》，浙江古籍出版社1999年版。

王守仁：《王阳明全集》，上海古籍出版社1992年版。

王士祯原编、郑方坤删补：《五代诗话》，戴鸿森校点，人民文学出版社1989年版。

刘基：《诚意伯集》，文渊阁《四库全书》本。

李梦阳：《崆峒集》，文渊阁《四库全书》本。

宋应星：《天工开物》，中华书局上海编辑所1959年版。

张瀚：《松窗梦语》，盛冬铃点校，中华书局1985年版。

徐一夔：《始丰稿》，文渊阁《四库全书》本。

文震亨：《长物志》、屠隆：《考盘余事》，陈剑校注，浙江人民美术出版社2011年版。

冯梦龙：《喻世明言》，中华书局2009年版。

李时珍：《本草纲目》，上海人民出版社1973年版。

赵学敏：《〈本草纲目〉拾遗》，人民卫生出版社1957年版。

徐光启：《农政全书》，中华书局1956年版。

王祯：《农书》，文渊阁《四库全书》本。

黄汴：《天下水陆路程》，山西人民出版社1992年版。

蒋以化：《西台漫记》，《四库全书存目丛书》第242册，齐鲁书社1997年版。

田汝成：《西湖游览志》，浙江人民出版社1980年版。

田汝成：《西湖游览志余》，上海古籍出版社1980年版。

田艺衡：《煮泉小品》，学苑音像出版社2004年版。

翟灏：《艮山杂志》，载丁申、丁丙编：《武林掌故丛编》第21集，嘉惠堂丁氏清光绪九年（1883年）刊本。

翟灏、翟瀚辑，王维翰重订：《湖山便览》，成文出版社有限公司1983年版。

徐坚：《初学记》，中华书局1980年版。

蔡絛：《铁围山丛谈》，中华书局1983年版。

廖行之：《省斋集》，文渊阁《四库全书》本。

张君房编：《云笈七签》，李永晟点校，中华书局2003年版。

陶宗仪：《南村辍耕录》，中华书局2004年版。

倪璠：《神州古史考》，载丁申、丁丙编：《武林掌故丛编》第14集，嘉惠堂丁氏清光绪九年（1883年）刊本。

陈邦瞻、冯琦、沈越：《宋史纪事本末》，中华书局1977年版。

朱国桢：《涌幢小品》，中华书局1959年版。

解缙等：《永乐大典》，中华书局1986年版。

《明神宗实录》，中华书局1961年版。

郎瑛：《七修类稿》，中华书局1959年版。

何汝宝辑：《天启舟山志》，何氏明天启六年（1612年）刊本。

朱载堉：《律吕精义》，冯文慈点注，人民音乐出版社1998年版。

刘鳞长：《浙学宗传》，《四库全书存目丛书》史部第111册，齐鲁书社1997年版。

何良俊：《四友斋丛说》，中华书局1959年版。

蔡汝楠：《自知堂集》，《四库全书存目丛书》集部第97册，齐鲁书社1997年版。

陆容：《菽园杂记》，中华书局1985年版。

胡应麟：《少室山房笔丛》，中华书局1958年版。

黄省曾：《蚕经》，《丛书集成初编》第1471册，中华书局1985年版。

黄省曾：《理生玉镜稻品》，《丛书集成初编》第1469册，中华书局1985年版。

楼璹等：《耕织图诗》，沈氏撰、张履祥补撰：《补农书》，朱肱：《北山酒经》，释赞宁：《笋谱》，陈师：《茶考》，许次纾：《茶疏》，周膺、吴晶点校，当代中国出版社2014年版。

沈氏撰、张履祥补撰，陈恒力校释、王达参校增订：《补农书校释》，农业出版社1983年版。

张履祥：《杨园先生全集》，中华书局2002年版。

陈恒力编著、王达参校：《补农书研究》，中华书局1958年版。

李诩：《戒庵老人漫笔》，中华书局1982年版。

刘若愚：《酌中志》，《丛书集成初编》第3966—3967册，中华书局1985年版。

朱逢古：《崇惠华严寺纪》，明永乐元年（1403年）刊本。

王在晋：《越镌》，《四库禁毁书丛刊》集部第104册，北京出版社2000年版。

王在晋：《海防纂要》，《续修四库全书》第739册，上海古籍出版社1996年版。

姚士麟：《见只编》，《丛书集成初编》第3964册，中华书局1985年版。

朱纨：《甓余杂集》，《四库全书存目丛书》集部第78册，齐鲁书社1997年版。

王文禄：《策枢》，《丛书集成初编》第756册，中华书局1985年版。

徐乾学：《资治通鉴后编》，文渊阁《四库全书》本。

曹昭：《格古要论》，文渊阁《四库全书》本。

高濂：《遵生八笺》，文渊阁《四库全书》本。

汪元量：《增订湖山类稿》，中华书局1984年版。

袁枚：《小仓山房诗文集》，周本淳点校，上海古籍出版社1988年版。

徐康：《前尘梦影录》，中华书局1985年版。

永瑢、纪昀主编：《钦定四库全书总目》，中华书局1997年版。

《德宗景皇帝实录》，中华书局1987年版。

赵翼：《廿二史札记》，董文武译注，中华书局2008年版。

朱寿朋：《光绪朝东华录》，中华书局1958年版。

昆冈等纂：《大清会典事例》，光绪二十五年（1899年）重修本，文海出版社有限公司1991年版。

中国第一历史档案馆编：《大清五朝会典》，线装书局2006年版。

于敏中：《天禄琳琅书目》，中华书局1995年版。

程岱葊：《西吴蚕略》，上海古籍出版社1995年版。

唐甄：《潜书》，中华书局1984年版。

沈尧：《落帆楼文集》，《丛书集成续编》第195册，新文丰出版社有限公司1991年版。

陈元龙等编：《御定历代赋汇》，吉林出版集团2005年版。

成寻：《新校参天台五台山记》，王丽萍校，上海古籍出版社2009年版。

延丰：《嘉庆两浙盐法志》，文渊阁《四库全书》本。

稽曾筠、李卫等修，沈翼机、傅王露等纂：《雍正浙江通志》，中华书局2001年版。

陈梦雷编纂、蒋廷锡校订：《古今图书集成》，中华书局、巴蜀书社1985年版。

汪日桢撰、蒋猷龙注释：《湖蚕述注释》，农业出版社1987年版。

汪日桢：《湖雅》，清光绪六年（1880年）刊本。

陈确：《陈确集》，中华书局1979年版。

钱咏：《履园丛话》，中华书局1979年版。

杨秉杷：《杨氏杂录》，载陈祖槼、朱自振编：《中国茶叶历史资料选辑》，农业出版社1981年版。

董穀：《碧里后集》，董鲲清嘉靖四十四年（1565年）刊本。

杨嵘：《海塘挈要》，清乾隆二十七年（1762年）刊本。

顾祖禹：《读史方舆纪要》，贺次君、施和金点校，中华书局2005年版。

叶德辉：《书林清话》（附《书林余话》），中华书局1957年版。

张潮辑：《虞初新志》，河北人民出版社1985年版。

权衡：《庚申外史》，《丛书集成初编》第3911册，中华书局1985年版。

陈伦炯：《海国闻见录》，文渊阁《四库全书》本，商务印书馆、上海古籍出版社1987年版。

郑舜功：《日本一鉴》，商务印书馆民国28年（1939年）版。

张燮：《东西洋考》，谢方点校，中华书局1981年版。

杨守陈：《议倭》，载陈梦雷、蒋廷锡等辑：《古今图书集成·边裔典》卷三九《日本部》，中华书局民国23年（1934年）版。

马坤：《论倭疏略》，载陈梦雷、蒋廷锡等辑：《古今图书集成·边裔典》卷三九《日本部》，中华书局民国23年（1934年）版。

丁丙：《乐善录》，清光绪二十七年（1901年）刊本。

丁丙：《武林坊巷志》，浙江人民出版社1990年版。

丁申：《武林藏书录》，载丁申、丁丙编：《武林掌故丛编》第24集，嘉惠堂丁氏清光绪九年（1883年）刊本。

丁英、丁庄、丁士元纂，丁申、丁丙、丁午修，丁立诚、丁立中续修：《丁氏宗谱》，上海图书馆藏民国清抄本。

孙树礼、孙峻：《文澜阁志》，载丁申、丁丙编：《武林掌故丛编》

第26集，嘉惠堂丁氏清光绪九年（1883年）刊本。

郭天锡：《客杭日记》，载丁申、丁丙编：《武林掌故丛编》第5集，嘉惠堂丁氏清光绪九年（1883年）刊本。

胡韫玉：《笔志》，《朴学斋丛刊》，安吴胡氏民国12年（1923年）刊本。

左宗棠：《左宗棠全集》，岳麓书社2009年版。

张之洞：《张之洞全集》，河北人民出版社1998年版。

冯氏：《花溪日记》，载杨家骆编：《太平天国文献汇编》第6册，鼎文书局1973年版。

史玄：《旧京遗事》、夏仁虎：《旧京琐记》、佚名：《燕京杂记》，北京古籍出版社1986年版。

汪文炳辑：《吴山汪王庙志略》，清光绪三十一年（1905年）刊本。

戴振声、汪濂辑：《吴山汪王庙志略续编》，民国25年（1936年）刊本。

许承尧：《歙事闲谭》，黄山书社2001年版。

刘锦藻：《清续文献通考》，商务印书馆民国25年（1936年）版。

翟均廉：《海塘录》，文渊阁《四库全书》本。

顾燮光：《译书经眼录》，载张静庐辑注：《中国近代出版史料》二编，中华书局1957年版。

徐世昌编：《晚晴簃诗汇》，退耕堂民国18年（1929年）刊本。

严可均辑：《全齐文》，商务印书馆1999年版。

董浩等编：《全唐文》，中华书局1983年版。

曹寅、彭定求等：《全唐诗》，中华书局1960年版。

北京大学古文献研究所编：《全宋诗》，北京大学出版社1995年版。

唐圭璋编纂、王仲闻参订、孔凡礼补辑：《全宋词》，中华书局1999年版。

苏天爵：《元文类》，《四部丛刊》初编，商务印书馆民国25年（1936年）版。

汪诒年：《汪穰卿先生传记》，中华书局2007年版。

蒋良骐：《东华录》，中华书局1980年版。

赵吉士：《寄园寄所寄》，黄山书社2008年版。

汪道昆：《太函集》，黄山书社2004年版。

姚崧龄：《张公权先生年谱初稿》，传记文学出版社1982年版。

钱文选：《钱氏家乘》，上海书店出版社1996年版。

杨恺龄：《民国张静江先生人杰年谱》，商务印书馆1981年版。

余世存：《中国男》，九州出版社2010年版。

《吴兴周梦坡先生讣告》，大东书局民国23年（1934年）版。

实业部国际贸易局：《中国实业志·浙江省》，宗青图书公司民国22

年（1933年）版。

中央研究院历史语言研究所编：《明清史料》，中华书局1985年版。

沈云龙选辑：《明清史料汇编》，文海出版社有限公司1967年版。

朱鉴秋主编：《新编郑和航海图集》，人民交通出版社1988年版。

海关总税务司署：《中华民国海关华洋贸易总册》（1897—1937年），国史馆史料处，1982年。

实业部国际贸易局编纂：《最近三十四年来中国通商口岸对外贸易统计》，商务印书馆1935年版。

汪敬虞主编：《中国近代工业史资料》，科学出版社1957年版。

陈真、姚洛合编：《中国近代工业史资料》，生活·读书·新知三联书店1958年版。

中国海关总署总务厅、中国第二历史档案馆编：《中国旧海关史料》（1859—1948年），京华出版社2002年版。

中华人民共和国杭州海关译编：《近代浙江通商口岸经济社会概况：浙海关、瓯海关、杭海关贸易报告集成》，浙江人民出版社2002年版。

黄逸平编：《中国近代经济史论文选》，上海人民出版社1985年版。

陈梅龙、肖景波译编：《近代浙江对外贸易及社会变迁：宁波、温州、杭州海关贸易报告译编》，宁波出版社2003年版。

苏州历史博物馆等编：《明清苏州工商业碑刻集》，江苏人民出版社1981年版。

江苏省博物馆编：《江苏省明清以来碑刻资料选集》，生活·读书·新知三联书店1959年版。

上海博物馆图书资料室编：《上海碑刻资料选辑》，上海人民出版社1980年版。

陈栩：《机联集》，上海机制国货工厂联合会，民国23年（1934年）。

上海社会科学院经济研究所编：《刘鸿生企业史料》，上海人民出版社1981年版。

刘念智：《实业家刘鸿生传略》，文史资料出版社1982年版。

浙江工商年鉴编纂委员会编：《浙江工商年鉴》（1946年），民国36年（1947年）。

天津市档案馆等编：《天津商会档案汇编》（1912—1928年），天津人民出版社1992年版。

郑安德编：《明末清初耶稣会思想文献汇编》，北京大学宗教研究所，2003年。

钟鸣旦等编：《徐家汇藏书楼明清天主教文献》，方济出版社1996年版。

稽曾筠、李卫等修，沈翼机、傅王露等纂：《雍正浙江通志》，中华书局2001年版。

余绍宋等：《重修浙江通志稿》，民国32年至38年间（1943—1949年）纂修，浙江图书馆1983年誊录本。

胡祥翰辑：《西湖新志》，《中国名山胜迹志丛刊》第2辑，文海出版社有限公司1983年版。

吴农祥：《西湖水利考》，《丛书集成续编》第223册，成文出版社有限公司1989年版。

潜说友等：《咸淳临安志》，振绮堂汪氏清道光十年（1830年）刊本。

周淙：《乾道临安志》，载中华书局编辑部编：《宋元方志丛刊》第4册，中华书局1990年版。

施谔：《淳祐临安志》，载丁申、丁丙编：《武林掌故丛编》第3集，嘉惠堂丁氏清光绪九年（1883年）刊本。

刘伯缙等修、陈善纂：《万历杭州府志》，成文出版社有限公司1961年版。

夏时正等修：《成化杭州府志》，成化十一年（1475年）刊本。

马如龙修、杨鼐纂：《康熙杭州府志》，清康熙二十五年（1686年）刊本。

郑澐修、邵晋涵纂：《乾隆杭州府志》，《续修四库全书》第701册，上海古籍出版社2005年版。

龚嘉儁修、李榕等纂：《光绪杭州府志》，成文出版社有限公司1974年版。

干人俊：《民国杭州市新志稿》，《杭州史地丛书》第1辑，杭州图书馆古籍部校点复印，1983年。

沈朝宣等修：《嘉靖仁和县志》，载丁申、丁丙编：《武林掌故丛编》第17集，嘉惠堂丁氏清光绪九年（1883年）刊本。

戴日强纂修：《万历余杭县志》，西泠印社出版社2010年版。

张吉安、朱文藻、崔应榴、董作栋等修：《嘉庆余杭县志》，上海书店出版社1993年版。

钱晋锡等纂修：《康熙富阳县志》，清康熙二十二年（1683年）刊本。

汪文炳等纂修：《光绪富阳县志》，清光绪二十六年（1900年）刊本。

蒋光弼修，张燮、李江纂：《嘉庆於潜县志》，嘉庆十七年（1812年）刊本。

彭循尧等纂修：《宣统临安县志》，上海书店出版社1993年版。

铆襄、聂世棠等：《萧山县志》，清康熙十一年（1672年）刊本，成文出版社有限公司1984年版。

陈公亮修、刘文富纂：《淳熙严州图经》，载中华书局编辑部编：

《宋元方志丛刊》第5册，中华书局1990年版。

郑瑶修、方仁荣纂：《景定严州续志》，载中华书局编辑部编：《宋元方志丛刊》第5册，中华书局1990年版。

吕昌期修、俞炳然纂：《万历续修严州府志》，《四库全书存目丛书》第209册，齐鲁书社1997年版。

吴士进修、胡书源纂：《乾隆严州府志》，清乾隆二十一年（1752年）刊本。

吴士进修、严可均纂：《光绪严州府志》，清光绪九年（1883年）增修重刊本。

王宾修、应德广纂：《乾隆建德县志》，清乾隆十九年（1754年）刊本。

周兴峄等修、严可均等纂：《道光建德县志》，清道光八年（1828年）刊本。

陈焕、潘绍隽修：《民国建德县志》，上海书店出版社1993年版。

王承楷、王椿煜纂：《道光分水县志》，浙江图书馆影印本，1988年。

钟诗杰修、臧承宣纂：《民国续修分水县志》，民国23年（1934年）刊本，中国书店1993年版。

陈焕等修、李任等纂：《民国寿昌县志》，民国19年（1930年）刊本，成文出版社有限公司2001年版。

邹锡畴修、方引彦等纂：《乾隆遂安县志》，清光绪十六年（1890年）刊本。

罗柏麓、周树美修，姚桓、洪梦云等纂：《民国遂安县志》，民国19年（1930年）刊本，成文出版社有限公司2001年版。

李诗等纂修：《光绪淳安县志》，清光绪十年（1884年）刊本。

李圭典原纂、许傅霈等续纂：《海宁州志稿》，民国11年（1922年）刊本。

邹存淦纂：《修川小志》，《中国地方志集成·乡镇志专辑》第20册，上海书店出版社1992年版。

王德浩纂修、王简可增修、曹宗载重订：《硖川续志》，《中国地方志集成·乡镇志专辑》第20册，上海书店出版社1992年版。

周春：《海昌胜览》，成文出版社有限公司1983年版。

谈迁：《海昌外志》，《四库全书存目丛书》史部第212册，齐鲁书社1997年版。

周广业：《宁志余闻》，成文出版社有限公司1983年版。

王同编纂：《唐栖志》，清光绪十六年（1890年）刊本。

沈谦：《临平记》，载丁申、丁丙编：《武林掌故丛编》第10集，嘉惠堂丁氏清光绪九年（1883年）刊本。

张大昌：《临平记补记》，载丁申、丁丙编：《武林掌故丛编》第10集，嘉惠堂丁氏清光绪九年（1883年）刊本。

宋敏求修：《长安志》，载中华书局编辑部编：《宋元方志丛刊》第1册，中华书局1990年版。

宗源瀚、郭式昌、周学浚、陆心源等修：《同治湖州府志》，上海书店出版社1993年版。

陆心源、李昱修：《光绪归安县志》，《中国地方志集成》，江苏古籍出版社、上海书店出版社、巴蜀书社1990年版。

韩应恒修，金镜、朱升纂：《康熙长兴县志》，清康熙十二年（1673年）刊本。

汪日桢修：《南浔镇志》，《续修四库全书》第717册，上海古籍出版社2005年版。

周绍濂、徐养原等修：《嘉庆德清县续志》，朱海闵、徐晓军、沙文婷、张群主编：《浙江图书馆藏稀见方志丛刊》第29册，国家图书馆出版社2011年版。

疏筤等修：《道光武康县志》，成文出版社有限公司1983年版。

刘应钶、沈尧中等修：《万历嘉兴府志》，成文出版社有限公司1983年版。

许瑶光等修、吴仰贤等纂：《光绪嘉兴府志》，成文出版社有限公司1970年版。

李廷辉修、徐志鼎纂：《嘉庆桐乡县志》，清嘉庆四年（1799年）刊本。

金淮：《濮川所闻记》，嘉庆二十五年（1820年）刊本。

董世宁原修、卢学溥续修：《民国乌青镇志》，民国25年（1936年）刊本。

万相宾、孙燕昌修：《嘉庆嘉善县志》，清嘉庆五年（1800年）刊本。

樊维城、胡震亨修纂：《天启海盐县图经》，明天启四年（1624年）刊本。

王如珪、陈世倕、钱元昌修纂：《海盐县续图经》，清乾隆十三年（1748年）刊本。

罗叔韶、常棠修：《澉水志》，载中华书局编辑部编：《宋元方志丛刊》第5册，中华书局1990年版。

董穀修：《续澉水志》，嘉靖三十六年（1557年）刊本。

宋景关修：《乾隆乍浦志》，乾隆二十二年（1757年）刊本。

沈作宾、施宿等修：《嘉泰会稽志》，载中华书局编辑部编：《宋元方志丛刊》第7册，中华书局1990年版。

朱长文：《吴郡图经续记》，江苏古籍出版社1986年版。

卢宪：《嘉定镇江志》，载中华书局编辑部编：《宋元方志丛刊》第3册，中华书局1990年版。

齐硕、陈耆卿修：《嘉定赤城志》，载中华书局编辑部编：《宋元方志丛刊》第7册，中华书局1990年版。

方岳贡修、陈继儒纂：《崇祯松江府志》，《日本藏中国罕见地方志丛刊》，书目文献出版社1991年版。

李乔岱纂修：《万历休宁县志》，明万历三十五年（1607年）刊本。

吴鹗总纂、汪正元等纂修：《光绪婺源县志》，清光绪九年（1883年）刊本。

梁克家修：《淳熙三山志》，载中华书局编辑部编：《宋元方志丛刊》第8册，中华书局1990年版。

中国社会科学院近代史研究所中华民国史研究室编：《中华民国史资料丛稿》，中华书局1986年版。

建设委员会调查浙江经济所编：《杭州市经济调查》，载民国浙江史研究中心、杭州师范大学选编：《民国浙江史料辑刊》第1辑第6、7册，国家图书馆出版社2009年版。

浙江省建设厅编：《浙江省建设事业概览》，民国29年（1940年）。

柯里、张永等：《杭州概况：解放前夕杭州社会情况调查》，民国37年（1948年）。

江南问题研究会：《杭州概况调查》，民国38年（1949年）。

张光剑：《杭州市指南》，民国24年（1935年）。

国民党浙江省党部编：《西湖导游录》，杭州正中书局民国24年（1935年）版。

石克士：《新杭州导游》，杭州新新印刷公司民国23年（1934年）版。

王兰仲：《小说的杭州西湖指南》，民国18年（1929年）。

张光剑编：《杭州市指南》，民国24年（1935年）。

中国旅行社杭州分社编：《杭州导游》，民国36年（1947年）。

徐珂：《西湖游览指南》，商务印书馆民国15年（1926年）版。

张大昌：《杭州八旗驻防营志略》，文海出版社有限公司1972年版。

李修真：《杭州市商业行名录》，浙江省档案馆藏本，民国24年（1935年）。

杭州市地方志编纂委员会编：《杭州市志》，中华书局1997年版。

杭州市地方志编纂办公室编：《杭州地方志资料》第1、2、4辑，1988年。

陈志坚：《杭州初史论稿》，杭州出版社2010年版。

杭州市政府秘书处编：《杭州市政府十周年纪念特刊》，载杭州市档案馆编：《民国时期杭州市政府档案史料汇编》（1927—1949年），1990年。

杭州市政府社会科编：《杭州市二十一年份社会经济统计概要》，民国22年（1933年）。

杭州市城乡建设志编纂委员会编：《杭州市城乡建设志》，中华书局2002年版。

杭州市金融志编纂委员会编：《杭州市金融志》（1912—1985年），浙江人民出版社1990年版。

杭州市对外经济贸易委员会编：《杭州对外经贸志》，北京师范大学出版社1993年版。

杭州市海关志编纂委员会编：《杭州市海关志》，浙江人民出版社2003年版。

杭州商业志编纂委员会编：《杭州商业志》，浙江大学出版社1996年版。

浙江省电信公司杭州分公司编：《杭州市电信志》，人民邮电出版社2002年版。

杭州市经济委员会编志办公室编：《杭州市工业志》，1998年。

杭州市财政税务局编：《杭州市财税志》，杭州出版社1997年版。

杭州市电力工业志编纂委员会编：《杭州市电力工业志》（1896—1990年），中国水利电力出版社1994年版。

杭州市交通志编审委员会编：《杭州市交通志》，中华书局2003年版。

杭州市水利志编纂委员会编：《杭州市水利志》，中华书局2009年版。

杭州市电影志编纂委员会编：《杭州市电影志》，杭州出版社1997年版。

杭州市科学技术委员会科技志编纂委员会编：《杭州市科技志》，杭州大学出版社1996年版。

政协浙江省萧山市委员会文史工作委员会编：《萧山文史资料选辑》（汤寿潜史料专辑）第4辑，1993年。

施奠东主编：《西湖志》，上海古籍出版社1995年版。

顾炎武：《天下郡国利病书》，齐鲁书社1997年版。

章学诚：《文史通义》，中华书局1985年版。

黄宗羲：《黄宗羲全集》，浙江古籍出版社2006年版。

黄宗羲：《明夷待访录》，中华书局1981年版。

全祖望撰、朱铸禹编：《全祖望集汇校集注》，上海古籍出版社2000年版。

全祖望：《宋元学案》，中华书局1986年版。

朱彝尊：《曝书亭集》，《四部丛刊》初编，商务印书馆民国11年（1922年）版。

阮元：《两浙金石志》，浙江出版联合集团、浙江古籍出版社2012年版。

章太炎：《章太炎全集》，上海人民出版社1984年版。

顾炎武：《天下郡国利病书》，《续修四库全书》第597册，上海古籍出版社1996年版。

包世臣：《齐民四术》，中华书局2001年版。

严复：《严复集》，中华书局1986年版。

黄遵宪：《日本国志》，上海古籍出版社2001年版。

魏源：《魏源集》，中华书局1976年版。

郑观应：《盛世危言》，上海古籍出版社2008年版。

薛福成：《出使英法义比四国日记》，岳麓书社1985年版。

王国维：《王国维遗书》，上海书店出版社1983年版。

傅增湘：《藏园群书题记》，上海古籍出版社1989年版。

上海图书馆编：《汪康年师友书札》，上海古籍出版社1986年版。

钱穆：《中国近三百年学术史》，商务印书馆1997年版。

谭其骧：《长水集》，人民出版社2009年版。

曹聚仁：《中国学术思想史随笔》，生活·读书·新知三联书店1986年版。

曹聚仁：《我与我的世界》，人民文学出版社1982年版。

黄仁宇：《赫逊河畔谈中国历史》，生活·读书·新知三联书店1992年版。

余英时：《朱熹的历史世界：宋代士大夫政治文化的研究》，生活·读书·新知三联书店2003年版。

余英时：《人文与理性的中国》，上海古籍出版社2007年版。

吕思勉：《理学纲要》，商务印书馆民国20年（1931年）版。

何炳松：《浙东学派渊源》，商务印书馆民国21年（1932年）版。

许涤新、吴承明：《中国资本主义发展史》，人民出版社2003年版。

马非百：《秦集史》，中华书局1982年版。

后晓荣：《秦代政区地理》，社会科学文献出版社2009年版。

辛德勇：《秦汉政区与边界地理研究》，中华书局2009年版。

谢维扬：《中国早期国家》，浙江人民出版社1995年版。

王仲荦：《魏晋南北朝史》，上海人民出版社2003年版。

傅筑夫：《中国封建社会经济史》，人民出版社1989年版。

傅筑夫：《中国经济史论丛》，生活·读书·新知三联书店1980年版。

傅筑夫等编：《中国经济史资料》（秦汉三国编），中国社会科学出版社1982年版。

刘佛丁：《中国近代经济发展史》，高等教育出版社1999年版。

陈争平、龙登高：《中国近代经济史教程》，清华大学出版社2002年版。

全汉昇：《中国经济史论丛》，香港新亚研究所，1972年。

姚会元：《中国货币银行》（1840—1952年），武汉测绘科技大学出版社1993年版。

中国银行经济研究室编：《全国银行年鉴》（1934年）。

曲彦斌：《中国典当史》，上海文艺出版社1997年版。

吴慧：《中国历代粮食亩产研究》，中国农业出版社1985年版。

张善余：《中国人口地理》，科学出版社2003年版。

胡焕庸、张善余：《中国人口地理》，华东师范大学出版社1984年版。

梁方仲：《中国历代户口、田地、田赋统计》，上海人民出版社1993年版。

李根蟠、卢勋：《中国南方少数民族原始农业形态》，中国农业出版社1987年版。

章开沅、罗福惠：《比较中的审视：中国早期现代化研究》，浙江人民出版社1993年版。

王处辉：《中国近代企业组织形态的变迁》，天津人民出版社2001年版。

虞和平：《商会与中国早期现代化》，上海人民出版社1993年版。

王先明：《近代绅士：一个封建阶层的历史命运》，天津人民出版社1997年版。

郝延平：《十九世纪的中国买办：东西间的桥梁》，上海社会科学院出版社1988年版。

徐矛：《中国十买办》，上海人民出版社1996年版。

果鸿孝：《中国著名爱国实业家》，人民出版社1988年版。

游修龄：《中国稻作史》，中国农业出版社1995年版。

游修龄：《农史研究文集》，中国农业出版社1999年版。

李伯重：《多视角看江南经济史》（1250—1850年），上海三联书店2003年版。

李伯重：《唐代江南农业生产的发展》，中国农业出版社1990年版。

漆侠：《宋代经济史》，经济日报出版社1999年版。

何勇强：《钱氏吴越国史论稿》，浙江大学出版社2002年版。

陈智超：《宋史十二讲》，清华大学出版社2010年版。

傅宗文：《宋代草市镇研究》，福建人民出版社1989年版。

李剑农：《宋元明经济史稿》，生活·读书·新知三联书店1957年版。

姜锡东：《宋代商业信用研究》，河北教育出版社1993年版。

李晓：《宋代工商业经济与政府干预研究》，中国青年出版社2000年版。

缪坤和：《宋代商业票据研究》，云南大学出版社2002年版。

黄宽重：《南宋史研究集》，新文丰出版社有限公司1985年版。

陈国灿：《宋代江南城市研究》，中华书局2002年版。

方健：《南宋农业史》，人民出版社2010年版。

徐吉军：《南宋临安工商业》，人民出版社2009年版。

傅衣凌：《明清社会经济变迁论》，人民出版社1989年版。

黄宗智：《长江三角洲小农家庭与乡村》（1368—1988年），中华书局2000年版。

魏嵩山：《太湖流域开发探源》，江西教育出版社1993年版。

冯贤亮：《明清江南地区的环境变动与社会控制》，上海人民出版社2002年版。

李仁溥：《中国古代纺织史稿》，岳麓书社1983年版。

赵丰主编：《中国丝绸通史》，苏州大学出版社2005年版。

范金民、金文：《江南丝绸史研究》，中国农业出版社1993年版。

朱新予主编：《浙江丝绸史》，浙江人民出版社1985年版。

《浙江省蚕桑志》编纂委员会编：《浙江省蚕桑志》，浙江大学出版社2004年版。

徐铮、袁宣萍：《杭州丝绸史》，中国社会科学出版社2011年版。

徐铮、袁宣萍：《杭州像景》，苏州大学出版社2009年版。

袁宣萍：《西湖织锦》，杭州出版社2005年版。

杭州市档案馆编：《杭州市丝绸业史料》（内部资料），1996年。

杭州纬成股份有限公司编：《纬成股份有限公司纪实》，民国17年（1928年），浙江省图书馆藏。

杭州丝绸控股（集团）公司编：《杭州丝绸志》，浙江科学技术出版社1999年版。

杭州都锦生丝织厂：《杭州都锦生丝织厂美术样本》，民国19年（1930年），浙江图书馆藏。

李超杰编著：《都锦生织锦》，东华大学出版社2008年版。

陈永昊、陶水木：《中国近代最大的丝商群体》，浙江人民出版社2002年版。

孙珮：《苏州织造局志》，江苏人民出版社1959年版。

陈松林：《湖州丝绸志》，海南出版社1998年版。

浙江省商务管理局编：《杭州之特产》，民国25年（1936年）。

马雪芹：《杭州政区史》，中国社会科学出版社2011年版。

阙维民：《杭州城池暨西湖历史图说》，浙江人民出版社2000年版。

周峰主编：《南北朝前古杭州》，浙江人民出版社1997年版。

周峰主编：《吴越首府杭州》，浙江人民出版社1997年版。

周峰主编：《南宋京城杭州》，浙江人民出版社1997年版。

周峰主编：《隋唐名郡杭州》，浙江人民出版社1997年版。

周峰主编：《元明清名城杭州》，浙江人民出版社1997年版。

周峰主编：《民国时期杭州》，浙江人民出版社1997年版。

李治安、宋涛主编：《马可·波罗游历过的城市：元代杭州研究文集》，杭州出版社2012年版。

杭州市政协文史资料委员会、杭州文史研究会编：《明代杭州研究》，杭州出版社2009年版。

马丁：《民国时期杭州对外贸易研究》，杭州出版社2013年版。

陈国强：《浙江金融史》，中国金融出版社1993年版。

朱海城、储建国：《杭州金融史》，中国社会科学出版社2013年版。

储建国：《杭州老银行》，杭州出版社2009年版。

储建国：《钱塘江金融文化》，杭州出版社2013年版。

浙江省交通厅公路交通史编审委员会编：《浙江公路史》，人民交通出版社1988年版。

刘森：《明代盐业经济研究》，汕头大学出版社1996年版。

张秀民：《中国印刷史》，上海人民出版社1989年版。

顾志兴：《杭州印刷出版史》，中国社会科学出版社2013年版。

郑士德：《中国图书发行史》，高等教育出版社2000年版。

乐梅新、叶宏明：《浙江陶瓷发展史略》，浙江省硅酸盐学会编印，1985年。

傅崇兰：《中国运河城市发展史》，四川人民出版社1985年版。

孙忠焕主编：《杭州运河史》，中国社会科学出版社2011年版。

鲍彦邦：《明代漕运研究》，暨南大学出版社1995年版。

吴振华：《杭州古港史》，人民交通出版社1989年版。

高珮义：《中外城市化比较研究》（增订版），南开大学出版社2004年版。

赵冈：《中国城市发展史论集》，新星出版社2006年版。

蒋兆成：《明清杭嘉湖社会经济史研究》，杭州大学出版社1994年版。

刘石吉：《明清时代江南市镇研究》，中国社会科学出版社1987年版。

樊树志：《江南市镇：传统的变革》，复旦大学出版社2000年版。

陈国灿、奚建华：《浙江古代镇市》，安徽大学出版社2000年版。

鲁西奇：《区域历史地理研究：对象与方法——汉水流域的个案考察》，广西人民出版社2000年版。

张光直：《中国考古学论文集》，联经出版事业公司1995年版。

张光直：《古代中国考古学》，辽宁教育出版社2002年版。

张光直：《考古学专题六讲》，文物出版社1986年版。

张光直：《美术、神话与祭祀》，辽宁教育出版社2002年版。

张光直：《中国青铜时代》，生活·读书·新知三联书店1999年版。

张光直：《中国青铜时代》（二集），生活·读书·新知三联书店1990年版。

张光直：《考古学》，辽宁教育出版社2002年版。

浙江省文物局等编：《河姆渡文化研究》，杭州大学出版社1998年版。

浙江省文物考古研究所、萧山博物馆：《跨湖桥》，文物出版社2004年版。

浙江省文物考古研究所：《瑶山》，文物出版社2003年版。

浙江省文物考古研究所：《反山》，文物出版社2005年版。

浙江省文物考古研究所：《庙前》，文物出版社2005年版。

浙江省文物考古研究所：《良渚遗址群》，文物出版社2005年版。

浙江省文物考古研究所编：《良渚文化研究：纪念良渚文化发现60周年国际学术讨论会文集》，科学出版社1999年版。

浙江省文物考古研究所编：《浙江省文物考古研究所学刊》（1981年），文物出版社1981年版。

浙江省文物考古研究所编：《浙江省文物考古研究所学刊》（1993年），科学出版社1993年版。

浙江省文物考古研究所编：《浙江省文物考古研究所学刊》（1997年），长征出版社1997年版。

中国考古学会编：《中国考古学年鉴》（1984年），文物出版社1984年版。

浙江省文物考古研究所、长兴县文物保护管理所：《七里亭与银锭岗》，科学出版社2009年版。

牛达生、许成：《贺兰山文物古迹考察与研究》，宁夏人民出版社1988年版。

王士伦：《杭州文物与古迹》，文物出版社1998年版。

王士伦：《浙江出土铜镜选集》，古典艺术出版社1958年版。

三、中文论文、杂文

包弼德：《唐宋转型的反思：以思想的变化为主》，载刘东主编：《中国学术》第3辑，刘宁译，商务印书馆2000年版。

内藤湖南：《概括的唐宋时代观》，载刘俊文主编：《日本学者研究中国史论著选译》第1卷（通论），黄约瑟译，中华书局1993年版。

宫崎市定：《从部曲走向佃户》，载刘俊文主编：《日本学者研究中国史论著选译》第5卷（五代宋元），索介然译，中华书局1993年版。

斯波义信：《南宋米市场分析》，载刘俊文主编：《日本学者研究中国史论著选译》第5卷（五代宋元），索介然译，中华书局1993年版。

斯波义信：《宋都杭州的商业中心》，载刘俊文主编：《日本学者研究中国史论著选译》第5卷（五代宋元），索介然译，中华书局1993年版。

岸本美绪：《中国史研究中的“近世”概念》，黄东兰译，《新史学》第4卷，中华书局2010年版。

西山武一：《中国水稻农业的发展》，《农业综合研究》，民国38年（1949年）第3卷第1期。

林巳奈夫：《良渚文化玉器纹饰雕刻技术》，载徐湖平主编：《东方文明之光：良渚文化发现60周年纪念文集》，海南国际新闻出版中心1996年版。

《仁和、钱塘两县豁免鱼花船只税料碑》，浙江省博物馆藏。

胡亚光：《安定遗闻》，《半月刊》，第2卷第10期。

《论组合》，《东方杂志》，第4卷第1期，商务印书馆清光绪三十二年（1906年）版。

吴觉农：《浙江茶业瞻望》，载浙江省银行经济研究室编：《浙江经济·浙江茶业专号》（上），民国37年（1948年）。

陈训慈：《丁松生先生与浙江文献》，《浙江省立图书馆月刊》第1卷第7、8期合刊，民国11年（1932年）。

陈定山：《我的父亲天虚我生》，《大成》第130期，1984年。

唐应晨：《杭州市政的鸟瞰》，《市政评论》民国25年（1936年）第4卷第8期。

黄正维、孟子江：《浙江哺乳动物化石新产地》，《古脊椎动物与古人类》1964年第1期。

张森水、高星、徐新民：《浙江旧石器调查报告》，《人类学学报》2003年第2期。

张森水：《索史有缘品白茶：浙江旧石器考古散记（上）》，《化石》2006年第2期。

张森水：《求真无垠识紫笋：浙江旧石器考古散记（中）》，《化石》2006年第3期。

张森水：《茗香回味论假真：浙江旧石器考古散记（下）》，《化石》2006年第4期。

张森水、徐新民、邱宏亮、王恩霖、罗志刚：《浙江安吉上马坎遗址石制品研究》，《人类学学报》2004年第1期。

张森水等：《改写浙江无旧石器时代文化遗物地点的历史》，《中国文物报》2002年12月11日。

韩德芬、张森水：《建德发现的一枚人的犬齿化石及浙江第四纪哺乳动物新资料》，《古脊椎动物与人类》1978年第4期。

石丽、金幸生、程海、沈冠军：《浙江桐庐人类头骨的铀系年代》，《人类学学报》2002年第4期。

寿芳：《1.2万年前临安就有人：临安首次发现旧石器时期古人类活动遗存》，《钱江晚报》2004年6月4日。

寿芳：《临安发现1.2万年前旧石器时期古人类活动遗存》，《浙江日报》2004年6月4日。

徐新民、梁奕建：《浙江长兴合溪洞旧石器时代遗址：浙江首次发现有人类文化遗物的洞穴堆积发现浙江首颗出自明确地层的晚期智人牙齿化石》，中国文物信息网，2010年3月26日。

苏秉琦：《太湖流域考古问题》，《东南文化》1987年第1期。

苏秉琦：《论太湖流域古文化古城古国》，载徐湖平主编：《东方文明之光：良渚文化发现60周年纪念文集》，海南国际新闻出版中心1996年版。

苏秉琦：《良渚文化的历史地位：纪念良渚遗址发现60周年》，载余杭市政协文史资料委员会编：《文明的曙光：良渚文化》，浙江人民出版社1996年版。

安志敏：《长江下游史前文化对海东的影响》，《考古》1984年第5期。

严文明：《良渚随笔》，《文物》1996年第3期。

严文明：《良渚遗址的历史地位》，《浙江学刊》1996年第5期。

严文明：《中国稻作农业的起源》，《农业考古》1982年第11期。

张忠培：《中国古代文明形成的考古学研究》，《故宫博物院院刊》2000年第2期。

张忠培：《中国古代的文化与文明》，《考古与文物》2001年第1期。

费孝通：《从史禄国老师学体质人类学》，《北京大学学报》（哲学社会科学版）1994年第5期。

林惠祥：《中国东南区新石器文化特征之一：有段石锛》，《考古学报》1958年第3期。

何炳棣：《中国历史上的早熟稻》，《农业考古》1990年第1期。

傅衣凌：《明清时代江南市镇经济的分析》，《历史教学》1964年第5期。

牟永抗：《试论河姆渡文化》，载中国考古学会编：《中国考古学会第一次年会论文集》，文物出版社1980年版。

吴汝祚：《马家浜文化的社会生产问题的探讨》，《农业考古》1999年第3期。

浙江省文物管理委员会：《吴兴钱山漾遗址第一、二次发掘报告》，

《考古学报》1960年第2期。

徐辉等：《对钱山漾出土丝织品的验证》，《丝绸史研究资料》1982年第1期。

赵丰：《良渚织机的复原》，《东南文化》1992年第2期。

程世华：《良渚文化时期的“千篰”及其用途试析》，《农业考古》2001年第1期。

高蒙河：《良渚文化的家庭形态及其相关问题》，载吉林大学考古系编：《青果集：吉林大学考古系建系十周年纪念文集》，知识出版社1998年版。

朱章义、刘骏：《成都金沙遗址出土良渚式玉琮的初步研究》，中国玉文化、玉学术文化学术研讨会论文，2002年。

谷建祥等：《对草鞋山遗址马家浜文化时期稻作农业的初步认识》，《东南文化》1998年第3期。

苏州博物馆：《江苏昆山绰墩遗址第一至五次发掘简报》，《东南文化》（增刊1），2003年。

苏州博物馆、吴江县文物管理委员会：《吴江梅堰龙南新石器时代村落遗址第一、二次发掘简报》，《文物》1990年第7期。

丁品、郑云飞、陈旭高、仲召兵、王宁远：《浙江余杭茅山良渚遗址》，http: // topic. ccrnews. com. cn / articledetail. aspx?id=79。

宋兆麟：《木牛挽犁考》，《农业考古》1984年第1期。

张明华：《中国新石器时代水井的考古发现》，《上海博物馆集刊》（5），上海古籍出版社1990年版。

何介钧：《湖南史前玉器工业》，载邓聪编：《东亚玉器》第1册，香港中文大学中国考古艺术研究中心，1998年。

广东省博物馆：《广东曲江石峡墓葬发掘简报》，《文物》1978年第7期。

杨式挺：《广东新石器时代文化及相关问题的探讨》，《史前研究》1986年第1、2期。

杨少祥、郑政魁：《广东海丰县发现玉琮和青铜兵器》，《考古》1990年第8期。

杨式挺：《封开县鹿尾村新石器时代墓葬》，载中国考古学会编：《中国考古年鉴》（1985年），文物出版社1985年版。

陈桥驿：《古代于越研究》，《民族研究》1982年第1期。

董楚平：《楚败越过程考略》，载彭适凡主编：《百越民族研究》，江西教育出版社1999年版。

周振鹤：《犬牙相入还是山川形便？——中国历史上行政区域划界的两大原则》，《中国方域》1996年第6期。

王志邦、黄佩芳：《论三国以前浙江开发中的几个问题》，《浙江学刊》1986年第5期。

蒋福亚：《吴国的地主经济》，载山西省社会科学院编：《中国社会经济史论丛》第2辑，山西人民出版社1982年版。

蒙文通：《中国历代农业产量的扩大和赋役制度及学术思想的变化》，《四川大学学报》1957年第2期。

黎毓馨：《杭州雷峰塔遗址考古发掘及意义》，《中国历史文物》2002年第5期。

黎毓馨：《杭州雷峰塔地宫出土的钱币》，《中国钱币》2003年第1期。

王仲殊：《关于日本三角缘神兽镜问题》，《考古》1981年第4期。

浙江省文物管理委员会：《杭州古荡汉代朱乐昌墓清理简报》，《考古》1959年第3期。

张玉兰：《浙江临安五代吴越国康陵发掘简报》，《文物》2000年第2期。

张秀民：《五代吴越国的印刷》，《文物》1978年第12期。

何勇强：《论唐宋时期圩田的三种形态：以太湖流域的圩田为中心》，《浙江学刊》2003年第2期。

何勇强：《吴越国对外贸易机构考索》，《海交史研究》2003年第1期。

李志庭：《吴越国的治国方略》，载浙江省历史学会编：《浙江史学论丛》第1辑，杭州出版社2004年版。

缪启愉：《吴越钱氏在太湖地区的圩田制度和水利系统》，载中国农业科学院、南京农学院、中国农学遗产研究室编：《农史研究集刊》第2册，科学出版社1960年版。

吴振华：《杭州市舶司研究》，《海交史研究》1988年第1期。

薛政超：《唐宋以来"富民"阶层之规模探考》，《中国经济史研究》2011年第1期。

湖北省博物馆：《黄石市发现的宋代窖藏铜钱》，《考古》1973年第4期。

热河省博物馆筹备组：《赤峰县大营子辽墓发掘报告》，《考古学报》1956年第3期。

蒋赞初：《谈杭州老和山宋墓出土的漆器》，《文物参考资料》1957年第7期。

妥建清、赵建保：《重视内藤湖南的"宋代近世说"：以思想文化面向为中心》，《人文杂志》2012年第4期。

沈冬梅：《宋代杭州人口考辨》，载漆侠主编：《宋史研究论文集：国际宋史研讨会暨中国宋史研讨会第九届年会编刊》，河北大学出版社2002年版。

张邦炜：《论宋代的皇权和相权》，《四川师范大学学报》1994年第2期。

黄宽重：《从中央与地方关系互动看宋代基层社会演变》，《历史研究》2005年第4期。

王小东：《由北宋农业经济看国家的经济特征》，陕西师范大学硕士学位论文，2012年。

杨世利：《试析王安石富国富民思想中的悖论》，《黄河科技大学学报》2001年第1期。

王菱菱：《论宋代矿产品的禁榷与通商》，载漆侠、李埏主编：《宋史研究论文集》，云南民族出版社1997年版。

郭正忠：《宋代包买商人的考察》，《江淮论坛》1985年第2期。

赵冈：《南宋临安人口》，《中国历史地理论丛》1994年第2期。

游彪：《关于宋代的免役法：立足于“特殊户籍”的考察》，《中国史研究》2004年第2期。

郭正忠：《我国海盐晒法究竟始于何时》，《福建论坛》（文史哲版）1990年第1期。

陈国灿、吴锡标：《南宋时期江南农村市场与商品经济》，《学术月刊》2007年第9期。

陈国灿：《略论南宋时期江南市镇的社会形态》，《学术月刊》2001年第2期。

李春棠：《宋代小市场的勃兴及其主要历史价值》，《湖南师范学院学报》1983年第1期。

葛金芳：《“农商社会”的过去、现在和未来：宋以降（11—12世纪）江南区域社会经济变迁》，《安徽师范大学学报》（人文社会科学版）2009年第5期。

李根蟠：《长江下游稻麦复种制的形成和发展：以唐宋时代为中心的讨论》，《历史研究》2002年第5期。

李根蟠：《再论宋代南方稻麦复种制的形成和发展：兼与曾雄生先生商榷》，《历史研究》2006年第2期。

梁庚尧：《宋代太湖平原农业生产问题的再检讨》，《台湾大学文史哲学报》第54期，2001年。

方健：《关于宋代江南农业生产力发展水平的若干问题研究》，载范金民主编：《江南社会经济研究》，农业出版社2006年版。

过婉珍：《天目茶碗》，《中国茶叶》2012年第5期。

李家治、陈士萍、张志刚、邓泽群、周学林、姚桂芳：《浙江临安天目窑黑釉瓷的科学技术研究》，《陶瓷学报》1997年第4期。

刘兰兮：《门德尔斯原始工业化理论简述》，《中国经济史研究》1988年第3期。

汪敬虞：《试论中国资产阶级的产生》，《中国社会科学》1981年第5期。

樊树志：《明清长江三角洲的市镇网络》，《复旦学报》1987年第2期。

王晋新：《深刻而全面的经济变革：论16—18世纪中叶英国社会经济》，载侯建新编：《经济—社会史：历史研究的新方向》，商务印书馆2002年版。

梁方仲：《明代国际贸易与银的输出入》，《中国社会经济史集刊》，民国28年（1939年）第6卷第2期。

张献忠：《明代杭州民营出版业述略》，载杭州市政协文史资料委员会、杭州文史研究会编：《明代杭州研究》，杭州出版社2009年版。

范金民：《明清杭嘉湖农村经济结构的变化》，《中国农史》1988年第2期。

范金民：《明到清前期江南蚕桑生产论述》，《古今农业》1992年第2期。

范金民：《清代前期江南织造的几个问题》，《中国经济史研究》1989年第1期。

范金民、夏维中：《明清徽州典商述略》，《徽学》第2辑，安徽大学出版社2002年版。

陈忠平：《明清时期江南地区市场考察》，《中国经济史研究》1990年第2期。

李伯重：《明清时期江南水稻生产集约程度的提高：明清江南农业经济发展特点探讨之一》，《中国农史》1984年第1期。

李伯重：《男耕女织与半边天角色的形成：明清江南农家妇女劳动问题探讨之二》，《中国经济史研究》1997年第3期。

李伯重：《十六、十七世纪江南的生态农业》（上），《中国经济史研究》2003年第4期。

李伯重：《十六、十七世纪江南的生态农业》（下），《中国农史》2004年第4期。

闵宗殿：《明清时期的人工生态农业：中国古代对自然资源合理利用的范例》，《古今农业》2009年第4期。

闵宗殿：《明清时期浙江嘉湖地区的农业生态平衡》，《中国农业科学》1982年第2期。

游修龄：《中国古代对食物链的认识及其在农业上应用的评述》，载杜石然主编：《第三届国际中国科学史学术讨论会论文集》，科学出版社1990年版。

游修龄：《太湖地区稻作起源及其传播和发展问题》，《中国农史》1986年第1期。

郑云飞、游修龄：《新石器时代遗址出土葡萄种子引起的思考》，《农业考古》2006年第1期。

王家范：《明清江南市镇结构及其历史价值初探》，《华东师范大学学报》1984年第1期。

蒋兆成：《明清时期杭嘉湖地区乡镇经济试探》，《中国社会经济史研究》1986年第1期。

蒋兆成：《明清杭嘉湖农田水利设施》，《浙江学刊》1992年第5期。

陈东有：《略论近代世界市场互动中的中国东南中外贸易带》，《南昌大学学报》（人文社会科学版）2000年第2期。

张敏：《清末杭州关进出口贸易研究》（1896—1910年），杭州师范大学硕士学位论文，2011年。

吴惠芬：《清末浙江的蚕丝业改良》，《农业考古》2003年第3期。

唐建军、陈学文、仇名虎、胡永吉：《明清时期杭嘉湖地区农业生态环境状况研究》，《首届长三角科技论坛（生态环境与可持续发展分论坛）论文集》，2004年。

陈晋文、庞毅：《现代化视阈下的民国经济发展》（1912—1936年），《北京工商大学学报》（社会科学版）2010年第5期。

周德华：《人造丝与中国近代丝绸》，《丝绸》2004年第6期。

史群：《浙江民族资本主义近代工业的产生和发展：杭州、宁波、湖州、温州和绍兴五个城市的初步调查》，《浙江学刊》1964年第2期。

钟祥财：《陈蝶仙的经济思想》，《上海经济研究》1992年第6期。

江满情：《中国近代股份有限公司形态的演变：刘鸿生企业组织发展史研究》，华中师范大学博士学位论文，2003年。

钱小明：《论近代上海的企业家》，载中国近代经济史丛书编委会编：《中国近代经济史研究资料》（8），上海社会科学院出版社1987年版。

陈忠平：《江南市镇经济结构研究》，南京大学硕士学位论文，1984年。

范招荣：《江南丝货的广州外销》（1757—1843年），暨南大学硕士学位论文，2007年。

徐木兴：《从杭州地区看市场的近代嬗变》，《贵州文史丛刊》2003年第1期。

鲍志成：《关于西湖龙井茶起源的若干问题》，《东方博物》2004年第2期。

黄宗智：《中国的“公共领域”与“市民社会”？——国家与社会间的第三领域》，载邓正来、杰弗里·C. 亚历山大主编：《国家与市民社会：一种社会理论的研究路径》，中央编译出版社2002年版。

杨德泉：《唐宋行会制度研究》，载程应镠主编：《宋史研究论文集》，上海古籍出版社1982年版。

方秋梅：《“近代”·“近世”：历史分期与史学概念》，《史学史研究》2004年第3期。

陈忠平：《长江下游商会与辛亥革命关系初探》，第三届中国商业史会议论文，2000年。

姚会元、邹进文：《“江浙金融财团”形成的标志及其经济、社会基础》，《中国经济史研究》1997年第3期。

吴慧：《会馆、公所、行会：清代商人组织演变述要》，《中国经济史研究》1999年第3期。

余同元：《明清江南早期工业化社会的形成与发展》，《史学月刊》2007年第11期。

胡建敏：《民国时期杭州银行公会研究》（1930—1937年），浙江大学硕士学位论文，2006年。

朱榕：《上海木业同业公会的近化化》，《档案与史学》2001年第3期。

陶水木、林素萍：《民国时期杭州丝绸业同业公会的近代化》，《民国档案》2007年第4期。

虞和平：《近代商会》，http: // jds. cass. cn / article / 20051030150645. asp。

程心锦：《旧时代的杭州商会》，载浙江省政协文史资料委员会编：《浙江文史集粹》（经济卷下），浙江人民出版社1998年版。

冯筱才：《近世中国商会的常态与变态：以1920年代的杭州总商会为例》，《浙江社会科学》2003年第5期。

唐力行：《从杭州的徽商看商人组织向血缘化的回归：以抗战前夕杭州汪王庙为例论国家、民间社团、商人的互动与社会变迁》，《学术月刊》2004年第5期。

王廷元：《徽州典商述论》，《安徽史学》1986年第1期。

马学强：《论近代上海买办的教育背景》，《史林》2004年第4期。

马敏：《“绅商”词义及其内涵的几点讨论》，《历史研究》2001年第2期。

马敏：《试论晚清绅商与商会的关系》，《天津社会科学》1999年第5期。

线文：《晚清重商思想研究》，西北大学博士学位论文，2008年。

方福祥：《明清杭嘉湖慈善组织的特征分析：兼论公共领域与市民社会》，《浙江社会科学》2007年第6期。

万方：《慈善之痛：国家权力下的清代民间慈善事业》，《书屋》2007年第1期。

朱英：《关于晚清市民社会研究的思考》，《历史研究》1996年第4期。

刘家峰：《朱英著〈转型时期的社会与国家：以近代中国商会为主体的历史透视〉》，《历史研究》1998年第5期。

刘增合：《媒介形态与晚清公共领域研究的拓展》，《近代史研究》2000年第2期。

李倬宇、钱培荣：《晚清报刊的发展历程》，《杭州大学学报》1996年第4期。

吴光：《简论“浙学”的内涵及其基本精神》，《浙江社会科学》2004年第6期。

钱明：《“浙学”涵义的历史衍变》，《浙江社会科学》2006年第2期。

钱明：《“浙学”的东西异同及其互动关系》，《杭州师范学院学报》（社会科学版）2005年第4期。

潘起造：《浙东学派的经世之学和浙江区域文化中的务实精神》，《中共浙江省委党校学报》2005年第4期。

赵峰：《理学的真精神：读余英时〈朱熹的历史世界〉有感》，程朱与宋明理学国际学术研讨会论文，2005年。

史明正：《西方学者对中国近代城市史的研究》，载中央研究院近代史研究所编：《近代中国研究通讯》第13辑，1992年。

魏嵩山：《杭州城市的兴起及其城区的发展》，载《历史地理》创刊号，上海人民出版社1981年版。

周素芳：《钱塘江明清古海塘加固技术研究》，《水利电力技术》2004年第5期。

汤洪庆：《杭州城市早期现代化研究》（1896—1927年），浙江大学博士学位论文，2009年。

马珊珊：《民国时期杭州城市发展与城市意象：以旅游功能为中心的考察》（1912—1937年），东北师范大学硕士学位论文，2008年。

何王芳：《民国时期杭州城市社会生活研究》，浙江大学博士学位论文，2006年。

孙中山：《孙中山在杭州之演说辞》，《杭州民国日报》1916年8月19日。

鲁确生：《杭广路股集会答词》，《中华新报》1910年6月25日。

《贵业贱业说》，《大公报》1902年11月20日。

《商部奏劝办商会酌拟简明章程折》之《奏定商会简明章程》，《东方杂志》第1年第1期，商务印书馆清光绪30年（1904）年版。

佚名：《浙江铁路公司驳〈字林西报〉所登伦敦〈泰晤士报〉北京访事人述沪杭甬路事实函》，《申报》1909年4月3日。

《浙江省议会民国十四年度第一、二次临时会质问书》。

《浙江省政府公报》，1912年10月。

《训令》，《浙江公报》第4425号。

《观潮人临杭前后省垣军政绅商之潮汛》，《越铎日报》民国3年（1924年）9月27日。

李嘉球：《澄湖水下为何有街道》，《姑苏晚报》2006年1月21日。

海银行周报社编纂：《银行公会联合会议汇记》，载上海银行周报社编纂：《经济类钞》，民国12年（1923年）第2辑。

《杭州市银行业同业公会会务宣告停止》，载《银行周报》第8卷第49号，民国13年（1924年）12月16日。

杭州市档案馆藏：《杭州商会档案》。

《杭州市公共娱乐场所管理规则》，杭州市档案馆馆藏档案：旧3-3-209。

《杭州市银钱业联合准备库第31次执行委员会议》，浙江省档案馆馆藏档案：L078-3-335。

《杭州市丝织工业同业公会成立会记录》，杭州市档案馆馆藏档案：旧10-1-46-0112。

《杭州市丝织工业同业公会成立会记录》，杭州市档案馆馆藏档案：旧10-1-46-0114。

《杭州市丝织工业同业公会章程》（草案），杭州市档案馆馆藏档案：旧10-3-188-00009。

《杭州市丝织工业同业公会章程》（草案），杭州市档案馆馆藏档案：旧10-1-46-0105。

《杭州市丝织工业同业公会章程》（草案），杭州市档案馆馆藏档案：旧10-1-46-0108。

杭州市档案馆编：《杭州市丝绸业同业公会档案史料选编》，1996年。

《杭州市银行业同业公会业规章程》第16条，浙江省档案馆馆藏档案：L078-2-221。

《杭州市银行业同业公会公库规约、办事细则》，浙江省档案馆馆藏档案：L082-1-13。

《杭州市丝织工业同业公会整理员办事处接收财产清册》，杭州市档案馆馆藏档案：旧10-1-45-00024。

《杭州市绸业市场预收生绸场费办法》，杭州市档案馆馆藏档案：旧10-3-179-0216。

《杭州市丝织工业同业公会第四次理监事会议记录》，杭州市档案馆馆藏档案：旧1-1-46-0072。

《杭州市绸商业同业公会规约》，杭州市档案馆馆藏档案：旧10-1-35-00003。

《杭州市绸业市场办事处生货成交暂行规则》，杭州市档案馆馆藏档案：旧10-3-179-0215。

《杭州市电机丝织厂工业同业公会同业规约》，杭州市档案馆馆藏档案：旧10-3-2-0012。

《杭州市电机丝织厂工业同业公会同业规约》，杭州市档案馆馆藏档案：旧10-3-2-0013。

《浙江丝织产销联营公司请求上海丝织品输出协导会委员会办理借料贷工要点》，杭州市档案馆馆藏档案：旧10-3-7-0050。

《杭州市丝织品出口联营社章程》，杭州市档案馆馆藏档案：旧10-3-2。

《浙江省会中华丝绸业产销互助会章程》，杭州市档案馆馆藏档案：旧10-3-179-0145。

《杭州市绸织业各机户呈请解决劳资纠纷》，杭州市档案馆馆藏档案：旧10-1-45-00006。

《杭州市丝织工业同业公会电函》，杭州市档案馆馆藏档案：旧10-1-45-00180。

《杭州市丝织业劳资协议底薪清单》，杭州市档案馆馆藏档案：旧10-3-195-0065。

《理监事任职誓词》，杭州市档案馆馆藏档案：旧10-1-45-00154。

《呈第一次理监事会议记录》，杭州市档案馆馆藏档案：旧10-1-35-00130。

《杭州市政府召开第三次货价评议委员会议记录》，杭州市档案馆馆藏档案：旧10-3-188-00009。

《浙江区丝织工业同业公会代电政府函》，杭州市档案馆馆藏档案：旧10-1-45-00048。

《各县政府合作金库办法》，浙江省档案馆馆藏档案：L073-000-0180。

苏州市档案馆馆藏档案：乙2-1-11-24-25。